KB262721

조선시대 불상의 복장기록 연구

"이 저서는 2013년 정부(교육부)의 재원으로 한국연구재단의 지원을 받아
수행된 연구임 (NRF-2013S1A6A402018616)."
"원과제명 '명문(銘文) 분석을 통한 조선시대 불교조각의 연구'"
"This work was supported by the National Research Foundation of Korea
Grant funded by the Korean Government(NRF-2013S1A6A402018616)"

|불|광|학|술|총|서|

조선시대 불상의 복장기록 연구

유근자

불광출판사

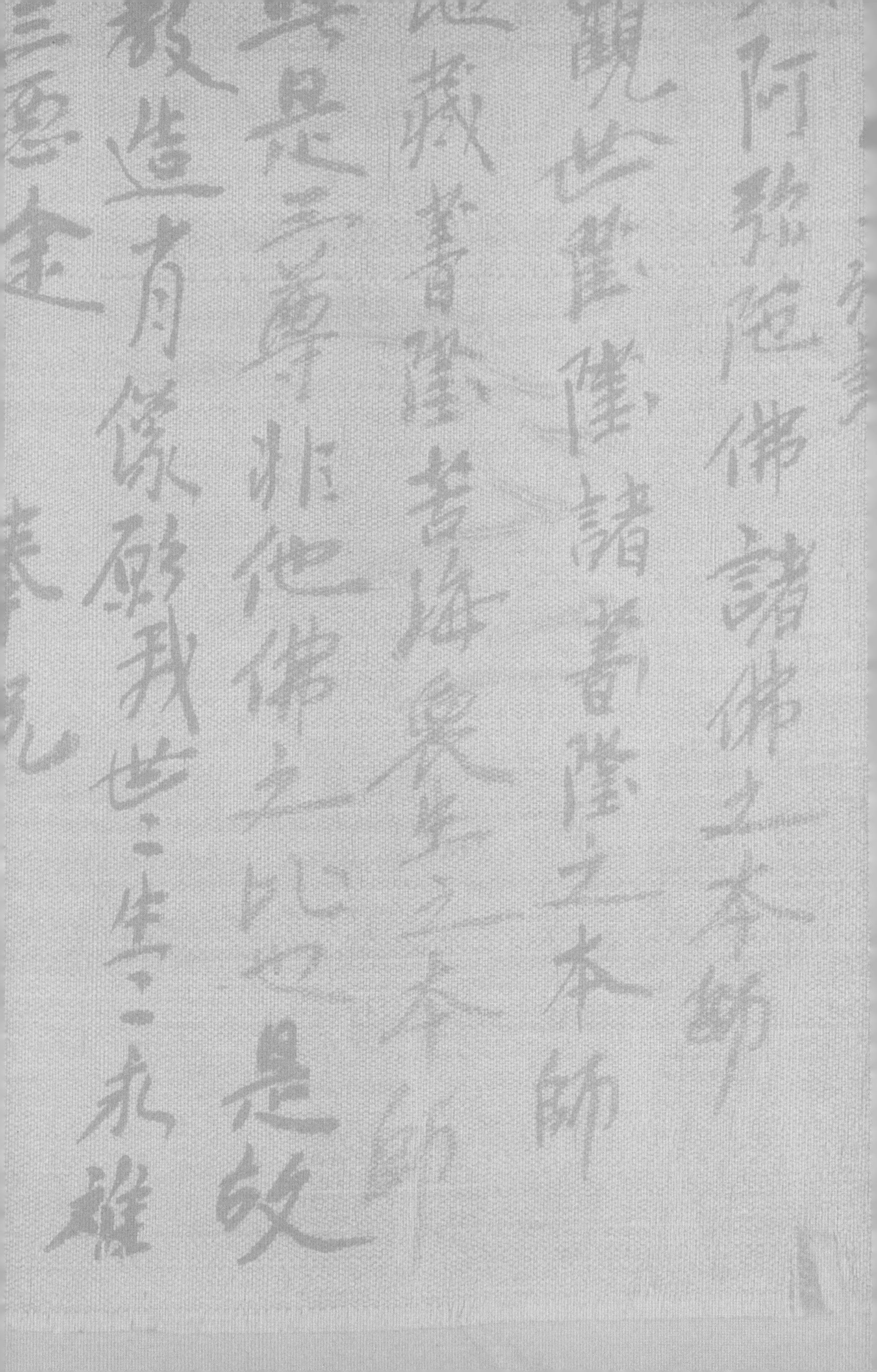

화보로
보는
조선시대
불상의
복장기록

영주 흑석사 아미타불상, 1458년

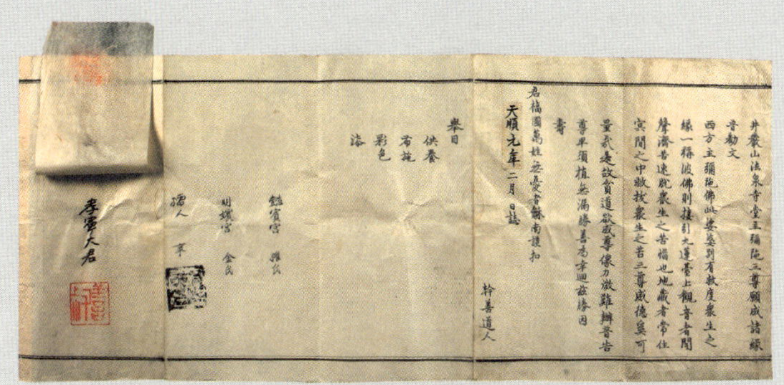

조성 보권문, 1457년

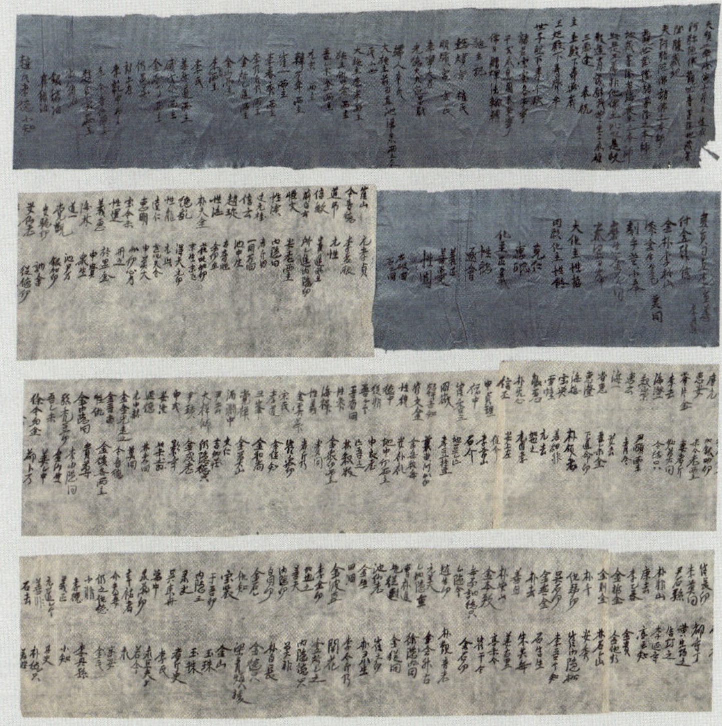

조성 발원문, 1458년

상원사 문수동자상, 1466년

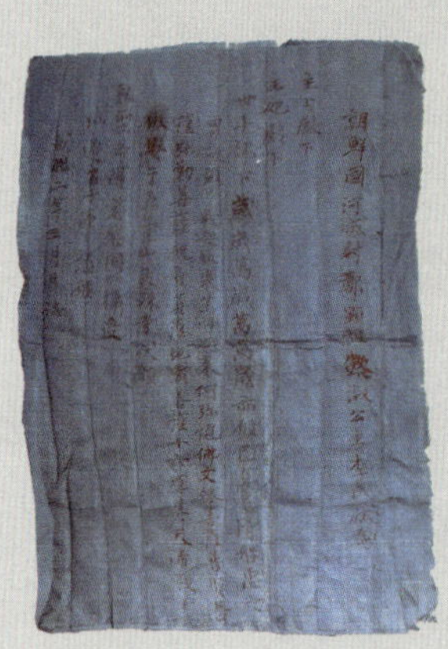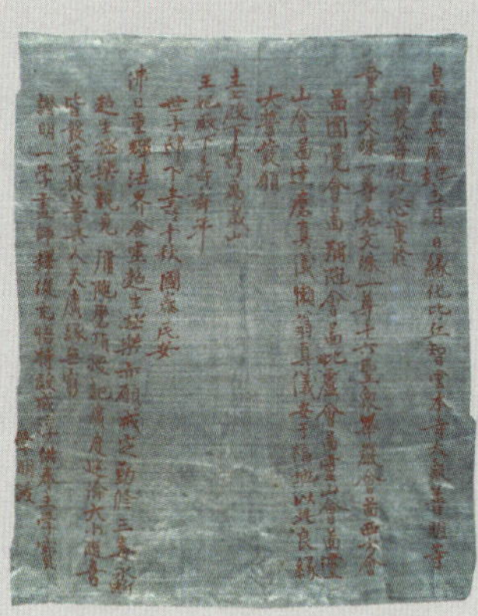

조성 발원문(좌, 1466년)과
중수 발원문(우, 1599년)

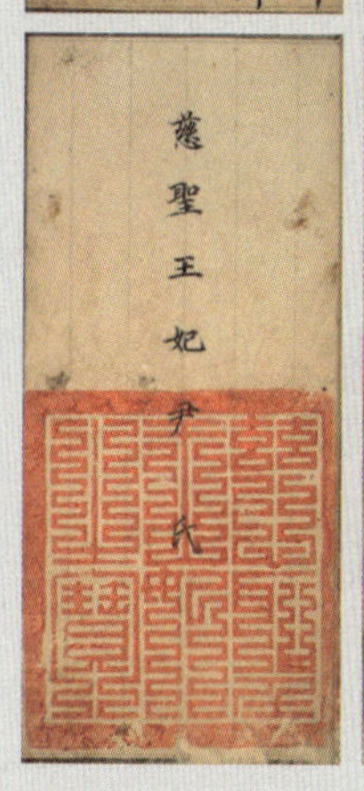

상원사 중창 권선문(어첩), 1464년

논산 쌍계사 대웅전 석가불상, 1605년

아미타불상, 1605년

약사불상, 1605년

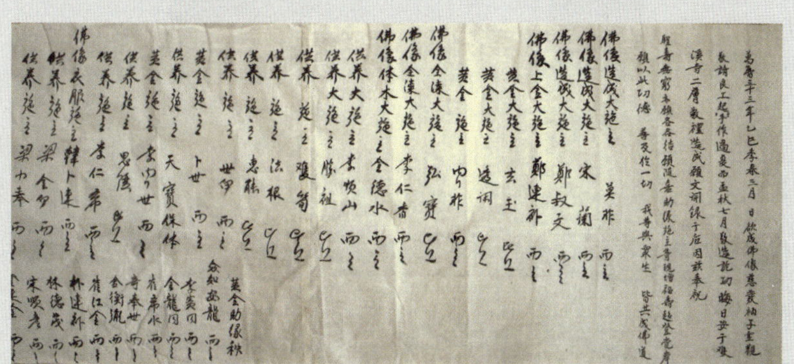

논산 쌍계사 대웅전 삼세불상 발원문, 1605년

완주 송광사 대웅전 삼세불상, 1641년

삼세불상 복장유물

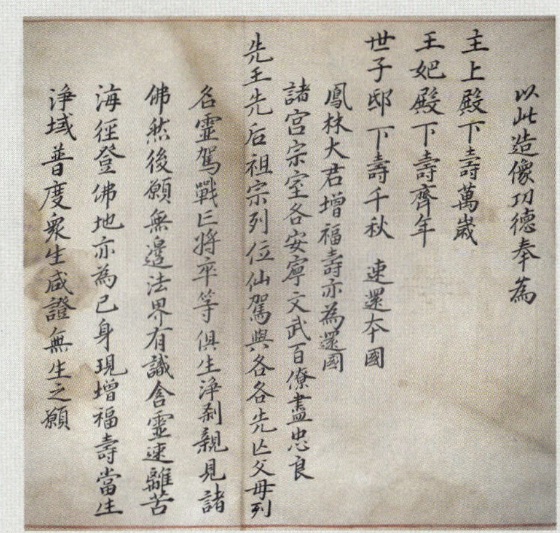

以此造像功德奉爲
主上殿下壽萬歲
王妃殿下壽齊年
世子邸下壽千秋　速還本國
鳳林大君增福壽亦爲還國
諸宮宗室各安寧文武百僚盡忠良
先王先后祖宗列位仙駕與各各先亡父母列
各靈駕戰亡將卒平等俱生淨刹親見諸
佛然後願無邊法界有識含靈速離苦
海徑登佛地亦爲己身現增福壽當生
淨域普度眾生咸證無生之願

삼세불상 조성 발원문

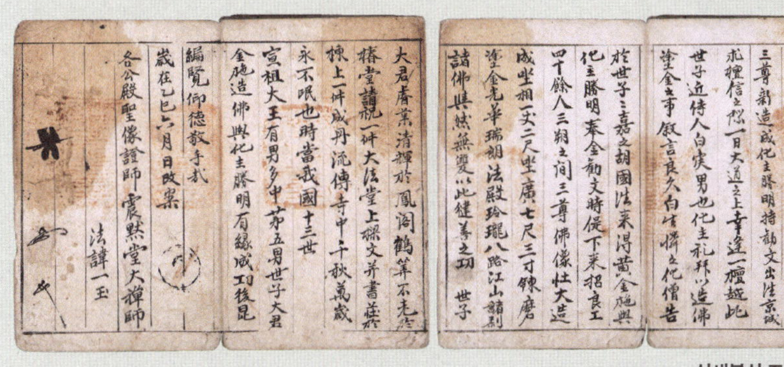

佛像化主行蹟
金州府東頓終南山松廣寺大法堂佛像
三尊新造成化主勝明持勸文出往京城
永檀信之揆一日大道之上幸逢一檀越此
世子近侍人白□男也化主礼拜以造佛
塗金立事輒言良久自□傍之化僧告
於世子三嘉之胡國法來得黄金施興
化主勝明奉金勸文將侯下來招良工
四十餘人三朔之間三尊佛像壮大造
成坐相一尺三尺坐廣七尺三寸鍊磨
塗金光華瑞胡法殿玲瓏八路江山輔刷
諸佛興然無憂以此健善之功　世子
大君春業清輝於鳳閣鶴筆不老壽
椿堂讚祝一枰大法堂上碌文幷書莊嚴
棟上一枰咸丹流傳寺中千秋萬歲
永不眠也時當我國十三世
宣祖大王有男多中茅五男世子大君
金施造佛興化主勝明有緣成工後昆
編覽仰德敬手扎
歲在己巳六月日改案
各公殿聖儀證師　震默堂大禪師
　　　　　　　　法諱一玉

삼세불상 조성 화주록

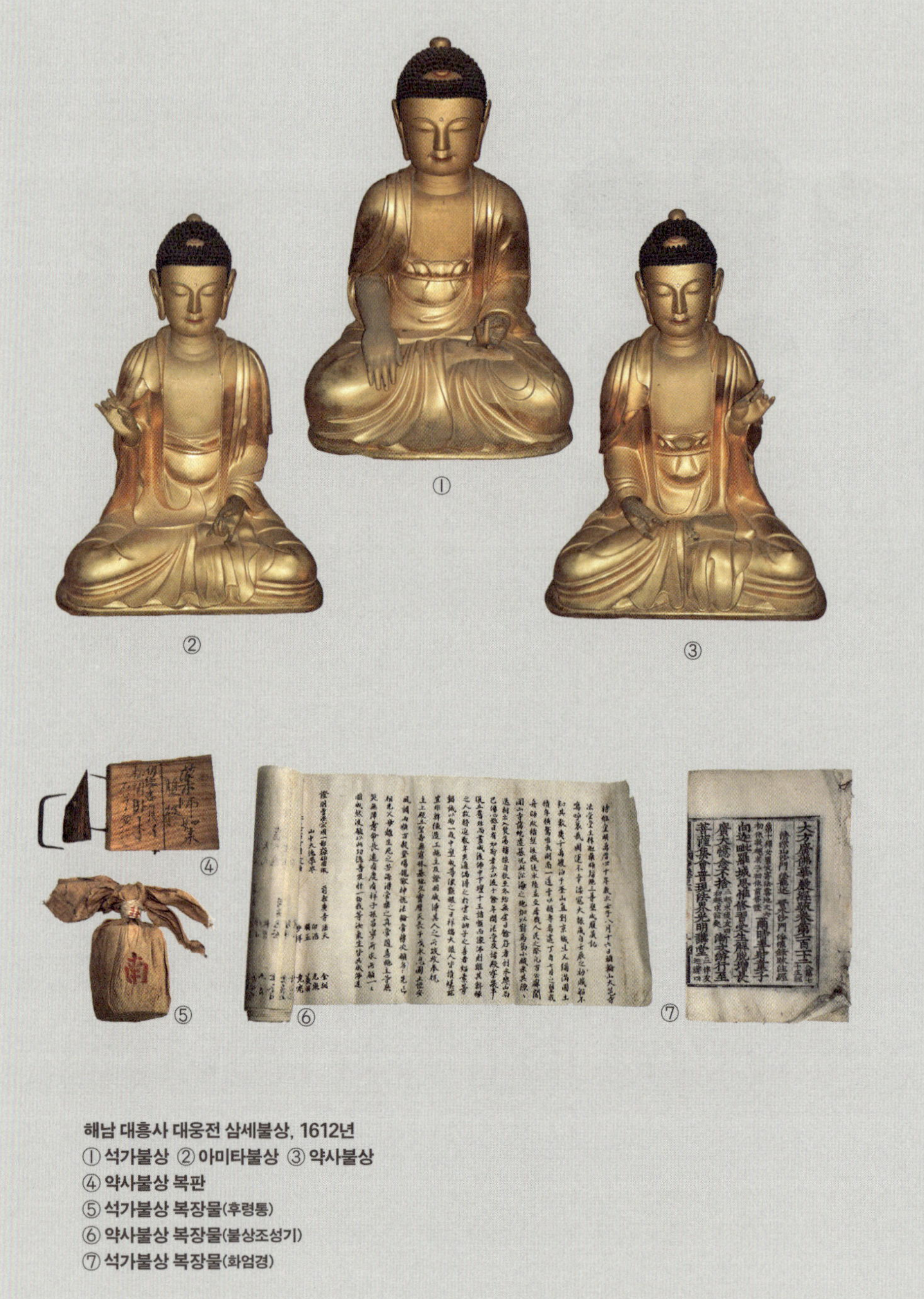

해남 대흥사 대웅전 삼세불상, 1612년
① 석가불상 ② 아미타불상 ③ 약사불상
④ 약사불상 복판
⑤ 석가불상 복장물(후령통)
⑥ 약사불상 복장물(불상조성기)
⑦ 석가불상 복장물(화엄경)

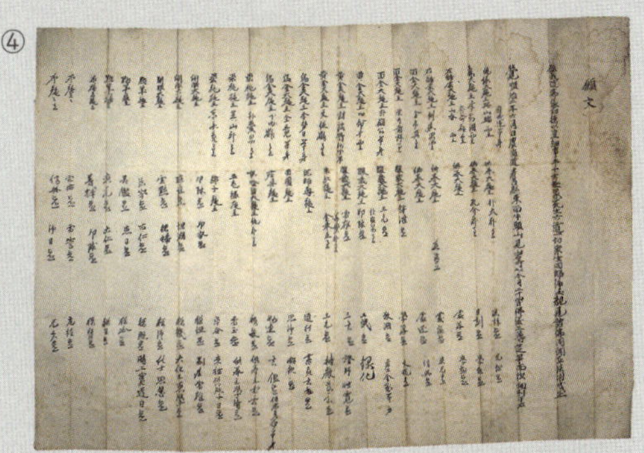

대구 보성선원 석가삼존불상, 1647년
① 석가불상
② 보현보살상
③ 문수보살상
④ 불상조성기

군산 동국사 석가삼존불상, 1650년

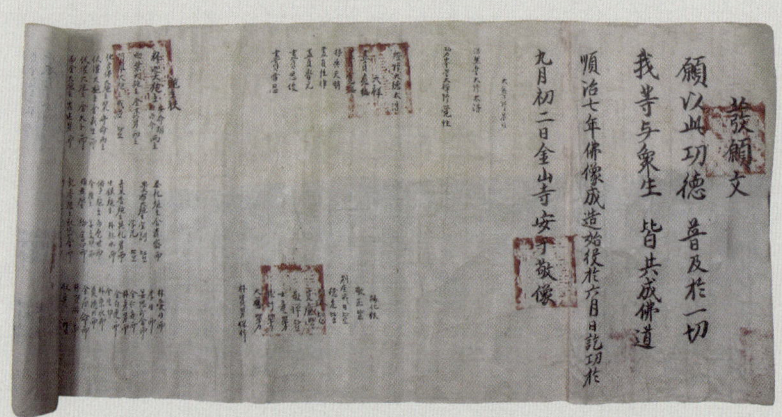

군산 동국사 가섭존자상 발원문

조선시대 불상의 복장기록 연구

영광 불갑사 지장보살삼존상, 1654년

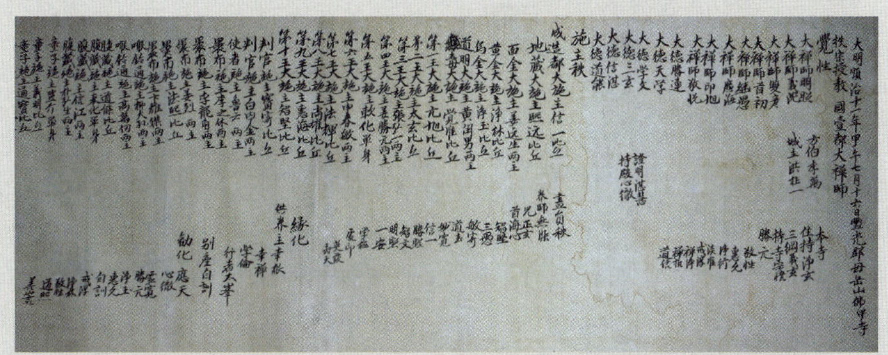

영광 불갑사 지장보살상 조성기

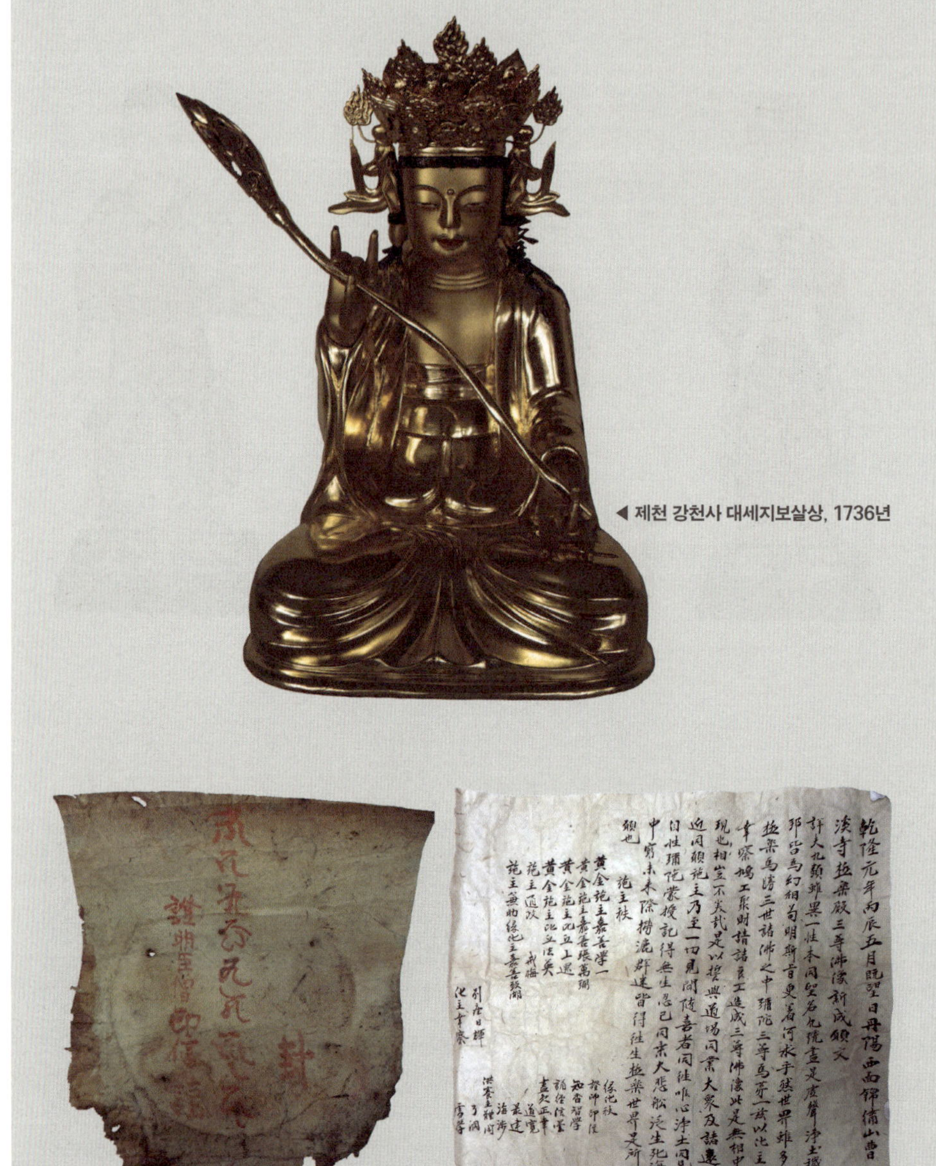

◀ 제천 강천사 대세지보살상, 1736년

▲ 대세지보살상 복장공 덮개

▲ 대세지보살상 복장유물(조성 발원문)

조선시대 불상의 복장기록 연구

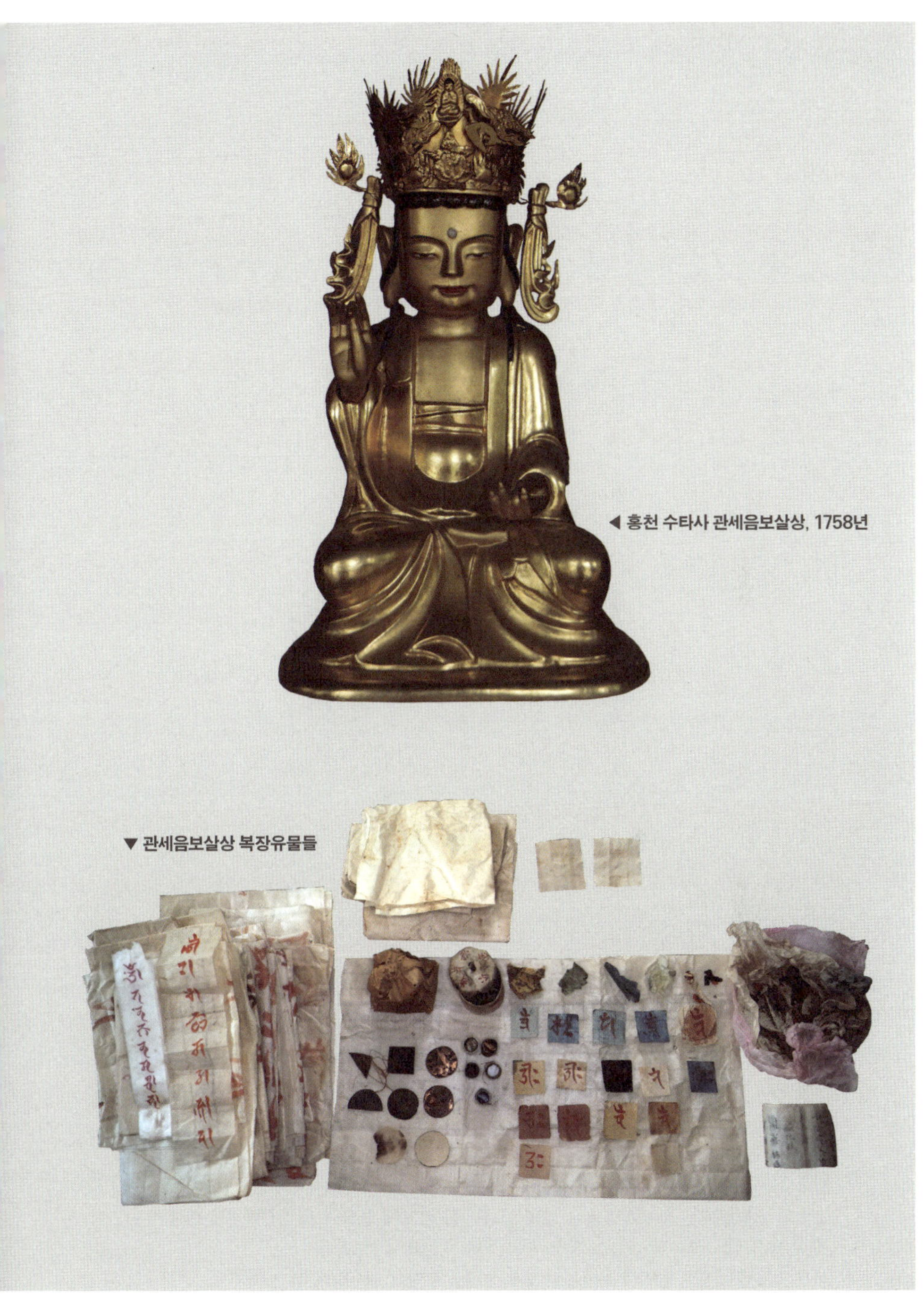

◀ 홍천 수타사 관세음보살상, 1758년

▼ 관세음보살상 복장유물들

불상 조성기 분석을 통한
조선시대 불교 조각 연구 방법론

석가여래의 모습을 인간의 형상으로 표현하기 시작한 이후 불상을 조성한 것은, 눈으로 보이는 대상이 있어야 중생들은 믿음을 내기 때문이었다. "우리 석가여래께서 가르침을 펼 때는 반드시 불상과 법당의 엄숙함이 있는데 이는 중생의 눈은 직접 보아야만 믿음을 일으키기 때문이고, 범종(梵鐘)과 법고(法鼓)를 두는 것은 중생의 귀가 직접 들어야만 그 마음을 경계하기 위함이다."[01] 조선 초 억불숭유 정책 아래에서 가장 불교에 호의적인 왕은 세조(1417~1468, 재위 1455~1468)로 그는 상원사 중창을 권하는 글을 지으면서 스스로 '불제자 승천 체도 열문 영무 조선국왕 이유(佛弟子承天體道烈文英武朝鮮國王李瑈)'라고 칭했다. **그림 1** 그는 상원

---

01 낙산사종명(洛山寺鐘銘), 1469년(예종 1). "佛如來之設教也必有像廟之嚴所以因衆生之目 視而生其信必有鐘皷之」設所以因衆生之耳聽而警其心蓋"

그림 1.
평창 상원사 중창 권선문, 1464년(세조 10)

사 중창 낙성식(落成式)에 참여하기 위해 금강산을 순례하고 낙산사에 들렀을 때, 이곳에서 사리(舍利)가 분신(分身)하는 일이 있자 낙산사를 원찰로 삼아 승려 학열(學悅)로 하여금 중창케 했다. 세조의 원찰인 낙산사에 아버지의 명복을 빌기 위해 그의 아들 예종이 1469년에 낙산사 범종을 조성했다.

조선시대 불교는 조선의 건국과 함께 펼친 억불숭유 정책으로 인해 고려의 국왕이 불교를 숭불(崇佛)하던 시대의 불교와는 많은 차이점을 나타내고 있다. 조선 전기에는 억불숭유 정책 아래에서도 왕실의 후원이 지속되지만 시대가 내려올수록 조선불교계는 차츰 자력으로 불사(佛事)를 진행하면서 수행자인 승려를 중심으로 서민화된 불사를 추진했다. 이러한 변화는 조선의 건국과 함께 펼쳐진 억불숭유 정책이 가장 큰 영향을 미친 것으로 판단된다.

조선시대에는 많은 불교 조각이 조성되었고, 근년에 이르러 개금(改金)을 하거나 불상을 수리하면서 불상 내부에 봉안되었던 불상조성기(佛像造成記)가[02] 많이 발견되었다. 이로 인해 조선시대 불교 조각 연구가 활기를 띠는 계기가 되었다.[03] 특히 불상조성기에는[04] 불상 조성의 사상과 배경, 불상의 명칭, 조성 연도, 불상을 조성한 장인, 시주자(施主者), 소임을 맡은 자 등이 기록되어 있어 일종의 불상에 관한 조선시대 보고서라고 할 수 있다. **그림2**

불상이 신앙 대상이 되기 위해서는 불상이 완성된 후 점안식(點眼式)이라는 의식이 이루어져야 한다. 점안식이 시행되기 전 불상 내부에 사리와 경전 등 여러 가지 물건을 넣게 되는데 이것을 복장(腹藏)이라 한다. 석가여래 열반 후 사리를 봉안한 불탑을 조성한 것처럼 불상을 조성한 후 복장 의식을 통해 불상은 생명력을 갖게 되어 신앙의 대상이 되었

---

02 불교 조각에는 불상(佛像)·보살상(菩薩像)·나한상(羅漢像)·신장상(神將像) 등이 포함된다. 불상 복장에서 발견된 불상 조성에 관한 문서는 원문(願文)·발원문(發願文)·복장기(腹藏記) 등 다양하게 기록되어 있다. 이 기록들은 불상을 만든 목적·시주자·소임자·조각승들을 포함하고 있어 불상 연구에 귀중한 자료를 제공하며 불상 조성에 관한 자료이기 때문에 '불상조성기(佛像造成記)'로 부르고자 한다.

03 조선시대 불상에 대한 대표적인 연구로는 문명대, 『高麗·朝鮮 佛敎彫刻史硏究』(예경, 2003); 송은석, 「17世紀 朝鮮王朝의 彫刻僧과 佛像」, 서울대학교 박사학위 논문, 2007; 최선일, 『朝鮮後期僧匠人名辭典: 佛敎彫塑』(양사재, 2007); ＿＿, 『17세기 彫刻僧과 佛像 硏究』(한국연구원, 2009) ; 김희정, 「조선 후기 경상도지역 조각승과 불상」, 동아대학교 박사학위 논문, 2011; 송은석, 『조선 후기 불교 조각사』(사회평론, 2012) ; 김희정, 『조선 후기 경상도지역 불교 조각 연구』(세종출판, 2013) 등이 있다. 또한 조선시대 기록문화재의 보고라 할 수 있는 (사)한국미술사연구소에서 발행한 『조선시대 기록문화재 자료집』Ⅰ·Ⅱ·Ⅲ(2011~2013)에는 불교 조각을 비롯한 불교건축·불교 회화·불교 공예에 관한 기록이 집성되어 있다.

04 본고에서 다루고자 하는 불상 조성기는 크게 두 가지로 나눌 수 있다. 첫째는 불상의 복장(腹藏)에서 발견된 문서이고, 둘째는 불상이나 대좌에 새겨진 명문과 대좌에 쓰여진 묵서명(墨書銘)이다. 불복장(佛腹藏)으로 발견된 문서는 조성발원문(造成發願文)·권선문(勸善文)·중수기(重修記) 등의 기록을 말한다.

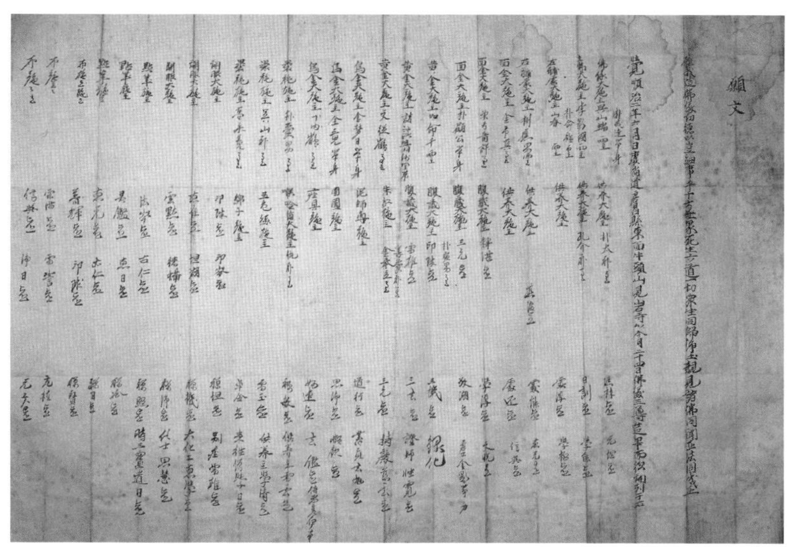

그림 2. 대구 보성선원 석가불상 원문, 1647년 | 자료 제공 : 한북스님

다. 불상의 복장물은 그 자체로 신앙의 대상인 동시에 경전을 포함한 기타 여러 유물과 발원문(發願文)·조성기(造成記) 등은 불상의 조성 경위와 시기 등을 알 수 있는 중요한 자료가 된다.[05] 복장은 불상의 경우 불상 내부라는 공간적 특수성 때문에 불상 조성 당시와 중수 때의 상황을 불상 조성기를 통해 알 수 있다는 장점이 있다. 조선시대의 복장으로 넣어진 불상 조성기에는 시주자(施主者) 및 발원자(發願者)를 밝힌 시주질(施主秩)과 조성 당시 사찰 내에서 불사(佛事)를 이끌었던 소임자와 제작 화사(畵師) 등에 대한 정보가 담겨 있어 불교 조각 연구에 귀중한 자료를 제공하고 있다.

지금까지 조선시대 불상 연구는 발견된 복장품의 조성발원문(造成發

---

05 지관 편저, 『(伽山)佛敎大辭林』 10(가산불교문화연구원, 2008), p.403.

願文)과 불상의 명문을 통한 개별적인 연구와 조선 후기의 조각승(彫刻僧)과 불상의 양식사 파악이 중심이었다. 즉 조선 후기 불상에 대한 연구 성과는 상당히 축적되어 있는 편인데, 현진(玄眞)·청헌파(淸憲派), 응원(應元)·인균파(印均派), 수연파(守衍派), 법령파(法靈派), 단응(端應)·탁밀파(卓密派), 무염파(無染派), 색난파(色難派) 등 조각승 유파에 대한 연구가 중심이 되어 왔다.

본 연구에서 따르고 있는 조선시대 불교 조각의 시대 구분은 조선 전반기(1392~1608)와 조선 후반기(1609~1910)로 구분하고, 조선 후반기를 제1기(1609~1724)와 제2·3기(1725~1910)로 세분했다. 이 시대구분 방법론은 (사)한국미술사연구소의 문명대 교수에서 의해 진행된 한국연구재단의 2010년도 토대기초연구지원(G0007)에 의해 시작된 것으로,[06] 조선시대 불교 조각의 기초 토대는 이때 마련된 것이다.[07] 본서에서 다루고자 하는 내용은 (사)한국미술사연구소의 토대 연구를 바탕으로, 필자가 한국연구재단으로부터 2013년 '저술출판지원'을 받아 진행한 연구로 불상 조성기 분석을 통해 조선시대 불교 조각을 살펴본 것이다.

불상 조성기에는 조선 전반기와 후반기의 불사(佛事)의 경향을 단적으로 보여주는 역사적인 사실들이 기록되어 있다. 조선 전반기

---

06 한국연구재단의 토대기초연구지원은 2010년 9월 1일부터 2013년 8월 30일까지 3년간 진행되었으며, 주제는 '기록 문화재(造成記, 畵記, 銘文, 上樑文)의 조사와 자료집성을 통한 조선시대 미술의 도상해석학적 연구'였다. 이 연구는 불교 조각·불교 건축·불교 회화·불교 공예 등 네 분야로 진행되었는데, 필자는 불교 조각의 일부분을 담당했다.

07 문명대 외, 『조선시대 기록문화재 자료집』 Ⅰ·Ⅱ·Ⅲ(2011~2013); 문명대, 「조선 전반기 불상 조각의 도상해석학적 연구」, 『강좌미술사』36(한국불교미술사학회, 2011), pp.109~149; ＿＿＿, 「조선 후반기 제1기(17세기, 융성기 : 光宗~景宗) 불상 조각의 도상해석학적 연구」, 『강좌미술사』38(한국불교미술사학회, 2012), pp.13~47; ＿＿＿「조선 후반기 제2·3기(18·19세기 : 영·정조~순조·고종기)불상 조각의 도상해석학적 연구」, 『강좌미술사』40(한국불교미술사학회, 2013), pp.125~150.

(1392~1608)의 기록을 갖고 있는 불상들은 왕실 발원과 밀접한 관련을 갖고 있는 것을 알려주며, 조선 후반기(1609~1910)의 명문 불상은 당시 시주층의 변화를 잘 보여주고 있다. 이처럼 불상에 관한 기록들은 왕실 발원 불상의 특징과 일반 대중 다수가 참여해 조성한 불상의 차이를 확연히 파악할 수 있게 해 준다.

본 연구는 다년간 조선시대 불상 조성기의 발굴·조사 및 현지 답사를 통해 축적한 자료를 중심으로 한 연구의 결과물이다. 따라서 그동안 축적한 기초자료를 중심으로 불상 조성기를 통한 조선시대 불상의 조성 배경·불상 조성기의 구성·불사 직임(佛事 職任)·조각승의 직위(職位)·시주자(施主者)와 시주물목(施主物目)·봉안처의 이동 등이 주요 내용이다.

본 연구는 조선시대 불교 조각을 불상 조성기 분석을 통해 고찰한 것이다. 불상 조성기는 조선시대 불상의 복장으로 넣어졌으며, 경우에 따라 없어진 경우도 있지만 여전히 신앙의 대상으로서 불단(佛壇)에 봉안된 불상에는 불상 조성기가 대부분 남아 있는 편이다. 신앙의 대상이기 때문에 개금불사(改金佛事)를 비롯한 특별한 경우가 아니면, 복장은 함부로 열 수 있는 것이 아니다. 그렇기 때문에 복장품 가운데 하나인 불상 조성기는 불탑의 사리(舍利)가 갖는 상징성만큼 신앙적인 의미를 함축하고 있으며, 조선시대 불상 조성에 관한 종합 보고서라고 할 수 있다.

본 연구는 크게 세 가지 목적을 가지고 진행했다.

첫 번째 목적은 조선시대 불상 조성기를 통해 조선시대 불상 연구의 기초 토대를 마련하고자 했다. 불상 조성기에는 앞에서도 언급했다시피 당시 불교계 상황을 알려주는 많은 자료가 함축되어 중요한 가치를 지니고 있는데, 제작 연도를 확실히 알려주어 불상의 양식을 편년하는 데 절대적인 자료가 되고 있다. 또한 불상을 제작한 조각가를 알려주고 있

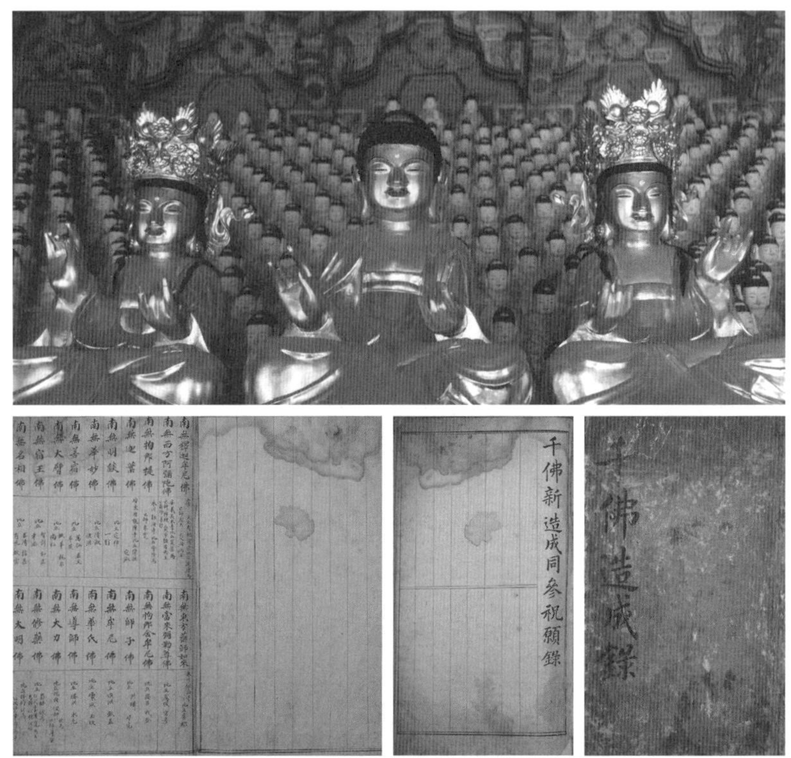

그림 3. 해남 대흥사 천불상과 천불 조성록, 1817년 | 자료 제공 : 동국대학교 학술원

다는 점에서도 주목된다. 16세기에 접어들면서 불상 조성은 승려들로 구성된 장인 집단에 의해 주도되었으며 수조각승(首彫刻僧)을 중심으로 활동하고 있음을 알 수 있다. 따라서 조선시대 조각승들의 계보와 활동 지역을 파악하는데도 불상 조성기는 중요한 자료를 제공하고 있다.

불상 제작을 주도한 당시 불사의 소임자(所任者)에 관한 정보를 담고 있는 조선시대 불상 조성기는 크게 연화질(緣化秩)과 시주질(施主秩)로 구성되는데, 연화질에는 불사의 소임자를 비롯한 조각승에 관한 내용이, 시주질에는 시주자와 시주 물품에 관한 것이 기록되어 있다. 연화질

조선시대 불상의 복장기록 연구

의 내용을 통해 당시 불사의 책임자를 비롯한 승직(僧職)과 소임(所任)까지 살펴볼 수 있어 주목된다.

불상 조성기는 불상 제작에 동참한 시주자와 시주물의 종류에 관한 자료를 제공하고 있다. 실제 불상 제작에 참여한 계층을 보면 조선 전기와 후기의 시주자 사이에는 확연한 변화가 있다. 조선 전기에는 왕실을 비롯한 세력가의 시주가 많은 반면, 조선 후기가 되면 승려와 불교신자들에 의한 불사로 그 경향이 변한다. 특히 조선 후기에는 거사(居士)와 사당(舍堂)이 새로운 불사 주체로 등장하고 있어 이들의 역할과 활동이 주목된다. 시주자의 변화는 당시 불교계의 상황을 그대로 반영한다는 점에서 자료로서의 가치가 높다고 할 수 있다.

불상 조성을 통해 무엇보다도 망자의 극락왕생을 염원하고자 했던 강한 의지를 엿볼 수 있다는 점도 주목된다. 특히 1817년에 조성된 해남 대흥사 천불상은 불상 조성을 위해 권선문으로 『천불조성록(千佛造成錄)』을 만들었으며, 총 1006불(佛)의 명칭이 기록되어 있고 그 아래에 시주자 명단이 있는데, 1817년을 전후해 천불 조성을 위해 시주한 승려들과 재가자들 1천여 명의 이름과 시주하는 이유를 기록하고 있어서 귀중한 자료이다.[08] 이 가운데 주목할 만한 것은 각 불상의 시주자들이 대부분 돌아가신 스승이나 부모의 극락왕생을 발원하고 있다는 점이다.**그림 3**

대흥사 천불상 조성 시주자 조성 기록의 전통은 현대까지도 계승되고 있는데, 천안 각원사 대불전 청동 아미타불상과 각원사 건립이 대표적인 예이다.**그림 4** 충남 천안시 안서동 태조산에 자리한 각원사는 1975

---

08 이종수, 「해남 대흥사의 천불 조성과 그 시주자들」, 『강좌미술사』 43(한국불교미술사학회, 2014), p.100.

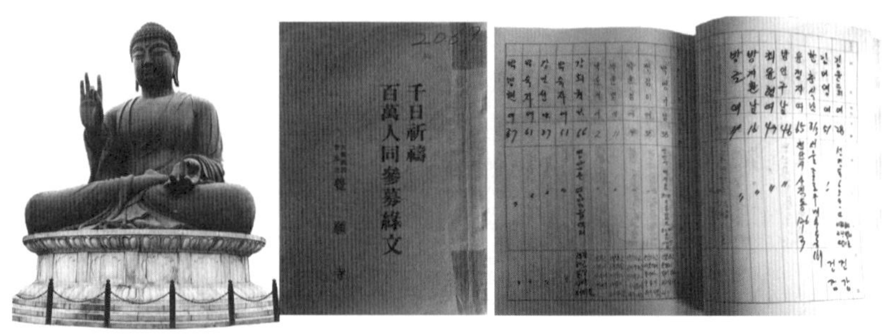

그림 4. 각원사 청동아미타불상과 천일기도 백만인동참모연문 | 자료 제공 : 각원사

년에 경해 법인(鏡海法印) 조실스님의 원력으로 창건되었고, 각원사를 상징하는 청동 아미타불상은 1977년에 남북통일을 기원하는 목적과 함께 조성되었다. 대좌를 포함한 전체 크기가 15미터이고, 무게는 60톤에 달하는 대형의 불상 조성을 발원한 경해 법인 스님께서는, 청동대불을 조성한 후에는 '1천원 시주 모연 불사'를 시작해 현재 각원사의 대가람을 조성하는 원동력으로 삼았다. 여기에서 주목되는 것은 시주자들을 기록한 수 십권의 모연 기록물이 불사 후에 별도로 보관되고 있다는 점이다.

두 번째 목적은 조선시대 불상 조성기 분석을 통해 조선시대 불교사 연구의 외연을 확대하고자 했다. 조선시대 불교사 연구는 주로 문헌 자료에 한정되어 진행되고 있는데, 조선시대 불상 조성기 역시 일종의 문헌 자료에 속한다고 할 수 있다. 그러나 대부분의 불교학자들은 불상의 복장의 일종인 불상 조성기에는 거의 관심을 두고 있지 않으며, 불상 조성기는 주로 미술사학자들에 의해 다루어지고 있는 것이 일반적이다. 그러나 조선시대의 불상 조성기에는 불교사 연구에 필요한 수많은 자료가 담겨 있다. 당시 승려들의 직위(職位)뿐만 아니라 불사의 상황, 승군(僧軍)의 활약, 사찰 경제를 돕기 위한 각종 계(契)를 통한 불사의 참여

　　　　　　　　　　　　　　　조선시대 불상의 복장기록 연구

등에 관한 자료가 함축되어 있다.

불상 조성기에는 조성 연도와 봉안된 장소가 기록되어 있어 불상의 이동 상황을 알 수 있는 단서를 제공하고 있다. 현재 각 사찰 불전(佛殿)에 봉안된 불상은 원 소장처를 떠난 경우가 의외로 많다. 불상의 이동에는 사찰이 없어져서 다른 곳으로 이동된 경우와 특별한 이유가 있었던 것으로 짐작되는데, 불상의 이동 상황을 불상 조성기를 통해 고찰할 수 있다는 점이 주목할 만하다.

따라서 기존의 각종 문헌 자료에서는 찾아볼 수 없는 불상 조성기의 내용은 주목할 만한 가치가 크다. 그럼에도 불구하고 조선시대 불상 조성기에 관한 종합적인 연구는 아직까지 활발하지 못한 편이지만, 불상 조성기 자료가 집성되고 분석이 이루어진다면 조선시대 불교 조각사와 불교사 연구는 한층 체계적인 연구 기반을 마련할 수 있을 것으로 기대된다.

세 번째 목적은 조선시대 불상 조성기를 통해 조선시대 불사 동참자를 데이터베이스 화(化)하고자 했다. 지금까지 조선시대 불상 조성기에 관한 연구는 미술사에서 조각승의 계보와 양식사 파악을 위주로 이루어졌다. 불상 조성기에 나타난 불사의 소임자, 이를테면 불상 조성 과정을 증명하는 소임의 증명(證明)과 불상 조성에 필요한 비용 마련을 담당했던 화주(化主)를 비롯한 다양한 시주자(施主者)와 시주물품 등에 관해서는 연구가 이루어지지 않았다. 그러나 불상 조성기에 기록된 내용들은 어느 것 하나 소홀히 할 것이 없다. 따라서 수많은 불상 조성에 참여한 인물들을 데이터베이스 화(化)한다면, 조선시대 불교 조각사와 불교사 연구의 중요한 기초 자료로 활용할 수 있을 것이다.

불상 조성기 분석을 통한 조선시대 불교 조각의 연구는 주로 조각승의 계보와 양식사에 치중되어 왔던 연구 방법론과 달리, 불상에 관한 기록을 통해 당시 불교 신앙의 형태가 불교 조각 조성에 어떻게 반영되어 있는가를 살피고자 한 것이다. 본 연구에서는 현지 조사와 자료 축적을 바탕으로 명문을 통한 조선시대 불교 조각의 연구를 다음과 같은 방법론을 사용해 분석하고자 하였다.

첫째, 불상 조성기의 내용을 불교 교학과 신앙적 측면에서 접근하는 방법론으로 분석한 것이다. 미술품으로서의 불상은 점안식(點眼式)이라는 의식을 통해 비로소 신앙대상이 된다. 점안식 전에 불상 내부에 복장(腹藏)의 일부로 봉안된 불상 조성기는 그만큼 교학적으로 중요한 의미를 갖고 있다. 따라서 불상 조성기에는 당시 불사의 내용이 기록되어 있어 조선시대 불교사와 불교 조각사 연구의 기초 자료를 제공하기 때문에 불교 교학과 신앙적 측면에서 고찰하고자 하였다.

둘째, 불상 조성기의 내용을 통계적인 분석을 통한 연구 방법론을 통해 살펴보고자 하였다. 조선시대 불상 조성기에 담겨 있는 승직(僧職)을 비롯한 불사의 직임(職任), 시주자와 시주물품, 조각승 등을 파악하기 위해 기초 자료인 불상 조성기를 바탕으로 분석하고 정리하였다.

셋째, 조선시대 불교 조각 연구를 위해 도상 해석학적 방법론으로 분석을 시도하였다. 조선시대 불상 조성기에는 불교 조각의 명칭이 기록되어 있어 각 존상(尊像)의 도상 파악에 귀중한 기초 자료를 제공하고 있다. 조선시대 불상 조성기에는 명부전 도상과 나한전 도상 연구에 필요한 중요한 정보가 담겨 있는데, 각 존상의 명칭과 시주자가 기록되어 있어 귀중한 자료적 가치를 갖고 있다. **그림 5** 명부전의 경우 지장보살·도명존자·무독귀왕으로 구성된 지장삼존상을 비롯해, 명부 세계의 재판관인 시왕(十王)·사자(使者)·판관(判官)·동자(童子)·장군상(將軍像) 등이 구체적 시주 물목으로 등장하고 있어 당시 명부전 도상 파악에 중요한

그림 5. 영광 불갑사 명부전 지장삼존상과 불상조성기, 1654년

단서를 제공하고 있다. 특히 명부전 입구에 수호자세로 서 있는 두 명의 인물상은 그동안 인왕(仁王)·금강역사(金剛力士)·장군(將軍) 등으로 다양하게 지칭되어 왔는데, 불상 조성기에 한결같이 '장군(將軍)'으로 기록되어 있기 때문에 향후 장군상으로 불러야 할 것이다. 이처럼 불상 조성기에는 당시 불교 도상을 파악하는 데 필요한 정보가 담겨 있다.

본 연구에서 사용한 불상 명문 자료는 대부분 2013년까지 수집된 것들로, (사)한국미술사연구소에서 정리한 것이 토대가 되었다. 2013년 이후부터 2016년까지 필자가 복장 조사에 참여했거나 논문으로 발표된 자료는 추가했지만 누락된 자료들도 다수 있음을 밝혀둔다.

阿彌陀佛　諸佛之本師
觀世音菩薩　諸菩薩之本師
地藏菩薩　諸眾生之本師
世尊非他佛之比也　是故
教造有緣破我世生

1장

조선시대
불상 조성기를
통해 본
불교 조각의
조성 배경

조선시대 불상 조성기를 통한 불상 조성의 배경에 관해 살펴보았다. 불상 조성기에는 불사를 하는 목적이 드러나고, 조선 전반기를 지나면서 불상 조성기가 일정한 형식을 갖게 되지만, 완주 송광사 대웅전의 삼세불상처럼 불상 조성의 목적이 뚜렷이 나타나는 경우가 있다. 시기별 불상 조성기에 나타난 조성 배경을 통해 조선시대 불상 조성의 목적을 고찰했다.

1

조선 전반기
(1392~1608)

조선 전반기에 조성된 명문이 있는 불상 가운데 그 성격을 알 수 있는 것은 약 26구 정도이다. 이들 조각상의 존명을 구분하면 다음 〈표 1-1, 1-2〉와 같다. 조선 전반기에 조성된 불상 가운데 조성기가 남아 있는 불상을 중심으로 조성 배경을 살펴보고자 한다.

표 1-1. 조선 전반기 불상 조성기와 불상의 존명

번호	불상명	조성·연대	불상 성격
1	상왕산 출토 아미타불삼존상	1392~1407	아미타불, 관음, 지장
2	영덕 장육사 보살상	1395	미륵보살
		1407	관음보살
3	금강암 미륵불상	1412	미륵불
4	금강산 아미타삼존상	1429	아미타불, 관음, 지장
5	대구 파계사 관음보살상	1447 중수	관음보살
6	밀양 표충사 대원암 지장보살상	1448	지장보살
7	양산 통도사 아미타삼존상	1450	아미타불, 관음, 대세지

8	금강산 온정골 아미타삼존상	1457	아미타불, 관음, 지장
9	견성암 약사삼존불상	1456	약사불
10	영주 흑석사 아미타불상	1458	아미타불, 관음, 지장
11	경주 왕룡사원 아미타불상	1466 조성 1474 완성	아미타 삼존
12	평창 상원사 문수동자상	1466	문수동자
13	순천 매곡동 아미타삼존상	1468	아미타불, 관음, 지장
14	파주 용미리 마애불상	1471	아미타불, 미륵불
15	강진 무위사 아미타삼존상	1476~1478	아미타불, 관음, 지장
16	천주사 아미타불상	1482	아미타불, 관음, 지장
17	남양주 수종사 팔각오층석탑 금동석가불상	1493	석가불, 관음
18	정덕 10년명 지장보살상	1515	지장보살
19	예천 용문사 아미타불상	1515	아미타불
20	대원사 비로자나불상	1516	비로자나불
21	남원 실상사 서진암 나한상	1516	나한상
22	문경 대승사 관음보살상	1516 개금	관음보살
23	서귀포 서산사 보살상	1534	불명
24	홍성 고산사 아미타불상	1543	아미타불
25	봉화 청량사 건칠 약사불상	1560 중수	약사불
26	고창 선운사 참당암 아미타삼존상	1561	아미타불, 관음보살, 대세지보살
27	목포 달성사 지장보살삼존상과 명부 권속	1565	지장보살삼존상, 시왕
28	포항 보경사 비로자나삼존상	1569	비로자나불
29	봉화 청량사 지장보살삼존상	1578 추정	지장보살상, 시왕상
30	경주 왕룡사원 석가불상	1579	석가불
31	경주 왕룡사원 약사불상	1579	약사불
32	울진 불영사 석가삼존상	1580	석가삼존불
33	문경 봉암사 아미타불상	1586	아미타불
34	안성 청룡사 석가삼존상	1601	석가삼존불
35	김해 선지사 아미타불상	1605	아미타불
36	익산 관음사 관음보살상	1605	문수보살, 보현보살 관음보살, 지장보살
37	논산 쌍계사 삼세불상	1605	석가불, 약사불, 아미타불
38	서울 불교박물관 소장 불상	1605~1610	불명
39	공주 동학사 삼세불상	1606	석가불, 약사불, 아미타불

표 1 - 2. 조선 전반기 불상 존명의 비율

불상의 종류	불상명	개수
석가불상	수종사 팔각오층석탑 석가불상, 왕룡사원 석가불상, 불영사 석가삼존불상, 청룡사 석가삼존불상	4
삼세불 (석가·아미타·약사)	논산 쌍계사 삼세불상, 동학사 삼세불상	2
아미타불 아미타삼존불	상왕산 출토 아미타삼존불상, 금강산 아미타삼존불상, 통도사 아미타삼존불상, 금강산 온정골 아미타삼존불상, 흑석사 아미타불상, 왕룡사원 아미타불상, 순천 매곡동 아미타삼존불상, 파주 용미리 아미타불상, 무위사 아미타삼존불상, 천주사 아미타불상, 용문사 아미타불상, 고산사 아미타불상, 선운사 참당암 아미타삼존불, 봉암사 아미타불상, 선지사 아미타불상	15
비로자나불	대원사 비로자나불	1
미륵불	장육사보살상, 금강암 미륵불상, 파주 용미리 마애불상	3
약사불	견성암 약사불, 왕룡사원 약사불, 청량사 약사불	3
관음보살	파계사 관음보살, 대승사 관음보살상, 관음사 관음보살상	3
지장보살	표충사 대원암 지장보살상, 정덕10년명 지장보살상, 달성사 지장보살상, 청량사 지장보살상	4
문수보살상	상원사 문수보살상	1
나한상	서진암 나한상	1
시왕상	달성사 시왕상	1
불명	서산사 보살상, 서울 불교박물관 소장 불상	2

1) 아미타신앙과 아미타불상

조선 전기는 배불(排佛)과 흥불(興佛)이 교차하던 시기이다. 불교가 구시대의 가치와 이념으로 배척되고 경제적 사회적 억압이 강제되는가 하면 또 다른 한편으로는 그런 불교를 일으켜 세우려는 의지와 함께 상당한 노력이 경주되기도 하였다. 장육사 보살상(1395)의 '불복장동발원문

(佛腹藏同發願文)'에는 '세세생생 좋은 스승을 만나 동진 출가하고 신심을 견고히 하며 계행을 청정히 해 미륵보살을 친견하고 모두가 성불하기를 바란다'는[09] 내용이 기록되어 있다. 또한 '주상 전하를 비롯한 왕실의 안녕과 양부 백관(兩府百官)의 복이 무량하기를 바라며, 사해(四海)의 고통이 모두 멎고 부모는 삼악도를 벗어나 정토에 왕생을 바란다'[10]는 내용도 포함되어 있다.

아미타불상과 아미타삼존불이 37.5%를 차지할 만큼 조선 전반기에 많이 조성된 것을 알 수 있다. 다음으로는 석가불, 약사불, 석가·아미타·약사의 삼세불상을 비롯해 비로자나불, 미륵불 등이 조성되며, 보살상으로는 지장보살상과 관음보살상이 가장 많이 조성되고 있다. 이외에도 나한상과 시왕상 등이 제작되었다.

조선 전반기 아미타 불상을 조성한 구체적인 예는 1450년에 제작된 통도사박물관 소장의 아미타삼존불상과 1468년에 조성된 순천시 매곡동 석탑 출토 금동아미타삼존불상을 들 수 있다. 이들 불상 조성에는 많은 시주자가 참여하는데 많은 예는 400명, 일반적으로는 100명 이상이 참여하고 있다. 통도사 아미타삼존불상에서 보듯이 왕실이나 귀족층의 원불(願佛)이라기보다는 수백 명의 승속(僧俗), 천민 등도 섞여 있어 어떤 신앙 집단에서 조성한 불상임을 알 수 있다.[11] 조선 전반기에는 염

---

09 佛腹藏同發願文. "惟願弟子生生世世生修善家早遇明師童眞出」家淫心永斷睡眠輕微於此法門信心堅固戒」行淸淨進道無魔不過七日早早發明廣度」衆生親見彌勒自他一時同成佛道者」

10 "主上殿下萬萬歲」顯妃殿下壽齊年」世子殿下壽千秋」諸王宗室各保天年兩府百官福壽無彊于戈永」息四海波安各父母離苦趣生淨土立願」

11 장충식, 「통도사 금동아미타삼존상의 복장기에 대하여」, 『통도사 금동아미타삼존불상의 종합적 고찰』(통도사성보박물관, 1991), pp.28~30.

     조선시대 불상의 복장기록 연구

불향도(念佛香徒)들이 염불결사(念佛結社)를 통해 아미타불상을 조성하고 예배하는 것이 유행하여 이들 불상이 염불향도들에 의해 조성되었음을 추측할 수 있다. 조선 전반기의 염불향도들의 결사가 성행한 것은 고려 후기 결사 조직의 유행 및 확대가 조선시대에도 계속되었던 것으로 짐작된다. 조선 전반기에 염불향도의 극성과 성행은 『조선왕조실록』에 '염불향사(念佛鄕社)', '염불향도(念佛香徒)', '염불사(念佛社)', '염불소(念佛所)'의 폐단이 많으므로 그것을 폐지하자는 유학자들의 끊임없는 상소를 통해서도 알 수 있다.

조선 전반기 아미타신앙이 유행한 사실은 불교의례 특히 천도재를 통한 불교상제(佛敎喪祭)와 관련이 깊은 것을 알 수 있다. 불교의 상제인 '칠칠재(七七齋)'는 7일을 주기로 하여 칠칠일(七七日) 즉 49일을 상정하고 망자의 왕생과 성불을 기원하는 의례이다. 아미타신앙은 임종 직전에 염불이나 독경을 함으로써, 죽음 직후 아미타불이나 관음보살이 망자를 영접하여 극락으로 바라는 신앙이다. 뿐만 아니라 사후 추선(追善) 행위는 임종 직전에 염불하지 않아 아미타불의 영접을 받지 못하여 지옥이나 삼악도(三惡道)에 떨어진 악인(惡人)을 구제해 주기를 기원하는 의례로 지장신앙과 결합하는 현상을 보인다. 즉 조선 전반기 아미타신앙의 특징은 명부에 떨어진 중생을 구제하는 것까지 아미타신앙이 포괄하게 되는 것이라[12] 할 수 있다.

마지막으로 염불조직과 관련하여 여러 사람이 같이 하는 염불 의례가 성행하여 널리 유포되었던 것으로 보인다. 조선 전반기 복장기 발원

---

12 이분희, 「조선 전반기 阿彌陀佛像의 연구」, 『강좌미술사』 27 (한국불교미술사학회, 2006), pp.194~198.

문의 내용이 정형화되고 지금도 그대로 불려지고 있어, 그만큼 염불 관계 의례에 따라 대중들이 염불하며 아미타불상을 조성하여 예배하였음을 알 수 있다. 이러한 염불 의례의 성행은 1502년(연산군 8)에 해인사에서 복간된 『염불미타도량참법』과 1529년(중종 24) 전라도 광양 만수암(萬壽庵)과 1575년(선조 8) 담양 용천사(龍泉寺)에서 간행한 염불 관계 작법 절차를 모은 『염불작법(念佛作法)』 등의 관련 의식집이 자주 간행된 것을 통해서도 알 수 있다. 이러한 예가 조성기에 나타나는 것은 통도사 아미타삼존불상(1450)의 발원 내용이 나옹 혜근의 가송(歌頌)의 발원 내용으로, 지금도 사찰의 아침 예불에서 사용되는 〈행선축원(行禪祝願)〉을 통해서 알 수 있다. 조선 전반기 불교계의 대표적 지도자들은 선사들이었는데 이들은 정토관을 능동적으로 수용하였다.[13]

고려 말 이후 아미타삼존상의 도상은 아미타·관음·대세지보살에서 아미타·관음·지장보살로 변화한다. 조선 전반기 아미타삼존의 경우 대부분 아미타·관음·지장보살의 도상을 차용하고 있는데, 영주 흑석사 아미타불상(1458)과 천주사 아미타불상(1482)은 현재 독존으로 남아 있지만, 조성기(造成記)에 의하면 아미타·관음·지장 삼존으로 조성했음을 알 수 있다. 흑석사 아미타불상의 경우 조성기에 '아미타불관세음보살지장보살복장기(阿彌陀佛觀世音菩薩地藏菩薩腹藏記)'라고 하여 명확히 존명을 기록하고 있다. 천주사 아미타불상도 '황 명 성화18년 임인 삼월일 다밀지 정수사 원성 서방교주 무량수여래 좌보 관세음보살 우보처 지장보살 삼존 복장기(皇明成化十八年壬寅三月日多密地正水寺願成西方敎主無量壽如來左補觀世音菩薩右補處地藏菩薩三尊腹藏記)'라는 기록을 통해 1482

---

13 이분희, 앞 논문, pp.195~198.

    조선시대 불상의 복장기록 연구

년(성종 13)에 제작되었으며, 원래 정수사 불상이라는 것을 알 수 있다.[14]

조선 전반기에 아미타 신앙과 지장신앙이 결합된 신앙 형태가 조직적으로 확대될 수 있었던 계기는, 고려 후기 신앙결사 운동의 시발점이 되었던 1129년에 결성된 진억대사(津億大師)의 지리산(智異山) 수정결사(水精結社)에서 찾을 수 있다. 이 신앙결사에서 특히 주목되는 것은 무량수불을 모시고 서로 노력하여 함께 서방에 이르기를 목표로 했다는 것이며, 수정 한 개를 무량수불상 앞에 걸어서 믿음을 표시하고 그러한 의미로 사명(社名)을 지었다고 한다. 또한 입사한 사람은 15일마다 『점찰업보경(占察業報經)』에서 설하는 참회법을 수행했는데[15] 이는 정토신앙이 점찰선악의 믿음과 조화되었음을 의미한다.

수정결사의 신앙 방법은 고려 말 조선 초의 아미타삼존상의 협시보살로 지장보살이 채용되는 것에도 영향을 미친 것으로 보인다. 수정결사 조직에서 아미타불과 지장보살을 결합해 신앙했던 것은 참회를 강조한 지장신앙의 성격이 고려시대 이르면, 극락정토의 왕생을 기원하는 신앙대상으로 자리잡는 것과도 관련이 있는 것으로 보인다.[16] 그러므로 수정결사의 신앙 방법인 아미타불과 지장보살의 신앙적 결합이 결사 조직들 사이에 모범이 되어, 사상적·인적 교류를 통해 전 지역으로 퍼져나가게 되었고, 아미타·관음·지장의 삼존형식이 유행하는 한 원인이 되었을 것으로 짐작된다.[17]

---

14 이분희, 앞 논문, pp.201~203.

15 權適, 「智異山水精社記」, 『東文選』 64卷(이분희, 앞 논문, p.205, 주19 참조).

16 김정희, 『조선시대 지장시왕도의 연구』(일지사, 1996), pp.132~137.

17 이분희, 앞 논문, p.205.

그림 6. 흑석사 아미타불상, 1458년

정암산 법천사 당주 미타삼존 원성제연보권문
(井巖山法泉寺堂主彌陀三尊願成諸緣普勸文)

조선 초기 불상의 대표작인 흑석사 아미타불상은 다른 불상에 비해 불상 조성에 시주를 권하는 권선문(勸善文)과 불상 조성 후 작성한 복장기(腹藏記)가 남아 있어 불상 조성의 전후 사정을 알 수 있는 불상이다.

흑석사 아미타불상의**그림 6** 복장 안에서 발견된 문서는 권선문과 불상 조성기 2점이다. 1457년에 조성된 〈정암산법천사당주미타삼존원성제연보권문(井巖山法泉寺堂主彌陀三尊願成諸緣普勸文)〉은 백지 묵서(白紙墨書)로 되어 있으며, 불상이 조성되기 1년 전에 작성된 권선문(勸善文)이다.**그림 7** 이 불상은 정암산 법천사에 아미타삼존상으로 조성되어 현재 흑석사로 옮겨진 것으로, 조성 당시는 삼존상이었으나 현재는 본존만 남아 있다. 흑석사 아미타불상은 개국 이래 계속되어온 억불 정책의 여세가 다소나마 진정되면서 불사설행(佛事設行)과 조상(造像) 활동이 점차

                                        조선시대 불상의 복장기록 연구

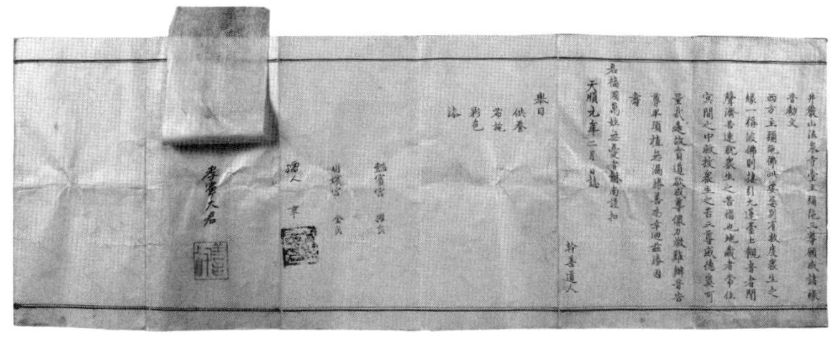

그림 7. 정암산 법천사 당주 미타삼존 원성제연보권문(井巖山法泉寺堂主彌陀三尊願成諸緣普勸文), 1457년

증가했던 세조 연간을 배경으로 하고 있다.[18]

보권문의 내용은 "서방 정토의 교주인 아미타불은 이 사바세계에서 중생들을 고뇌에서 벗어나게 하는 인연이 있어 한편 피불(彼佛)이라고도 칭하니, 중생을 극락세계의 구품연화대 위로 인도해 맞이해 준다. 관음보살은 괴로움을 구제해 달라는 소리를 듣고 중생의 고뇌를 속히 구제한다. 지장보살은 항상 명부 간 죽은 사람의 영혼이 도달하는 곳에 있으면서 중생을 괴로움에서 구제해 낸다. 이 삼존의 위엄과 덕행을 어찌 헤아릴 수 있겠는가. 그러므로 빈도(貧道)가 삼존의 상을 조성하려 했으나 힘이 미약하여 실행에 옮기기 어려웠다. 널리 존귀한 사람과 미천한 사람들에게 고하여 그들의 도움으로 열반의 아름다운 뿌리를 심어서 다행스럽다. 이 아름다운 인연으로 임금께서는 장수하고 나라에 복이 많고 백성이 걱정 없기를 축원한다."[19]로 구성되어 있다.

---

18 최소림, 「黑石寺 木造阿彌陀佛坐像 研究 −15世紀 佛像樣式의 一理解−」, 『강좌미술사』 15(한국불교미술사학회, 2000), p.79.

19 정암산 법천사 당주 미타삼존 원성 제연 보권문(井巖山法泉寺堂主彌陀三尊願成諸緣普勸文, 1457년). "西方主彌陀佛此娑婆別有救道衆生之」緣一稱彼佛則接引九蓮臺上觀音者

아미타삼존불복장기(阿彌陀三尊佛腹藏記) 그림 8-1, 8-2

흑석사 아미타불상의 불복장기는 옅은 청색으로 물들인 명주(140cm)와 그 뒷면에 이어 붙인 같은 폭의 한지(230cm)로 연결되어 있는데, 의빈 권씨를 비롯한 태종의 후궁들과 효령대군과 세종의 사위 안맹담(安孟聃, 1414~1462)을 비롯한 왕실 종친, 제작에 참여한 장인과 승려 등 275명의 시주자 이름이 기록되어 있다. 1457년 2월에 권선문이 작성되었고, 1458년 10월에 복장기가 완성되었으니 불상 조성 연도는 1458년이다. 왜 권선문과 불상 조성 연도가 다를까? 세조 때인데 왜 태종의 후궁들 및 아들과 손자, 세종의 딸과 사위가 시주자로 등장할까? 1457년이라는 해를 주목해 자세히 살펴보면 단종(1441~1457)과 금성대군(錦城大君, 1426~1457)의 죽음과 시주자들과의 연결고리를 찾을 수 있다.

흑석사 아미타불상의 권선문이 기록된 것은 '천순원년이월(天順元年二月, 1457년)'로 되어 있지만 '천순원년'이 쓰여진 종이는 덧붙여져 있기 때문에, '천순2년'을 '천순원년'으로 수정했을 가능성이 있다. 흑석사 아미타불상이 완성된 것은 1458년 10월이었고 이때는 단종과 금성대군의 일주기가 되는 때였다. 따라서 이 아미타불상은 단종과 금성대군을 비롯한 단종 복위 사건으로 1457년 10월에 희생된 이들의 명복을 빌기 위해 조성되었음을 알 수 있다.

이러한 추측을 가능케 하는 것은 권선문과 복장기에 등장하는 시주자들 중 왕실 관련 인물들이 있는데, 이들은 단종 및 금성대군과 밀접하

聞」聲濟苦速脫衆生之苦惱也地藏者常住」冥間之中救拔衆生之苦三尊威德奚可」量哉是故貧道欲成尊像力徽難辨普告」尊卑須植無淚勝善爲幸廻玆勝因」壽」君福國萬姓無憂者穌南謹扣"(『발원, 간절한 바람을 담다』, 국립중앙박물관, 2015, p.301).

     조선시대 불상의 복장기록 연구

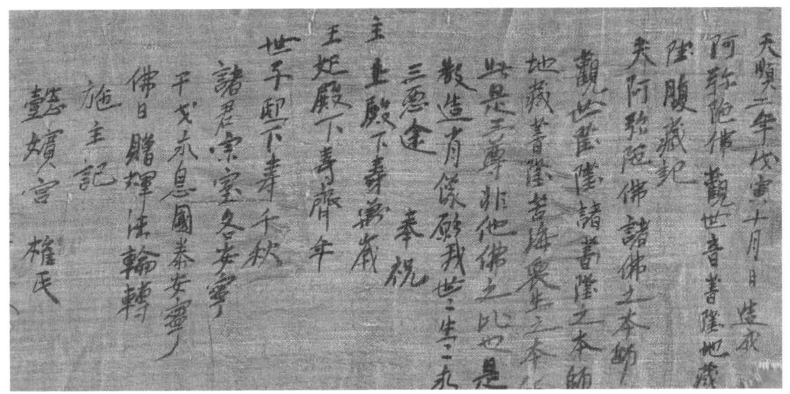

그림 8-1. 흑석사 아미타불상 조성기, 1458년 │ 자료 제공 : 손영문

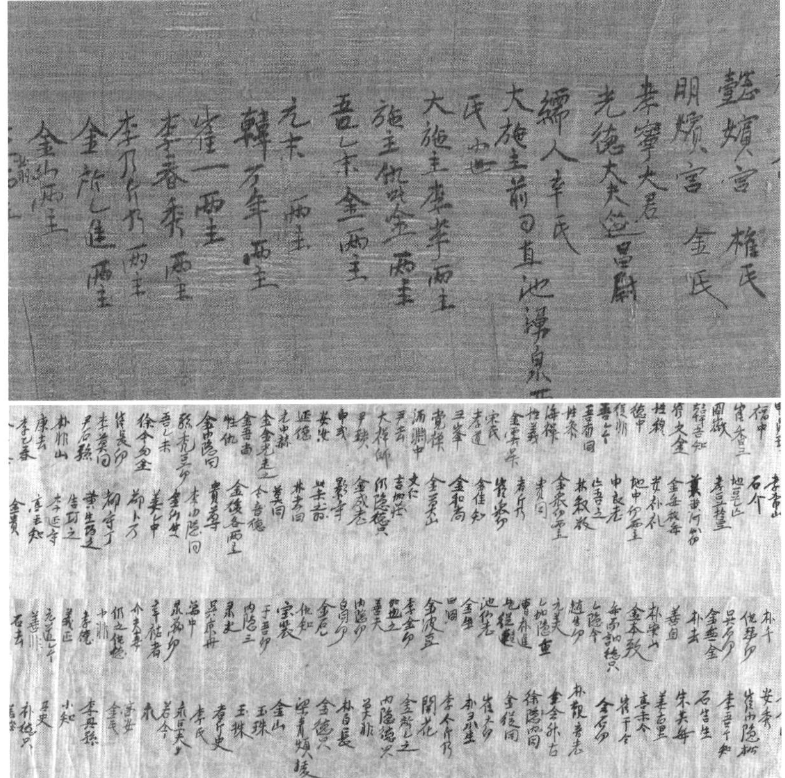

그림 8-2. 흑석사 아미타불상 조성기 중 시주질(施主秩) │ 자료 제공 : 손영문

게 연결되어 있다. 단종과 관련된 사람들은 태종의 둘째 아들 효령대군 이보(李補, 1396~1486)와 그의 아들 의성군 이채(李寀, 1411~1493), 그리고 별도의 천에 기록된 세종의 딸인 정의공주(貞懿公主, 1415~1477)와 그의 남편 연창위 안맹담이다.

효령대군과 그의 아들 이채가 흑석사 아미타불상 조성에 참여한 이 유는 효령대군의 부인인 예성부부인 해주 정씨(1394~1470)의 조카인 정 종(鄭悰, ?~1461) 때문이다. 정종은 문종의 딸이자 단종의 누나인 경혜공 주(敬惠公主, 1436~1473)의 남편으로, 단종 복위 운동에 참여한 금성대군 과 연루되어 강원도 영월로 유배되었다. 세종의 사위인 안맹담은 세조 가 단종 주변의 김종서 등을 죽이고 실권을 장악한 계유정란의 공신이 지만 '요공(了空)'이라는 법명을 가진 불교 신자였고, 정의공주는 '묘화 (妙和)'라는 법명을 가진 신자로서 조카인 단종과 동생인 금성대군의 명 복을 빌기 위해 동참한 것으로 보인다.

왕실의 시주자들 가운데 태종의 후궁인 의빈 권씨(?~1468), 명빈 김 씨(?~1479), 신빈 신씨(?~1435) 등은 단종보다는 금성대군과 깊은 관련이 있는 것으로 여겨진다.[20] 이 가운데 의빈 권씨가 흑석사 아미타불상 조성 을 주도적으로 이끌었고, 신빈 신씨는 1435년에 이미 세상을 떠난 뒤였 기 때문에 '유인 신씨(孺人申氏)'로 기록되어 있다. 의빈 권씨와 태종 사이 에는 정혜옹주(貞惠翁主, ?~1424)가 있었지만 그녀는 일찍 세상을 떠나고 말았다. 정혜옹주 사후에 태어난 금성대군은 어머니 소헌왕후를 대신해 세종의 권유로 의빈 권씨가 보살폈기 때문에 그녀를 어머니처럼 여겼다.

---

20 황인규, 「조선 전기 후궁의 비구니 출가와 불교신행」, 『불교학보』 57 (동국대학교 불교문화 연구원, 2011), pp.117~143.

 조선시대 불상의 복장기록 연구

신빈 신씨는 1422년(세종 4)에 태종이 죽자 의빈 권씨와 함께 승려가 되었고, 이 때문에 그녀를 의빈 권씨가 시주자 명단에 올린 것으로 보인다.

흑석사 아미타삼존불상은 아미타불·관세음보살·지장보살로 구성되었다고 권선문과 복장기에 기록되어 있는데, 일반적인 배치와 달리 대세지보살 대신에 지장보살이 선택된 것은, 단종과 금성대군의 명복을 기원하기 위해 조성했기 때문으로 보인다. 이러한 예로는 조선 초 대표적인 영가천도재인 수륙재를 지내던 사찰이며 효령대군의 후원으로 건축된 강진 무위사 극락전의 아미타삼존불상에서도 찾아볼 수 있다.

흑석사 아미타불 복장기에는 불상 조성의 목적이 잘 드러나 있는데 "대저 아미타불은 여러 부처의 본사(本師)이며, 관세음보살은 모든 보살의 본사이고, 지장보살은 고해 중생들의 본사이다. 이 삼존은 다른 부처와 비교할 바가 아니다. 이러한 까닭으로 삼가 초상(肖像)을 조성하여 원컨대 세세생생 영원토록 삼악도를 벗어나길 바란다. 주상 전하께서는 만세토록 장수하시고, 왕비 전하께도 똑같이 장수하시고, 세자 저하께서도 천년토록 장수하시고, 여러 군(君)과 종실(宗室)들도 각기 안녕하시고, 전쟁이 영원히 없고 나라가 태평하고 평안하며, 부처의 광채가 더욱 빛나고 부처의 설법이 끊임없이 전파되기를 받들어 축원한다."[21]는 내용이다.

---

21 아미타삼존불복장기(阿彌陀三尊佛腹藏記, 1458년). "天順二年戊寅十月日 造成」阿彌陀佛觀世音菩薩地藏菩」薩腹藏記」夫阿彌陀佛諸佛之本師」觀世音菩薩諸菩薩之本師」地藏菩薩苦海衆生之本師」此是三尊非他佛之比也是故」敬造肖像願我世世生生永離」三惡途 奉祝」主上殿下壽萬歲」王妃殿下壽齊年」世子邸下壽千秋」諸君宗室各安寧」干戈寧息國泰民安」佛日增輝法輪轉」"(『발원, 간절한 바람을 담다』, 국립중앙박물관, 2015, p.302).

2) 미륵신앙과 미륵보살상

장육사 보살좌상은**그림 9** 그동안 학계에서는 관음보살로 추정해 왔으나 복장발원문에 '친견미륵자타일시동성불도자(親見彌勒自他一時同成佛道者)'[22]라고 되어 있어 미륵보살상으로 봄이 타당하지 않을까 생각된다.**그림 10** 동진 출가와 계율 청정을 강조하고 있으며, 중생을 제도하고 미륵을 친견하기를 바란다는 내용은 이 시기 매향 사상과도 관련이 있어 보인다.[23]

또한 1412년에 조성된 금강암 미륵불좌상은**그림 11** 〈영암비구창금강암비명(玲嵒比丘創金剛庵碑銘)〉에 의하면 '무착대사 문인인 영암 왕상인(王上人)이 질 좋은 청석을 찾아 미륵상(彌勒像)을 조성했다'는 확실한 내력이 기록되어 있다. 태종과 궁주 권씨(宮主權氏) 일족, 그의 딸 옹주 이씨 등이 적극적으로 참여한 왕실 불상 머리에 보탑을 이고 손에 보주형의 용화수를 든 전형적인 미륵불 도상이다. 조선 전반기에는 아미타 신앙과 함께 미륵상생신앙과 미륵하생신앙이 공존하였음을 장육사 보살상과 금강암 미륵불좌상을 통해 알 수 있다.[24]

금강암 미륵불좌상을 조성한 궁주 권씨는 태종의 후궁인 의빈 권씨(懿賓權氏)로 아버지 성균악정(成均樂正) 권홍(權弘, 1360~1446)과 그의 딸

---

22 정영호, 「莊陸寺菩薩坐像과 그 腹藏發願文」, 『考古美術』 128(한국미술사학회, 1975), p.2.

23 고려시대 결사 조직을 보면 매향비(埋香碑)에 관한 기록을 많이 볼 수 있다. 또한 향도들이 추구하였던 신앙상의 목적이 아미타와 미륵을 포함한 '정토왕생'으로 나타나고 있다는 점이다(정제규, 「고려시대 불교신앙결사에 대한 인식과 그 성격 -『동문선』 소재 신앙결사 기록을 중심으로-」, 『문화사학』 21, 한국문화사학회, 2004, pp.623~650).

24 문명대, 「조선시대 불교 조각사론」, 『고려·조선 불교 조각사 연구-삼매와 평담미』(예경, 2003), pp.269~270.

그림 9. 장육사 보살상, 1395년

그림 10. 장육사 미륵보살상 조성기 | 자료 제공 : (재)불교문화재연구소

그림 11. 금강암 미륵불상, 1412년

정혜옹주(?~1424)와 함께 이 불상을 조성했다. 의빈 권씨는 1402년에 정의궁주(貞懿宮主)에 봉해졌고 정혜옹주를 출산했으며, 1422년에 세종은 권씨를 의빈으로 승격시켰다. 의빈 권씨는 세종의 여섯째 아들 금성대군을 맡아 길렀고, 태종이 죽자 1422년에 비구니가 되었다. 의빈 권씨는 1412년(태종 12) 원당인 보령 금강암을 아버지 권홍과 함께 시주해 무학 자초(無學自超, 1327~1405)의 제자인 영암(玲巖)으로 하여금 중건하고 미륵불을 조성했던 것이다.[25]

---

25 황인규, 「조선 전기 후궁의 비구니 출가와 불교신행」, 『불교학보』 57(2011), p.121.

3) 석가신앙과 석가불상

수종사 팔각오층석탑의 석가불상은 1493년에 조성되었으며, 석가불상
과 관음보살을 조성한다는 기록[26]이 있다. 또한 왕룡사원 석가불상은
1579년에 삼세여래의 한 구로 조성되었고, 삼세여래로 사바세계의 교
주 석가여래와 유리광 세계의 교주 약사여래를 함께 조성하고 있다.[27]
왕룡사원의 석가불상은 조선 후기 유행하는 삼세불상의 도상을 파악하
는 데 중요한 자료를 제공해 주고 있다고 하겠다.

수종사 팔각오층석탑에서 발견된 불상군 가운데 1493년에 조
성한 불상군은 초층 탑신석에서 발견된 것으로 숙용 홍씨(淑容 洪氏,
1457~1510), 숙용 정씨(淑容 鄭氏, ?~1505), 숙원 김씨(淑媛 金氏, 1475 이전
~1524 이후) 등이 발원한 것이다. 수종사에는 태종과 의빈 권씨 사이에
태어난 정혜옹주의 사리탑이 있어 왕실과 밀접한 관련이 있음을 알 수
있다. 정혜옹주 사리탑은 1439년(세종 21)에 유씨(柳氏)와 금성대군이 건
립했다는 명문이 사리탑 옥개석에 새겨져 있다. 이후 1459년(세조 5)에
세조가 강원도 상원사에 병을 치료하고자 갔다가 돌아오는 길에 하룻밤
을 이곳에서 보내던 중 운길산에서 종소리가 들려왔고, 다음 날 종소리
가 난 곳을 찾다가 바위굴에서 18나한상을 발견하고는 크게 중창했다고
한다. 이후 수종사는 왕실 여인들과 긴밀한 관계를 맺게 되었고, 1469
년(예종 1)에 인수대비 한씨(1437~1504)가 정업원 주지 이씨와 함께 수종

---

26 박아연,「1493年 水鐘寺 석탑 봉안 왕실 발원 불상군 연구」,『미술사학연구』269(한국미술
  사학회, 2011), p.13. "釋迦如來一軀 觀音菩薩一軀"

27 문명대 지음,『왕룡사원의 조선 전반기 불상조각』(한국미술사연구소·왕룡사원, 2007), p.55.
  "寶刹有佛像三尊乃三世如來也 娑婆琉璃兩世教主 萬曆七年己卯一時造成也"

　　　　　　　　　　조선시대 불상의 복장기록 연구

사에 소종(小鐘)을 시주했고, 1493년 숙용 홍씨·숙용 정씨·숙원 김씨가 팔각오층석탑에 금동과 목조불상군을 봉안한 사실에서 알 수 있다.[28]

억불숭유 정책을 실시한 조선이었지만 세조 때에 이르러서는 왕과 왕비를 비롯한 왕실·종친이 불교를 신봉해 앞 시대와는 달리 원각사(圓覺寺)와 정인사(正因寺)를 창건하는 흥불(興佛) 정책을 의욕적으로 실시했다. 수종사는 바로 세조 때의 흥불 정책을 배경으로 중창되었다. 수종사 탑 발견 불상 중에 1493년 명 복장을 가진 석가불상 바닥면에는 '시주 명빈 김씨(明嬪金氏)'가 시주자로 뚜렷이 음각되어 있다. 1493년에 성종의 후궁들인 숙용 홍씨 등에 의해 불상들이 조성되기 이전인 1479년 6월(성종 10)에 태종의 후궁이었던 명빈 김씨는 세상을 하직했지만, 그녀의 무덤이 수종사 부근인 고양군에 위치한 것으로 보아 그녀는 수종사를 원찰로 삼았을 가능성도 있다.[29]

수종사 탑 발견 석가불상의 1493년 조성 발원문에 의하면 1493년 6월 7일 성종(1457~1495)의 세 후궁이 성종의 성수만세(聖壽萬歲)와 덕을 찬양하고 대비들과 왕후, 세자 및 소생 자녀들의 복과 수명 그리고 왕실의 안녕, 부귀와 소원 성취를 기원하며 옛 불상을 중수해 탑에 안치했다고 한다.[30] 발원문에는 시주자인 세 후궁과 함께 각 소생 자녀들의 이

---

28 박아연, 앞 논문(2011), pp.8~9.

29 유마리, 「水鍾寺 金銅佛龕 佛畫의 考察」, 『미술자료』 30(국립중앙박물관, 1982), p.45.

30 홍치 6년 계축 유월 초 7일 숙용 홍씨, 숙용 정씨, 숙원 김씨 등이 오로지 주상 전하께서 만세토록 수명을 누리시고 자식들 모두 복과 수명을 누리기를 바라면서 석가여래 1구와 관음보살 1구를 봉안하면서 아뢴다. 이 공덕으로 뜻과 같이 이루어지다. 주상 전하는 그 뜻이 어찌 막중하지 않으리. 어린 자식은 뼈와 살인 바 정이 어찌 도탑지 아니하랴. 부귀가 지극하다. 어려움이 모두 풀려 품은 뜻과 수명을 더 오래 늘려가고, 늘 어리석음과 쇠약함이 다하여지다. 많은 생각을 펼치기보다는 오로지 부처님을 생각함이 낫고, 법문이 비록 많으나 부처님을 조성함이 최고이다. 이에 정성을 베푸는 데 힘쓰고 각자 자신의 돈을 희사해 옛 부처

름이 태어난 순서로 기록되어 있는데, 이는 자신과 자녀들이 불상 중수를 통해 부처의 은덕을 받게 하고자 한 것으로 보인다. 수종사 탑 발견 금동석가불상은 명빈 김씨가 생존했던 1479년 이전에 조성되었고, 이를 성종의 후궁들이 다시 중수해 석탑에 봉안한 것이다.[31]

1605년 논산 쌍계사 삼세불상과[32] 1606년 동학사 삼세불상[33] **그림 12** 역시 석가불·약사불·아미타불의 삼불(三佛)로 구성되어 있어, 삼세불 도상이 시간적 삼세불이 아니라 공간적 삼세불로 조선 전반기부터 조성되고 있음을 알 수 있다.[34] 복장 발원문의 발견으로 조선 전반기 삼세불 도상 연구에 중요한 자료를 제공하고 있다.

논산 쌍계사 삼세불상은 임진왜란(1592~1598) 7년 후인 1605년에 조성되었다. 1592년 임진왜란 이전 조선 사회는 그야말로 전성기를 누리고 있었다. 1392년 조선 건국 이후 북쪽의 중국은 명나라와 청나라 전신인 후금이 다투는 상황이었고, 바다 건너 일본 역시 토요토미 히데요시가 전국을 통일하기 이전으로 분열되어 있었다. 건국 후 2백년 동안

를 중수하고 장엄하게 이를 장식한 다음, 정성 다해 점안해 평온하게 탑묘에 안치하니, 사방에서 두루 일이 잘 풀리고 소원을 이룸이 필히 원만하여지다. 임금의 덕을 칭송함이 해나 달과 나란히 하고, 선대 왕의 수명이 천지와 같이 영원하며, 양쪽 두 분 대비마마, 왕후, 세자는 큰 복을 받아 태어나셨으니 모두 다 수명장수하고 또한 스스로의 몸을 잘 다스려지다. 모든 아들과 사위들이 잘 자라 건강하고 마음 편안하며 복과 수명이 더욱 높아지고 머무르는 곳마다 주상의 성스러운 못에 잠기며 세세생생토록 항상 주인으로 모시오리다.(윤병무, 「水鍾寺 八角五層石塔內 發見 遺物」, 『김재원 박사』(을유문화사, 1969, pp.961~962 ; 박아연, 앞 논문(2011), p.13. 각주30)

31 박아연, 앞 논문(2011), p.14.

32 문명대, 「석준(釋俊), 원오(元悟)파의 성립과 논산 쌍계사 삼세불상(1605년) 및 복장의 연구」, 『강좌미술사』 36(한국불교미술사학회, 2011), pp.579~597.

33 정은우, 「동학사 대웅전의 목조석가여래삼불좌상과 조각승 각민」, 『정신문화연구』 35-4(한국학중앙연구원, 2012), pp.241~265.

34 심주완, 「조선시대 三世佛像의 연구」, 『미술사학연구』 259(한국미술사학회, 2008), pp.5~40.

그림 12. 동학사 삼세불상, 1606년

조선은 태평성세를 누리고 있었다.[35]

임진왜란과 정유재란으로 일본에게 패한 후 조선 사회는 패닉 상태가 되었다. 국토는 황폐화되었고 백성들은 궁핍한 생활을 하였으며, 전국의 사찰은 대부분 불탔다. 이러한 상황 속에서 논산 쌍계사에서 수행 중이었던 자비심 많은 영관 스님은 삼세불상을 조성해 전쟁으로 인한 상처를 치유하고자 했을 것이다. 논산 쌍계사 삼세불상을 조성한 이유는 불상 조성기에 잘 표현되어 있다.

"1605년인 선조 38년 3월에 자비승 영관스님이 불상을 조성하고자 뛰어난 장인을 불러서 만들기 시작해 여름을 지나 초가을 7월에 삼가 조성을 마쳤다. 그믐날(말일)에 쌍계사 2층 전각에 봉안해 예경했으며, 조성 발원문을 갖춘 후 임금님의 목숨이 무궁함을 봉축하고 또한 각각 결원(結願)해서 기쁘게 시주한 모든 시주자들이

<hr>

35 정두희·이경순 엮음, 『임진왜란 동아시아 삼국전쟁』(휴머니스트, 2007), pp.14~22.

바로 복과 수명을 더하고 깨닫기를 원한다. 이 공덕이 일체 만물에 미쳐 우리와 모든 중생들이 모두 함께 불도를 이루기를 원한다.”

논산 쌍계사 삼세불상이 봉안된 현재의 대웅전은 영조 14년인 1738년에 재건되었으니, 불상이 조성된 후 133년 뒤에 다시 건립된 것이다. 1605년 불상 봉안 당시에는 2층 불전이었는데 1738년에 재건되면서 현재처럼 단층으로 축소되었다. 논산 쌍계사처럼 17세기에 2층으로 건립된 불전이 18세기에 재건되면서 단층으로 축소된 경우는 완주 송광사 대웅전과 고창 선운사 대웅전에서도 발견된다.

4) 약사신앙과 약사불상

1456년에 조성된 견성암 약사삼존불상은 현재 불상 조성기만 전하고 있고 불상의 존재는 알 수 없다. 그러나 불상 조성기에 의해 세종의 다섯째 아들 광평대군(廣平大君, 1425~1444)의 명복을 빌기 위해 그 부인 신씨(申氏)가 조성한 불상으로 짐작되며, 그녀는 말년에 비구니가 되어 법명을 혜원(慧圓)이라고 했다.[36] 세종 26년인 1444년에는 다섯 번째 아들 광평대군이 세상을 떠났고, 그 이듬해인 1445년에는 일곱째 아들 평원대군(平原大君, 1427~1445)이, 세종 28년인 1446년에는 소헌왕후(昭憲王后, 1395~1446)가 잇따라 죽음을 맞게 되면서 세종도 불교에 대해 호의적인 입장이 되

---

36 장충식,「景泰七年 佛像腹藏品에 對하여」,『미술사학연구』138·139 (한국미술사학회, 1978), p.42.

　　조선시대 불상의 복장기록 연구

었던 것으로 보인다. 이러한 분위기 속에 광평대군의 부인 영가부부인(永嘉府夫人) 신씨는 광평대군 사후 비구니가 되었던 것으로 짐작된다.

광평대군의 부인 신씨는 젊은 나이에 세상을 하직한 남편 광평대군의 명복을 빌기 위해 묘소 곁에 견성암을 건립하고 약사삼존상을 봉안했던 것으로 추정된다. 현재 서울 강남의 봉은사(奉恩寺)는 견성암의 전신인 광평대군의 명복을 빌기 위해 묘 옆에 창건한 재암(齋庵)에서 비롯되었다. 견성암은 광평대군의 원당(願堂)으로 창건 당시부터 왕실로부터 전폭적인 지원을 받았고, 광평대군 부인 신씨가 중심이 되어 세조의 부인 정희왕후(貞熹王后, 1418~1483), 세종의 차녀인 정의공주(貞懿公主, 1415~1477), 세종의 넷째 아들 임영대군(臨瀛大君, 1420~1469)과 여덟째 아들 영응대군(永膺大君 , 1434~1467) 등이 참여했다. 또한 불교계에서는 신미(信眉), 학조(學祖), 학열(學悅) 등 세조의 후원을 받아 불교계를 이끌었던 고승들이 동참했다. 이와 함께 세종과 소헌왕후를 비롯해 광평대군의 양부모인 조선 초 제1차 왕자난 때 이방원(李芳遠)에 의해 암살된 무안군((撫安君) 이방번(李芳蕃, 1381~1398)과 무안군부인 왕씨(王氏)의 극락왕생과 왕실의 안녕을 기원하는 것도 불사의 주된 내용이었다.[37]

불상을 조성한 화원(畵員)은 이중선(李中善)인데 그는 흑석사 아미타불상 조성에도 참여한 조각승이다. 이 삼존불상은 분업이 이루어지고 있는데 보관(寶冠) 조성은 김금음지(金今音知), 조불(造佛)은 성도(省道)가 담당하고 있다. 견성암 약사삼존상은 1456년이라는 절대적 연도를 갖고 있어 조선 전반기 약사불상의 조성을 짐작케 하는 중요한 단서이다. 중생의 병고

---

37 강호선, 「조선 전기 왕실원찰 견성암(見性庵)의 조성과 기능」, 『서울학연구』 59(서울시립대학교 서울학연구소, 2015), pp.3~4.

를 담당하는 약사신앙은 어느 시대를 막론하고 현세이익적인 신앙으로 받
아들여졌기 때문에, 조선 전반기에도 많이 조성되었을 것으로 추측된다.

5) 법신불 사상과 비로자나불상

조선 전반기 명문이 있는 비로자나불상으로는 1516년에 조성된 대원사
비로자불상과 1569년에 조성된 포항 보경사 비로자나삼존불상을 들 수
있다. 대원사 비로자나불상에 관한 기록은 대좌에 묵서(墨書)되어 있는
데, 정덕 11년에 비로자나불상과 금강대좌를 새로 조성한다는 내용이
다.[38] 조선 전반기에 비로자나불상 역시 꾸준히 제작되고 있음을 알려
주는 자료라고 할 수 있다.

6) 관음신앙과 관음보살상

조선 전반기 관음보살상은 대부분 아미타삼존상의 협시로 조성되었지
만 파계사 관음보살상과**그림 13** 대승사 관음보살상은 단독으로 봉안되었
다. 전자는 1447년의 중수기를, 후자는 1516년의 개금기를 가지고 있
다. 관음보살 역시 가장 현세이익적인 보살 신앙이기 때문에 조선 전반
기에 지장보살과 함께 많이 조성되었을 것으로 여겨진다.

---

38 "正德十一年丙子八月 新造像毘盧遮羅佛 金剛臺 幷畢"

그림 13. 파계사 관음보살상, 1447년 중수　　　　　그림 14. 달성사 지장보살상, 1565년

7) 지장신앙과 지장보살상

지장보살상은 관음보살상과 마찬가지로 아미타삼존상의 협시로 조성
되었지만 목포 달성사 지장보살상은**그림 14** 시왕상과 함께 1565년에 조
성되었고, 1719년에 중수되었다. 달성사 지장보살상의 조성기에는 선
종판사와 교종판사의 법명이 보이며 각 시왕들의 시주자도 함께 기록
되어 있다. 불상 조성기는 1565년(명종 20) 10월 2일에 기록된 것으로,
전라도 남평 웅점사(熊岾寺)에서 지장보살 삼존상과 시왕상, 일직·월직
사자를 봄부터 시작해 그해 가을철에 마쳤다는 것이다. 조성 동기는 임
금과 왕비 및 왕세자의 수만세를 기원하고 있다. 발원문의 웅점사는 현

재 나주 운흥사로 19세기 초 초의(草衣, 1786~1866)가 삭발한 곳이다.[39]

달성사 지장삼존상과 명부 권속은 1719년(숙종 45)에 개금과 개채(改彩)되었는데, 이때에는 1565년 조성 당시의 응점사가 운흥사(雲興寺)로 사찰명이 바뀌었다. 또한 '옛 터에서 조성한 것을 새로운 곳으로 옮겼다'는 내용으로 보아 옛 응점사에서 새로 신축된 운흥사로 지장보살삼존상과 명부 권속을 옮겨 봉안한 것을 알 수 있다.[40] 달성사 지장보살삼존상과 명부 권속은 조선 전반기 지장신앙과 시왕 신앙을 살피는 데 중요한 자료이며, 지장신앙은 아미타신앙과 결합되어 조선 전반기에 큰 인기를 얻었던 것으로 추정된다.

8) 나한신앙과 나한상

남원 실상사 서진암에는 1516년에 조성된 16나한상이 있다. 조각승의 이름은 없지만 화주(化主)로서 경희(敬熙)의 이름만이 보인다. 돌로 만들어진 16나한상은 조선 전반기에 성행한 나한신앙을 잘 반영하고 있는 것으로 여겨진다.

---

39 성춘경, 「達聖寺 木造地藏菩薩 및 阿彌陀三尊佛」, 『문화사학』 14(한국문화사학회, 2000), pp.71~74.

40 성춘경, 앞 논문(2000), p.74.

2

조선 후반기 제1기
(1609~1724)

조선 후반기의 제1기는 조선 불교계에 불사(佛事)가 활발히 이루어진 시기로서, 불전·불상·불화·범종 등이 많이 조성되어 현재까지 전해지고 있다. 그러나 조선 후기는 불교사에서 교단이 침체 상태에 있었고, 신행 활동만으로 그 명맥을 유지하고 있었다는 부정적인 시각이 강한 편이다.[41] 또한 국가의 억불정책, 사원경제, 승군(僧軍)·승역(僧役)·승계(僧契)를 둘러싼 문제, 법통론과 대표적인 승려의 사상 등에 한정되었다는[42] 평가를 받고 있다. 그러나 이 시기 불상에 대한 연구 성과는 상당히 축

---

41 이명호,「조선 후기불교에 대한 부정적 시각의 극복과 비판적 고찰」,『불교학보』58(동국대 불교문화연구원, 2011), pp.158~184.

42 조명제,「朝鮮後期 松廣寺의 전적 간행과 사상적 경향」,『보조사상』32(보조사상연구원, 2009), p.5. 조선 후기 불교사에 대한 연구 동향은 김순석,「조선 후기 불교사 연구의 현황과 과제」,『조선 후기사 연구의 현황과 과제』(창작과 비평사, 2000) 참조.

적되어 있으며, 현진(玄眞)·청헌파(淸憲派), 응원(應元)·인균파(印均派), 수연파(守衍派), 법령파(法靈派), 단응(端應)·탁밀파(卓密派), 무염파(無染派), 색난파(色難派) 등 조선 후기 조각승 유파에 대한 연구 역시 활발히 이루어지고 있는 편이다.[43] 조선 후기 불상 조성기에는 조선 전기와 마찬가지로 불상의 제작 연대, 봉안처, 조성 목적, 발원자 및 시주자, 조각승에 대한 정보가 담겨 있어 미술사뿐만 아니라 조선 후기 불교사를 비롯한, 이두(吏讀) 연구에도 귀중한 자료로 활용되고 있다.[44]

조선 후기 불교시책의 기본 성격은 승려의 국역체계 편입이나 군사적 활용에 있었고, 법제적 공인이나 억불(抑佛)·숭불(崇佛) 어느 한쪽의 편향은 거의 나타나지 않았다. 그러나 예외적인 상황이 현종 대에 일어났다.[45] 즉 1660년(현종1) 사비(寺婢)의 출가 사건을 계기로 양민이 승려가 되는 것을 금하고, 위반 사항을 조사해 환속시키는 조치가 취해졌다. 이어 도성 안 비구니 사찰인 인수원(仁壽院)과 자수원(慈壽院)이[46] 혁파

---

43 문명대 교수는 조선 후반기 조각승들에 대해 체계적인 조사를 함께 많은 연구 논문을 발표해 오고 있다. 또한 조각승과 조각승 유파를 집대성한 박사학위 논문이 세 편 발표되었다(최선일, 「朝鮮後期 彫刻僧의 활동과 佛像 硏究」, 홍익대 박사학위논문, 2006.6; 송은석, 「17세기 朝鮮王朝의 彫刻僧과 佛像」, 서울대학교 박사학위논문, 2007.2;김희정, 「조선 후기 경상도 지역 조각승과 불상」, 동아대학교 박사학위 논문, 2011)

44 조선 후반기 불상 조성기의 시주자명에는 이두식 표기가 보인다. 예를 들면 薧介兩主(1650년 군산 동국사 아난존자 발원문), 安莅福(1718년 안성 칠장사 관음보살상 발원문) 등에 나타난 '잣(薧)'과 '엇(莅)'에 사용된 叱은 주로 'ㅅ'의 표기에 사용되는데 音借된 것으로 보인다(한상인, 『朝鮮初期 吏讀의 國語學的 硏究』, 보고사, 1998, pp.60~61). 이외에도 시주자명에는 많은 이두식 표기가 있어 주목된다.

45 오경후, 「顯宗代의 佛敎政策과 佛敎界의 動向」, 『한국선학』 17(한국선학회, 2007), pp.321~354.

46 조선시대 왕실의 비구니 수행처인 정업원(淨業院), 인수원(仁壽院), 자수원(慈壽院), 안일원(安逸院)에 대해서는 이기운, 「조선시대 왕실의 比丘尼院 설치와 信行」, 『역사학보』 178(역사학회, 2003), pp.29~58.

되었고, 1663년에는 일부 사원을 제외한 사찰 위전(位田)과 노비를 몰수하고 명례궁(明禮宮) 외의 궁방 원당(願堂)을 혁파하는 등 강력한 억불 조치가 단행되었다. 이는 전란 이후 회생되고 있던 사찰 경제와 왕실 불교의 기반을 크게 위협하는 조치였지만, 역으로 국가 재정의 확충에는 보탬이 되는 일이었다. 현종 대에 이러한 억불조치가 내려진 배경에는 당대 정국 주도 세력이 성리학적 명분론을 강하게 내세운 산림(山林) 출신인 것과도 관련이 있다.[47]

조선 후반기 명문이 있는 불상은 첫째, 다양한 상이 조성되었다는 특징이 있다. 특히 석가삼존상과 아미타삼존상, 삼세·삼신불상, 지장보살상과 시왕상 등이 많이 조성되었다. 석가삼존상의 경우 문수와 보현보살의 삼존불상과 함께 제화갈라보살과 미륵보살이 협시로 오는 수기삼존상(授記三尊像), 아난과 가섭존자가 협시인 석가삼존상(釋迦三尊像) 등이 조성되었다. 또한 대웅전에 석가불상이 봉안될 경우에는 약사불상과 아미타불상이 함께 봉안되는 경우와 비로자나불상과 아미타불상 또는 비로자나불상과 약사불상이 봉안되는 경우도 있다. 삼불상이 대웅전 안에 봉안될 경우 대부분 대형의 불상으로 조성된 점이 특징이라고 할 수 있다. 이러한 사실은 아마도 전쟁 후 재건될 때 독립된 전각보다는 한 불전(佛殿) 안에 삼불상을 함께 봉안해야 하는 현실적인 목적이 있었던 것으로 여겨진다. 조선시대에 간기(刊記)가 있는 『법화경(法華經)』은 총 129회 간행되고 있는데, 이 가운데 대부분이 17세기에 집중적으로 간행되고 있는 사실은,[48] 이 시기에 석가삼존상이 많이 조성된 배경이라고 할

---

47 김용태,『조선 후기 불교사 연구:임제법통과 교학전통』(신구문화사, 2010), p.56.

48 박상국 편, 『全國寺刹所藏木板集』(문화재관리국, 1987), pp.43~89.

수 있다.

둘째, 아미타삼존상이 많이 조성되고 있다. 아미타신앙은 어느 시대를 막론하고 유행하고 있기 때문에, 조선 후반기에도 꾸준히 유행했던 것으로 여겨진다.

셋째, 조선 후반기에는 특히 지장보살상과 시왕상·사자상·판관상·동자상 등을 봉안한 명부전의 건립이 활발해지고 있다. 국내의 정치적 혼란과 함께 임진왜란과 병자호란 등 큰 전쟁을 치르면서 현세에 대한 불안감과 고통스러운 현실생활로부터의 도피 욕구 등이 내세에 대한 열망으로 표현된 것으로 볼 수 있다. 그러한 열망은 곧 지옥고에서 벗어나기를 바라는 것으로 이어지게 되었고, 생전에 미리 추선공양(追善供養)하고 재를 올려 복을 닦음으로써 사후 지옥에 떨어지는 형벌을 면하고자 해 명부(冥府)의 구세주(救世主)인 지장보살과 시왕에 대한 신앙이 크게 성행하였다.[49]

이것은 당시 유교에서 해결할 수 없었던 사후 세계에 대한 관심을 명부전을 건립해 그 안에서 해결하려고 했던 것으로 생각된다. 부모에 대한 효의 실천은 동서고금을 막론하고 중요했다. 따라서 이러한 시대적 요구에 맞게 어느 시대보다도 조선 후반기에 지장삼존상과 시왕을 비롯한 명부 권속의 조성이 활발해져, 조선 후반기 불교 조각 연구에 중요한 자료를 제공하고 있다. 17세기 이후 활발한 감로도(甘露圖)의 제작과 명부전 건립은, 조상 영가천도와 효의 실천이라는 두 가지 측면에서 선호되었던 것으로 여겨진다. 조선 후기에는 지장신앙과 관련된 경전이 상당수 간행되기도 했다.

---

49 김정희, 『조선시대 지장시왕도 연구』(일지사, 1996), pp.150~151.

  조선시대 불상의 복장기록 연구

　　17세기 실학의 거장 반계(磻溪) 유형원(柳馨遠, 1622~1673)의 『반계수록(磻溪隨錄)』에는 '지금 부모 기일(忌日)을 맞이해 집에서 제사를 지내지 않고 절에 가서 재를 올리는 자가 있는데 이러한 자도 역시 엄금해야 할 것이다'라는[50] 기록이 있다. 또한 상을 당했을 때는 시체를 절에 맡겨서도 안 되며, 시신의 재를 담은 함이 있으면 1개월 안에 장사를 마치고 절대로 사찰에서 재를 지내지 말아야 함을 강조하고 있다. 그리고 이를 위반하면 법률에 의거해 곤장 100대를 치고 관원은 벼슬을 할 수 없으며, 선비는 과거에 응시할 수 없음을[51] 정하고 있다. 이와 같은 기록은 당시 사찰에서 재(齋)를 올리는 경우가 많았음을 암시하며, 조선 후반기 지장보살삼존상과 시왕상 등 명부 권속의 조성이 활발했던 원인을 짐작할 수 있게 한다.

　　조선 후기에는 승역(僧役)으로 대규모 기근과 국역(國役)에 시달리다 희생당한 시체를 매장하는 일도 포함되었다.[52] 또한 왕이 승하하면 산릉도감(山陵都監)을 설치하는데 그때 승군(僧軍)을 징발해 산릉역(山陵役)에 동원하기도 했다. 현종은 즉위 초에 원당(願堂)을 철폐하고 출가자를 환속시키는 등 불교 탄압을 가속화했지만, 어머니 인선왕후(仁宣王后) 장씨(張氏, 1619~1674)를 위해 화장사(華藏寺)에서 수륙재를 올리는 것을 반대하는 주장에는 허락하지 않다가 가까스로 정파(停罷)하라는 조치를

---

50 『磻溪隨錄』 卷9. "今忌日 不祭於家而飯僧山寺 謂之僧齋 如此者亦宜痛禁"

51 『磻溪隨錄』 卷11. "勸諭遭喪之家 及時安葬 不得停喪在家 及殯寄寺院. 其有日前停寄棺柩 灰函 並限一月安葬 切不須齋僧供佛 廣設威儀 但只隨家豐儉 早令亡人入土. 如違依條 科杖 一百 官員不得注官 士人不得應擧. 鄕里親知 來相吊送 但可協力資助 不當責其供備飮食"

52 『조선왕조실록』, 현종 12년 9월 12일 조.

내리고 있다.[53] 조선시대 불교는 하나의 이단(異端)이며 무익한 것으로 여겨졌으나 선왕들도 불사(佛事)를 설행해 왔고, 사대부들도 그들의 부모를 위한 재시(財施)를 마련해 기재(忌齋)를 행했다. 불사를 건치(建置) 한다는 것이 바로 호불(好佛)의 표상이 아니고, 수륙재(水陸齋)와 기재(忌齋)를 설행한다고 해서 곧 숭불(崇佛)을 의미하는 것은 아니므로, 이같은 전통을 일조에 없앨 수는 없었다.[54]

조선 후반기 불상 조성기를 통한 불상 조성의 배경에는 조선 전반기와 비교해, 조상 영가천도와 관련된 지장시왕신앙의 확대로 지장삼존상과 시왕상 조성이 어느 시기보다도 활발하게 이루어지고 있던 사실을 확인할 수 있다. 또한 대표적인 조각승들이 지장삼존상과 시왕상 조성에 참여하고 있는 사실은 이러한 상황을 잘 말해준다. 조선 후기 불교신앙의 경향을 살피기 위해서는 불상과 불화의 제작뿐만 아니라, 각 사찰에서 발간된 불경의 종류와 의례집과의 관련성에도 주목해야 한다.

넷째, 조선 후반기는 왜란(倭亂)과 호란(胡亂)으로 파괴된 전국의 사찰을 복원하는 데 국가적인 차원의 지원이 있었던 것으로 여겨진다. 그렇기 때문에 대형의 불전과 불상 등이 조성되었고,[55] 활발한 불사 때문에 조각승들이 그룹을 형성해 독자적인 조각풍을 형성했던 것으로 여겨진다. 완주 송광사 삼세불상(1641년)은 조성기에서 알 수 있듯이 1638년에 시작해 1641년에 완성하고 있다. 발원한 지 4년만에 완성된 셈이

---

53 『조선왕조실록』, 현종 15년 6월 3일 조.

54 오경후, 앞 논문(2007), pp.339~340.

55 심주완, 「임진왜란 이후의 대형 소조불상에 관한 연구」, 『미술사학연구』 233·234(한국미술사학회, 2002), pp.95~138.

     조선시대 불상의 복장기록 연구

어서 불사의 규모가 대단했음을 짐작할 수 있다.[56] 조선 전반기에 조각
승의 그룹이 두드러지게 나타나지 않다가, 17세기 전반부터 그룹을 형
성하는 데는 대대적인 불사의 영향이 강했던 것으로 짐작된다.

다섯째, 조선 후반기 불상을 조성한 장인은 대부분 승려들이었고, 거
사(居士)들은 조각을 직접 담당하기보다는 야장(冶匠)의 소임을 맡는 경
우가 많았다. 또한 조선 전반기의 조각승들의 지위가 상당한 위치에 있
었던 것과 달리, 조선 후반기에는 대부분 조각승의 직위가 표기되지 않
는데 이것은 조각승이 수적으로 많아짐으로써 직업적인 그룹을 형성했
기 때문으로 생각된다. 즉 수행보다는 일종의 직업으로서 불상 조성에
참여했을 가능성을 짐작케 한다.

---

56 문명대, 「松廣寺 大雄殿 塑造釋迦三世佛像」, 『강좌미술사』 13(한국불교미술사학회, 1999),
　　p.9.

3

조선 후반기 제2기와 제3기
(1725~1800)(1801~1910)

조선 후반기의 제2기(1725~1800)와 제3기(1801~1910)는 조선 후반기 제1기(1609~1724)에 비해 불상 조성이 현격히 줄어든 시기이다. 현재 조사된 불상 가운데 조성 연대를 알 수 있는 제2기에 조성된 불상은 약 44구이고, 이때 개금·중수되어 조각승을 알 수 있는 불상은 약 14구 정도이다. 이에 비해 조선 후반기 제3기에 조성된 불상은 약 13구이며, 개금·중수된 불상은 약 16구이다. 조선 후반기 제1기(1609~1724)에 약 250여 구가 조성된 것에 비해 제2·3기에는 불상 조성이 많이 줄어든 것을 확인할 수 있다.[57]

이 시기에는 사회의 모순이 더욱 확대되고 심화되어 갔으며, 동시

---

57 이것은 2013년 통계로 현재는 그 수가 좀 더 증가했지만 여전히 조선 후반기 제1기에 비해서는 현저히 불상 조성이 감소했음을 알 수 있다.

 조선시대 불상의 복장기록 연구

에 극단적인 부정의식을 가진 지식인과 민중이 양산된 결과 다양한 사회변혁운동이 발생했다.[58] 이로 인해 조선 사회가 불안했고 전국적으로 집을 떠나 유랑(流浪) 생활을 하는 인구가 늘어나기도 했다. 전국적으로 민란(民亂)이 발생하는 등 사회의 변혁 운동이 일어났기 때문에, 불상 조성은 그다지 활성화 되지 않은 것으로 보인다. 특히 조선 후반기 제2기에 비해 제3기에는 그 수가 현격히 줄어들고 있는 것은, 이러한 사회 현상을 반영한 결과로 추정된다.

조선 후반기 제1기의 조각승에 관한 연구는 활발한 편인 데 비해 제2·3의 조각승에 관한 연구는 많지 않다. 그 이유는 불상이 양적으로 제1기에 비해 적기 때문으로 생각되며, 제2기에 활동한 조각승 유파는 대략 하천파(夏天派),[59] 정행파(正幸派),[60] 상정파(尙淨派),[61] 인성파(印性派),[62] 유성파(有誠派), 순민파(順敏(舜旻)派),[63] 등으로 앞 시기의 조각승 계보를 계승하고 있음을 알 수 있다.

---

58 장영민, 「유랑지식인과 사회변혁운동」, 『정신문화연구』 20(4)(한국학중앙연구원, 1997), pp.49~76; 정순우, 「조선 후기 유랑지식인 형성의 사회문화적 배경」, 『정신문화연구』 20(4)(한국학중앙연구원, 1997), pp.3~22; 정석종, 『조선후기 사회변동 연구』(일조각, 1983).

59 오진희, 「彫刻勝 夏天의 佛像彫刻 硏究」, 『강좌미술사』 34(한국불교미술사학회, 2010), pp.207~230.

60 김춘실, 「충청북도 제천·단양지역의 朝鮮後期 木造佛像」, 『미술사 연구』 23(미술사연구회, 2009), pp.257~277.

61 문명대, 「尙淨系 木 佛像彫刻의 硏究」, 『강좌미술사』 29(한국불교미술사학회, 2007), pp.87~106.

62 문명대, 「印性派 木佛像의 조성과 道詵寺 木阿彌陀三尊佛像의 고찰」, 『聖寶』 5(대한불교조계종 성보보존위원회, 2003), pp.5~16; _____, 「백담사 목 아미타불좌상」, 『강좌미술사』 5(한국불교미술사학회, 1993), pp.83~88; 손태호, 「18세기 彫刻僧 尙淨 연구」, 동국대대학원 석사논문, 2012.

63 문명대, 「흥국사 1723년 의겸·순민작 목 수월관음보살상 불감과 복장 연구」, 『강좌미술사』 37(한국불교미술사학회, 2011), pp.177~193.

조선 후기 불교의 중심적인 구성 요소는 선(禪)·교학(敎學)·정토(淨土)로 이것은 '삼문수학(三門修學)'이라고 할 수 있으며, 조선 후기 불교의 특징이기도 하다. 조선시대의 억불정책으로 불교가 침체하여 여러 조건이 바뀐 상황에서 청허휴정(1520~1604)이 경절문·원돈문·염불문의 삼문을 언급했고, 그 제자인 편양언기(鞭羊彦機, 1581~1644)가 수행체계로서 삼문을 제시했다. 조선 후기 경절문은 간화선 참구의 길을 제시한 문이고, 원돈문은 대체로 교학을 의미했는데 화엄학이 그 중심에 있었으며, 염불문은 염불을 통해 깨달음에 이르는 길을 제시한 문이다.[64] 조선 후기 불교 사상사에서 삼문수학(三門修學)을 중시했기 때문에 이것은 불상 조성에도 그대로 영향을 미친 것으로 보인다. 조선 후기 제2기와 제3기에 아미타불상이 가장 많이 조성되는 것은, 삼문 가운데 염불문(念佛門)과 관계가 깊은 것으로 보인다.

조선 후기는 사회적으로 변동이 잦은 시기이다. 사회의 여러 체제가 불안정함으로 인해 양민(良民) 가운데는 유랑(流浪)생활을 하는 자가 많아졌다. 조선 후기 제1기에 새로운 시주 층으로 활발한 활동을 보이기 시작한 재가신자인 거사(居士)와 사당(舍堂)은, 조선 후기 제2·3기에는 유랑예인집단(流浪藝人集團)을 형성하기에 이른다. 이들은 연희(演戱)를 통해 불사에 필요한 재정을 마련하기도 했고, 사회의 변동을 꾀하는 역모(逆謀)에 가담하기도 하는 등 다양한 활동을 하게 되었다. 그 가운데 가장 주목되는 것은 불사(佛事) 시주자로서의 활동이다.

조선 후반기 제2·3기에 조성된 불상의 종류는 아미타불상과 관음보

---

64 이종수, 「조선 후기 불교의 수행체계 연구 : 三門修學을 중심으로」(동국대 박사학위논문, 2010), pp.5~6.

　조선시대 불상의 복장기록 연구

살상이 주류를 형성하는데, 이러한 불상 조성에 거사와 사당들이 많은 역할을 하고 있다. 조선 후반기 제2·3기에 조성된 불상은 석가불상·비로자나불상·아미타불상·약사불상·치성광여래상·천불상·삼세불상 등이다. 보살상으로는 관음보살상, 지장보살상이 조성되었고, 이외에 사천왕과 나한상도 조성되었다.

가장 압도적인 수를 차지한 불상은 아미타불상이고, 보살상으로는 관음보살상과 지장보살상을 들 수 있다. 이 시기에는 사회적으로 혼란이 가중되었고, 백성들은 유랑의 길을 떠났으며, 그로 인해 어느 신앙보다도 아미타신앙이 성행했음을 알 수 있다. 특히 18세기에 비해 19세기에는 불상 조성의 수량이 압도적으로 줄어들고 있다. 그 이유는 아직 이 시기에 조성된 불상의 복장 조사가 이루어지 않은 점도 있지만, 당시 불안한 사회상을 반영하고 있는 것으로 보인다. 17세기에 불상 조성이 급증했던 것과는 다른 양상임에 틀림없다.

18세기에는 삼세불상의 조성이 두드러졌던 사실을 대구 동화사 삼세불상(1727년), 포항 오어사 삼세불상(1765년), 서울 봉은사 석가불상 개금 중수기(1765년) 등을 통해 살필 수 있다. 대구 동화사 삼세불상(1727년)에서는 '교주 석가모니불(教主 釋迦牟尼佛), 약사유리광불(藥師琉璃光佛), 서방 아미타불(西方 阿彌陀佛)'을 새로 조성한다고만[65] 명기할 뿐 아직까지 '삼세여래(三世如來)'라는 명칭은 보이지 않는다. 포항 오어사 삼세불상(1765년)에서는 '삼세여래(三世如來)'를 조성하여 대웅전에 봉안한

---

65 대구 동화사 삼세불상조성기(1727년): "發願新造成教主釋迦牟尼佛藥師琉璃, 光佛西方阿彌陀佛"

그림 15. 서울 도선사 아미타불상과 대세지보살상, 1740년 | 자료 제공 : (재)불교문화재연구소

다는[66] 기록을 통해, 석가불·약사불·아미타불을 18세기에는 '삼세불상'으로 부르고 있음을 알 수 있다. 이같은 사실은 서울 봉은사 석가불상 개금·중수기(1765년)를 통해서도 확인할 수 있다.

봉은사 석가불상 개금기에서는 구체적으로 불상의 명칭을 '사바교주 석가모니불, 동방교주 약사여래불, 서방교주 아미타불'이라고 언급하고, 이 불상을 '삼세여래(三世如來)'라고 부르고 있다.[67] 그런데 봉은사 석가불상이 안치된 법당은 '대웅보전(大雄寶殿)'이 아니라 '대광보전(大光寶殿)'으로 표현하고 있는 점은 포항 오어사 삼세불상과는 다른 점이다.

---

66 포항 오어사 삼세불상(1765년) : "乾隆三十乙酉年三月日迎日吾魚寺佛像三世如來造成」閏二月初七日始役於三月二十日畢功安于大雄殿」"

67 서울 봉은사 석가불상 개금·중수기(1765년): "乾隆參拾年乙酉三月日修道山奉恩寺大光寶殿」娑婆教主釋迦牟尼佛」東方教主藥師如來佛」西方教主阿彌陀佛」三世如來尊像改金佛事"

조선시대 불상의 복장기록 연구

　　조선 후반기 제2기에 조성된 불상 가운데 주목되는 것은 영조 16년인 1740년에 조성된 도선사 아미타불상과 대세지보살상이다. **그림 15** 이 불상의 불상 조성기에 의하면 도봉산 원통암(圓通庵)에서 조성되어 진관암(津寬庵)으로 이안(移安)되었던 사실을 알 수 있다. 아미타불상의 조성 원문에는 불상을 조성한 목적이 잘 나타나 있다.

> 영조 16년 경신년 10월에 우바이 자징(自澄)·천렴(天廉)·신경(信敬)·정기춘(鄭己春) 등은 여자의 몸을 받아 세상이 불타는 집과 뜬 구름임을 보고 항상 착한 일을 수행하고 몸으로 깨끗한 업을 닦았다. 특히 원을 세워 그 일을 주관하고 두루 신도들에게 고하여 보시 재물을 모아 양공(良工)을 청해 도봉산 원통암에서 작업해서 아미타존상과 대세지존상을 조성하여 삼각산 진관암에 봉안하였다. 이 인연으로 원하는 마음이 가득하여 위로는 사중(四重)의 은혜에 보답하고 아래로는 세 가지 괴로움을 제도했으면 한다. 자기의 풍광(風光)을 밝히고 깨달음의 큰 과보를 증득하여 티끌 세상에 들어가 대법륜을 굴려 중생들과 함께 정각(正覺)을 성취하기를 두루 원한다. 원컨대 이 공덕으로 일체 모든 중생들이 함께 불도를 성취하기를 기원한다.[68]

---

68 문명대, 「印性派 木佛像의 조성과 道詵寺 木阿彌陀三尊佛像의 고찰」, 『聖寶』 5(대한불교 조계종 성보보존위원회, 2003), pp.6~8(乾隆五年 庚申冬十月優婆夷自澄天廉信敬坤命鄭」己春等稟受女身示火宅等浮雲而常修善行身勤白業」者也特發竪願尸其主而遍告檀門鳩聚施財敬請良工設」役于道峰山圓通菴敬造彌陀尊像大勢至尊像奉安于」三角山津寬菴以此因緣滿我願心上報恩於四重下濟苦」於三有發明自己之風光得證菩提之大果入微塵刹轉大法輪」普願衆生同成正覺願以此功德普及於一切我等汝衆皆共成」佛道」).

앞의 내용에서 알 수 있듯이 4명의 여신도가 불사를 주관하고 있는 사실은, 17세기 후반에서 18세기 전반에 걸쳐 왕성할 활동을 하는 재가 시주 층의 활동과 관련되어 주목된다. 특히 비록 여인의 몸을 받았지만 정업(淨業)을 닦고 전법을 통해 모든 중생들과 함께 깨닫기를 바라며, 불상 조성 공덕으로 불도(佛道)를 성취하기를 기원했다는 점이다. 기복적인 신앙이 아니라 적극적인 수행적 보살행을 실천하는 차원에서 불상을 조성하고 있다는 점에서 당시의 수행 분위기를 이해할 수 있는 좋은 사료로 평가된다.[69]

1741년 여수 흥국사 팔상전에 봉안된 석가삼존불상의 조성기를 통해서는 수기(授記) 사상을 살필 수 있다. 즉 팔상전의 여래·제화갈라보살·자씨미륵보살 등을 새로 조성하면서 나한전의 석가여래·제화갈라보살·미륵보살도 개금하고[70] 있다. 팔상전과 나한전에 봉안된 석가삼존불은 다름 아닌 과거 제화갈라보살, 현재 석가불, 미래 미륵보살을 의미하는 수기삼존불(授記三尊佛)임을 알 수 있다.[71] 따라서 조선 후반기 제2기에는 수기삼존불이 팔상전을 비롯해 나한전·영산전의 도상으로 자리 잡았던 사실을 알 수 있다.

조선 후반기 제2기에 조성된 불상 가운데 당시 신앙 형태를 고찰할 수 있는 자료로서 주목되는 것은 안양 삼막사 치성광여래삼존상(1763년)이다. 이 불상의 명칭은 명문에는 '칠성전 불상(七星殿佛像)'이라고만

---

69 문명대, 앞 논문(2003), pp.10~11.

70 여수 흥국사 팔상전 삼존불 복장기(1741년) : "如來提花迦羅菩薩慈氏彌勒菩薩等」尊像新造成時羅漢殿釋迦迦羅彌勒三位尊像」改金"

71 영산전 및 나한전의 석가여래 수기삼존상에 대해서는 송은석, 「完州 松廣寺 나한전의 제 존상과 조각승」, 『보조사상』 47(보조사상연구원, 2017), pp.217~268 참조.

명기되어 있다.[72] 좌우 보살상은 일륜(日輪)과 월륜(月輪)이 표시되어 있었던 것으로 보인다. 치성광삼존불상은 조선 후기 치성광여래설법도에는 반드시 표현되지만 조각상으로 조성된 예가 거의 없어, 자료로서의 가치 또한 높다고 할 수 있다. 치성광여래는 모든 재난을 없애주는 일월성신의 주재신(主宰神)이며, 생산신앙(生産信仰)과도 밀접히 연관되어 조선 후기에 널리 신앙되었다. 이러한 칠성신앙은 조선 후기 다산신앙(多産信仰) 즉 남녀 성기(性器) 숭배사상과 결합되어 있어 흥미로운데, 안양 삼막사의 칠성전 서북쪽 10여 미터 지점에 남녀근석(男女根石)이 나란히 서 있기 때문이다. 아마도 칠성전은 이러한 민간 신앙도량에다 불교적인 의미를 가미했던 것으로 생각되며, 칠성신앙과 다산신앙의 결합 상태를 매우 사실적으로 보여주고 있다.[73]

---

72 불상 대좌 아래쪽에 "乾隆二十八年辛未八月日化主悟心 首施主徐世俊」朝鮮國衿川縣三聖山七星殿」佛像法堂新建大施主秩" 등이 새겨져 있다.

73 문명대, 「三幕寺 七星殿佛像銘 磨崖熾盛光三尊佛像의 研究」, 『강좌미술사』 20 (한국불교미술사학회, 2003), pp.9~10.

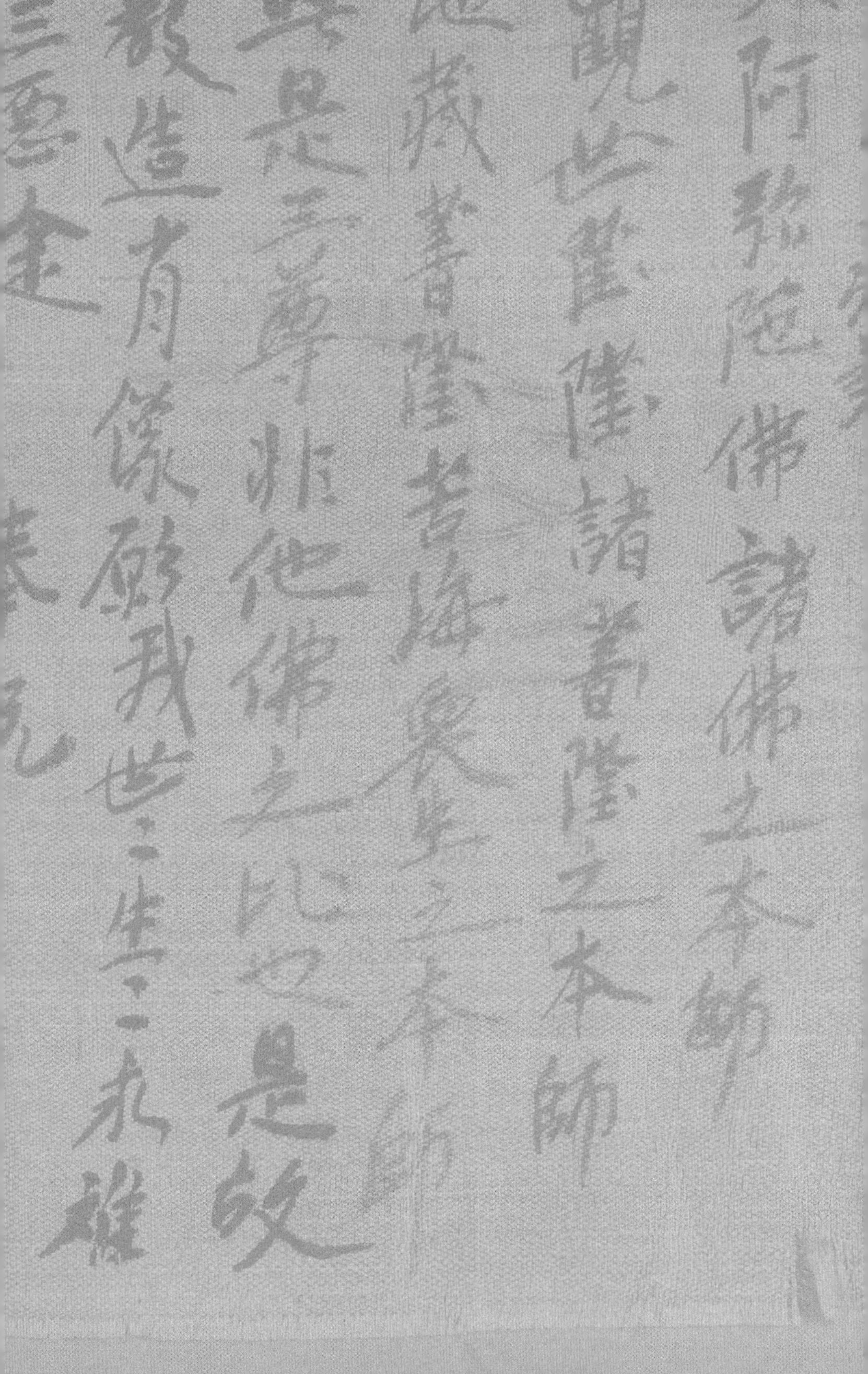
阿耨陀佛諸佛之本師
觀此甚深諸菩薩之本師
地藏菩薩老海眾之本師
是三尊非他佛之比如是故
有緣破我世三生永雄
殺造金惡世

2장

조선시대
불상 조성기의
구성

●

조선시대 불상 조성기가 어떻게 구성되어 있는가를 각 시기 대표적인 불상의 조성기를 중심으로 살펴보았다. 조선시대 불상 조성기 역시 당시 불교계의 대표적인 고승들이 짓고 있어, 당대 불교계 고승들의 문장을 살필 수 있다는 점에서 주목된다. 조선시대 불상 조성기는 조선 후반기에 접어들면서 일정한 형식을 갖게 되고, '원이차공덕(願以次功德)…개공성불도(皆共成佛道)'라는 관용구가 등장하게 된다. 또한 불상 조성기를 지칭하는 용어가 시기별로 달라지기도 한다. 이러한 전반적인 내용을 고찰했다.

1

조선 전반기
（1392～1608）

조선시대 전반기의 불상 조성기는 불상 조성에 관한 정보를 담고 있는데 〈표 2〉에서 보다시피 '불복장동발원문(佛腹藏同發願文)'을 비롯해 동발원문(同發願文)·천인동발원문(千人同發願文)·발원문(發願文)·원문(願文)·보권문(普勸文)·복장기(腹藏記)·결원기(結願記)·결원문(結願文) 등 다양하게 명명되고 있음을 알 수 있다. 〈표 2〉

표 2. 조선 전반기 불상 조성기의 명칭

발원문의 명칭	연도	불상명
불복장동발원문(佛腹藏同發願文)	1395	장육사 보살상
원성미타삼존동발원(願成彌陀三尊同發願)	1450	통도사 아미타삼존상
동발원문(同發願文)	1534	서산사 보살좌상
천인동발원문(千人同發願文)	1560	봉화 청량사 약사불상
발원문(發願文)	1471	파주 용미리 이불병입상마애불
정암산 법천사 당주 미타삼존 원성제연보권문 (井巖山法泉寺堂主彌陀三尊願成諸緣普勸文)	1457	흑석사 아미타불상

복장기(腹藏記)	1458	흑석사 아미타불상
환성사 미타삼존조성결원기 (還城寺彌陀三尊造成結願記)	1466	왕룡사원 아미타불상
결원문(結願文)	1560	〃
원문(願文)	1569	완도 관음사 지장보살상
	1578 추정	봉화 청량사 지장보살삼존상

    장육사 보살상의 불상 조성기에는 불상 조성 목적과 조성 연도, 불사 책임자와 시주자를 기록하고 뒷부분에 개금했다는 연도를 표시하고 있다. 즉 이 보살상은 홍무 28년인 1395년(태조 4)에 조성했고 영락 5년인 1407년(태종 7)에 개금했다는 것이다. 따라서 장육사 보살상의 조성기는 최소한 1407년 이후에 기록된 것으로 보인다. 이 보살상 조성기에서 주목되는 것은 시주자의 표기로 관직명과 함께 성(姓)만 기록하고 수결을 했다는 것과 전(前) 관직자는 전 관직명이 기록되어 고려시대 관직 연구에 귀중한 자료로 생각된다. 또한 관직이 없는 사람들은 성 없이 이름만 이두(吏讀)로 기록했는데 남자 이름 뒤에는 '이(伊)'를, 여자 이름 뒤에는 '여(女)'자를 붙여 성을 구별하고 있다.[74]

    고려시대의 경우 불상 조성기에는 발원 내용과 시주자 명단만 있고 화원들이 등장하지 않지만, 조선시대에는 조성기 구성이 일정한 규칙을 갖기 시작한다. 즉 조성기에는 시주질(施主秩)·연화질(緣化秩)·사중질(寺中秩) 등으로 구분되어 크게 몇 단락으로 분류된다. 그리고 고려시대에 불화에만 등장하던 화원명이 연화질(緣化秩) 혹은 화원질(畵員秩)에 등장해 불상을 조성한 작가를 알 수 있는 것이 가장 큰 차이점이다.

    시기가 내려올수록 불상 조성기에는 불상 조성에 관한 내용이 구체

---

74 정영호, 「莊陸寺 菩薩坐像과 그 腹藏 發願文」, 『고고미술』 128(한국미술사학회, 1975), p.3.

적으로 기록된다. 또한 17세기 이후의 불상 조성기에 나타나는 특징은 시주질과 화원질에 승려들이 많이 등장하는데, 이것은 시주자로서 뿐만 아니라 불상을 조성하는 장인(匠人)으로 승려들이 참여해 이들의 역할이 증대되는 것을[75] 알 수 있다.

75 이분희, 「조선 전반기 阿彌陀佛像의 연구」, 「강좌미술사」 27 (한국불교미술사학회, 2006), p.193.

2

조선 후반기 제1기
（1609～1724）

조선 후반기 제1기의 불상 조성기가 발견된 불상의 수는 250여 구가 넘는다. 그 가운데 불상 조성기는 다양한 명칭으로 기록되고 있는데 기공기(記功記)·기문(記文)·동원록(同願錄)·동참기(同參記)·발원기(發願記)·발원문(發願文)·복장기(腹莊記)·복장기문(腹藏記文)·복장문(腹藏文)·봉안기(奉安記)·시주기(施主記)·시주목록기(施主目錄記)·시주축원기(施主祝願記)·원문(願文)·원성문(願成文)·원장(願莊)·조성기(造成記)·회원문(回願文) 등 다양하다. 이것을 정리하면 〈표 3〉과 같다. 이 가운데 가장 많이 사용되고 있는 용어는 발원문(發願文)이다. **그림 16**

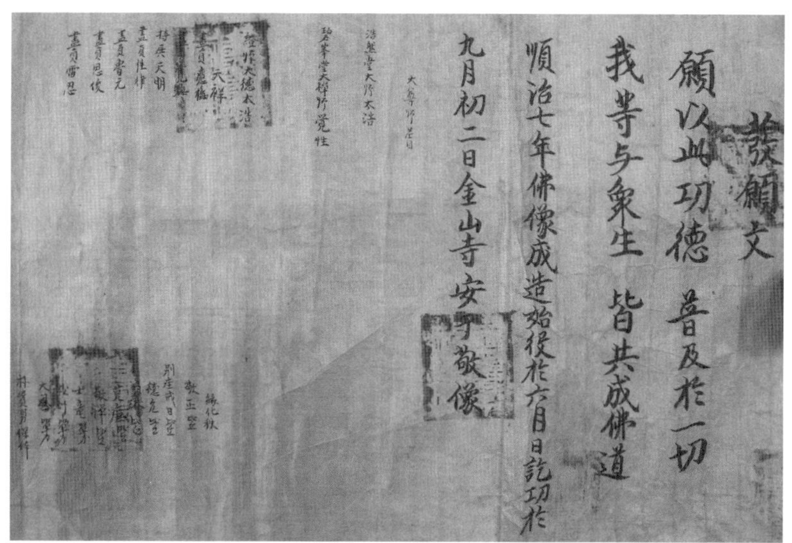

그림 16. 군산 동국사 가섭존자 발원문, 1650년

표 3. 조선 후반기 제1기 불상 조성기의 명칭

발원문의 명칭	연도	불상명
발원문(發願文)	1612	함양 상련대 관음보살상
	1618	서천 봉서사 아미타삼존상
	1625	나주 다보사 석가삼존상과 16나한상
	1636	강화 전등사 시왕상
	1637	성주 명적암 아미타불상
	1639	예산 수덕사 석가, 약사불상
	1644	순천 선암사 지장보살상
	1650	군산 동국사 가섭존자상과 아난존자상
	1650	진안 금당사 대세지보살상
	1650	해남 서동사 삼세불상
	1652	완주 정수사 아미타삼존상
	1654	청도 대운암 관음보살상
	1655	여수 흥국사 나한상
	1655	칠곡 송림사 천장보살상
	1660	담양 호국사 아미타불상
	1662	순천 송광사 관음보살상
	1665	칠곡 송림사 시왕상(지지보살 협시)

	1666	군산 불주사 아미타불상
	1678	목포 달성사 아미타삼존상
	1683	서울 지장암 가섭아난존자상
	1687	영월 보덕사 아미타삼존상
	1688	김해 은하사 석가삼존상
	1690	곡성 도림사 지장보살상
	1700년 경	제주 용문사 석가불상
	1702	제주 정방사 불상
	1703	구례 화엄사 각황전 불상
	1706	영광 불갑사 응진전 석가불상
	1709	고흥 송광암 아미타불상
	1722	밀양 여여정사 관음보살상
발원기(發願記)	1650	진안 금당사 관음보살상
사단발원문(事端發願文)	1612	진주 월명암 아미타불상
원문(願文)	1622	서울 지장암 비로자나불상
	1626	보은 법주사 비로자나불상
	1659	기장 장안사 삼세불상
	1661	제주 월계사 아미타불상
	1664	서울 지장암 지장보살상
	1665	곡성 도림사 아미타불상
	1670	고성 옥천사 지장시왕상
	1687	김해 은하사 지장시왕상
	1689	여수 흥국사 53석불상
	1691	강릉 보현사 석가삼존상
	1695	전주 서고사 가섭존자상
	1700	해남 대흥사 석가삼존상
	1706	안성 칠장사 지장보살상
	1706	영광 불갑사 응진전 가섭존자상과 나한상
	1708	전주 삼경사 불상
	1708	고흥 봉래사 관음보살상
	1710	월정사 북대 고운암 석가불상
	1711	평창 상원사 석가삼존불상
기문(記文)	1655	대구 용연사 아미타삼존상
	1661	부산 범어사 석가삼존상
	1684	강진 옥련사 석가불상
	1705	의령 백운암 보살상
기공기(記功記)	1640	완주 송광사 시왕상

조선시대 불상의 복장기록 연구

동원록(同願錄)	1610	김제 문수사 석가불상
동원문(同願文)	1656	완주 송광사 오백나한상
동참기(同參記)	1639	예산 수덕사 아미타불상
	1695	서울 염불사 관음보살상
복장기(腹藏記)	1612	해남 대흥사 삼세불상
복장기(腹藏記)	1684	예천 용문사 목각탱
복장기문(腹藏記文)	1634	익산 숭림사 지장보살상
복장문(腹藏文)	1655	창원 성주사 삼신불상
복장발원문(腹藏發願文)	1612	순창 강천사 아미타불상
봉안기(奉安記)	1657	칠곡 송림사 석가삼존불상
시주기(施主記)	1655	창원 성주사 삼신불상
시주목록(施主目錄)	1641	완주 송광사 삼세불상
시주목록기(施主目錄記)	1665	칠곡 송림사 도명존자상
시주축원기(施主祝願記)	1659	고흥 금탑사 지장시왕상
원성문(願成文)	1680	광주 덕림사 지장보살상
원장(願莊)	1633	파주 보광사 보살입상
조성기(造成記)	1633	고창 선운사 삼신·삼세불상
	1643	진주 응석사 삼세불상
	1673	대구 소재사 삼세불상
	1712	익산 혜봉원 석가삼존상
축원(祝願)	1651	속초 신흥사 아미타불상

조선 후반기 불상 조성기의 구조는 일정한 형식을 갖게 되는데, 주상 전하(主上殿下)를 비롯한 왕비 전하(王妃殿下)와 세자 저하(世子邸下)에 대한 축원과 '원이차공덕(願以此功德) 보급어일체(德普及於一切) 아등여중생(我等與衆生) 개공성불도(皆共成佛道)'라는 문구가 정형화된다. **그림 17** 왕과 왕비 그리고 세자의 수명장수를 축원하는 것은 조선시대 불교사에서 보편적으로 행해지는 관행으로, 이것은 성리학의 절대 왕조시대의 왕실에 대한 축원으로 불교의 자구책을 강구하고자 한 의도로 여겨진다.[76]

---

76 문명대, 「松林寺 大雄殿 木 釋迦三尊佛坐像의 연구」, 『강좌미술사』13(한국불교미술사학

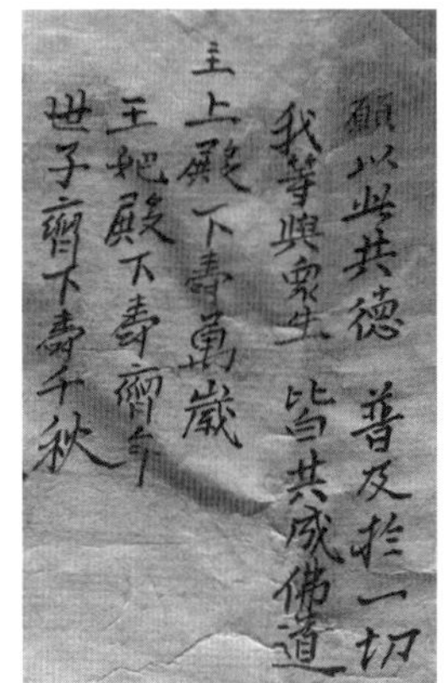

그림 17. 서울 지장암 석가불상과 조성기, 1653년 | 자료 제공 : 김창균

또한 불상을 조성한 연도·시주자·시주물품 및 당시 사찰에 주석하고 있는 인물 등에 대해서도 상세히 기록하고 있어, 조선시대 불교사를 연구하는 데 중요한 자료를 제공한다. 예를 들면 구례 화엄사 각황전 불상 조성기에는 '전라남도(全羅南道) 구례지(求禮地) 동(東) 지리산(智異山) 선교양종(禪敎兩宗) 대화엄사(大華嚴寺)'라고 기록되어 있는데, 여기에서 '선교양종 대화엄사'는 교종과 선종으로 통합된 조선불교의 성격을 잘 드러내 주고 있다. 조선 후기 불상 조성기는 앞에서 언급한 것처럼 전형적인 구성을 갖고 있는 것이 대부분이지만, 간략하게 시주질(施主秩)만 기록된 경우도 있다.

조선 후반기 제1기 불상 조성기 가운데 완주 송광사 대웅전의 삼세불상(1641년)의 내용을 살펴보자. **그림 18**

회, 1999), p.8.

조선시대 불상의 복장기록 연구

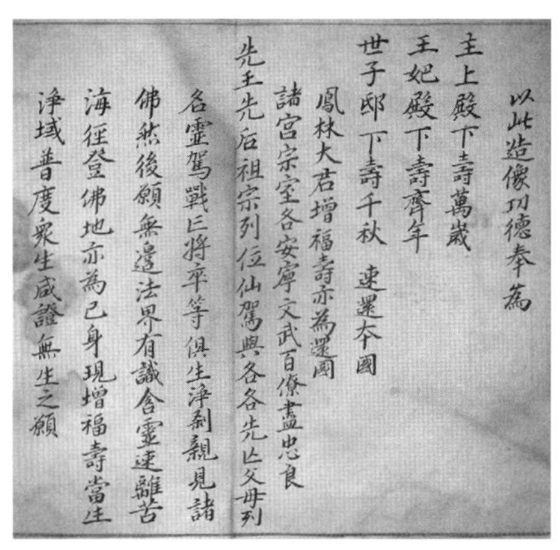

以此造像功德奉為
主上殿下壽萬歲
王妃殿下壽齊年
世子邸下壽千秋 速還本國
鳳林大君增福壽亦為還國
諸宮宗室各安寧文武百僚盡忠良
先王先后祖宗列位仙駕與各各先亡父母列
各靈駕戰亡將卒等俱生淨刹親見諸
佛然後願無邊法界有識含靈速離苦
海徑登佛地亦為己身現增福壽當生
淨域普度眾生咸證無生之願

그림 18. 완주 송광사 대웅전 삼세불상 조성기, 1641년

완주 송광사 대웅전 삼세불상 조성기에는 첫째 불상의 조성 연도·시주자와 발원자 계층·조상자(造像者) 등이 기록되어 있는데, 주목되는 것은 조성기 끝에 국왕 이하 왕실 인물들을 축원하고 세자(世子)와 봉림대군(鳳林大君)이 속히 본국(本國)으로 돌아오기를 기원하고 있는 점이다. 이러한 사실은 불상 조성 당시의 조선의 정세를 잘 반영하고 있는 것으로, 병자호란 때 끌려갔던 두 왕자가 돌아오기를 온 백성들이 열망하고 있던 사실을 잘 알려준다. 또한 임란(壬亂)과 호란(胡亂) 때 전사한 장졸(將卒)들의 명복을 기원하고자 조성했던 것이 이 불상 조성의 특징이다.[77] 이처럼 조선 후반기 불상 조성기의 내용은 조선불교사 연구에 귀중한 자료로서의 가치가 높다고 할 수 있다.

완주 송광사 대웅전 삼세불상 조성기에 세자와 봉림대군이 속히 청나라에서 돌아오기를 기원하고 있는 것은 조선 중기 용주(龍洲) 조경(趙

---

77 문명대, 앞 논문, p.10.

絅, 1586~1669)의 『용주일기(龍洲日記)』를 통해서도 단서를 찾을 수 있다. 조경은 4권의 일기를 남기고 있는데 「정묘일기(丁卯日記, 1627년 1월 16일 ~3월 17일)」, 「남정일기(南征日記, 1635년 9월 8일~10월 25일)」, 「병정일기(丙丁日記, 1636년 12월 13일~1637년 2월 15일)」, 「경인·신묘일기(庚寅·辛卯日記, 1650년 3월 9일~1651년 2월 25일)」 등이 그것이다. 「정묘일기」는 1627년 1월에 여진(女眞)이 세운 금(金)이 조선을 침범한 사건으로 정묘호란(丁卯胡亂)이라는 비상시국에 소현세자(昭顯世子)가 이끄는 분조(分朝)를[78] 수행하던 당시에 조경이 남긴 일기이다. 1627년 1월 16일 노적(奴賊)의 침범 소식을 들은 직후부터 3월 17일 전란이 마무리되고 그가 회군(回軍)하는 정황까지를 기록하고 있다. 「정묘일기」는 소현세자의 분조를 수행하던 기록으로 분조에서 세자의 활동을 중심으로 수행 관원 및 지방의 감사와 병사, 고을 수령들의 전란 준비 태세와 행적 등에 대한 기록이 주를 이룬다. 「병정일기」는 국호를 청(淸)으로 바꾼 노적이 재차 침범한 병자호란 당시의 피난 일기이다. '병정'은 병자년(丙子年)과 정축년(丁丑年)을 줄인 것으로 병자년인 1636년 12월 13일 전란이 일어난 즈음부터 정축년인 1637년 2월 15일 한양 도성으로 되돌아오기까지의 기록이다.[79] 정묘호란 때 소현세자는 전주로 내려와 분조를 설치했기 때문에 이때 완주 송광사 대웅전 삼세불상 조성에 볼모로 잡혀간 이들의 귀국을 간절히 기록하고 있는 것으로 보인다.

---

78 분조(分朝)는 전쟁과 같은 국가의 비상시국에 조정을 둘로 나누어 세자가 이끄는 작은 정부를 말한다. 조선시대에는 두 차례의 분조가 있었는데 임진왜란 때 광해군의 분조가 있었고, 정묘호란 때 소현세자의 분조가 있었다.(조경 지음·권오영 옮김, 『용주일기』, 용주연구회, 2014, p.17)

79 조경 지음·권오영 옮김, 앞 책, pp.16~20.

　　　　　　　　　　　　　　조선시대 불상의 복장기록 연구

3

조선 후반기 제2기와 제3기
(1725~1800) (1801~1910)

조선 후반기 제2·3기의 불상 조성기의 구성과 내용은 조선 전반기 및 조선 후반기 제1기의 것과 유사하다. 불상 조성기에는 불상을 조성한 목적, 조각승, 불사 담당자, 시주자 등을 비롯한 불상 조성에 관한 모든 정보가 담겨 있는데 시주질(施主秩) 또는 단월질(檀越秩), 연화질(緣化秩), 사중질(寺中秩) 등으로 구성되어 있다.**그림 19** 조선 후반기 제2·3기의 불상 조성기는 복장품 가운데 일부로 넣어지는 경우와 불상의 대좌에 묵서(墨書)로 기록되는 경우로 구분된다. 예산 보덕사 극락전 아미타불상(1726년), 합천 해인사 백련암 목불상(1761년),**그림 20** 거창 고견사 불상(1761년) 등이 대좌 밑면에 묵서로 불상 조성기를 기록하고 있는 대표적인 경우이다.

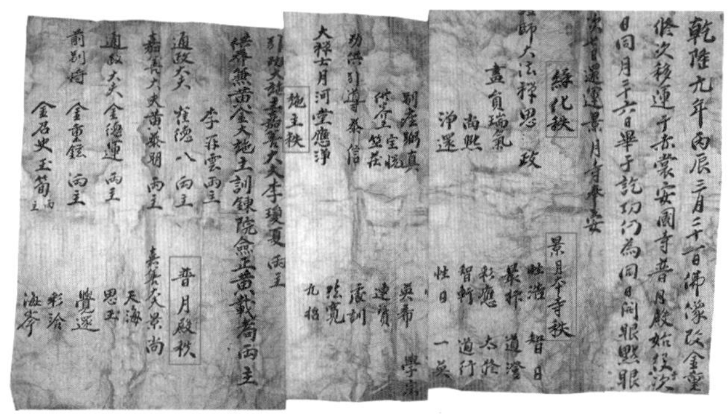

그림 19. 무주 북고사 아미타불상 개금중수기, 1736년 | 자료 제공 : 김정희

그림 20. 합천 해인사 백련암 불상과 대좌 묵서명, 1761년 | 자료 제공 : 손태호

제2·3기 불상 조성기 역시 제1기와 같은 구성을 보이는데, 간략한 내용으로 구성된 경우와 장문의 내용을 담고 있는 것으로 구분할 수 있다.

조선 후반기 제2·3기에 조성된 불상과 개금·중수된 불상 가운데 조성기의 명칭을 알 수 있는 불상은 약 25구 정도로, 명칭은 원문(願文)· **그림 21** ·발원문(發願文)·기문(記文)을 주로 사용하고 있다.〈표4〉 이 가운데

　　　　　　　　　　　　조선시대 불상의 복장기록 연구

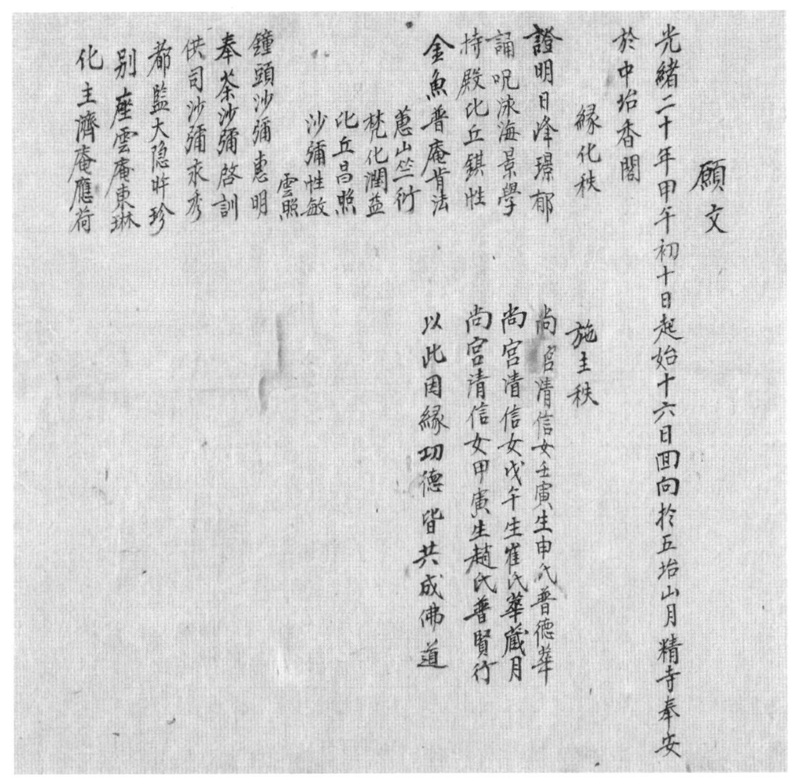

願文

光緒二十年甲午初十日起始十六日回向於五臺山月精寺奉安

於中壇香閣

緣化秩

證明日峰璟郁
誦呪泳海景學
持殿比丘鎮性
金魚普庵肯法
蕙山竺衍
梵化潤益
化丘昌照
沙彌性敏 雲照
鐘頭沙彌惠明
奉茶沙彌啓訓
供司沙彌永秀
都監大隱旿珍
別座雲庵東琳
化主濟庵應荷

施主秩

尚宮清信女壬寅生申氏普德華
尚宮清信女戊午生崔氏華藏月
尚宮清信女甲寅生趙氏普賢行

以此因緣功德皆共成佛道

그림 21. 평창 상원사 중대 사자암 비로자나불상 중수기, 1895년 | 자료 제공 : 월정사 성보박물관

가장 많은 명칭은 '원문(願文)'이며, 그 다음으로는 '발원문(發願文)'이다. 이것은 조선 후기 제1기에서 다양한 명칭을 사용하고 있는 것과는 다른 양상이라 할 수 있다. '발원문'을 사용하고 있는 불상 역시 창녕 포교원 석가불상(1730년)을 비롯해 7구 정도가 있다.

표 4. 조선 후반기 제2·3기 불상 조성기의 명칭

발원문의 명칭	연도	불상명
복장봉안문(服藏奉安文)	1790	화성 용주사 삼세불상
발원문(發願文)	1730	창녕 포교원 석가불상
	1740	대구 파계사 관음보살상 중수기
	1746	서울 봉은사 사천왕상
	1748	인제 백담사 아미타불상
	1775	영천 묘각사 아미타불상
	1792	남양주 흥국사 지장보살상 및 명부 권속
	1803	의성 지장사 상적암 불상
비로자나불입량원문 (毘盧遮那佛入量願文)	1735	순천 선암사 비로자나불상
원문(願文)	1726	예산 보덕사 아미타불상
	1727	대구 동화사 삼세불상
	1730	부산 내원정사 관음보살상
	1736	제천 백련사 아미타불상
	1737	보은 법주사 복천암 아미타불상
	1754	양산 천태사 아미타불상
	1755	부천 석왕사 관음보살상
	1790	화성 용주사 삼세불상
	1791	평창 운흥사 아미타불상
	1804	해남 서동사 삼세불상 개금기
	1811	예천 보문사 아미타삼존상 개금기
	1887	양구 심곡사 무량수불상
	1895	평창 상원사 중대 사자암 비로자나불상 중수기
복장원문(腹藏願文)	1730	제천 신륵사 아미타삼존상
기문(記文)	1777	익산 숭림사 성불암 불상
	1786	의령 수도사 아미타삼존상

양주 회암사 아미타불상의 조성기(1755년)는 '발보리원(發菩提願)'으로 시작되고 있다. 원문이나 발원문과 같은 명칭을 사용하지 않고, 불상

 조선시대 불상의 복장기록 연구

조성의 목적을 '보리(菩提)'로 밝히고 있는 것이다.[80] 순천 선암사 비로자나불상(1735년)은 '비로자나불입량원문(毘盧遮那佛入量願文)'이라고 해불상 명칭을 원문(願文) 앞에 명기하고 있는 점이 주목된다. 인제 백담사 아미타불상의 조성기(1748년)는 한문본과 한글본으로 구성되어 있어 당시 불교계의 상황을 잘 보여주고 있다.

또한 불상 조성기 첫머리에는 '조선국 강원도 영서 평강현 운마산 보월사 불상 신조성 회향발원문(朝鮮國江原道嶺西平康縣雲磨山寶月寺佛像新造成回向發願文)'이라고 기록되어 있다.[81] 부천 석왕사 관음보살상도 '용화암관음존상원문(龍華庵觀音尊上願文)'이라 하여 용화암의 관음보살상으로 조성하고 있음을 밝히고 있다. 또한 중수 개금기 역시 '중수개금기원문(重修改金記願文)'이라 하여 '원문(願文)'을 주로 사용하고 있음을 알수 있다.

영천 백흥암 영산전 불상과 나한상의 중수기(1786년)는 '백흥암 영산전 소성 불보살급 나한 제성상기(百興菴靈山殿塑成佛菩薩及羅漢諸聖像記)'라 하고 있다. 울주 문수사 아미타불상(1787년)은 '기문연기(記文緣起)'라는 명칭을 사용하고 있다. 정조에 의해 건립된 화성 용주사의 삼세불상 조성기(1790년)는 '용주사불복장봉안문(龍珠寺佛腹藏奉安文)', '각항택일(各項擇日)', '원문(願文)'으로 구성되어 있어 주목된다.

평창 운흥사 아미타불상 개금기(1791년)에는 '타불원문(陀佛願文)'으

---

80 문명대, 「尙淨系 木 佛像彫刻의 硏究」, 『강좌미술사』 29(한국불교미술사학회, 2007), pp.90~92.

81 인제 백담사 아미타불상은 1992년 문명대 교수에 의해 조사된 후 1993년 보물로 지정되었다. 조선 후기 불상으로서 보물로 지정된 최초의 불상이다.(문명대, 「백담사 목아미타불좌상」, 『강좌미술사』 5(한국불교미술사학회, 1993), pp.83~88.)

로 기록해 불상의 존명이 아미타불임을 밝히고 있다. 의성 지장사 상적암 불상 개금기(1803년)에는 '용궁 지장사 성적암 개금발원문(龍宮地藏寺性寂庵改金發願文)'을,[82] 해남 서동사 삼세불상 개금기(1804년)에는 개금한 연도와 함께 '개금원문(改金願文)'이라고 기록하고[83] 있다. 이와 같은 기록을 통해 개금기에도 발원문과 원문이라는 명칭이 주로 사용되고 있음을 알 수 있다.

현대에 들어와서는 개금을 한 후 원문이나 발원문이라는 명칭을 사용하기보다는 '개금불사(改金佛事)'라는 용어를 주로 사용하고 있다. 예를 들면 예천 보문사 아미타삼존상은 1991년 개금한 후 새로 봉안한 불상 조성기에는 '개금불사'라는 용어를 사용하고[84] 있는 것에서 확인할 수 있다. 이것은 시대에 따른 용어의 사용이 달라지고 있음을 반영한 것이다.

---

82 의성 지장사 상적암 불상 개금기(1803년): "龍宮地藏寺性寂庵改金發願文"

83 해남 서동사 삼세불상 개금기(1804년): "嘉慶九年甲子五月初八日改金願文"

84 예천 보문사 아미타삼존상 개금기(1991년): "佛紀貳阡五百參拾六年壬申八月初六日改金佛事"

　　　　조선시대 불상의 복장기록 연구

阿弥陀佛　諸佛之本師

觀世音菩薩　諸菩薩之本師

地藏菩薩　吾海衆生之本師

世尊非他佛之比　如是故

殺造有像破我世之生生求雄

三惡造金

3장

조선시대
불상 조성기와
불사(佛事)
직임(職任)

●

조선시대 불상 조성기에 나타난 불사(佛事)를 수행하는 직임(職任) 즉 소임(所任)에 관해 서술했다. 특히 불사를 주도하는 데 중요한 역할을 담당한 증명(證明)과 화주(化主)를 중심으로 살펴보았다.

1

조선시대의 승직제도

승직(僧職)은[85] 승려에게 부여된 직책으로 불교계 자체의 조직과 운영에 관련된 제도이지만 넓게는 국가의 보호와 통제라는 의미도 포함되었으며, 시대에 따라 변화가 뚜렷했다.[86] 즉 기본적으로 승려 및 교단의 활동을 국가가 행정적으로 관장하기 위해 설치한 제도로,[87] 불교가 중국에 전래되면서 자율적으로 운영되던 불교 교단은 국가의 관리 기구 안으로 편입되었다. 중국 남북조시대(420~581) 북위(北魏, 386~534)는 소현조(昭玄曹)라는 관리기구의 설치와 사문통(沙門統) 등의 승관(僧官) 임명

---

85 승직은 승려에게 부여된 직책이기 때문에 승관제(僧官制)라는 용어를 사용하기도 하지만 (전영근, 「소선시대 僧官制와 僧人 人事 관련 文書」, 『古文書研究』 30, 2007.2, pp.1~28), '승직(僧職)'이라는 용어를 사용하고자 한다.

86 허흥식, 「高麗의 僧職과 僧政」, 『僧伽敎育』 3(대한불교조계종 교육원, 2000), p.167.

87 이봉춘, 「조선시대의 僧職제도」, 『僧伽敎育』 3(대한불교조계종 교육원, 2000), p.179.

을 통해 교단에 대한 지원과 통제를 함께 시행했으며, 북위에서 비롯된 승직제(僧職制)는 수(隋, 518~618) · 당(唐, 618~970)을 거쳐 송(宋, 960~1279)에 이르러서는 그 제도가 더욱 정비되었다.[88] 이같은 중국의 승직제도는 불교와 함께 고구려 · 백제 · 신라에 전래된 이후[89] 고려와[90] 조선시대까지[91] 지속적으로 시행된 것으로 여겨진다.[92] 고려시대 승직은 사원의 삼강(三綱)과[93] 승록사(僧錄司)의 담당자로 다시 세분되며, 승직과 승정은 승과(僧科)와[94] 승계(僧階)와도 적지 않은 관련성이 있었다. 승과는 승려의 자격을 부여하는 고시제도이고, 승계는 승과의 합격과 이력에 따라 지위의 단계별 상승을 의미한다.[95] 이 제도는 부침을 거듭하다가 조선시대 명종 때까지 지속되었고, 1566(명종 21)년 문정왕후 사망 후 명종의 전교에 따라 공식적으로 혁파되었다. 그로부터 30년간 관(官)과의 공

---

88 김재응,「新羅末 · 高麗初 禪宗寺院의 三綱典」,『진단학보』77(진단학회, 1994), p.37, 주2.

89 채인환,「新羅僧官制의 설치 의의」,『佛敎學報』9(동국대학교 불교문화연구원, 1982); 김영태,「三國 · 統一新羅時代의 僧職제도 고찰」,『僧伽敎育』3(대한불교조계종 교육원, 2000), pp.143~166.

90 채상식,「淨土寺址 法鏡大師碑陰記의 分析-高麗初 禪門의 구조와 관련하여-」,『한국사연구』36(한국사연구회, 1982); 허흥식,「佛敎界의 組織과 行政制度」,『高麗佛敎史 研究』(일조각, 1986); 이봉춘,「승관조직과 승관제도」,『한국사』16(한국사편찬위원회, 1994); 허흥식,「高麗의 僧職과 僧政」,『僧伽敎育』3(대한불교조계종 교육원, 2000), pp.167~166.

91 이봉춘,「조선시대의 僧職제도」,『한국불교학』25(한국불교학회, 1999), pp.167~190; 이봉춘,「조선시대의 僧職제도」,『僧伽敎育』3(대한불교조계종 교육원, 2000), pp.178~200.

92 전영근, 앞 논문(2007), p.3.

93 三綱典은 신라 말과 고려 초의 선종 사원에 설치된 종무기구로서 院主 · 維那 · 典座 · 直歲 등으로 구성되었다. 신라 말 · 고려 초의 선종사원의 三綱典에 대해서는 김재응,「新羅末 · 高麗初 禪宗寺院의 三綱典」,『진단학보』77(진단학회, 1994), pp.37~71 참조.

94 僧科는 僧選, 大選, 選佛 등으로 지칭되며 우리나라에서는 고려시대부터 실시되었다.(전영근, 앞 논문, p.4)

95 허흥식, 앞 논문, pp.167~168.

식적인 연관 없이 자율적으로 운영되던 조선의 승단(僧團)은 임진왜란을 계기로 다시 관의 행정제도에 편입되어 여러 가지 역할을 수행하게 되었으며, 이에 따른 승직 임명, 존호(尊號) 부여 등 문서를 통한 행정이 실시되었다.[96]

조선 초에 고려의 승직제도가 그대로 계승되었음은 승록사의 존재와 그 기능을 통해서도 확인할 수 있다. 승록사는 불교관련 제반 업무 및 행정을 위한 최고 중앙관부로서 고려 때부터 시행해 온 승직제도이다. 좌·우 양가(兩街)로 구성되어 있던 승록사는 시기에 따라 승직명(僧職名)에 약간씩 변천이 있었으나, 대체로 양가에 각기 도승록(都僧錄)·승록(僧錄)·부승록(副僧錄)·승정(僧正)·승사(僧史)의 직위를 두었고, 이들을 통괄하는 직책으로 양가 도승록(都僧錄) 또는 양가 도승통(都僧統)이 있었다.[97] 또 중앙 승관 조직인 승록사와는 별도로 지방에도 승관이 존재했던 흔적이 보이는데, 중앙 승록사와 연계를 갖고 그 지시에 의해 각 지방의 불교 업무 및 행정을 담당했을 것으로 추정된다. 이같은 승록사에 관한 문제가 조선 개국 초에는 별도로 거론되지 않다가, 세종대(재위 1418~1450)에 가서 폐지가 언급되고 있는 것으로 보아, 그 이전까지는 승록사의 기능이 그대로 유지되었던 것으로[98] 생각된다.

조선 초에 유지되던 고려의 승직제도는 태종대(재위 1400~1418)의 본격적인 배불정책(排佛政策)으로 영향을 받기 시작한다. 태종은 재위 5년(1405) 11월에 사사(寺社) 토지 및 노비의 혁거(革去)와 함께 사사(寺社)·

---

96 전영근, 앞 논문, p.3.

97 허흥식, 앞 논문, pp.410~412.

98 이봉춘, 앞 논문, p.181.

거승(居僧)·노비의 수를 대폭 감소시켰는데, 그 결과 태종 7년(1407) 12월에는 본래 11종이던 종파가 7종으로 병합 축소되었다.[99] 또한 예조는 육조(六曹)의 직무 분담과 소속을 상정하면서 승록사를 예조의 속아문(屬衙門)으로 편제했다.[100] 세종 6년(1424) 4월, 태종대의 7종은 다시 통폐합되어 선·교 양종이 되었다. 즉 조계종(曹溪宗)·천태종(天台宗)·총남종(摠南宗)을 통합해 선종(禪宗)으로 하고, 화엄종(華嚴宗)·자은종(慈恩宗)·중신종(中神宗)·시흥종(始興宗)을 합해 교종(敎宗)으로 만들었다. 또한 불교 교단의 정비 방안 가운데는 승직 제도의 대변동을 예고하는 내용이 포함되어 있었다.[101]

기존의 승직기구인 승록사를 혁파하고 대신 선·교종에 각기 도회소서(都會所, 또는 總本寺)를 설치해 종무를 관장할 행수(行首)를 선발 임명하자는 방안이었다. 양종 도회소의 설치와 함께 이때부터 양종의 행수는 선종판사(禪宗判事) 또는 교종판사(敎宗判事)로 부르게 되었는데, '판사'는 국가 주요기관의 수장(首長)으로서 고려시대부터 널리 사용되어 온 명칭이다. 세종 6년(1424)에 종파 폐합과 함께 양종 판사에 의해 교단의 업무가 관장되는 승직제도상의 큰 변화가 있었지만, 그동안 승직제도의 근간이 되어온 승록사가 완전히 혁파되지는 않은 것으로 보인

---

99 태종대 축소된 7종은 조계종·천태종·화엄종·자은종·중신종·총남종·시흥종 등이다. 축소 이전의 11종은 조계종·총지종·천태소자종·천태법사종·화엄종·도문종·자은종·중도종·신인종·남산종·시흥종 등 11종이다.

100 『太宗實錄』 9卷, 5年 3月 1日 丙申(전영근, 「앞 논문」, p.7, 주15 참조).

101 "승록사를 혁파하고 서울에 있는 흥천사를 禪宗都會所로, 흥덕사를 敎宗都會所로 하여 年行이 함께 높은 자를 뽑아 兩宗의 行首·掌務로 삼아서 僧中之事를 살피게 할 것을 청합니다."(세종실록 권24, 세종 6년 4월 庚戌조).

 조선시대 불상의 복장기록 연구

다.[102] 고려 광종 때부터 시행해 온 승과와 법계는 조선 초기에도 각 종(宗)에서 선·교 두 그룹으로 대별되어 그대로 실시되었고, 세종 6년 이후 선·교 양종에서 각각 승과가 실시되고 이에 따른 법계가 주어졌다.[103]

조선시대 승과에 대한 법규는『경국대전(經國大典)』「도승조(度僧條)」에 수록되어 있는데 선·교 양종은 매 3년마다 선시(選試)를 시행해 선종은『전등록(傳燈錄)』·『선문염송(禪門拈頌)』을, 교종은『화엄경(華嚴經)』·『십지론(十地論)』으로 시험 과목으로 해 각각 30인씩 뽑도록 규정되어 있다.[104] 처능(處能, 1617~1680)의『대각등계집(大覺登階集)』에 실린 「봉은사중수기(奉恩寺重修記)」를 살펴보면 문무과(文武科)와의 비교를 통해 승과(僧科)의 성격을 설명하고 있다. 그 내용은 승과는 국시(國試) 즉 문무과 과거일과 같은 날 개장(開場)했고 병조(兵曹)의 관리를 보내 경전에 통달한 승려를 점수를 매겨 선발했으며, 갑을병(甲乙丙) 3등의 과차(科次)를 주었는데, 이를 대선(大選)이라 한다는 것이다. 또한 대선은 곧 유가의 대과(大科)이며, 대과 아래는 유가의 소과(小科) 즉 생원진사시(生員進士試)와 같은 시험이 있어 이를 참학(參學)이라 했다. 대선에 다시 입격(入格)한 자는 중덕(中德)이 되는데, 이는 유가의 중시(中試)에 해당했다.[105] 승과에 합격한 자의 승계(僧階)와 이후의 등제(登第)에 관해서는

---

102 세종은 排佛君主로서의 행적과 崇佛主로서의 면모를 함께 보이고 있다. 세종의 배불정책으로 불교가 대폭 정리되었지만 佛事의 설행 횟수는 대략 50여 회로 나타난다.(이봉춘,「조선 전기 崇佛主와 흥불사업」,「불교학보」, pp.7~8)

103 이봉춘,「조선시대의 僧職제도」,『僧伽教育』3(대한불교조계종 교육원, 2000), pp. 182~183.

104 "禪·教兩宗每三年選試. 禪宗則傳燈·拈頌, 教宗則華嚴經·十地論. 各取三十人"(『經國大典』禮典 度僧條).

105 전영근, 앞 논문(2007), p.4, 주7 참조.

성규(成俔, 1439~1504)의『용재총화(慵齋叢話)』에 언급되어 있다.[106]

승과는 먼저 종파의 예비시험인 종선(宗選)을 거쳐 국가가 시행하는 대선(大選)에 나아가게 되며, 이에 합격하면 양종 모두 대선의 법계가 주어졌다. 법계의 단계는 시대마다 약간씩 차이가 있었지만, 조선 전기에는 대체로 선종은 대선(大選) → 중덕(中德) → 선사(禪師) → 대선사(大禪師)의 순으로, 교종은 대선(大選) → 중덕(中德) → 대덕(大德) → 대사(大師)의 순으로 진급했다. 대선사는 문무반의 4품에 준하고, 선사는 5품에 준하고, 중덕은 6품에 준하며, 대선은 승과 합격자에게 주어지던 명칭이다. 국가에서 공인하는 승과는 명종(재위 1545~1567) 때가 마지막이었으나, 교단 또는 사찰 단위 주관으로 19세기 후반까지 시행되었다.[107] 이 같은 법계의 대선사에 오른 승려 중에서 흥천사의 주지로 임명되면 특별히 도대선사(都大禪師)라는 법계와 함께 선종판사(禪宗判事)의 승직이 주어졌고, 대사(大師) 중에서 흥덕사의 주지가 되면 도대사(都大師)라는 법계와 함께 교종판사(敎宗判事)의 승직이 주어졌다.[108]

조선 초기에는 종파의 통폐합으로 불교 교단이 축소되었지만 양종 도회소가 설치되었고, 각 종의 판사를 정점으로 하는 중앙 승직자와 각 사찰의 주지로 이어지는 승직제도가 원활하게 운영되었다. 승직제도상의 첫 변화였던 양종판사제(兩宗判事制)는 세종 10년(1428)부터 80년간 지속되었지만, 연산군(재위 1494~1506)의 폐불(廢佛) 정책으로 중단되었다. 이로 말미암아 선교양종·승과·법계·승직이 모두 없어지거나 중단된

---

106 『연려실기술(練藜室記述)』 별집 제13권, 승교(僧敎).

107 전영근, 앞 논문(2007), p.24.

108 이봉춘, 앞 논문(2000), p.184. 각 시대에 따른 법계의 변화는 高橋 亨,『李朝佛敎』, p.993; 김영태,『한국불교사』(경서원, 1997), pp.224~225 등을 참조할 수 있다.

상태로, 대략 50년이 지난 다음 부활·시행된 것은 명종 때의 일이다.[109]

명종 5년(1550) 당시 수렴청정하던 문정왕후(1501~1565)는 승려 보우(普雨, 1510~1565)와 더불어 봉은사(奉恩寺)와 봉선사(奉先寺)에 선·교 양종을 부활시켜, 이듬해인 1551년 승려 보우를 판선종사(判禪宗師) 도대선사(都大禪師) 봉은사 주지로, 승려 수진(守眞)을 판교종사(判教宗師) 도대사(都大師) 봉선사 주지로 임명했다. 문정왕후와 승려 보우의 불교중흥 노력으로 세종 때의 제도가 복구되었으나, 다만 이때는 양종의 본사(도회소)가 흥천사·흥덕사에서 각각 봉은사·봉선사로 교체된 점이 다르다. 또한 양종의 판사를 판선종사와 판교종사라 한 점도 주목된다.[110]

흥불(興佛)의 주선자이자 후원자이던 문정왕후가 죽자 승려 보우는 제주로 유배되었고, 명종 21년(1566) 4월에는 양종과 승과(僧科), 그리고 출가를 인정하던 법적 근거인 도승법(度僧法)까지 모두 폐지되었다.[111]

---

109 이봉춘, 앞 논문(2000), p.185.

110 선종판사를 '판선종사'라 한 사례는 세조 2년에 守眉大師가 '判禪宗師'로서 왕명을 받들어 영암 월출산 도갑사를 중수했다는 기록에서도 확인된다. 일찍부터 두 명칭이 함께 사용되었으며, 이는 교종 판사의 경우도 마찬가지이다.(이봉춘, 앞 논문, p.185, 주19 참조)

111 이봉춘, 앞 논문, pp.185~186.

조선 전반기 불상 조성기와
승직(僧職)

조선 전반기 불상 조성기에 나타난 승직을 〈표 5〉와 같이 간단히 살펴보고
자 한다.

표 5. 조선 전반기 불상 조성기에 나타난 승직명

불상명	조성 연대	불상 조성기에 나타난 승직명
밀양 표충사 대원암 지장보살상	1448	禪宗大禪師, 大禪師, 禪師
견성암 약사삼존상	1456	判禪宗師 都大禪師
경주 왕룡사원 아미타불상	1466	大師, 禪宗大禪師, 禪師, 大禪師
파주 용미리 이불병입상마애불	1471	大師
완도 관음사 관음보살상	1502	大禪師
예천 용문사 아미타불상	1515	大禪師
홍성 고산사 아미타불상	1543 중수	大禪
목포 달성사 지장보살상	1565	禪宗判事, 敎宗判事
울진 불영사 석가삼존불상	1580	西宗師
논산 쌍계사 삼세불상(석가불)	1605	大禪師

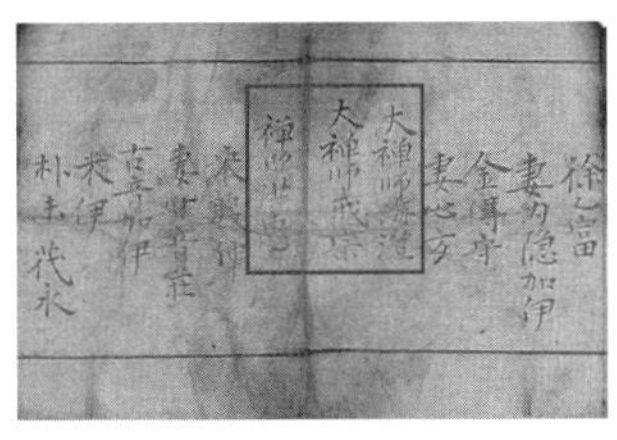

그림 22. 표충사 대원암 지장보살상과 조성기, 1448년
자료 제공 : (재)불교문화재연구소

조선 전반기 선종의 승직으로는 선사(禪師)·대선사(大禪師)·선종판사(禪宗判事)·판선종사(判禪宗師) 도대선사(都大禪師) 등이 나타나며, 교종의 승직으로는 대사(大師)·교종판사(敎宗判事) 등이 보인다. 이것을 좀 더 구체적으로 살펴보면 1448년에 조성된 표충사 대원암 지장보살상의 조성기에는 선종대선사(禪宗大禪師) 도기(道器), 대선사(大禪師) 해징(海澄), 대선사 계종(戒宗), 선사 홍혜(洪惠) 등이 시주자로 참여하고 있다. **그림 22**

견성암 약사삼존상(1456년)에는 대공덕주(大功德主)로 판선종사(判禪宗師) 도대선사(都大禪師) 수미(守眉)가 등장하고 있다.[112] 왕룡사원 아미

---

112 장충식, 「景泰七年 佛像腹藏品에 對하여」, 『考古美術』 138·139(한국미술사학회, 1978), pp.42~50.

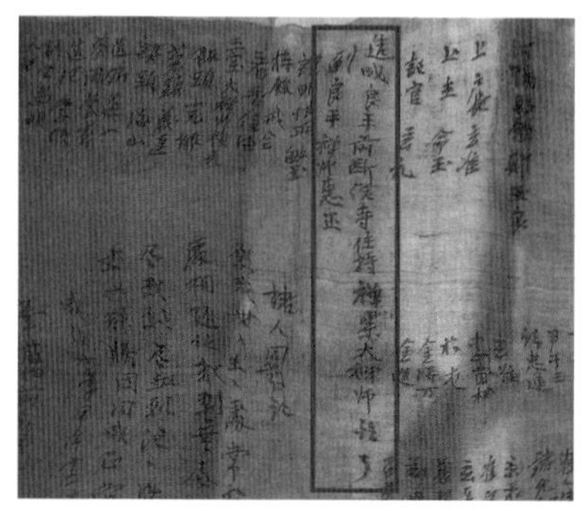

그림 23. 경주 왕룡사원 아미타불상과 조성기, 1466년 | 자료 제공 : (사)한국미술사연구소

타불상(1466년)은 원래 팔공사 미륵사에서 조성해 환성사로 옮겨 봉안한 불상이다. 〈환성사미타삼존조성결원기(還城寺彌陀三尊造成結願記)〉에는 '화엄(華嚴) 납(衲) 전 영명사주지(前永明寺住持) 대사(大師) 신련(信連), 조성(造成) 양수(良手) 전 단속사 주지(前斷俗寺住持) 선종대선사(禪宗大禪師) 성료(性了), 부양수(副良手) 선사 혜정(惠正), 삼보(三寶) 대선사 돈원(頓元)' 등의 명칭이 보인다.[113] **그림 23**

경주 왕룡사원 아미타불상 조성기의 기록에 의하면 조성기를 쓴 신련(信連)은 화엄종 사찰인 영명사의 전 주지로 대사(大師)임을 알 수 있다.[114] 그리고 삼보(三寶)의 소임을 맡은 돈원(頓元) 역시 대선사의 승직을 갖고 있다.

파주 용미리 마애불상(1471년)의 명문에는 전 중흥사 주지 대사 ○

---

113 문명대, 「왕룡사원의 1466년작 木 阿彌陀佛坐像 연구」, 『강좌미술사』 28 (한국불교미술사학회, 2007), pp.3~23.

114 문명대, 앞 논문(2007), p.7.

조선시대 불상의 복장기록 연구

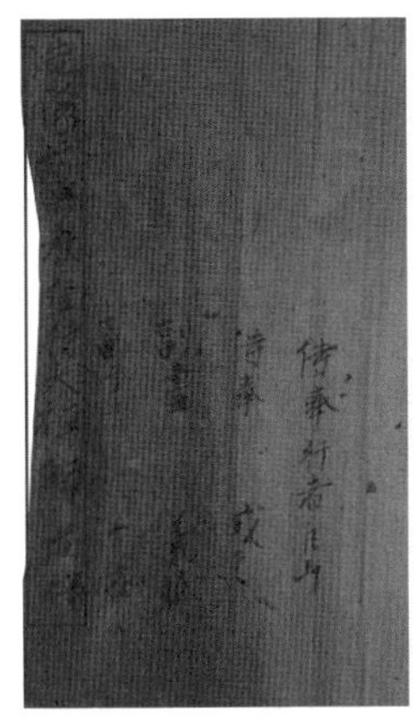

그림 24. 천성산 관음사 관음보살상 조성기, 1502년

○(前 中興寺 住持 大師 ○○), 근운(僅雲), ○혜대사(○惠大師) 등이 보이는데, 이들은 시주자로 생각된다.[115] 전 중흥사 주지는 대사(大師)라는 승직을 갖고 있는 것으로 보아, 중흥사는 교종 사찰이었음을 알 수 있다. 천성산 관음사 관음보살상(1502년) 조성기에는 조각승으로 '조상(造像) 전 흥교(前興敎) 주지(住持) 대선사(大禪師) 도유(道裕)'라는 인물이 등장한다.[116] **그림 24** 전 흥교사 주지 대선사 도유는 선종 사찰인 흥교사의 주지임을 알 수 있다.

예천 용문사 아미타불상(1515년) 조성기에는 별좌(別座) 소임을 맡은 승려 자기(自己)의 승직이 대선사(大禪師)로 기록되어 있다.**그림 25** 이 불상의 조성기는 원문(願文)과 시주자 목록 등 크게 두 장으로 구성되어 있

---

115 이경화, 「坡州 龍尾里 磨崖二佛竝立像의 造成時期와 背景-成化7年 造成說을 提起하며-」, 『불교미술사학』 3(불교미술사학회, 2005), pp.70~98.

116 전통문화연수원 편, 『천성산 관음사 목조관음보살좌상 조사 보고서』(정일사, 2010); 정은우, 「1502년명 천성산 관음사 목조보살좌상 연구」, 『석당논총』 48(동아대학교 석당학술원), 2010, pp.53~87.

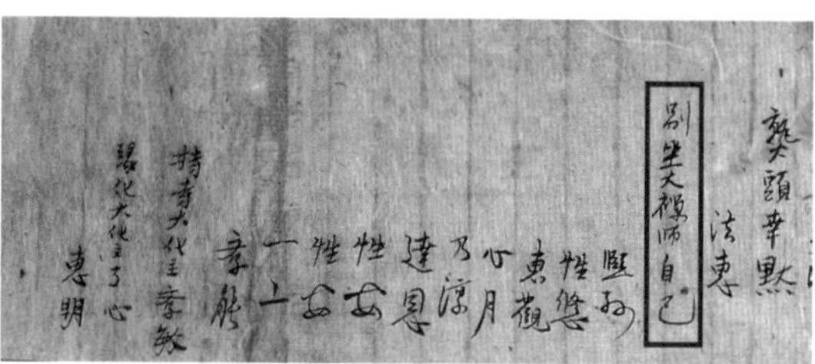

그림 25. 예천 용문사 아미타불상과 조성기, 1515년 | 자료 제공 : (재) 불교문화재연구소

다.[117]

달성사 지장보살상(1565년) 조성기에는 '선종판사(禪宗判事) 혜능(惠能), 교종판사(敎宗判事) 설매(雪梅)' 등의 기록이 있는데,[118] 여기서 주목되는 것은 선종판사와 교종판사이다. 조선시대의 양종판사(兩宗判事) 중심의 승직제도는 세종 6(1422)년에 시작되어 명종 21(1566)년 이후 공식적으로 폐지되는데, 달성사 지장보살상 조성기에는 양종 제도가 완전히 사라지기 1년 전의 불교계 상황을 알려주고 있다.

불영사 석가삼존상(1580년) 조성기에는 증명(證明)으로 승려 휴정(休淨, 1520~1604)이 등장하는데, 이때 승 휴정을 '서종사(西宗師)'로 명명하고 있다. 논산 쌍계사 삼세불상(1605년)의 수(首) 조각승은 대선사(大禪師) 원오(元悟)이다. 왕룡사원 아미타불상(1446년)과 천성산 관음사 관음

---

117 정은우, 「龍門寺 木造阿彌陀如來坐像의 특징과 願文 분석」, 『미술사연구』 22(미술사연구회, 2008), pp.93~116.

118 성춘경, 「達聖寺 木造地藏菩薩 및 阿彌陀三尊佛」, 『문화사학』 14(한국문화사학회, 2000), pp.69~98.

       조선시대 불상의 복장기록 연구

보살상(1502년)의 수 조각승도 대선사(大禪師)인 사실은 조각승의 지위가 상당한 위치에 있었음을 증명한다고 하겠다.

조선 전반기의 승직 제도에 나타나는 승직명이 불상 조성기에도 등장하고 있는데 여기서 주목되는 것은, 조각승의 승직이 대선사(大禪師) 또는 선사(禪師)라는 점이다. 조각승들은 선종 사찰 소속이며, 그 지위가 높은 위치에 있었음을 짐작케 한다. 이에 반해 불상 조성기에 나타난 교종의 승려들은 주로 대사(大師)이며, 왕룡사원 아미타불상 조성기에서 보듯이 불상 조성기를 작성하고 있다.

3

조선 전반기 불상 조성기와 직임(職任)

조선 전반기 불상 조성기에 나타난 불사의 직임을 알아보기 위해 먼저 연화(緣化)와 연화문(緣化文), 『고려판 선원청규(高麗板 禪院淸規)』에 나타난 직임, 조선 전반기의 불상 조성기와 불사의 직임, 불상을 조성한 조각승에 대해 살펴보고자 한다.

1) 연화(緣化)와 연화문(緣化文)

연화는 사원에서 수행해야 할 새로운 불사가 있으면 재원 해결을 위해 세속 사회에 직접 도움을 청하는 활동을 말한다.[119] 민인(民人)이 연

---

119 白南雲, 『朝鮮封建社會經濟史』 上(개조사, 1937), pp.834~835에 간단히 언급한 바 있다.

화에 호응하는 것은 불사에 참여함으로써 선과(善果)·복리(福利)를 얻을 것을 기대하기 때문이었다. 세속사회에 직접적인 도움을 요청하는 연화 행위는 불교계와 세속 사회의 구체적인 연결 양상을 이해하는 중요한 소재가 될 수 있다.

연화는 모연(募緣)[120]·권선(勸善)·권화(勸化)·동량(棟梁) 등으로도 일컬어졌다. 권선문(勸善文)은 선(善)을 권하는 글로써 사찰건립·탑비조성·불상·범종·경판조성·기타 사회사업 등을 위하여 힘을 함께 모아달라고 권장하는 글로[121] 타인의 참여를 유도하는 목적을 가졌기 때문에 뛰어난 문장력이 요구된다. 따라서 개인의 문집 등에 전사(轉寫)되어 전해지는 경우가 많다.[122]

연화는 불교에 대한 신앙이 전제되어야 가능한 것이었다. 연화는 사원에서 구체적인 특정 불사가 있을 때 하는 것으로, 승려들이 연화할 때 소지하는 문서는 연화문(緣化文)이라고 하는데 고려 말 조선 초에는 원문(願文)으로 불리는 경우가 많았다. 원문은 기원문(祈願文)·발원문(發願文)과 동일한 의미였던 것으로 여겨진다. 기원문이 확인되는 것은 세종 즉위년(1418) 10월이며,[123] 발원문이 등장하는 것은 태조 7년(1398) 윤 5월이다.[124] 연화문은 다양하게 일컬어지고 있지만 권(선)문(勸文, 勸善文) 또는 (발)원문((發)願文)이 가장 일반적이었던 것으로 생각된다.

---

120 이병희, 『高麗時期 寺院經濟 研究』(경인문화사, 2009), p.183, 주3 참조.

121 한기문, 「고려시대 사원 내의 관리조직과 소속승의 구성」, 『한국중세사 연구』, 1995.

122 조선 후기 승려의 문집에는 緣化文보다는 募緣文과 勸善文으로 부르고 있다.

123 『세종실록』 권1, 세종 즉위년 10월 甲申.

124 『태조실록』 권14, 태조 7년 윤5월 丙戌. 이외에도 여러 자료에서 확인할 수 있다.

연화문의 구성은 달성하고자 하는 불사의 내용이 중심이지만 앞부분은 불교 교설에 대한 내용이 기록되어 있다. 연화문을 소지하고 재물 보시를 권유하는 것은 쉽지 않은 일이었으므로, 불사가 국왕이나 왕실을 위한 것이라거나, 혹은 왕실·국왕이 후원하는 것이라고 의탁하지 않을 수 없었다. 그렇기 때문에 억불숭유 정책을 유지했던 조선시대에는 연화문 뒤에 왕실 관련 인물들에게 수결(手決)이나 도장을 받고자 했다.[125]

사찰을 건립하거나 불상을 조성할 때 시주를 권하는 권선문은 불교에서만 작성했던 것은 아니다. 군중들을 설득하고 깨우치기 위해서 쓴 글이기 때문에 서당을 지을 때도 권선문은 필요했다. 조선시대에는 억불숭유 정책에서도 왕이나 관료들의 이름이 들어 있는 권선문을 받아 시주를 권했기 때문에, 유학자들은 철저하게 불교 탄압의 일환으로 특히 임금이 권선문 쓰는 것을 극히 만류했다. 그러한 일면이 『조선왕조실록』에 자세히 나타나 있다.

전하께서는 어찌 이런 분부를 내리십니까. 승려들은 권문(勸文) 가운데 한 재상의 이름만 받더라도 오히려 경중(京中)과 외방(外方)으로 다니며 속이고 꾀어 백성들의 고혈을 짜서 취함이 이르지 않는 바가 없는데, 혹 전하께서 친히 이 일에 이바지하면 이것은 그들의 성세(聲勢)를 도와 드날리게 해 그 도(道)를 부흥케 하는 하나의 커다란 기회가 될 것입니다.
백성들이 장차 말하기를, "한 나라의 임금이란 높은 지위로도 오히려 이와 같이 하시니 우리들도 역시 재산을 다해 받들어 후세

---

125 이병희, 앞 책(2009), pp.188~190.

의 인연을 닦지 아니하랴."고 할 것이니, 그 말류(末流)의 폐단을 앞으로 다시 막지 못할 것입니다. 하물며 오늘날 전하께서는 이단을 물리치고 공씨를 높이시어 사도(斯道)의 밝음이 환하기가 일월과 같거늘, 이때를 당해 친히 부처의 공양에 이바지하게 되면, 신 등은 9길 되는 산을 쌓는 데 최후의 한 삼태기의 흙을 얹지 못해 완성시키지 못했다[九仞之功虧一簣]는 격이 되지 않을까 염려됩니다. 전하께서는 이런 뜻을 내지 마옵시고 길이 한 마음을 가지시기 바랍니다."고 했다. 임금이 말하기를, "부처를 공양하고 승려가 재를 올리는 것이 무슨 허물이 있으리오." 했다.

안숭선이 아뢰기를, "성상의 허물이 이보다 더한 것은 없습니다. 이단으로써 성명(聖明)한 조정에 섞는 것은 어찌 오늘날의 실수만 되겠습니까. 엎드려 바라옵건대 유의(留意)하옵소서." 했다. 임금이 말하기를, "이미 알았노라." 하고 드디어 일을 정지하도록 했다.[126]

이외에도 세종 연간에는 권선문과 관련한 기사가 『조선왕조실록』에 여러 번 등장하는데, 그 가운데 흥천사 수리와 관련한 내용이 주목된다. 흥천사 승려들이 권선문을 만들어 왕실의 서명을 받아 백성들을 유혹하니 그것의 폐단이 크다는 것을 주장하고 있다.

흥천사의 승도(僧徒)들은 이런 때에 백성의 재물을 취하는데 온갖 방법으로 꾀를 짜냅니다. 간교하게 권문(勸文)을 만들고 매번 의친(懿親)의 서명(署名)을 받아 중외에 두루 펴서 떠벌리고, 속이

고 꾀어 어리석은 백성들을 유혹하니, 무지한 무리들이 화복설(禍福說)에 겁을 내어 뒷날에 굶주림을 생각지 아니하고 가산을 바쳐 그들의 욕심을 채워 줍니다. 이에 백성의 재물을 도둑질하여 몇 만 석의 곡식을 쌓아 놓고, 큰 도시 가운데에서 안거회를 크게 베풀고 공공연히 꺼리는 바가 없습니다. 금단할 줄을 알지 못하고, 귀천 없이 모두 이런 풍습에 휩쓸려서 부처를 공양하며, 재(齋)를 올리기에 온 나라가 서로 먼저 하려고 다툽니다.

부자(富者)의 일이라면 오히려 가하다 하겠으나 비록 가난한 백성이라 할지라도 또한 억지로 행하다가 마침내 구렁텅이에 굴러 떨어지는 데 이르니, 이는 바로 나방이 촛불에 달려들어 죽으면서도 스스로 뉘우칠 줄 모르는 것과 같습니다. 아아, 서울은 풍속 교화의 근원인데 도리어 부처를 위해 향불을 피우는 장소가 되었으니, 사방에서 이를 향해 따르는 자가 장차 높은 상투와 넓은 소매를 가진 자보다 더 심할 것입니다. 진실로 지식이 있는 자라면 누구나 간절히 탄식하지 아니하겠습니까.[127]

여러 군신들의 반대에도 불구하고 세종이 1441년(세종 23)에 흥천사 중수를 마치고 경찬회(慶讚會)를 열고자 하니 성균관 생원 유이(柳貽)가 상소를 올려 왕이 마음을 돌려주기를 청하고 있다.

신 등은 그윽이 이르건대 효령대군(孝寧大君)은 왕실의 의친(懿親)으로서 사설(邪說)에 빠져서 불교에 귀의해 제자의 예를 공순히

 조선시대 불상의 복장기록 연구

행하며, 무릇 탑묘(塔廟)를 세우는 권문첩자(勸文牒子)에 모두 압서(押署)를 해, 중외(中外)에 편만(遍滿)하여 백성의 귀와 눈을 어지럽게 하고, 또 늙은 비구니 사실(師室)이 조금 글을 알고 있어 환화설(幻化說)을 만들어 무식한 부녀들을 우롱해 허탄하고 망령된 경지로 끌어넣고 있습니다. 이에 사남(士男)·사녀(士女)들이 휩쓸려 귀의해 모두 말하기를, '효령대군은 생불(生佛)이다. 비구니 사실(師室)도 생불이다.'고 해, 남자는 비구가 되기를 원하고 여인은 비구니가 되기를 원하니, 우리나라의 풍속을 말하면 한심스럽습니다. 전하께서 비록 엄한 형벌로 금지할지라도 오히려 금하지 못하거늘, 하물며 전하께서는 만백성의 대표로서 불교를 숭상해 믿으심이 이에 이르렀으니, 이는 원숭이에게 나무에 오르기를 가르치고 더러운 진흙 위에 다시 더러운 진흙을 칠하는 것과 같으니, 불교를 숭상하는 징조를 장차 어떻게 막으시렵니까.[128]

효령대군이 권문첩자 즉 권선문을 지어 서명해 유통하게 한 것과 비구니 사실이 환화설을 지어 백성들을 우롱한 일이 있어 그 폐해가 크다는 것을 강조하고 있다. 이처럼 왕·왕비·왕실 인물들의 수결을 받은 권선문이 당시 사찰 불사에 지대한 영향이 있었음을 암시하는 내용은 세종 대에 집중되어 나타나고 있다.

---

128 『세종실록』, 1441년(세종 23) 11월 24일자.

2) 『선원청규』와 직임

조선 전반기 불상 조성기를 통해 불사의 소임을 고찰하기 위해 먼저 고려 1254년 고려분사대장도감(高麗分司大藏都監)에서 저본(底本)을 한 장씩 판본(板本)에 씌워서 그대로 조각(雕刻)하여 인쇄해 간행한 『선원청규』의 내용에 기반해 선원(禪院)의 소임과 역할에 대해 살펴보고자 한다. 선원의 직위는 백장고청규(百丈古淸規)에 의하면 주지(住持) 아래 십무(十務)를 두었다고 했는데, 그 역할에 대해서는 잘 알 수 없다. 『선문규식(禪門規式)』에 의해 명칭이 알려져 있는 것은 반두(飯頭)·채두(菜頭)·시자(侍者)·유나(維那) 뿐이며, 그 외에 어떤 명칭의 직위가 있었는지는 명확하지 않다. 『선원청규』에는 주지 아래에 이를 보좌하고 대중을 통솔하는 직위로 4지사(四知事), 5두목(五頭目, 頭首) 또는 6두목(六頭目)이 있다. 『선원청규』의 4지사는 감원(監院)·유나(維那)·전좌(典座)·직세(直歲)이고, 5두목은 수좌(首座)·서장(書狀)·장주(藏主)·지객(知客)·욕주(浴主)이다. 6두목은 여기에 고두(庫頭)를 추가한 것이다. 이것이 남송 말의 『교정청규(校訂淸規)』에 이르게 되면, 감원(監院)이 도사(都寺)·감사(監寺)·부사(副寺)의 삼직위(三職位)로 나누어져, 육지사(六知事)가 되어 6지사(六知事)·6두목(六頭目)이 정형화된다. 앞에 든 4지사와 6두목은 『선원청규』에서는 주지가 임용하는데, 그 아래 다시 다수의 소두목(小頭目)이 있다. 즉 감원이 임청(任請)하는 소두목에는 화주(化主)·장주(莊主)·탄두(炭頭)·장두(醬頭)·반야두(般若頭)·화엄두(華嚴頭)·수두(水頭)·원두(園頭)·마두(磨頭)·등두(燈頭) 등이 있다. 유나가 임청하는 소두목에는 당두시자(堂頭侍者)·성승시자(聖僧侍者)·연수당주(延壽堂主)·노두(爐頭)·객주(寮主)·료수좌(寮首座)·각주(閣主)·탑주(塔主)·전주(殿主) 등이 있다. 장

　　　　　　　　　　　　　　　　조선시대 불상의 복장기록 연구

주(藏主)가 임청하는 소두목에는 간경당수좌(看經堂首座)·장전주(藏殿主) 등이 있다.『선원청규』에는 각종의 역직(役職) 명칭이 보이며, 그 총수는 40역수(役數)에 이르고 있다. 이들 직위 아래로는 일반 대중이 있고, 그 아래로 사미(沙彌)·동행(童行)·노비(奴婢) 등이 있다.[129]

『선원청규』에 의하면 주지를 비롯해 지사·두목 등의 역직은 모두 대중의 수행 성취를 위한 봉사로서 존재했다. 즉 승려들을 위해 개시(開示)하는 직위로서 주지가 있고, 승려들을 위해 표의(表儀)하는 직위로서 수좌(首座)가 있으며, 승려들을 위해 공양(供養)하는 직위로서 전좌(典座)가 있다. 이처럼 선원의 직위가 모두 대중 본위(本位)로 편성되어 있는 것은『선원청규』가 수행 본위의 청규임을 의미하는 것이다. 백장고청규와 같은 명칭의 직위가『선원청규』에 이르러 그 의미가 달라진 것으로는 화주(化主)가 있다. 화주는 백장고청규에서는 주지를 의미했는데,『선문규식』에서 주지는 도가 높고 법납(法臘)이 오래되었으므로 '화주'라 하며, 교화의 주인이므로 '화주(化主)'라 한다는 것이다. 그런데『백장청규』에서는 화주의 의미가 '교화의 주인'에서 '권화(勸化)의 주인'으로 전화(轉化)되었다. 이러한 화주의 의미 변화는 선원의 생활이 자급자족 경제로부터 단신(檀信) 의존 경제로 이행되어감을 단적으로 반영하는 것[130]이다.

화주는 총림(叢林)을 대표해 신자를 권화하기 위해 1년 교대로 매년 다른 지역에 파견되었다.『선원청규』에는 화주가 출발할 때 주지는 승

---

129 자각 종색선사 원저, 최법혜 역주,『고려판 선원청규 역주』(가산불교문화연구원, 2001), pp.41~43.

130 鏡島元隆,「百丈古淸規變化過程の一考察」,『驅澤大學佛教學部研究紀要』25, 1967, pp.1~13.

좌전송(陞座餞送)하며, 게송(偈頌)을 주어 도심(道心)을 격발(激發)시키며, 몸소 산문까지 배웅하는 것이 규정되어 있다. 이때 화주는 시주에 대한 관원(官員)의 소개장, 토산품, 통행증 등을 휴대하고 다녔다.[131]

조선 전기 문인이었던 이승소(李承召, 1422~1484)의 시문집인『삼탄집(三灘集)』에는 당시 시주를 받기 위해 여기저기 돌아다니던 화주승을 '화연승(化緣僧)'으로 칭한 시가 실려 있다.

화연승을 불쌍해하다〔悶化緣僧〕

여래의 옷 빌려 입고 여래 팔고 다니면서 / 假如來服販如來
화택에서 노는 것을 보니 정말 애처롭네 / 火宅嬉遊儘可哀
시주만을 받으면서 전혀 겁을 내지 않으니 / 虛受信施渾不畏
사겁 동안 윤회 속에 떨어질 줄 어찌 알랴 / 豈知沙劫墮輪回[132]

이승소는 시주를 받기 위해 활동한 화주승이 결국은 항하의 모래알처럼 헤아릴 수 없는 세월 동안 윤회 속에 떨어질 것을 알지 못하니 불쌍하다는 것이다. 조선시대 유학자들의 불교에 대한 부정적인 시각이 잘 드러나 있다.

『선원청규』에 있는 직임을 정리하면 대략 〈표 6〉과 같다.

---

131 최법혜 역주, 앞 책, pp.213~220.

132 『삼탄집』 제4권 「悶化緣僧」.

    조선시대 불상의 복장기록 연구

직임(職任)	역할
감원(監院)	주지를 대신하여 원(院) 내외 여러 사무(事務)를 통령(統領)해 수행자의 도량으로서 원활히 총림을 감독 운영해 가는 여러 지사(知事) 가운데 가장 중요한 직임
유나(維那)	승당(僧堂)에서 승려들의 수행을 독려 · 감시하는 외에 당내의 여러 업무를 총람하는 역할. 대중의 법열(法悅)을 유발시키므로 열중(悅衆)이라고도 함
전좌(典座)	총림에서 지사직(知事職) 중 승려들의 식사 일체를 관장
직세(直歲)	선원에서는 가람의 수조(修造), 상주(常住)의 십구(什具)의 수환(修換), 산림 · 전원 등의 관리 및 사원 내 일체의 작무(作務) 관장
수좌(首座)	선원의 두수(頭首) 가운데 제일의 직으로 대중의 수위(首位)가 되어 스스로 삼업(三業)과 사의(四儀)를 엄숙하게 갖추어 대중의 표의(表儀)가 되어 통솔 지도하는 중직(重職)
서장(書狀)	6두수(六頭首)의 하나로 서기(書記)라고도 함. 산문의 방소(榜疏 : 入院山門疏, 茶湯榜) · 서간(諸山 · 官員에 주는 왕래의 書簡) 등을 서사(書寫) 제작하는 역할
장주(藏主)	후대에는 지장(知藏)이라고도 함. 선원 6두수 중 제3의 중직이며 장전(藏殿)의 주관자
화주(化主)	교화의 주인이라는 뜻으로 원래는 주지를 가리키는 말이었으나 『선원청규』에 이르러서는 신자를 교화하고 신자로부터 받은 시물(施物)을 얻기 위하여 지방으로 파견되는 역직(役職). 매년 교대되며 주지의 서소(書疏)를 휴대하고 인력 · 행자(行者) 등 일단을 인솔
지객(知客)	내원(內院)하는 관원 · 단월(檀越) · 존숙(尊宿) 등의 빈객(賓客) 혹은 잠도(暫到) 등에 대한 송영(送迎) 혹은 접대를 맡은 선원 6두수 중 하나.
고두(庫頭)	상주(常住)의 전곡(錢穀) 출입 세계(歲計) 주관
장두(醬頭)	총림에서 미쟁장유(味噌醬油) 류의 보시 기진(寄進)을 단월에 앙망(仰望)하는 역할 담당
죽두(粥頭)	총림에서 조식(朝食)인 죽(粥)의 보시 기진(寄進)을 단월에게 앙망하는 역할 담당
욕주(浴主)	총림에서 승려들을 위한 입욕(入浴)에 관한 일체의 사항을 관장하는 역할 담당
수두(水頭)	총림에서 권화직(勸化職)의 하나로 세면(洗面)을 비롯해 기타 대중이 널리 사용하는 수건이나 치약 등 수료(水料)의 보시 기진을 단월에게 앙망하는 역할 담당
마두(磨頭)	마주(磨主)라고도 함. 마원(磨院)에서 정미(精米) · 제분(製粉) 관리 담당
원두(園頭)	총림에서 채원(菜園)의 재배와 경작 담당
장주(莊主)	사원의 장원 관리 담당
정두(淨頭)	동사(東司) 즉 측간(厠間) 청소 담당
종두(鐘頭)	종루당(鐘樓堂)의 주임을 말함. 대종(大鐘) 치는 일 담당

3) 조선 전반기 불상 조성기와 직임

조선 전반기 불상 가운데 현재까지 조성 연대를 확인할 수 있는 것은 약 60여 점에 달하는데, 그 가운데 조성 연대와 조각승, 연화질(緣化秩)을

확인할 수 있을 것을 중심으로 불사의 직임을 살펴보고자 한다.〈표 7〉

표 7. 조선 전반기 불상 조성기에 나타난 직임(職任)

불상명	조성 연대	직임(職任)
영덕 장육사 보살상	1395	간선비구(幹善比丘), 공덕주(功德主)
밀양 표충사 대원암 지장보살상	1448	조상(造像), 화주(化主)
양산 통도사 아미타삼존상	1450	화사(化士), 간선도사(幹善道士), 조사(造士)
영주 흑석사 아미타불상	1458	간선도인(幹善道人), 대화주(大化主), 화원(畫員), 칠사우(漆舍牛), 각수(刻手), 마조(磨造), 소목(小木), 화주(化主)
경주 왕룡사원 아미타불상	1466	대화주(大化主), 조성 양수(造成良手), 부양수(副良手), 증명(證明), 지전(持殿), 삼보(三寶), 반두(飯頭), 채두(菜頭), 숙두(熟頭), 조병(造餅), 다각(茶閣), 조포(造泡), 별좌(別坐)
평창 상원사 문수보살상	1599 개금중수	증명(證明), 화사(畫師), 지전(持殿), 공양주(供養主)
파주 용미리 이불병입상마애불	1471	화주(化主)
천성산 관음사 관음보살상	1502	숙두(熟頭), 반두(飯頭), 대화주(大化主), 삼강사주(三剛社主), 지사(持寺), 시봉행자(侍奉行者), 시봉(侍奉), 부화(副畵), 조상(造像)
예천 용문사 아미타불상	1515	증명(訂明), 지전(持殿), 상화원(上畵員), 화원(畫員), 목수(木手), 철장(鉄匠), 반두(飯頭), 숙두(熟頭), 별좌(別座), 지사대화주(持寺大化主), 연화대화주(緣化大化主)
대원사 비로자나불상	1516	주화원(主畵員), 화주(化主), 공양주(供養主), 후불원각회화원(後佛圓覺會畵員)
남원 실상사 서진암 나한상	1516	화주(化主)
서귀포 서산사 보살상	1534	증명(證明), 지전(持殿), 화원(畫員), 별좌(別座), 공양주(供養主), 지사불상대화주(持寺佛像大化主), 화주(化主), 단청화주(丹靑化主), 개와화주(盖瓦化主)
홍성 고산사 아미타불상	1543	증명(證明), 분존(焚尊), 화원(畫員), 별좌(別坐), 공양(供養), 대목(大木), 불상대화주(佛像大化主)
고창 선운사 참당암 아미타삼존불상	1561	지전(持殿), 행자(行者), 공양주(供養主), 화주(化主), 상좌(上座)
목포 달성사 지장보살상	1565	별좌(別座), 공양주(供養主), 대화주(大化主)
포항 보경사 비로자나삼존불상	1569	시주겸화주(施主兼化主), 공양주(供養主), 화공(畫工), 목수(木手)
경주 왕룡사원 약사불상	1579	지전(持殿), 화원(畫員), 공양주(供養主), 화사(化士)

조선시대 불상의 복장기록 연구

울진 불영사 석가삼존불상	1580	증명(證明), 화원(畵員), 공양주(供養主), 화주(化主)
문경 봉암사 아미타불상	1586	화원(畵員), 증명(證明), 별좌(別座), 공양주(供養主), 간선(幹善)
안성 청룡사 석가삼존불상	1603	증명(證明), 화존(火尊), 별좌(別座), 화원(畵員), 반두(飯頭), 숙두(熟頭), 화주(化主), 복장화주(腹藏化主), 주지(住持), 삼보(三寶), 전상(殿上)
김해 선지사 아미타불상	1605	화원(畵員), 별좌공양주겸(別座供養主兼), 지전(持殿)
논산 쌍계사 삼세불상(석가불)	1605	증명(證明), 지전(持殿), 화원 상수(畵員上首), 공양주(供養主), 별좌(別座), 불상상금대화주(佛像上金大化主), 불상 조성대화(佛像造成大化)
서울 불교박물관 소장 불상	1605~1610	참학(參學), 지사(持寺), 수승(首僧), 주지(住持), 지전(持殿), 별좌(別座), 공양주(供養主), 증명(證明), 화원(畵員), 권화(勸化)
공주 동학사 삼세불상(아미타)	1606	간선대화주(幹善大化主), 오금 권화(烏金勸化), 수육 권화(水六勸化), 별좌(別座), 공양주(供養主), 부역잡사(負役雜事), 증명(證明), 상화원(上畵員), 지전(持殿)

증명(證明)·간선(幹善)·화주(化主) 또는 화사(化士)·지전(持殿)·별좌(別座, 別坐)·반두(飯頭)·채두(菜頭)·숙두(熟頭)·조병(造餠)·다각(茶閣)·조포(造泡)·화원(畵員)·공양주(供養主)·행자(行者)·상좌(上座)·대도감(大都監)·주지(住持)·전좌(殿座)·지사(持寺)·삼보(三寶)·수승(首僧) 등이 있다.

불사를 총 책임지고 이끌어갔던 직임은 간선(幹善)으로 여겨진다. 1395년 장육사보살상에서는 간선비구(幹善比丘), 1450년 통도사 아미타 삼존상에서는 간선도사(幹善道士), 1458년 흑석사 아미타불상에서는 간선도인(幹善道人)으로 기록되다가, 1606년 동학사 삼세불상에서는 간선대화주(幹善大化主)로 등장하고 있다.**그림 26** 이러한 사실은 간선(幹善)이 차츰 시간이 흐르면서 대화주(大化主)와 동일시 된 것이 아닌가 생각된다.

모든 불사에서 중요한 직임(職任) 가운데 하나는 화주(化主)이다. 화주는 대화주(大化主)와 화주(化主)가 있고, 맡은 바에 따라 불상화주(佛像化主), 복장화주(腹藏化主) 등으로 세분되기도 한다.**그림 27** 16세기가 되면서는 불사에서 증명(證明)이 대부분 등장하고 있는 것으로 보아, 그의 역

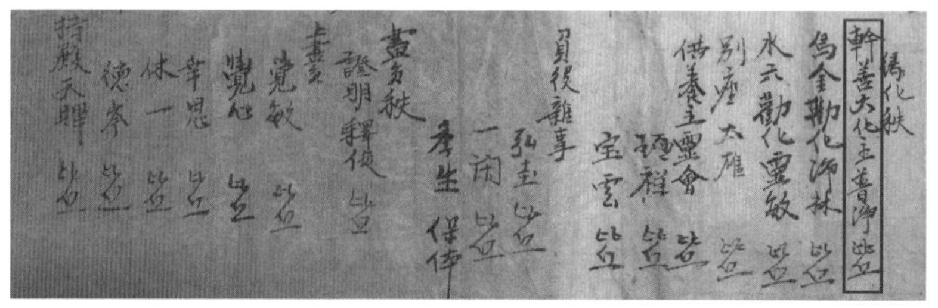

그림 26. 공주 동학사 삼세불상(아미타불상) 조성기 중 연화질과 화원질, 1606년 | 자료 제공 : 손영문

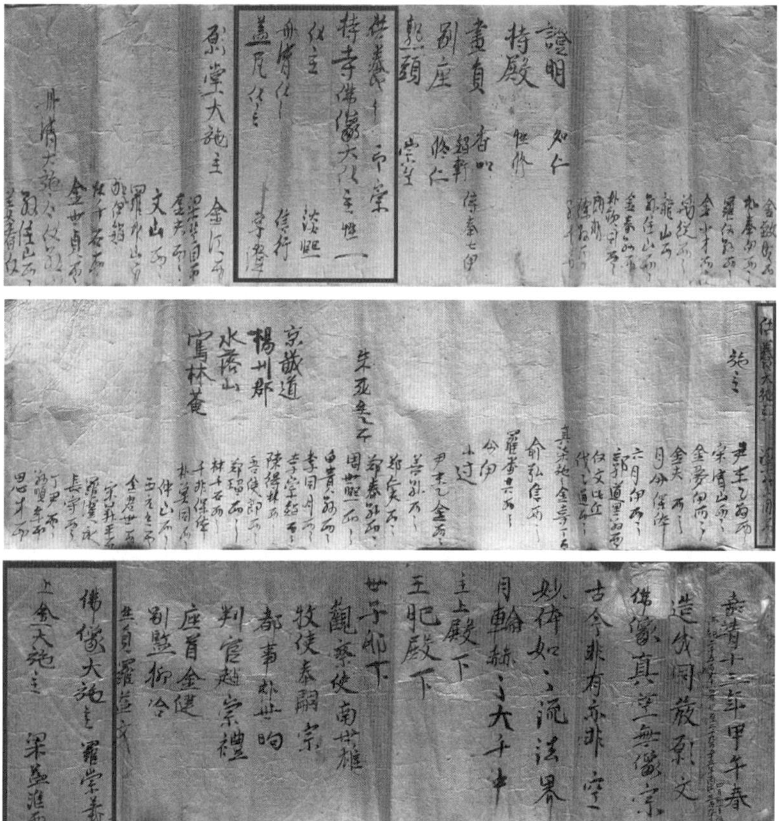

그림 27. 제주 서산사 보살상 조성기, 1534년 | 자료 제공 : (재)불교문화재연구소

조선시대 불상의 복장기록 연구

할이 증대된 것으로 생각된다. 불사에서 또 다른 중요한 직임은 공양주
(供養主)이다. 거의 대부분의 연화질에서 공양주를 언급하고 있는 것은
이러한 사실을 입증한다.

4

조선 후반기 제1기 불상 조성기와 직임

조선 후반기 제1기의 불상 조성기에 나타난 인명은 크게 시주질(施主秩)·연화질(緣化秩)·대중질(大衆秩) 또는 사중질(寺中秩) 등으로 구성되어 있다. 여기에서 불사의 직임은 연화질에 나열되는 경우가 일반적이다. 연화질에는 증명(證明)·화원(畵員)·지전(持殿)·별좌(別座)·내왕(來往)·공양주(供養主)·반두(飯頭)·다각(茶角)·숙두(熟頭)·정통(淨桶)·조연(助緣)·화사(化士)·화주(化主) 또는 간선(幹善) 등이 기록되는데, 불사에서 가장 중요한 소임은 증명과 화주이다. 증명과 함께 대공덕주(大功德主) 역시 불사의 중요한 임무를 맡은 인물로 생각된다. 본 장에서는 당시 불상 조성에 참여한 승려 가운데 증명으로 활동한 승려와 당시 불교계의 상황을 연결시켜 고찰해 보고자 한다.

1) 불사(佛事)와 증명(證明)

조선 후반기 제1기 불상 조성기에 나타난 증명의 명칭으로는 증명(證明) 외에 증사(證師)라는[133] 용어가 사용되고 있다. 증명으로 등장하는 승려들의 직위는 대부분 생략되어 있지만, 화엄종(華嚴宗) 중덕(中德)·대덕(大德)·대사(大師)·대선사(大禪師)·선종대선사(禪宗大禪師)·선종판사(禪宗判司) 등이 나타나고 있다.〈표 8, 9〉 법계의 단계는 시대마다 약간씩 차이가 있었지만 조선 전기에는 대체로 선종은 대선(大選) → 중덕(中德)→ 선사(禪師) → 대선사(大禪師)의 순으로, 교종(敎宗)은 대선(大選) → 중덕(中德) → 대덕(大德) → 대사(大師)의 순으로 진급했다.

표 8. 조선 후반기 제1기 불상 조성기와 증명의 직위

불상명	조성 연대	직위	법명
여주 신륵사 아미타삼존불상	1610	화엄종 중덕(華嚴宗 中德)	설암 경옥(雪庵敬玉)
서울 지장암 비로자나불상	1622	대덕(大德)	희언(熙彦)
			각성(覺性)
광양 백운사 아미타불상	1643	산중대덕(山中大德)	태능대사(太能大師)
산청 율곡사 아미타삼존상	1645 추정	대선사(大禪師)	한암대선사 성안(寒巖大禪師 星岸)
		대선사(大禪師)	영암대선사 재왕(暎巖大禪師 載旺)
평창 상원사 제석천상	1645	선종대선사(禪宗大禪 師)	성정(性正)
여수 흥국사 도명존자상, 제1진광대왕, 제2초강대왕	1648	대선사(大禪師)	태호(太湖)
		선종판사(禪宗判司)	승준(勝俊)
		충청판사(忠淸判司)	담준(淡俊)
		대선사(大禪師)	혜관(惠觀)

---

133 곡성 도림사 아미타불상(1665년)의 불상 조성기. "證事勝旭比丘"

포천 동화사 불상	1649	대선사(大禪師)	대호(大浩)
군산 동국사 가섭존자상	1650	대덕(大德)	태호(太浩)
군산 동국사 아난존자상	1650	대덕(大德)	대호(大浩)
고창 문수사 지장보살상	1653	대사(大師)	벽암당대사 각성 (碧岩堂大師 覺性)
		대사(大師)	회적당대사 성오 (晦跡堂大師 性悟)

조선시대 교단의 성격은 전기는 공식 종단(宗團), 후기는 무종단(無宗團) 시기로 크게 대별할 수 있다. 명종 21년(1566년)에 양종과 승과(僧科), 그리고 출가를 인정하던 법적 근거인 도승법까지 폐지된 이후, 국왕이 승려에게 시호를 내릴 때 관례적으로 선·교종 명칭을 쓰기도 했고, 또 국가에서 주요 승직을 임명하기도 했지만, 조선 후기는 법제적 규정이 없는 무종단 상태가 지속되었다. 그러나 전국의 승려를 통솔하는 기구와 승직의 존재가 용인되었고, 계파나 문파(門派)의 형태로 승려와 소속 사찰이 조직화되면서 조선 후기에도 교단은 존립할 수 있었다.[134]

표 9. 조선 후반기 제1기 불상 조성기와 증명

불상명	연도	명칭	직위	법명
여주 신륵사 아미타삼존불상	1610	증명(證明)	화엄종 중덕 (華嚴宗 中德)	설암 경옥(雪庵敬玉)
순창 강천사 아미타불상	1612	증사(證師)		선○(禪○)
함양 상련대 관음보살상	1612	증명(證明)		정욱(正旭)
진주 월명암 아미타불상	1612	〃		정욱(正旭)
해남 대흥사 삼세불상 (약사불과 아미타불)	1612	〃	조계종 국일도대선사 (曹溪宗 國一都大禪師)	원철(圓撤)
순천 송광사 비로자나불상	1614	〃		신명(信明)

---

134 김용태, 『조선 후기 불교사 연구』(신구문화사, 2010), p.67.

조선시대 불상의 복장기록 연구

불상명	연도	명칭	직위	법명
구례 천은사 관음, 세지보살상	1614	증명(證明)		태영(太英), 설매(雪梅)
공주 갑사 대웅전 좌협시보살상	1617	증사(證師)		현정(玄正)
서천 봉서사 아미타삼존상	1618	증명(證明)		수연(守衍)
서울 지장암 비로자나불상	1622	〃	大德	희언(熙彦)
				각성(覺性)
강화 전등사 삼세불상	1623	〃		탄오(坦悟)
순천 송광사 광원암 아미타불상	1624	증사(證師)		일은(馹闇)
나주 다보사 석가삼존상 및 나한상	1625	〃		영혜(靈慧)
보은 법주사 삼신불상 (비로자나불 1)	1626	〃		진기(震基)
보은 법주사 삼신불상 (비로자나불상 2)	1626	증명(證明)		감인(甘印)
보은 법주사 삼신불상 (석가불상)	1626	〃		감인(鑑印)
보은 법주사 삼신불상 (노사나불상)	1626	〃		감인(鑑印)
순천 송광사 사천왕상	1628	〃		희옥(熙玉)
군산 은적사 석가삼존상	1629	〃		수종(守宗)
창녕 관룡사 삼신·삼세불상	1630	〃		의심(義心)
김제 귀신사 삼세불상	1633	〃		처명(處明)
고창 선운사 삼신·삼세불상 대좌 기문	1633	〃		처명(處明)
고창 선운사 삼신·삼세불상	1633	〃		처명(處明)
부여 무량사 아미타불상	1633	〃		두인(斗仁)
부여 무량사 대세지보살상	1633	〃		혜회(憓懷)
파주 보광사 보살상	1633	〃		탄오(坦悟)
익산 숭림사 지장보살상	1634	〃		태수(泰守)
영광 불갑사 삼세불상(석가불상)	1635	〃		영정(靈淨)
영광 불갑사 삼세불상(아미타불상)	1635	증사(證師)		영정(靈淨)
영광 불갑사 삼세불상(약사불상)	1635	〃		영정(靈淨)
청도 적천사 삼세불상	1636	증명(證明)		의심(儀心)
강화 전등사 지장보살상	1636	〃		탄오(坦悟)
강화 전등사 도명존자상	1636	〃		수연(守衍)
강화 전등사 제4오관대왕상	1636	〃		탄오(坦悟)
동국대박물관 장 아미타삼존상	1637	〃		의정(義正)
영남대박물관 장 아미타불상	1637	〃		의심(義心)
하동 쌍계사 삼세불상과 보살상	1639	증사(證師)		명심(明心)
고흥 능가사 석가불상	1639	〃		명심(明心)

불상명	연도	명칭	직위	법명
예산 수덕사 삼세불상(석가불상)	1639	증명(證明)		쌍인(雙印)
예산 수덕사 삼세불상 (약사불상)	1639	〃		쌍인(雙印)
공주 갑사 석가불상	1640	〃	山人	신○(信○)
거창 심우사 아미타불상	1640	〃		쌍신(双信)
익산 숭림사 성불암 불상	1640	〃		영관(靈寬)
보은 법주사 약사삼존상	1641	〃		영진(靈眞)
완주 송광사 삼세불상 ①	1641	〃		홍인(弘印)
완주 송광사 삼세불상 ②	1641	〃		〃
완주 송광사 삼세불상 ③	1641	〃		〃
진주 응석사 삼세불상	1643	〃		사신(思信)
광양 백운사 아미타불상	1643	〃	대덕(大德)	태능(太能)
대구 용연사 지장삼존상과 명부 권속	1643	〃		쌍신(雙信)
경산 경흥사 삼존불상	1644	〃		쌍신(雙信)
서울 지장암 지장보살삼존상과 명부 권속	1644	증사(證師)		연수(延壽)
상주 남장사 아미타불상	1645	증명(證明)	명현 존숙 (名現尊宿)	지희(智熙)
평창 상원사 제석천왕상	1645	〃	선종대선사 (禪宗大禪師)	성정(性正)
산청 율곡사 아미타삼존상	1645 추정	증사(證師)	대선사 (大禪師)	한암대선사 성안 (寒巖大禪師 星岸)
			〃	영암대선사 재왕 (暎巖大禪師 載旺)
군산 불주사 관음보살상	1646	〃		처우(處祐)
구례 천은사 아미타불상	1646	증사(證師)		쌍인(双印)
대구 보성선원 석가삼존상 (석가불상)	1647	〃		성관(性寬)
대구 보성선원 석가삼존상 (문수보살상)	1647	증명(證明)		〃
대구 보성선원 석가삼존상 (보현보살상)	1647	〃		〃
해남 도장사 석가삼존상 (석가불상)	1648	증명(證明)		엄택(嚴澤)
해남 도장사 석가삼존상(보살상)	1648	증명(證明)		엄택(嚴澤)
해남 도장사 아미타불상	1648	〃		〃

불상명	연도	명칭	직위	법명
여수 흥국사 도명존자상 · 제2초강대왕	1648	증명(證明)	대선사(大禪師)	태호(太湖)
			선종판사 (禪宗判司)	승준(勝俊)
			충청판사 (忠淸判司)	담준(淡俊)
			대선사(大禪師)	혜관(惠觀)
여수 흥국사 제1진광대왕상	1648	〃	대선사(大禪師)	태호(太湖)
			선종판사 (禪宗判司)	승준(勝俊)
			충청판사 (忠淸判司)	담준(湛俊)
			대선사(大禪師)	혜관(惠觀)
김천 직지사 석가불상	1648	〃		수일(守一)
강진 정수사 삼세불상	1648	〃		보제(普齊)
포천 동화사 불상	1649	〃	대선사(大禪師)	대호(大浩)
서울 화계사 지장보살삼존상과 명부 권속	1649	증사(證師)		의순(儀淳)
구미 수다사 아미타삼존상	1649	증명(證明)		지희(智熙)
군산 동국사 석가삼존상(가섭존자상)	1650	증사(證師)	대덕(大德)	태호(太浩)
군산 동국사 석가삼존상(아난존자상)	1650	〃	대덕(大德)	대호(大浩)
진안 금당사 아미타삼존상(관음보살상)	1650	증명(證明)		희일(熙日)
진안 금당사 아미타삼존상(대세지보살상)	1650	증명(證明)		〃
해남 서동사 삼세불상	1650	〃		옥보(玉寶)
대전 비래사 비로자나불상	1650	〃		해운당 정순(海雲堂 正巡)
무주 관음사 관음보살상	1650	〃		지근(志勤), 해선(海善)
고흥 금탑사 아미타삼존상	1651	증사(證師)		수안(守安)
서울 봉은사 아미타불상	1651	증명(證明)		의순(儀淳)
속초 신흥사 지장보살상	1651	시왕조 연겸증명 (十王助 緣兼證明)		금강산 법조(金剛山 法祖) 풍악산 쌍언(楓岳山 雙彦), 오대산 색품(五臺山 賾稟), 보개산 명조도일(宝盖山 明照道一), 묘향산 의순(妙香山 義淳), 지리산 각성(智異山 覺性), 천관산 계우(天冠山 戒牛), 태백산 범일(太白山 梵日), 오봉산 도원(五峰山 道源)
완주 정수사 아미타삼존상	1652	증명(證明)		희일(熙一)

불상명	연도	명칭	직위	법명
대구 운흥사 아미타삼존상	1653	증명(證明)		태호(太浩)
서울 지장암 장 불대사 석가불상	1653	〃		선택(禪澤)
고창 문수사 삼세불상	1654	〃	대사(大師)	벽봉당대사 각성 (碧峯堂大師 覺性), 회적당대사 성오 (晦跡堂大師 性悟)
고창 문수사 지장보살상	1654	〃	대사(大師)	벽봉당대사 각성 (碧峯堂大師 覺性), 회적당대사 성오 (晦跡堂大師 性悟)
청도 대운암 관음보살상	1654	증사(證師)		심검(尋劒), 태호(太湖)
영광 불갑사 지장보살상	1654	증명(證明)		담혜(湛慧), 도신(道信)
영광 불갑사 무독귀왕	1654	〃		담혜(湛慧)
영광 불갑사 도명존자상, 제8평등대왕	1654	〃		〃
속초 보광사 지장보살상	1654	〃		등휘(登徽)
창원 성주사 삼신불상	1655	〃		능청(能淸)
김제 청룡사 관음보살상	1655	〃		천승(天勝)
대구 용연사 아미타삼존상	1655	〃		태호(太浩)
완주 송광사 석가삼존상	1656	증사(證師)		삼일(三一)
완주 송광사 오백나한상 ③	1656	증명(證明)		삼일(三一)
완주 송광사 오백나한상 ④	1656	〃	대선사(大禪師)	삼일(三一), 학명(學明)
완주 송광사 오백나한상 ⑤	1656	증사(證師)		〃
함양 법인사 아미타불상	1657	〃		홍언(弘彦)
무주 북고사 아미타불상	1657	증명(證明)		지선(智禪)
칠곡 송림사 대웅전 석가삼존상	1657	〃		문희(文熙)
진주 청곡사 제석 · 범천상	1657	〃		지승(智勝)
고흥 금탑사 지장삼존상과 명부 권속	1659	〃		성일(性一)
기장 장안사 삼세불상	1659	〃		뇌묵(雷默)
나주 다보사 지장삼존상과 명부 권속	1659	〃		담혜(湛慧)
담양 호국사 아미타불상	1660	〃		성오(性悟)
서울 청룡사 지장보살상	1660	〃		원응(圓應)
제주 월계사 아미타불상	1661	〃		천민(天敏)
부산 범어사 석가삼존상	1661	〃		연옥(鍊玉)
순천 송광사 관음보살상	1662	〃		연수(延壽)
서울 지장암 지장보살상	1664	증사(證師)		연수(延壽)
칠곡 송림사 시왕상	1665	증명(證明)		문희(文熙)
곡성 도림사아미타삼존상(아미타불상)	1665	증사(證師)		승욱(勝旭)

조선시대 불상의 복장기록 연구

불상명	연도	명칭	직위	법명
곡성 도림사 아미타삼존상(대세지보살상)	1665	증사(證師)		승욱(勝旭)
곡성 도림사 아미타삼존상(관음보살상)	1665	〃		〃
군산 은적사 아미타불상	1666	증명(證明)		천홍(天弘)
군산 불주사 아미타불상	1666	〃		천민(天敏)
화순 쌍봉사 지장삼존상	1667	〃		○행(○行)
김천 직지사 비로자나삼존상	1668	〃		초행(楚行)
김천 고방사 아미타삼존상	1670	〃		현계(玄戒)
제주 삼광사 보살상	1671	〃		혜환(惠還)
대구 소재사 삼세불상	1673	〃		무학화상((無學和尙), 나옹화상(懶翁和尙), 지공화상(志空和尙)
함양 백운암 아미타불상	1674	〃		문옥(文玉)
대구 소재사 지장삼존상과 명부 권속	1675	〃		지공화상(志公和尙), 무학화상(無學和尙), 나옹화상(懶翁和尙)
고흥 능가사 대웅전 석가불상	1675	〃		정현(正玄)
김제 금산사 대장전 불상	1676	〃	대덕(大德)	충순(沖順)
고창 선운사 도명존자상, 무독귀왕	1676	〃		밀암(密巖)
부산 금정사 아미타불상	1677	증사(證師)		충색(沖賾)
합천 해인사 희랑대 지장보살상	1677	〃		의상(儀尙)
공주 마곡사 지장보살상	1677	〃		의○(仅○)
전주 일출암 약사불상	1677	증사(證師)		충색(沖賾)
남해 용문사 지장삼존상과 명부권속	1678	증명(證明)	대사(大師)	승철(勝哲)
광양 무등암 대세지보살상	1678	〃		원해(圓海)
목포 달성사 아미타삼존상	1678	〃		사조(嗣祖)
청도 덕사 석가삼존상과 16나한상	1678	〃		성헌(性憲)
청도 덕사 지장삼존상과 명부 권속	1678	〃		〃
광주 덕림사 지장삼존상과 명부 권속	1680	〃		옥념(玉念)
곡성 도림사 관음 · 대세지보살상	1680	증사(證師)		승욱(勝旭)
고흥 송광암 대세지 · 관음보살상	1680	〃	대덕(大德)	옥현(玉玄)
서울 지장암 장 능가사 가섭 · 아난존자상	1683	증사(證師)		옥념(玉念)
강진 옥련사 석가불상	1684	증명(證明)		성원(性元), 태의(泰儀), 응안(應眼)
예천 용문사 목각아미타설법상과 아미타삼존상	1684	〃		종현(宗現)
안성 칠장사 석가삼존불상	1685	〃		도원(道元)

불상명	연도	명칭	직위	법명
고흥 능가사 석가삼존상과 16나한상	1685	증사(證師)		옥념(玉念)
영동 중화사 석가삼존상	1686	증사(證師)		처영(處英)
영월 보덕사 아미타불상	1687	증사(證師)	대덕(大德)	소영당대사 신경 (昭影堂大師 神鏡)
김해 은하사 지장삼존상과 명부 권속	1687	증명(證明)		투삼(透三)
김해 은하사 석가삼존불상	1688	〃		사인(思忍)
완주 대원사 지장삼존상과 명부 권속	1688	〃		밀엄(密嚴)
제천 정방사 관음보살상	1689	〃		행수(行修)
여수 흥국사 53불상	1689	증사(證師)	대선사(大禪師)	성수(性聖修)
일본 교토 고려미술관 장 아미타삼존불감	1689	증명(證明)		성원(性元)
안동 봉황사 삼세불상	1692	〃		소영당 경 (昭影堂 鏡)
구례 천은사 석가불상	1694	증명(訂明)		해기(海機)
함양 용추사 지장삼존상과 명부 권속	1694	증사(證師)	명현대덕 (名現大德)	영허당 상민대사 (盈虛堂 尙敏大師)
화순 쌍봉사 아미타삼존상	1694	증명(證明)		지행(智行)
서울 염불사 관음보살상	1695	증명(證明)		성원(性元), 태우(太祐)
청양 장곡사 약사불상	1695 중수	〃	석덕(碩德)	충연(冲衍), 초행(楚行)
전주 서고사 가섭존자상	1695	〃		도운(道云)
개인 소장 불상	1699	〃		수화(守和)
제주 용문사 석가불상	1700 년경	증사(證師)		도성(道性)
곡성 도림사 석가삼존상	1700	증명(證明)		성득(性得)
해남 대흥사 석가삼존상	1701	〃		처기(處機)
서울 흥천사 관음보살상	1701	명증(明證)		천순(天淳)
서울 경국사 관음보살상	1703	증사(證師)		행수(幸修)
하동 쌍계사 사천왕상	1705	증명(證明)		소영당 대(昭影堂 大)
의령 백련암 보살상	1705	증사(證師)	명현대덕 (名現大德)	혜심(惠諶)
안성 칠장사 지장보살삼존상과 명부 권속	1706	증명(證明)		성현(聖玄)
곡성 서산사 관음보살상	1706	〃		건표(健標)
영광 불갑사 응진전 석가삼존불상	1706	〃		성일(性一)
고흥 능가사 불상	1707	〃		행수(行修)
고흥 봉래사 관음보살상	1708	증사(證師)		태시(太始), 천성(天性)
고흥 송광암 대세지보살상	1709	증명(證明)		총언(聰彦)
평창 월정사 북대 고운암 석가불상	1710	〃		축경(竺瓊)
평창 상원사 석가삼존상	1711	증사(證師)	대덕(大德)	대은(大訔)

조선시대 불상의 복장기록 연구

불상명	연도	명칭	직위	법명
함양 사리암 아미타불상	1711	증명(證明)		건표(建標)
영동 영국사 보살상	1711	〃		홍신(弘信)
익산 혜봉원 석가불상과 보살상	1712	〃		신관(信寬)
고양 · 상운사 아미타삼존상	1713	〃		천기(天機)
김제 문수사 아미타불상	1715	〃		천순(天淳)
양구 심곡사 관음보살 · 대세지보살상	1716	〃		경엄(慶嚴)
안성 칠장사 관음보살상	1718	〃		법인(法印)
밀양 여여정사 관음보살상	1722	〃		종민(宗敏)

국가가 편법으로 다시 승직을 부여하기 시작한 계기가 된 것은 임진
왜란이었다. 즉 전쟁 중 임시방편으로 승직을 수여하고 선과(禪科)를 준
것이 전란 후에도 관례적으로 지속되었다. 선조는 승군을 조직적으로
통솔하기 위해 처음에는 최고위직을 선교양종판사(禪敎兩宗判事)로 명했
으나 이에 대한 비판이 일자, 선교양종판사 대신 도총섭(都摠攝)의 직책
을 내렸다. 그리고 각 도에 선과 교의 총섭(總攝)을 두어 비변사에서 이
들을 임명하고 관리하게 했다. 도총섭제는 전란기의 임시책이었고 법제
상의 공식 규정이 아니어서 체계적인 운영을 기대하기 어려웠으나, 현
실적 요구에 의해 승군 활용이 관례화됨에 따라 임진왜란 때 재개된 총
섭제는 계속 유지되었다. 인조(재위 1623~1649) 대에 벽암각성(碧巖覺性,
1575~1660)이 남한산성 팔도도총섭에 임명되어 높은 위상을 가지게 된
이후, 남한산성과 숙종(1674~1720) 대에 만들어진 북한산성의 팔도도총
섭은 전국의 승군을 동원하고 통제하는 중추적 역할을 맡게 되었다.[135]

조선 후기에는 승려의 사승(師承) 즉 선종의 법맥 전수를 기준으로

---

135 김용태, 앞 책, pp.68~70.

한 '전법(傳法)'의 스승과 제자 관계가 사승의 가장 중요한 요인이 되고 있다. 이는 불교가 공인되고 국가에 의해 제도적으로 관리되던 이전 시대와는 다른 기준이었다. 즉 도승(度僧)과 승적(僧籍)에 대한 법제적 규정이나 구속력보다는 법맥을 통한 사승 관계의 정립이 확립되고, 법맥 계보를 중심으로 한 계파와 문파가 형성되었다. 또한 조선 후기에는 사찰의 경제 기반 확충을 도모하는 계(契)와 보사청(補寺廳) 활동이 일어났다.[136] 계회(契會)에는 승려 뿐 아니라 신도도 참여했는데 계원(契員)이 낸 회비를 증식시켜 토지 구입, 불사 비용 충당, 사찰 유지비를 조달하는 데 사용했다. 계의 성격이 다양해 같은 연배의 승려들로 조직된 갑계(甲契), 문파별 조직인 문중계(門中契), 사찰과 전각 단위로 불사를 위해 조성된 불량계(佛糧契), 사찰의 행정을 맡은 직무승들이 만든 청계(廳契), 승속이 신앙·수행과 통해 재정 마련을 도모한 염불계(念佛契)·칠성계(七星契)·미타계(彌陀契)·지장계(地藏契) 등이 대표적이다. 17세기에는 갑계가 중심이 되었지만[137] 점차 일반 대중이 참여하는 염불계와 불량계의 비중이 확대되었다. 또 불량계 중에는 도관찰사(道觀察使)와 지방관이 계원으로 참여한 사례도 있었다.[138]

조선시대 불교를 대표하는 승려인 청허휴정(淸虛休靜, 1520~1604)은 『선가귀감(禪家龜鑑)』 등 다수의 저술을 남겨 조선 후기 불교 수행 방향을 정립했고, 그 문하에서 수많은 문도들이 배출되어 교단을 이끄

---

136 한상길, 『조선 후기 불교와 寺刹契』(경인문화사, 2006) 참조.

137 이재창, 「朝鮮時代 僧侶의 甲契의 연구」, 『불교학보』 13(동국대 불교문화연구원, 1976), pp.39~61; 여은경, 「朝鮮後期의 寺院侵奪과 僧契」, 『慶北史學』 6(경북대 사학과, 1986), pp.37~92.

138 김용태, 앞 책, pp.76~84.

그림 28. 순천 송광사 승탑원 | 자료 제공 : 황지오

는 주도세력이 되었다. 조선 후기 불교계는 청허휴정과 부휴선수(浮休善修, 1543~1615) 양대 계파가 번성해 교단을 이끌어 갔다. 청허계가 묘향산과 금강산 일대를 중심으로 전개된 것과 대조적으로, 부휴계는 순천 송광사(松廣寺)를 중심으로 전개되었다.[139] 청허계는 편양언기(鞭羊彦機, 1581~1644) 파·사명유정(四溟惟政, 1544~1610) 파·소요태능(逍遙太能, 1562~1649) 파·정관 일선(靜觀一禪, 1533~1608) 파 등으로, 이 가운데 편양파의 세력이 강했다. 부휴계는 청허휴정의 동문인 부휴선수의 법맥을 계승한 계파로서, 청허계와 함께 조선 후기 불교의 양대 세력을 이루었다. 휴정과 선수는 부용영관(芙蓉靈觀, 1485~1571)의 동문제자였고, 선수 당시에는 가풍(家風)이나 사법상(嗣法上) 양자 사이에 뚜렷한 차이가 없었다. 그러나 선수의 제자 벽암각성이 계파의 토대를 마련한 이후, 그 손제자 백암성총(栢庵性聰, 1631~1700)에 이르러 조계산 송광사를 본산으로 한 부휴계는 보조지눌(普照知訥, 1158~1210)의 유풍(遺風)을 내세우며 계파의 정체성을 확고히 다졌다. 송광사 승탑원(僧塔院)에는 부휴계 승

---

139 정병삼, 「조선시대의 호남불교 연구의 성과와 전망」, 『불교학보』 59(동국대 불교문화연구원, 2011), p.209.

그림 29. 연곡사 소요태능 승탑, 1650년

려들의 승탑이 전법 순서대로 일렬로 배치되어 있다.[140] **그림 28**

　　임진왜란 이후 승군으로 활약한 승려 가운데 주목되는 인물은 청허파로 알려진 소요태능(逍遙太能, 1562~1649)인데, 그는 전라도 담양 출신이다.[141] 소요문파(逍遙門派)의 개조(開祖)로 임진왜란 때 승군(僧軍)에 가담해 공을 세우기도 하였다. 13세에 백양사로 출가해 처음에 부휴 선수에게 배웠지만, 다시 휴정(休靜)의 법맥을 전수했다. 1592년 임진왜란이 일어나자 승군으로 활동한 뒤 지리산 연곡사(鸞谷寺)를 중심으로 문도를 양성했으며, 1636년 병자호란 때 남한산성의 서역(西域)을 수축해 공을 세웠다. 소요태능의 승탑은 지리산 연곡사(鸞谷寺),**그림 29** 그의 출가 사찰인 장성 백양사(白羊寺), 그리고 담양 용추사에 있다.[142] 지리산 연곡사

140　김용태, 앞 책, pp.111~167.

141　그의 저서로는 『소요당집(逍遙堂集)』 1권이 있다. 1649년 속납 87세, 법납 75세로 입적했으며, 평소 그의 도를 흠모한 효종은 1652년 혜감선사(慧鑑禪師)라는 시호를 내렸다.

142　『소요당집』에 의하면 그의 탑은 연곡사, 금산사, 보개사(寶盖寺) 등 같은 지역에 세워졌다고 한다.(『逍遙堂集』 「逍遙大禪師行狀」, 『한국불교전서』 8, pp.198~199. 김용태, 앞 책, p.116, 주11 참조)

　　　　　　　　　　　　　　　　조선시대 불상의 복장기록 연구

그림 30. 벽암각성 진영(해인사 국일암), **승탑**(순천 송광사), **탑비**(구례 화엄사)

의 소요대사탑은 효종 원년인 1650년에 세워졌다는 기록이 있어 주목되며, 백양사 소요대사탑은 연곡사 소요대사탑의 건립 연대를 기준으로 건립의 하한선을 1650년으로 볼 수 있다.

불상 조성에 소요대사 태능이 발원자로 처음 등장하는 것은 1614년에 조성된 구례 천은사 관음보살·세지보살상에서이다. 이 불상의 조성에는 그의 스승인 대선사(大禪師) 선수(善修)와 벽암각성이 동참하고 있다. 또한 1633년 김제 귀신사 영산전 석가삼존상 조성에는 처영(處英)이 별좌(別座)로, 태능이 숙두(熟頭)로 등장하고 있으며, 1643년 광양 백운사 아미타불상 조성에는 증명으로 참여하고 있다. 1648년 해남 도장사 석가삼존불상에는 벽암각성과 함께 시주자로 동참하고 있다. 이러한 기록은 비록 소요태능이 청허계로 활동했지만, 불사 때에는 부휴계인 부휴선수 및 벽암각성과 함께 활동하고 있음을 암시한다.

다음으로 주목되는 인물은 부휴선수의 제자이며, 팔도도총섭(八道都摠攝)으로 임명된 벽암각성이다.[143]

---

143 벽암 각성대사의 비는 華嚴寺와 法住寺에 있다.

그는 광해군(재위 1608~1623) 대에 선교도총섭(禪教都摠攝)을 역임했
는데 호서와 호남의 주요 사찰, 즉 완주 송광사·구례 화엄사·하동 쌍계
사·보은 법주사 등 대규모 불전을 중건하거나 불상 조성에 참여하고 있
다. 이를 통해 교단 내의 그의 위상과 정치적 영향력 및 왕실이나 국가
의 후원 규모를 짐작할 수 있다. 벽암각성은 1627년에 정묘호란이 일어
나자 화엄사에서 승군 3천명을 모아 항마군(降魔軍)을 조직하는 등 승군
의 군사적 전통을 이어갔다. 그는 광해군 때 부휴선수와 함께 무고로 투
옥되었지만 인품을 인정받아 사제가 각각 대불(大佛)과 소불(小佛)로 칭
해졌고, 광해군으로부터 가사를 하사받았다. 이후 광해군의 요청으로
경기도 광주 청계사(淸溪寺) 재회(齋會)에서 설법했고, 훗날 효종이 된 봉
림대군(鳳林大君)과 화엄의 종요(宗要)를 문답한 뒤 '보은천교원조국일도
대선사(報恩闡教圓照國一都大禪師)'라는 호를 하사받았다.[144] **그림 30**

　벽암각성이 불상 조성기에 처음 등장하는 것은 1612년 함양 상련대
관음보살상 공덕주(功德主) 소임인데, 이때의 대공덕주(大功德主)는 부휴
선수이다. 1614년의 구례 천은사 관음보살·세지보살상 조성에는 대선
사(大禪師) 부휴선수와 함께 시주자로 동참하고 있다. 1622년 작 서울 지
장암 장 비로자나불상 조성에는 동문인 대덕(大德) 희언(熙彦, 1561~1647)
과 함께 증명 소임을 맡고 있다.[145] 이때 벽암각성의 직위는 대덕(大德)
으로 표기되었다. 그는 봉은사에 머물고 있을 때 광해군으로부터 판선
교도총섭(判禪教都摠攝)을 하사받았고, 사대부와 교유를 갖게 되었는데

---

144 김용태, 앞 책, p.160.

145 1646년 가을 속리산 법주사에서 동문인 熙彦과 함께 은거했고, 희언이 화엄사로 가서 입
　　적하자 벽암각성도 그곳으로 가서 지내다가 화엄사에서 입적하였다.

　　　　　　　　　　조선시대 불상의 복장기록 연구

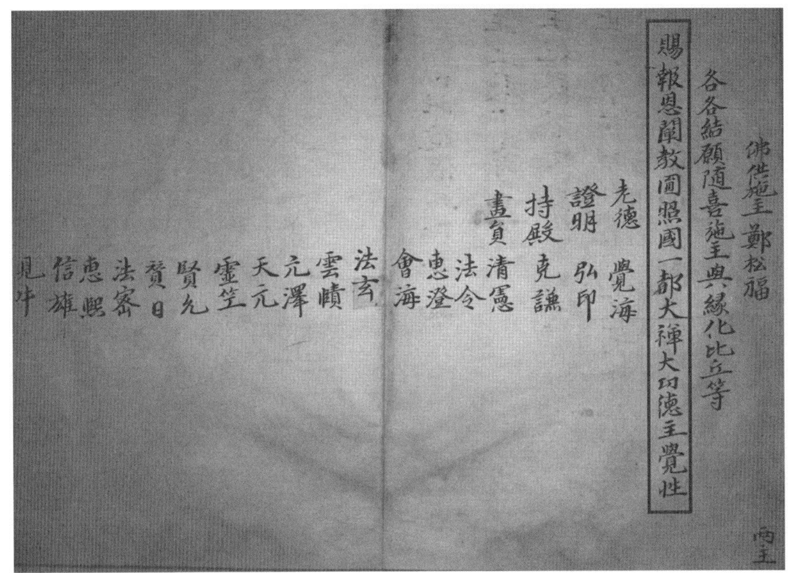

그림 31. 완주 송광사 삼세불상 조성기 일부, 1641년

동양위(東陽尉) 신익성(申翊聖, 1588~1644)과[146] 가까이 지냈다. 1624년 남한산성 축조 때 팔도도총섭(八道都摠攝)으로 임명되어 승군을 이끌고 3년 만에 산성을 완성시켰다. 그러자 선조는 보은천교원조국일도대선사(報恩闡教圓照國一都大禪師)의 직함과 함께 의발(衣鉢)을 하사해 그 공을 치하했다. 1640년에는 호남관찰사 원두표(元斗杓)의 청으로 규정도총섭(糾正都摠攝)을 맡아 무주 적상산성에 있는 사고(史庫)를 보호했다.[147] 불상 조성기에 나타난 '보은천교원조국일도대선사(報恩闡教圓照國一都大禪師)'의 직위는 1639년 하동 쌍계사 불상에서부터이다. 이때에는 '보은천

---

146 申翊聖과 불교와의 교류는 仇英의 〈白描羅漢〉에 題한 「題仇十洲白描羅漢圖」를 통해서도 살펴볼 수 있다.

147 한국역대인물종합정보시스템 http://people.aks.ac.kr/ 참조.

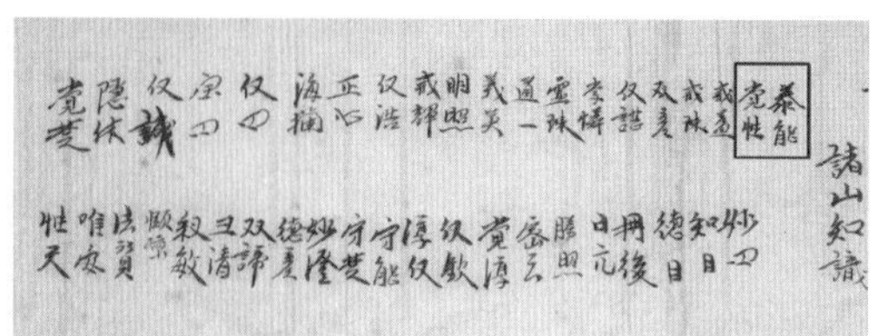

그림 32-1. 서울 화계사 지장삼존상 조성기 부분, 1649년

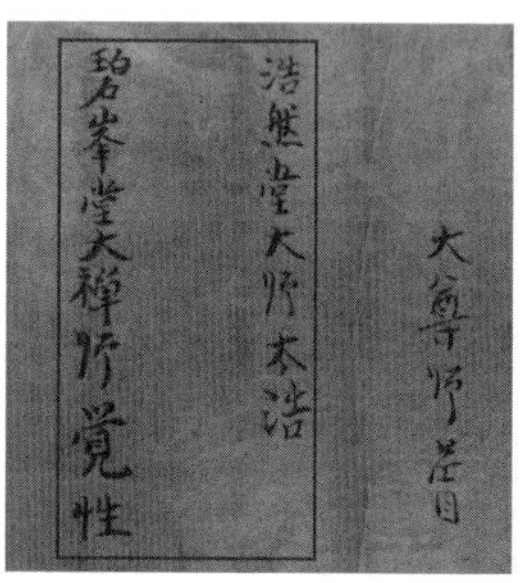

그림 32-2.
군산 동국사 가섭존자상 조성기
부분, 1650년

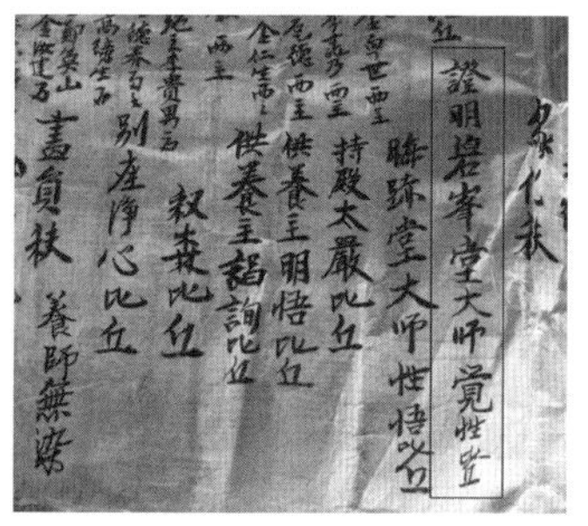

그림 32 - 3.
고창 문수사 삼세불상 조성기 부분, 1654년

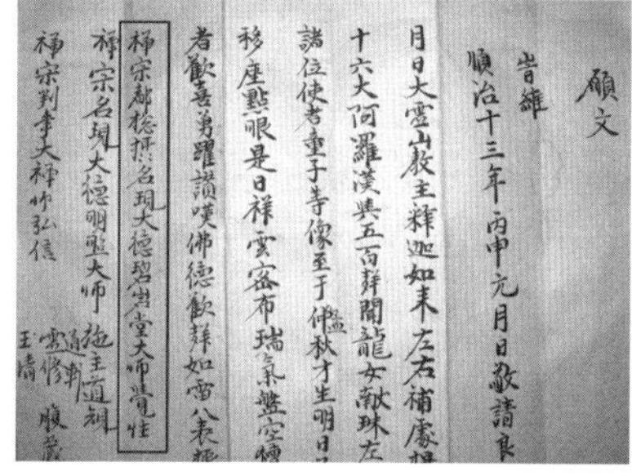

그림 32-4.
완주 송광사 석가삼존상 조성기 부분, 1656년

교 원조 국일도대선사도총섭 벽암당각성(報恩闡敎圓照國一都大禪師都摠攝碧岩堂覺性)'에서 알 수 있듯이 도총섭을 맡고 있으며, 호 벽암(碧巖)과 법명 각성(覺性)이 사용되고 있다. 이후 1641년 전주 송광사 대웅전 삼세불상 조성에서는 대공덕주로 참여하게 되는데, '사 보은천교 원조국일 도대선사 대공덕주 각성(賜報恩闡敎圓照國一都大禪師大功德主覺性)' **그림31** 으로만 표기되어 도총섭과 당호가 생략되고 있다. 또한 이 불사에는 선조의 부마 신익성과 선조의 아들 의창군 광(義昌君 珖, 1589~1645) 등이 시

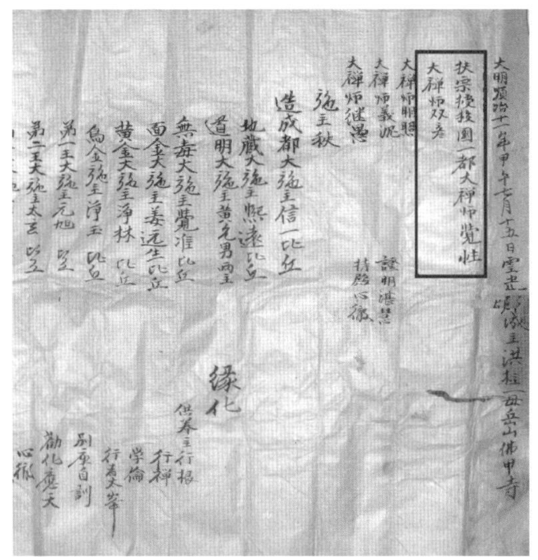

그림 33. 영광 불갑사 제3송제대왕 조성기 부분, 1654년 | 자료 제공 : 영산문화재연구소

주자로 동참하고 있다.[148]

이후 1648년 해남 도장사 석가삼존상에서는 소요태능(逍遙太能) 및 호연태호(湖衍(然)太浩)[149] 등과 함께 시주자로 등장하고 있다. 1649년 서울 화계사 지장보살상에서는 소요태능과 함께 제산지식(諸山知識)으로 참여하는데, 직위없이 각성(覺性)으로만 표기되었다. **그림 32-1** 1650년 군산 동국사 석가삼존상에서는 호연당대사 태호(浩然堂大師太浩)와 함께 불사를 주관하고 있음을 알 수 있는데, 벽암당(碧巖堂) 대신에 벽봉당(碧摠(峯)堂)이라는 당호를 사용하고 있다. **그림 32-2** 벽봉당은 1654년 고창 문

---

148 문명대, 「松廣寺 大雄殿 塑造釋迦三世佛像」, 『강좌미술사』 13(한국불교미술사학회, 1999), p.10.

149 군산 동국사 석가삼존상 발원문에는 호연당대사 태호(浩然堂大師 太浩)로 기록되어 있어 동일 인물로 생각된다.

수사 삼세불상과 지장보살상 조성기에도 사용되었지만,**그림32-3** 1656년 전주 송광사 나한전 석가삼존불상에서는 다시 벽암당을 사용하고 있다.**그림32-4**

1651년 서울 봉은사 아미타불상 조성에는 제자 수초(守初) 등과 함께 노덕(老德)으로 동참하고 있으며, 1652년 속초 신흥사 지장보살상 조성에는 시왕상의 조연(助緣) 및 증명으로 지리산 각성(智異山覺性)으로 표기되고 있다. 즉 직위는 생략되고 1646년 이후 지리산 화엄사에 주석하고 있던 상황을 반영하고 있다. 1653년 고창 문수사 지장보살상의 대덕질(大德秩)에는 '국일도대선사 벽봉당대사 각성비구(國一都大禪師碧峯堂大師覺性比丘)'로, 연화질(緣化秩) 증명(證明)에는 '벽봉당대사각성비구(碧峯堂大師覺性比丘)'로 기록되어 있다. 1년 뒤인 1654년 영광 불갑사 지장보살상과 시왕상 조성기에는 '부종수교국일도대선사각성(扶宗授敎國一都大禪師覺性)'으로 청허파의 쌍언(雙彦, 1591~1658) 등과 함께 등장하고 있다.**그림33** 1656년 완주 송광사 나한전 석가삼존불상에서는 '선종도총섭명현대덕벽암당대사각성(禪宗都摠攝名現大德 碧岩堂大師覺性)'으로 기록되어 있는데, 불상 조성기에 나타난 벽암각성의 직임(職任)의 변화를 정리하면 〈표 10〉과 같다.

표 10. 불상 조성기에 나타난 벽암각성의 승직명(僧職名)

불상명	조성연대	소임	직위	법명
함양 상련대 관음보살상	1612	공덕주(功德主)		각성(覺性)
구례 천은사 관음 · 세지보살상	1614	시주질(施主秩)		각성(覺性)
서울 지장암 비로자나불상	1622	증명(證明)	대덕(大德)	희언(熙彦)
				각성(覺性)

불상		시주·증명 직책		각성 직명
하동 쌍계사 대웅전 삼세불상 고흥 능가사 삼세불상	1639		보은천교원조국 일도대선사도총 섭(報恩闡教圓照 國一都大禪師都 摠攝)	벽암당 각성 (碧岩堂覺性)
전주 송광사 대웅전 삼세불상	1641	대공덕주(大功德主)	사보은천교원조 국일도대선사(賜 報恩闡教圓照國 一都大禪師)	각성(覺性)
해남 도장사 석가삼존상	1648	시주(施主)		벽암당대사 각성 (碧岩大師覺性)
서울 화계사 지장보살상	1649	제산지식(諸山知識)		각성(覺性)
군산 동국사 가섭·아난존자상	1650			벽봉당대선사 각성 (碧峯堂大禪師覺性)
서울 봉은사 삼세불상	1651		제노덕(諸老德)	각성(覺性)
속초 신흥사 지장보살상	1652	시왕 조연 겸 증명 (十王助緣兼證明)		지리산 각성 (智異山覺性)
고창 문수사 지장보살상	1653	대덕질(大德秩)	국일도대선사 (國一都大禪師)	벽봉당대사 각성 (碧峯堂大師覺性)
		증명(證明)		벽봉당대사 각성 (碧峯堂大師覺性)
영광 불갑사 지장보살상과 시왕상	1654		부종수교 국일도대선사 (扶宗授教 國壹都大禪師)	각성(覺性)
완주 송광사 나한전 석가삼존불상	1656		선종도총섭명현 대덕(禪宗都摠攝 名現大德)	벽암당대사 각성 (碧岩堂大師覺性)

불사의 증명과 조각승과는 관계가 있을까? 〈표 11〉에서 보듯이 증명과 조각승과는 관계가 있었던 것으로 생각된다. 예를 들면 의심(義儀心)이 증명으로 참여한 불상 조성에는 수조각승으로 현진(玄眞)이 동참하고 있는데, 의심과 현진은 경상도 지역에서 불상을 함께 조성하고 있다. 처명(處明)은 김제 귀신사의 비로자나삼불상과 고창 선운사 비로자나삼불상 조성에 증명으로 참여했는데, 김제 귀신사 불상(1633년) 조성

의 수조각승은 인균(印均)이고[150] 고창 선운사 불상(1633년)의 수조각승은 무염(無染)이다.[151] 조각승 인균과 무염은 1624년 순천 송광사 광원암 아미타불상 조성에 함께 참여했다. 즉 인균은 수조각승 응원(應元) 아래에 4번째로 등장하고, 무염은 화주(化主)로 참여하고 있다. 또한 1633년 고창 선운사 비로자나 삼불상 조성 오금(烏金)에 참여한 법해(法海)는 1628년 순천 송광사 사천왕상 조성에 화원으로서 4번째 등장하고, 인균(印均)은 사과(司果)의 소임을 맡고 있다. 이를 통해 알 수 있듯이 인균과 무염은 서로 각별한 관계에 있었고, 이들과 처명(處明) 역시 긴밀한 관계를 유지하고 있었던 것으로 추정된다.

표 11. 증명과 수 조각승의 관계

증명	수 조각승	연도	불상명
각성(覺性)	현진(玄眞)	1622	서울 지장암 비로자나불상
	무염(無染)	1652	속초 신흥사 지장보살상
	해심(海心)	1653	고창 문수사 지장보살상
탄오(坦悟)	수연(守衍)	1623	강화 전등사 삼세불상
	영색(英賾)	1633	파주 보광사 보살상
	수연(守衍)	1636	강화 전등사 지장보살상과 시왕상
의심(義(儀)心)	현진(玄眞)	1629	창녕 관룡사 삼세불상
	현진(玄眞)	1636	청도 적천사 삼세불상
	현진(玄眞)	1637	영남대박물관 소장 아미타불상

---

150 손영문, 「조각승 印均派 불상조각의 연구」, 『강좌미술사』 26-1 (한국불교미술사학회, 2006.6), pp.53~82.

151 고창 선운사 불상 조성 묵서기는 2점이 발견되었는데, 묵서기 1에는 화원질(畵員秩)에 법해(法海)가 먼저 기록되고, 그 다음에 수원화원(首元畵員)으로 무염(無染)이 등장하고 있다. 묵서기 2에는 화원질에 첫 번째로 집원화원(執元畵員) 무염이 기록되어 있다. 따라서 문명대 교수는 묵서기 1의 화원질에 첫 번째로 등장하는 법해는 불상 조성에 참여한 조각승이 아니라 오금(烏金)에 참여한 화원으로 무염의 직계가 아닌 선후배 관계로 보고 있다.(문명대, 「선운사 대웅보전 무염(無染)작 비로자나삼불상(毘盧遮那三佛像)」, 『강좌미술사』 30, 한국불교미술사학회, 2008, p.356)

처명(處明)	인균(印均)	1633	김제 귀신사 비로자나삼불상
	무염(無染)	1633	고창 선운사 비로자나삼불상
쌍신(雙信)	청허(清虚)	1640	거창 심우사 아미타불상
	응혜(應慧)	1643	대구 용연사 지장보살상과 시왕상
	청허(清虚)	1644	경산 경흥사 삼존불상
명심(明心)	청헌(清憲)	1639	하동 쌍계사 삼세불상
	청헌(清憲)	1639	고흥 능가사 석가불상
의순(儀淳)	영철(靈哲)	1649	서울 화계사 지장보살상
	승일(勝一)	1651	서울 봉은사 아미타불상
태호(太(大)浩(湖))	인균(印均)	1648	여수 흥국사 시왕상
	사인(思忍)	1649	포천 동화사 불상
	응매(應梅)	1650	군산 동국사 가섭 · 아난존자상
	도우(道祐)	1653	대구 운흥사 아미타삼존상
	성윤(性允)	1654	청도 대운암 관음보살상
	도우(道祐)	1655	대구 용연사 아미타불상
연수(延壽)	혜희(慧熙)	1662	순천 송광사 관음보살상
	녹원(鹿苑)	1664	서울 지장암 지장보살상
충색(沖賾)	혜희(慧熙)	1677	부산 금정사 아미타불상
	혜희(慧熙)	1677	전주 일출암 약사불상
옥념(玉念)	색난(色難)	1680	광주 덕림사 지장보살상
	색난(色難)	1683	서울 지장암 장 능가사 가섭 · 아난존자상
	색난(色難)	1685	고흥 능가사 응진전 석가삼존상
소영당대사 신경 (昭影堂大師 神鏡)	탁밀(卓密)	1687	영월 보덕사 아미타불상
	응주(應籌)	1692	안동 봉황사 삼세불상
	단응(端應)	1705	하동 쌍계사 사천왕상
행수(行修)	단응(端應)	1689	제천 정방사 관음보살상
	색난(色難)	1707	고흥 능가사 불상
성원(性元)	색난(色難)	1684	강진 옥련사 석가불상
	색난(色難)	1689	일본 교토 고려미술관 장 아미타삼존불감
	득우(得牛)	1695	서울 염불사 관음보살상

쌍신(雙信)은 조각승 청허(清虚)와, 태호(太(大)浩(湖))는 조각승 도우
(道祐)와 신경(神鏡)은 조각승 탁밀(卓密) · 단응(端應)과[152] 성원(性元)은 조

---

152 이민형, 「17세기 후반의 彫刻僧 端應과 卓密의 불상 연구」, 홍익대 석사학위논문, 2009.

각승 색난(色難)과 그의 문하생인 득우(得牛)와 함께 불상을 조성하고 있다. 이러한 사실은 조각승들이 그들과 연관 있는 승려들이 주관한 불사에 동참했던 것을 짐작케 한다. 즉 조선 후기 계파와 문파를 형성했던 불교계의 상황과 조각승의 활동이 서로 밀접한 관련을 갖고 진행되고 있었다는 사실을 암시한다.

2) 불사(佛事)와 화주(化主)

조선 후반기 제1기 불상 조성기에 나타난 화주는 연화(緣化)·시주(施主) 등과 같은 의미로 사용되기도 한다.[153] 발원문에 나타난 화주의 명칭은 화주(化主)가 가장 일반적이며, 이외에도 화사(化士)·간선(幹善)·간선대화주(幹善大化主)·간선대화사(幹善大化士)·간선도인(幹善道人)·간선도인대화사(幹善道人大化士)·간선화사(幹善化士)·대화사(大化師)·대화주(大化主)·공덕주(功德主)·대공덕주(大功德主)·대공덕주권화(大功德主勸化)·대공덕화사(大功德化士)·자비대공덕주(慈悲大功德主)·도화주(都化主)·대도화사(大都化士)·권화사(勸化士) 등 다양하다.〈표 12〉

표 12. 조선 후반기 제1기 불상 조성기와 화주(化主)

불상명	연도	명칭	직위	법명
김제 문수사 석가불상	1610	화사(化士)		수연(遂衍)
여주 신륵사 아미타삼존불상	1610	화주(化主)		일운(日雲)
남원 선원사 지장삼존상	1610	대화주(大化主)		청신거사 망자 김문의 (淸信居士亾者 金文儀)
순창 강천사 아미타불상	1612	화사(化士)		현책(玄策)

---

153 완주 정수사 아미타삼존상(1652년) 복장 "施主与緣化比明彦等志誠謹拜"에서 알 수 있다.

 조선시대 불상의 복장기록 연구

불상명	연도	명칭	직위	법명
함양 상련대 관음보살상	1612	간선(幹善)		보명(普明)
진주 월명암 아미타불상	1612	〃		〃
해남 대흥사 삼세불상	1612	간선대공덕주 (幹善大功德主)	조계종 대선사 (曹溪宗 大禪師)	홍인(弘印)
		화사(化士)		청풍납자(淸風衲子) 광운(廣雲)
		부화주(副化主)		사정(思正)
순천 송광사 비로자나불상	1614	화주(化主)		덕림(德林), 담현(淡玄)
구례 천은사 관음 · 세지보살상	1614	간선대화주 (幹善大化主)		영원(靈源)
		오사화사 (烏舍化士)		우바새(優婆塞) 유개미 부부(柳介屎兩主)
김제 금산사 독성상	1615	화주(化主)		행연(行衍)
서천 봉서사 아미타삼존상	1618	대화주겸대시주 (大化主兼大施主)		옥잠(玉岑), 옥료(玉了)
				옥잠(玉岑)
				운권(雲勸), 옥잠(玉岑)
강화 전등사 삼세불상	1623	대화사(大化師)		홍민(弘敏)
순천 송광사 광원암 아미타불상	1624	화주(化主)		법흠(法欽), 무염(無染), 경언(敬彦), 도수(道修), 전언(全彦), 염민(念愍)
보은 법주사 비로자나불상1	1626	인권대화주 (引勸大化主)		인백(仁伯)
		대화주(大化主)		비구니 태행(比丘尼 太行)
보은 법주사 비로자나불상2	1626	간선대화사 (幹善大化士)		신언(信彦), 법홍(法弘), 천민(天敏), 한인배 부부(韓仁陪兩主)
보은 법주사 석가모니불상	1626	간선도인 (幹善道人)		〃
순천 송광사 사천왕상	1628	화주(化主)		법흠(法欽)
군산 은적사 석가삼존상	1629	대화사(大化士)		영일(靈日)
창녕 관룡사 비로자나삼불상	1629	화주(化主)		성윤(性允)
김제 귀신사 비로자나삼불상	1633	화주(化主)		도헌(道軒)
고창 선운사 삼세불상 대좌 기문	1633	대화사(大化士)		법정(法淨), 숭돈(崇敦), 조금인(趙金仁)
부여 무량사 아미타불상	1633	화주(化主)		영주(靈珠)
부여 무량사 대세지보살상	1633	간선도인 (幹善道人)		〃
파주 보광사 보살상	1633	간선도인 (幹善道人)		운흡(雲洽)

불상명	연도	명칭	직위	법명
영광 불갑사 석가불상	1635	시주 겸 화사 (施主兼化師)		성잠(性岑)
구례 화엄사 대웅전 삼신불상	1636	불상대화사 (佛像大化士)		나묵(懶默), 희보(希寶)
강화 전등사 지장보살상과 시왕상	1636	화주(化主)		의현(義玄)
강화 전등사 제4오관대왕상	1636	화주(化主)		〃
영남대 박물관 장 아미타불상	1637	대화주(大化主)		승안(勝安), 일행(一行)
하동 쌍계사 삼세불상	1639	공덕주(功德主)		학륜(學倫), 청안(淸眼)
고흥 능가사 삼세불상	1639	공덕주(功德主)		〃
예산 수덕사 석가불상	1639	대화사(大化士)		유연(惟演), 부춘거사 (負春居士), 윤능복(尹能福)
예산 수덕사 아미타불상	1639	대화주(大化主)		유연(惟演), 거사 윤능복(居士 尹能补), 최영립(崔永立)
예산 수덕사 약사불상	1639	대화사(大化士)		유연(惟演)
공주 갑사 석가불상	1640	간선대화주 (幹善大化主)		신휘(愼輝), 정화(淨和)
거창 심우사 아미타불상	1640	간선도인(幹善道人)		천우(天佑)
보은 법주사 약사삼존상	1641	화주(化主)		보응(寶應)
완주 송광사 삼세불상1	1641	화불화주 (畵佛化主)		극률(克律), 각해(覺海), 선옥(禪玉), 문인(文印), 보선(寶禪), 삼유(三唯), 신관(信寬), 덕림(德林), 의행(義行), 사념(四拈), 삼헌(森軒), 홍해(弘海), 인근(印根), 명경(明鏡), 해화(海和)
		불상대화사 (佛像大化士)		승명(勝明)
완주 송광사 삼세불상2	1641	불상대화사 (佛像大化士)		〃
완주 송광사 삼세불상3	1641	불상대화사 (佛像大化士)		〃
진주 응석사 삼세불상	1643	간선도인 (幹善道人)		태경(太敬), 청운(淸雲), 옥견(玉堅)
광양 백운사 아미타불상	1643	화주(化主)		사순(師順), 삼혜(三慧)
대구 용연사 지장시왕상	1643	대화주(大化主)		승안(勝安), 이대립(李大立)
순천 선암사 지장보살상	1644	화주(化主)		탄해(坦海)
경산 경흥사 삼존불상	1644	간선도인 (幹善道人)		영규(靈圭)
상주 남장사 아미타불상	1645	간선도(幹善道)		옥주(玉珠)

불상명	연도	명칭	직위	법명
산청 율곡사 아미타삼존상	1645 추정	화사(化士)	가선대부 (嘉善大夫)	재웅(在雄)
산청 율곡사 아미타삼존상	1645 추정	화사(化士)	통정대부 (通政大夫)	성천(性天)
대구 보성선원 석가불상	1645	대화사(大化士)		혜학(惠學)
		화사(化士)		사혜(思慧)
대구 보성선원 문수보살상	1645	화사(化士)		혜학(惠學), 사혜(思慧)
대구 보성선원 보현보살상	1645	대화사(大化士)		〃
평창 상원사 문수전 제석천상	1645	권화(勸化)	대선사(大禪師)	각해(覺海)
군산 불주사 관음보살상	1646	연화 등 화주 (緣化等化主)		자호(自皓)
구례 천은사 아미타불상	1646	인권화주 (引勸化主)		지엄(智嚴)
		대화사(大化士)		덕우(德祐)
남원 선원사 귀왕상	1646	대화사(大化士)		도일(道日)
해남 도장사 석가삼존불상	1648	대공덕주권화 (大功德主勸化)		청신거사 구십노옹 전춘학 (淸信 居士 九十老翁 全春鶴)
해남 도장사 보살상	1648	대공덕주권화 (大功德勸化)		구십노인 청신거사 무호 (九十老人 淸信居士 無護) 전춘학(全春鶴)
여수 흥국사 지장보살상	1648	대화사(大化士)		구경의(仇敬義), 덕매(德梅)
		인권(引勸)		정영수(丁永守), 서언련 (徐彦連), 박성립(朴成立)
여수 흥국사 무독귀왕상	1648	대화사(大化士)		구경의(仇敬義), 박추금 (朴秋金), 덕매(德梅)
		인권(引勸)		정영수(丁永守), 서언련 (徐彦蓮), 박성립(朴成立)
여수 흥국사 제2초강대왕	1648	대화사(大化士)		구경의(仇敬義), 덕매(德梅)
김천 직지사 석가불상	1648	간선도인대화사 (幹善道人大化士)		의철(義哲)
강진 정수사 삼세불상	1648	권화(勸化)		향림(香淋)
서울 화계사 지장보살상	1649	대화주(大化主)		삼인(三印)
구미 수다사 아미타삼존상	1649	대공덕주(大功德主)		죽근(竹根)
군산 동국사 가섭존자상	1650	청풍도인 대공덕주 (淸風道人 大功德主)		회감(懷鑑)
		청한간선도사 (淸寒幹善道士)		천색(天賾)
군산 동국사 아난존자상	1650	대공덕주(大功德主)		회감(懷鑑)
		대화사(大化士)		천색(天賾)

불상명	연도	명칭	직위	법명
남양주 흥국사 16나한상	1650 중수	대화사(大化士)		해청(海淸)
진안 금당사 대세지보살상	1650	대화사(大化士)		처언(處彦)
해남 서동사 삼세불상	1650	화사(化士)		자일(自日)
대전 비래사 비로자나불상	1650	화주(化主)		용해당 원삼(龍海堂 圓三)
무주 관음사 관음보살상	1650	화주(化主)		덕인(德忍)
서울 봉은사 아미타불상	1651	대화사(大化士)		학선(學禪)
속초 신흥사 지장보살상	1651	화주 겸 별좌 (化主兼別座)		연옥(蓮玉)
		화주(化主)		수택(守澤), 미문(珎文), 여련(汝蓮)
완주 정수사 아미타삼존상	1652	화주(化主)		명언(明彦)
고창 문수사 지장보살상	1653	화주(化主)		상유(尙裕)
서울 지장암 불대사 석가불상	1653	대화사(大化士)		학선(學禪)
대구 운흥사 아미타삼존상	1653	화주(化主)		경해(敬海)
청도 대운암 관음보살상	1654	인권화사 (引勸化士)		법혜(法慧)
영광 불갑사 지장보살상	1654	권화(勸化)		응천(應天)
영광 불갑사 무독귀왕	1654	권화(勸化)		〃
영광 불갑사 도명존자상	1654	권화(勸化)		〃
영광 불갑사 제6변성대왕, 제8평등대왕	1654	권화(勸化)		〃
여수 흥국사 제화갈라와 미륵보살상	1655	화주(化主)		숙행(淑行)
창원 성주사 삼신불상	1655	불상대주권화 (佛像大主勸化)		일주(一珠)
		화사(化士)		성열(性悅)
여수 흥국사 응진당 나한상	1655	화주(化主)		신명(信明)
김제 청룡사 관음보살상	1655	간선화사 (幹善化士)		신수(信守)
칠곡 송림사 아미타삼존상	1655	화주(化主)		신문(信文)
보은 법주사 원통전 관음보살상	1655	화사(化士)		경잠(敬岑), 삼언(森彦)
대구 용연사 아미타불상	1655	대화사(大化士)		일행(一行)
완주 송광사 석가삼존불상	1656	대화사(大化士)		충인(冲仁), 천일(天日)
완주 송광사 나한전 오백나한상1	1656	화사(化士)		충인(忠印)
완주 송광사 나한전 오백나한상2	1656	대화주(大化主)		충인(忠印), 지조(智照), 각심(覺心)

조선시대 불상의 복장기록 연구

불상명	연도	명칭	직위	법명
완주 송광사 나한전 오백나한상3	1656	대공덕주 (大功德主)		충인(忠仁)
완주 송광사 나한전 오백나한상4, 5	1656	화사(化士)		충인(忠印)
무주 북고사 아미타불상	1657	대공덕주 (大功德主)		지웅(智雄)
칠곡 송림사 석가삼존상	1657	화주질(化主秩)		혜홍(惠弘), 신문(信文), 조희(祖熙), 덕명(德明), 원상(元詳), 석담(釋淡), 천민(天敏), 덕율(裕律)
고흥 금탑사 지장시왕상	1659	대공덕주 (大功德主)	선종판사 (禪宗判事)	계엄(戒嚴)
기장 장안사 삼세불상	1659	화주(化主)		석림(釋林), 인잠(印岑)
		인권(引勸)		뇌묵(雷默)
담양 호국사 아미타불상	1660	대공덕주(大功德主)		천일(天日)
서울 청룡사 지장보살상	1660	화사(化士)	전판(前判)	석행(釋行)
제주 월계사 아미타불상	1661	간선도인 (幹善道人)		숭신(崇信)
부산 범어사 석가삼존상	1661	간선도인 (幹善道人)		해민(海敏)
평창 상원사 문수보살상	1661	화주(化主)		학문(學文)
		공덕주(功德主)		환적(幻寂)
전주 학소암 약사불상	1662	간선도인 (幹善道人)		가언(可焉)
서울 지장암 지장보살상	1664	불상대화사 (佛像大化士)		일잠(一岑)
			대선사 (大禪師)	신희(信熙)
			대선사 (大禪師)	벽천당 정현 (碧川堂 正玄)
				원일(圓日)
		대화사(大化士)		천일(天日), 극준(克俊)
칠곡 송림사 시왕상	1665	간선도인 (幹善道人)		석담(碩談)
곡성 도림사 아미타불상	1665	화사(化士)		처능(處能)
곡성 도림사 대세지보살상	1665	화주(化主)		최금선(崔錦善)
군산 은적사 아미타불상	1666	화주(化主)		초징(初澄)
군산 불주사 아미타불상	1666	대공덕주 (大功德主)		유흡(裕洽)
김천 직지사 비로자나삼존상	1668	화주(化主)		기일(機一)
김천 직지사 보살상	1668	화주(化主)		기일(機一)

불상명	연도	명칭	직위	법명
고성 옥천사 지장시왕상	1670	도화주(都化主)		천습(天什)
		부화주(扶化主)		학열(學悅)
김천 고방사 아미타삼존상	1670	화주(化主)		사운(思運), 유감(惟鑑), 성호(性湖)
		○금화주(○金化主)		허복이(許福伊)
제주 삼광사 보살상	1671	화사(化士)		해징(海澄)
합천 해인사 지장시왕상	1673	화주(化主)		언잠(彦岑)
대구 소재사 삼세불상	1673	대화주(大化主)		옥현(玉玄)
		법당 간선화주 (法堂 幹善化主)		사윤(思允)
		명부전 대화주 (大化主)		청신거사 손순룡 (淸信居士 孫順龍)
함양 백운암 아미타불상	1674	대도화사 (大都化士)		성정(性淨)
고흥 능가사 석가불상	1675	대공덕주 (大功德主)		충인(沖印), 천일(天日)
고창 선운사 도명존자상, 무독귀왕	1676	간선대화사 (幹善大化士)		홍찰(弘察)
		채색화사 (綵色化士)		극호(剋湖)
부산 금정사 아미타불상	1677	부화주(副化主)		김기룡(金起龍)
		부화주(副化主)		상균(尙均)
		화주(化主)		오백련 부부(吳氏白蓮兩主)
		대화주(大化主)		상일(尙日)
합천 해인사 희랑대 지장보살상	1677	화주(化主)		민술(敏述)
공주 마곡사 지장보살상	1677	화주(化主)		덕림(德林)
전주 일출암 약사불상	1677	부화주(副化主)		오백련(吳白蓮), 상균(尙均), 김기룡(金起龍)
		대화사(大化士)		상일(尙一)
남해 용문사 지장시왕상	1678	대공덕화사 (大功德化士)		현일(玄日)
광양 무등암 대세지보살상	1678	대공덕주 (大功德主)		사민(思敏)
청도 덕사 석가삼존상	1678	화주(化主)		민영(敏英)
청도 덕사 지장보살상	1678	화주(化主)		〃
광주 덕림사 지장보살상	1680	화주(化主)		수은(守誾)
고흥 송광암 대세지 · 관음보살상	1680	권화사(勸化士)		행성(幸性)
울주 석남사 석가삼존상	1680	화주(化主)		자운(慈運)

불상명	연도	명칭	직위	법명
창원 성주사 지장보살상	1681	화주(化主)		희변(熙卞)
강진 옥련사 석가불상	1684	화주(化主)		영운(玲運), 준기(俊機)
예천 용문사 목각 아미타여래설법상	1684	화주질(化主秩)		홍택(弘澤), 정심(淨心), 황막금(黃莫金), 이생남(李生男)
안성 칠장사 석가삼존불상	1685	화사(化士)		청일(淸日)
고흥 능가사 석가삼존상	1685	대공덕주(大功德主)	전행판(前行判)	상기(尙機)
청송 대전사 도명존자상, 무독귀왕	1685	화주(化主)		의담(儀湛)
김해 은하사 지장상	1685	양공조성화주(良工成功化主)		경흠(敬欽)
김해 은하사 석가삼존불상	1688	화주(化主)		해엄(海嚴)
군위 인각사 아미타삼존불상	1688	간선도인화사(幹善道人化士)		정종(淨宗)
제천 정방사 관음보살상	1689	화주(化主)	선종대선사(禪宗大禪師)	지순(智淳), 거사 해성(居士海性), 신경(信鏡)
여수 흥국사 53석불상	1689	화주(化主)		청신사(淸信士) 김여중(金汝重)
곡성 도림사 지장시왕상1	1690	화주(化主)		정인(貞印)
곡성 도림사 지장시왕상2	1690	화주(化主)		〃
안동 봉황사 삼세불상	1692	화주(化主)		탄조(坦朝)
함양 용추사 지장시왕상	1694	화주(化主)	거사(居士)	승민(勝敏)
서울 염불사 관음보살상	1695	화주(化主)		선옥(善玉)
전주 서고사 가섭존자상	1695	화주(化主)		혜환(惠環)
개인 소장 불상	1699	대화주(大化主)		성능(性能)
제주 용문사 석가불상	1700년경	화주(化主)	거사(居士)	덕징(德澄)
곡성 도림사 석가삼존상	1700	화주(化主)		석림(碩林)
서울 흥천사 관음보살상	1701	대공덕주(大功德主)		두심(斗諶), 법해(法海), 영찬(靈贊)
서울 경국사 관음보살상	1703	화주(化主)		오신명(吳信明)
하동 쌍계사 사천왕상	1705	황금화주(黃金化主)		신행(信行)
		불상화주(佛像化主)		해섬(海暹), 탄조(坦照)
의령 백련암 보살상	1705	지성발원화주(至誠發願化主)	명현대덕(名現大德)	일규(一珪)
안성 칠장사 지장보살상	1706	대화사(大化士)		사간(思侃)
		황금 겸 채색화주(黃金兼菜色化主)		탄원(坦元), 김세(金世), 이영준(李暎俊)

불상명	연도	명칭	직위	법명
곡성 서산사 관음보살상	1706	화주(化主)		해천(海天)
영광 불갑사 석가불상	1706	화주질(化主秩)		옥잠(玉岑), 희연(熙衍)
			복장화주 (腹藏化主)	성해(性海)
영광 불갑사 가섭존자상	1706	대공덕주 (大功德主)		옥잠(玉岑), 희연(熙衍), 거사(居士) 김신백(金信白), 신견(信堅), 거사(居士) 차운담(車運湛), 성해(性海)
영광 불갑사 제1나한상	1706	화주질(化主秩)		옥잠(玉岑), 희연(希衍), 거사(居士) 김애생(金愛生), 거사(居士) 차운담(車雲湛)
			복장화주 (腹藏化主)	성해(性海)
영광 불갑사 제2나한상	1706	화주질(化主秩)		옥잠(玉岑), 희연(希衍), 처사(處士) 김신백(金信白), 차해운(車海云)
			복장화주 (腹藏化主)	성해(性海)
영광 불갑사 제4, 5, 6, 7, 8, 9나한상	1706	화주질(化主秩)		옥잠(玉岑), 희연(希衍), 처사(處士) 김신백(金信白), 차해운(車海云)
			복장화주 (腹藏化主)	성해(性海)
영광 불갑사 제10나한상	1706	화주질(化主秩)		옥잠(玉岑), 희연(希衍), 김신백(金信白), 해운(海云)
		복장화주 (腹藏化主)		성해(性海)
영광 불갑사 제11, 12, 13, 14, 15나한상	1706	화주질(化主秩)		옥잠(玉岑), 희연(希衍), 거사(居士) 김신백(金信白), 차운담(車云湛)
			복장화주 (腹藏化主)	성해(性海)
전주 삼경사 불상	1708	화주(化主)		태학(太學), 선정(善淨), 지견(知堅), 천민(天敏)
고흥 봉래사 관음보살상	1708	화주(化主)		태기(太起), 태학(太學)
고흥 송광암 아미타불상	1709	화사(化士)		극민(克敏)
평창 월정사 북대 고운암 석가불상	1710	자비대공덕주 (慈悲大功德主)	도인(道人)	추겸(秋謙)
평창 상원사 석가삼존상(미륵)	1711	간선(幹善)		서운(瑞雲)
함양 사리암 아미타불상	1711	화주(化主)		처적(處蹟), 신종(信宗)
익산 혜봉원 석가삼존상	1712	화주(化主)		각헌(覺軒), 거사(居士) 자명(自明), 해상(海尙), 명월사당 삼신(明月舍堂 三信)

불상명	연도	명칭	직위	법명
고양 상운사 아미타삼존상	1713	화주(化主)		지변(智邊)
김제 문수사 아미타불상	1715	○물화사 (○物化士)		여운(如雲)
양구 심곡사 아미타삼존상(관음보살)	1716	화주질(化主秩)		문익(文益), 석청(釋淸), 성균(性均), 묘훈(妙訓), 옥탄(玉坦), 일옥(一玉)
양구 심곡사 아미타삼존상(대세지보살)	1716	화주(化主)		석청(釋淸), 성균(性均), 묘훈(妙訓)
안성 칠장사 관음보살상	1718	화주(化主)		윤영(允暎), 처휘(處輝)
안성 청룡사 관음보살상	1722 중수	공덕주(功德主)		의호(義昊)
밀양 여여정사 관음보살상	1722	화주(化主)		흥보(興寶), 사홀(思屹)

　　화주는 대부분 승려들이 담당하지만 1626년 보은 법주사 석가불상에서처럼 속인(俗人)이 참여하기도 한다. 즉 법주사 석가불상 조성기에는 의 간선도인(幹善道人)으로 신언비구(信彦比丘)·법홍비구(法弘比丘)·천민비구(天敏比丘) 등과 함께 한인배 부부(韓仁陪兩主)가 등장하고 있다. 여기에서 알 수 있듯이 조선 후반기 화주는 출가자와 재가자가 함께 하고 있다. 고창 선운사 비로자나삼불상(1633년)에서도 대화사(大化士)로 법정비구(法淨比丘)·숭돈비구(崇敦比丘)와 함께 조금인(趙金仁)이 동참하고 있다.

　　조선 후반기 불상 조성의 화주 층 연구에서 주목해야 하는 것 가운데 하나는, 완주 송광사 삼세불상(1641년)과 같이 대형의 불상을 조성할 때는 화주의 역할이 분담된다는 사실이다.[154] **그림34** 예를 들면 완주 송광

154　문명대, 「松廣寺 大雄殿 塑造釋迦三世佛像」, 『강좌미술사』 13(한국불교미술사학회,
　　1999), pp.7~26.

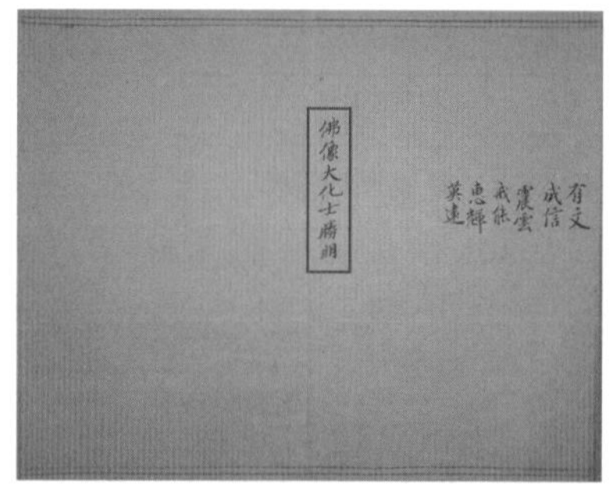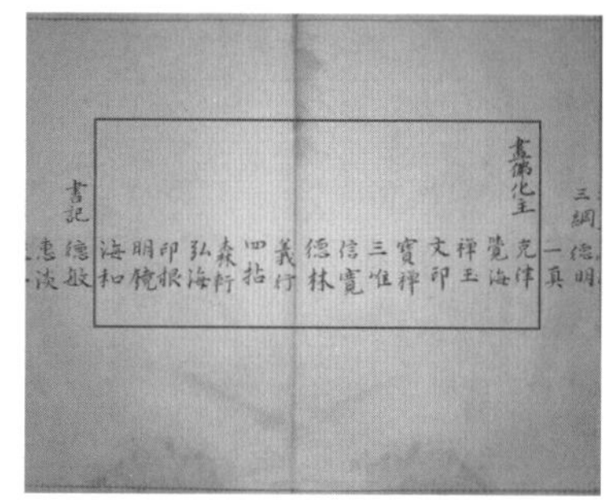

그림 34. 완주 송광사 삼세불상 조성기 중 '불상대화사'와 '화불화주', 1641년

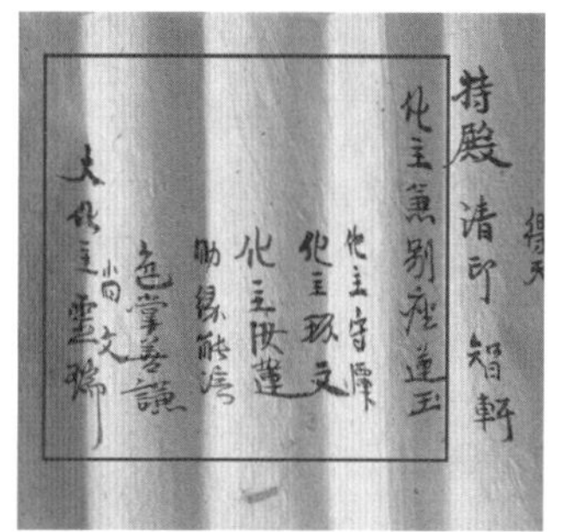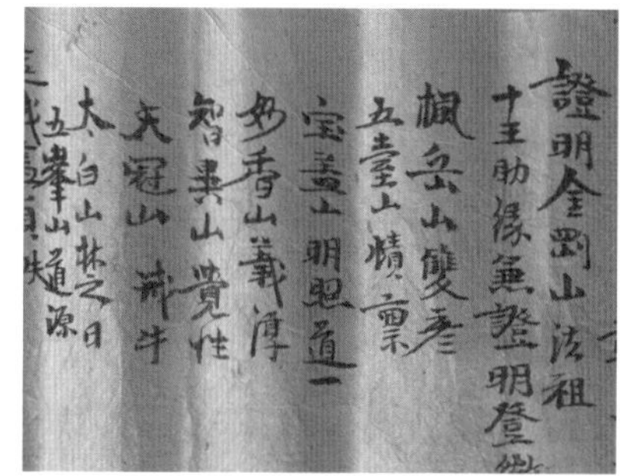

그림 35. 속초 신흥사 지장보살상 조성기 부분, 1651년 | 자료 제공 : (사)한국미술사연구소

사 삼세불상의 경우 화불화주(畫佛化主)와 불상대화사(佛像大化士)로 구분하고, 각자 1명이 아닌 여러 명이 등장하고 있다. 순천 송광사 광원암 아미타불상(1624년)의 화주는 6명인데, 두 번째로 조각승으로 활약한 무염(無染)이 등장하고 있다. 보은 법주사 비로자나불상은 화사로 많은 사람이 참여하고 있는 것이 특징이다. 즉 비구와 비구니, 거사와 사당 등 다양한 인물들이 동참하고 있다. 해남 도장사 석가삼존상(1648년)의 화주는 '대공덕주권화(大功德主勸化) 청신거사(淸信居士) 구십노옹(九十老翁) 전춘학단신(全春鶴單身)'인데, 그는 90세의 노인이며 청신거사(淸信居士)

조선시대 불상의 복장기록 연구

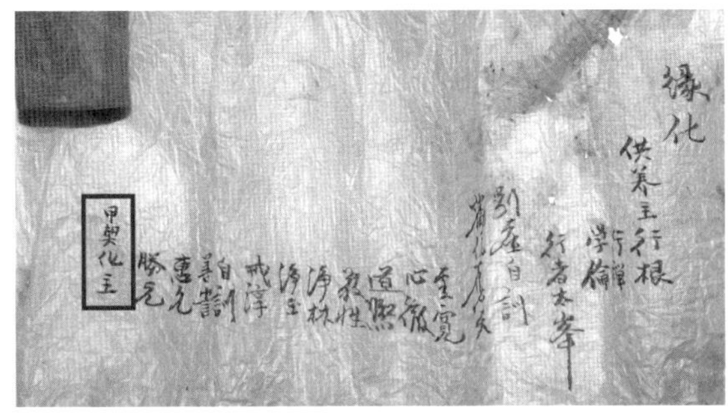

그림 36. 영광 불갑사 제8평등대왕 조성기(갑계 화주), 1654년 | 자료 제공 : 영산문화재연구소

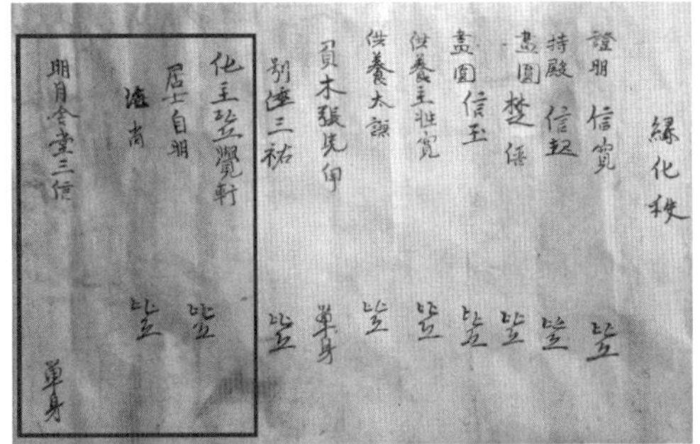

그림 37. 익산 혜봉원 석가삼존상 조성기 부분, 1712년

라는 점이 주목된다.

속초 신흥사 지장보살상(1651년)의 화주는 여련(汝蓮)이고 대화주(大化主)는 영서(靈瑞)이다. 또한 증명으로는 금강산(金剛山) 법조(法祖)를 비롯해 시왕상 조연(助緣) 및 증명(證明)으로 '풍악산(楓岳山) 쌍언(雙彦), 오대산(五臺山) 색품(賾稟), 보개산(寶盖山) 명조도일(明照道一), 묘향산(妙香山) 의순(義淳), 지리산(智異山) 벽봉당각성(碧峯堂覺性), 천관산(天冠山) 계우(戒牛), 태백산(太白山) 범일(梵日), 오봉산(五峰山) 도원(道源)'등 승려가 거주하고 있는 곳의 산 이름이 기록되어, 이들 승려들의 활동 무대와

교유 관계를 살필 수 있다.[155] **그림 35** 칠곡 송림사 대웅전 석가삼존불상
(1657년)은 화주질(化主秩)이 따로 마련되어 여러 명의 화주승이 등장하
고 있는 점이 특징이다.[156] 즉 화주질(化主秩)에 혜홍(惠弘)·신문(信文)·
조희(祖熙)·덕명(德明)·원상(元詳)·석담(釋淡)·천민(天敏)·유율(裕律) 등 8
명이 화주로, 별좌(別座)로 이청(彝淸)이 기록되어 있다.

고흥 금탑사 지장시왕상(1659년)은 화주라는 명칭 대신에 대공덕주
(大功德主)로 '선종판사(禪宗判事) 대공덕주(大功德主) 계엄비구(戒嚴比丘)'
와 조연(助緣)으로 '선종대선사 전판사 조연대사 계환비구(禪宗大禪師前
判事助緣大師戒環比丘)'가 등장하고 있다. 선종판사와 선종대선사 등의 직
위를 표현한 점이 주목된다. 영광 불갑사 제8평등대왕(1654년)의 조성기
에는 '갑계(甲契) 화주(化主)'라는 용어가 등장하고 있다.**그림 36** 조선 후기
에는 불사나 염불 수행을 위해 조직한 사찰계가 유행했는데, 조각상의
명문에도 갑계 화주가 등장하고 있는 것이 주목된다.

전주 일출암 약사불상(1677년)은 연화질에 부화주(副化主)와 대화사
(大化士)가 있다. 부화주는 4명인데 속인과 승려가 함께 표현되고 있는
반면, 대화사는 승려인 상일(尙一) 뿐이다. 남해 용문사 지장시왕상(1678
년)의 경우 '대공덕화사(大功德化士)'가 등장하는데, 이것은 공덕주와 화
사가 혼합된 형태이다. 이러한 경우는 대공덕주와 대화사, 또는 화주는
같은 의미로 사용되었다는 것을 의미한다. 목포 달성사 아미타삼존상
(1678년) 화주는 '법당후불탱조상 겸 청풍납자 운수도인 처영비구(法堂後

---

155 문명대,「무염파(無染派) 목불상의 조성과 설악산 신흥사 목아미타 삼존불상의 연구」,『강
    좌미술사』20(한국불교미술사학회, 2003), pp.63~80.

156 문명대,「松林寺 大雄殿 木 釋迦三尊佛坐像의 연구」,『강좌미술사』27(한국불교미술사학
    회, 2006), pp.5~24.

佛幀造像兼淸風衲子雲水道人處英比丘)'에서 알 수 있듯이 처영이다. 여기에 서는 화주나 공덕주라는 명칭이 보이지 않지만, 발원문의 전반적인 흐름으로 보아 처영을 화주로 보는 것이 타당하다고 생각된다.

예천 용문사 대장전 목각아미타여래설법상(1684년)에는 화주가 여러 명 등장하는데 '화주질(化主秩)'을 마련하고 산림도인(山林道人) 홍택비구(弘澤比丘), 정심비구(淨心比丘), 황막금(黃莫金), 이생남(李生男) 등을 기록하고 있다. 홍택 비구를 중심으로 승려 2명과 속인 2명이 함께 동참하고 있다. 익산 혜봉원 석가삼존상(1712년)의 화주로는 승려, 거사(居士), 사당(舍堂) 등이 등장하고 있다. **그림 37** 사당이 단순한 시주자가 아니라 불사의 주축인 화주로 등장하고 있는 점은 주목할 만하다.[157]

---

157 "化主比丘 覺軒, 居士自明 比丘, 海尙比丘, 明月舍堂 三信單身"

5

조선 후반기 제2·3기 불상 조성기의
증명(證明)과 화주(化主)

조선 후반기 제2·3기의 불상 조성기에 나타난 인명은 제1기와 마찬가지로 크게 시주질(施主秩) 또는 단월질(檀越秩), 연화질(緣化秩), 대중질(大衆秩) 또는 사중질(寺中秩) 등으로 구성되어 있다.^{그림38} 여기에서 불사(佛事)의 소임은 연화질에 나열되는 경우가 일반적이다. 연화질에는 증명(證明)·화원(畫員)·지전(持殿)·별좌(別座)·내왕(來往)·공양주(供養主)·반두(飯頭)·다각(茶角)·숙두(熟頭)·정통(淨桶)·조연(助緣)·공원(公員)·어산(魚山)·화사(化士) 또는 화주(化主)·공덕주(功德主) 또는 대공덕주(大功德主) 등이 기록되는데, 불사에서 가장 중요한 소임은 증명과 화주 또는 대공덕주이다. 조선 후반기 제1기에 나타나지 않던 어산(魚山)과^{그림 39} 공원(公員)은 18세기에 새롭게 나타나는 직임(職任)이다.

　본 절에서는 당시 불상 조성에 참여한 승려 가운데 증명으로 활동한 승려와 당시 불교계의 상황을 연결시켜 고찰하고자 한다.

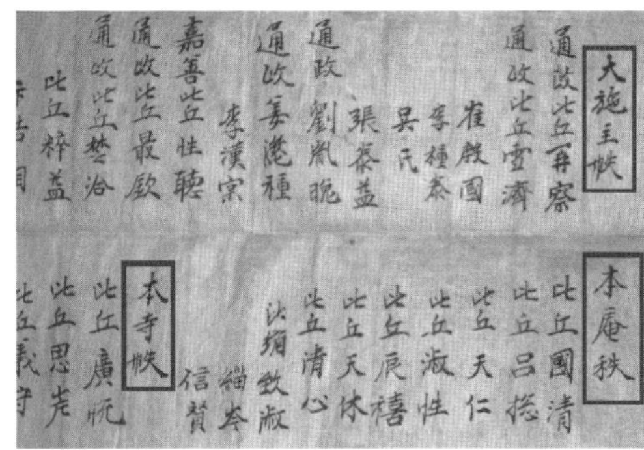

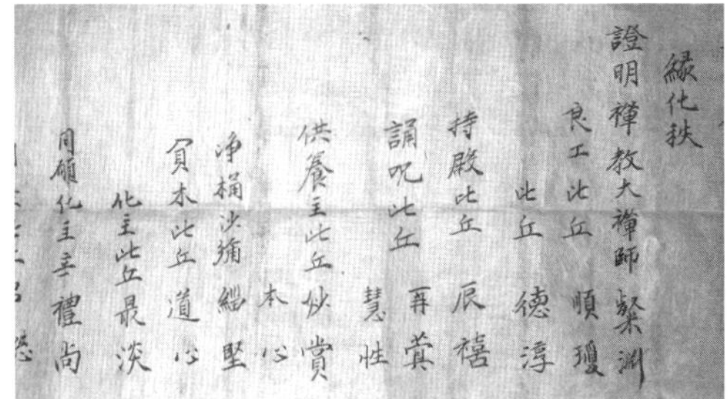

그림 38. 홍천 수타사 관음보살상과
조성기, 1758년

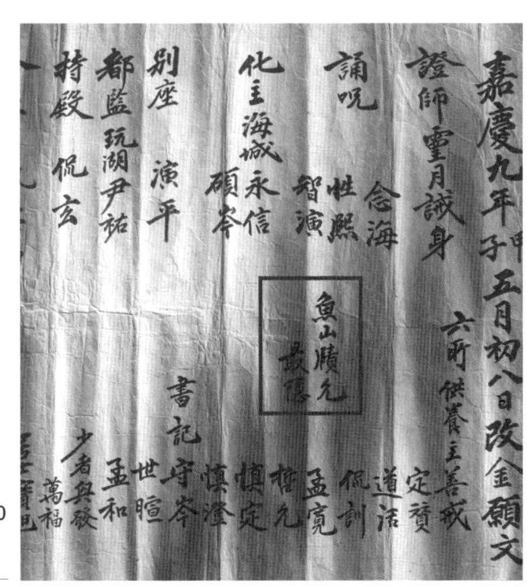

그림 39. 해남 서동사 삼세불상(1650
년 조성) 개금기, 1804년

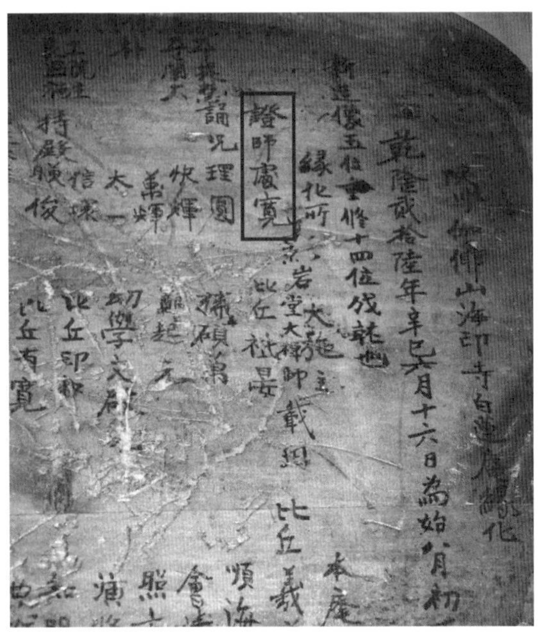

그림 40. 합천 해인사 백련암 아미타불상 대좌 묵서명, 1761년 | 자료 제공 : 손태호

1) 불사(佛事)와 증명(證明)

조선 후반기 제2·3기 불상 조성기에 나타난 증명의 명칭으로는 증명(證明) 외에 증사(證師)라는 용어가 사용되고 있다.그림40〈표 13〉 증명으로 등장하는 승려들의 직위는 대부분이 생략되어 있고, 대법선(大法禪)·대선사(大禪師) 등만이 사용되고 있다.〈표 14〉 무주 북고사는 조선왕조실록을 보관하던 사고(史庫)가 있던 곳이고, 여수 흥국사는 임진왜란 때 의승군과 관련이 깊기 때문에 여전히 선종의 직위인 대법선(大法禪)·대선사(大禪師)의 직위를 표현하고 있는 것 같다. 1758년에 조성된 홍천 수타사 관음보살상에도 선교대선사(禪敎大禪師) 찬연(粲淵)이 증명으로 등장하고 있다. 조선 후반기 제1기 때부터 승려들의 출가를 인정하던 법

조선시대 불상의 복장기록 연구

적 근거인 도승법(度僧法)이 폐지된 후 조선 후기는 법제적 규정이 없는 무종단 상태가 지속되었다고 할 수 있다. 그러나 전국 승려를 통솔하는 기구와 승직의 존재가 용인되었고, 계파나 문파의 형태로 승려와 소속 사찰이 조직화되어 조선 후기에도 교단은 존립할 수 있었다.[158]

표 13. 조선 후반기 제2·3기 불상 조성기와 증명 명칭

불상명	조성연대	명칭	법명
예산 보덕사 아미타불상	1726	증사(證師)	도행(道行)
예산 수덕사 삼길암 관음보살상	1726	증명(證明)	설호(雪浩)
서울 사자암 아미타불상	1726 개금	증정(證訂)	영희(靈熙)
		증명(證明)	각성(覺性)
고흥 송광암 관음보살상	1726	증명(證明)	영휴(永休), 축희(竺熙)
대구 동화사 삼세불상	1727	증명(證明)	쾌선(快善), 천순(天順), 홍제(弘濟), 홍우(弘雨), 장육(藏六)
	1896 개금	증명(證明)	오성휘윤(悟性彙閏), 월송계준(月松啓俊), 회응석주(晦應錫柱)
영천 은해사 아미타불상	1729 중수	증명(證明)	쾌선(快善)
부산 내원정사 관음보살상	1730	증사(證師)	지영(知穎)
제천 신륵사 아미타불상	1730	증사(證師)	인신(印信)
서울 지장암 관음보살상	1733	증사(證師)	흠(欽)
순천 선암사 비로자나불상	1735	정참(訂參)	흘찰(屹刹)
제천 백련사 아미타불상	1736	증사(證師)	인신(印信)
포항 대성사 관음보살상	1736	증사(證師)	처명(處明)
무주 북고사 아미타불상	1736 개금	증사(證師)	대선법(大法禪) 사정(思政)
보은 법주사 복천암 아미타불상	1737	증사(證師)	인신(印信)
남양주 봉선사 불상	1738	증사(證師)	극총(剋聰)
서울 도선사 아미타·대세지보살상	1740	증사(證師)	철선(徹禪)
	개금 중수	증명(證明)	성파당 천성(性坡堂 天性)
대구 파계사 관음보살상	1740 중수	증명(證明)	채백(採白)

---

158 김용태, 『조선 후기 불교사 연구』(신구문화사, 2010), p.67.

불상명	조성연대	명칭	법명
여수 흥국사 팔상전 석가불상	1741	증사(證師)	국평(掬萍)
		증사(證師)	대선사(大禪師) 민돈(敏頓), 대선사(大禪師) 국평(掬萍)
서울 봉은사 영산전 석가삼존불과 16나한상	1745	증명(證明)	각민(覺旻)
서울 지장암 지장보살상	1742 개금	증명(證明)	대선사(大禪師) 약탄(若坦), 대선사(大禪師) 처관(處寬)
서울 봉은사 사천왕상	1746	증명(證明)	도인 최일(道人最一)
인제 백담사 아미타불상	1748	증사(證師)	호암당 대선사 체정(虎巖堂 大禪師 体淨), 만화당 대선사 원오(萬化堂 大禪師 圓悟)
양산 천태사 아미타불상	1754	증명(證明)	대선사(大禪師) 회경(懷瓊), 대선사(大禪師) 천기(天琦)
부천 석왕사 관음보살상	1755	증사(證師)	탁계(卓桂)
	1895	증명(證明)	연협(延協)
양주 회암사 아미타불상	1755	증명(證明)	총안(聰眼), 경옥(敬玉)
홍천 수타사 관음보살상	1758	증명(證明)	찬연(粲淵)
합천 해인사 백련암 불상	1761	증사(證師)	처관(處寬)
거창 고견사 불상	1761	증사(證師)	처관(處寬)
포항 오어사 삼세불상	1765	증사(證師)	우정(禺定), 지성(至性), 두일(杜日)
영천 묘각사 아미타불상	1775 중수	정사(訂師)	대언(大彦), 만인(萬紉)
서울 봉은사 삼세불상(석가불상)	1775 개금	증명(證明)	양륵(亮勒), 위상(位尙)
익산 숭림사 성불암 불상	1777	증명(證明)	영관(靈寬)
강진 정수사 삼세불상	1779 개금	증명(證明)	보제(普齊)
서울 지장암 천불상(원 직지사)	1784	증사(證師)	동봉회관(東峰誨寬)
김천 직지사 천불상	1784	증사(證師)	동봉회관(東峰誨寬)
의령 수도사 아미타삼존상	1786 중수	증사(證師)	체우(體宇)
영천 백흥암 석가삼존상과 나한상	1786	증사(證師)	동봉회관(東峰誨寬)
울주 문수사 아미타불상	1787	증명(證明)	포운윤○(布雲閏○)
가평 현등사 지장보살상	1790	증명(證明)	천봉(天峰)
평창 운흥사 아미타불상	1791	증명(證明)	인우(引牛), 영화당대활(簾華堂大活), 침파당 계윤(枕波堂 戒允)
남양주 흥국사 지장삼존상과 명부 권속	1792	증명(證明)	영파당 정감(暎波堂 定瑊)
의성 지장사 상적암 불상	1803 개금	증사(證師)	순파당 성미(筍坡堂 聖美)
해남 서동사 삼세불상	1804 개금	증사(證師)	영월계신(靈月誡身)
예천 보문사 아미타삼존상	1811 개금	증사(證師)	밀○당존홍(密○堂尊烘), 환학당 정기(喚鶴堂 正己)
대전 비래사 비로자나불상	1861 개금	증명(證明)	해운당 정순(海雲堂 正巡)
평창 상원사 영산전 석가불상	1886	증명(證明)	택성탄허(宅成吞虛)

조선시대 불상의 복장기록 연구

불상명	조성연대	명칭	법명
공주 마곡사 청련암 관음보살상	1889 개금	증명(證明)	포봉당 봉선(抱鳳堂 奉善)
평창 상원사 중대 사자암 비로자나불상	1895 중수	증명(證明)	일봉경욱(日峰璟郁)
서울 청룡사 삼세불상	1902 개금	증명(證明)	대응탄종(大應坦鐘), 봉성서린(鳳城瑞麟), 월화종정(月華宗淨)
울진 불영사 관음보살상	1906 개금	증명(證明)	유일(有一), 음관(音观), 혜일(慧日)
서울 안양암 마애관음보살상	1909	증명(證明)	석주(石舟), 상일(常一)

표 14. 조선 후반기 제2·3기 불상 조성기에 나타난 증명의 직위

불상명	조성 연대	직위	법명
무주 북고사 아미타불상	1736 개금	대선법(大法禪)	사정(思政)
여수 흥국사 팔상전 석가삼존상	1741	대선사(大禪師)	민돈(敏頓), 국평(掬萍)
서울 지장암 지장보살상	1736 개금	대선사(大禪師)	약탄(若坦), 처관(處寬)
인제 백담사 아미타불상	1748	대선사(大禪師)	한암대선사 성안(寒巖大禪師星岸)
		대선사(大禪師)	영암대선사 재왕(暎巖大禪師 載旺)
양산 천태사 아미타불상	1754	대선사(大禪師)	회경(懷瓊), 천기(天琦)
홍천 수타사 관음보살상	1758	선교대선사(禪敎大禪師)	찬연(粲淵)

　　조선 후반기 제1기에는 의승군(義僧軍)으로 활약했던 소요태능(逍遙太能,1562~1649)과 벽암각성(碧巖覺性, 1575~1660) 등이 불상 조성의 증명으로 활발하게 활약했다. 특히 벽암 각성은 17세기에 왕성한 활동을 펼쳤던 현진(玄眞)·무염(無染)·해심(海心) 등이 수조각승으로 참여한 불사에 증명으로 동참하고 있다.[159] 조선 후반기 제2·3기의 불상 조성에 증명으로 동참한 승려 가운데 약탄(若坦, 1668~1754)과 호암체정(虎巖體(体)淨,

---

159 유근자, 「조선후반기 불상조성기를 통한 불상의 조성 배경 연구」, 『강좌미술사』 38(2012), pp.56~64.

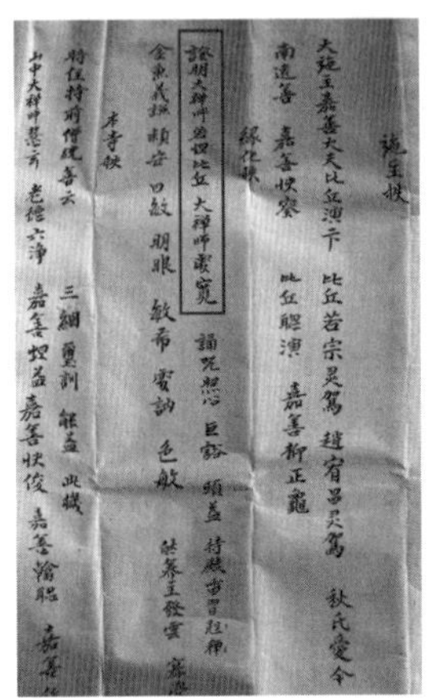

그림 41. 서울 지장암 지장보살상(1644년)과 개금 원문(1742년) | 자료 제공 : 김창균

1687~1748), 만화원오(萬化圓悟, 1694~1758)를 중심으로 살펴보고자 한다.

조선 후반기 제2기의 불상 조성기에 나타난 증명 가운데 서울 지장암 지장보살상 개금 중수(1742년) 때 증명을 맡았던 대선사(大禪師) 약탄(若坦)이 주목된다. 그는 18세기에 활약이 두드러졌던 수화승(首畫僧) 의겸(義謙)과 함께 서울 지장암 지장보살상 개금 불사의 증명을 맡고 있다.^{그림41} 대선사 약탄의 호는 영해(影海)이며, 자는 수눌(守訥)이다. 성은 광산 김 씨로 전남 고흥 출신이다. 통정대부(通政大夫) 김중생(金中生)의 아들로 1668년(현종 9)에 태어났으며, 1677년(숙종 3) 10세에 고흥 능가사로 출가해 득우(得牛)·무용수연(無用秀演, 1651~1719)에게 사사했다. 응세(應世)에게 법을 전수받았으며, 자수암(慈受庵)·송광사 등 호남 지방의 여러 절에 머물면서 선과 교의 대장(大匠)으로 이름을 떨쳤다. 1754년(영조 30) 87세의 나이로 입적했는데, 그의 승탑이 고흥 능가사와 순천 송광사에 세워졌다. 제자로는 풍암세찰(楓巖世察)이 있으며, 『영해대문집』을

조선시대 불상의 복장기록 연구

남기고 있다.[160]

인제 백담사 아미타불상(1748년) 불상 조성 때 증명은 2명인데, 조계종(曹溪宗) 청허(淸虛) 5세손(五世孫) 환성문인(喚惺門人) 호암당(虎巖堂) 대선사(大禪師) 체정(體淨)과 호암문인(虎岩門人) 만화당(萬化堂) 대선사(大禪師) 원오(圓悟)이다. 이들은 모두『동사열전(東師列傳)』(1894년)에 이름을 올릴 만큼 조선 후반기에 활약이 뛰어났던 인물이다. 먼저 호암당 체정(虎巖堂體淨, 1687~1748)의 성은 김 씨이며, 전북 고창군 흥양(興陽) 출신이다. 숙종 13년(1687년)에 태어나서 영조 24년(1748년)에 입적했다. 환성지안(喚惺志安, 1687~1729)에게 법통을 이어받고 합천 해인사와 양산 통도사에 주로 주석했는데, 그를 따른 승려들이 수백 명에 달했다. 두륜산 대둔사(해남 대흥사) 정진당(精進堂)에서『화엄경』강회(講會)를 열기도 했다. 영조 24년(1748) 3월, 강원도 장구산(長丘山)에서 53불을 조성하고 회향식을 갖기 위해 호암체정을 증명법사로 초청하자, 이곳으로 떠나면서 제자 연담유일(蓮潭有一, 1720~1799)에게 법을 부촉했다고 한다. 강원도 불사를 회향한 후 금강산으로 들어가 표훈사(表訓寺) 내원통암(內圓通庵)에 머물면서 열반을 준비했다. 문인(門人)은 연담유일 등 31명이 있다.[161] 아마도 강원도 장구산에서 53불을 조성할 때 이곳으로 이동한 후 백담사 아미타삼존상의 증명을 맡았던 것으로 보인다.

호암체정이 백담사 아미타불상 조성에 증명으로 참여한 것은 공덕주인 화월성눌(華月聖訥, 1690~1763)의 영향이 컸던 것으로 보인다. 화월

---

160 이정 편,『韓國佛敎人名辭典』(불교시대사, 1993), p.178.

161 범해(梵海) 찬·김윤세 역,『동사열전: 그림자 없는 나무로 물거품을 태우다: 불교사를 빛낸 200인 傳記』(광제원, 1994), pp.208~210; 이정 편, 앞 책(1993), p.304.

성눌은 환성지안(喚惺志安)의 문하에서 호암체정과 함께 활동했기 때문이다. 또한 평강 운마산 보월사는 화월 성눌의 출가본사이기 때문에 아미타불 조성 때 호암체정을 초빙했던 것으로 보인다. 호암체정은 백담사 아미타불상 조성의 증명을 맡고 난 후 그 해에 입적(入寂)했다.

호암체정과 함께 증명으로 동참한 만화원오(萬化圓悟, 1694~1758)는 전남 해남의 우수영 출신이다. 대둔사(大芚寺)로 출가했으며 당대 선지식이었던 환성지안과 호암체정을 모시고 경론(經論)을 배웠다. 인허해안(印虛海岸)을 선사(禪師)로 해 선법(禪法)을 받았으며, 학식과 덕행을 겸비하고 화엄학에 정통했기 때문에 당시인들은 그를 '화엄보살'이라고 불렀다. 그는 순천 송광사에서 입적했으며, 해남 대둔사에는 그의 승탑이 건립되어 있다. 문인은 80여 명에 달하며 그의 행장은 『신증동국여지승람(新增東國輿地勝覽)』 해남현 편에 실려 있다.[162] 만화원오 역시 호암체정을 따라 이곳에서 불상 조성에 증명으로 참여한 것으로 보인다.

조선 후반기 제1기 때는 불사의 증명과 조각승이 연관이 있었는데, 제2·3기에는 어떠한지 살펴보고자 한다.

조선 후반기 제2·3기의 불상 조성기에 나타난 증명과 조각승과의 관계는 몇 경우만 확인할 수 있다. 인신(印信)은 조각승 정행(正幸)과 함께 제천 신륵사 아미타삼존상(1730년), 제천 백련사 아미타불상, 강천사 대세지보살상**그림 42** 조성에 증명으로 참여하고 있다. 그러나 보은 법주사 복천암 아미타불상 조성 때에는 조각승 두책(斗策)과 함께 활동하고 있다.

처관(處寬)은 조각승 상정(尙淨)과 함께 1761년 합천 해인사 백련암 불상과 거창 고견사 불상을 조성했는데, 두 불상은 원래 해인사 백련암

---

162 범해 찬·김윤세 역, 앞 책(1994), pp.213~214.

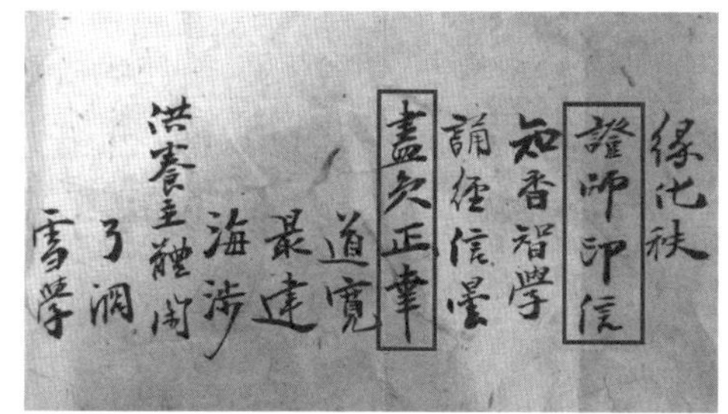

그림 42. 제천 강천사 대세지보살상과 조성기, 1736년

에 삼불상으로 봉안되었던 것으로 보인다. 18세기에 활발하게 활동한 조각승 상정(尙淨)은 탁계(卓桂)와 함께 부천 석왕사 관음보살상(1755년)을, 총안(聰眼)·경옥(敬玉)과 함께 양주 회암사 아미타불상(1755년)을, 우정(禑定)·지성(至性)·두일(杜日)과 함께 포항 오어사 삼세불상(1761년)을 조성했다. 상정의 활동과 관련해 살펴보면 조선 후반기 제2기에는 조각승과 증명이 그다지 밀접한 연관은 없어 보인다. 조각승 유성(有誠)과 개금불사에 동참한 세원(世元) 역시 증명과의 관계는 상정(尙淨)과 마찬가지이다.〈표 15〉

표 15. 조선 후반기 제2·3기 증명과 수조각승의 관계

증명	수조각승	연도	불상명
쾌선(快善)	하천(夏天)	1727	대구 동화사 삼세불상
	관오(寬悟)	1729 중수	영천 은해사 아미타불상
인신(印信)	정행(正幸)	1730	제천 신륵사 아미타삼존상
		1736	제천 백련사 아미타불상과 강천사 대세지보살상
	두책(斗策)	1737	보은 법주사 복천암 아미타불상
처명(處明)	관오(貫悟)	1736 중수	포항 대성사 관음보살상

증명	수조각승	연도	불상명
철선(徹禪)	인성(印性)	1740	서울 도선사 아미타불상 · 대세지보살상
민돈(敏頓) 국평(掬萍)	순민(舜(舜)旻)	1741	여수 흥국사 팔상전 석가삼존상
약탄(若坦) 처관(處寬)	의겸(義謙)	1742 개금	서울 지장암 지장보살상
각민(覺旻)	태원(泰元)	1745	서울 봉은사 영산전 석가삼존상 및 16나한상
최일(最一)	여찬(呂燦)	1746	서울 봉은사 사천왕상
호암체정(虎巖体淨) 만화원오(萬化圓悟)	인성(印性)	1748	인제 백담사 아미타불상
회경(懷瓊) 천기(天琦)	묘징(妙澄)	1754	양산 천태사 아미타불상
탁계(卓桂)	상정(尙淨)	1755	부천 석왕사 관음보살상
총안(聰眼) 경옥(敬玉)	상정(尙淨)	1755	양주 회암사 아미타불상
찬연(粲淵)	순경(順瓊)	1758	홍천 수타사 관음보살상
처관(處寬)	상정(尙淨)	1761	합천 해인사 백련암 불상
처관(處寬)	상정(尙淨)	1761	거창 고견사 불상
우정(禹定) 지성(至性) 두일(杜日)	상정(尙淨)	1765	포항 오어사 삼세불상
양륵(亮勒) 위상(位尙)	긍유(肯柔)	1765 개금	서울 봉은사 삼세불상(석가불상)
대언(大彦) 만인(萬紉)	대언(大彦) 만인(萬紉)	1775 중수	영천 묘각사 아미타불상
보제(普齊)	계심(戒心)	1779 개금	강진 정수사 삼세불상
동봉회관(東峰誨寬)	유성(有誠)	1781	서울 지장암 천불상
	유성(有誠)	1781	김천 직지사 천불상
	지연(指演)	1786	영천 은해사 영산전 석가삼존상과 나한상
천봉태흘(天峰泰屹) 추월우책(秋月宇策) 해명묘일(海明妙一)	관허(寬虛)	1790	가평 현등사 지장보살상
영화당대활(籢華堂大活)	성암홍안 (聖巖弘眼)	1791 개금	평창 운흥사 아미타불상
순파당성미(筍坡堂聖美)	수연(守衍)	1803 개금	의성 지장사 상적암 불상
영월계신(靈月誠身)	풍계순정 (楓溪舜靜)	1804 개금	해남 서동사 삼세불상
경운당채원(景雲堂蔡元) 영파당찬민(影波堂贊敏) 경성당쾌열(景星堂快悅)	월하세원 (月霞世元)	1858 개금	공주 마곡사 은적암 관음보살상

조선시대 불상의 복장기록 연구

증명	수조각승	연도	불상명
해운당정순(海雲堂正巡)	월하세원 (月下世元)	1861 개금	대전 비래사 비로자나불상
혜사탄겸(惠思坦謙) 회광유선(晦光有璿)	혜산축연 (蕙山竺衍)	1886	평창 상원사 영산전 석가삼존상
포운병숙(圃耘昞肅)	경선응석 (慶船應釋)	1889	서울 지장암 지장보살상
일봉경욱(日峰璟郁)	보암긍법 (普庵肯法)	1895 중수	평창 상원사 중대 사자암 비로자나불상
대응탄종(大應坦鐘) 봉성서린(鳳城瑞麟) 월화종정(月華宗淨)	한봉창엽 (漢峰倉曄)	1902 개금	서울 청룡사 삼세불상
유일(有一) 음관(音観) 혜일(慧日)	경연(敬演)	1906 개금	울진 불영사 관음보살상
석주(石舟) 상일(常一)	금호약효 (錦浩若効)	1909	서울 안양암 관음보살상

2) 불사(佛事)와 화주(化主)

조선 후반기 제2·3기의 불상 조성기에 나타난 화주의 명칭은 화주(化主)가 가장 일반적이며, 이외에도 화사(化士)·대화주(大化主)·공덕주(功德主)·대공덕주(大功德主)·도화주(都化主)·도대화사(大都化士)·인권 겸 대화주(引勸兼大化主) 등이 사용되고 있다. 화주는 대부분 승려들이 담당하지만 예산 수덕사 삼길암 관음보살상(1726년)에서처럼 거사가 참여하는 경우도 있다. 조선 후반기 제2·3기에는 화주로서 거사와 사당이 참여하는 경우가 제1기에 비해 증가하는 것을 알 수 있다.[163]

조선 후반기 제2·3기 화주는 조선 전반기와 조선 후반기 제1기에

---

163 이에 대해서는 다음 장 참조.

비해 그 숫자가 많은 것이 특징이다. 전자가 보통 1명이었던 것에 비해 조선 후반기 제2·3기는 1명에서 많게는 26명까지 등장하고 있다. 서울 봉은사 사천왕상 조성기에는 화주질(化主秩)이 따로 마련되어 26명의 인명을 열거하고 있다.[164] 또한 서울 봉은사 석가불상 개금·중수기(1765년)에서 보듯이 화주(化主)와 대공덕도화주(大功德都化主)로서 비구니가 등장하고 있는 점[165] 역시 주목된다.

조선 후반기 제2·3기 역시 불상 조성의 화주는 승려·일반 재가가·사당과 거사 등이 담당하고 있다. 시주질에 나타난 시주자 역시 승려를 비롯한 일반 신도가 대부분을 차지하지만, 조선 후반기 제1기와 마찬가지로 새롭게 거사(居士)와 사당(舍堂)의 역할도 증가하는 것을 살필 수 있다.

---

164 서울 봉은사 사천왕상 불상 조성기(1746년): "化主秩 碩雷, 修敏, 法淳, 德鵬, 靈元, 尚謙, 孟仡, 兼忍, 善旭, 道極, 思瓊, 弘俊, 明察, 竺默, 一能, 承學, 翠成, 翠凝, 善崟, 尚眼, 漢湜, 法連, 覺心, 忍策, 儀淨, 肯林"

165 서울 봉은사 석가불상 개금·중수기(1765년): "化主比丘尼思信, 大功德都化主比丘最祥"

     조선시대 불상의 복장기록 연구

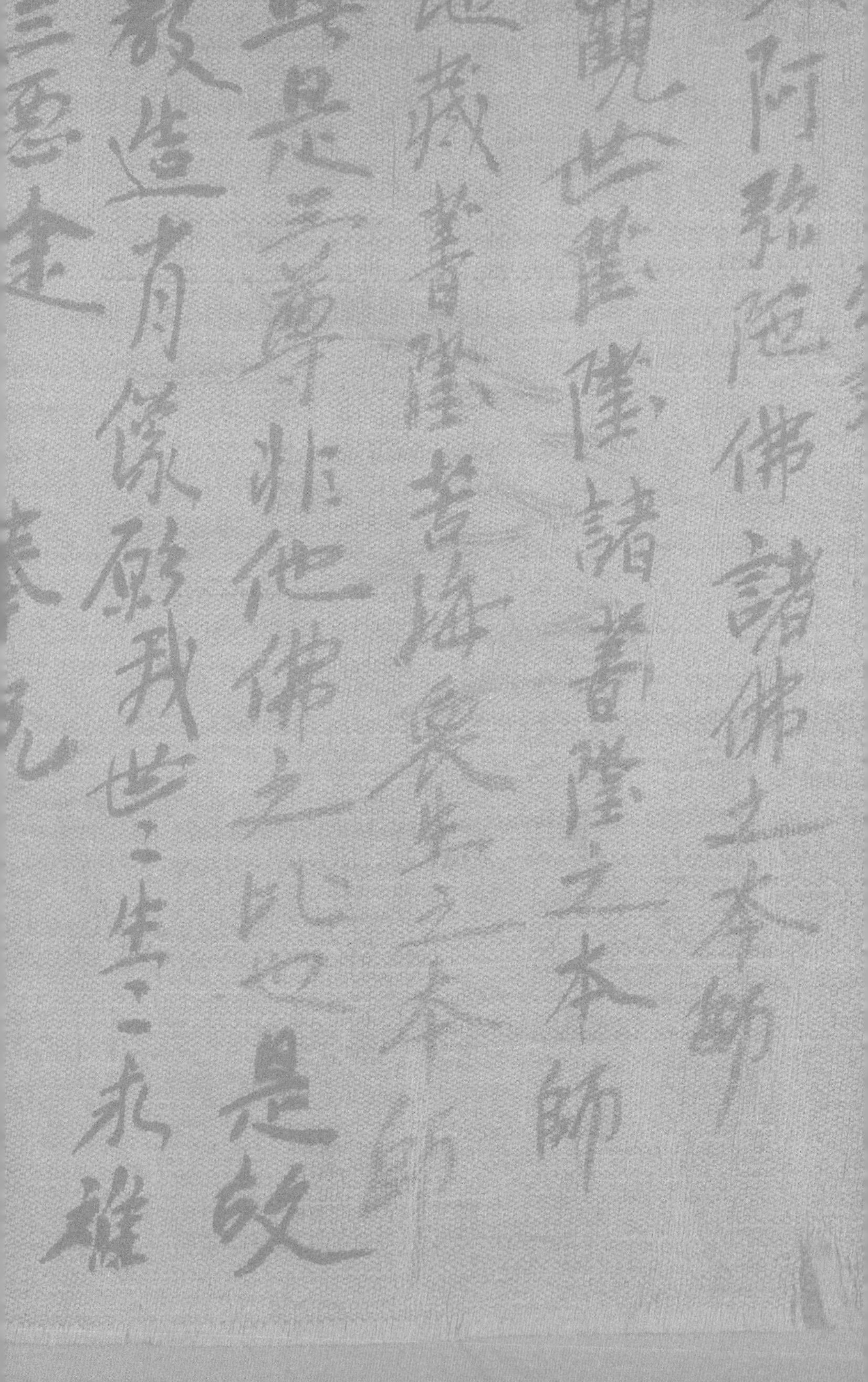

4장

조선시대
불상 조성기의
조각승(彫刻僧)과
직위(職位)

●

조선시대 불상 조성에 가장 중요한 역할 가운데 하나인 조각승(彫刻僧)에 관해 고찰하였는데, 조각승들의 지위가 어떠했는지, 이들과 불사를 주관하는 증명(證明)이나 화주(化主)와는 어떤 관련이 있는지 등을 살펴보았다.

1

조선 전반기 조각승의
명칭과 직위

그림 43. 예천 용문사 아미타불상 중수기 부분,
1515년

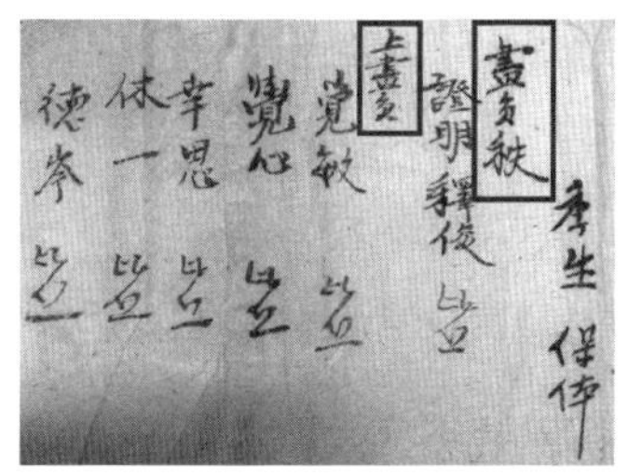

그림 44. 공주 동학사 삼세불상(아미타불)
조성기 부분, 1606년

조선 전반기 불상을 조성한 조각승들을 일컫는 용어는 실로 다양하다. 조상(造像)·조사(造士)·조불(造佛)·상화원(上畵員) **그림 43,44** · 화원(畵員)·양수(良手)·화공(畵工)·화사(畵師) 등이 그것이다. 이 가운데 화원이라는 명칭이 가장 많이 사용되고 있다. 이것을 정리하면 〈표 16〉과 같다.

표 16. 조선 전반기 불상 조성기와 조각승

불상명	조성 연대	명칭	직위	조각승
밀양 표충사 대원암 지장보살상	1448	조상(造像)		성총(性摠)
양산 통도사 아미타삼존상	1450	조사(造士)		해료(海了)
견성암 약사삼존불상	1456	화원(畵員)		이중선(李中善)
		보관(寶冠)		김금음지(金今音知)
		조불(造佛)		성도(省道)
영주 흑석사 아미타불상	1458	화원(畵員)		사직(司直) 이중선(李重善), 이흥손(李興孫)
		부금(付金)		한신(韓信)
		금박(金朴)		이송산(李松山)
		칠금(漆金)		우롱(牛籠), 막동(莫同)
		각수(刻手)		황소봉(黃小奉)
		마조(磨造)		김혈동(金頁同)
		소목(小木)		양일봉(梁日峰)
경주 왕룡사원 아미타불상	1466	양수(良手)	선종대선사(禪宗大禪師)	성료(性了)
		부양수(副良手)	선사(禪師)	
평창 상원사 문수보살상	1599 개금 중수	화사(畵師)		석준(釋俊), 원오(元悟)
천성산 관음사 관음보살상	1502	조상(造像)	대선사(大禪師)	도유(道裕)
국립중앙박물관 소장 정덕10년명 지장보살상	1515	화원(畵員)		절학산인(節學山人) 신(信○)
예천 용문사 아미타불상	1515 중수	상화원(上畵員)		이영문(李永文)
		화원(畵員)		학청(學淸)
		목수(木手)		사운(思云)
		철장(鉄匠)		정영산(郑迎山)
대원사 비로자나불상	1516	주화원(主畵員)		신정(信正), 지오(智悟), 만희(萬熙)
		후불원각회화원(後佛圓覺會畵員)		성휘(性徽), 원해(源海), 인운(仁雲)

조선시대 불상의 복장기록 연구

불상명	조성 연대	명칭	직위	조각승
제주 서산사 보살상	1534	화원(畵員)		향엄(香嚴), 기봉(倚奉), 칠이(七伊), 지헌(智軒)
홍성 고산사 아미타불상	1543 중수	화원(畵員)		혜웅(惠雄), 법준(法准), 장인(張印), 정교광(丁敎光)
고창 선운사 참당암 아미타삼존불상	1561	화원(畵員)		대○(大○), 신적(信迹), 인해(印海)
목포 달성사 지장보살상	1565	화원(畵員)		향엄(香嚴), 담정(淡正), 숭은(崇恩), 천당(天鐺), 복수(福壽)
포항 보경사 비로자나삼존불상	1569	화공(畵工)		연희(演嘻)
경주 왕룡사원 약사불상	1579	화원(畵員)		사준(思峻), 신해(信海)
울진 불영사 석가삼존불상	1580	화원(畵員)		영준(靈俊), 도엄(道嚴), 언의(彦義), 계정(戒正)
문경 봉암사 아미타불상	1586	화원(畵員)		나운(蘿雲), 법정(法正)
안성 청룡사 석가삼존불상	1603	화원(畵員)		광원(廣圓), 부(副) 만주(萬珠), 유일(有一), 이금정(李今貞), 각통(覺通), 정현(晶玄), 쌍인(双引), 회옥(懷玉)
김해 선지사 아미타불상	1605	화원(畵員)		원오(元悟), 충신(忠信), 청허(淸虛), 신현(信玄), 신검(神劍)
논산 쌍계사 삼세불상 (석가불상)	1605	화원(畵員)	대선사 (大禪師)	원오(元悟), 신현(信玄), 청허(淸虛), 신검(神劍), 희춘(希春)
서울 불교박물관 소장 불상	1605~ 1610	화원(畵員)		원오(願悟), 각민(覺敏), 덕기(德奇), 청허(淸虛)
공주 동학사 삼세불상 (아미타불상)	1606	상화원 (上畵員)		각민(覺敏), 각심(覺心), 행사(幸思), 휴일(休一), 덕잠(德岑)

불우(佛宇) 건립과 불화·불상 제작 등 당시 주요한 왕실 불사에는 주로 내수사(內需司) 장인을 비롯한 숙련된 공장(工匠)이나 화원 인력이 대거 동원되었으리라고 추측되는데, 이같은 사실은 현재까지 남아 있는 왕실 발원 불상들이 보여주는 우수한 작품 수준에서도 그대로 입증되고 있

다. 조선 전기 공장 체계는 크게 경공장(京工匠)과 외공장(外工匠)으로 구별되며, 이들은 대개 사노(寺奴) · 관노(官奴) · 양인(良人) · 사노(私奴) · 승려(僧侶)와 전대의 향소(鄕所) · 부곡(部曲) 출신으로 이루어져 있었다.[166] 흑석사 아미타불상의 조성에도 도화서의 화원을 비롯 한성부 장적(匠籍)에 올라 있는 중앙 관아 소속의 공장들이 참여하고 있는데,『경국대전(經國大典)』「공전편(工典編)」에 의하면 금박장(金箔匠)은 공조(工曹)와 상의원(尙衣院)에, 칠장(漆匠)은 공조와 상의원과 군기시(軍器寺)에, 마조장(磨造匠)은 상의원과 군기시 및 선공감(繕工監)에, 목장(木匠)은 군기시와 교서관(校書館), 선공감, 내수사(內需司), 조지서귀후서(造紙署歸厚書) 등에 약간 명씩 배속되어 있었다.[167]

표충사 대원암 지장보살상(1448) 조성에 참여한 조각승 성총(性摠)은 조상(造像)으로 불리고 있다. **그림 45** 통도사 아미타삼존상(1450년)의 조각승 해료(海了)는 '조사(造士)'로 명기되어 있는데 조각 장인을 일컫는 것으로 여겨진다. 조선 후기의 많은 복장 기록에는 처음 조성 당시의 조각가와 중수할 때의 장인을 모두 '화원(畵員)' 또는 '화주(畵主)'로 칭했기 때문에 명칭만을 가지고 이를 구분할 수는 없다. 그러나 통도사 아미타삼존상 복장기에 장인을 지칭하는 말로 쓰인 '조사(造士)'는 처음 조성 당시의 조각장인을 지칭하는 것으로 추정된다.[168]

1456년에 제작된 견성암 약사삼존불상에서 처음으로 '화원(畵員)'이라는 장인의 이름이 등장한다. '화원(畵員) 이중선(李中善), 보관(寶冠) 조

---

166 강만길,「왕실 전기의 官匠制와 私匠」,『조선시대상공업사연구』(한길사, 1984), pp.15~25.

167 최소림, 앞 논문, p.87, 주21 참조.

168 송은석,「通度寺聖寶博物館 所藏 金銀製阿彌陀三尊佛坐像研究」,『불교미술사학』3(불교미술사학회, 2005), p.105.

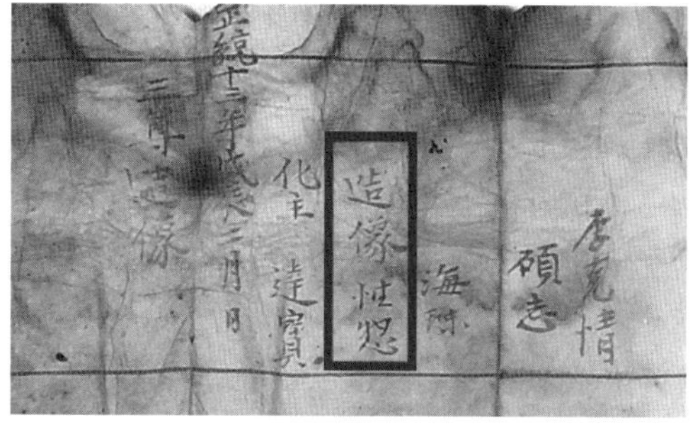

그림 45. 밀양 표충사 대원암 지장보살상과 조성기 부분, 1448년

성(造成) 김금음지(金手音知), 조불(造佛) 성도(省道)'가 그것이다. 화원은 이중선이며 보관 조성은 김금음지가, 조불(造佛) 즉 불상 조성은 성도가 담당하고 있다. 화원 이중선은 불상의 초본을 그렸을 것이며, 불상은 성도가 만들었고, 보관은 김금음지가 각기 나누어 제작했을 것으로[169] 해석된다.

흑석사 아미타불상(1458년)의 조성기에서도 '화원(畫員) 사직(司直) 이중선(李重善), 이흥손(李興孫), 부금(付金) 한신(韓信) 김박(金朴) 이송산(李松山), 칠금(漆金) 우롱(牛籠), 막동(莫同), 각수(刻手) 황소봉(黃小奉), 마조(磨造) 김혈동(金頁同), 소목(小木) 양일봉(梁日峰)' 등의 기록이 확인된다. **그림 46** 흑석사 아미타불상의 조성기는 화원이라는 장인과 함께 불교 조각 제작의 단계와 과정을 알려주는 각수, 소목, 부금, 금박, 소목장 등 구체적인 공장들의 명칭과 이름이 등장하고 있어 주목된다. 여기에 언급된 금박장, 마조장, 소목장 등의 명칭은 실제『경국대전(經國大典)』「공

---

169 장충식, 앞 논문(1978), p.48; 정은우,「龍門寺 木造阿彌陀如來坐像의 특징과 願文 분석」, 『미술사연구』22(미술사연구회, 2008), p.99, 주6 참조.

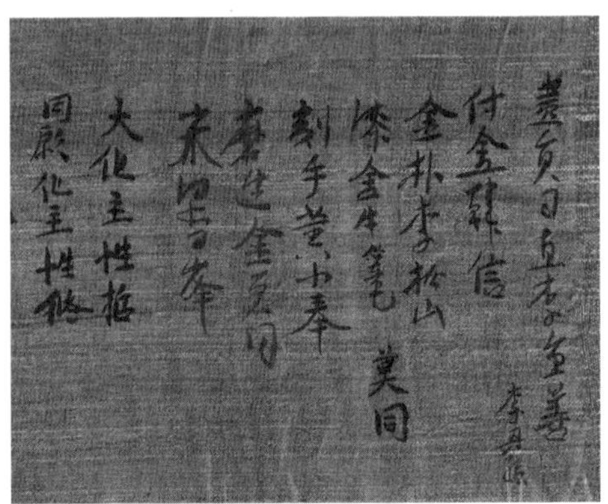

그림 46. 영주 흑석사 아미타불상과 조성기 부분, 1458년

전(工典)」에서 확인된다.『경국대전』에 의하면 1462년을 전후해 법이 실행되면서 중앙 소속의 129개 경공장(京工匠)들의 이름이 등장하는데, 앞에서 언급된 공장들의 세분화된 명칭들이 보인다.[170] 1456년과 1458년 불상 발원문에 등장하는 장인들의 명칭은 조선 전기 15세기『경국대전』이 편찬되면서 관영수공업 체제가 확립되고, 이에 따른 관장(官匠)으로서의 장인들의 위치와 위상과 직제 등이 설립되는 시기와 합치되는 점에서 주목된다.[171]

흑석사 아미타불상의 조성기에 등장하는 화원 '이중선'은 세조 2년(1456) 견성암 약사삼존상 조성기에도 등장하고 있다. 이같이 동일한 장인이 비슷한 시기에 제작된 불상 조성에 잇따라 참여하고 있는 사실은, 이들 공장들이 해당 관청에 소속되어 운용되면서 국가 차원의 큰 행사

---

170 『경국대전(經國大典)』「공전(工典)」에는 '금박장(金箔匠), 칠장(漆匠), 마조장(磨造匠), 목장(木匠)' 등의 명칭이 보인다.

171 정은우, 앞 논문(2008), p.100.

  조선시대 불상의 복장기록 연구

나 왕실, 혹은 나라에서 인정받은 일부 승려들이 주관하는 주요 불사가 있을 때마다 파견되었을 것이라는 가능성을 말해준다.[172] 화원이 처음 등장하는 견성암과 흑석사의 두 불상은 모두 왕실 발원인 점에서 공통되며, '이중선'이라는 화원에 의해 제작되었다는 사실 또한 중요하다. 이중선은 사직(司直)이라는 품계를 가진 인물로 해석되는데, 사직은 정5품에 해당하는 무관직으로 현직에 없는 문·무관 중에서 임명된다. 이중선의 품계로 보아 그의 위치가 상당했음을 알 수 있으며, 실제 도화서 화원이었거나 또는 체아직(遞兒職) 관장(官匠)으로서 나라에서 급여를 받기 위해 품계를 추증했을 가능성도 있다.[173]

1466년에 조성된 왕룡사원 아미타불상에는 '조성양수(造成良手) 전단속사 주지(前斷俗寺住持) 선종대선사(禪宗大禪師) 성료(性了), 부양수(副良手) 선사(禪師) 혜정(惠正)'이라는 조각승의 이름과 직위(職位)가 기록되어 있다. 주 조각승은 양수(良手)로 표현된 대선사(大禪師) 성료(性了)인데 전 단속사 주지이다. 부양수(副良手) 혜정(惠正)도 선사(禪師)이므로 둘다 당대 최고의 고승급이어서 조각가의 신분이 상당히 높았음을 알 수 있다.[174] 왕룡사원의 아미타불상을 조성한 두 조각승은 조선 전반기 양종 판사 제도에서 선종에 속하는 대선사(大禪師)와 선사(禪師) 직위를 갖고 있다.

1466년에 제작된 상원사 문수동자상은 1599년에 개금(改金) 중수(重

---

172 최소림, 앞 논문, p.87.

173 정은우, 앞 논문(2008), pp.100~101.

174 문명대, 「왕룡사원의 1466년작 木 阿彌陀佛坐像 연구」, 『강좌미술사』 28(한국불교미술사
학회, 2007), p.7.

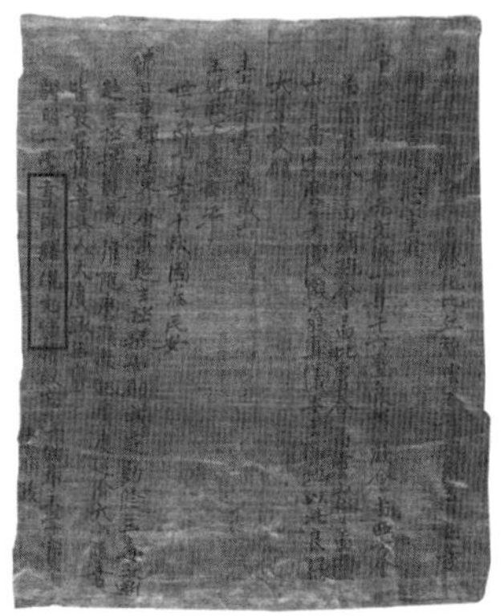

그림 47. 평창 상원사 문수동자상(1466년)과 중수기(1559년)

修)되었는데, 화사(畵師)로 석준(釋俊)과 원오(元悟)가 참여하고 있다.[175]

그림 47 조각승 원오는 선지사 아미타불상(1601년), 논산 쌍계사 삼세불상(1605년), 서울 불교박물관 소장 불상(1605~1610년), 순천 송광사 대웅전 비로자삼존불상(1614년), 거창 심우사 아미타불상(1640년), 해남 도장사 석가삼존불상(1648년) 등에도 참여하고 있다.[176] 논산 쌍계사 삼세불상(1605년)에서는 '화원(畵員) 상수(上首) 대선사(大禪師) 원오비구(元悟比丘)'로 등장하고 있어, 왕룡사원의 아미타불상을 조성한 성료 및 혜정과 마찬가지로 대선사(大禪師)라는 직위를 가지고 있다. 이러한 사실은 조선 전반기 조각승의 위치가 불교 교단 내에서도 높았던 사실을 짐작케 한다.

---

175 문명대, 「상원사(上院寺) 목문수동자상」, 『高麗·朝鮮 佛敎彫刻史硏究-삼매와 평담미-』 (예경, 2003), p.358.

176 송은석, 「17세기 朝鮮王朝의 彫刻僧과 佛像」, 서울대학교 박사학위논문, 2007, pp.48~49, 66~75 참조.

조선시대 불상의 복장기록 연구

천성산 관음사 관음보살상은 1502년에 조성되었는데 불상을 조성
한 장인으로 ‘부화(副畵) 의웅(義雄), 부화(副畵) 신매(信梅), 조상(造像) 전
흥교주지(前興敎住持) 대선사(大禪師) 도유(道裕)’를 기록하고 있다. ‘조상
(造像)’은 불상을 만든 자로 해석되어 전 흥교자 주지 대선사 도유가 총
책임자로서 불상을 조성했음을 알 수 있다. ‘부화(副畵)’는 이제까지 발
견된 불상 조성기에서는 나오지 않았던 명칭으로 아마도 부화원을 줄
여서 쓴 것으로 생각된다. 따라서 도유가 주축이 되고 이를 도운 부화원
두 명이 함께 만든 것으로 생각되며, 승려 조각가들이 주축이 되어 조성
된 상임을 알 수 있다.[177] 관음사 관음보살상 역시 1448년에 조성된 표
충사 대원암 지장보살상의 조각승 성총(性摠)처럼 ‘조상(造像)’으로 표현
하고 있다.

　　1515년에 중수된 예천 용문사 아미타불상에는 ‘조성작(造成作)’이라
는 문구와 함께 불상 제작에 참여한 증명(證明), 지전(持殿), 반두(飯頭),
숙두(熟頭), 별좌(別座), 지사(持寺), 대화주(大化主), 연화대화주(緣化大化
主) 등의 소임이 기록되어 있다. 이 가운데 불상을 제작한 화원의 이름
으로는 ‘상화원(上畵員) 이영문(李永文), 화원(畵員) 학청(學淸), 목수(木手)
사운(思云), 철장(鉄匠) 정영산(鄭迎山)’ 등이 보인다. **그림 43** 화원과 목수,
철장 등 각각 맡은 소임에 따른 이름을 명기하고 있는 점이 주목된다.
화원이 초본을 완성했다면 목수는 직접 이를 가지고 조각했을 것이다.
철장이 그 다음에 등장하고 있는 점에서 철을 재료로 한 조각 용구를 제
작했거나 불상 제작에 쓰는 철 못 등을 만든 인물로 볼 수 있다. 그러나

---

177 정은우, 「1502년명 천성산 관음사 목조보살좌상 연구」, 『석당논총』 48 (동아대학교 석당학
　　술원, 2010), p. 76.

그림 48. 정덕 10년명 지장보살상, 1515년, 국립중앙박물관

용문사 아미타불상은 뒷면을 제외한 목재는 하나로 이루어진 통목조 기법으로 제작되었기 때문에, 철장은 철 못을 만든 장인보다는 당시 장인들이 현장에서 철제 도구를 직접 만들어 사용했던 특성상 도구를 생산한 장인일 수도 있다.[178]

1510년 정덕 10년명 지장보살상 **그림 48** 이후 불상 조성에 참여한 조각승은 화원(畵員)으로 부르는 것이 일반적이었다. 즉 16세기에는 지방이나 서민 불사의 경우에도 화원이라는 명칭을 일반적으로 사용했는데, 그 이유는 관영수공업의 붕괴와 연관된 것으로 생각된다. 특히 연산군(1495~1506)과 중종(1506~1544년) 조를 전후해 국가 재정의 결핍과 관원들의 횡포 등으로 관장(官匠)에 대한 대우가 약해지면서 관영수공업 체제는 붕괴되었던 것이다. 관영수공업에 종사했던 공장들이 지방으로 이동하면서 일반 수공업에 참여했을 것으로 추정되며, 이후 사찰의 수공

178 정은우, 앞 논문(2008), pp.104~105.

업 체제가 사장(私匠)과 승장(僧匠)들에 의해 주도된 점과도 관련이 있는 것으로 여겨진다. 대체로 16세기 후반 경을 중심으로 불상 제작에 분화 작업이라는 변화가 일어난다. 즉 세부 작업이 현저하게 생략되고 화원이 모든 일을 주관하는 체제로 전환되었다. 1589년 봉암사 아미타불상의 발원문에는 '화원(畵員) 라운비구(蘿雲比丘), 법정비구(法正比丘)' 등으로 정리되는 등 승려 조각장들이 주관하는 사찰의 수공업 체제로 이행하는 경향을[179] 보이고 있다.

1599년 상원사 문수동자상 개금 중수에 참여한 화사(畵師) 석준(釋俊)은 1606년 동학사 삼세불상에서는 증명(證明)으로 등장하고, 원오(元悟)와 함께 불교박물관 소장의 불상(1605~1610년)을 조성한 각민(覺敏)이[180] 상화원(上畵員)으로 참여하고 있다. 이같은 사실은 석준·원오·각민이 서로 밀접한 관계를 맺고 있음을 시사한다.

---

179 정은우, 앞 논문(2008), pp.103~105.

180 송은석, 「17世紀 朝鮮王朝의 彫刻僧과 佛像」, 서울대학교 박사학위논문, 2007, pp.65~75;____, 「17세기 전반 曹溪山 松廣寺와 彫刻僧 : 覺敏, 應元, 印均」, 『보조사상』 29(보조사상연구원, 2008), pp.295~333.

2

조선 후반기 제1기
조각승의 명칭과 직위

1) 조각승의 명칭과 역할

조선 후반기 제1기 불상 조성기에 나타난 조각승을 지칭하는 용어는 화원(畵員)이 가장 일반적이다. 이 외에도 화사(畵士), 화사(畵師), 수화(首畵), 장인(匠人), 장사(匠師), 대금어(大金魚), 금어(金魚), 양공(良工), 화소위(畵所位), 편수(片手), 공화(工畵), 화공(畵工), 교장(巧匠), 장수(匠手), 상공(上工), 조묘공(彫妙工) 등 다양하게 명명되고 있다. 또한 화원(畵員)도 수화원(首畵員), 수원화원(首元畵員), 집원화원(執元畵員) 등 그 용어 사용이 다양하다.[181] 조선 후반기 제1기의 조각승의 명칭은 〈표 17〉과 같다.

---

[181] 송은석, 「17세기 朝鮮王朝의 彫刻僧과 佛像」, 서울대박사학위논문, 2007, pp.45~47 참조.

표 17. 조선 후반기 제1기 불상 조성기에 나타난 조각승 명칭

불상명	연도	명칭	역할 및 직위	조각승
여주 신륵사 아미타 삼존불상	1610	화원(畵員)	조상대화원 (造像大畵員)	인일(仁日)
			조역(助役)	수천(守天)
순창 강천사 아미타불상	1612	화사(畵士)		담경(湛瓊)
함양 상련대 관음보살상	1612	상장질 (像匠秩)	상원(上員)	현진(玄眞)
			조상주(造像主)	학문(學文)
			차원(次員)	명은(明隱)
			차원(次員)	의능(義能)
			교습(敎習)	태훈(太訓)
	1677	화원(畵員)		자규(自珪)
순천 송광사 비로자나불상	1614	화원(畵員)		각민(覺敏), 행사(幸思), 청허(淸虛), 보옥(寶玉), 희순(熙淳), 심정(心淨), 응매(應梅)
구례 천은사 관음, 세지보살상	1614	화사(畵士)		현진(玄眞), 명은(明隱), 공(孔), 언호(彦浩), 사인(思印)
김제 칠성각 독성상	1615	화원(畵員)		태전(太顚), 응원(應元), 수연(守衍), 법령(法令), 인균(印均)
서천 봉서사 아미타삼존상	1618	화원(畵員)		수연(守衍), 성옥(性玉), 영초(靈招), 응인(應仁), 보희(寶熙)
서울 지장암 비로자나불상	1622	화원(畵員)	조상화원질 (造像畵員秩)	현진(玄眞), 응원(應元), 수연(守衍), 옥명(玉明), 법령(法玲), 명은(明訔), 청허(淸虛), 성인(性仁), 보희(普熙), 인균(印均), 경현(敬玄), 지수(志修), 태감(太鑑)
			야장(冶匠)	성옥(性玉), 승일(勝一), 밀연(密衍), 의인(義仁), 대존(大尊), 탄종(坦宗), 명도(明導), 운우(雲雨)
			사경(寫経)	희안(希安)
강화 전등사 삼세불상	1623	화원(畵員)		수연(守衍), 성옥(性玉), 영철(靈哲), 찰영(察英), 법림(法林), 혜총(惠摠)
순천 송광사 광원암 아미타불상	1624	화원(畵員)		응원(應元), 고한(高閑), 사순(思舜), 인균(印均), 석삼(釋參), 종해(宗海), 성종(性宗), 천효(天曉), 봉익(鳳翼)

불상명	연도	명칭	역할 및 직위	조각승
나주 다보사 석가삼존불상 및 16나한상	1625	화원(畵員)		수연(守衍), 성옥(性玉), 계화(戒和), 천기(天琦), 의엄(儀嚴), 응인(應仁), 법림(法林), 설주(雪珠)
보은 법주사 비로자나불상	1626	화원(畵員)		현진(玄眞), 청헌(淸憲), 연묵(衍默), 회묵(懷默), 옥정(玉淨), 도경(道冏), 영색(英賾), 설매(雪梅), 성각(性覺), 설화(雪和), 혜명(惠明), 천호(天浩), 일영(日暎), 태선(太先), 설원(雪源), 성혜(性惠), 신윤(信允)
보은 법주사 석가모니불상	1626	화원(畵員)		현진(玄眞), 청헌(淸憲), 연묵(衍默), 회묵(懷默), 옥정(玉淨), 도경(道冏), 영색(英賾), 설매(雪梅), 성각(性覺), 설화(雪和), 혜명(惠明), 천호(天浩), 영일(映日), 태선(太先), 설원(雪源), 성혜(性惠), 신윤(信允)
보은 법주사 노사나불	1626	화원(畵員)		현진(玄眞), 청헌(淸憲), 연묵(衍默), 회묵(懷默), 옥정(玉淨), 도경(道冏), 영색(英賾), 설매(雪梅), 성각(性覺), 설화(雪和), 혜명(惠明), 천호(天浩), 일영(日暎), 태선(太先), 설원(雪源), 성혜(性惠), 신윤(信允)
남양주 수종사탑 금동불상군	1628	화원(畵員)		성인(性仁)
순천 송광사 사천왕상	1628	화원(畵員)		응원(應圓), 고한(高閑), 석호(釋湖), 법해(法海), 계웅(戒雄), 석삼(釋森), 회간(懷澗), 천익(天翼), 이환(離幻), 천연(天然), 성열(性悅), 삼인(三忍), 신회(信懷), 법단(法端)
군산 은적사 석가삼존상	1629	화원(畵員)		법령(法靈), 태감(太甘), 천윤(天允), 각현(覺玄)
창녕 관룡사 삼세불상	1629	화원(畵員)		현진(玄眞), 승일(勝一), 천민(天敏), 수영(守英), 탄행(坦行), 철의(哲義)
김제 귀신사 비로자나삼불상	1633	화원(畵員)		인균(印均), 대오(大悟), 신계(信戒), 관해(寬海), 회감(懷鑑), 천고(天沽), 처심(處心), 영관(靈寬), 영인(靈印), 고경(沽敬), 상의(尙儀), 학고(學沽)

조선시대 불상의 복장기록 연구

불상명	연도	명칭	역할 및 직위	조각승
고창 선운사 비로자나삼불상(대좌)	1633	화원질(畵員秩)		법해(法海)
			수원화원(首元畵員)	무염(無染)
				도우(道祐), 성수(性修), 신회(信懷), 해심(海心), 운일(雲日), 성관(性寬), 운의(雲議), 신견(信堅), 옥행(玉行), 쌍륭(双隆)
고창 선운사 비로자나삼불상 (조상기)	1633	화원(畵員)	집원화원(執元畵員)	무염(無染)
				천언(天彦), 도우(道祐), 성수(性修), 성률(性律), 쌍조(双照), 해심(海心), 성관(性寬), 대우(大祐), 신견(信堅), 애생(愛生), 순일(淳日)
부여 무량사 아미타 삼존불상	아미타불상 1633	화사(畵士)	대화사(大畵士)	현진(玄眞)
			차화사(次畵士)	연묵(衍默), 신묵(懷默)
	대세지 보살상 1633	화원질(畵員秩)		현진(玄眞)
				연묵(衍默), 회묵(懷默), 통경(通冏), 태응(太應), 천민(天敏), 신운(信云), 천휘(天暉), 계진(戒眞), 인호(仁胡), 각혜(覺惠), 철행(哲行), 극린(克隣), 철의(哲義), 무흡(無洽), 쌍납(双納), 쌍언(双彦), 성해(性海), 성준(性俊), 순일(順日)
파주 보광사 보살상	1633	화원(畵員)		영색(英賾), 성근(省勤), 지월(智軏), 옥준(玉俊), 영축(靈竺)
익산 숭림사 지장보살상	1634	화원질 (畵員秩)		수연(守衍), 쌍휘(双輝), 영철(靈哲), 성림(性林), 대웅(大雄), 의철(儀哲), 성민(省敏)
영광 불갑사 삼세불상	석가불상 1635	화원(畵員)		무염(無染), 승일(勝一), 도우(道祐), 성수(性修), 쌍조(双照), 신회(信會), 운일(云一), 신견(信見), 상안(尙安), 유성(宥性)
	아미타불상 1635		수화(首畵)	무염(無染)
				승일(勝日), 도우(道祐), 성수(性修), 쌍조(双照), 신회(神會), 운일(雲日), 신견(信見), 상안(尙安)
	약사불상 1635	화(畵)		무염(無染), 승일(勝日), 도우(道祐), 성수(性修), 쌍조(双照), 신회(神會), 운일(雲日), 신견(信見)

불상명	연도	명칭	역할 및 직위	조각승
구례 화엄사전 삼신불상	1636			청헌(淸憲), 영색(英賾), 인균(印均), 응원(應元)
청도 적천사 삼세불상	1636	화사(畵師)	대화사(大畵師)	현진(玄眞)
			부화사(副畵師)	영찬(靈贊)
				희현(熙玄), 철행(哲行), 처영(處暎), 설웅(雪雄)
강화 전등사 지장보살 삼존상과 명부 권속	지장보살상	1636	화원질 (畵員秩)	수연(守衍), 영철(靈哲), 밀영(密暎), 의엄(義嚴), 정원(淨元), 성민(省敏), 법란(法蘭), 사신(思信), 선행(善行), 신관(信觀), 신수(信修), 충신(沖信)
	도명존자상	1636	화원질 (畵員秩)	수연(守衍), 영철(靈哲), 밀영(密暎), 의엄(義嚴), 정원(正元), 성민(省敏), 법란(法蘭), 사신(思信), 신관(信觀), 신수(信修), 충신(沖信)
	제3송제대왕	1636	화원질 (畵員秩)	수연(守衍), 영철(靈哲), 밀영(密暎), 의엄(義嚴), 정원(淨元), 성민(省敏), 법란(法蘭), 사신(思信), 신관(信觀), 선행(善行), 신수(信修), 충신(沖信)
동국대학교 박물관 소장 아미타삼존불상	1637	화원(畵員)		현원(賢元)
영남대박물관 소장 성주 명적암 아미타불상	1637	화원(畵員)		현진(玄眞), 승일(勝一), 영찬(靈瓚), 희현(熙玄), 처영(處英), 영식(靈湜)
하동 쌍계사 석가 · 약사불상과 보살상	1639	장인(匠人)		청헌(淸憲), 승일(勝日), 법현(法玄), 영색(英賾), 현윤(賢胤), 응혜(應惠), 희장(希藏), 상안(尙安), 학해(學海), 나흠(懶欽), 영식(靈湜)
고흥 능가사 삼세불상	1639	장인(匠人)		청헌(淸憲), 승일(勝一), 법현(法玄), 영색(英賾), 현윤(賢胤), 응혜(應惠), 희장(希藏), 상안(尙安), 학해(學海), 나흠(懶欽), 영식(靈湜)

조선시대 불상의 복장기록 연구

불상명		연도	명칭	역할 및 직위	조각승
예산 수덕사 삼세불상	석가불상	1639	화원(畵員)		수연(守衍), 영철(靈哲), 성민(省敏), 사인(思忍), 신관(信寬), 명혜(明惠), 인종(印宗)
	아미타불상	1639	화원(畵員)		수연(守衍), 영철(靈哲), 성민(省敏), 사인(思忍), 신관(信寬), 명혜(明惠), 인종(印宗)
	약사불상	1639	장사(匠師)		수연(守衍)
					영철(靈哲), 성민(省敏), 사인(思忍), 신관(信寬), 명혜(明惠), 인종(印宗)
거창 심우사 아미타불상		1640	화원(畵員)		청허(淸虛), 법현(法玄), 현윤(賢允), 승호(勝浩)
익산 숭림사 성불암 불상		1640	화원(畵員)	대화원 (大畵員)	법령(法靈)
					철학(哲學), 각현(覺玄), 혜희(慧熙), 조능(祖能), 혜원(惠元)
보은 법주사 약사삼존불상		1641	화원(畵員)		연묵(衍默), 회묵(懷默), 태응(太應), 신윤(信允), 인호(印胡)
완주 송광사 삼세불상	불상 1 · 2	1641	화원(畵員)		청헌(淸憲), 법령(法令), 혜징(惠澄), 회해(會海), 법현(法玄), 운색(雲賾), 원택(元澤), 천원(天元), 영축(靈竺), 현윤(賢允), 찬일(贊日), 법밀(法密), 혜희(惠熙), 신웅(信雄), 견우(見牛), 영은(靈憲), 혜원(惠遠)
	불상 3	1641	화원질(畵員秩)		청헌(淸憲), 법령(法令), 혜징(惠澄), 회해(會海), 법현(法玄), 운색(雲賾), 원택(元澤), 천원(天元), 영축(靈竺), 현윤(賢允), 찬일(贊日), 법밀(法密), 혜희(惠熙), 신웅(信雄), 견우(見牛), 영은(靈憲), 혜원(惠遠)
진주 응석사 삼세불상		1643	화원(畵員)		청헌(淸憲), 법현(法玄), 원택(元澤), 현윤(賢允), 정혜(㝷惠), 나흠(懶欽)

불상명	연도	명칭	역할 및 직위	조각승
광양 백운사 아미타불상	1643	화원(畵員)		인균(印均), 상의(尙儀), 자경(慈敬), 선하(善河), 명담(明湛), 추생(秋生)
대구 용연사 지장삼존상과 명부 존상	1643	화원(畵員)		응혜(應慧), 희장(熙莊), 손홍(孫弘), 처영(處英), 쌍수(雙修), 유경(唯冏), 계찬(戒贊), 도잠(道岑), 사룡(四龍), 명홍(命弘)
경산 경흥사 삼존불상	1644	화원(畵員)	화원(畵員)	청허(淸虛)
			부화원(副畵員)	영색(英賾)
				현욱(玄旭), 정혜(淨惠), 신웅(信雄), 나흠(懶欽), 영이(榮伊)
상주 남장사 아미타삼존불상	1645	화장질(畵匠秩)	해동화명 (海東畵名)	청허(淸虛)
				영색(英賾), 현욱(玄旭), 천휘(天輝), 나흠(懶欽), 법찬(法燦)
평창 상원사 제석천상	1645	양공(良工)	대선사(大禪師)	성륜(性倫)
			선사(禪師)	숭휘(崇暉)
				보기(寶機), 처일(處一), 법기(法機), 영특(英特), 선기(善機), 숭신(崇信), 신욱(信旭), 육탄(六坦), 정지(正遲), 충흡(冲洽)
군산 불주사 관음보살상	1646	화원(畵員)		응혜(應惠), 계체(戒替), 청안(淸眼)
구례 천은사 아미타불상	1646	장주열차 (匠主列次)		승일(勝日), 희장(熙藏), 태원(太元), 성조(性照), 계찬(戒贊), 천학(天學), 보해(寶海)
대구 보성선원 석가삼존불상	1647	화원(畵員)		현욱(玄旭), 나흠(懶欽), 현감(玄鑑)
해남 도장사 석가삼존불상	1648	화원질 (畵員秩)	사옹(師翁)	행사(幸思)
			양사(養師)	무염(無染)
			수화원(首畵員)	해심(海心)
				성관(性寬), 승추(勝秋), 종임(宗稔), 지준(智准), 민기(敏機), 삼간(三侃), 도균(道均), 명조(明照), 경성(敬聖)

조선시대 불상의 복장기록 연구

불상명		연도	명칭	역할 및 직위	조각승
해남 도장사 아미타불상		1648	화원질 (畵員秩)	사옹(師翁)	행사(幸思)
				양사(養師)	무염(無染)
				수화(首畵)	해심(海心)
					성관(性寬), 승추(勝秋), 종임(宗稔), 지준(智准), 민기(敏機), 삼간(三侃), 도균(道均), 명조(明照), 경성(敬聖)
여수 흥국사 지장보살 삼존상과 명부 권속	지장보살상	1648	화원(畵員)		인균(印均), 상의(尙仅), 자경(慈敬), 영간(靈侃), 지현(智玄), 선하(善河), 순옥(淳玉), 순일(淳一), 청학(淸學), 덕헌(德軒), 명담(明淡), 정봉(頂峰)
	무독귀왕	1648	화원(畵員)		인균(印均), 상의(尙義), 자경(慈敬), 영간(靈侃), 지현(智玄), 선하(善河), 순옥(淳玉), 순일(淳一), 청학(淸學), 덕헌(德軒), 명담(明淡), 정봉(頂峰)
	제1초강대왕·제2 진광대왕	1648	화원(畵員)		인균(印均), 상의(尙義), 자경(慈敬), 청간(淸侃), 지현(智玄), 선하(善河), 순옥(淳玉), 순일(淳一), 청학(淸學), 덕헌(德軒), 봉정(峰頂), 초생(草生)
김천 직지사 석가불상		1648	화원(畵員)		현윤(玄允), 원택(元澤), 천휘(天輝), 경선(敬仙)
강진 정수사 삼세불상		1648	화원(畵員)		승일(勝日), 성조(性照), 계찬(戒贊), 지안(智安), 경옥(敬玉), 천학(天學), 계명(戒明)
포천 동화사 불상		1649	화원(畵員)		사인(思忍), 상림(尙琳)
서울 화계사 지장보살삼존상과 명부 권속		1649	화원질 (畵員秩)		영철(靈哲), 인명(印明), 상운(尙云), 운혜(云惠), 옥순(玉淳), 학종(學宗), 천휘(天輝), 학헌(學軒), 의상(儀尙), 의호(儀浩), 옥징(玉澄), 묘현(妙玄)
구미 수다사 아미타삼존상		1649	재장질 (榟匠秩)		희장(熙藏), 천색(天賾), 경옥(敬玉), 태림(太林), 경호(敬湖), 신원(信元), 보해(寶海), 강원(覺元), 경선(敬先)

불상명		연도	명칭	역할 및 직위	조각승
완주 묘련암 관음보살상		1649	화원(畵員)		무염(無染), 성수(性修), 심인(心印), 상림(尙林), 경성(敬性)
군산 동국사 석가삼존상	가섭존자상	1650	화원(畵員)		천상(天祥), 응매(應梅), 성률(性律), 노원(魯元), 사준(思俊), 뇌인(雷忍)
	아난존자상	1650	화원(畵員)		응매(應梅), 관해(寬海), 성률(性律), 노원(魯元), 사준(思俊), 뇌인(雷忍)
남양주 흥국사 석가삼존상과 16나한상		1650 중수	화원(畵員)		혜희(慧熙), 상민(尙敏), 조능(祖能), 성일(性日)
진안 금당사 아미타삼존상		1650	화원질(畵員秩)	수화원(首畵員)	희장(熙莊)
	관음보살상				신경(信冏), 경옥(敬玉), 경호(敬浩), 신원(信元), 보해(寶海), 쌍묵(双默), 각원(覺元), 혜정(惠淨)
	대세지보살상	1650	화원질(畵員秩)		희장(熙莊), 신경(信冏), 경옥(敬玉), 경호(敬浩), 신원(信元), 보해(寶海), 쌍묵(双默), 혜정(惠淨), 각원(覺元)
				공교철장 (工巧鐵匠)	거사(居士) 김상이(金象伊) 양주(兩主)
해남 서동사 삼세불상		1650	화원질(畵員秩)		운익(雲益), 보인(寶印), 학헌(學軒), 인준(印俊), 의호(義浩), 정률(淨律), 묘현(妙玄)
대전 비래사 비로자나불상		1650		수법화원 (受法畵員)	무염(無染)
				양사(養師)	성수(性修), 덕명(德明), 천유(天游)
				수화(首畵)	경성(敬聖), 설엄(雪嚴)
무주 관음사 관음보살상		1650	화원(畵員)		무염(無染), 성수(性修), 경성(敬性), 덕명(德明), 천유(天游), 설엄(雪嚴)
갑사 보장각 석가불상		1650 년대	화원(畵員)		혜희(惠熙), 천윤(天允), 상민(尙敏), 선운(善雲)
고흥 금탑사 아미타삼존상		1651		대선사(大禪師)	휴일(休逸)
			화원질(畵員秩)		뇌형(雷逈), 희인(熙認), 경안(敬安), 덕해(德海), 신유(信惟), 혜명(惠明), 혜정(惠淨), 명인(明印), 수방(守方)

조선시대 불상의 복장기록 연구

불상명	연도	명칭	역할 및 직위	조각승
서울 봉은사 삼세불상 (아미타불상)	1651	화원질 (畵員秩)	양공(良工)	승일(勝一)
				이일(離一), 위의(衛儀), 성조(性照), 도잠(道岑), 뇌일(雷日), 명눌(明訥), 삼응(三應), 초언(楚彦), 계철(戒哲)
속초 신흥사 아미타삼존상 · 지장보살삼존상과 명부 권속	1651	화원(畵員)	조성화원질 (造成畵員秩)	무염(無染), 도우(道祐), 해심(海心), 덕명(德明), 처상(處常), 성잠(性岑), 일상(日祥), 원철(元哲), 도규(道珪), 민기(敏奇), 의신(義信), 영석(靈釋), 처인(處仁)
			화성화원질 (畵成畵員秩)	성륜(性倫), 숭휘(崇徽), 신욱(信旭), 현담(玄淡), 득천(得天)
완주 정수사 아미타삼존상	1652	화원질 (畵員秩)		무염(無染), 신경(信冏), 심인(心印), 혜단(惠端), 경성(敬性), 영택(靈擇), 학매(學梅)
서울 지장암 석가불상	1653	화원질 (畵員秩)		희장(熙藏), 성명(性明), 보해(寶海), 쌍묵(双黙), 각원(覺元), 계우(戒祐), 청안(淸眼)
대구 운흥사 아미타삼존불상	1653	화원(畵員)		도우(道祐), 신경(信冏), 경옥(敬玉), 경신(敬愼), 응택(應澤), 설민(雪敏), 옥순(玉淳)
고창 문수사 삼세불상	1654	화원질 (畵員秩)	양사(養師)	무염(無染)
				해심(海心), 성수(性守), 승추(勝秋), 민기(敏機), 도균(道均), 묘관(妙寬), 승조(勝照), 승열(勝悅), 지문(智文), 신일(信日), 명조(明照), 경성(景性), 일안(一安), 처인(處仁), 원변(元辯)
고창 문수사 지장보살삼존상과 명부 권속	1654	화원질 (畵員秩)		해심(海心), 성수(性守), 승추(勝秋), 민기(敏機), 도균(道均), 묘관(妙寬), 승조(勝照), 승열(勝悅), 지문(智文), 신일(信日), 명조(明照), 경성(敬性), 일안(一安), 처인(處仁), 원변(元卞)

불상명		연도	명칭	역할 및 직위	조각승
청도 대운암 관음보살상		1654	조상소제원존호 목록 (造相所諸員尊号目錄)	수선종대선사 (首禪宗大禪師)	희장(凞莊)
				미륵보살(彌勒菩薩)	성명(性明), 혜단(慧端), 태징(太澄)
				석가세존(釋迦世尊)	보해(普海), 쌍묵(双嘿), 각원(覺元)
				갈라보살(竭羅菩薩)	계우(戒愚), 청안(淸眼)
영광 불갑사 지장보살삼존상과 명부 권속		1654	화원질 (畵員秩)	양사(養師)	무염(無染)
				형(兄)	정현(正玄)
				수(首)	해심(海心)
					지견(智堅), 삼우(三愚), 민기(敏寄), 도규(道圭), 묘관(妙寬), 신일(信一), 승조(勝照), 지문(智文), 명조(明照), 일안(一安), 학매(學梅), 처인(處印), 영발(英發), 수천(壽天)
속초 보광사 지장보살상		1654	화원(畵員)		초안(草安)
여수 흥국사 석가삼존불상 과 16나한상	석가삼존상	1655	화원질 (畵員秩)		인균(印均), 삼인(三忍), 자경(慈敬), 해익(海翼), 청민(淸敏), 사순(思舜), 계종(戒宗), 의탄(儀坦), 천신(天信), 약육(若育), 편후(鞭後)
	16나한상		화원질 (畵員秩)		인균(印均), 삼인(三忍), 자경(慈敬), 해익(海益), 청민(淸敏), 사순(思舜), 계종(戒宗), 의탄(仅坦), 천신(天信), 약육(若六), 편후(鞭後)
창원 성주사 삼세불상		1655	화원(畵員)		녹원(鹿苑), 지현(知玄), 찬인(贊印), 혜정(惠淨), 도성(道聖), 명신(明信), 긍성(肯聖), 명안(明眼), 학륜(學倫), 인종(印宗), 인신(印信)
김제 청룡사 관음보살상		1655	화원(畵員)		조능(祖能), 천행(天行), 문일(文一), 문찬(文贊), 영열(英悅), 춘엽(春曄)
칠곡 송림사 아미타삼존상		1655	화원(畵員)		도우(道祐), 승호(勝浩), 경옥(敬玉), 경신(敬信), 혜청(惠淸), 도철(道哲), 옥순(玉淳)

조선시대 불상의 복장기록 연구

불상명		연도	명칭	역할 및 직위	조각승
보은 법주사 관음보살상		1655	화사질(畵師秩)		혜희(惠熙), 지수(智修), 천윤(天允), 상민(尙敏), 해수(海修), 천석(天釋), 우현(祐玄)
대구 용연사 아미타삼존상	아미타불	1655	화소임(畵所任)	수대선사(首大禪師)	도우(道祐)
					쌍조(双照), 경옥(敬玉), 경신(敬愼), 혜청(惠淸), 도철(道哲), 옥순(玉淳)
	대세지보살상	1655	화원질 (畵員秩)	수(首)	도우(道祐)
					쌍조(双照), 경옥(敬玉), 경신(敬信), 혜청(惠淸), 도철(道哲), 옥순(玉淳)
	관음보살상	1655	화소위 (畵所位)	수대선(首大禪)	도우(道祐)
					쌍조(双照), 경옥(敬玉), 경신(敬愼), 혜청(惠淸), 도철(道哲), 옥순(玉淳)
완주 송광사 석가삼존불상과 16·500나한상	석가삼존상 등	1656	화원질 (畵員秩)		무염(無染), 현준(玄准)
				수화원(首畵員)	계훈(戒訓)
					사인(思印), 성순(性淳), 태신(太信), 법기(法器), 희순(熙淳), 각선(覺善), 경희(敬熙), 단응(丹應), 천신(天信), 도균(道均), 해정(海淨), 삼응(三應), 도심(道心), 행민(行敏), 인경(印囧), 법행(法行), 선문(善文), 충학(沖學), 의종(議宗), 심민(心敏), 성환(性還), 사인(思忍), 지수(智修), 각림(覺林), 충연(冲衍), 옥현(玉玄), 행주(行珠)
완주 송광사 나한전 오백나한상	500나한상 ①	1656	화원(畵員)		충학(忠學), 사인(思印), 지수(智修), 각림(覺林)
	500나한상 ②	1656	화원(畵員)		단응(端應), 성환(性還), 삼응(三應), 법행(法行)
	500나한상 ③	1656	화원(畵員)		현준(玄准)
	500나한상 ④	1656	화원(畵員)		계훈(戒訓), 성순(性淳), 사인(思印)
	500나한상 ⑤	1656			성순(性淳)
함양 법인사 아미타불상		1657	화원(畵員)	화원(畵員)	영규(靈圭)
				조성(造成)	조능(祖能), 현수(玄修), 문찬(文瓚), 영열(英悅)
				화불(畵佛)	심인(心印), 엄신(⊥信)

불상명	연도	명칭	역할 및 직위	조각승
무주 북고사 아미타불상	1657	화원(畵員)		승일(勝一), 처영(處英), 도잠(道岑)
칠곡 송림사 석가삼존상	1657	화원(畵員)		도우(道雨), 쌍조(雙照), 신경(信冏), 성명(性明), 혜단(惠瑞), 경신(敬信), 성근(性根), 설우(雪祐), 종신(宗信), 영봉(靈烽), 긍성(肯聖), 도철(道哲), 해순(海淳), 학매(學梅), 인종(印宗), 계능(戒能), 지현(智玄), 혜정(惠淨)
진주 청곡사 제석 · 범천상	1657	화공(畵工)		인영(印迎), 탄준(誕隼), 지변(智邊), 학염(學廉), 서명(瑞明), 법률(法律), 종탄(宗誕), 선우(善祐)
고흥 금탑사 지장삼존상과 명부 존상	1659	화공질 (畵工秩)		삼인(三忍), 묘관(妙寬), 초안(楚安), 하근(何勤(?)), 약육(若六), 덕민(德敏), 말찬(末贊), 도잠(道岑), 도헌(道軒)
나주 다보사 지장삼존상과 명부 존상	1659	화원질 (畵員秩)		지견(智堅), 신관(信寬), 삼우(三愚), 성보(性寶), 성안(性安), 행근(行斤), 성화(性花), 심일(心一), 삼인(三認)
기장 장안사 삼세불상	석가불상 1659		대화원(大畵員)	녹원(鹿元)
			편수(片手)	명준(明峻), 학륜(學崙), 각인(覺仁)
			목수(木手)	철현(哲玄)
	약사불상 1659		선생화원 (先生畵員)	녹원(鹿元)
			편수(片手)	명준(明峻), 학륜(學崙), 각인(覺仁)
			목수(木手)	철현(哲玄)
화성 동학산 지장보살상	1660			명준(明峻)
			편수(片手)	학륜(學崙), 각인(覺仁)
			목수(木手)	철현(哲玄)
담양 호국사 아미타불상	1660	화원질 (畵員秩)	상화(相畵)	응혜(應惠), 해기(海機)
			중자(中者)	만생(萬生), 인성(印性)
			영화(影畵)	의탄(義坦), 계기(戒機), 신이(神伊)
			장화(藏畵)	정윤(鄭胤) 부부

불상명	연도	명칭	역할 및 직위	조각승
서울 청룡사 지장보살상	1660	화원(畫員)	상화원(上畫員)	승일(勝一)
			편수(邊手)	성조(性照)
			부화원(副畫員)	명신(明信)
				원일(源一), 일훈(一熏), 현민(玄敏)
제주 월계사 아미타불상	1661	화원(畫員)		운혜(雲惠), 상전(尙全)
부산 범어사 석가삼존상	1661	화원질 (畫員秩)	수두(首頭)	도우(道雨), 희장(熙莊)
				보해(寶海), 경신(敬信), 쌍묵(雙黙), 뇌영(雷影), 신학(神學), 청언(淸彦)
평창 상원사 문수보살상	1661	조상대화원 (造相大畫員)		회감(懷鑒), 세정(洗淨), 신언(神彦), 의현(仅玄), 사길(士吉), 대덕(大德), 탁경(琢瓊)
전주 학소암 약사불상	1662	색장질(色匠秩)		인균(印均), 천신(天信), 하득(河得), 색난(色難)
순천 송광사 관음보살상	1662	화원(畫員)		혜희(慧熙), 금문(金文)
서울 지장암 지장보살상	1664	화원(畫員)	대화사주 (大畫師主)	녹원(鹿苑)
				지현(智玄), 혜정(慧定), 설엄(雪嚴), 사인(思忍), 의옥(依玉), 인종(印宗), 현일(玄一), 도운(道云), 처안(處眼), 각인(覺印), 의영(義英), 지혜(智惠), 일성(一性), 유경(唯敬)
칠곡 송림사 시왕상	1665	화원(畫員)		승일(勝一), 성조(性照), 정륜(淨倫), 지수(智秀), 삼응(三應), 처영(處英), 보열(寶悅), 행정(行淨), 일훈(一熏), 처경(處瓊), 상명(尙明), 자규(自圭), 용이(龍伊)
곡성 도림사 아미타삼존불상 (아미타불상)	1665	화원질 (畫員秩)		운혜(雲慧), 경림(瓊琳), 처경(處瓊), 묘경(妙瓊), 처기(處機)
군산 은적사 아미타불상	1666	화원(畫員)		혜정(惠淨), 정인(淨人), 진강(震江), 논산(論山)
군산 불주사 아미타불상	1666	화원(畫員)		회감(懷鑑)
			부(副)	의현(義玄)

불상명	연도	명칭	역할 및 직위	조각승
화순 쌍봉사 지장삼존상과 명부 존상	1667	화원(畵員)		운혜(雲慧), 인성(印性), 도일(道日), 벽운(碧雲), 경림(敬林), 행경(幸瓊), 도상(道尙), 성행(性行), 감선(監禪), 처원(處元)
김천 직지사 비로자나삼존상	1668	화원(畵員)	불상화원 (佛像畵元)	승일(勝一), 삼응(三應), 보열(寶悅), 금문(金文), 문언(文彦)
			단청화원 (丹靑畵元)	진열(應悅), 쌍윤(雙允), 학전(學全), 선오(先悟), 일호(一灝), 계신(戒信), 성휘(性輝), 쌍운(雙云), 학청(學淸)
고성 옥천사 지장삼존상과 명부 권속	1670	화원질 (畵員秩)	수두(首頭)	경옥(敬玉)
				석심(釋心), 설명(雪明), 혜문(慧文)
김천 고방사 아미타삼존상	1670	화원(畵員)		승일(勝日), 성조(性照), 자규(自圭), □□, 사원(思遠), 사능(士能)
제주 삼광사 보살상	1671	화원(畵員)		응혜(應慧), 계찬(戒贊)
대구 소재사 삼세불상	1673	화원(畵員)		경탄(敬坦), 인전(印全), 선영(善英), 홍찰(弘察), 도종(道宗), 대희(大熙), 법혜(法惠), 학련(學連)
함양 백운암 아미타불상	1674	화원(畵員)		성조(性照), 한운(閑云), 자규(自圭), 학청(學淸), 성수(性修), 설매(雪梅), 사원(思遠)
대구 소재사 지장보살삼존상과 명부 권속	1675	화원(畵員)		수일(守日), 의유(仅唯), 도견(道堅), 정일(精日), 인현(印玄), 경운(敬運), 정왕(淨王), 보영(寶靈), 조열(祖悅), 청학(淸學), 인발(仁發)
고창 선운사 지장보살삼존상과 명부 권속	1676	화원(畵員)		명준(明俊), 경익(敬益), 처능(處能), 경호(瓊湖), 상현(尙玄), 종선(宗善), 청혜(淸惠), 명교(明敎)
부산 금정사 아미타불상	1677	공화(工畵)		혜희(慧熙), 처상(處祥), 신일(信日), 영탄(靈坦), 보융(寶融), 회일(懷日), 도문(道文)
합천 해인사 희랑대 지장보살상	1677	화원(畵員)		성□(省□), 연□(淵□)

불상명	연도	명칭	역할 및 직위	조각승
공주 마곡사 지장보살삼존상과 명부 권속	1677	화원(畵員)		성일(性日), 탄□(坦□), 원학(元學), □순(□淳), □□(□□), □승(□丞), 삼□(森□), 법집(法潗), 회연(懷衍)
전주 일출암 약사불상	1677	화원(畵員)		혜희(慧熙), 처상(處祥), 신일(信一), 영탄(靈坦), 보융(普融), 회일(懷一), 도문(道文)
울진 불영사 석가삼존상과 16나한상	1677	선수양공장인질(善手良工匠人秩)	수화원(首畵員)	상륜(尙倫)
				종감(宗鑒), 쌍익(双益), 보장(寶藏), 정일(定日), 덕운(德云)
남해 용문사 지장보살삼존상과 명부 권속	1678	화원(畵員)		지현(智玄), 보해(寶海), 설탄(雪坦), 신학(神學), 의영(仅英), 초행(楚行), 정린(靜獜), 각명(覺明), 경심(敬諶), 탄영(坦英), 민영(敏英), 승환(勝还), 의견(仅堅), 신혜(信惠), 인계(印戒)
광양 무등암 대세지보살상	1678	화원(畵員)		응혜(應慧), 인계(印戒), 해기(海機), 뇌간(雷侃)
목포 달성사 아미타삼존상	1678	화원질(畵員秩)		경림(敬淋), 탄욱(坦旭), 도민(道敏), 처원(處元), 삼안(三眼), 성일(性日), 만강(萬江)
청도 덕사 석가삼존불상	1678	화원(畵員)	수두화원(首頭畵員)	승호(勝湖)
				상윤(尙倫), 상정(尙淨), 여잠(呂岑), 천택(天擇), 탁헌(卓獻), 청안(淸眼), 자일(自日), 덕장(德莊), 덕현(德玄)
청도 덕사 지장보살삼존상과 명부 권속	1678	화원(畵員)	수화원(首畵員)	승호(勝浩)
				학정(學淨), 상륜(尙倫), 여잠(呂岑), 천택(天擇), 탁헌(卓獻), 청안(淸眼), 자일(自日), 덕장(德藏), 덕운(德雲)
			편수야장(片手冶匠)	의인(仅仁), 행징(幸澄)

불상명		연도	명칭	역할 및 직위	조각승
광주 덕림사 지장보살삼존상과 명부 권속	지장보살상	1680		수공(首工)	색난(色難)
					도헌(道軒), 충옥(冲玉), 모현(慕賢), 혜찰(惠察), 귀일(敀一), 석종(釋宗), 득우(得牛), 초변(楚卞), 진기(進機), 성훈(性訓)
	도명존자상	1680		수공(首工)	색난(色難)
				부공(副工)	도헌(道軒)
					충옥(冲玉), 모현(慕賢), 혜찰(惠察), 귀일(敀一), 석종(釋宗), 득우(得牛), 초변(楚卞), 진기(進機), 성훈(性訓)
곡성 도림사 관음ㆍ대세지보살상		1680	화원(畵員)		운혜(雲惠), 경림(敬琳), 탄욱(坦昱), 도민(道敏), 삼안(三眼), 초명(楚明), 성일(性日)
고흥 송광암 아미타삼존상 (관음ㆍ대세지보살상)		1680	화원(畵員)		보해(寶海), 설탄(雪坦)
창원 성주사 지장보살상		1681	화원(畵員)		승호(勝湖), 상륜(尙倫), 학정(學淨), 탁문(卓文), 천택(天澤), 보장(寶藏), 여잠(呂岑), 축령(竺令), 선준(禪俊), 법안(法眼), 처흘(處屹), 수연(守衍), 처행(處行), 의정(儀淨), 법종(法宗), 민속(敏俗), 천룡(天龍), 해발(海發)
서울 지장암 가섭ㆍ아난존자상		1683	양공(良工)		색난(色難), 득우(得牛)
강진 옥련사 석가불상		1684	양공질 (良工秩)	상공(上工)	색난(色難)
				부공(副工)	도헌(道軒)
				차공(次工)	행탄(行坦)
					모현(慕賢), 초변(楚卞), 웅원(雄遠), 철옥(哲玉), 도견(道見), 문인(文印)
예천 용문사 목각아미타여래설법상과 아미타삼존상		1684	화원질 (畵員秩)		단응(端應), 탁밀(卓密), 학륜(學倫), 법청(法淸), 탄성(坦性), 의선(義禪), 체원(體元), 학탄(學坦), 태민(太敏)
			양공조연질 (良工助緣秩)		이백련(李白蓮), 이계일(李戒一), 선윤(善允), 박계형(朴戒泂)

조선시대 불상의 복장기록 연구

불상명	연도	명칭	역할 및 직위	조각승
안성 칠장사 석가삼존불상	1685	화원(畵員)		마일(摩日), 찬선(贊禪), 징일(澄日), 쌍인(雙印), 유관(惟寬), 이애남(李愛男) 부부
고흥 능가사 석가삼존상과 16나한상	1685	금어(金魚)	통정(通政)	색난(色難)
				도헌(道軒), 철옥(徹玉), 순경(順瓊), 웅원(雄遠), 행탄(幸坦), 문인(文印), 초우(楚祐), 재헌(載軒), □선(□善), 초변(楚卞), 득우(得祐)
청송 대전사 지장삼존상과 명부 권속	1685	화원질 (畵員秩)		수연(守衍), 숭시(崇是), 효현(孝玄), 지웅(智雄)
영동 중화사 석가삼존상불상	1686	화원(畵員)		법림(法琳), 영탄(靈坦), 학찬(學贊), 천순(天順), 일옥(一玉), 천오(天悟)
김해 은하사 지장삼존상과 명부 권속	1687	화원질 (畵員秩)		도헌(道軒)
			수화원 (首畵員) | 통정대부 (通政大夫)	색난(色難)
				순경(順瓊), 행탄(幸坦), 모현(慕賢), 초변(楚卞), 득우(得牛), 웅원(雄遠), 문인(文印), 재헌(載軒), 정언(淨彦), 추평(秋評)
영월 보덕사 아미타삼존상	1687	화원(畵員)		탁밀(卓密), 학륜(學崙), 탄성(坦性), 초은(楚嵩), 세웅(世雄), 처응(處應), 유특(裕特)
김해 은하사 석가삼존불상	1688	화원(畵員)		마일(摩日), 원학(元學), 법준(法俊), 회연(懷衍), 지상(智詳), 도욱(道旭), 신영(信暎)
군위 인각사 아미타삼존불상	1688	화원질 (畵員秩)		승호(勝胡), 상륜(尙倫), 여잠(呂岑), 선인(善仁), 탁문(卓文), 옥정(玉淨), 천□(天□), 법종(法宗), 수연(守衍), 처흘(處屹), 의영(儀英), 보장(寶藏), 축령(竺令), 수종(秀宗), 취□(就□), 취욱(就旭), 탄민(坦敏), 치행(致行), 석천(釋天), □심(□心), 능묵(能黙), □□(□□), 유철(有哲), 일순(日淳), 쌍운(双運), 수탄(秀坦), 계각(戒覺), 광제(廣濟)

불상명	연도	명칭	역할 및 직위	조각승
완주 대원사 지장삼존상과 명부 권속	1688	화원(畵員)		도잠(道岑), 지현(智玄), 탑변(塔卞), 의영(儀暎), 순익(淳益), 계초(戒初), 인휘(印暉), 혜운(惠雲), 진열(震悅), 법안(法眼), 성일(性日)
울진 불영사 지장보살삼존상과 명부 권속	1688	재장(梓匠)		상륜(尙倫), 천택(天擇), 보장(寶藏)
제천 정방사 관음보살상	1689	화공(畵工)		단응(端應), 웅(雄), 유특(裕特), 탁린(琢璘)
여수 흥국사 53석불상	1689	화원질 (畵員秩)		인계(印戒), 사민(思敏), 초명(招明), 뇌훈(雷暈), □은(□訔), 웅감(雄甘), 흥밀(興密), 천(天), 웅민(雄敏), 뇌간(雷侃), 대선사(大禪師) 인성(印成), 사미 정읍(沙彌井邑), 연민(演敏), 홍광(弘廣), 원책(元責), 연학(衍學), 혜일(惠日), 탄□(坦□), □일(□日), 민행(敏行), 현철(玄哲), 상균(尙均), 대원(大元), 정순(淨淳), 민준(敏俊), 도희(道熙), 승참(勝參), 각원(覺元), 유특(裕特), 도치(道置), 주두남(朱斗男), 조석포(趙石抱), 홍신주(洪信主), 정명(丁命), 고학룡(高鶴龍)
		연석화공질 (鍊石畵工秩)		인계(印戒), 사민(思敏), 철명(哲明), 뇌훈(雷暈), 홍운(弘運), 육청(六淸), 연민(演敏), 사미 정업(沙彌淨業), 홍광(弘廣)
일본 교토 고려미술관 소장 아미타삼존불감	1689	교장(巧匠)	통정대부 (通政大夫)	색난(色難), 득우(得牛), 웅원(雄远)
곡성 도림사 지장삼존상과 명부 권속	1690	화원질(畵員秩)		충옥(忠玉), 영선(영善), 초변(楚卞), 수현(粹絢), 진기(進機), 각초(覺楚), 혜민(慧敏), 도견(道堅), 학준(學俊), 심철(心哲), 총연(摠演), 필□(必□), 신각(信覺)
안동 봉황사 삼세불상	1692	대화원(大畵員)		주응(主應)
				주실(籌室), 명진(明眞) 응□(應□), □□(□□)
		편장(片長)		윤대(崙大)
				□□(□□), 상념(尙念), 혜륜(惠倫), 탄옥(坦玉), 탁린(琢璘)

불상명	연도	명칭	역할 및 직위	조각승
구례 천은사 석가불상	1694	화원(畵員)		색난(色難), 행탄(幸坦), 득우(得牛), 웅원(雄遠), 문인(文印), 집삼(執森), 추붕(秋鵬), 추평(秋評)
함양 용추사 지장삼존상과 명부 권속	1694	화공(畵工)		충옥(冲玉), 영선(靈善), 초변(楚卞), 성훈(性訓), 진기(進機), 혜민(惠敏), 각초(覚梦), 순선(絢善), 영(英), 자섬(自暹), 성안(性眼), 신각(信覚), 유철(有哲)
화순 쌍봉사 아미타삼존불상	1694	재장질(榟匠秩)		도인 색난(道人色難), 모선(慕善), 득우(得牛), 웅원(雄遠), 집삼(執森), 추붕(秋鵬), 추평(秋平)
대구 안일사 석가삼존상과 16나한상	1694	화원(畵員)		탁밀(卓密), 보웅(普雄), 취환(取還), 해□(海□), 진뢰(震雷), 진주(震珠), 진념(震念), 광익(廣益)
		편수(片手)		오명(吳命) 양주(兩主)
서울 염불사 관음보살상	1695	화원질(畵員秩)		득우(得牛), 덕희(德熙)
전주 서고사 가섭존자상	1695			체원(体遠), 민성(敏性), 성인(性印), 진열(震悅), 경수(敬修), 신옥(信玉), 희옥(熙玉)
청양 장곡사 약사불상	1695 중수	화원(畵員)		석덕(碩德), 충연(冲衍), 초행(梦行)
제주 용문사 석가불상	1700 년경	화원(畵員)		진열(進悅)
미국 메트로폴리탄미술관 가섭존자상	1700	양공(良工)		색난(色難), 일기(一機), 모현(慕賢), 추붕(秋鵬), 추평(秋平)
곡성 도림사 석가삼존상과 16나한상	1700	화원(畵員)		경호(敬浩), 상현(尙玄), 초인(楚忍), 초오(楚悟), 신간(信侃), 해민(海敏), 만기(萬機), 양집(良戢), 승매(勝梅)
해남 대흥사 석가삼존상과 16나한상	1701	화공질(畵工秩)		색난(色難), 행탄(幸坦), 모선(慕禪), 웅원(雄源), 일기(一機), 추평(秋平), 치웅(致雄)

불상명	연도	명칭	역할 및 직위	조각승
서울 흥천사 관음보살상	1701	화원(畫員)		법잠(法岑), 계초(戒楚), 진열(振悅), 성인(性印), 수오(守吾)
제주 정방사 불상	1702	화원(畫員)		수일(守日)
구례 화엄사 각황전 불상군	1703	석가·관음상 (釋迦·觀音像)		팔영산 사문 색난 (八影山沙門色難)
		다보·문수상 (多寶·文殊像)		조계산 사문 충옥 (曹溪山沙門沖玉)
		미타상 (彌陀像)		능가산 사문 일기 (稜伽山沙門一機)
		보현상 (普賢像)		웅원(雄遠)
		관음상 (觀音像)		추붕(秋朋)
		지적상 (智積像)		추평(秋平), 순경(順瓊), 행탄(幸坦), 승매(勝梅), 초변(初卞), 각초(覺初), 도환(道還), 도견(道堅), 덕희(德希), 법륭(法融), 대유(大裕), 진총(進聰), 정혜(定惠), 진일(進一), 선각(善覺), 징해(澄海), 서행(瑞行), 인척(仁陟), 하천(夏天)
서울 경국사 관음보살상	1703	상공(上工)	통정(通政)	색난(色難)
		부공(副工)	통정(通政)	순경(順瓊)
				웅원(惟遠), 추붕(秋鵬), 추평(秋平), 대유(大裕), 인척(璘陟)
하동 쌍계사 사천왕상	1705	화원(畫員)		서응(瑞應), 덕륜(德倫), 상념(尚念), 혜륜(慧崙), 탄옥(坦玉), 탁린(琢璘)
의령 백련암 보살상	1705	조성명현(造像名現)	양공(良工)	충옥(冲玉)
				각초(覺初), 도견(道見), 석준(釋俊), 택림(擇林), 정혜(㝎惠), 만징(萬澄), 거초(巨初)
		탱불양공 (幀佛良工)		의균(義均), 인종(印宗), 연민(硯敏)

조선시대 불상의 복장기록 연구

불상명	연도	명칭	역할 및 직위	조각승
안성 칠장사 지장보살삼존상과 명부 권속	1706	화원(畵員)		금문(金文), 청윤(淸允), 묘성(妙聖), 덕장(德藏), □선(□善), 세균(世均), 희일(熙日), 극침(剋沉), 여찬(呂賛), 취습(就習), 의한(義閑), 무남(武男), 시건(時建)
곡성 서산사 관음보살상	1706	화원(畵員)		진열(進悅), 태원(太元)
영광 불갑사 석가삼존상과 16나한상	1706	화원질 (畵員秩)		초변(楚卞), 영선(靈善), 각초(覺楚), 석준(釋俊), 정혜(淨惠), 서행(瑞行), 징성(澄性), 치해(致海), 적승(寂勝), 징해(澄海), 사상(泗祥)
고흥 능가사 불상	1707	조묘공 (彫妙工)	통정대부 (通政大夫)	색난(色難)
				행탄(幸坦)
			통정대부 (通政大夫)	웅원(雄遠)
				일기(一機), 하신(荷信), 혼평(混平), 대유(大猷), 선각(善覺), 하천(夏天)
전주 삼경사 불상	1708	화원(畵員)		법종(法宗)
고흥 봉래사 관음보살상	1708	화원(畵員)		법종(法宗)
고흥 송광암 대세지보살상	1709	조상편수 (造像片手)	통정(通政)	색난(色難)
				웅원(雄元), 혼평(混平), 일기(一奇), 덕희(德熙), 대유(大裕), 선각(善覺), 하천(夏天), 뇌습(雷習), 광혜(廣惠)
평창 월정사 고운암 석가불상	1710	화원(畵員)		畵員 廣習」 粲屹」 瑞熙」
평창 상원사 석가삼존상과 16나한상	1711	양공(良工)		혜주(惠珠), 정행(淨行), 사언(思彦)
		화공(畵工)		진취(進趣), 도청(道淸)
함양 사리암 아미타불상	1711	화원(畵員)		진열(進悅), 영희(靈熙), 태응(太應), 태원(太元), 수영(守英)
영동 영국사 보살상	1711	화원(畵員)	수두(首頭)	여찬(呂賛)
				벽한(碧閑), 취습(就習), 설암(雪岩), 삼인(三印), 분남(分男)

불상명	연도	명칭	역할 및 직위	조각승
익산 혜봉원 석가불상과 보살상	1712	화원(畵員)		신옥(信玉)
고양 상운사 아미타삼존불상	1713	화원(畵員)		진열(進悅), 영희(靈熙), 태원(太元), 처림(處林), 청휘(淸徽)
서울 천축사 불상	1713		목상수공(木像俋工)	진열(進悅), 영희(靈熙)
			갈라(竭羅)	태원(太元)
			석가위주(釋迦爲主)	처림(處林)
			미륵(彌勒)	청휘(淸徽)
		화원(畵員)	양공(良工)	서일(瑞一), 계학(戒鶴), 현택(玄澤), 태성(太性), 백기(白機)
			부양공(副良工)	혜각(惠覺), 태성(泰性)
김제 문수사 아미타불상	1715	화원(畵員)		유성(惟性), 관성(觀性)
양구 심곡사 관음보살상	1716	화공(畵工)		응옥(應玉), 상현(尙玄)
		편수(邊首)		탁린(琢璘), 삼기(三機), 상흠(上欽), 자열(自悅)
		야공(冶工)		취탁(就託)
양구 심곡사 대세지보살상	1716	화원(畵員)	수화원(首畵員)	탁린(琢璘)
				응옥(應玉), 상현(尙玄), 삼기(三機), 상흠(上欽), 자열(自悅)
			야편수(冶邊首)	취탁(就託)
안성 칠장사 관음보살상	1718	양공(良工)		일기(一機), 선각(善覺), 선일(善一), 두영(斗英)
안성 청룡사 관음보살상	1722 중수	화원(畵員)		치원(致源), 진□(眞□)
밀양 여여정사 관음보살상	1722	양공(良工)		진열(進悅), 청우(淸愚), 청휘(淸輝), 관성(貫性), 옥총(玉聰)

조선시대 불상의 복장기록 연구

산청 율곡사 아미타삼존상(1645년 추정)은 조각승을 '대금어(大金魚) 전라도(全羅道) 임실현(任實縣) 신흥사(新興寺) 주(住) 대덕선사(大德禪師) 관성(觀性)'이라고 기록해서 활동하고 있는 지역과 직위를 표현하고 있다. 서울 지장암 비로자나불상(1622년)에서는 조상화원질(造像畵員秩)에 화원(畵員), 야장(冶匠), 사경(寫經)으로 그 역할을 구분하고 있다. 해남 도장사 석가불상(1648년)의 조성기에는 화원질(畵員秩)에 '사옹(師翁) 행사비구(幸思比丘), 양사(養師) 무염비구(無染比丘), 수화원(首畵員) 해심비구(海心比丘), 성관비구(性寬比丘), 승추비구(勝秋比丘), 종임비구(宗稔比丘), 지준비구(智准比丘), 민기비구(敏機比丘), 삼간비구(三侃比丘), 도작비구(道均比丘), 명조비구(明照比丘), 경성비구(敬聖比丘)'를 기록하고 있는데, 여기서 주목되는 것은 수화원 앞에 사옹(師翁)과 양사(養師) 등의 명칭이 보인다는 점이다. 아마도 이들은 불상 조성에 증명 같은 역할을 한 것으로 추측된다.

속초 신흥사 지장보살상(1651년) 발원문은 조성화원질(造成畵員秩)과 화성화원질(畵成畵員秩)을 구분하고 점이 특징이다. **그림 49** 즉 조성화원질(造成畵員秩)에 무염(無染)과 도우(道祐)을 비롯한 조각승을 기록하고, 화성화원질(畵成畵員秩)에 성륜(性倫)을 비롯해 봉휘(峰徽)·신욱(信旭)·현담(玄淡)·득천(得天) 등을 나열하고 있다. 이것은 조각에 참여한 자들과 밑그림을 그린 인물들의 역할 분담을 기록한 것으로 여겨진다.[182]

영광 불갑사 지장보살상(1654년)의 화원질(畵員秩)에는 '양사(養師) 무염(無染), 형(兄) 정현(正玄), 수(首) 해심(海心), 지견(智堅), 삼우(三愚), 민기(敏寄), 도규(道圭), 묘관(妙寬), 신일(信一), 승조(勝照), 지문(智文), 명조(明

---

182 문명대, 「무염파(無染派) 목불상의 조성과 설악산 신흥사 목아미타 삼존불상의 연구」, 『강좌미술사』 20 (한국불교미술사학회, 2003), pp.74~81.

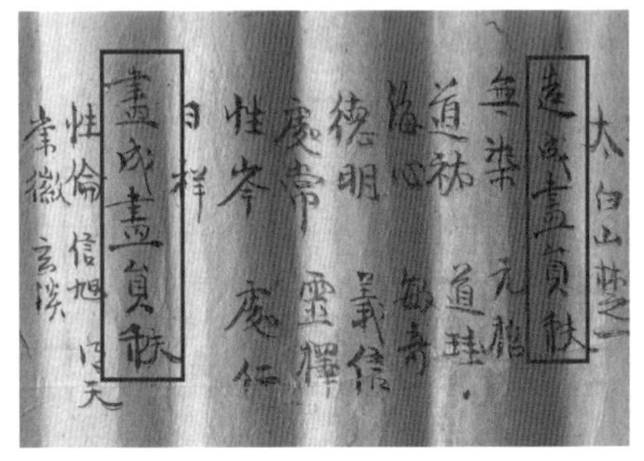

그림 49. 속초 신흥사 지장보살상과 조성 발원문, 1651년

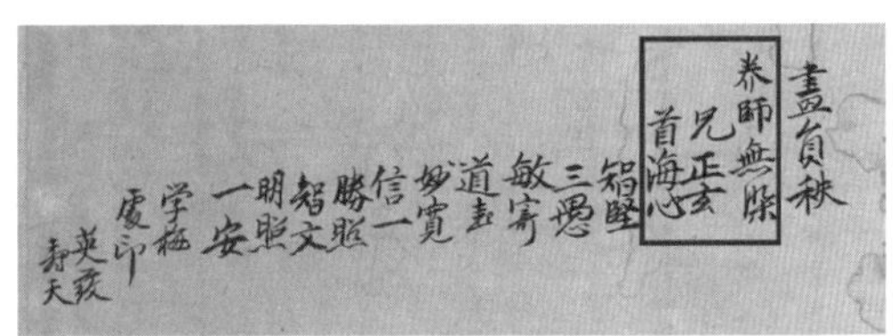

그림 50. 영광 불갑사 지장보살상과 조성 발원문, 1654년

照), 일안(一安), 학매(學梅), 처인(處印), 영발(英發), 수천(壽天)' 등이 기록되어 있다. **그림 50** 양사 무염, 형 정현, 수 해심 등 조각승들의 순위를 정하고 양사(養師) → 형(兄) → 수(首)라는 명칭을 사용한 점이 주목된다.

청도 대운암 관음보살상(1654년)의 불상 조성기에는 '조상소제원존호목록(造相所諸員尊号目錄), 수선종(首禪宗) 대선사(大禪師) 희장(熙莊), 미륵보살(彌勒菩薩) 성명(性明), 혜단(慧端), 태징(太澄), 석가세존(釋迦世尊) 보해(普海), 쌍묵(双嘿), 각원(覺元), 갈라보살(竭羅菩薩) 계우(戒愚), 청안(淸眼)'이 기록되어 있다. 이와 같은 기록을 통해 희장의 직위가 '수선종(首

　　　　　　　　　　　　　　조선시대 불상의 복장기록 연구

禪宗) 대선사(大禪師)'임을 알 수 있다. 또한 '조상소제원존호목록(造相所 諸員尊号目錄)'에 미륵보살, 석가세존, 제화갈라보살을 조성한 조각승을 서술하고 있어, 각 존상을 조성한 인물을 구체적으로 표현하고 있는 점 이 주목된다. 영광 불갑사 지장보살상과 시왕상, 사자상, 판관상에는 모 두 조성기가 남아 있어, 각 상의 조각승과 시주자 및 화주를 살필 수 있 는 중요한 자료적 가치가 있다.[183]

담양 호국사 아미타불상(1660년)의 조각승은 화원질(畫員秩)에는 '상 화(相畫) 응혜비구(應惠比丘), 해기비구(海機比丘), 중자(中者) 만생(萬生), 인성비구(印性比丘), 영화(影畫) 의탄비구(義坦比丘), 계기비구(戒機比丘), 신이(神伊), 장화(藏畫) 정윤양주(鄭胤兩主)'가 등장하는데, 여기에는 상화 (相畫)·중자(中者)·영화(影畫)·장화(藏畫) 등 다양한 분야가 나타나고 있 다. 그리고 장화(藏畫)는 비구승이 아니라 속인이 담당하고 있다. 김천 직지사 비로자나삼존상(1668년)의 조각승은 불상화원과 단청화원으로 구분되어 있다. 불상화원(佛像畫員)으로 승일(勝一)·삼응(三應)·보열(寶 悅)·금문(金文)·문언(文彦) 등이, 단청화원(丹青畫員)으로 응열(應悅)·쌍 윤(雙允)·학전(學全)·선오(先悟)·일호(一灝)·계신(戒信)·성휘(性輝)·쌍운 (雙云)·학청(學清) 등이 참여하고 있다.

청도 덕사 석가삼존상(1678년)의 조각승에서 주목되는 것은 승호(勝 浩)가 수두화원(首頭畫員)으로 등장한다는 점이다.[184] 또한 조선 후기 불

---

183 김길웅, 「불갑사의 불교조각상」, 『사찰조경연구』 6(동국대학교 사찰조경연구소, 1998),
  pp.135~156; 문명대, 「조각승 무염(無染), 도우파(道祐派) 불상조각의 연구」, 『강좌미술
  사』 26-1(한국불교미술사학회, 2006), pp.23~51; 최성은, 「조선 후기 불갑사 불교조각의
  一考察」, 『서지학보』 35(한국서지학회, 2010), pp.119~158.

184 김길웅, 「彫刻僧 勝浩가 제작한 불상」, 『문화사학』 27(한국문화사학회, 2007.6),
  pp.881~894; 최선일, 「17세기 후반 조각승 勝浩의 활동과 불상연구」, 『조선 후기 彫刻僧

상 조성기에서는 야장(冶匠)으로 대부분 속인이 참여하는데, 청도 덕사 석가삼존상에서는 의인(仅仁)만이 표기되어 그가 승려인지 거사(居士)인 지 알 수가 없다. 예천 용문사 대장전 목각아미타여래설법상(1684년)은 화원질(畵員秩)과 양공조연질(良工助緣秩)이 따로 표기되어 조각승과 보 조 조각승을 구분하고 있는 점이 특징이다.

김해 은하사 지장시왕상(1687년)의 조각승은 수화원(首畵員)으로 통 정대부(通政大夫) 색난(色難)이고, 야장(冶匠)은 김상(金相) 부부이다. 조 각승 색난이 정3품 당상관인 통정대부를 사용하고 있는 점이 주목된다. 여수 흥국사 53불상(1689년)은 화원질(畵員秩)과 연석화공질(鍊石畵工秩) 및 야장질(冶匠秩) 등이 있는 점이 특이하다. 이것은 재료가 돌이기 때문 에 연석화공질(鍊石畵工秩)이 따로 마련된 것으로 여겨진다.

2) 조선 후반기 제1기 조각승의 직위(職位)

조선 전반기 조각승의 지위가 대선사를 비롯해 상당한 지위에 있었던 것과 달리,[185] 조선 후반기의 조각승의 지위를 나타내는 기록은 그다지 발견되지 않는다. 〈표 18〉에서 보다시피 1675년까지는 대선사(大禪師) 와 선사(禪師)의 승직명이 나타나지만, 1676년부터는 세속적인 통정대

과 佛像 研究』(경인문화사, 2011), pp.210~239; 조태건, 「17세기 후반 조각승 勝浩 作 十 王象 研究」,『불교미술사학』12(통도사성보박물관 불교미술사학회, 2011), pp.171~200; 김 희경, 「17세기 후반 영남 조각승 승호(勝浩) 작 나한상 연구」,『미술사와 문화유산』1(명지 대학교 문화유산연구소, 2012), pp.87~118.

185 유근자, 「조선 전반기 불상조각의 조성기 분석을 통한 조성 배경 연구」, 「강좌미술사」 36(한국불교미술사학회, 2011), pp.199~203.

부(通政大夫)라는 직위가 등장하고 있다. 조선 후기 승려들이 여전히 대선사·선사·대사·대덕 등의 직위를 갖고 있었던 것과 비교한다면, 조각승의 지위는 조선 전반기에 비해 상대적으로 약화된 것으로 여겨진다. 조선 후기에 조각승들이 선사(禪師)와 대선사(大禪師) 같은 선종의 직위를 갖고 있었던 것은 조선 후기 불교는 선종이 주도했기 때문이다.[186]

표 18. 조선 후반기 제1기 불상 조성기에 나타난 조각승의 직위(職位)

직위	조각승	지위	연도	불상명
대선사(大禪師)	성륜(性倫)	수조각승	1645	평창 상원사 제석천상
선사(禪師)	숭휘(崇暉)	2위		
수선종대선사(首禪宗大禪師)	희장(熙莊)	수조각승	1654	청도 대운암 관음보살상
수대선(首大禪)	도우(道祐)	수조각승	1655	대구 용연사 아미타삼존상
대선사(大禪師)	운혜(雲慧)	수조각승	1675	고흥 능가사 석가불상
통정대부(通政大夫)	혜희(惠熙)	수조각승	1676	김제 금산사 대장전 불상
가선대부(嘉善大夫)	충민(忠敏)	수조각승	1680	울주 석남사 석가삼존상
통정(通政)	색난(色難)	수조각승	1685	고흥 능가사 석가삼존상
통정대부(通政大夫)	색난(色難)	수조각승	1687	김해 은하사 지장삼존상과 명부권속
통정대부(通政大夫)	색난(色難)	수조각승	1689	일본 교토 고려미술관 소장 아미타삼존불감
통정(通政)	색난(色難)	수조각승	1703	서울 경국사 관음보살상
통정(通政)	순경(順瓊)	2위		
통정대부(通政大夫)	색난(色難)	수조각승	1707	고흥 능가사 불상
통정대부(通政大夫)	웅원(雄遠)	3위		
통정(通政)	색난(色難)	수조각승	1709	고흥 송광암 아미타불상

---

186 조선 후기 조사선(祖師禪)이 강조되었던 분위기는 16나한도 제작에도 많은 영향을 끼친 것으로 생각된다.(신은미, 「조선 후기 十六羅漢圖연구-畫譜圖像의 수용과 전개를 중심으로-」, 『강좌미술사』 27, 한국불교미술사학회, 2006, p.230)

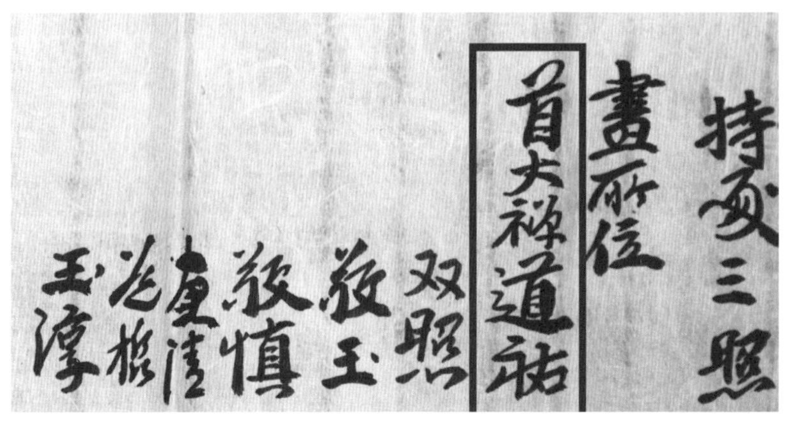

그림 51. 대구 용연사 아미타삼존상 조성기, 1655년 | 자료 제공 : 김창균

1645년 평창 상원사 문수전 제석천상의 수조각승으로 대선사(大禪師) 성윤(性倫)과 선사(禪師) 숭휘(崇暉)가 참여하고 있으며, 1654년 청도 대운암 관음보살상 조성에는 수선종(首禪宗) 대선사(大禪師)로 희장(熙莊)이 등장하고 있다. 또한 1655년 대구 용연사 아미타삼존상 조성에 수대선(首大禪) 도우(道祐)가, **그림 51** 1675년 고흥 능가사 석가불상 조성에 대선사(大禪師) 운혜비구(雲慧比丘)가 참여하고 있다. 성륜·숭휘·희장·도우·운혜 만이 선종의 직위인 대선사 또는 선사의 직위에 있음을 알 수 있다. 자료가 많은 편은 아니지만 조선 후반기의 조각승들은 대선사나 선사의 명칭을 통해, 선종 계열에 소속되어 있음을 알 수 있다.

1676년 제작된 김제 금산사 대장전 불상 조성기의 '화원(畫員) 통정대부(通政大夫) 혜희(惠熙)'에서 알 수 있듯이 조선시대 문관의 정삼품 당상관(堂上官)의 품계인 통정대부가, 1680년 울주 석남사 석가삼존상에는 조선시대 종2품(從二品) 문무관의 품계인 가선대부(嘉善大夫)가 새로이 등장하고 있다. 이후 특히 조각승 색난(色難)은 1685년 고흥 능가사 응진전 석가삼존상에서부터 통정대부를 사용하기 시작해, 1709년 고흥 송광암

                                         조선시대 불상의 복장기록 연구

아미타불상을 제작할 때까지 계속해서 통정대부를 사용하고 있다.[187]

『현종실록』에는 왜란과 호란 이후 승속을 막론하고 전개된 국역(國役)에 대한 기록이 있다. 특히 산성축조와 방어를 비롯한 제방공사, 산릉역, 자연재해로 희생당한 시체를 매장하는 일 등을 담당했던 승역(僧役)에 관한 기록이 주목된다. 이 가운데 남한산성 안에 머물고 있던 승려들의 식량 공급과 군량미 비축을 위해 승려의 통정첩(通政帖) 3백장, 가선첩(嘉善帖) 50장을 만들게 해 달라는[188] 내용이 있다. 이같은 시대 상황이 조각승의 직위에도 반영된 것으로 보인다.

3) 조선 후반기 제1기 조각승의 계보

조선 후반기인 17세기가 되면 불교 조각승들은 그룹을 지어 활동을 하게 되는데, 특히 17세기 조각승에 대한 연구는 활발히 이루어지고 있는 편이다. 조선 후기의 불사(佛事)는 왕실 및 유력가의 후원, 일반신도의 시주, 재회(齋會)의 설행(設行)과 기도에서 얻는 수입, 상업 활동 등 다양한 수입원을 통해 이루어졌던 것으로 여겨진다. 승려 가운데 상당수는 공물(貢物) 진상과 각종 잡역(雜役) 수요를 충당하기 위해 노동과 수공업에도 종사했다. 이는 과중한 부담이었지만 다른 한편으로는 인쇄출판, 그림, 목공, 석공 등 여러 분야에서 전문 장인(匠人)이 배출되는 결과

---

187 최선일, 「조선 후기 전라도 조각승 색난과 그 계보」, 『미술사연구』 14(미술사연구회, 2000), pp. 35~62

188 『조선왕조실록』 현종 13년 9월 29일조.

를 낳았다. 이처럼 조선 후기 불교는 재정적 어려움을 극복하면서 자립의 길을 모색했고, 승려 활동과 사찰 운영에 필요한 최소한의 경제적 토대는 갖출 수 있었다. 현존하는 전통 사찰 대부분이 조선 후기에 중창되어 유지되고 있는 것이 그 유력한 방증이다.[189]

17세기에 들어 조각승 유파가 본격적으로 성립하게 된 배경은 무엇보다도 여러 조각승 집단을 필요로 할 정도로 많은 불상이 각 지역에서 제작되었기 때문이다. 17세기에 활동한 조각승 유파로는 1610년대 현진파(玄眞派, 1612~1636)와 수연파(守衍派, 1615~1688), 1620년대 응원파(應元派, 1615~1661)와 청헌파(淸憲派, 1626~1643), 법령파(法靈派), 1630년대 무염파(無染派, 1624~1656)[190] 등을 들 수 있다. 또한 17세기 후반에는 전라도 지역을 중심으로 활약한 색난파(色難派)를 들 수 있다.

조각승 현진(玄眞, 활동 시기, 1612~1636)

현진(玄眞)이 수조각승으로 처음 등장하는 것은 1612년 함양 상련대 관음보살상 조성에서부터이다. 이후 구례 천은사 관음·세지보살상(1614년), 서울 지장암 비로자나불상(1622년), 보은 법주사 대웅전 비로자나삼불상(1626년), 창녕 관룡사 대웅전 삼세불상(1629년), 부여 무량사 아미타삼존상(1633년), 청도 적천사 대웅전 삼세불상(1636년), 성주 명적암 아미타불상(1637년) 조성에 수조각승으로 참여한다. 대부분 화원(畵員) 현진

---

189 김용태, 앞 책, p.84.

190 문명대, 앞 논문(2006), 송은석, 「17세기 무염파(無染派)의 조상(造像) 활동」, 『역사학연구』 40(호남사학회, 2010).

 조선시대 불상의 복장기록 연구

(玄眞)으로 기록되지만 부여 무량사 아미타삼존상(1633년)에서는 대화사
(大畫士)로, 청도 적천사 대웅전 삼세불상(1636년)에서는 대화사(大畫師)
로 표기되고 있다. 조각승 현진은 수조각승 이외에는 다른 데서는 일체
그 이름을 찾아볼 수 없다.

선수(善修)는 함양 상련대 관음보살상(1612년) 조성 시에는 대공덕주
(大功德主)로, 구례 천은사 관음·대세지보살상(1614년) 조성에는 시주자
로 동참하고 있다. 각성(覺性)은 함양 상련대 관음보살상(1612년)과 구례
천은사 관음·대세지보살상 조성에 선수(善修)와 함께 공덕주(功德主) 또
는 시주자(施主者)로 동참하는데, 서울 지장암 장 비로자나불상(1622년)
에는 증명으로 참여하고 있다. 이러한 사실은 고승 각성(覺性)과 조각승
현진(玄眞)의 관계가 꽤 긴밀했던 것을 시사한다고 할 수 있다.

또한 조각승 현진과의 관계가 주목되는 승려는 의심(義(儀)心)이다.
그는 창녕 관룡사 삼세불상(1629년), 청도 적천사 삼세불상(1636년), 성주
명적암 아미타불상(1639년) 불상 조성에 증명(證明)으로 참여하고 있다.
조각승 현진의 전반기 작품에 각성(覺性)이 관계되어 있다면, 후반기에
는 의심(義(儀)心)과의 관계가 주목된다. 조각승 현진과 함께 불상을 조
성했던 그룹 인물들은 〈표 19〉와 같다.

조각승	불상명	연도	대공덕주	증명	동참 조각승
현진(玄眞)	함양 상련대 관음보살상	1612	선수(善修) 각성(覺性)	정욱(正旭)	현진(玄眞), 학문(學文), 명은(明隱), 의능(義能), 태훈(太訓)
	구례 천은사 관음 · 대세지보살상	1614	선수(善修) 옥정(玉井) 각성(覺性)	태영(太英) 설매(雪梅)	현진(玄眞), 명은(明隱), 언호(彦浩), 사인(思印)
	서울 지장암 비로자나불상	1622		희언(熙彦) 각성(覺性)	현진(玄眞), 응원(應元), 수연(守衍), 옥명(玉明), 법령(法玲), 명은(明崑), 청허(淸虛), 성인(性仁), 보희(普熙), 인균(印均), 경현(敬玄), 지수(志修), 태감(太鑑)
	법주사 비로자나삼불상	1626		감인 (甘印,鑑印)	현진(玄眞), 청헌(淸憲), 연묵(衍默), 회묵(懷默), 옥정(玉淨), 도경(道冏), 설매(雪梅), 성각(性覺), 설화(雪和), 혜명(惠明), 천호(天浩), 일영(日暎), 태선(太先), 영원(靈源), 성혜(性惠), 신윤(信允)
	창녕 관룡사 삼세불상	1629		의심(義心)	현진(玄眞), 승일(勝一), 천민(天敏), 수영(守英), 탄행(坦行), 철의(哲義)
	부여 무량사 아미타불상	1633		두인(斗仁)	현진(玄眞), 연묵(衍默), 회묵(懷默)
	부여 무량사 대세지보살상	1633		혜회(潓懷)	현진(玄眞), 연묵(衍默), 회묵(懷默), 도경(道冏), 태응(太應), 천민(天敏), 신운(信云), 천휘(天暉), 계진(戒眞), 인호(仁胡), 각혜(覺惠), 철행(哲行), 극린(克隣), 철의(哲義), 무흡(無洽), 쌍납(双納), 쌍언(双彦), 성해(性海), 성준(性俊), 순일(順日)
	청도 적천사 삼세불상	1636		의심(儀心)	현진(玄眞), 영찬(靈瓚), 희현(熙玄), 철행(哲行), 처영(處暎), 설웅(雪雄)
	성주 명적암 아미타불상	1637		의심(義心)	현진(玄眞), 승일(勝一), 영찬(靈瓚), 희현(熙玄), 처영(處英), 영식(靈是)

조각승 수연(守衍, 활동 시기, 1615~1688)

수연파는〈표 20〉17세기 전반에 수연과 영철(靈哲)을 중심으로 전라북도·충청남도·경기도의 서쪽 해안지역을 중심으로 활동했고, 17세기 후반에는 운혜(雲惠)와 경림(敬林)을 중심으로 전라남도 일대에서 활동했던 유파로 파악된다.

조각승 수연은 1615년 김제 금산사 칠성각 독성상 조성에 수조각승 태전(太顚)과 응원(應元) 다음에 3위로 등장한 이후, 1688년 조각승 승호(勝浩(胡))가 수조각승이 되어 제작한 군위 인각사 아미타삼존불 조성의 29명 가운데 10번째로 참여하고 있다. 그가 수조각승으로 참여한 작품은 서천 봉서사 아미타삼존상(1618년), 강화 전등사 대웅전 삼세불상(1623년), 나주 다보사 석가삼존상 및 16나한상(1625년), 익산 숭림사 영원전 지장보살삼존상과 명부 권속(1634년), 강화 전등사 지장보살삼존상과 명부 권속(1636년), 예산 수덕사 대웅전 삼세불상(1639년), 청송 대전사 불상(1685년) 등이다.

김제 금산사 칠성각 독성상(1615년)에서는 3위, 서울 지장암 비로자나불상(1622년)에는 수조각승 현진과 함께 3위, 창원 성주사 지장보살상(1681년) 조성에는 승호(勝浩)와 함께 12위, 군위 인각사 아미타삼존상(1688년)에도 승호와 함께 9위로 등장하고 있다. 이외에도 대구 소재사 삼세불상(1673년)은 조각승 경탄(敬坦)이 수조각승이 되어 조성하는데, 이때 사내중목(寺內衆目)에 등장하고 있다. 아마도 이때에는 소재사에 머물고 있던 것으로 여겨진다.

조각승 수연은 서천 봉서사 아미타삼존상(1618년)과 강화 전등사 제3송제대왕(1636년) 조성 때에는 증명(證明)을 겸하고 있다. 이러한 사실은 당시 조각승의 지위가 상당한 위치에 있었다는 것을 짐작할 수 있게 한다. 강화 전등사 삼세불상(1623년)과 지장보살상 및 명부 권속(1636년)을 조성할 때의 증명은 탄오(坦悟)인데, 조각승 수연과 탄오와의 관계가 긴밀했던 것을 알 수 있다. 수연은 대부분의 불상 조성기에 화원(畵員)으로 기록되어 있지만 예산 수덕사 대웅전 약사불상에서는 장사(匠師)로 표현되어 있다. 조각승 수연이 참여한 불상의 목록은 〈표 20〉과 같다.

표 20. 조각승 수연파의 계보

조각승	불상명	연도	증명	동참 조각승
수연 (守衍)	김제 금산사 칠성각 독성상	1615		태전(太顚), 응원(應元), 수연(守衍), 법령(法令), 인균(印均)
	서천 봉서사 아미타삼존상	1618	수연(守衍)	수연(守衍), 성옥(性玉), 영철(靈哲), 응인(應仁), 보희(寶熙)
	서울 지장암 비로자나불상	1622	희언(熙彦) 각성(覺性)	현진(玄眞), 응원(應元), 수연(守衍), 옥명(玉明), 법령(法玲), 명은(明誾), 청허(淸虛), 성인(性仁), 보희(普熙), 인균(印均), 경현(敬玄), 지수(志修), 태감(太鑑)
	강화 전등사 삼세불상	1623	탄오(坦悟)	수연(守衍), 성옥(性玉), 영철(靈哲), 찰영(察英), 법림(法林), 혜총(惠摠)
	나주 다보사 석가삼존상과 16나한상	1625	영혜(靈慧)	수연(守衍), 성옥(性玉), 계화(戒和), 천기(天琦), 의엄(儀嚴), 응인(應仁), 법림(法林), 설주(雪珠)
	익산 숭림사 지장보살삼존상과 명부 권속	1634	태수(泰守)	수연(守衍), 쌍휘(双輝), 영철(靈哲), 성림(性林), 대웅(大雄), 의철(儀哲), 성민(省敏)
	강화 전등사 지장보살삼존상과 명부 권속	1636	탄오(坦悟)	수연(守衍), 영철(靈哲), 밀환(密喚), 의엄(義叩), 정원(淨元), 성민(省 敏), 현란(玄蘭), 사신(思信), 선행(善行), 신관(信觀), 신수(信修), 충신(沖信)
	예산 수덕사 삼세불상 (석가불상 · 약사불상)	1639	쌍인(雙印)	수연(守衍), 영철(靈澈), 성민(省敏), 사인(思忍), 신관(信寬), 명혜(明惠), 인종(印宗)

조각승	불상명	연도	증명	동참 조각승
수연 (守衍)	창원 성주사 지장보살삼존상과 명부 권속	1681		승호(勝湖), 상륜(尙倫), 학정(學淨), 탁문(卓文), 천택(天澤), 보장(寶藏), 여잠(呂岑), 축령(竺令), 선준(禪俊), 법안(法眼), 처흘(處屹), 수연(守衍), 처행(處行), 의정(儀淨), 법종(法宗), 민속(敏俗), 천룡(天龍), 해발(海發)
	청송 대전사 불상	1685		수연(守衍), 숭식(崇湜), 효현(孝玄), 지웅(智雄)
	군위 인각사 아미타삼존불상	1688		승호(勝胡), 상륜(尙倫), 여잠(呂岑), 선인(善仁), 탁문(卓文), 옥정(玉淨), 천□(天□), 법종(法宗), 수연(守衍), 처흘(處屹), 의영(儀英), 보장(寶藏), 축령(竺令), 수종(秀宗), 취□(就□), 취욱(就旭), 탄민(坦敏), 치행(致行), 석천(釋天), □심(□心), 능묵(能黙), □□(□□), 유철(有哲), 일순(日淳), 쌍운(双運), 수탄(秀坦), 계각(戒覺), 광제(廣濟)

조각승 인균(印昀, 활동 시기, 1615~1662)

조각승 인균은 1615년 김제 금산사 칠성각 독성상 조성에 태전(太顚) 아래 5위로, 서울 지장암 비로자나불상(1622년) 조성에 현진(玄眞) 아래 10위로, 순천 송광사 광원암 아미타불상(1624년) 조성에 응원(應元) 아래 4위로, 순천 송광사 사천왕상(1628년) 조성에 응원 아래 16위로, 구례 화엄사 대웅전 삼신불상 조성에 청헌(淸憲) 아래 3위로 참여했다.

그가 수조각승으로 본격적인 활동을 시작한 것은 1633년 처명(處明)이 증명을 맡은 김제 귀신사 비로자나삼불상 조성에서부터이다. 이후 1643년 광양 백운사 아미타불상, 1648년 여수 흥국사 지장보살삼존상과 명부 권속, 1655년 여수 흥국사 응진당 나한상, 1662년 전주 학소암 약사불상 조성에 수조각승으로 활약하고 있다. 조각승 응원이 참여한 불상의 목록은 〈표 21〉과 같다.

표 21. 조각승 인균파 조각승

조각승	불상명	연도	증명	동참 조각승
인균 (印均)	김제 금산사 칠성각 독성상	1615		태전(太顚), 응원(應元), 수연(守衍), 법령(法令), 인균(印均)
	서울 지장암 비로자나불상	1622	희언(熙彦) 각성(覺性)	현진(玄眞), 응원(應元), 수연(守衍), 옥명(玉明), 법령(法玲), 명은(明訔), 청허(淸虛), 성인(性仁), 보희(普熙), 인균(印均), 경현(敬玄), 지수(志修), 태감(太鑑)
	순천 송광사 광원암 아미타불상	1624		응원(應元), 고한(高閑), 사순(思舜), 인균(印均), 석삼(釋參), 종해(宗海), 성종(性宗), 천효(天曉), 봉익(鳳翼)
	순천 송광사 사천왕상	1628		응원(應圓), 고한(高閑), 석호(釋湖), 법해(法海), 계웅(戒雄), 석삼(釋森), 회간(懷澗), 천익(天翼), 이환(離幻), 천연(天然), 성열(性悅), 삼인(三忍), 신회(信懷), 법단(法端)
	김제 귀신사 비로자나삼불상	1633	처명(處明)	인균(印均), 대오(大悟), 신계(信戒), 관해(寬海), 회감(懷鑑), 천고(天沽), 처심(處心), 영관(靈寬), 영인(靈印), 고경(沽敬), 상의(尙儀), 학고(學沽)
	구례 화엄사 대웅전 삼신불상	1636		청헌(淸憲), 영색(英賾), 인균(印均), 응원(應元)
	광양 백운사 아미타불상	1643	태능(太能)	인균(印均), 상의(尙儀), 자경(慈敬), 선하(善河), 명담(明湛), 추생(秋生)
	여수 흥국사 지장보살삼존상과 명부 권속	1648		인균(印均), 상의(尙仅), 자경(慈敬), 영간(靈侃), 지현(智玄), 선하(善河), 순옥(淳玉), 순일(淳一), 청학(淸學), 덕헌(德軒), 명담(明淡), 정봉(頂峰)
	여수 흥국사 응진당 나한상	1655		인균(印均), 삼인(三忍), 자경(慈敬), 해익(海翼), 청민(淸敏), 사순(思舜), 계종(戒宗), 의탄(儀坦), 천신(天信), 약육(若育), 편후(鞭後)
	전주 학소암 약사불상	1662		인균(印均), 천신(天信), 하득(河得), 색난(色難)

응원파는 응원(應元)과 인균(印均)을 중심으로 한 조각승 집단으로,[191] 이들이 조성한 불상은 주로 순천·여수·광양 등 전라남도의 동부

---

191 송은석, 「조선 후기 應元·印均派의 활동: 應元, 印均, 三忍」, 『한국문화』 52(서울대 규장각
　　한국학연구원, 2010), pp.219~249.

　　　　　　　　　　　　　　조선시대 불상의 복장기록 연구

지역과 김제·익산 등 전라북도 일부 지역에 봉안되어 있다.

조각승 청헌(淸憲, 활동 시기, 1626~1643)

조각승 청헌(淸憲)은 1626년 법주사 삼신불상 조성에 조각승 현진과 함께 2위로 참여한 이후, 1636년 구례 화엄사 대웅전 삼신불상을 비롯해 1639년 하동 쌍계사 삼세불상, 1639년 고흥 능가사 삼세불상, 1641년 완주 송광사 삼세불상, 1643년 진주 응석사 삼세불상 조성에 수조각승으로 참여했다. 그는 승일 및 법령과 함께 일군의 조각승을 이끌고 있었는데, 17세기 대형의 소조불상 조성에 참여한 조각승으로 주목된다.

청헌파는 17세기 전반에 청헌을 중심으로 법현(法玄)·영신(英頤)·현윤(賢允)·나흠(懶欽) 등이 함께 활동했고, 17세기 후반에는 승일(勝一)과 [192] 응혜(應惠)·희장(熙藏)을 중심으로 수많은 조각승들이 활동한 유파이다. 청헌이 조성한 불상의 목록은 〈표 22〉와 같다.

---

[192] 이분희, 「조각승 승일파 불상조각의 연구」, 『강좌미술사』 26-1(한국불교미술사학회, 2006), pp.83~112; 송은석, 「조각승 승일(勝日)과 승일파(勝日派)의 조상(造像) 활동」, 『한국선학』 26(한국선학회, 2010), pp.411~449.

표 22. 조각승 청헌파 계보

조각승	불상명	연도	증명	조각승
청헌 (淸憲)	보은 법주사 비로자나삼불상	1626		현진(玄眞), 청헌(淸憲), 연묵(衍默), 회묵(懷默), 옥정(玉淨), 도경(道冏), 설매(雪梅), 성각(性覺), 설화(雪和), 혜명(惠明), 천호(天浩), 일영(日暎), 태선(太先), 영원(靈源), 성혜(性惠), 신윤(信允)
	구례 화엄사 비로자나삼신불상	1636		청헌(淸憲), 영색(英賾), 인균(印均), 응원(應元)
	하동 쌍계사 불상	1639		청헌(淸憲), 승일(勝日), 법현(法玄), 영색(英賾), 현윤(賢徹), 응혜(應惠), 희장(熙藏), 상안(尙安), 학해(學海), 나흠(懶欽), 영식(靈湜)
	고흥 능가사 삼세불상	1639		청헌(淸憲), 승일(勝一), 법현(法玄), 영색(英賾), 현윤(賢徹), 응혜(應惠), 희장(熙藏), 상안(尙安), 학해(學海), 나흠(懶欽), 영식(靈湜)
	완주 송광사 삼세불상	1641		청헌(淸憲), 법령(法令), 혜징(惠澄), 회해(會海), 법현(法玄), 운색(雲賾), 원택(元澤), 천원(天元), 영축(靈竺), 현윤(賢允), 찬일(贊日), 법밀(法密), 혜희(惠熙), 신웅(信雄), 견우(見牛), 영은(靈憑), 혜원(惠遠)
	진주 응석사 삼세불상	1643		청헌(淸憲), 법현(法玄), 원택(元澤), 현윤(賢允), 정혜(芝惠), 나흠(懶欽)

조각승 무염(無染, 활동 시기, 1624~1656)

조각승 무염은 승일 및 도우와 함께 조각승의 그룹을 이끌었던 인물로
생각된다. 그는 응원이 수조각승이 되어 조성한 1624년 순천 송광사 광
원암 아미타불상 조성에 법흠(法欽)과 함께 화주(化主)로 동참하고 있다.
그가 본격적인 수조각승으로 등장하는 것은 1933년 고창 선운사 비로
자나삼불상 조성에서부터이다. 그는 여기에서 화원질(畵員秩) 안에 수원
화원(首元畵員) 또는 집원화원(執元畵員)으로 표기되고 있다. 1635년 영
광 불갑사 삼세불상에서도 '수화(首畵) 무염비구(無染比丘), 차화(次畵) 승
일비구(勝日比丘)' 등으로 표현되는 것을 알 수 있다. 1648년 해남 도장사
석가삼존상에서는 '화원질(畵員秩) 사옹(師翁) 행사비구(幸思比丘), 양사(養

　　　　　　　　　　　　조선시대 불상의 복장기록 연구

師) 무염비구(無染比丘), 수화원(首畫員) 해심비구(海心比丘)' 등에서 알 수
있듯이 행사와 함께 양사로 기록되고 있다. 1650년 무주 관음사 관음보
살상 조성에는 성수(性修) 등과 함께 수조각승으로 참여하고 있다.

금강산 법조(金剛山 法祖)가 증명으로 참여한 1651년의 속초 신흥사
아미타불상과 지장보살상 조성에는 도우(道祐)와 함께 '조성화원질(造成畫
員秩)'에 이름을 올리고 있다. 희일(熙一)이 증명으로 참여한 1652년의 완
주 정수사 아미타삼존상에서는 '신경(信冏), 심인(心印), 혜단(惠端), 경성
(敬性), 영택(靈擇), 학매(學梅)' 등과 조상 작업을 하고 있음을 알 수 있다.

무염파는〈표 23〉 1633년 고창 선운사에서 처음으로 불상을 조성하
는 데 참여했지만 늦어도 1620년대 말에는 독자적인 조각승 유파를 형
성한 것으로 추정된다. 무염파의 활동 영역은 주로 전라북도를 근거로
해 전라도 일대에서 활동했던 것으로 보이지만, 멀리 강원도의 불사에
도 참여하기도 했다.[193]

표 23. 조각승 무염파 계보

조각승	불상명	연도	증명	동참 조각승
무염 (無染)	순천 송광사 광원암 아미타불상	1624		화주(化主)로 법흠(法欽)과 함께 참여함
	고창 선운사 비로자나삼불상	1633	처명(處明)	법해(法海), 무염(無染), 도우(道祐), 성수(性修), 신회(信懷), 해심(海心), 운일(雲日), 성관(性寬), 운의(雲議), 신견(信堅), 옥행(玉行), 쌍룡(双隆)
				무염(無染), 천언(天彦), 도우(道祐), 성수(性修), 성률(性律), 쌍조(双照), 해심(海心), 성관(性寬), 대우(大祐), 신견(信堅), 애생(愛生), 순일(淳日)

---

193 송은석,「17세기 朝鮮王朝의 彫刻僧과 佛像」, 서울대 박사학위논문, 2007, pp.34~65: 문
　　명대,「무염파(無染派) 목불상의 조성과 설악산 신흥사 목아미타 삼존불상의 연구」,「강좌
　　미술사」20(한국불교미술사학회, 2003).

조각승	불상명	연도	증명	동참 조각승
무염 (無染)	영광 불갑사 삼세불상	1635	영정(靈淨)	무염(無染), 승일(勝一), 도우(道祐), 성수(性修), 쌍조(双照), 신회(信會), 운일(云一), 신견(信見), 상안(尙安), 유성(有性)
	해남 도장사 석가삼존상	1648	엄택(嚴澤)	행사(幸思), 무염(無染), 해심(海心), 성관(性寬), 승추(勝秋), 종임(宗稔), 지준(智准), 민기(敏機), 삼간(三侃), 도균(道均), 명조(明照), 경성(敬聖)
	완주 묘련암 관음보살상	1649		무염(無染), 성수(性修), 심인(心印), 상림(尙林), 경성(敬性)
	무주 관음사 관음보살상	1650	지근(志勤) 해선(海善)	무염(無染), 성수(性修), 경성(敬性), 덕명(德明), 천유(天游), 설엄(雪嚴)
	속초 신흥사 아미타불상과 지장보살상	1651	법조(法祖)	무염(無染), 도우(道祐), 해심(海心), 덕명(德明), 처상(處常), 성잠(性岑), 일상(日祥), 원철(元哲), 도규(道珪), 민기(敏奇), 의신(義信), 영석(靈釋), 처인(處仁), 성륜(性倫), 봉휘(峰徽), 신욱(信旭), 현담(玄淡), 득천(得天)
	완주 정수사 아미타삼존상	1652	희일(熙一)	무염(無染), 신경(信冏), 심인(心印), 혜단(惠端), 경성(敬性), 영택(靈擇), 학매(學梅)
	영광 불갑사 지장보살삼존상과 명부 권속	1654		무염(無染), 정현(正玄), 해심(海心), 지견(智堅), 삼우(三愚), 민기(敏奇), 도규(道圭), 묘관(妙寬), 신일(信一), 승조(勝照), 지문(智文), 명조(明照), 일안(一安), 학매(學梅), 처인(處印), 영발(英發), 수천(壽天)
	완주 송광사 석가삼존상과 16·500나한상	1656	삼일(三一)	무염(無染), 현준(玄准), 계훈(戒訓), 사인(思印), 성순(性淳), 태신(太信), 법기(法器), 희순(熙淳), 각선(覺善), 경희(敬熙), 단응(丹應), 천신(天信), 도균(道均), 해정(海淨), 삼응(三應), 도심(道心), 행민(行敏), 인경(印冏), 법행(法行), 선문(善文), 충학(冲學), 의종(議宗), 심민(心敏), 성환(性還), 사인(思忍), 지수(智修), 각림(覺林), 충연(冲衍), 옥현(玉玄), 행주(行珠)

법령파는 법령을 주장으로 각현(覺玄)·혜희(惠熙)·혜원(惠遠)·천윤(天允) 등이 주축이 되어, 17세기 초반 성립한 조각승 유파로, 전라북도 지역을 중심으로 활동한 것으로 보인다.

　　　　　　　　　　　　　　　　조선시대 불상의 복장기록 연구

3

조선 후반기 제2·3기 조각승의
명칭(名稱)과 직임(職任)

1) 조각승의 명칭과 역할

조선 후반기 제2·3기의 불상 조성기에 나타난 조각승을 지칭하는 용어로는 화원(畵員)·양공(良工)이 가장 일반적으로 사용되고 있다. 이외에도 양장(良匠), 재장(梓匠), 화사(畵師), 도화사(都畵士), 화공인(畵功人), 금어(金魚), **그림 52** 금어편수(金魚片手), 편수(片手), 어안(魚眼) 등으로 명명되고 있다. 또한 제천 신륵사 아미타삼존상(1730년) 불상 조성기에는 '좌편수(左片首), 수편장(首片將), 우편장(右片將)'이라는 새로운 명칭이 등장하고 있어 주목된다. 또한 영천 묘각사 석조아미타불상 중수기(1775년)에는 '승가리양공(僧伽梨良工)'과 '화성양공(畵成良工)'이라는 표현이 보인다. 조선 후반기 제2·3기 불상 조성기에 나타난 조각승의 명칭은 〈표 23〉과 같다.

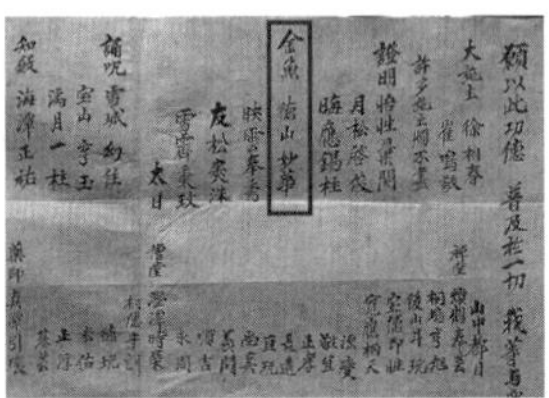

그림 52. 동화사 삼세불상(1725년)과 개금 중수기(1896년)

표 23. 조선 후반기 제2·3기 조각승의 명칭

불상명	연도	명칭	역할 및 지위	조각승
예산 보덕사 아미타불상	1726	화원(畵員)		도진(道眞), 선휘(禪輝), 의제(仅齊)
예산 수덕사 삼길암 관음보살상	1726	화원(畵員)	통정(通政)	최흡(最洽)
	1726	화원(畵員)		해숙(海淑), 덕삼(德森)
서울 사자암 아미타불상	1726 개금	양공(良工)		태능(泰能), 이철(怡哲)
고흥 송광암 관음보살상	1726	양장(良匠)		하천(夏天), 치준(致俊), 종혜(宗惠)
대구 동화사 삼세불상	석가불상(1726)	재장(榟匠)		하천(夏天), 석준(碩俊), 득찰(得察), 윤청(允淸), 진화(眞華), 성찬(成粲), 추정(秋淨), 완척(完陟)
	석가(1896) 개금	금어(金魚)		덕산묘화(德山妙華), 영운봉수(映雲奉秀), 우송상수(友松爽洙), 설제병민(雪霽秉玟), 태일(太日)
영천 은해사 아미타불상	1729 중수	화원(畵員)		관오(寬悟), 관영(寬英), 서징(恕澄), 수탄(守坦)
부산 내원정사 관음보살상	1730	금어(金魚)		의겸(義謙), 신종(辛宗), 채인(採仁)
제천 신륵사 아미타삼존불상	1730	편수(片首) 편장(片將)	좌편수 (左片首)	혜주(惠珠) 右片將 善圓, 三海, 玉悅, 天印, 海均, 洞演(衍)
			수편장 (首片將)幸	정행(正幸)
			우편장 (右片將)	선원(善圓)
				삼해(三海), 옥열(玉悅), 천인(天印), 해균(海均), 통연(洞演(衍))
서울 지장암 관음보살상	1733	양공(良工)		체붕(体鵬), 찬인(贊仁)
순천 선암사 비로자나불상	1735	양공(良工)		순민(順敏), 서준(瑞俊), 지명(智溟), 의활(意豁), 공급(供及), 축헌(竺軒), 청념(淸念)
제천 백련사 아미타불상과 강천사 관음보살상	1736	화원(畵員)		정행(正幸), 도관(道寬), 최건(最建), 해섭(海涉)
포항 대성사 관음보살상	1736 중수	화원(畵員)		관오(貫悟), 여해(呂海)
무주 북고사 아미타불상	1736 개금중수	화원(畵員)		서기(瑞氣), 상희(尙熙), 정환(淨還)

조선시대 불상의 복장기록 연구

불상명	연도	명칭	역할 및 지위	조각승
보은 법주사 복천암 아미타삼존상	1737	양공(良工)		명기(溟機)
			수양공(首良工)	두책(斗策)
				수성(守性), 초붕(超鵬), 수견(守堅), 광붕(廣鵬)
서울 도선사 아미타불상·대세지보살상	1740	양공(良工)		인성(印性), 치준(緇俊), 지한(智閑), 삼안(三眼), 충신(忠信)
	1856 개금 중수	금어(金魚)		인원당 체정(仁原堂體定), 송암당 대원(松巖堂大遠), 월하당 세원(月霞堂世元), 선율(善律), 법인(法仁), 유섬(有暹), 진우(進祐)
대구 파계사 관음보살상	1740 중수	양공(良工)		혜식(慧湜), 밀기(密淯), 명준(明俊), 위순(偉順), 성청(性淸), 천진(天眞), 증계(證戒), 옥련(玉蓮), 선해(善海), 후심(厚心), 의잠(義謙), 진찬(震贊), 자환(自還)
여수 흥국사 팔상전 석가불상	1741	양공(良工)		순민(舜旻), 서준(瑞俊), 지연(智演), 환의(歡仅), 신태(伸泰)
	1741	헌금양공(獻金良工)		순민(舜旻), 서준(瑞俊), 지연(智演), 환의(歡仅), 회심(會心), 석난(釋難), 청념(淸念), 경감(敬鑑), 신태(神太)
	1741	양공(良工)		순민(舜旻), 서준(瑞俊), 지연(智演), 환의(歡仅), 회심(會心), 석난(釋難), 청념(淸念), 경감(敬甘), 신태(伸泰)
의성 대곡사 불상	1743 개금	양공(良工)		세관(世冠), 신각(神覺), 월윤(月允), 존혜(尊惠), 우평(宇平), 마연(摩演)
서울 봉은사 영산전 석가삼존상과 16나한상	1745	화원(畵員)		태원(泰元), 세준(世峻), 상정(尙淨), 각심(覺心), 묘징(妙澄), 재정(在淨), 경학(敬學), 설연(雪衍), 적숙(積叔), 계초(戒初), 우윤(宇允), 우학(宇學)
서울 봉은사 사천왕상	1746	화사(畵師)	가선(嘉善)	여찬(呂燦)
			통정(通政)	신찰(愼察)
			가선(嘉善)	성현(性賢)
				계학(戒學), 정일(淨日), 해운(海雲), 민휘(敏輝), 지은(智訔)
인제 백담사 아미타불상	1748	양공(良工)		인성(印性), 치준(緇俊), 긍유(肯柔), 재징(再懲), 영원(靈源), 취작(聚鵲), 민오(敏悟), 의상(義尙), 홍신(弘信), 최숙(最淑), 최백(最白), 탈영(脫穎), 신현(信玄), 사옥(思玉), 개혜(開慧)
양산 천태사 아미타불상	1754	화원(畵員)		묘징(妙澄), 관일(貫日)
부천 석왕사 관음보살상	1755	금어(金魚)		상정(尙淨), 칭숙(稱淑)
		화사(畵師)		색민(色敏)
				정인(定印), 보심(普心)
	중수 개금	금어(金魚)		묘영(妙英), 성일(性一)

불상명	연도	명칭	역할 및 지위	조각승
양주 회암사 아미타불상	1755	재장(梓匠)		상정(尚淨), 유순(有淳), 우학(宇學), 칭숙(稱淑)
홍천 수타사 관음보살상	1758	양공(良工)		순경(順瓊), 덕순(德淳)
거창 고견사 불상	1761	양공(良工)		상정(尚淨), 칭숙(稱淑), 우윤(宇允), 태영(泰英), 최신(最信), 행안(倖安), 선찬(禪贊)
합천 해인사 백련암 불상	1761	양공(良工)		상정(尚淨), 칭숙(稱淑), 우윤(宇允), 태영(泰栄), 최신(最信), 행안(倖安)
의성 대곡사 적조암 불상	1761 개금 중수	편장(片長)		공성(空性), 국협(菊洽)
문경 김룡사 대웅전 불상	1761 개금	화원(畫員)	가선(嘉善)	진□(震□)
			통정(通政)	치상(稚翔)
				쾌인(快仁), 도균(道均), 수오(守悟), 담혜(淡惠), 쾌일(快日), 홍안(洪安), 월상(月尚), 호금(昊今), □천(□天), 선익(善益), 성일(性一), 근열(謹悅), 창운(昌云)
포항 오어사 삼세불상	1765	금어(金魚)		상정(尚淨), 이연(理演), 행안(幸安), 유행(有幸), 직혜(直慧), 궤함(軌凾)
경주 분황사 약사불상	1775 개금	화원(畫圓)		육행(六行), 서홍(瑞弘)
영천 묘각사 아미타불상	1775 중수	화성양공(畫成良工)		포관(抱冠), 성총(性聰), 우붕(宇朋), 취징(就澄), 육수(六殊), 학연(學演), 유성(有誠)
서울 봉은사 석가불상	1775 개금 중수	양공(良工)		긍유(肯柔), 진빈(震頻), 설훈(雪訓), 청숙(淸淑), 국선(國善), 연상(演尚), 수밀(守謐), 최민(最敏), 재총(再摠), 정념(淨念), 상훈(尚訓), 유책(惟策)
강진 정수사 삼세불상	1779 중수	화원(畫員)		계심(戒心), 우윤(宇允), 행안(幸安), 선원(善圓), 영일(永日), 천정(天定), 천민(天民), 경찬(洞贊), 태윤(太潤), 기선(獐先), 유성(有性), 의정(義政), 세관(世瓘), 융감(螘鑑)
남원 실상사 약수암 목각탱	1782	화원(畫員)		봉현(封玄), 의홍(儀弘), 광해(廣海), 성□(性□), 계영(桂永), 한□(漢□)
서울 지장암 천불상	1784	양공(良工)		유성(有誠), 설훈(雪訓), 지언(志言), 봉현(封玄), 혜홍(惠弘), 성윤(成潤), 진선(進宣), 의홍(義弘), 광해(廣海), 내흔(來欣), 환오(幻悟), 영인(靈印), 승인(勝印), 영한(永閑), 성오(性旿), 혜우(惠雨), 우영(宇暎), 서홍(瑞弘), 성윤(性允), 색윤(色潤), 보인(普仁), 낙인(樂仁), 승화(勝和), 성붕(性鵬), 계잠(戒岑), 쾌윤(快允), 욱혜(郁惠), 경우(景祐), 계인(戒印), 정행(精倖), 돈명(頓明), 쾌신(快信), 영수(影修), 광희(廣禧), 여진(如眞), 의윤(義允), 정훈(正訓), 성일(性日), 의전(義全)

불상명	연도	명칭	역할 및 지위	조각승
김천 직지사 천불상	1784	양공(良工)		유성(有誠), 설훈(雪訓), 지언(志言), 봉현(封玹), 혜홍(惠洪), 성윤(成潤), 진선(進宣), 의홍(義弘), 광해(廣海), 내흔(來欣), 환오(幻悟), 승인(勝印), 혜우(惠雨), 서홍(瑞弘), 성윤(性允), 색윤(色潤), 보인(普仁), 낙인(樂仁), 승화(勝花), 성붕(性鵬), 계잠(戒岑), 쾌윤(快允), 욱혜(旭惠), 경우(景祐), 계인(戒印), 기행(獜倖), 반명(頹明), 쾌신(快信), 영수(影修), 영인(永印), 영한(永閑), 성오(性旿), 우영(宇暎)
의령 수도사 아미타삼존불상	1786 중수	화원(畫員)		평삼(評三), 유성(唯性), 성윤(性允), 극찬(極賛), 찰민(察敏), 영종(永宗), 쾌성(快性), 우심(宇心), 영휘(永輝), 환영(幻永)
영천 백흥암 영산전 석가삼존불상과 16나한상	1786	화사(畫師)		지연(指演), 태홍(泰洪), 덕수(德修), 직천(直天)
울주 문수사 아미타불상	1787	금어(金魚) 편수(片手)	금어(金魚)	송암대원(松巖大圓)
			편수(片手)	석암승운(石庵勝云), 문성(文星)
화성 용주사 삼세불상	1790			상계(尙戒), 설훈(雪訓), 계초(戒初), 봉현(奉玹)
가평 현등사 지장보살상	1790	소상(塑像)		관허설훈(寬虛雪訓), 용봉경환(龍峰敬還), 혜청(慧淸), 성일(性一), 성윤(性允), 쾌신(快信)
		주상(鑄相)		전인강(全仁江)
평창 운흥사 아미타불상	1791 개금	양공(良工)		성암당 홍안(聖巖堂 弘眼), 한영(漢英), 광순(廣淳), 팔정(八定), 신겸(信謙), 거영(巨英)
남양주 흥국사 지장보살삼존상과 명부 권속	1792	금어(金魚)		진□(震□) 등 42명, 도색(圖色) 경손(景孫) 등 3명
의성 지장사 상적암 불상	1803 개금	양공(良工)		수연(守衍), 척화(陟花), 찬화(贊花), 성수(性守), 여훈(如訓), 달인(達仁), 체원(体元)
해남 서동사 삼세불상	1804 개금	금어편수 (金魚片手)		풍계순정(楓溪舜靜), 환봉경민(煥峰景旻), 붕찰(朋察), 지성(支性), 옥현(玉玹), 성은(性隱), 행원(幸元), 성훈(性熏), 준일(俊一), 취활(就活), 처명(處明), 묘홍(妙洪), 최한(最閒), 승일(勝一), 각현(覺玄), 근헌(謹軒), 희화(曦和), 승윤(勝允), 찬민(贊旻)
예천 보문사 아미타삼존상	1811 개금	어안(魚眼)		퇴운당 신겸(退雲堂愼謙), 정허당광일(淨虛堂光逸), 지민(智敏), 문익(文益), 환규(煥奎), 신명(信明), 정린(正麟), 창우(彰宇), 쟁린(玎璘)

불상명	연도	명칭	역할 및 지위	조각승
순창 일광사 관음보살상	1854 개금	금어(金魚)		하은응상(霞隱應相), 덕유(德裕), 포일(抱一)
의성 고운사 석가불상	1858 개금	금어(金魚)		의운당자우(意雲堂慈雨), 목암당치성(牧庵堂致誠), 응석(應碩)
대전 비래사 비로자나불상	1861 개금	화사(畫師)		월하당 세원(月下堂世元), 선율(善律), 법인(法仁), 유□(有□), 진호(眞昊), 돈석(頓碩), 법신(法信), 응심(應心)
청도 운문사 나한상	1871 중수	화사(畵士)	도화사 (都畵士)	덕운당영운(德雲堂永芸),
			차(次)	관허당의관(寬虛堂宜官)
				찬성(燦性), 장협(壯洽), 봉전(奉典), 행전(幸佺), 민관(敏瓘), 선우(善雨), 사성(士星), 상봉(祥鳳)
서울 흥천사 지장보살삼존상과 명부 권속	1873 개채	금어(金魚) 편수(片手)		재겸(在謙), 두전(杜典), 봉형(奉炯), 석운(釋云), 선익(善益)
			개채편수 (改彩片手)	재근(在根), 석조(釋祚)
평창 상원사 석가삼존상과 16나한상	1886	화사(畫師)		혜산축연(蕙山竺衍)
양구 심곡사 무량수불	1887	화공인 (畵功人)		최흔(最欣)
평창 상원사 중대암 비로자나불상	1895 중수	금어(金魚)		보암긍법(普庵肯法), 혜산축연(蕙山竺衍), 범화윤익(梵化潤益), 창조(昌照), 사미성민(沙彌性敏), 운조(雲照)
	1908 개금	금어편수 (金魚片手)		호봉성욱(虎峰性煜), 풍곡의법(豊谷義法), 운담의하(雲潭宜荷), 영은법안(寧隱法眼), 도엽(道燁), 혜산(蕙山)
서울 청룡사 삼세불상	1902	금어(金魚)		한봉창엽(漢峰倉曄)
울진 불영사 관음보살상	1906 개금	금어(金魚)		경연(敬演), 봉린(鳳麟), 명조(明照), 덕현(德玄)
서울 안양암 관음보살상	1909	금어(金魚)		금호약효(錦浩若効), 몽화(夢華)

창녕 포교원 석가불상(1730년) 조성기에는 조각승들을 '수화사(首畵士) 하천(夏天), 부화사(副畵士) 득찰(得察), 성찬(成粲), 종혜(宗慧)'로 표기해 조각승의 지위를 수화사와 부화사 그리고 일반으로 구분하고 있

다. 보은 법주사 복천암 아미타삼존상(1737년)의 불상 조성기에서는 '양
공(良工)'과 수양공(首良工)'을 구분하고 있다. 부천 석왕사 관음보살상
(1755년)에서는 '금어(金魚)'와 '화사(畫師)'를 구분하고 있는데, 상정(尙淨)
은 금어(金魚)이고, 색민(色敏)은 화사(畫師)로 기록하고 있다. 금어는 조
각가이고 화사는 얼굴의 이목구비를 그리거나 도금(鍍金) 후의 마무리
작업을 담당한 것으로 여겨진다. 상정은 불화의 표장에도 관여하고 있
어 조각가와 화사는 서로 합동으로 불사에 참여했던 것으로 보인다. 따
라서 이 관음상은 당대 최고의 명장인 조각가 상정과 화사 색민(色敏)이
합동으로 조성한 작품이어서 당대 대표적 명작이라고 할 수 있다.[194]

1755년 부천 석왕사 관음보살상에서 나타나기 시작한 금어(金魚)는
1800년대가 되면 대부분 금어(金魚) 또는 금어편수(金魚片手)를 주로 사
용하게 된다. 그 이유는 18세기 후반부터 19세기에 걸쳐 불상 중수와
개금불사는 대부분 불화승(佛畫僧)이 주도했기 때문일 것이다.

조선 후반기 제2기에 활약한 수조각승들은 제1기 조각승들이 대선
사·선사 등의 직위를 갖고 있었던 것과[195] 달리, 직위(職位)를 생략하고
있다. 단지 1791년에 개금된 평창 운흥사 아미타불상에서처럼 당호(堂
號)가 등장하고 있고, 1800년대에 들어서서는 대부분 당호를 사용하고
있다. 1726년에 조성된 예산 수덕사 삼길암 관음보살상의 수조각승은
최흡(最洽)인데 통정(通政)이며, 경상도 상주에 거주하고 있다. 1746년
서울 봉은사 사천왕상의 수조각승은 여찬(呂燦)인데 종2품의 하계(下階)

---

194 문명대, 「尙淨系 木 佛像彫刻의 硏究」, 「강좌미술사」 29 (한국불교미술사학회, 2007), p.98.

195 유근자, 「조선 후반기 불상 조성기를 통한 불상의 조성 배경 연구」, 『강좌미술사』 38 (한국
　　불교미술사학회, 2012), pp.77~79.

문관의 품계인 가선(嘉善)을 사용하고 있다. 제2위 통정(通政) 신찰(愼察), 제3위 가선(嘉善) 성현(性賢) 등이 통정(通政)과 가선(嘉善)의 품계를 사용하고 있다. 조각승들이 통정대부(通政大夫) 또는 통정이라는 문관의 정3품 당상관의 품계를 사용하기 시작한 것은 1676년 김제 금산사 대장전 불상에서부터이다. 조선 후반기 제1기의 조각승인 혜희(惠熙)를 비롯해 색난(色難)이 주로 사용하고 있다.[196]

2) 조선 후반기 제2·3기 불상 조성에 참여한 화승(畵僧)

조선 후반기 제2·3기에 활약한 조각승 가운데는 불화승(佛畵僧)도 있다. 의겸을 비롯해 색민(色敏), 포관(抱冠),[197] 신겸(信謙·愼謙), 설훈(雪訓·設訓),[198] 평삼(評三),[199] 세원(世元)[200] 등이 대표적이다. 화승 의겸과 색민

---

196 유근자, 앞 논문(2012), pp.77~78.

197 18세기 중반에 활동한 불화승으로 1769년 수화승 장정과 경북 경주 불국사 불사에 참여하고, 경북 영천 묘각사 석조 아미타불상을 개금할 때 화성양공(畵成良工)으로 언급되어 있다.(안귀숙·최선일,『朝鮮後期僧匠 人名辭典-佛教繪畫-』, 양사재, 2008, p.595)

198 설훈의 당호는 관허당(觀虛堂, 寬虛堂)으로 18세기 중·후반에 경기와 충청을 중심으로 활동한 불화승이다. 1765년 수화승 긍유(肯柔)와 함께 서울 봉은사 대웅전 석가불상과 1773년에 수화승으로 경남 합천 해인사 법보전 본존불을 개금하였다. 1780년에 수화승으로 경기 남양주 봉선사 대웅전 불상을 개금하였고, 1784년에 수조각승 유성(有誠)과 경북 김천 직지사 천불전 불상을 제작하였다. 1790년에는 수조각승으로 가평 현등사 지장보살상과 경기 화성 용주사 대웅전 관음보살상을 제작하였다.(안귀숙·최선일, 앞 책, pp.261~262)

199 평삼의 당호는 화악당(華岳堂)이며 18세기 중·후반에 전라도에서 활동한 불화승이다. 1786년에 경남 의령 수도사 감로도(양산 통도사 소장)와 함께, 아미타삼존상 중수에 수화승으로 참여하고 있다. 1800년에 경기 고양 상운사 극락보전 목조관음보살좌상을 개금하였다.(안귀숙·최선일, 앞 책, p.593)

200 세원의 당호는 월하당(月霞堂, 月下堂)으로 19세기 중반에 활약한 불화승이다. 1856년에 수화승 인원당 체정(仁原堂 體定)과 함께 서울 도선사 목조아미타삼존불상을, 1858년 수

 조선시대 불상의 복장기록 연구

 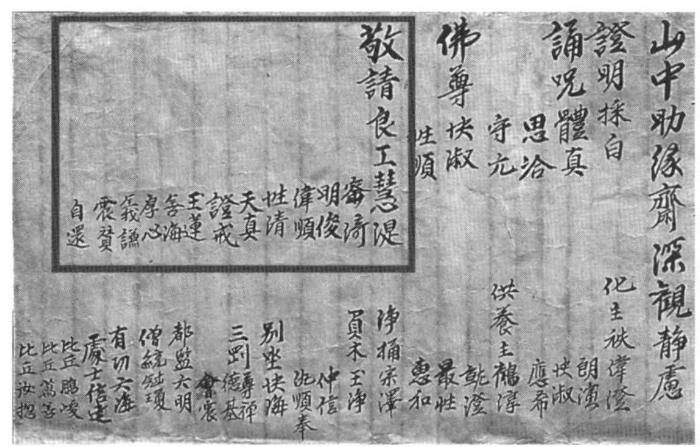

그림 53. 대구 파계사 관음보살상과 개금 중수기(1740년) | 자료 제공 : 파계사

을 비롯해 설훈 등은 불상 조성에도 직접적으로 참여했지만, 신겸과 세원을 비롯한 많은 화승들은 불상 중수와 개금에 주로 참여하고 있다.

1447년에 조성된 대구 파계사 관음보살상은 1740년에 중수되었는데, 이때 수조각승 혜식(慧湜)을 비롯해 총 13명이 참여하고 있다.**그림 53** 이때 18세기 전반에 활동한 대표적인 불화승인 의겸(義謙)이 11번째로 등장하고 있다. 그는 1723년에 순민(順敏, 舜旻)과 함께 여수 흥국사 수월관음보살상 불감(佛龕) 조성에도 참여하고 있다. 이외에도 의겸은 1741년 강원 고성 안정사 나한전 석조삼존불상과 나한상 조성에도 동참하고 있다.

색민(色敏, 嗇旻)은 18세기 중반에 활동한 불화승인데 불상 조성에도 참여하고 있다. 그는 의겸(義謙)의 제자로 전남 곡성 도림사 신덕암 명부전의 지장시왕도(1741년)를 시작으로 장성 백양사 극락보전의 아미타후불도(1775년)에 이르기까지 약 34년간에 걸쳐 불화조성 화원으로서 활

화승으로 공주 마곡사 은적암 관음보살상을, 1861년에는 수화승으로 대전 비래사 비로자불상을 개금하였다.(안귀숙·최선일, 앞 책, p.288)

동한 인물이다. 또한 화승 색민은 불상의 복장물에서 발견된 조성기와 불상개금복장기문을 통해 불화 조성 외에 불상의 조성과 개금을 주도하고 있음을 알 수 있다. 1775년에는 수조각승 상정(尙淨)과 함께 용화암 목조관음보살상(부천 석왕사 소장)을 제작했고, 장성 백양사 극락보전 목조아미타불상 개금기(1775년)에 의하면 화소질(畵所秩)에 '개금(改金) 백월대사(白月大師) 색민(色旻)'으로 기록되어 있다.[201]

조선 후반기 불화승으로서 조각에 참여하고 있는 또다른 인물로는 신겸(信謙, 愼謙)을 들 수 있다. 그는 퇴운당(退雲堂)이라는 당호를 가졌으며, 18세기 후반부터 19세기 전반까지 경북 문경 대승사에서 활동한 대표적 불화승이다. 신겸은 성암당 홍안(聖巖堂 弘眼)과 함께 1791년에 강원 삼척 운흥사 아미타불상(현 월정사성보박물관)을 개금했다. 또한 1796년에는 영주 부석사 영산전 불상 개금에도 참여하고 있다. 운흥사 아미타불상 개금에 동참한 성암당 홍안은 수화승(首畵僧)으로 신겸과 함께, 1804년 경북 문경 혜국사 석가모니후불도와 신중도 조성에 참여하고 있다.[202] 신겸은 1811년에는 예천 보문사 아미타삼존상의 개금 불사에도 정허당 광일(淨虛堂 光逸)을 비롯해 지민(智敏), 문익(文益), 환규(煥奎), 신명(信明), 정린(正麟), 창우(彰宇), 쟁린(琤璘) 등과 함께 동참하고 있다.

이외에도 불상 조성에 조각승으로 참여한 많은 인물은 화승으로 활동했던 것을 알 수 있다. 즉 1784년 직지사 석조 천불상을 제작한 유성(有誠) 역시 화승이면서 조각승이었음을 알 수 있다. 따라서 조선 후반기

---

201 김창균, 「畵僧 色敏과 그의 佛畵」, 『강좌미술사』 29 (한국불교미술사학회, 2007), pp.127~134.

202 안귀숙·최선일, 앞 책(2008), pp.307~308.

제2·3기의 조각승들은 조각승과 화승을 겸하고 있었던 것을 살필 수 있으며, 특히 조선 후반기 제3기의 불상의 중수나 개금불사는 주로 불화승들이 담당했던 사실을 확인할 수 있다.

3) 조선 후반기 제2·3기 조각승의 계보

조선 후반기 제2·3기의 불상 조성기를 통해 파악할 수 있는 조각승 유파는 대략 하천파(夏天派), 정행파(正幸派), 상정파(尙淨派), 인성파(印性派), 봉현파(奉玹(玄)派), 유성파(有誠派) 등으로 구분할 수 있다. 이 가운데 가장 활약이 두드러진 유파는 하천계(夏天系)와 상정계(尙淨系)이다.

조각승 하천(夏天)은 18세기 전반에 활약한 조각승인데 17세기 후반 전라도 지역에서 활약한 색난(色難)의 보조 조각승으로 출발해, 수조각승이 된 인물이다. 1726년부터 하천은 수조각승으로 활동하게 되는데 1726년 고흥 금탑사 북대암 관음보살상(현 서울 지장암 대웅전)과 문수암 관음보살상(현 송광암 극락전), 1727년 대구 동화사 대웅전 삼세불상,[203] 1730년 창녕 관룡사 삼존불좌상(현 창녕 포교원 석가불상)이 대표작이다. 그는 전라도에서 활동하면서 경상도 지역까지 활동 영역을 넓혀 조상(造像) 활동을 활발히 한 것으로 여겨진다.[204]

조각승 정행(正幸)은 충청도 지역에서 활동한 18세기의 조각승인데

---

203 김미경, 「八公山 桐華寺 木造三世佛坐像의 腹藏物 檢討」, 『불교미술사학』 5(불교미술사학회, 2005), pp.269~291.

204 오진희, 「彫刻僧 夏天의 佛像彫刻 硏究」, 『강좌미술사』 34(한국불교미술사학회, 2010), p.207.

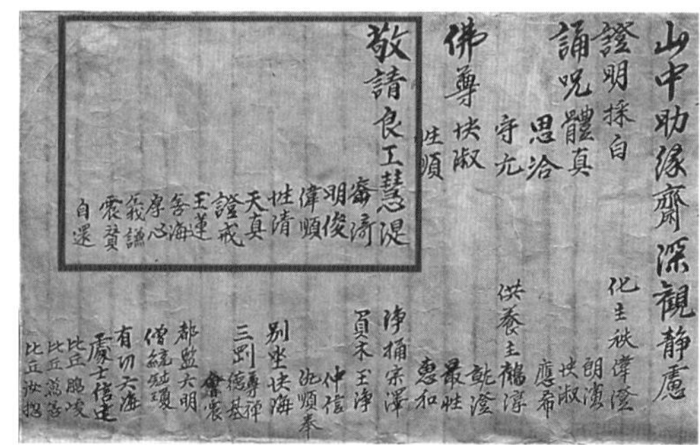

그림 54. 제천 강천사 대세지보살상과 조성기, 1736년

제천 신륵사 극락전의 목조아미타불상과 관음보살상(1730년), 제천 백련사 아미타불상과 강천사 대세지보살상(1736년) 조성에 수조각승으로 참여하고 있다. **그림54** 조각승 인성(印性)은 1740년 서울 도선사 아미타불상과 대세지보살상을 조성했고, 8년 뒤인 1748년에는 인제 백담사 아미타삼존상 조성에 수조각승으로 참여하고 있다. 조각승 상정(尙淨)은 18세기 중·후반에 전라도 지역에서 활동한 인물로, 불상을 직접 조성한 수조각승으로 또는 불상의 개금과 중수를 담당하는 화승(畵僧)으로 활동하고 있다.[205] 1745년 수조각승 태원(泰元)과 함께 서울 봉은사 영산전 석가삼존상과 16나한상 조성에 3번째 조각승으로 참여한 이후, 수조각승으로는 1755년 부천 석왕사 관음보살상과 남양주 회암사 아미타불상, 1765년 포항 오어사 삼세불상, 1761년 합천 해인사 백련암 불상과 거창 고견사 불상 등을 조성하고 있다.

---

205 문명대, 「尙淨系 木 佛像彫刻의 研究」, 『강좌미술사』 29(한국불교미술사학회, 2007), pp.87~106 참조.

조선시대 불상의 복장기록 연구

조선 후반기 제2기에 주목되는 석불상은 김천 직지사 천불상으로, 이 불상의 수조각승은 유성(有誠)이다. 그는 18세기 후반에 경북 경주 불국사에서 활동한 불화승으로, 『불국사고금창기(佛國寺古今創記)』에 의하면 1768년에 불국사에 거주하고 있는 승려로[206] 기록되어 있다.

---

206 최선일, 『朝鮮後期僧匠人名辭典-佛敎彫塑-』(양사재, 2007), p.124.

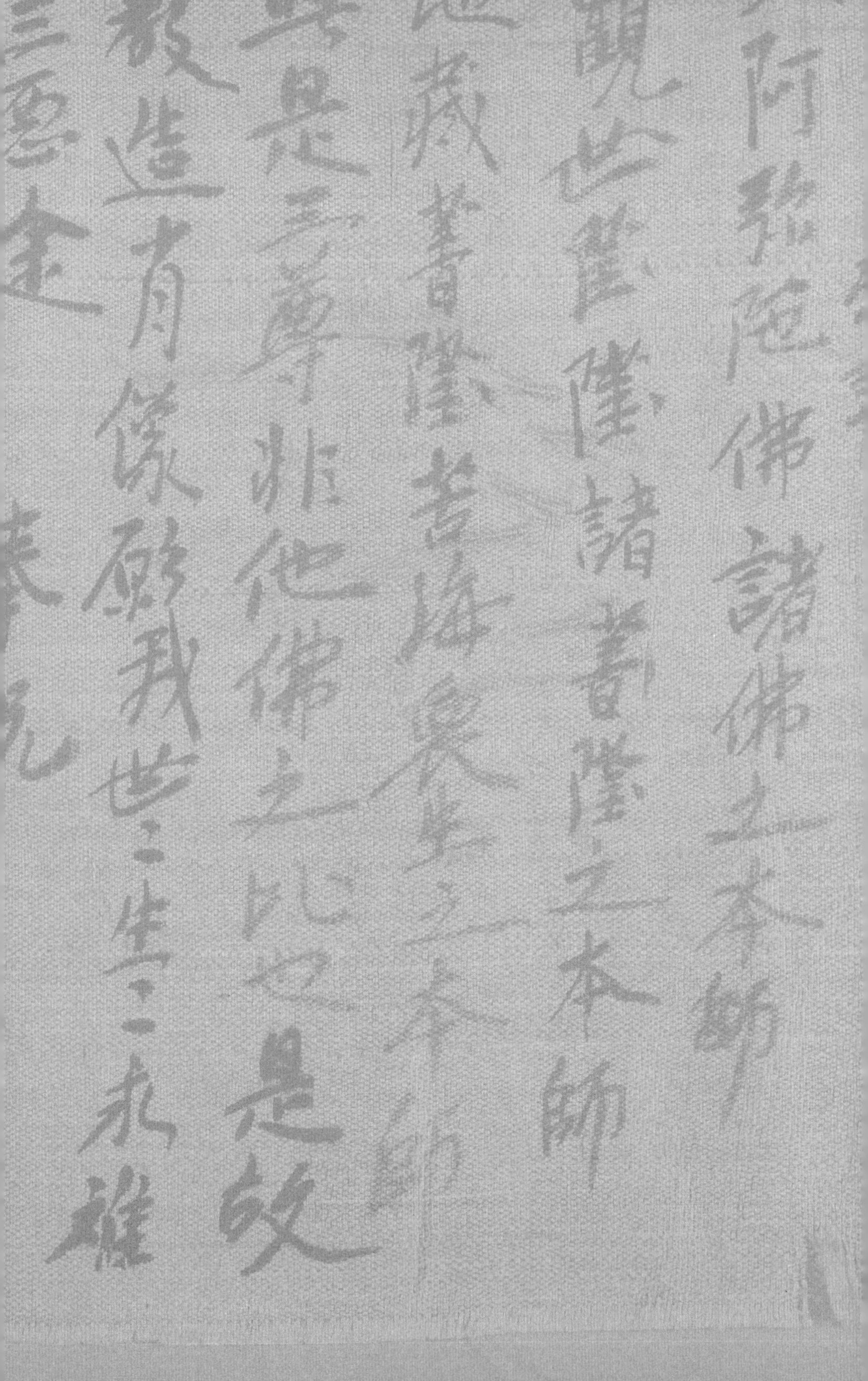

阿彌陀佛 諸佛之本師
觀世音菩薩 諸菩薩之本師
地藏菩薩 眾生之本師
世尊非他佛 是故
教造有餘破我世 一生 永雄
三 金

5장

조선시대
불상 조성의
시주자(施主者)와
시주물목
(施主物目)

●

조선시대 불상 조성에 참여한 시주층과 시주 물목(物目)
의 변화는 조선 전반기와 조선 후반기에 걸쳐 크게 나타
나고 있다. 시주층의 변화는 조선시대 불교의 흐름을 파
악하는 데 중요한 잣대가 되고 있음을 반증한다고 하겠
다. 조선 전반기는 주로 왕실과 양반층 등이 불사를 주도
하고 있다면, 조선 후반기에 들어서는 새롭게 거사(居士)
와 사당(舍堂)이라는 새로운 시주층이 등장한다는 점이다.
시주층의 변화를 주로 거사와 사당을 중심으로 고찰했다.

1

조선 전반기 불상 조성의 시주자

1) 왕실 발원 및 관직명이 보이는 불사와 시주자

사찰에 봉안된 불상의 조성 목적은 여러 가지가 있겠지만 가장 중요한 것은 불전 안에 예배의 대상으로서 봉안된다는 점이다. 불상의 조성 목적은 다양하지만 그것을 조성한 발원자(發願者), 시주자(施主者) 또는 후원자(後援者)가 누구냐에 따라 품격이 달라진다. 조선 전반기의 조성기가 있는 많은 불상들은 왕실에서 발원한 것들이 많다.

조선 왕실의 불사는 모두 네 가지 형태로 이루어졌다. 첫째 왕이 불사의 주체가 되어 국고에서 모든 비용을 내고 실무도 행정기구에서 관할하게 하는 형태, 둘째 왕실이 주체이나 그 실무를 승가 혹은 주변인에게 담당케 하여 신료와 백성들을 대상으로 모연(募緣)케 하는 형태, 셋째 사찰이 주관하는 불사에 협조하여 신료와 백성들의 참여를 독려하는

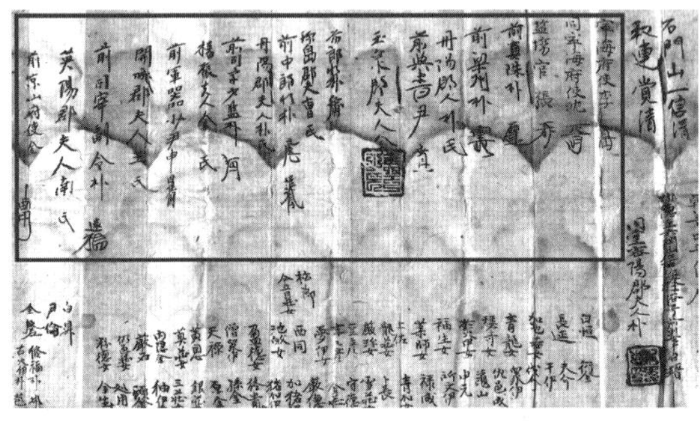

그림 55. 영덕 장육사 보살상과 시주자, 1395년

경우, 넷째 개인적으로 금전과 물품을 시주하는 경우이다.[207]

왕실과 관련된 불상 조성은 장육사 보살좌상(1395년), 파계사 관음보살상(1447년), 견성암 약사불상(1456년), 흑석사 아미타불상(1458년), 왕룡사원 아미타불상(1466년), 상원사 문수동자상(1466년), 파주 용미리 이불병입상마애불(1471년), 수종사 8각오층석탑 금동석가불상(1493년), 천성산 관음사 관음보살상(1502년), 서산사 보살상(1534년), 달성사 지장보살상(1565년), 봉암사 아미타불상(1586년) 등을 들 수 있다.

1395년에 조성한 장육사 보살좌상의 발원문에서 주목되는 것은 시주자의 명단으로 이 시주자들은 관직(官職)과 함께 성(姓)을 기록하고 수결(手決)을 했으며, 관직명이 없는 사람들은 이름만 나열하였다는 점이다. 시주자로는 영해부사 이귀선(李貴仙)을 비롯해 총 79명이 참여하고 있다. 조선 초이기 때문에 영해부사를 비롯해 감장관(監場官), 전(前) 전

---

207 전영근, 「왕실 주관 불사 권선문의 조성과 운용–상원사 권선문과 용주사 권선물을 중심으로–」, 『서지학보』 30(서지학회, 2006), p.121.

  조선시대 불상의 복장기록 연구

서(典書), 전랑(前郎), 전(前) 중랑(中郎), 전(前) 사자소감(司字少監), 전(前) 사기소(司器少), 전(前) 사재부령(司宰副令) 등의 관직명을 가진 자들이 시주자로 참여하고 있는 것이다. **그림 55** 즉 시주자들은 관직(官職)과 함께 성(姓)을 기록하고 수결(手決)을 했으며, 관직이 없는 사람들은 이름만 기록되어 있고, 전(前) 관직자(官職者)는 전(前) 관직명을 기록했다. 이러한 전 직명(職名)들은 전시대인 고려시대의 관직 연구에도 좋은 자료가 될 것으로 여겨진다. 그리고 관직을 가지지 않았던 시주자들은 성(姓) 없이 이름만 이두(吏讀)로 기록하고 있는데, 남자 이름 뒤에는 '이(伊)', 여자는 '녀(女)'를 붙여서 성을 구분하고[208] 있다.

파계사 관음보살상(1447년 중수)은 영해군(寧海君) 당(瑭, 1435~1477)이 참여하고 있어 왕실 발원의 불사임을 알 수 있다. 조선 전반기 불상 가운데 왕실 발원의 불상으로 유명한 것은 흑석사 아미타불상(1458년)이다. 이 불상의 복장으로는 복장기와 보권문(普勸文), 백지묵서 불조삼경합부, 금은사경 묘법연화경 등 전적류와 사리보 등의 직물류, 그리고 금동사리합과 사리, 오곡, 오향, 칠보 등을 포함하는 다량의 복장 유물이 발견되었다.[209]

표충사 대원암 지장보살상(1448년)은 승속 모두 135명의 시주자와 불상을 조성한 조각승 성총(性摠)을 기록하고 있다. 여기서 주목되는 것은 선종의 승직을 가진 대선사(大禪師)와 선사(禪師)의 직위를 볼 수 있으

---

208 정영호, 「莊陸寺菩薩坐像과 그 腹藏發願文」, 『考古美術』128(한국미술사학회, 1975), p.3.

209 김길웅, 「흑석사 목조아미타여래좌상고」, 『문화사학』 10(한국문화사학회, 1998), pp.37~50; 최소림, 「흑석사 목조아미타불좌상 연구-15세기 불상 양식의 일이해-」, 『강좌미술사』 15(한국불교미술사학회, 2000), pp.77~100; 김형수, 「고운사, 대곡사, 흑석사 관련자료 소개」, 『영남학』 2003-4(경북대학교 영남문화연구원), pp.269~275 등 참조. 흑석사 아미타불상의 복장기와 보권문의 전문을 게재하고 있는 것은 김형수의 논문이다.

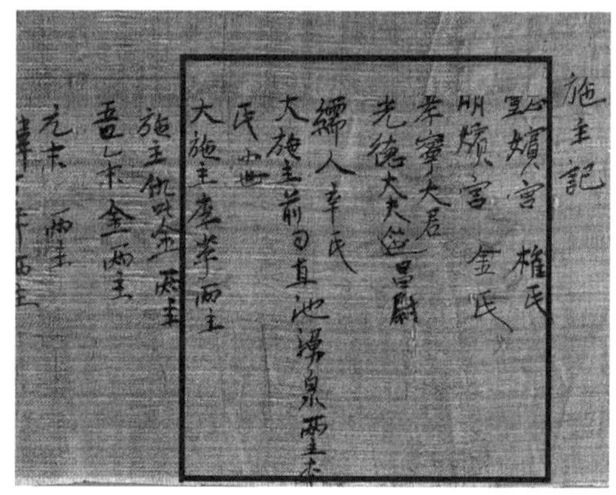

그림 56. 영주 흑석사 아미타불상과 시주자, 1458년 | 자료 제공 : 손영문

며, 전(前) 고창현감(高敞縣監) 이약문(李約文)과 성균생원(成均生員) 김언용(金彥容)이 불사에 참여하고 있는 점이다.

견성암 약사불상(1456년)의 복장 발원문에는 발원의 주인공이 영가부부인(永嘉府夫人) 신씨(申氏)로 보이며, 광평대군(廣平大君, 1425~1444)을 비롯한 왕족의 정토 왕생을 축원하는 내용으로 구성되어 있다. 광평대군이 세종 26년(1444)에 죽자 부인 신씨는 대군을 위해 절을 짓고 명복을 빈 것으로 보이며, 비구니가 되어 법명을 혜원(慧圓)이라 한 것으로 보인다. 발원문 말미에는 '유명조선국왕자광평대군장의공(有明朝鮮國王子廣平大君章懿公)'이란 기록과 함께 완안군(抏安君) 등 제군(諸君)의 이름이 기록되어 있다. 마지막에는 비구(比丘) 수미(首眉)가 보이는데, 그는 김수온의 형으로서 세종의 총애를 받았던 인물이다. 그는 원문(願文)에서는 대공덕주(大功德主)로 등장하는데, 신미(信眉)와 함께 조선 초기 불교계에 많은 영향을 끼친 고승으로 알려져 있다. 또한 세종의 여덟째 아들인 영응대군(永膺大君, 1434~1467)과 부인 송씨(夫人宋氏)가 나란히 보

조선시대 불상의 복장기록 연구

이고, 효녕대군(1396~1486)과 영해군 등 제군(諸君)의 이름이 기록되어 있는 것은, 왕실의 척족의 복락을 기원하는 불사였음을 짐작케[210] 한다.

흑석사 아미타불상의 복장기에 의하면 삼존불의 명칭과 불사의 목적이 잘 드러나 있는데, 국가와 왕실의 평안과 불교의 발전을 기원하고 있음을 알 수 있다. 이들 조성기에 의하면 흑석사 아미타불상은 세조 3년(1457), 정암사 법천사의 당주(堂主)로 봉안하고자 권선하여, 세조 4년(1458), 성철·성수·극인·혜총 등의 승려가 화주(化主)가 되고, 태종의 후궁인 의빈 권씨와 명빈 김씨, 그리고 효령대군을 비롯한 275인에 달하는 방대한 인원이 대거 참여하여 조성한 불상임을 알 수 있다. **그림56**

의빈 권씨(懿嬪權氏)는 조선 제3대 임금이었던 태종의 후궁으로 태종이 승하하자 머리를 깎고 비구니가 되었고, 명빈 김씨(明嬪金氏, ?~1479) 역시 태종의 후궁이다. 명빈 김씨는 일찍이 수종사 팔각오층석탑에서도 명빈이 시주한 석가불상이 출토된 바 있어, 조선 전기 왕실 관련 불교조각에서 중요한 인물 가운데 하나이다. 명빈 김씨는 세조(재위 1455~1468)뿐만 아니라 이후 예종(재위 1468~1469)을 거쳐 성종 재위기(1469~1495)에 이르기까지 세조비인 정희왕후 윤씨(貞熹王后 尹氏, 1418~1483), 예종의 계비인 안순왕후 한씨(安順王后 韓氏, 1455?~1499), 세조의 며느리인 소혜왕후 한씨(昭惠王后 韓氏, 1437~1504) 등을 위시한 대비, 왕대비 세력 다시 말해 국왕의 가까이에서 실질적인 영향력을 행사하는 동시에, 심정적으로 불교에 동화되어 있던 궁중의 비빈 세력과 불교 탄압 과정에서 와해된 정치적, 경제적 기반을 이들에게서 찾고자 했을 것으로 추정 된

---

210 장충식, 「景泰七年 佛像腹藏品에 對하여」, 『考古美術』 138·139(한국미술사학회, 1978), pp.45~47.

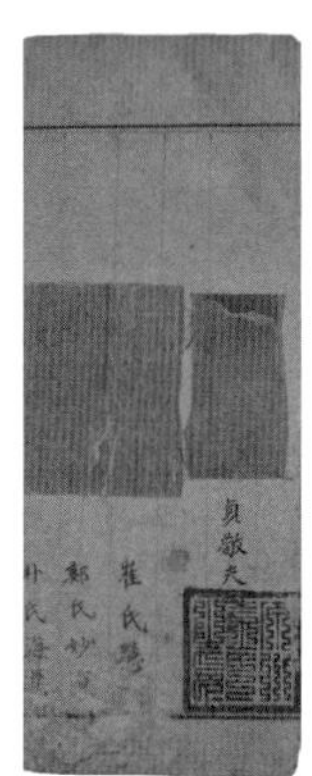

그림 57. 평창 상원사 중창 권선문, 1464년

다.[211]

이외에 효령대군은 왕실의 연장자이자 국왕의 지친으로서 궁중의 제반 불사를 앞장서 주관함으로써 유교 관료층을 중심으로 강력하게 대두하고 있었던 척불의 요구를 완화시키는 데 일조를 한 인물이었다. 그는 세종에서 성종대에 걸쳐 임금의 실형이자, 숙부 혹은 종친부의 최고 어른으로 공경 받으며 이 시기 궁중불교 중흥에 중심적인 역할을 했던 것으로 생각된다. 마지막으로 광덕대부 연창위(延昌尉)는[212] 혼인으로 왕실과 맺어진 부마의 신분으로 세종의 둘째 딸인 정의공주(貞懿公主, 1415~1477)와 결혼한 인물이다.

상원사 문수보살상과 관련해 주목되는 것은 상원사 중창 권선문이다. **그림 57** 권선문(1464년)에는 언해본의 경우 왕과 세자를 제외하면 모

---

211 최소림, 앞 논문, pp.84~85.

212 죽성군(竹城君) 안맹담(安孟聃)을 말한다.

　　　　　　　　　　조선시대 불상의 복장기록 연구

두 여성 시주자들로 구성되어 있다. 한문본에 서명한 종친, 즉 효령대군과 임영대군(臨瀛大君, 1420~1469), 영응대군 등의 부인들이 압인(押印)했고, 그 외 외명부 및 신원 미상의 여성들이 확인된다. 신원 미상의 여성들은 압인하지 않았으며 성(姓)과 법명(法名)만을 기록했다. 26면까지는 왕실 여성들로 신분에 따라 작성되었으나 정부인과 정경부인은 신분에 관계없이 순차를 보이고 있다.[213]

상원사 문수동자상의 원주(願主)인 세조의 딸 의숙공주(懿淑公主, 1442~1477)는 조선의 왕족이다. 세조와 정희왕후 사이에서 태어난 딸로 덕종의 동생이며, 예종의 누나이다. 의숙공주의 남편은 영의정 문성공(文成公) 정인지(鄭麟趾, 1396~1478)의 아들인 익대좌리공신(翊戴佐理功臣) 하성군(河城君) 정현조(鄭顯祖, 1440~1504)로, 이들 부부가 상원사 보살상 조성을 발원했다. 그들은 세조, 왕비, 세자를 위해서 삼세불과 여러 권속들과 함께 문수동자상을 조성했다는 기록을 남기고 있다. 세조의 적극적인 시주로 1464년에 시작해 1466년에 상원사를 중창하고, 그 낙성식에 세조 일행이 참석했는데 문수동자상이 이때 조성되었으므로 문수동자상의 점안식도 함께 행해졌을 가능성이 짙다.[214]

---

213 전영근, 앞 논문, p.136.

214 문명대, 「상원사(上院寺) 목문수동자상」, 『高麗·朝鮮 佛教彫刻史研究-삼매와 평담미-』
   (예경, 2003), pp.356~357.

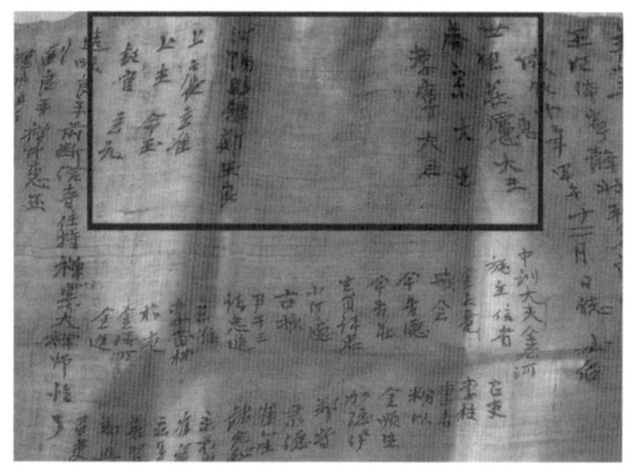

그림 58. 경주 왕룡사원 아미타불상과 시주자, 1466년 | 자료 제공 : (사)한국미술사연구소

왕룡사원 아미타불상의(1466년) **그림 58** 시주자는 발원 대상인 왕실과 양반 계층 및 대시주층(大施主層)으로 나눌 수 있다. 발원자인 왕실은 세조·예종·효령대군 등이고, 양반계층은 하양현감(河陽縣鑑), 상호장(上戶長), 상주, 기관, 중훈대부(中訓大夫) 등이며, 대시주(大施主)와 시주도 동정(同正)과 생원(生員) 등 양반과 상민 계층까지 망라되어 있다. 모두 60명이 넘는 신남 신녀(信男信女)들이 동참했고, 승려도 6명이 시주하고 있다.[215] 이 불상의 시주자 역시 관직명을 가진 시주자, 조성기를 쓴 화엄종 승려 신련(信連) 등의 이름이 명기되어 있어, 조선 전반기 불상 조성기의 체제 연구에도 많은 도움을 줄 것으로 여겨진다.

---

215 문명대, 「왕룡사원의 1466년 작 목 아미타불좌상 연구」, 『강좌미술사』 28(한국불교미술사학회, 2007), pp.4~8.

　　　　　　　　　　　　조선시대 불상의 복장기록 연구

그림 59. 파주 용미리 이불병입상마애불, 1471년

1471년에 조성된 용미리 이불병입상마애불(二佛竝立像磨崖佛)은 **그림 59**
세조 비 정희왕후(1418~1483)의 수렴첨정기에 조성된 것이다. '임금에
게 경사가 있고 왕후에게는 근심이 없기를(一人有慶, 大妃無憂)'이라는 명
문은, 당시 왕족들의 단명(短命)하는 왕실의 매우 절박한 심정을 나타낸
것으로 보인다. 시주자로 한명회의 셋째 부인인 정경부인 전주 이씨가
등재되어 있다.[216] 대시주 함양군(咸陽君, 1416~1474)은 태종의 장남이지
만 폐 세자가 된 양녕대군(1394~1462) 이제(李禔)의 둘째 아들이다. 상호
군(上護軍), 사직(司直), 충찬위(忠贊衛) 등은 5위(五衛)[217] 체제에 속한 무
관들이다. 이들 시주들에 대한 구체적인 인물상을 파악하기는 어렵지

---

216 이경화, 「파주 용미리 마애이불병입상의 조성시기와 배경 : 성화7년 조성설을 제기하며」
　　『불교미술사학』3(불교미술사학회, 2005), p.83. "一人有慶 大妃無憂 大施主咸陽君 泰仁
　　郡夫人李氏 梁氏 大施主上護軍沈長巳 金氏 通津安氏 潘南朴氏 副正柳安 善韓氏 上護
　　軍李孝志兩主 司直鄭仏仲兩主 忠贊衛金仲山兩主 司直許継智兩主 貞敬夫人李氏".

217 五衛는 1457년부터 1466년에 이르기까지 태조 때의 군사제도 三軍을 개편해 확립한 제도
　　이다.

만 세조 및 함양군을 따르던 인물들이거나, 파주에 어느 정도 세력을 행사한 인물들로 파악된다. 대시주 심장기(沈長己)는 심온(沈溫, 1375~1418)의 다섯 아들 가운데 막내로, 세종의 비이자 세조의 어머니인 소헌왕후(1395~1446)가 그의 큰 누이이다.[218]

파주 용미리 이불병입상마애불은 정희왕후가 세조의 죽음과 어린 두 아들을 여읜 슬픔을 극복하기 위해 조성한 것으로 여겨진다. 용미리 불상은 정희왕후의 고향에 세워지고 세조를 추도하고 있으며, 섭정 하에 있는 성종을 축원한 점에서 그의 영향력이 분명해 보인다. 또한 당시 최고의 권력가인 한명회(1415~1487)의 입장도 어느 정도 반영된 불사로 보인다. 즉 용미리 불상 조성은 1417년 생 세조, 1418년 생 정희왕후, 1415년 생 한명회 그리고 1416년 생 함양군, 심장기 등 이들 동년배들의 정치적 정서적 공감대가 직접 동기가 되었던 것으로 이해된다. 정희왕후는 자신의 고향에 세조 사후의 역경을 전환하는 강력한 표식을, 세조 공신 한명회는 역시 선왕(先王)을 추도하며 딸의 능(陵)이 부처의 호위를 받는 셈이 되었기 때문이다. 한편 불상 조성의 직접적인 후원자인 함양군과 심장기는 파주의 입지를 절묘하게 이용함으로써, 친 세조 세력으로서의 자신의 역할과 입장을 확실하게 했던 것으로[219] 보인다.

---

218 이경화, 앞 논문(2005), p.86.

219 이경화, 앞 논문, pp.91~93.

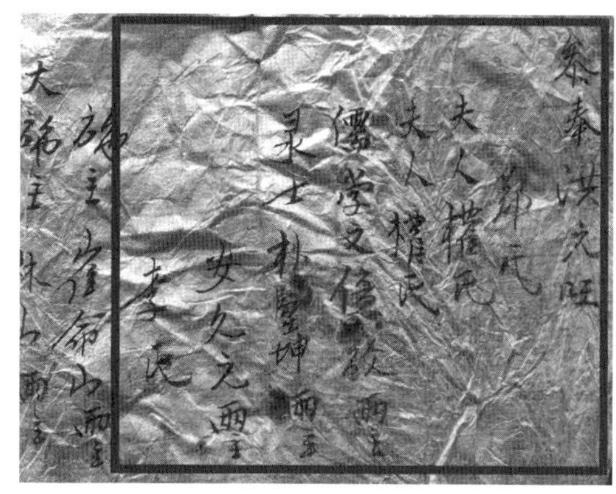

그림 60. 예천 용문사 아미타불상과 시주자, 1515년

1515년에 조성된 용문사 아미타불상 **그림 60** 제작에 관여한 100여 명에 달하는 시주자의 이름은 별도로 다른 종이에 열거하고 있다. 시작 부분에는 벼슬을 한 이름을 먼저 쓰고 시주 ○○○양주(兩主)라고 하여 부부가 함께 참여하고 있다. 가장 중요한 후원자는 참봉(參奉) 홍윤왕(洪允旺)과 정씨(鄭氏), 부인권씨(夫人權氏), 유학(儒學) 문억경양주(文億敬兩主), 녹사(錄士) 박견곤양주(朴堅坤兩主), 안윤원양주(安允元兩主) 등으로 참봉, 녹사 등 비교적 낮은 지방 관직의 인물들임을 알 수 있다. 공부를 하는 사람이라는 유학이라는 명칭도 있다.[220]

---

220 정은우, 「龍門寺 木造阿彌陀如來坐像의 특징과 願文 분석」, 『미술사연구』 22(미술사연구회, 2008), p.98.

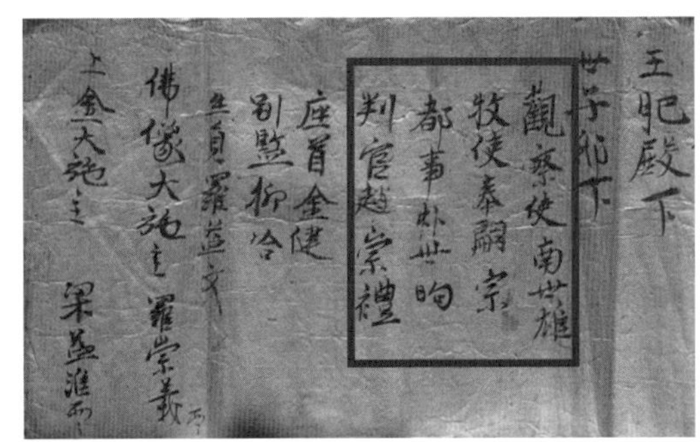

그림 61. 제주 서산사 보살상과 시주자, 1534년

1534년에 조성된 서산사 보살상에서 **그림61** 주목되는 것은 관찰사 남세웅(南世雄)과 나주 목사 봉사종(奉嗣宗)의 등장이다. 남세웅은 중종 29년(1534년) 2월 6일에 전라도 관찰사에 제수되고, 중종 30년(1535년) 6월 27일에 강원도 관찰사에 제수되었다. 봉사종은 총 5회에 걸쳐 조선왕조실록에 기재되어 있는데 중종 7년(1512년)에 예조좌랑(禮曹佐郎), 중종 19년(1524년)에 안악군수(安岳郡守), 중종 31년(1536년)에 나주 목사 등을 지냈으며, 1537년에 사망한 것으로 기록되어 있다. 그러므로 봉사종의 정확한 나주목사 재임 기간은 알 수 없으나 1534년 봄부터 1536년 4월 4일까지는 재임하고 있었다는 것을 알 수 있다.[221] 이외에 서산사 보살상의 시주자로는 성씨도 없는 천민까지도 동참하고 있다.

---

221 이창화, 「朝鮮時代 濟州道 佛像硏究-紀年銘 佛像을 중심으로-」, 목포대학교 석사학위논문, 2009, p.53.

조선시대 불상의 복장기록 연구

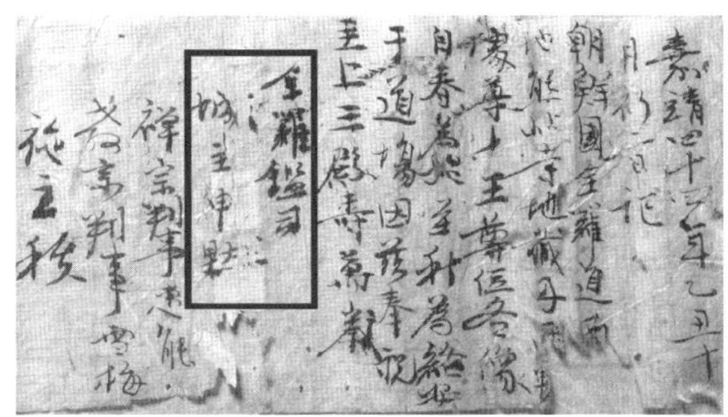

그림 62. 목포 달성사 지장보살상과 시주자, 1565년

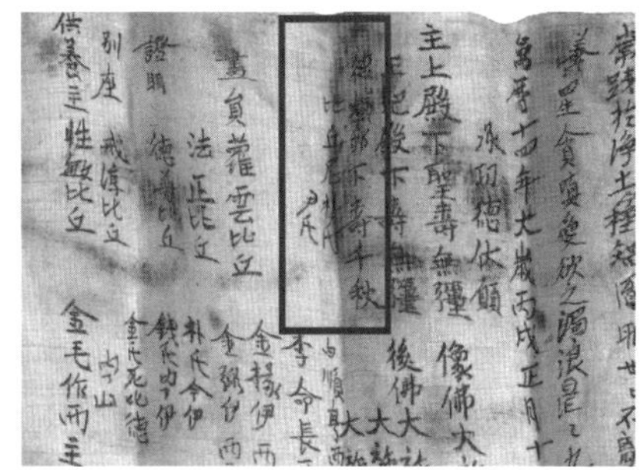

그림 63. 문경 봉암사 아미타불상과 시주자, 1586년 | 자료 제공 : (재)불교문화재연구소

　　달성사 지장보살상(1565년)에는 **그림 62** 전라감사(全羅鑑司)와 성주(城主) 신묵(申默)이 기록되어 있고, 불영사 석가삼존상(1580년)에는 울진현령(蔚珍縣令) 유벌춘(柳伐春)의 이름이 보인다. 봉암사 아미타불상(1586년)에서는 **그림 63** '덕빈저하수천추(德嬪邸下壽千秋)'을 기원하고 있는 것으로 보아 16세기에 접어들면서는 왕실 발원 불사보다는 승려들과 일반인들의 시주에 의한 불사가 이루어지지만, 그 지방의 관직에 있는 인물들이 여전히 불사에 동참하고 있는 것을 확인할 수 있다.

2) 승려와 일반인이 참여한 불사와 시주자

15세기에는 왕실발원 불사가 많았다고 한다면 16세기에 접어들면서 차츰 승려와 일반 백성에 의한 불사가 많아지고 있다. 통도사 박물관 소장의 아미타삼존상(1450년)의 복장기는 제목, 발원문(發願文), 시주질(施主秩), 연화질(緣化秩)로 구성되어 있어 조선 후기 불상 복장기 체계와 동일한 구성을 갖고 있다. '원성미타삼존동발원(願成彌ㅅ三尊同發願)'이라는 제목 아래에 나옹화상이 발원한 가송(歌頌)을 기록하고, 이어서 400여 명의 시주자 이름을 12단에 걸쳐 명기하고 있다. 시주자 명단에 이어 화사(化士), 간선도사(幹善道士)와 조사(造士) 등 실제 불상제작을 주도한 인물들의 이름을 기록하여 두었다. **그림 64** 이 발원문을 통해 존상의 명칭, 불상을 만든 조각승의 이름, 불상의 제작 동기 등을 확인할 수 있다.[222]

1502년에 조성된 천성산 관음사 보살상은 원문의 연화질에는 달종(達宗), 순녀(順女), 의열(儀悅), 성탄(性坦) 등의 이름이 보이며, 대화주(大化主) 성해(性海), 대화주(大化主) 혜원(惠元)이라고 쓰여 있어 승려들이 주축이 된 불사였음을 알 수 있다. 그 앞에는 139명의 시주자 명단이 기록되어 있다. 시주자는 대시주자 6명을 비롯해서 일반 서민과 승려들의 법명으로 구성되었는데, 관직명이 없이 이름만 명기되어 있다. 이는 1501년 기림사 건칠보살좌상에서 보이는 전(前) 태내군수(太內郡守) 이원림(李園林)이라든지, 1534년의 제주 서산사 보살상의 발원자인 전라도 관찰사 남세웅, 나주 목사 봉시종 등 지방 불사에 그 지역의 고위 관

---

222 송은석, 「통도사성보박물관소장 금은제아미타삼존불좌상 연구」, 『불교미술사학』 3(불교미술사학회, 2005), pp.102~103.

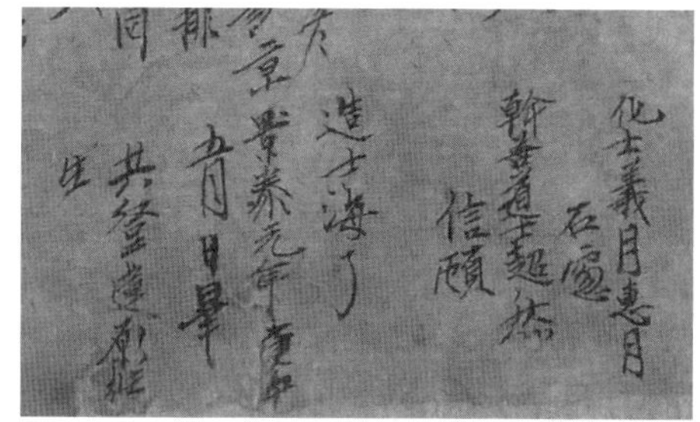

그림 64. 양산 통도사 아미타삼존상과 불사 소임자, 1450년 | 자료 제공 : 불교중앙박물관

직을 지낸 사람들이 참여하고 있는 점과 대조된다. 또한 왕실 불사가 많았던 15세기 불상의 후원자들과도 비교된다. 즉 천성산 관음사 보살상은 버슬이 없는 지역의 인물들과 사찰 내 승려들이 함께 참여하여 발원한 작품으로[223] 여겨진다.

---

[223] 정은우, 「1502년명 천성산 관음사 목조보살좌상 연구」, 『석당논총』 48(동아대학교 석당학술원, 2010), p.75.

2

조선 후반기 제1기 불상 조성과 시주층(施主層)의 변화

조선 후반기 제1기 불사(佛事)에서 가장 큰 변화는 시주층의 다양화라고 할 수 있다. 조선 전기에는 억불숭유 정책의 실시에도 불구하고 여전히 왕실에서 발원하는 불상 조성이 많았던 것과 달리, 조선 후기가 되면 시주 층에는 다양한 변화가 발생한다. 즉 승려와 재가자들이 다수 시주자로 동참하고 있으며, 그 가운데 주목되는 것은 특히 재가자의 불사(佛事) 참여 활동이다. 즉 남자신도인 거사(居士)와 여자신도인 사당(舍堂)의 활동이 활발해지고 있는데, 특히 17세기 후반이 되면 화주나 시주자로 사당과 거사의 이름이 등장하게 된다. 따라서 본 절에서는 조선 후반기 제1기의 불상 조성을 주도한 층으로 왕실과 새롭게 등장한 거사와 사당을 중심으로 살펴보고자 한다.

그림 65. 서울 지장암 비로자나불상, 1622년

그림 66. 수종사 탑 출토 약사삼존상, 1628년

1) 왕실 발원 불상과 시주자

조선 후반기 제1기의 불상 가운데 왕실 및 왕실과 관련되어 발원한 것
으로는 서울 지장암 대웅전 비로자나불상(1622년),**그림 65** 남양주 수종사
탑 내 금동불상군(1628년),**그림 66** 순천 송광사 관음보살상(1662년) 등이 있
다. 서울 동대문 지장암 대웅전의 비로자나불상 조성기에는 불상을 조
성한 유래, 비로자나불과 함께 많은 불상과 불화의 조성, 불상의 봉안사

찰, 조성자 등이 기록되어 있다.[224] 이와 같은 조성기의 내용은 17세기 전반기 왕실에서 발원한 불사의 규모와 상황을 살필 수 있는 귀중한 자료이다.

조선 후기에도 왕실과 관련된 원당(願堂)이 설립되었는데 왕실을 중심으로 한 특정인의 위패나 어진(御眞)·어필(御筆)·태(胎)·어물(御物) 등을 봉안하고, 사원의 창건(創建)·중수(重修)·시납(施納) 및 면세면역(免稅免役)의 대가로 기복(祈福)이나 축수(祝壽)·축원(祝願)을 대행함으로써 특권을 누렸다. 전기에는 원당이 효(孝)의 실천을 위해 설립된 반면, 후기에는 유교 이념의 안정적 지배와 효와 충(忠)의 실천은 물론 정치적 의미까지 내포되어 설립된 것이다. 그러므로 조선 전기의 원당이 주로 왕실을 중심으로 궁방(宮房)에 의해 주도적으로 설립되었다고 한다면, 조선 후기의 원당은 왕실 및 궁방과 사원간의 상호 필요에 의해 설립되었다고 할 수 있다.[225] 왕실과 관련된 조선 후기 불상 가운데 지장암 대웅전 비로자나불상은 원 봉안처가 '자인수양사(慈仁壽兩寺)'이다. 조성기에 기록된 '자인수양사'는 자수원(慈壽院)과 인수원(仁壽院)으로 추정된다. 자수원과 인수원은 원래 전왕(前王)의 후궁들의 거처인 자수궁(慈壽宮)과 인수궁(仁壽宮)으로 설치되었다가, 차차 불당화(佛堂化)된 곳이다.[226] 그러나 인수원과 자수원은 현종 2년인 1661년에 폐사되고 말았다.[227]

---

224 문명대, 「17세기 전반기 조각승 현진파(玄眞派)의 성립과 지장암 목(木) 비로자나불좌상의 연구」, 『지장암』((사)한국미술사연구소·지장암, 2010), pp.109~129 참조.

225 박병선, 「朝鮮後期 願堂 硏究」, 영남대 박사학위논문, 2002, pp.3~4.

226 이기운, 「조선시대 왕실의 比丘尼院 설치와 信行」, 『역사학보』178(역사학회, 2003), p.29.

227 두 차례의 전란을 겪은 후 현종의 불교정책은 조선 후기를 거치는 동안 가장 혹독하였다. 이 시기는 실천철학으로서 禮學을 성립시키고 발전시켰는데, 불교탄압 정책의 일차적인 배경이기도 하다. 이때 불교 억압의 부당성을 주장하는 白谷處能(1617~1680)의 『諫廢釋

 조선시대 불상의 복장기록 연구

그림 67. 수종사 석가삼존상, 1493년
자료 제공 : 불교중앙박물관

지장암의 비로자나불상은 광해군(光海君, 1575~1641, 재위기간 1609~1623)의 비(妃)인 장렬왕후(章烈王后)가 광해군, 세자와 세자빈 등 왕실일가뿐만 아니라, 세상을 떠난 선왕선후, 친정아버지 유자신과 어머니, 왕자와 공주 등의 극락왕생을 위해 조성한 왕실발원 불상이다. 따라서 이 불상은 1622년에 왕실에서 발원하고 당대 최고의 조각승 현진(玄眞)이 조성한 조선 후반기의 대표작이다. 1661년에 자수원과 인수원이 폐사된 후 서울 인근의 사찰에 봉안되었다가 1924년경에 지장암으로 이안(移安)되었으며, 1939년에 개금하여 현재에 이르고 있음을 개금중수기를 통해 알 수 있다. 또한 불상 조성의 증명은 희언(熙彦)과 벽암각성(碧巖覺性)이다. 특히 각성대사는 임진왜란과 병자호란의 위기 상황과 그 마무리 복구 단계에서 불교계를 대표하는 최고의 승려이며, 많은 불사를 주관한 인물이다. 그는 조각승 현진 일파 내지 무염(無染) 일파와 함께 불

教疏』가 쓰여지기도 하였다.(오경후, 「顯宗代의 佛敎政策과 佛敎界의 動向」, 『한국선학』 17, 한국선학회, 2007, pp.321~354 참조)

상을 조성하고 있다.[228]

경기도 남양주 운길산에 위치한 수종사는 왕실과 깊은 인연이 있었으며, 특히 왕실 여성들이 불사(佛事)를 행했던 주요사찰이었다. 수종사 탑에는 1493년 성종의 후궁 숙용 홍씨(淑容 洪氏)·숙용 정씨(淑容 鄭氏)·숙원 김씨(淑媛 金氏)가 발원한 불상군이 석탑의 초층 탑신석에 봉안되었고,**그림 67** 1628년에 인목대비(仁穆大妃, 1584~1632)가 발원한 금동불상군이 석탑의 기단 중대석 및 1층·2층·3층 옥개석에 각각 봉안되었다.[229] 1628년에 조성된 남양주 수종사 탑에서 발견된 비로자나불상의 조성기는 간략하다. 즉 조성연대와 발원자 및 제작자만이 기록되어 있다.[230] 불상 조성기에 의하면 1628년(인조 6년)에 정의대왕대비(貞懿大王大妃, 인목대비)가 발원하여 23구의 불상을 탑에 안치했고, 화원 성인(性仁)이 불상을 제작했음을 알 수 있다. 조각승 성인은 1622년 장열왕후가 발원한 지장암 장 비로자나불상 조성에 현진(玄眞)을 수화원(首畫員)으로 한 17명의 참여 화원 중 8번째로 참여하고 있다.

인목대비의 발원작이 조성되었던 17세기 전반기는 불사(佛事)의 양상이 이전 시기와 달랐다. 가장 뚜렷한 변화는 발원층의 변화로, 기존의 발원 주체가 왕실 혹은 귀족층 위주의 지배층이었다면, 이 시기에는 승려 내지 평민층으로 발원층이 다양해졌다. 따라서 불상의 재질 역시 많은 재정을 필요로 하는 금동보다는 소조(塑造)와 목조(木造)를 선호하고, 크기에 있어 대형화되는 경향을 보인다. 그러나 1628년 인목대비 발원

---

228 문명대, 앞 논문, pp.109~115.

229 박아연, 「1628년 仁穆大妃 발원 水鍾寺 金銅佛像群 硏究」, 『강좌미술사』 37 (한국불교미술사학회, 2011), p.151.

230 "崇禎元年戊辰昭聖」貞懿大王大妃發願」鑄像二十三尊容安于」寶塔後貽濟衆爾」畵員 性仁」"

조선시대 불상의 복장기록 연구

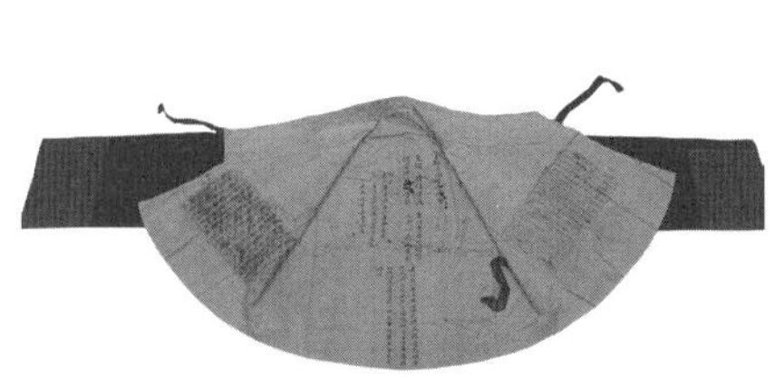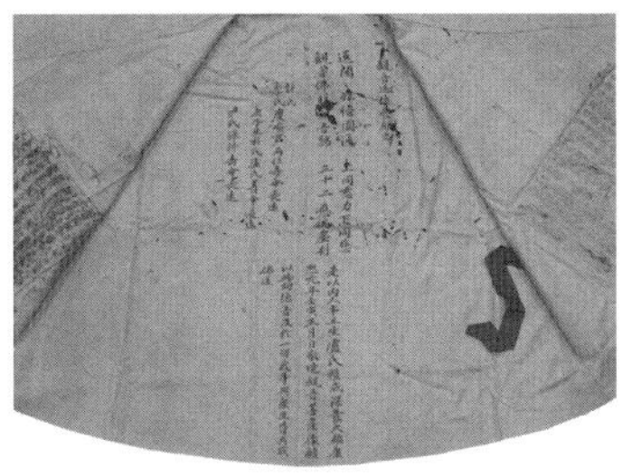

그림 68. 순천 송광사 관음보살상 복장 저고리에 기록된 시주자, 1662년 | 자료 제공 : 손영문

금동불상군의 경우, 왕실 발원 불사가 대폭 줄어든 시점에 불사가 이루어졌다는 것과 금동불이라는 점, 또한 작은 소형불을 다량으로 제작해 탑 안에 봉안했다는 점 등에서 동시기 불상들과 다른 양상을 보인다.[231]

1662년에 조성된 순천 송광사의 관음보살상은 왕실의 안녕을 축원하던 곳인 관음전에 봉안되어 있다. 송광사는 영조 31년(1755)에 영조가 생모를 위해 원당(願堂)을 설립한 곳이다. 발원문은 저고리와 별도의 백색비단에 기록되어 있으며, 발원자는 궁중나인(宮中內人) 노예성(盧禮成)으로 경안군(慶安君, 1644~1665)[232] 내외의 수명장원(壽命長遠)을 위해 발원했다. **그림 68** 시주자는 경안군 내외와 나인 노예성, 박씨, 당대의 고승(高僧) 취미수초(翠微守初) 등이고, 조각승은 17세기 중엽을 대표하는 혜

---

231 박아연, 앞 논문, pp.152~153.

232 경안군은 소현세자와 민회빈 강씨의 3남으로 初名은 李石堅이고, 이름은 李檜이다. 1645년 아버지가 죽고 1646년 어머니 강씨는 역모에 가담하였다는 혐의를 받고 죽었다. 이에 어머니가 지은 죄로 네 살에 두 형 이석철·이석린과 함께 제주도에 유배되었고, 1650년 (효종 1) 강화로 移配된 뒤 다시 喬桐島으로 옮겨졌다. 1656년 귀양에서 풀려난 뒤 1659년 경안군에 책봉되었으나, 1665년에 죽고 말았다.

희(慧熙)와 금문(金文)이다. 이 불상은 발원문을 통해 경안군과 직·간접으로 인연을 맺고 있던 나인 노예성이 경안군의 수명장원을 위해 발원 조성한 관음보살상이라는 데 그 역사적 의미가 크며, 특히 경안군의 것으로 추정되는 쪽빛 저고리 안쪽 면에 적힌 발원문은 당시 정세의 일 단면을 읽을 수 있는 함축적인 메시지가 담겨 있어 사료적 가치가 큰 것으로 여겨진다. 송광사 관음전의 관음보살상은 그가 죽기 3년 전인 1662년에 조성된 것으로, 불운한 종친의 상황을 알려주는 귀중한 자료이다.

앞에서 살펴본 조선 후반기 제1기 왕실과 관련된 불상은 3구로 지장암 장 비로자나불상(1622년)과 수종사 탑 내 비로자나불상(1628년)은 왕비에 의한 발원이라고 한다면, 송광사 관음보살상(1662년)은 불운한 종친의 수명장수를 위해 나인이 발원한 불상임을 알 수 있다. 광해군의 비인 장열왕후가 왕실의 안녕과 영가들의 극락왕생을 위해 불상을 조성한 점이라든지, 인목대비가 그녀에게 닥친 정치적 불운을 불심(佛心)으로 극복하고자 한 점 등은 불상 조성의 배경을 이해하는 데 중요한 단서를 제공한다. 또한 정치의 중심에서 소외되어 언제 정적으로부터 목숨을 잃을지 모르는 경안군을 위해, 나인 노예성이 관음보살상을 조성하고 있는 점 역시 당시 시대 상황을 엿볼 수 있는 중요한 자료라고 하겠다. 이외에도 완주 송광사 삼세불상(1641년) 조성에 선조의 아들인 의창군(義昌君) 광(珖)과 부마인 신익성(申翊聖)이 참여하고 있다.[233]

---

233 문명대, 「松廣寺 大雄殿 塑造釋迦三世佛像」, 『강좌미술사』 13 (한국불교미술사학회, 1999), p.10.

2) 조선 전기의 사장(社長)

조선 후반기에 활발한 시주층으로 등장한 거사(居士)와 사당(舍堂)을 살
펴보기 전에, 먼저 조선 전기부터 시주층으로 등장하는 사장(社長)에 대
해 고찰하고자 한다. 『조선왕조실록』에 거사와 사당이 처음으로 함께
등장한 것은 1607년이고, 그 이전에는 주로 사장(社長)이라는[234] 용어로
표현되고 있다. 사장은 속세에서 집단을 이루어 승려 행세를 하는 남녀
를 가리키며, 조선 초기에는 사장배(社長輩)가 국가 질서를 어지럽히는
무리로 인식되었다. 이것은 조선의 숭유억불 정책의 후유증으로 승려·
승군(僧軍)·사사노비(寺社奴婢)의 감원과 사사(寺社)·사전(寺田)의 축소
로, 비승비속(非僧非俗) 사장배(社長輩) 집단을 형성하게 되었다.[235]

이능화는 『조선왕조실록』과 이긍익의 『연려실기술』을 참고해 조선
전기의 사장이 후기의 사당(舍堂), 사당(寺黨), 사당(捨堂), 사당(社堂)으로
변화된 것이라고 정의를 내렸다.[236] 그리고 이 견해는 민속학계 연구의
큰 뼈대가 되었는데, 민속학자인 송석하는 1960년대 조선 후기 유랑예
인집단인 '사당(社堂)'의 실체를 밝히는 과정에서 『조선왕조실록』의 사
장 기록에 주목했다.[237] 조선 전기의 사장은 사찰의 중수와 탑 보수 등
의 불사를 행할 때 시주를 걷는 등의 일에 앞장서기도 하고, 마을의 염

---

234 진나라, 「조선 전기 社長의 성격과 기능-불교신앙 활동을 중심으로-」, 『한국사상사학』
22(한국사상사학회, 2004), pp.77~114.

235 전신재, 「거사와 사당」, 『한국역사민속학강의』 2(민속원, 2010), pp.83~84.

236 이능화, 『朝鮮解語花史』(동양서원, 1927); 이능화 지음·이재곤 옮김, 『朝鮮解語花史』(동
문선, 1992), pp.444~450.

237 송석하, 「社堂考」, 『韓國民俗學』(일신사, 1960), pp.101~112.

불소(念佛所)에서 재(齋)를 올리거나 염불을 하는 등 신앙활동을 펼쳤다. 사장 집단은 선조 때는 국가의 큰 근심거리가 될 정도로 번성했으며, 사장의 무리에 향리·군인·공사노비들까지 참여했다. 조선 전기에는 사장(社長)·거사(居士)·도사(道士)라는 용어가 공용되었지만, 사장이 주로 사용되었다.[238] 그러나 조선 후기에는 거사가 주로 사용되며, 거사에 관한 기록은 선조대에 집중적으로 나타나고 있다.[239]

3) 조선 후기 시주계층으로서의 거사(居士)와 사당(舍堂)

조선 후반기 시주질에는 비구(比丘)와 속인의 구별이 있다. 시주질에 나타난 속인의 이름 뒤에는 양주(兩主)·양(兩)·보체(保体(體))·단신(單身) 등을 붙이고 있는데, 청송 대전사 지장보살 조성기(1685년)에서는 앞부분에 '공양대시주(供養大施主) 윤유능양주(尹有能兩主) 공주(供住)'라는 표현을 사용하고 있다. 여기에서 처음으로 '양주공주(兩主供住)'라는 표현이 등장해 눈길을 끈다. 시주질의 앞부분에 등장하는 몇 명만 이 명칭을 쓰고, 이후에는 '양주(兩主)'만을 사용하고 있다.

불교에서는 출가하지 않고 가정에 있으면서 불교에 귀의한 남자를 거사(居士)라고 하고, 여자를 사당(舍堂)이라 한다. 사당의 한자 표기는 사당(舍堂)·사당(舍黨)·사당(捨堂)·사당(社堂) 등 다양하다. 『조선왕조실

---

238 『조선왕조실록』 선조 39년 6월 4일조. "京外의 남녀들이 徭役을 피하기 위해 社長이라 칭하기도 하고, 居士라 칭하기도 하면서 사방을 두루 돌아다니며 일세의 사람들을 미혹시키고 있다." 즉 1606년에는 거사와 사장이 혼용되어 사용되고 있음을 알 수 있다.

239 진나라, 앞 논문, pp.101~102.

   조선시대 불상의 복장기록 연구

록』에는 '사당(社堂)'으로 1607년에 처음 등장하고,[240] 그 이전에는 '회사(回寺)'라는 용어가 사용되고 있다.[241] 조선 후기 새로운 시주층으로 급부상하는 거사와 사당에 대해 살펴보자.

거사(居士)와 불사(佛事)

조선 후기 남자 불교신자는 거사(居士) 또는 처사(處士)로 불렸는데, 여자 신도인 사당(舍堂)과 더불어 불사의 주체로 급부상하고 있다. 조선 후기 불상 조성기에는 많은 거사들이 등장하고 있는데, 영광 불갑사 응진전 16나한상 가운데 제2나한상에서 처사(處士)라는[242] 용어가 사용되고 있다. 거사는 불사에 동참할 경우 그 역할은 조연(助緣)·대화사(大化士)·시주자(施主者)·조각승(彫刻僧)·본사(本寺)거주자·야장(冶匠) 등이다.〈표 24〉1639년 수덕사 대웅전 삼세불상 이후에는 화주(化主)로 그 역할이 확대되고 있다. 이것은 17세기 중반 이후 불사에는 화주로 승려뿐 아니라 재가자인 거사와 사당 등이 적극 동참하고 있는 사실을 반영한다고 하겠다.

---

240 『조선왕조실록』, 선조 40년 5월 4일조.

241 『조선왕조실록』, 중종 8년 10월 3일조.

242 "化主秩「玉岑「熙衍「處士 金信白「車海云」"

불상명	연도	거사(居士)
순창 강천사 아미타불상	1612	조연(助緣) 거사(居士) 최태진양주(崔太眞兩主)
함양 상련대 관음보살상	1612	조역(助役) 거사(居士) 박□매보체(朴□梅保体), 거사(居士) 정희보체(鄭希保体)
보은 법주사 비로자나불상	1626	거사(居士) 옥순(玉淳), 사당(社堂) 옥매(玉梅)
예산 수덕사 석가불상	1639	대화사(大化士) 부춘거사(負春居士)
예산 수덕사 아미타불상	1639	대화사(大化主) 거사(居士) 윤능복(尹能补)
대구 보성선원 석가불상, 문수보살, 보현보살	1645	면자시주(綿子施主) 거사(居士) 김영단신(金影單身)
해남 도장사 석가삼존불상	1648	대공덕주권화(大功德主勸化) 청신거사(淸信居士) 구십노옹(九十老翁) 전춘학단신(全春鶴單身)
진안 금당사 아미타삼존상	1650	교철장(巧鐵匠) 거사(居士) 김상이양주(金象伊兩主)
속초 신흥사 지장보살상	1651	거사(居士) 김애복양주(金愛朴 兩主)
제주 삼광사 보살상	1671	야장(冶匠) 거사 김자명(居士金自明)
대구 소재사 삼세불상	1673	조연(助緣) 거사 김철봉(居士金哲奉) 청신거사(淸信居士) 대화주(大化主) 손순룡보체(孫順龍保体)
예천 용문사 대장전 목각탱	1684	거사 이신원(居士李信元)
청송 대전사 불상	1685	부목(負木) 거사(居士)
김해 은하사 명부전 지장시왕상	1687	시주(施主) 거사 승한(居士勝閑), 거사 처신(居士處信), 거사 신명양주(居士信明兩主)
제천 정방사 관음보살상	1689	화주(化主) 지순비구(智淳比丘) 거사 해성(居士海性)
구례 천은사 석가불상	1694	제8시주(第八施主) 청신거사(淸信居士) 응조양주(應祖兩主) 공양주(供養主) 공민(孔敏)…사당 계행(舍堂戒行), 인권(引勸) 거사 계명(居士戒明)
함양 용추사 지장시왕상	1694	화주(化主) 거사 승민양주(居士勝敏兩主)
제주 용문사 석가불상	1700년경	화주(化主) 거사 덕징(居士德澄)
구례 화엄사 각황전 불상군	1703	거사(居士) 응조(應祖)
서울 경국사 관음보살상	1703	화주(化主) 청신거사(淸信居士) 오신명(吳信明)
영광 불갑사 응진전 석가불상	1706	공양주(供養主) 거사 김신백(居士金信白), 차해운(車海云)…조연(助緣) 홍간(弘侃), 사당 신행(舍堂信行), 신견(信堅)
영광 불갑사 응진전 가섭존자상	1706	대공덕주(大功德主) 빈도 옥잠(貧道玉岺)…거사 김신백(居士金信白), 신견(信堅), 거사(居士) 차운담(車運湛), 성해(性海)
영광 불갑사 응진전 제1발라타 도존자	1706	화주질(化主秩) 옥잠(玉岺), 거사 김애생(居士金愛生), 거사 차운담(居士車雲湛)

불상명	연도	거사(居士)
영광 불갑사 응진전 제4·5나한상	1706	화주질(化主秩) 옥잠(玉岑), 거사 김신백(居士金信白), 차해운(車海云), 복장화주(腹藏化主) 성해(性海), 조연(助緣) 홍간(弘偘), 사당 신행(舍堂信行), 신견(信堅)
영광 불갑사 응진전 제10나한상	1706	화주질(化主秩) 옥잠(玉岑), 거사 김신백(居士金信白)
영광 불갑사 응진전 제2나한상	1706	화주질(化主秩) 옥잠(玉岑), 처사 김신백(處士金信白)
월정사 북대 고운암 석가불상	1710	시주(施主) 청신거사(淸信居士) 원신양주(元信兩主), 청신거사(淸信居士) 신옹양주(信翁兩主)
익산 혜봉원 석가불상	1712	화주(化主) 비구 각헌(比丘覺軒), 거사 자명(居士自明), 비구 해상(比丘海尙), 명월사당(明月舍堂) 삼신단신(三信單身)
양구 심곡사 관음보살상	1716	관세음독판대시주(觀世音獨辦大施主) 가선대부(嘉善大夫) 거사 묘서양주(居士 妙瑞兩主)
양구 심곡사 대세지보살상	1716	관세음보살독판시주(觀世音菩薩獨辦施主) 가선(嘉善) 거사 묘서양주(居士 妙瑞兩主) 왕생극락지원(往生極樂之願)
안성 칠장사 관음보살상	1718	말장시(末醬施) …거사 행수(居士行修)
안성 청룡사 관음보살상	1722 중수	공양대시주(供養大施主) …거사 성희양주(居士 性凞兩主) 보시대시주(布施大施主) …거사 도함양주(居士 道函兩主)

속초 신흥사 지장보살상(1651년)의 본사질(本寺秩)에는 수승(首僧) 법명(法明)과 선덕(禪德) 도오(道悟)와 함께 거사(居士) 김애복양주(金愛福兩主)가 등장하고 있다.**그림 69** 이와 같은 사실은 당시 사찰에 승려와 재가자가 함께 거주하고 있다는 사실을 반영한다. 청신거사(淸信居士) 응조(應祖)는 1694년 천은사 석가불상 조성에는 시주자로 참여하고 있으며, 1703년 화엄사 각황전 불상 조성에는 문수보살상의 시주자로 동참하고 있다. 즉 하동 쌍계사 승려 학현(學玄)은 전(錢) 25량(兩)을 시주하고, 거사(居士) 응조(應祖)는 전(錢) 20량(兩)을 시주해 부모의 극락왕생을 발원하고 있다.

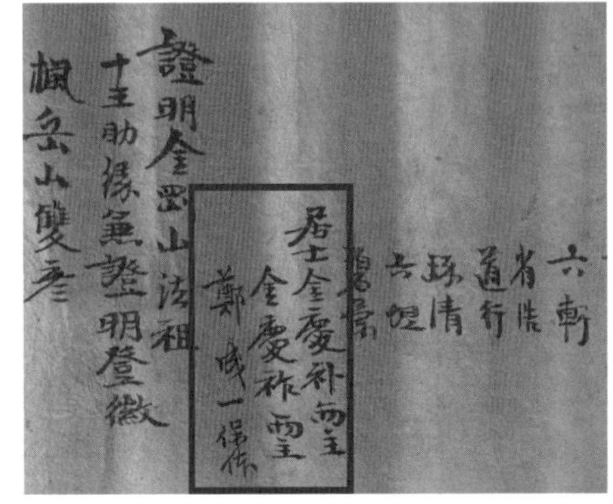

그림 69. 속초 신흥사 지장보살상과 시주자, 1651년

사당(술堂)과 불사(佛事)

조선 후기 불상 조성기나 불화의 화가(畵記) 및 범종의 명문(銘文) 등에는 사당(술堂) 또는 사당(社堂)의 명칭이 보이는데, 이들의 역할을 주목해 볼 필요가 있다.[243]

사당에 대한 한자 표기는 회사(回寺)→사당(社堂)→사당(捨堂)→사당(술堂) 등 역사적 흐름을 갖고 있는 것처럼 보인다. 이처럼 사당에 관한 표기가 시대별로 다양한 것은 사당의 역할과 성격이 시대별로 변화했기 때문이라는 추측을 낳는다.[244] 법주사 대웅전 비로자나불상(1626년)의 조연(助緣)에는 거사(居士) 옥순(玉淳)과 사당(社堂) 옥매(玉梅)가 비

---

243 송석하, 「社堂考」, 『韓國民俗考』(일신사, 1960), pp.101~112; 장휘주, 「사당패의 집단성격과 공연내용에 대한 史的 考察」, 『한국음악연구』 35(한국국악학회, 2004), pp.225~240; ______, 「'사당패' 관련 名稱에 대한 史的 考察」, 『공연문화연구』 13(한국공연문화학회, 2006), pp.363~387.

244 장휘주, 앞 논문(2006), pp.367~370.

     조선시대 불상의 복장기록 연구

구 및 비구니와 함께 등장하고 있다.[245] 여기에 등장하는 비구·비구니·거사·사당은 조선 후기 불사의 주체인 사부대중인 비구·비구니·우바이·우바새를 의미한다.

조선시대에 혜사당(惠社堂)이 처음으로 등장하는 것은 성종 4년인 1473년이고,[246] 같은 해에 사당(社堂)의 정식 명칭이 보인다. 이들이 사람들을 모아 천도와 명복을 빈다는 명목으로 머리를 깎고 절에 투신한다는 기록에서 당시 사당의 형태를 짐작해 볼 수 있다.[247] 사당과 거사의 명칭이 동시에 사용된 것은 선조 40년인 1607년이다.[248] 여기에서 어리석은 백성들이 미혹되어 남자는 거사(居士)가 되고 여자는 사당(社堂)이라 칭해, 본분의 일을 하지 않고 승복을 걸치고 걸식하며 서로를 유인한다고 평가하고 있다. 『조선왕조실록』에 의하면 1663년에 화주와 거사 무리들이 교량(橋梁)을 개수한다고 승려들을 불러 모아 종교 대문

---

245 "種助緣比丘信和」居士玉淳」社堂玉梅」比丘尼勸念」太和」比丘尼還」"

246 『조선왕조실록』 성종 4년 7월 16일 기사. "이때 혜사당(惠社堂)·정각(正覺) 등과 같은 무리들이 수종사에 유숙(留宿)하면서 7, 8일을 지냈다. 또 도성사(道成寺)에 왕래했는데 따르는 여승과 그 시비(侍婢)의 수가 얼마인지를 알지 못할 정도이다. 그들이 나라의 법을 감히 어기고 방종하며 무법(無法)한 것이 이와 같았으므로, 추단(推斷)해 그 죄를 정하지 아니할 수가 없다."

247 『조선왕조실록』 성종 4년 7월 18일 기사. "근년 이래로 기습(氣習)이 날로 변해서 여승의 무리들이 점차 많아지고, 궁벽한 민간과 비밀스러운 땅의 곳곳에 모두 사당(社堂)이 있어서 무리들을 긁어모아 초유(招誘)를 널리 행하니 실행(失行)한 처녀들과 지아비를 저버린 사납고 모진 처(妻)들이 모두 모이는 곳이 되었다. 천도하느니 명복을 비느니 하면서 핑계 대어 머리를 깎고 절에 몰래 투신하는 자가 그 얼마인지를 알 수 없다."

248 『조선왕조실록』 선조 40년 5월 4일 기사. "10여 년 전부터 인심이 흐려지고 사설(邪說)이 횡행해도 금하여 검칙하지 못하니, 어리석은 백성들이 미혹되어 남자는 거사(居士)가 되고 여자는 사당(社堂)이라 칭하며 본분의 일을 일삼지 않고 승복을 걸치고 걸식하며 서로를 유인하여 그 무리들이 번성하고 있다. 그런데도 주현에서 금단하지 않으므로 평민의 절반이 떠돌아다녀 도로에 줄을 잇고 산골짜기에 가득 차며 혹 자기들끼리 모이면 천백(千百)의 무리를 이루니 보기에 놀랍다."

밖 매우 가까운 곳에서 불사(佛事)를 설행하면서, 장막을 치고 꽃을 꽂아두고 경쇠·꽹과리·북을 울리며 법문을 외우기까지 했다는[249] 기록이 있다. 여기에서 알 수 있듯이 화주(化主)와 거사(居士) 무리들이라고 한 것은 화주를 승려로 보고 있음을 의미한다.

이와 같이 조선시대 위정자들은 사당과 거사에 대해 부정적인 평가를 하고 있다. 그러나 실제로 조선시대 기록문화재를 살펴보면 다방면으로 거사와 사당이 등장하고 있다.〈표 25 참조〉 조선 후반기 불상 조성기에서 가장 먼저 사당이 등장하는 것은 1626년 법주사 대웅전 비로자나불상의 조성에서부터이다. 『조선왕조실록』에는 사당(社堂)으로 표기되는데, 1626년 법주사 비로자나불상에서도 사당(社堂)으로 표기되고 있다. 그러나 이후의 불상 조성기에서는 모두 사당(舍堂)으로 통칭되고 있다. 법주사 비로자나불상에서 오금(烏金)을 화주(化主)한 자로 사당(社堂) 법신(法信)이 등장하고 있다. 또한 1626년 법주사 비로자나불상의 또 다른 발원문에서는 조연(助緣)으로 '비구신화(比丘信和), 거사(居士) 옥순(玉淳), 사당(社堂) 옥매(玉梅), 비구니(比丘尼) 권념(勸念), 태화(太和), 비구니(比丘尼) 환(還)' 등이 동참하고 있는데, 이것은 불교계의 사부대중이 함께 불사에 참여하고 있음을 나타낸 것이다.

현재 서울의 불교중앙박물관에 소장된 1694년의 구례 천은사 석가불상 제작에는 사당(舍堂) 계행(戒行)은 공양주로, 거사(居士) 계명(戒明)은 인권(引勸)으로 동참하고 있다. 아마도 사당 계행과 거사 계명은 부부로 생각된다. 1704년 영광 불갑사 응진전 석가삼존상에는 조연(助緣)으로 사당(舍堂) 신행(信行)과 신견(信堅)이 동참하고 있다. 1710년 월정사

---

249 『조선왕조실록』, 현종 4년 10월 11일조.

     조선시대 불상의 복장기록 연구

북대 고운암 석가불상 조성기에는 사당의 주거지로 생각되는 기록이 있어 주목된다. 즉 시주질에 '황금보시공양 인권 겸 대시주(黃金布施供養引權兼大施主) 경성내(京城內) 김씨(金氏) 사당(舍堂) 묘정(妙淨)'으로 기록된 점이다. 황금(黃金)·보시(布施)·공양(供養)·인권(引勸)을 겸하고 있는 대시주자로 경성에 사는 사당 김묘정이 등장하고 있는 것이다. 사당 묘정(妙淨)은 1709년 예천 용문사 천불도와 팔상도의 시주자로, 1710년 봉정사 괘불도 시주자로도 참여하고 있다. 또한 인권대시주자(引勸大施主者)로 사당(舍堂) 화덕(花德)이 참여하고 있다.

1712년 익산 혜봉원 석가삼존상 조성기에는 화주(化主)로 비구(比丘) 각헌(覺軒), 거사(居士) 자명(自明), 비구(比丘) 해상(海尙), 명월사당(明月舍堂) 삼신단신(三信單身)이 기록되어 있다. **그림70** 비구·거사·사당이 화주자로 활동하는데 여기에서 주목되는 것은 명월사당 삼신이다.

표 25. 조선 후반기 제1기 불상 조성기에 나타난 사당(舍堂)

불상명	연도	사당
보은 법주사 대웅전 비로자나불상	1626	오금화주(烏金化主)…사당 법신(社堂法信)
		조연비구 신화(助緣比丘信和), 거사 옥순(居士玉淳), 사당 옥매(社堂玉梅)
구례 천은사 석가불상(불교박물관소장)	1694	공양주(供養主) 사당 계행(舍堂戒行), 인권(引勸) 거사 계명(居士戒明)
영광 불갑사 응진전 석가삼존상	1706	조연(助緣) 홍간(弘侃), 사당 신행(舍堂信行), 신견(信堅)
월정사 북대 고운암 석가불상	1710	황금보시공양인권 겸 대시주(黃金布施供養引權兼大施主) 경성내(京城內) 김씨사당묘정(金氏舍堂妙淨)
		인권대시주(引勸大施主) 사당 화덕보체(舍堂花德保体)
익산 혜봉원 석가삼존상	1712	화주(化主) 비구 각헌(比丘覺軒), 거사 자명(居士自明). 비구 해상(比丘海尙), 명월사당(明月舍堂) 삼신단신(三信單身)
안성 칠장사 관음보살상	1718	시주질(施主秩)…사당 서인(舍堂瑞仁)
도선사 아미타불상	1740	황금대시주(黃金大施主) 명월사당(明月舍堂) 경신생(庚申生) 성행단신(性行單身)
		화주(化主) 명월사당(明月舍堂) 자징(自澄), 명월사당(明月舍堂) 천렴(天廉), 명월사당(明月舍堂) 신경(信敬)

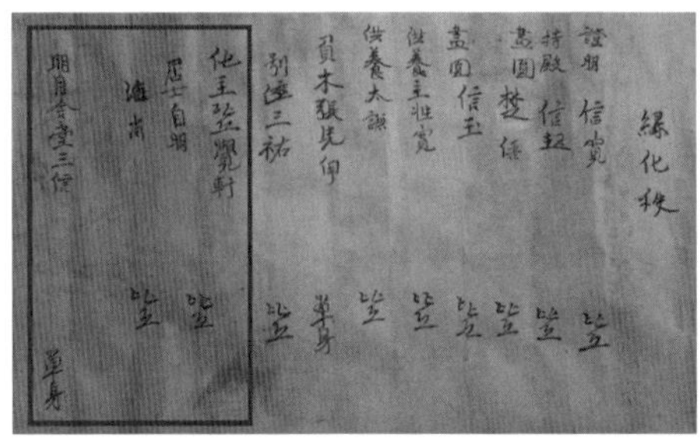

그림 70. 익산 혜봉원 석가불상과 거사 및 사당, 1712년

불상명	연도	사당
평창 운흥사 아미타불상	1791 개금	본조상대시주(本造像大施主) 청신녀(淸信女) 사당 행정 (舍堂行淨)

　　1712년 익산 혜봉원 석가삼존상의 화주로 참여한 '명월사당(明月社堂)' 명칭은 1740년에 조성된 도선사 아미타불상에도 나타나고 있다. 이것으로 미루어 보건대 1712년에 익산 혜봉원 석가삼존상의 화주로 등장한 명월사당(明月舍堂)은 사당 가운데 한 그룹을 형성한 것이 아닌가 생각된다. 즉 1740년 도선사 아미타불상에는 황금대시주자로 '명월사당(明月舍堂) 경신생(庚申生) 성행단신(性汧單身)'으로 표기되었고, 화주로 '명월사당(明月舍堂) 자징(自澄), 명월사당(明月舍堂) 천렴(天廉), 명월사당(明月舍堂) 신경(信敬)' 등이 보이기 때문이다. 이 기록은 명월사당이라는 그룹에 의해 도선사 아미타불상이 조성되고 있음을 알려주는 자료라고 할 수 있다.

　　또한 명월사당(明月舍堂)은 예천 용문사 천불도(1709년), 봉정사 괘불도(1710년), 월정사 비로자나후불도(1759년)에도 나타나고 있다. 즉 예천

조선시대 불상의 복장기록 연구

용문사 천불도(1709년)에는 '인등촉독겸대시주(引燈燭獨兼大施主) 명월사당(明月舍堂) 묘정단신(妙淨單身)'으로, 예천 용문사 팔상도(1709년)에는 명월사당을 생략하고 '사당(舍堂) 묘정단신(妙淨單身)'으로 기록되어 있다. 1710년 봉정사 괘불도에는 '각색 채색 비단 겸 대시주(各色彩色飛端兼大施主) 명월사당(明月舍堂) 묘정단신(妙淨單身)'으로, 1750년 월정사 비로자나후불도에는 '경성화주(京城化主) 명월사당(明月舍堂) 각순(覺順) 갑진생(甲辰生) 주씨양주(朱氏兩主)'로 기록되어 있다. 이같은 사실은 명월사당이 당시 경성을 중심으로 활동했던 사당 그룹이었음을 추정케 한다.

18세기 후반인 1768년 오덕사 괘불도에 이르면 거사와 사당이 서로 부부임을 알 수 있는 표현이 등장하고 있다. 사당(舍堂)은 여자를 뜻하는 것으로 보이는데, 즉 '바탕 겸 화주(婆湯兼化主) 황거사(黃居士) 혜명(惠明), 처(妻) 사당(舍堂) 민기(敏機)'에서 보듯이 바탕시주와 화주를 거사 황혜명과 그의 아내 사당 민기가 담당하고 있는 것을 알 수 있다. 즉 재가신자인 남자는 거사라 하고 그와 함께 사는 여자를 사당(舍堂)이라 부르고 있으며, 이들이 법명을 사용하고 있는 점이 주목된다.

조선 후기 불사에 이름을 올리고 있는 사당은 불상이나 불화, 범종 외에도 천안 광덕사 시주비명(施主碑銘, 1729년)에는 시왕(十王) 시주질에 지전(持殿)으로 사당(舍堂) 혜인(惠印)이 나타나고 있다. 이외에도 전북 원통사에는 조선 후기 탑으로 '사당(舍堂) 선혜탑(善惠塔)'이 전해지고 있다. 이러한 사실은 조선 후반기에 들어 사당들이 불사의 주체로 부상하고 있음을 알려주는 좋은 자료임을 짐작케 한다.

3

조선 후반기 제2·3기 불상 조성기에 나타난 거사(居士)와 사당(舍堂)의 역할

조선 후반기 제2기 불사(佛事)에서 가장 큰 변화는 제1기와 마찬가지로 시주층의 다양화라고 할 수 있다. 17세기 후반이 되면 화주나 시주자로 사당과 거사의 이름이 등장하기 시작해, 18세기 이후가 되면 거사와 사당은 새로운 시주층으로서 자리 잡게 된다. 본 절에서는 조선 후반기 제2기의 불상 조성을 주도한 층으로 거사와 사당을 중심으로 살펴보고자 한다.

1726년에 조성된 예산 수덕사 삼길암 관음보살상 조성기는 불상 조성에 참여한 거사의 역할을 살피는 데 중요하다. 옹정 4년 3월에 삼길산 삼길암에서 아미타불상 1구와 관음보살상 1구를 조성하는데 화주를 담당하고 있는 인물이 바로 거사이다. 그는 해미면 사기소(沙器所)에 살았고, 속명(俗名)은 송민석(宋敏碩)이고 거사명(居士名)은 법능(法能)이다. 그는 삼존 가운데 관음보살 1존을 안흥에 있는 망해암(望海庵)에서 진사

(鎭寺)로 이안(移安)했다는 것이다.[250] 또한 시주질에 나타난 인물 가운데 대시주로 해미서면 사기소(沙器所)에 사는 신상원양주(申尙元兩主), 거사(居士) 응진양주(應眞兩主), 거사(居士) 법상양주(法尙兩主), 거사(居士) 덕순양주(德淳兩主)가 있으며, 대화주(大化主)로서 거사(居士) 법능(法能)이 있다. 여기서 주목되는 것은 해미서면 사기소(沙器所)에 거사들이 살고 있다는 점이다. 이 지역은 거사들이 무리를 지어 살고 있었을 가능성이 있으며, 거사 법능 외에 3명의 인물이 시주자로 동참하고 있는 사실에서 짐작할 수 있다. 또한 대화주로 참여한 법능은 거사명(居士名)이고 속명은 송민석(宋敏碩)이라는 기록에서 거사들이 불상 조성기에 표기될 때 법명(法名)과 속명(俗名)을 동시에 사용하고 있음을 알 수 있다.〈표 26〉

표 26. 조선 후반기 제2·3기 불사에 참여한 거사(居士) 및 사당(舍堂)의 역할

불상명	연도	역할	명단
예산 수덕사 삼길암 관음보살상	1726	시주(施主)	대시주(大施主) 해미서면(海美西面) 사기소(沙器所) 거(居) 신상원양주(申尙元兩主), 거사 응진양주(居士應眞兩主), 거사 법상양주(居士法尙兩主), 거사 덕순양주(居士德淳兩主)
		대화주(大化主)	거사 법능(居士法能)
서울 사자암 아미타불상	1726 개금	대공덕주(大功德主)	거사 선학양주(居士善學兩主)
서울 지장암 관음보살상	1733	별좌(別座)	거(居) 법성(法性), 거사 경심양주(居士褧心兩主), 거사 영한양주(居士靈閑兩主), 거(居) 처안양주(處安兩主), 거사 처밀양주(居士處密兩主)
		화사(化士)	거사 신수양주(居士信秀兩主)

---

250 예산 수덕사 삼길암 관음보살상 조성기(1726년) : "雍正四年丙午三月日大山三吉山三吉 庵造成阿彌陀佛一尊」觀音菩薩兩尊化主本海美西面沙器所人俗名宋敏碩」居士名法能自 荷負勸善乞立諸處造成三尊內觀音」菩薩一尊安興地灵山望海庵移安于留鎭"

불상명	연도	역할	명단
포항 대성사 관음보살상	1736 중수	화주(化主)	거사 대일양주(居士大日兩主)
보은 법주사 복천암 아미타삼존상	1737	부목(負木)	거사 법순(居士法淳)
		화주(化主)	사당 성인(舍堂性仁)
도선사 아미타불상	1740	인권(引勸)	거사 원해양주 (居士元海兩主)
		시주(施主)	황금대시주(黃金大施主) 명월사당(明月舍堂) 경신생(庚申生) 성연단신(性衍單身)
		화주(化主)	명월사당 자징(明月舍堂自澄), 명월사당(明月舍堂) 곤명 신유생 정씨기춘(坤命辛酉生鄭氏己春)
서울 봉은사 영산전 석가삼존불상과 16나한상	1745	시주(施主)	사당 해안(舍堂海眼)
		부목(負木)	거사 승윤(居士勝允)
서울 봉은사 사천왕	1746	시주(施主)	청신거사 응진(淸信居士應眞)
양산 천태사 아미타불상	1754	시주(施主)	거사 지변(居士智卞)
		화주(化主)	사당 월상(社堂月祥)
합천 해인사 백련암 불상	1761	인권(引勸)	거사 덕림(居士德琳)
포항 오어사 삼세불상	1765	시주(施主)	대시주(大施主) 거사 광원(居士廣遠), 복장대시주(腹藏大施主) 거사 자징(居士慈懲)
영천 묘각사 아미타불상	1775 중수	시주(施主)	처사 정심(處士淨心), 처사 포인(處士抱印)
영천 백흥암 석가삼존상과 나한상	1786	시주(施主)	처사 쾌원(處士快元)
평창 운흥사 아미타불상	1791 개금	시주(施主)	본조상대시주(本造像大施主) 청신녀 사당 행정 (淸信女舍堂行淨)
		공양(供養)	거사 범학(居士軓學)
남양주 흥국사 도시대왕상	1792	시주(施主)	청신녀 보혜(淸信女寶慧)
		인권(引勸)	청신 처징(淸信處澄), 광규영가(廣奎靈駕), 청신녀 행원(淸信女行願), 묘영(妙榮), 조해진(曺海珍), 처사 지영(處士智瑩), 처사 박씨(處士朴氏), 곤을묘생(坤乙卯生崔氏), 인권(引勸) 청신녀 법란(淸信女法蘭)
해남 서동사 삼세불상	1804 개금	서기(書記)	거사 보욱(居士寶旭)
예천 용문사 16나한상	1884 개채	인권(引勸)	청신녀 임자 손씨 심신행 (淸信女壬子孫氏心信行), 청신녀 계축생 이씨 명덕행 (淸信女癸丑生李氏明德行), 청신녀 정사생 박씨 보인행 (淸信女丁巳生朴氏普仁行), 청신녀 갑인생 박씨 반야월 (淸信女甲寅生朴氏般若月)

불상명	연도	역할	명단
평창 상원사 영산전 석가불상	1886	조역(助役)	처사(處士)

불상 조성기에는 주로 거사라고 칭했을 때는 대부분 법명을 명기하고 있다. 그리고 조선 후기에 역모(逆謀)에 연루되어 추국을 당하는 거사들을 보면 일정한 시간을 지나 거사(居士)가 되는 과정을 살필 수 있는데, 삼길암의 관음보살상 조성기는 그러한 사실을 잘 보여주는 자료로써 주목할 만한 가치가 있다.

1733년에 조성된 서울 지장암 목조관음보살상의 조성기에서 주목되는 것은 증명 및 조각가와 공양주를 제외한 모든 인물이 거사(居士)로 나타난다는 점이다.**그림 71** 별좌(別座)는 거사(居士) 법성(法性)과 거사(居士) 경심양주(褧心兩主), 거사(居士) 영한양주(靈閑兩主), 거사(居士) 처안양주(處安兩主), 거사(居士) 처밀양주(處密兩主)이며, 화사(化士)는 거사(居士) 신수양주(信秀兩主)이다. 별좌로 4명의 거사 부부가 등장하고 있어 주목된다. 또한 거사를 간단히 '거(居)'로만 표기하는 것도 주목해서 살펴보아야 할 기록으로 여겨진다.[251]

1736년에 중수된 포항 대성사 석조 관음보살상에서도 거사 부부의 활약이 눈에 띈다. 이 불상은 영천 남면 연양산 성불암의 관음상으로 1736년에 개금 중수하고 있는데, 이때 거사 부부들이 대거 등장하고 있다. 개금 발원 화주로서 거사 대일양주(大日兩主), 낭준양주(朗俊兩主), 허귀양주(許故兩主), 선옥양주(善玉兩主), 상운양주(尚云兩主), 문우양주(文佑

---

251 문명대 교수 역시 간단히 '거(居)'로만 표기하고 있는 경우 거사일 가능성이 있는 것으로 이미 해석했다.(문명대, 「지장암장 1733년작 보현사(普賢寺) 관음보살상과 그 복장품」, 『지장암-地藏庵의 歷史와 文化』, (사)한국미술사연구소·지장암, 2010, p.191)

 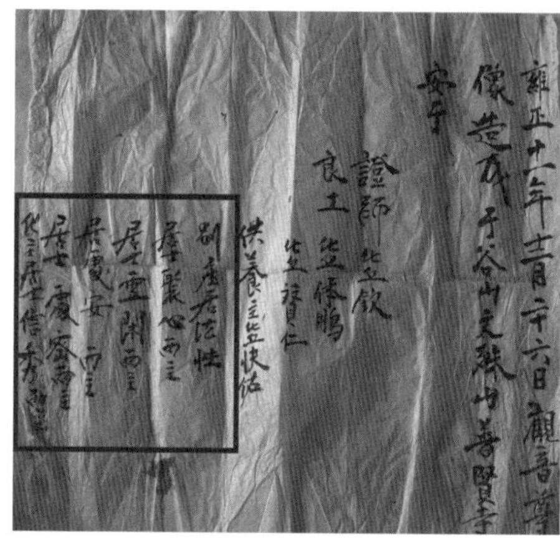

그림 71. 서울 지장암 관음보살상과 불상조성기, 1733년 | 자료 제공 : 김창균

兩主), 상홍양주(尙弘兩主) 등 7부부가 동참하고 있다. 맨 앞에만 거사라는 명칭을 사용하고 나머지 인물들은 거사를 표기하고 있지 않지만, 전체 문맥으로 보아 이들은 법명을 사용하고 있기 때문에 거사배(居士輩)로 생각된다. 1736년에 거사들이 무리를 지어 활동하고 있는 것을 알려주는 자료이다.

1737년에 조성된 보은 법주사 복천암 아미타삼존상은 거사와 사당의 활동에서 중요한 위치를 차지한다. 왜냐하면 법주사는 이미 일찍부터 대웅전 불상 조성에 거사와 사당들이 참여하고 있으며,[252] 법주사 대웅전 상량문(1715년)에는 '시주(施主) 거사질(居士秩)'이 따로 마련되어 있어 주목된다.[253] 즉 이 시기에 와서는 사찰 불사의 중심 세력으로 거사

---

252 유근자, 「조선 후반기 불상조성기를 통한 불상의 조성 배경 연구」, 『강좌미술사』 38 (한국 불교미술사학회, 2012), pp.49~88 참조.

253 문화재청, 『법주사 대웅전 실측·수리보고서』, 2005, pp.293~294. "施主 居士秩」淸信居士 知明 兩主」信行兩主」明月 舍堂 世淨兩主」學明兩主」善根兩主」信日兩主」信連兩主」信聖

조선시대 불상의 복장기록 연구

층이 자리를 잡는 것 같다. 여기에 등장하는 인물들은 '양주(兩主)'로 표기되어 있어, 부부가 함께 참여하고 있음을 알 수 있다.

〈법주사 상량문〉(1715년)에서 주목되는 것은 거사(居士) 시주질(施主秩)에 비구(比丘)도 함께 들어 있는 것과 '명월사당(明月舍堂) 세정양주(世淨兩主)'의 내용이다. 명월사당은 어쩌면 이전부터 사당들이 한 그룹을 형성해 활동했을 가능성을 암시한다고 하겠다. 이에 대해서는 앞으로 좀 더 체계적인 자료 수집과 연구가 수행되어야 할 것이다. 또한 '조역(助役) 거사(居士) 신찰단신(信察單身), 신원단신(信元單身), 월명단신(月明單身), 김영현양주(金英賢兩主)' 등에서도 알 수 있는 것처럼, 조역 거사 신찰과 신원, 월명 등이 등장하고 있다. 여기에서는 부부가 아닌 경우는 단신(單身)으로 기록하고 있다. 이같은 사실은 법주사를 중심으로 거사배(居士輩)가 무리를 지어 살고 있었고, 이들은 불사(佛事)에 중요한 역할을 담당했던 것으로 여겨진다.

1740년에 진관사에서 조성되어 서울 도선사로 이안된 목조 아미타불상과 대세지보살상 조성에도 거사와 사당이 참여하고 있는데, 인권(引勸)과 화주(化主)를 담당하고 있다. 여기에서 거사는 부부로 표기하고 사당(舍堂)은 그냥 법명만 표기하고 있다. 인권(引勸)에는 거사(居士) 원해양주(元海兩主)가, 화주(化主) 명월사당(明月舍堂) 자징(自澄), 명월사당(明月舍堂) 천렴(天廉), 명월사당(明月舍堂) 신경(信敬)이 동참하고 있다. 이들은 여성으로 태어났지만 수행을 통해 불도를 이루고자 이 불상을 조성하고 있으며, 화주로도 활동하고 있다. 불사를 주도했던 여인들은 '명

兩主」心俊兩主」覺淳兩主」仁淑兩主」修閑兩主」學心兩主」道演兩主」淡元兩主」戒還兩主」
聖 兩主」信元兩主」信圭兩主」行壽兩主」法淨兩主」淸信兩主」雪淡比丘」天淑比丘」處明比
丘」道淨比丘」……助役居士 神察單身」信元單身」月明單身」"

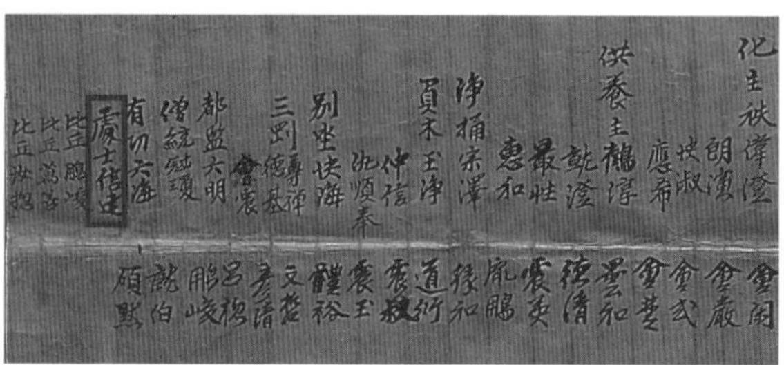

그림 72. 대구 파계사 관음보살상과 개금·중수기, 1740년

월사당(明月舍堂)'으로 표기되고 있는데, 이때부터 사당(舍堂) 역시 한 무리를 이루어 활동했던 것은 아닌가 생각된다. 왜냐하면 명월사당이라는 용어는 여러 곳에서 보이기 때문이다.[254]

1740년 중수된 대구 파계사 건칠 관음보살상에서는 처사(處士) 신건(信建)이 등장하고 있다.**그림 72** 화주질(化主秩)에 여러 비구들과 함께 등장하는데 이때부터 처사와 거사는 함께 사용된 것으로 보인다. 1745년 봉은사 영산전 석가삼존상과 나한상 조성에는 거사와 사당(舍堂)이 시주와 부목(負木)으로 등장하는데, 사당(舍堂) 해안(海眼)은 시주자로, 거사(居士) 승윤(勝允)은 부목으로 참여하고 있다. 1년 뒤인 1746년에 조성된 봉은사 사천왕상에서는 시주자로 청신거사(淸信居士) 응진(應眞)이 등장하고 있는 점이 주목된다. 1746년에는 거사를 청신거사라고 부르고 있으며, 부부가 아니라 단신(單身)으로 참여하고 있다.

양산 천태사 목조 아미타불상(1754년) 조성에는 거사와 사당이 참여하고 있는데 거사들은 시주자로, 사당은 화주(化主)로 동참하고 있다.

---

254 유근자, 앞 논문(2012), pp.70~75.

　　　　　　　　　　　　　　조선시대 불상의 복장기록 연구

즉 시주질 첫머리에는 거사(居士) 지변(智卞)을 비롯해 선기(善起)와 묘관(妙寬)이 기록되어 있다. 지변 앞에만 거사(居士)라는 호칭이 있고 선기와 묘관 앞에는 생략되어 있으나, 같은 조성기에서 비구일 경우 비구라고 표기하고 있기 때문에 이들은 거사의 무리로 생각된다. 화주로는 사당(社堂) 월상(月祥)이 등장하고 있는 점이다. 사당(社堂) 명칭은 1700년대에 들어와 불상 조성기에서 사당(舍堂)으로 변하는데, 사당(社堂)이 표기되고 있다는 점에서 명칭 표기에 혼란이 있었던 것으로 짐작된다.

합천 해인사 백련암 목불상(1761년) 조성에는 거사(居士) 덕림(德琳)이 인권(引勸)으로 활동하고 있다. 안양 삼막사 마애치성광삼존상(1763년)에는 '선녀(善女)'와 '처사(處士)'라는 명칭이 등장한다. 아마도 이들은 거사배(居士輩)로 여겨지는데 시주질에 선녀(善女) 처해(處海)와 처징(處澄)이 나란히 등장하며, 뒤에는 처사(處士) 성해(性海)가 시주자로 참여하고 있다. 포항 오어사 삼세불상(1765년)에는 시주자로 거사(居士) 광원(廣遠)과 복장시주자로 거사(居士) 자징(慈懲)이 참여하고 있다. 영천 묘각사 아미타불상(1775년 중수)에는 처사(處士) 정심(淨心)과 처사(處士) 포인(抱印)이 시주자로 동참하고 있다. 영천 백흥암 영산전 불상과 나한상(1786년)의 시주자로 처사(處士) 쾌원(快元)이 등장하고 있다.

평창 운흥사 아미타불상(1791년)에는 사당과 거사가 시주자와 공양자로 등장하는 것을 볼 수 있다. 이때 사당을 '청신녀(淸信女) 사당(舍堂)'이라고 한 점이 눈에 띈다. 즉 본조상대시주(本造像大施主)로 청신녀 사당(淸信女舍堂) 행정(行淨)이, 공양질(供養秩)에 거사(居士) 범학(軓學)이 등장하고 있다. 월정사를 중심으로 명월사당이 활동했던 것과 마찬가지로[255]

---

255 유근자, 앞 논문(2012), pp.74~75.

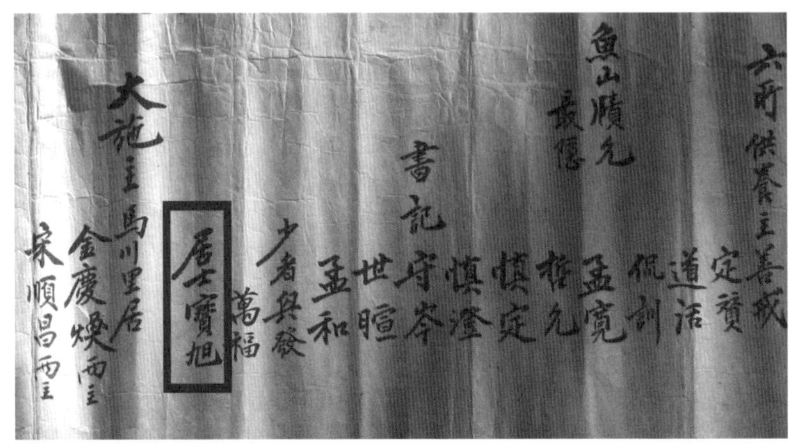

그림 73. 해남 서동사 삼세불상 개금기, 1803년

조선 후기에 이 지역에서는 사당들의 활동이 두드러진 것으로 보인다.

남양주 흥국사 도시대왕상(1792년)에는 거사와 사당 대신에 청신녀 (淸信女)와 처사(處士)라는 용어를 사용하고 있다. 대시주자로 청신녀(淸信女) 보혜(寶慧), 인권(引勸)으로 청신(淸信) 처징(處澄), 광규 영가(廣奎靈駕) 청신녀(淸信女) 행원(行願), 묘영(妙榮), 조해진(曺海珍), 처사(處士) 지영 (智瑩), 처사(處士) 박씨곤(朴氏坤) 을묘생(乙卯生) 최씨(崔氏), 인권(引勸) 청신녀(淸信女) 법란(法蘭) 등이 등장하고 있다. 즉 시주자 및 인권으로 역할하고 있는데 청신녀와 처사라는 용어가 사용되고 있음에 주목할 필요가 있다. 또한 1763년 안양 삼막사 마애치성광삼존상의 시주질에 등장한 처징(處澄)이 1792년 흥국사 도시대왕 조성에는 인권(引勸)으로 활동하고 있다. 그는 주로 경기 일원에서 활동하고 있었던 사실을 짐작할 수 있다.

1650년에 조성되어 1803년에 개금된 해남 서동사 삼세불상에서 거사의 활동이 엿보이는데 거사(居士) 보욱(寶旭)이 서기(書記)로 활동하고

조선시대 불상의 복장기록 연구

있다.**그림 73** 1884년 개채된 예천 용문사 16나한상에는 대시주자로 상궁들이 참여하고 있으며 인권(引勸)으로 청신녀(淸信女)가 참여하고 있다. 그런데 이들은 이전과 달리 법명이 3자로 늘어나고 있으며, 청신녀 임자 손씨 심신행(淸信女壬子孫氏心信行), 청신녀 계축생 이씨 명덕행(淸信女癸丑生李氏明德行), 청신녀 정사생 박씨 보인행(淸信女丁巳生朴氏普仁行), 청신녀 갑인생 박씨 반야월(淸信女甲寅生朴氏般若月) 등으로 표기되어 있다. 이때에는 사당은 사라지고 새로운 층으로 여신도가 등장하는 것을 살펴볼 수 있다. 1886년 평창 상원사 영산전 석가불상에서는 조역(助役)으로 처사(處士) 희창(熙昌)이 참여하고 있다.

앞에서 살펴본 바와 같이 조선 후기 제2기에 활발하게 활동했던 거사와 사당은 제3기에 들어서는 명칭이 변하고 있다. 아마도 19세기에 들어서서는 거사와 사당은 원래의 목적을 잃고 유랑하며 예인(藝人) 집단으로 활동이 변화해 갔던 것을 불상 조성기를 통해 확인할 수 있다.

4

조선시대 불상 조성기와
시주물목(施主物目)

1) 조선 전반기 시주물의 종류

조선 전반기 불상 조성에는 초기에는 시주물목은 생략한 채 시주자의 이름만 열거하고 있는데 표충사 대원암 지장보살상(1448년), 통도사 아미타삼존상(1450년), 영주 흑석사 아미타불상(1458년), 경주 왕룡사원 아미타불상(1466년), 순천 매곡동 석탑 출토 금동 아미타삼존불상(1468년),**그림 74** 남양주 수종사 팔각오층석탑 금동석가불상(1493년), 천성산 관음사 관음보살상(1502년), 예천 용문사 아미타불상(1515년 중수) 등이 대표적이다.

1534년에 조성된 제주 서산사 보살상에서는 구체적인 시주물목이 등장하는데, 불상(佛像)·상금(上金)·공양(供養)·진칠(眞柒)·원당(願堂)·단청(丹靑)이 시주되고 있다.**그림 75** 여기서 주목되는 것은 원당(願堂) 대시주(大施主)가 이루어지고 있는데, 아마도 이 불상은 왕실과 관련 깊은

그림 74. 순천 매곡동 석탑 출토 아미타삼존상, 1448년 | 자료 제공 : 불교중앙박물관

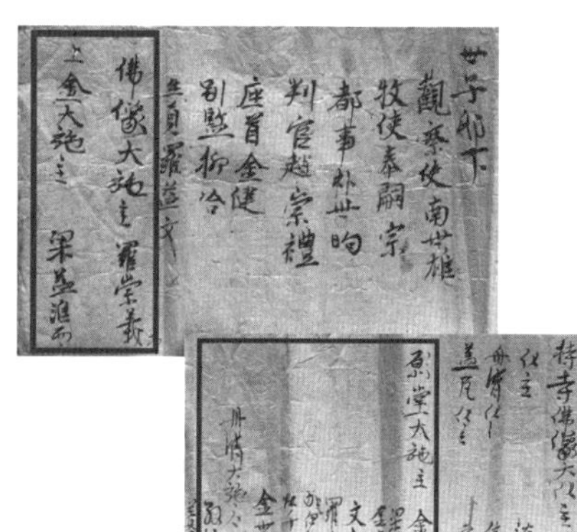

그림 75. 제주 서산사 보살상과 시주물목, 1534년

사찰에 봉안되었던 것으로 짐작된다.

봉화 청량사 건칠 약사불상은 조선 전반기인 1560년과 조선 후반기인 1715년에 개금·중수된 불상이다. 1560년에 약사삼세여래(藥師三世如來)를 개금·중수한다는 천인동발원문(千人同發願文) 2점과 1715년에 약사여래와 좌우보처인 일광보살과 월광보살을 개금중수한다는 발원문 1

그림 76. 봉화 청량사 약사불상과 개금·중수기, 1560년
자료 제공 : 손영문

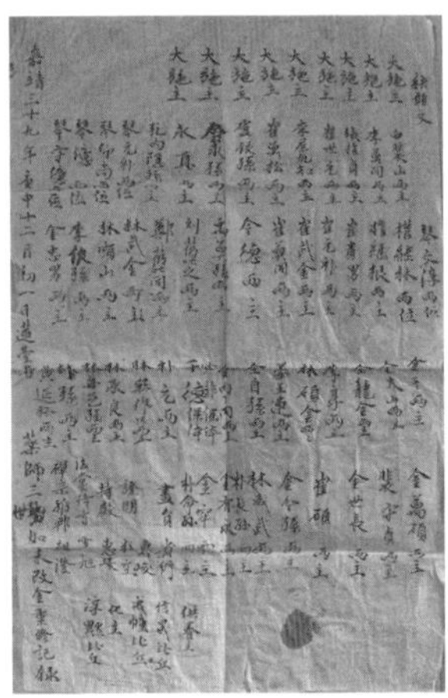

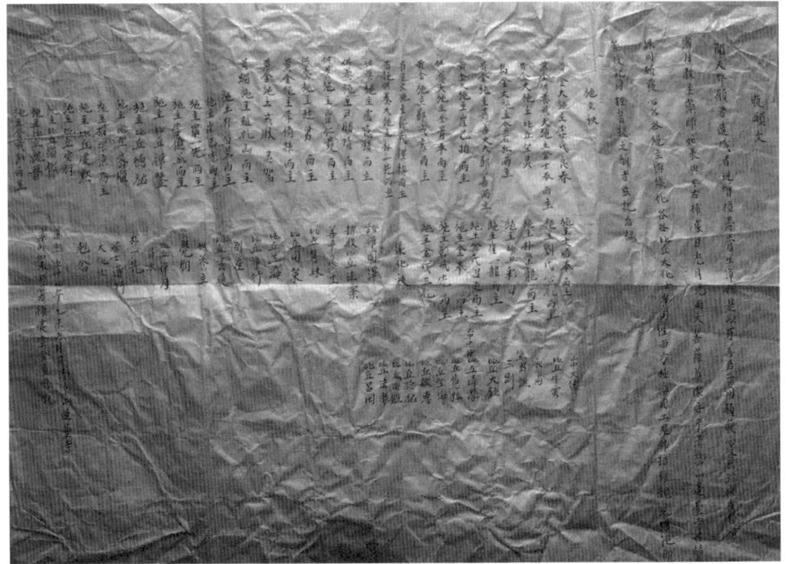

그림 77. 봉화 청량사 약사불상 개금·중수 발원문, 1715년 │ 자료 제공 : 손영문

점이 복장에서 발견되었다. 또한 대좌에는 1734년(옹정 12)에 중수한 내용이 기록되어 있다. 1560년 개금·중수 발원문에는 대시주자와 시주자의 이름만 열거되어 있을 뿐 시주물목에 관한 내용은 없다. **그림 76**

조선시대 불상의 복장기록 연구

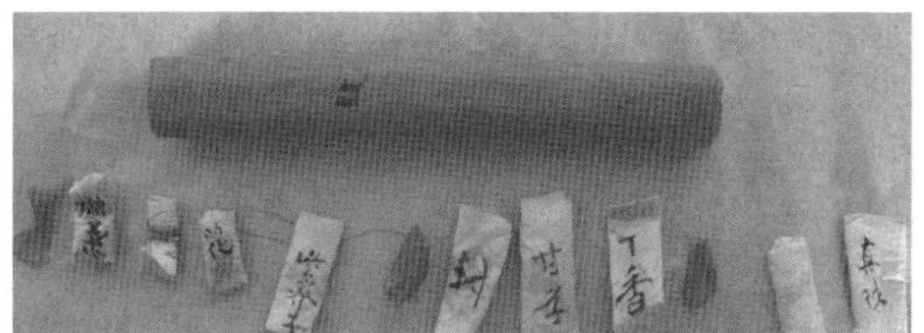

그림 78. 봉화 청량사 약사불상과 후령통과 복장물 | 자료 제공 : 손영문

그런데 실제 복장 조사 때는 불교 경전을 비롯한 다양한 약재 등이 발견
되었다. 1715년 개금·중수 발원문에는 시주물목에 관한 간단한 언급이
있을 뿐이어서, 기록과 복장물이 일치하고 있지 않아 어느 때인가 별
도로 개금·중수가 이루어진 것으로 보인다.**그림77** 특히 후령통 안에서는
향을 비롯한 다양한 약재가 발견되었는데, 중생의 병고를 치유하는 약
사여래의 본원(本願)과 일치하고 있다. **그림78**

1565년에 조성된 목포 달성사 지장보살삼존상과 명부 권속 조성기

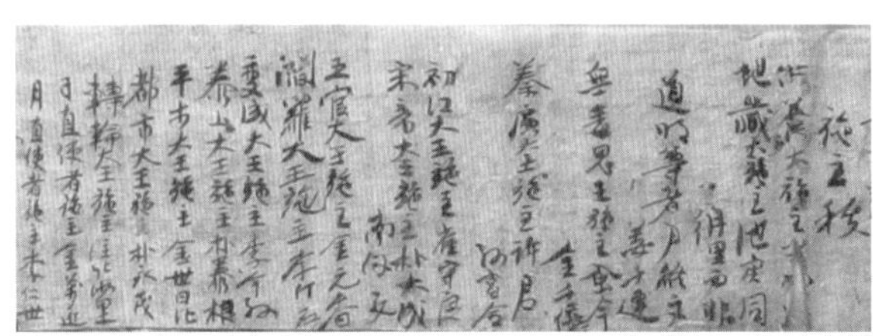

그림 79. 목포 달성사 지장보살상과 시주질, 1565년 | 자료 제공 : (재)불교문화재연구소

시주질(施主秩)에는 각 존상과 시주자 명단이 기록되어 있어, 시주물목은 바로 지장보살상을 비롯한 시왕상 등이다. 먼저 공양(供養) 시주자를 기록한 다음 지장보살, 도명존자(道明尊者), 무독귀왕(無毒鬼王), 진광대왕(秦廣大王), 초강대왕(初江大王), 송제대왕(宋帝大王), 오관대왕(五官大王), 염라대왕(閻魔大王), 변성대왕(變成大王), 태산대왕(泰山大王), 평등대왕(平等大王), 도시대왕(都市大王), 전륜대왕(轉輪大王), 일직사자(日直使者), 월직사자(月直使者) 등의 시주물목을 기록하고 있다.그림 79 목포 달성사 지장삼존상과 명부 권속의 시주물목은 조선 전반기 명부전에 봉안된 존상들의 도상을 알려주고 있다.

1579년에 조성된 경주 왕룡사원 석가불상은 대시주질(大施主秩)과 차시주질(次施主秩)을 마련해 시주자 이름만을 열거하고 시주물목을 기록하고 있지 않다. 1605년에 조성된 익산 관음사 관음보살상의 시주물목은 불상(佛像)과 상금(上金) 뿐이지만, 많은 사람들이 시주자로 참여하고 있다. 그림 80

1605년에 조각승 원오(圓悟)에 의해 조성된 논산 쌍계사 삼세불상

그림 80. 익산 관음사 관음보살상과 시주물목·시주자, 1605년

그림 81. 논산 쌍계사 삼세불상과 시주물목·시주자, 1605년

시주물목은 다양하다. 불상 조성(佛像造成) 대시주자를 비롯해, 불상 상금(佛像上金), 황금(黃金), 불상 금칠(佛像金漆), 불상 체목(佛像体木), 공양(供養), 불상 의복(佛像衣服), 등촉(燈燭) 등인데, 여기서 주목되는 것은 불상 의복이다. 아미타불상에서 발견된 불상 조성 발원문의 크기는 높이가 39.7cm이고 길이가 268.9cm로, 3m에 가까운 발원문에는 불상에 관한 자세한 정보가 담겨 있다. 쌍계사 삼세불상 발원문에서 눈에 띄는 것은 시주 물품 목록 가운데 황금을 시주한 분들이 '황금 조연자 명단'이라고 해서 30명이 따로 기록되어 있는 점이다.그림81 다른 불상 발원문에서 볼 수 없는 '불상 의복 시주자'로 한복련 부부가 등장한 점도 특이하다. 불복장으로 불상 안에서 저고리나 치마가 발견된 경우가 있기 때문에 복장으로 옷을 시주한 사실을 기록한 것으로 보인다.

표 27. 조선 전반기 시주물목

	불상명	조성연도	시주물목
1	영덕 장육사 보살상	1395 조성	시주자 명단
		1407 개금	개금(改金), 상금(上金)
2	대구 파계사 관음보살상	1447 중수	시주자 명단
		1724 중수	시주질(施主秩), 단월질(檀越秩)
3	표충사 대원암 지장보살상	1448	대시주(大施主), 시주(施主)
4	통도사 아미타삼존상	1450	시주자(施主者)
5	금강산 은정골 아미타삼존상	1451	시주자(施主者)
6	영주 흑석사 아미타불상	1458	대시주(大施主), 시주(施主)
7	파주 용미리 이불병입상마애불상	1471	대시주(大施主), 시주(施主)
8	남양주 수종사 석가불상	1493	시주(施主)
9	천성산 관음사 관음보살상	1502	대시주(大施主), 시주(施主)
		1706 개금	대시주질(大施主秩)
10	제주 서산사 보살상	1534	불상(佛像), 상금(上金), 공양(供養), 진칠(眞柒), 원당(願堂), 단청(丹靑)
11	봉화 청량사 약사불상	1560 개금	대시주(大施主), 시주(施主)
		1715 개금	황금(黃金), 오금(烏金), 공양(供養), 보시(布施)

조선시대 불상의 복장기록 연구

	불상명	조성연도	시주물목
12	목포 달성사 지장삼존상과 명부 권속	1565	공양(供養), 지장(地藏), 도명존자(道明尊者), 무독귀왕(無毒鬼王), 진광대왕(秦廣大王), 초강대왕(初江大王), 송제대왕(宋帝大王), 오관대왕(五官大王), 염라대왕(閻魔大王), 변성대왕(變成大王), 태산대왕(泰山大王), 평등대왕(平等大王), 도시대왕(都市大王), 전륜대왕(轉輪大王), 일직사자(日直使者), 월직사자(月直使者)
13	완도 관음사 지장보살상	1569	대시주(大施主), 시주(施主)
14	봉화 청량사 지장보살삼존상	1578 추정	보협진언(寶篋眞言), 독판시주(獨判施主)
15	문경 봉암사 아미타불상	1586	대시주(大施主), 시주(施主)
16	익산 관음사 관음보살상	1605	불상(佛像), 상금(上金)
17	논산 쌍계사 삼세불상	1605	불상 조성(佛像造成), 불상 상금(佛像上金), 황금(黃金), 불상 금칠(佛像金漆), 불상 체목(佛像体木), 공양(供養), 불상 의복(佛像衣服), 등촉(燈燭)
18	공주 동학사 삼세불상	1606	금(金), 오금(烏金), 후령통(喉鈴筒), 어교(魚膠)
19	서울 불교박물관 소장 불상	1605~1610	불상(佛像), 상금(上金), 오금(烏金), 공양(供養)

조선 전반기에 조성된 불상은 시주물목이 전반적으로 다양한 편은 아니다. 대부분 대시주자와 시주자만을 기록한 경우가 많다. 그러나 목포 달성사 지장삼존상과 명부 권속에서 보다시피 각 존상의 시주자들을 구체적으로 기록한 경우도 있다. 조선 전반기 불상의 시주물목을 정리하면 〈표 27〉과 같다.

2) 조선 후반기 제1기 시주물의 종류

조선 후반기 제1기 불상 조성기에 기록된 시주물은 매우 다양한 편이다. 조선 전반기와 조선 후반기 제2·3기 불상은 간략하게 시주자 명단만을 기록한 것과는 다르다. 특히 주목되는 것은 석가삼존상과 16나한상, 또는 지장삼존상과 시왕상을 비롯한 명부 권속을 조성할 경우 각 존상의 시주자를 기록하고 있는 점이다. 이를 통해 당시 나한전과 명부전에 어떤 존상이 봉안되었는지를 알 수 있다.

조선 후반기 제1기의 시주물의 종류는 불상 조성에 필요한 시주물과 의식에 필요한 것으로 크게 구분된다. 불상 조성에 필요한 것 가운데 많은 부분을 차지하는 것은 금(金)인데, 주목되는 바는 불상 각 부위에 해당하는 금 시주자가 따로 기록되어 있는 점이다. 예를 들면 체금(體金)·면금(面金)·수금(手金)·흉금(胸金) 등으로 이 가운데 대표적인 것은 불상의 몸과 얼굴에 해당하는 체금 시주자와 면금 시주자이다.

이외에도 후령통을 비롯해 후령통 안에 들어갈 다양한 약재와 후령통을 싼 낭포(囊布) 시주자도 기록되어 있다. 복장에 납입된 복장지(腹藏紙)·『법화경』과 『화엄경』등의 경전이 새로운 시주물목으로 등장하고 있다. 또한 좌대 등의 시주자와 함께 채색 안료와 어교(魚膠), 철물(鐵物) 등이 기록되어 있다. 음식에 관한 것으로는 말장(末醬)과 식염(食鹽)이 있다.

이 가운데 대표적인 몇 가지 경우를 살펴보기로 하자. 1612년에 조성된 진주 월명암 아미타불상 조성기에서는 불상(佛像)·오금(烏金)·상금(上金)·니금(泥金)·복장(腹藏)·주홍(朱紅)·공양(供養)·말장(末醬)·보시(布施)·인권(引勸) 등 다양한 시주물목이 처음 나타나기 시작한다.**그림 82**

1612년에 조성된 해남 대흥사 삼세불상의 시주물목은 매우 다양하다. 불상(佛像) 시주자와 함께 상금(上金)·오금(烏金)·니금(泥金)·자금(紫金)·금(金) 등 다양한 금이 시주물목으로 등자하고 있다. 이외에도 공양(供養)·보시(布施)와 함께 저포(苧布)·포진(鋪陳)·재목(材木)·대좌(座臺)와 함께 말장(末醬)·청밀(淸蜜)·식염(食鹽) 등이 기록되어 있다.**그림 83** 또한 법화경 시주질과 정철 시주질(正鐵施主秩)이 따로 마련되어 있는 점이 특징이다.**그림 84** 실제로 석가불상을 비롯해 약사불상·아미타불상에서 낱

그림 82. 진주 월명암 아미타불상과 시주물목, 1612년

그림 83. 해남 대흥사 삼세불상과 시주물목, 1612년

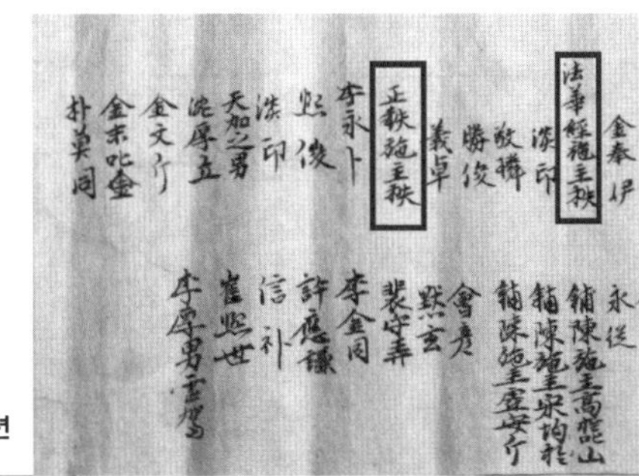

그림 84. 해남 대흥사 약사불상 시주물목, 1612년

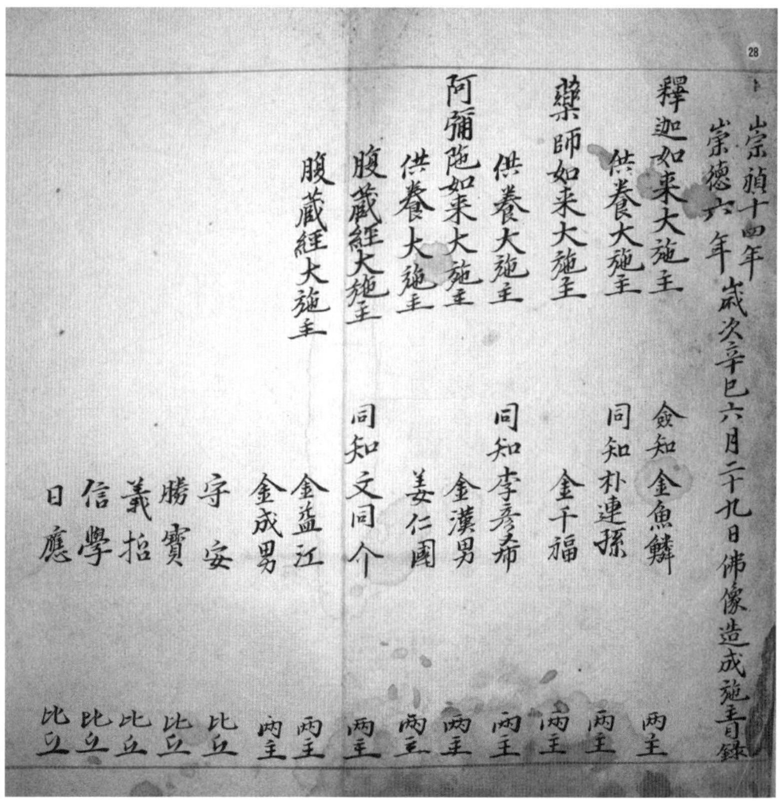

崇禎十四年
崇德六年歲次辛巳六月二十九日佛像造成施主目錄

釋迦如来大施主　　　　僉知　金魚鱗　兩主
供養大施主　　　　　　同知　朴連孫　兩主
藥師如来大施主　　　　　　　金千福　兩主
供養大施主　　　　　　同知　李彦希　兩主
阿彌陁如来大施主　　　　　　金漢男　兩主
供養大施主　　　　　　　　　姜仁國　兩主
腹藏經大施主　　　　　同知　文同个　兩主
　　　　　　　　　　　　　　金益江　兩主
　　　　　　　　　　　　　　金成男　兩主
腹藏經大施主　　　　　　　　守安　比丘
　　　　　　　　　　　　　　義招　比丘
　　　　　　　　　　　　　　勝寶　比丘
　　　　　　　　　　　　　　信學　比丘
　　　　　　　　　　　　　　日應　比丘

그림 85. 완주 송광사 삼세불상과 시주물목, 1641년

그림 86. 진주 응석사 삼세불상과 시주물목, 1643년

장으로 된 법화경 인경지가 다량으로 발견되었다.

1641년에 조성된 완주 송광사 대웅전의 삼세불상에서는 각 불상에서 모두 불상 조성기가 발견되었는데, 붉은 테두리를 상하로 긋고 그 안에 내용을 기록한 후 접는 절첩 형식으로 되어 있다. 높이가 5미터가 넘는 대형 불상임에도 불구하고 시주물목과 시주자는 많지 않다. 시주물목은 석가여래(釋迦如來)·약사여래(藥師如來)·아미타여래(阿彌陀如來)·복장경(腹藏經)·공양(供養)·불공(佛供) 등으로, 각 존상의 시주자와 복장에 납입한 경전 시주자가 주목된다. **그림85**

1643년에 조성된 진주 응석사 삼세불상의 시주물목은 시주질(施主秩)이 마련되어 불상(佛像)·면금(面金)·오금(烏金)·복장(腹藏)·오색사(五色絲)·공양(供養)·인등(引燈) 등의 시주물목과 시주자가 기록되어 있다. 응석사 삼세불상에서는 새롭게 오색사(五色絲)가 추가되어 있다. **그림86**

1644년에 조성된 경산 경흥사 석가삼존불상에서 주목되는 것은 주불

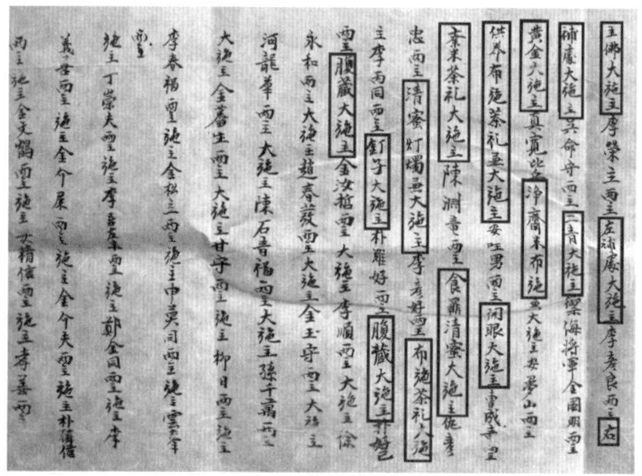

그림 87. 경산 경흥사 석가삼존상과 시주물목, 1644년

과 좌우보처 시주자를 비롯해 새롭게 시주물로 쌀이 등장한다는 점이다. 이외에도 '개안(開眼) 시주자'가 있는데 이것은 아마도 불상의 눈을 시주한 것을 의미한 것 같다. 대부분 불상의 눈은 물감으로 그려 넣었는데 이 불상의 경우 조성 당시 보석을 삽입했을 가능성이 있다. 또한 차(茶)와 불상을 고정시키는 데 사용된 못[정자 釘子]도 시주물목으로 포함되고 있다. 시주물목은 주불(主佛)·좌보처(左補處)·우보처(右補處)·이청(二靑)·황금(黃金)·정재미(淨齋米)·보시(布施)·공양(供養)·다례(茶禮)·개안(開眼)·식정(食鼎)·청밀(淸蜜)·등촉(燈燭)·정자(釘子)·복장(腹藏) 등이

조선시대 불상의 복장기록 연구

그림 88. 대구 보성선원 석가삼존상과 시주물목, 1647년

다. 그림 87

1647년에 조성된 대구 보성선원 석가삼존상은 본존 석가여래·좌보처 문수보살·우보처 보현보살상으로 구성되어 있다. 시주물목에는 삼존상의 시주자와 경산 경흥사 석가삼존상에 등장한 '개안 시주자'가 기록되어 있고, 후령통을 싼 낭포(囊布)를 비롯해 붓 등이 시주물로 등장하고 있다. 보성선원 석가삼존불상의 시주물목은 불상(佛像)·좌보처(左補處)·우보처(右補處)·면금(面金)·황금(黃金)·오금(烏金)·낭포(囊布)·개안(開眼)·점필(點筆)·주홍(朱紅)·포(布)·니사단(泥師團)·포단(蒲團)·좌구(座

具)·복장(腹藏)·후령통(喉鈴筒)·오색사(五色絲)·면자(綿子)·공양(共養) 등
이다. **그림88**

　1649년에 조성된 서울 화계사 지장삼존상과 명부 권속은 17세기 명
부전 도상 연구에 귀중한 자료를 제공하고 있다. 지장삼존상을 비롯해
시왕상·판관·귀왕·장군·사자·동자상 시주자와 다양한 시주물목을 기
록하고 있다. 상 조성에 필요한 재료와 함께 탁자와 판자(板子)까지 포함
되어 있는 점이 특징이다. 시주물의 종류를 불상 조성기에 기록된 대로
표기하면 공양(供養)·보시(布施)·겸색(縑色)·말장(末醬)·지장(地藏)·황금
(黃金)·등촉(燈燭)·도명(道明)·체목(體木)·무독(無毒)·제1왕(第一王)·제
2왕(第二王)·제3왕(第三王)·제4왕(第四王)·제5왕(第五王)·제6왕(第六王)·
제7왕(第七王)·제8왕(第八王)·제9왕(第九王)·제10왕(第十王)·후령(候令)·
공양(供養)·오금(烏金)·다각(茶角)·복장엄(腹莊嚴)·태산부군(泰山府君)·
판관(判官)·귀왕(鬼王)·장군(將軍)·사자(使者)·동자(童子)·철물(鐵物)·대
탁(大卓)·아교(阿膠)·번홍(番弘)·포(布)·복장(腹藏)·판자(板子)·장엄(藏
嚴)·진말(眞末) 등이다. **그림89**

　조선 후반기 제1기 불상 가운데 시주물목이 가장 많이 기록된 상은
군산 동국사 석가삼존상이다. 이 삼존상에서 발견된 불상 조성기는 모
두 3점인데 시주자와 시주물목이 자세히 기록되어 있으며, 석가불상
에서 발견된 시주질(施主秩)의 크기는 높이가 32.8cm이며 길이가 무려
290cm로 출가수행자 382명과 재가신자 855명 등 총 1,237명의 시주
자 정보가 질서정연하게 기록되어 있다. 가섭존자상과 아난존자상의 발
원문에 기록된 소임자와 조각승까지 포함하면 최소 1,258명이 동국사
석가삼존상 조성에 동참하고 있어, 조선시대 불상 가운데 가장 많은 사
람들의 소원이 담긴 불상이라고 할 수 있다. 시주물목은 석가(釋迦)·가

그림 89. 서울 화계사 지장삼존상과 시주물목, 1649년

섭(迦葉)·아난(阿難)·타방불(他方佛)·불상(佛像)·면금(面金)·체금(體金)·
니금(泥金)·금(金)·오금(烏金)·체목(體木)·하엽(荷葉)·포단(蒲團)·수도황
(水塗黃)·진채(眞彩)·황단(黃丹)·유리(琉璃)·복장(腹藏)·말장(末醬)·식염
(食鹽)·철물(鐵物)·후령통(喉鈴筒)·인등(引燈)·어교(魚膠)·삼록(三綠)·생
금(生金)·다례(茶禮)·낭포(囊布)·청목향(靑木香)·생은(生銀)·부자(俯子)·
금(金)·웅황(雄黃)·유향(乳香)·아리(阿梨)·장삼(長衫)·공양(供養)·불전(佛
奠)·등촉(燈燭) 등이다. **그림 90** 동국사 석가삼존상 시주물목 가운데 다양
한 향(香)과 '불전(佛奠)'이 새롭게 등장하고 있으며, 가섭존자와 아난존
자를 채색하는 데 필요한 하엽(荷葉)·수도황(水塗黃)·진채(眞彩)·황단(黃

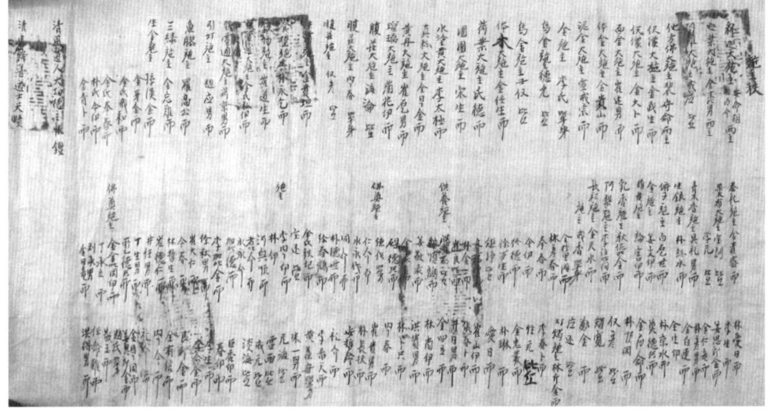

그림 90. 군산 동국사 석가삼존상과 시주물목, 1650년

丹)·삼록(三綠) 등의 안료가 시주물목으로 포함되어 있는 점이 특징이다.

　1653년에 조성된 서울 지장암 석가불상의 시주물목에서 주목되는 것은 복장 유물로 가장 많이 발견되는 『법화경』과 『화엄경』이 시주물목으로 포함된 점이다. 전체 시주물의 종류는 불상(佛像)·원불(願佛)·공양(供養)·보련(普蓮)·점안(點眼)·면금(面金)·오금(烏金)·니금(泥金)·인등(引

　　　　　　　　　　　　　　조선시대 불상의 복장기록 연구

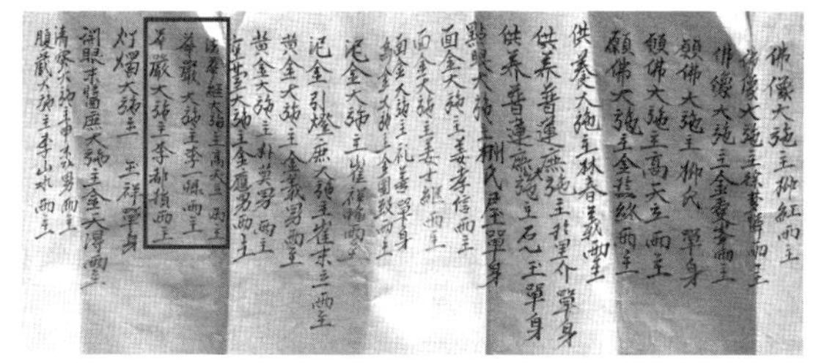

그림 91. 서울 지장암 석가불상과 시주물목, 1653년

燈)·황금(黃金)·좌대(座臺)·법화경(法華經)·화엄(華嚴)·등촉(燈燭)·개안(開眼)·말장(末醬)·청밀(淸蜜)·복장(腹藏) 등이다. **그림 91**

조선 후반기 제1기 나한전 석가삼존상과 16나한상 등 존상의 도상을 파악하는 데 중요한 위치를 차지하고 있는 것은 완주 송광사 나한전 존상들이다. 1656년에 조성된 완주 송광사 석가삼존상과 16나한 및 500나한상 조성기에는 시주물목과 시주자가 기록되어 있다. 주불인 석가불상을 비롯해 좌보처 미륵보살·우보처 제화갈라보살·좌우 제석천·좌우 장군·16나한과 500나한, 그리고 불상 조성에 필요한 재목과 복장 시주자를 확인할 수 있다. **그림 92**

1694년에 조성된 상주 남장사 관음선원 관음보살상은 1701년에 개금되었는데 이때 새로운 시주물목으로 후배지(後褙紙)가 등장한다. 후배지는 불화의 경우 배접지를 의미하는데, 불상에서는 불상 내부에 복장물을 봉안하고 빈 공간을 채웠던 '복장지(腹藏紙)'로 추정된다. **그림 93**

1703년에 조성된 구례 화엄사 각황전 석가불·아미타불·다보불·보현보살·문수보살·관음보살·지적보살 등 7존상은 구체적으로 각 존상의 존명과 시주자 및 시주금이 기록된 점이 특징이다. 이때부터 본격적으로 시주 금액이 우선적으로 표기되고 있으며, 각 존상의 존명을 확실

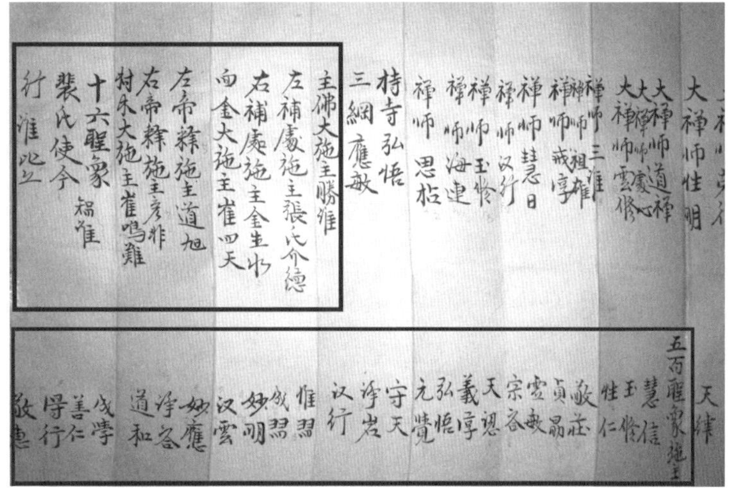

그림 92. 완주 송광사 나한전 석가삼존상과 시주물목, 1656년

히 알 수 있다는 점에서 조선 후기 조각사 연구에 중요한 위치를 차지하고 있다.

1700년대에 들어서면 1711년에 조성된 함양 사리암 아미타불상을 제외하면 대부분 시주물목이 간략해진다. 대표적인 예로는 1708년에 조성된 전주 삼경사 불상을 들 수 있다.**그림 94** 이 불상은 크기가 작기도 하지만 시주물목이 황금(黃金)과 공양(供養) 뿐으로, 1600년대의 불상의 시주물목이 다양한 것과는 대조적이다. 조선 후반기 제2·3기가 되면 시

  조선시대 불상의 복장기록 연구

 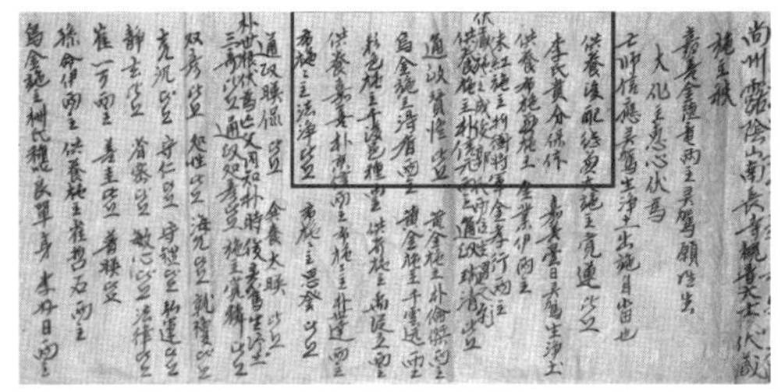

그림 93. 상주 남장사 관음선원 관음보살상(1695년)과 시주물목(1701년)

그림 94. 전주 삼경사 불상과 시주물목, 1706년

주물목이 생략되고 시주자 이름만 기록하는 것으로 변화한다. 조선 후
반기 불상의 시주물목을 정리하면 〈표 28〉과 같다.

표 28. 조선 후반기 제1기 시주물목

	불상명	조성연도	시주물목
1	여주 신륵사 아미타삼존상	1610	불상(佛像)
2	남원 선원사 지장삼존상과 명부 권속	1610	대시주질(大施主秩)
		1646	태산(泰山), 귀왕(鬼王), 사자(使者), 제1동자(第一童子), 지장동자(地藏童子), 제2동자(第二童子), 제3동자(第三童子), 제4동자(第四童子), 제5동자(第五童子), 제6동자(第六童子), 제7동자(第七童子), 제8동자(第八童子), 제9동자(第九童子), 제10동자(第十童子), 복장(腹藏), 금련색(金練色)

	불상명	조성연도	시주물목
3	순창 강천사 아미타불상	1612	불상(佛像), 주홍(朱紅), 금(金), 공양(供養), 면금(面金)
4	진주 월명암 아미타불상	1612	불상(佛像), 오금(烏金), 상금(上金), 니금(泥金), 복장(腹藏), 주홍(朱紅), 공양(供養), 말장(末醬), 보시(布施), 인권(引勸)
5	해남 대흥사 삼세불상	1612	불상(佛像), 상금(上金), 공양(供養), 오금(烏金), 저포(苧布), 포진(鋪陳), 재목(材木), 대좌(座臺), 니금(泥金), 자금(紫金), 금(金), 보시(布施), 말장(末醬), 청밀(淸蜜), 식염(食鹽), 법화경(法華經), 정철(正鐵), 호초(胡椒), 주옥(珠玉)
7	진주 청곡사 삼세불상	1615 추정 1750 개금	전(錢), 정조(正租), 백미(白米), 황금(黃金) 채색(彩色), 공양(供養), 보시(布施), 미간은주(眉間銀珠) 황촉(黃燭), 황필(黃筆), 진묵(眞墨)
8	서천 봉서사 아미타삼존상	1619	불상(佛像), 체목(體木), 황금(黃金), 공양(供養), 보시(布施), 낭포(囊布), 후령통(喉鈴筒), 시저식기(匙筯食器)
9	강화 전등사 삼세불상	1623	불상(佛像), 면금(面金), 체목금(體木金), 체목(體木), 오금(烏金), 공양(供養), 좌대(座臺), 포단(蒲團), 채색(彩色), 복장(腹藏), 인등(引燈), 숙두(熟頭)
10	순천 송광사 광원암 아미타불상	1624	불상(佛像), 칠(柒)
11	보은 법주사 비로자나삼불상	1629	불상(佛像), 공양(供養), 재목(材木), 인권(引勸), 보시(布施), 정철(釘鐵), 복장(腹藏), 후령통(喉鈴筒), 포(布), 저포(苧布), 팔엽(八葉), 말장(末醬), 등촉(燈燭), 숙두(熟頭), 황금(黃金)
12	김제 귀신사 비로자나삼불상	1633	아난(阿難), 가섭(迦葉), 공양(供養), 빈두로(賓頭盧), 가낙가(迦諾迦), 발리타도(跋釐墮闍), 낙구라(諾矩羅), 가리가(迦理迦), 불다라(弗多羅), 수박가(戍博迦), 반탁가(半託迦), 나가서나(那伽犀羅), 인갈라(因竭羅), 벌나파사(伐羅婆斯), 아벌다(阿伐多), 좌보제석(左輔帝釋), 우보제석(右輔帝釋), 감재사자(監齋使者), 등촉(燈燭), 인등(引燈), 용로(龍露), 유리(琉璃), 철물(鐵物), 화초지(花草紙)
13	고창 선운사 비로자나삼불상	1633	비로불(毘盧佛), 약사(藥師), 미타(彌陀)
14	파주 보광사 미륵보살상	1633	불상(佛像), 황금(黃金), 면금(面金)
15	영광 불갑사 삼세불상	1635	불상(佛像)
16	청도 적천사 삼세불상	1636	불상(佛像), 공양(供養), 진말(眞末), 황금(黃金), 등촉(燈燭), 면금(面金), 오금(烏金), 수금(手金), 복장(腹藏), 포태(泡太), 진말(眞末), 임자(任子), 보련(步輦), 낭포(囊布), 식정(食鼎), 보시(布施), 식염(食鹽), 매탄(埋炭), 철물(鐵物), 니금(泥金), 인등(引燈), 등촉(燈燭), 대두(大豆)
17	동국대학교 박물관 소장 아미타삼존불감	1637	오금(烏金)
18	고흥 능가사 삼세불상	1639	공양(供養), 보시(布施), 복장장엄금사(腹藏莊嚴錦紗), 복장장엄금릉부(腹藏莊嚴錦綾芙), 용향(蓉香), 철물(鐵物), 하엽(荷葉), 진분(眞粉), 주홍(朱紅), 후령통(喉鈴筒)

조선시대 불상의 복장기록 연구

	불상명	조성연도	시주물목
19	예산 수덕사 삼세불상	1639 석가불	불상(佛像), 금(金), 공양(供養), 낭포(囊布), 복장(腹藏), 삼존백호(三尊白毫), 후령통(喉鈴筒), 오금(烏金), 포단(蒲團), 좌대(座臺), 보련(步蓮), 생금(生金), 정분(精粉), 정주(釘主)
		아미타불	불상(佛像), 자금(紫金), 면금(面金), 공양(供養), 금(金), 철물(鐵物), 어교(魚膠), 후령통(喉鈴筒)
		약사불	불상(佛像), 황금(黃金), 공양(供養), 금(金), 오금(烏金), 복장(腹藏), 면금(面金)
20	거창 심우사 아미타불상	1640	불상(佛像), 면금(面金), 공양(供養), 보시(布施), 오금(烏金), 좌구(坐具), 좌포(坐圃), 복장(腹藏), 주홍(朱紅), 황금(黃金), 정철(正鐵), 재목(材木), 식염(食鹽)
21	완주 송광사 삼세불상	1641	석가여래(釋迦如來), 공양(供養), 약사여래(藥師如來), 아미타여래(阿彌陀如來), 복장경(腹藏經), 불공(佛供)
22	진주 응석사 삼세불상	1643	불상(佛像), 면금(面金), 공양(供養), 오금(烏金), 오색사(五色絲), 복장(腹藏), 인등(引燈)
23	순천 선암사 지장보살삼존상과 명부 존상	1644	지장왕(地藏王), 도명존(道明尊), 무독귀왕(無毒鬼王), 제1진광왕(第一秦廣王), 제2초강왕(第二初江王), 제3송제왕(第三宋帝王), 제4오관왕(第四五官王), 제5염라왕(第五閻羅王), 제6변성왕(第六變成王), 제7태산왕(第七秦山王), 제8평등왕(第八平等王), 제9도시왕(第九都市王), 제10오도전륜왕(第十五道轉輪王), 판관(判官), 귀왕(鬼王), 좌장군(左將軍), 우장군(右將軍), 동자(童子), 사자(使者), 체목(體木), 오금(烏金), 주홍(朱紅), 황단(黃丹), 수도황(水塗黃), 석자황(石紫黃), 중청(重靑), 진채(眞彩), 정채(精彩), 삼록(三綠), 하엽(荷葉), 용누(龍淚), 진묵(眞墨), 복장(腹藏), 오향(五香), 오보(五寶), 오다(五茶), 오색사(五色絲), 황단(黃丹), 초청(初靑), 낭포(囊布), 공양(供養), 좌구(座具), 인등(引燈), 등촉(燈燭), 청밀(淸蜜), 말장(末醬), 식염(食鹽), 철물(鐵物)
24	경산 경흥사 삼존불좌상	1644	주불(主佛), 좌보처(左補處), 우보처(右補處), 이청(二靑), 황금(黃金), 정재미(淨齋米), 보시(布施), 공양(供養), 다례(茶禮), 개안(開眼), 재미(齋米), 식정(食鼎), 청밀(淸蜜), 등촉(燈燭), 정자(釘子), 복장(腹藏)
25	산청 율곡사 목조 아미타삼존상	1645 추정 1746 개금	전(錢), 공양(供養), 청밀(淸蜜)
26	평창 상원사 제석천왕상	1645	공양(供養), 보시(布施), 조성(造成), 황금(黃金), 면금(面金), 불상황금(佛像黃金), 불상(佛像), 도벽(塗壁)
27	구례 천은사 아미타불상	1646	주불(主佛), 면금(面金), 좌구(座具), 공양(供養), 보시(布施), 주홍(朱紅), 복장(腹藏), 등촉(燈燭), 말장(末醬), 철물(鐵物), 니금(泥金), 오금(烏金), 청밀(淸蜜), 식정(食鼎)
28	대구 보성선원 석가삼존불상	1647	불상(佛像), 좌보처(左補處), 우보처(右補處), 면금(面金), 황금(黃金), 오금(烏金), 낭포(囊布), 개안(開眼), 점필(點筆), 포(布), 공양(供養), 복장(腹藏), 주홍(朱紅), 니사단(泥師團), 포단(蒲團), 좌구(座具), 후령통(喉鈴筒), 오색사(五色絲), 면자(綿子)

	불상명	조성연도	시주물목
29	해남 도장사 석가삼존불상	1648	불상(佛像), 공양(供養), 면금(面金), 체금(體金), 보시(布施), 오금(烏金), 불전(佛奠), 낭포(囊布), 복장(腹藏), 좌대(座臺), 주홍(朱紅), 휘장(揮帳), 모단(毛丹), 철물(鐵物), 진채(眞彩), 용로(龍露), 등촉(燈燭), 인등(引燈), 말장(末醬), 식염(食鹽), 다각(茶角)
30	흥국사 목조 지장보살삼존상과 명부 권속	1648	지장보살(地藏菩薩), 무독(無毒), 도명(道明), 보시(布施), 분(粉), 복장(腹藏), 인등(引燈)
31	김천 직지사 석가불상	1648	불상(佛像), 체금(體金), 복장(腹藏), 금(金)
32	포천 동화사 불상	1649	석가여래불조성(釋迦如來佛造成), 주불(主佛)
33	서울 화계사 지장보살삼존상과 명부 권속	1649	공양(供養), 보시(布施), 겸색(縑色), 말장(末醬), 지장(地藏), 황금(黃金), 등촉(燈燭), 도명(道明), 체목(體木), 무독(無毒), 황금(黃金), 제1왕(第一王), 제2왕(第二王), 제3왕(弟三王), 제4왕(第四王), 제5왕(第五王), 제6왕(第六王), 제7왕(第七王), 제8왕(第八王), 제9왕(第九王), 제10왕(第十王), 후령(候令), 공양(供養), 오금(烏金), 다각(茶角), 복장엄(腹莊嚴), 태산부군(泰山府君), 판관(判官), 귀왕(鬼王), 장군(將軍), 사자(使者), 동자(童子), 철물(鐵物), 대탁(大卓), 아교(阿膠), 번홍(番弘), 포(布), 복장(腹藏), 판자(板子), 장엄(藏嚴), 진말(眞末), 체목(體木)
34	구미 수다사 아미타불상	1649	주불(主佛), 좌보처(左補處), 우보처(右補處), 공양(供養), 면금(面金), 체금(體金)
35	완주 묘련암 관음보살상	1649	불상(佛像), 황금(黃金), 보시(布施)
36	군산 동국사 석가삼존상	1650	석가(釋迦), 가섭(迦葉), 아난(阿難), 타방불(他方佛), 불상(佛像), 면금(面金), 체금(體金), 니금(泥金), 금(金), 오금(烏金), 체목(體木), 하엽(荷葉), 포단(蒲團), 수도황(水塗黃), 진채(眞彩), 황단(黃丹), 유리(琉璃), 복장(腹藏), 말장(末醬), 식염(食鹽), 철물(鐵物), 후령통(喉鈴筒), 인등(引燈), 어교(魚膠), 삼록(三綠), 생금(生金), 다례(茶禮), 낭포(囊布), 청목향(靑木香), 생은(生銀), 부자(俯子), 금(金), 웅황(雄黃), 유향(乳香), 아리(阿梨), 장삼(長衫), 공양(供養), 불전(佛奠), 등촉(燈燭)
37	진안 금당사 아미타삼존상	1650	불상(佛像), 공양(供養), 황금(黃金), 후령통(喉鈴筒), 복장(復藏), 주홍(朱紅), 등촉(燈燭), 낭포(囊布)
38	무주 관음사 관음보살상	1650년 조성 1676 중수	황금(黃金), 보시(布施), 공양(供養), 면금(面金), 황금(黃金), 오금(烏金), 채색(彩色), 후령통(喉鈴筒), 복장(腹藏), 식염(食鹽), 철물(鐵物), 오약(五藥), 교자(膠子)
39	고흥 금탑사 아미타삼존상	1651	불상(佛像), 주불(主佛), 좌보처(左補處), 우보처(右補處), 공양(供養), 면금(面金), 오금(烏金), 수금(手金), 낭포(囊布), 철물(鐵物), 말장(末醬), 주홍(朱紅), 점필(點筆), 복장경(腹藏經), 복장(腹藏), 체금(體金), 좌대(座臺), 포단(蒲團), 진분(眞粉), 감초(甘草), 계심(桂心), 황단(黃丹), 삼연(三緣), 정향(丁香), 오색초(五色綃), 생은(生銀), 진주(眞珠), 유리(琉璃), 장엄(莊嚴), 마노(瑪瑙), 인삼(人蔘), 아리(阿梨), 법화경(法華經), 우황(牛黃), 지천(紙天), 사자(篩子), 개안(開眼), 보시(布施), 어교(魚膠)

조선시대 불상의 복장기록 연구

	불상명	조성연도	시주물목
40	서울 봉은사 삼세불상	1651	공양(供養), 체금(體金), 보시(布施), 철물(鐵物), 낭포(囊布), 식염(食鹽), 복장(腹藏)
41	속초 신흥사 아미타삼존상·지장삼존상 및 명부권속	1651	불상(佛像), 황금(黃金), 공양(供養), 첩금(貼金) 지장대성존조성(地藏大聖尊造成), 도명존자조성(道明尊者造成), 무독귀왕조성(無毒鬼王造成), 제1진광대왕조성(第一奉廣大王造成), 제2초강대왕조성(第二初江大王造成), 제3송제대왕조성(第三宋帝大王造成), 제4오관대왕조성(第四五官大王造成), 제5염라대왕조성(第五閻羅大王造成), 제6변성대왕조성(第六變成大王造成), 제7태산대왕조성(第七泰山大王造成), 제8평등대왕조성(第八平等大王造成), 제9도시대왕조성(第九都示大王造成), 제10오도전륜대왕조성(第十五道轉輪大王造成), 태산대왕조성(泰山大王造成), 판관왕조성(判官王造成), 선부동자(善簿童子), 좌우사자조성(左右使者造成), 지장왕조성(地藏王造成)
		1720 중수	불상(佛像), 황금(黃金), 개안(開眼)
42	완주 정수사 아미타삼존불상	1652	공양(供養), 불상(佛像), 오금(烏金), 금(金), 포(布), 복장(腹藏), 면금(面金), 황금(黃金), 말장(末醬), 복장지(腹藏紙), 인권(引勸), 인등(引燈), 등촉(燈燭), 후령통(喉鈴筒), 좌료(座礻 +寮), 철물(鐵物), 어교(魚膠), 식염(食鹽), 석자황(石紫黃)
43	서울 지장암 석가불상	1653	불상(佛像), 원불(願佛), 공양(供養), 보련(普蓮), 점안(點眼), 면금(面金), 오금(烏金), 니금(泥金), 인등(引燈), 황금(黃金), 좌대(座臺), 법화경(法華經), 화엄(華嚴), 등촉(燈燭), 개안(開眼), 말장(末醬), 청밀(淸蜜), 복장(腹藏)
44	대구 운흥사 아미타삼존상	1653	불상(佛像), 황금(黃金), 복장(腹藏), 오금(烏金)
45	고창 문수사 삼세불상	1654	재목(材木), 불상(佛像), 석가존상(釋迦尊像), 공양(供養), 보시(布施), 오금(烏金), 포단(蒲團), 면금(面金), 낭포(囊布), 후령통(喉鈴筒), 유리(琉璃), 청밀(淸蜜), 인등(引燈), 등촉(燈燭), 좌대(座臺), 복장(福藏), 진분(眞粉), 주홍(朱紅), 말장(末醬), 식염(食鹽), 진묵(眞墨), 철물(鐵物), 어교(魚膠), 목말(木末), 명주(明珠), 불상(佛像), 진광대왕(秦廣大王), 초강대왕(初江大王), 송제대왕(宋帝大王), 오관대왕(五官大王), 염라대왕(閻羅大王), 변성대왕(變成大王), 태산대왕(太山大王), 평등대왕(平等大王), 도시대왕(都市大王), 전륜대왕(轉輪大王), 판관(判官), 귀왕(鬼王), 장군(將軍), 동자(童子), 감재사자(監齋使者)
46	고창 문수사 지장삼존상과 명부존상	1654	재목(材木), 평등대왕(平等大王), 공양(供養)
47	청도 대운암 보살상	1654	불상(佛像), 공양(供養), 황금(黃金), 면금(面金), 복장(服藏), 오금(烏金), 경지(經紙), 청밀(淸蜜), 포(布), 창밀(蒼蜜), 보시(布施), 식정(食鼎), 황밀(黃蜜), 식염(食鹽), 재미(齋米), 후령통(喉鈴筒), 주홍(朱紅)

	불상명	조성연도	시주물목
48	영광 불갑사 지장삼존상과 명부존상	1654	지장(地藏), 면금(面金), 황금(黃金), 오금(烏金), 도명(道明), 무독(無毒), 제1왕(第一王), 제2왕(第二王), 제3왕(第三王), 제4왕(第四王), 제5왕(第五王), 제6왕(第六王), 제7왕(第七王), 제8왕(第八王), 제9왕(第九王), 제10왕(第十王), 판관(判官), 사자(使者), 낭포(囊布), 후령통(喉鈴筒), 복장(腹藏), 동자(童子), 보시(布施), 공양(供養), 삼록(三綠), 하엽(荷葉), 말장(末醬), 식염(食鹽), 등촉(燈燭), 철물(鐵物)
49	창원 성주사 삼세불상	1655	불상(佛像), 면금(面金), 오금(烏金)
		1729	개금바탕(改金婆幀), 공양개금(供養改金), 개금보시(改金布施), 개금바탕(改金婆蕩)
50	김제 청룡사 관음보살상	1655	불상(佛像)
51	칠곡 송림사 아미타삼존상	1655	불상(佛像), 공양(供養), 보시(布施)
52	완주 송광사 나한전 석가삼존상 · 16나한상 · 500나한	1656	주불(主佛), 좌보처(左輔處), 우보처(右輔處), 면금(面金), 좌제석(左帝釋), 우제석(右帝釋), 촌목(村木), 16성중(十六聖衆), 오백성중(五百聖衆), 복장(腹藏), 좌장군(左將軍), 우장군(右將軍)
53	무주 북고사 아미타불상	1657	불상(佛像), 면금(面金), 체금(體金), 공양(供養), 말장(末醬), 식염(食鹽), 철물(鐵物), 낭포(囊布), 후령통(喉鈴筒), 복장지(腹藏紙), 말금(吐金), 공양(供養), 면자(綿子)
		1736 개금	인권(引勸), 공양(供養), 황금(黃金)
54	칠곡 송림사 석가삼존상	1657	불상(佛像), 금(金), 오금(烏金), 면금(面金), 인등(引燈), 철물(鐵物), 공양(供養), 보시(布施), 복장(腹藏), 황금(黃金)
55	진주 청곡사 제석 · 범천상	1657	주불(主佛), 불상(佛像), 좌불(左佛), 우불(右佛)
56	고흥 금탑사 지장삼존상과 명부 존상	1659	지장(地藏), 도명조성(道明造成), 시왕조성(十王造成), 귀왕조성(鬼王造成), 판관조성(判官造成), 감재조성(監齋造成), 직부사자조성(直府使者造成), 감재사자조성(監齋使者造成), 공양(供養), 황금(黃金), 오금(烏金), 보시(布施), 복장(腹藏), 경(經), 말장(末醬), 주홍(朱紅), 진분(眞粉), 삼록(三綠), 석자황(石子黃), 수도황(水道黃), 황단(黃丹), 연지(臙脂), 정분(精粉), 대록(大綠), 어교(魚膠), 오대(五臺), 오청(五靑), 오황(五黃), 오개자(五芥子), 후령통(喉鈴筒), 진주(眞珠), 철물(鐵物), 인등(引燈), 포(布), 삼록(三綠), 당하엽(唐荷葉), 오색(五色), 인권(引勸), 철물(鐵物), 복장경(腹藏經), 정필(淨筆), 오색초(五色綃), 분(粉), 금(金), 염장(鹽醬), 식염(食鹽), 백단향(白丹香), 나포(裸布), 개안(開眼), 채색(彩色)
57	나주 다보사 지장삼존상과 명부 존상	1659	지장(地藏), 도명(道明), 무독(無毒), 일왕(一王), 이왕(二王), 삼왕(三王), 사왕(四王), 오왕(五王), 육왕(六王), 팔왕(八王), 구왕(九王), 시왕(十王), 귀왕(鬼王), 판관(判官), 사자(使者), 등촉(燈燭), 공양(供養), 면금(面金), 오금(烏金), 재목(材木), 삼록(三綠), 복장(腹藏), 금(金), 말장(末醬), 식염(食鹽), 교피(膠皮), 보시(布施), 복장(腹藏)

	불상명	조성연도	시주물목
58	기장 장안사 삼세불상	1659	공양(供養), 보시(布施), 점(占), 복장(腹藏), 주홍(朱紅), 식염(食鹽), 황밀(黃蜜), 청밀(淸蜜), 법채(法菜), 불영통(佛暎通), 포단(蒲團)
		1703 개금	황금(黃金), 공양(供養), 보시(布施), 포(布), 말장(末醬), 복장경(腹藏經)
59	담양 호국사 아미타불상	1660	불상(佛像), 체금(體金), 면금(面金), 인등(引燈), 재목(材木), 오금(烏金), 공양(供養), 보시(布施), 복장(腹臟), 등촉(燈燭)
60	서울 청룡사 지장보살상	1660	공양(供養), 보시(布施), 채색(彩色), 포(布)
61	제주 월계사 아미타불상	1661	주불(主佛), 보처(補處), 체목(體木), 공양(供養), 바탕(波湯)
62	부산 범어사 석가삼존상	1661	공양(供養), 금(金), 보시(布施), 면금(面金), 공양(供養), 포단(蒲團), 낭포(囊布), 복장(腹藏), 후령통(喉鈴筒), 등촉(燈燭), 철물(鐵物)
63	평창 상원사 문수보살상	1661	중창(重創), 개판(盖板), 불상(佛像), 단청(丹靑), 불상(佛相)
64	전주 학소암 약사불상	1662	좌보불(左補佛), 오금(烏金), 철물(鐵物), 후령(喉鈴), 포(布)
65	서울 지장암 지장보살상	1664	지장(地藏), 원불(願佛), 좌보처(左補處), 우보처(右補處), 황금(黃金), 니금(泥金), 인등(引燈), 면금(面金), 체금(體金), 흉금(胸金), 오금(鳥金), 후령통(喉鈴筒), 제1왕(第一王), 제2왕(第二王), 제3왕(第三王), 제4왕(第四王), 제5왕(第五王), 제6왕(弟六王), 제7왕(第七王), 제8왕(第八王), 제9왕(第九王), 제10왕(第十王), 판관(判官), 귀왕(鬼王), 좌부동자(左部童子), 우부동자(右部童子), 감찰사자(監察使者), 직부사자(直符使者), 공양(供養), 인등(引燈), 등촉(燈燭), 식염(食鹽), 말장(末醬), 복장(腹藏), 철물(鐵物), 어교(魚膠), 아교(阿膠), 보시(布施), 채색(彩色), 오향(五香)
66	칠곡 송림사 시왕상과 명부 권속	1665	시왕조성(十王造成), 공양(供養), 보시(布施), 황금(黃金), 복장(腹藏), 식정(食鼎), 황밀(黃蜜)
67	곡성 도림사 아미타삼존상	1665	공양(供養), 보시(布施), 등촉(燈燭), 말장(末醬)
68	군산 은적사 아미타불상	1666	공양(供養), 후령통(喉鈴筒), 등촉(燈燭), 말장유(末將酉)
69	화순 쌍봉사 지장보살삼존상과 명부 존상	1667	유명교주지장보살(幽冥敎主地藏菩薩), 좌보처도명존자(左補處道明尊者), 우보처무독귀왕(補處無毒鬼王), 황금(黃金), 오금(烏金), 제1진광대왕(第一秦廣大王), 제2초강(第二初江大王), 제3송제대왕(第三宋帝大王), 제4오관대왕(第四五官大王), 제5염라대왕(第五閻羅大王), 제6변성대왕(第六變成大王), 제7태산대왕(第七泰山大王), 제8평등대왕(第八平等大王), 제9도시대왕(第九都市大王), 제10오도전륜대왕\(第十五道轉輪大王), 판관(判官), 귀왕(鬼王), 좌우장군(左右將軍), 동자(童子), 사자(使者)
70	김천 직지사 비로자나삼존상	1668	불상(佛像), 황금(黃金), 공양(供養), 관구(冠具), 면금(面金), 복장(腹藏), 단청(丹靑), 보시(布施), 인권(引勸)

	불상명	조성연도	시주물목
71	고성 옥천사 지장삼존상과 명부존상	1670	주불(主佛), 좌보처(左輔處), 우보처(右輔處), 제1진광왕(第一秦廣王), 제2초강왕(第二初江王), 제3송제대왕(第三宋帝大王), 제4오관대왕(第四五官大王), 제5염라대왕(第五閻羅大王), 제6변성대왕(第六變成大王), 제7태산대왕(第七太山太王), 제8평등대왕(第八平等大王), 제9도시대왕(第九都市大王), 제10오도전륜왕(第十五道轉輪王), 좌판관(左判官), 우판관(右判官), 좌귀왕(左鬼王), 우귀왕(右鬼王), 좌사자(左使者), 우사자(右使者), 동자(童子), 복장(腹藏), 말장(末醬), 진말(眞末), 보단(補壇), 목밀(木密)
72	제주 삼광사 보살상	1671	불상(佛像), 공양(供養), 오금(烏金)
73	대구 소재사 삼세 불상	1673	불상(佛像), 공양(供養), 보시(布施), 식염(食鹽), 오금(烏金), 포(布), 등촉(燈燭), 복장(腹藏)
74	함양 백운암 아미타불상	1674	세존무불상(世尊無佛像), 아미타불(阿彌陀佛), 관세음보살(觀世音菩薩), 대세지(大勢至), 면금(面金), 체금(體金), 니금(泥金), 오금(烏金), 복장(腹藏), 공양(供養), 등촉(燈燭), 좌대(坐臺), 포단(蒲團), 보시(布施), 말장(末醬), 식염(食鹽), 후령통(喉鈴筒), 낭포(囊布), 오약(五樂), 관(冠), 금(金), 점필(點筆), 생은(生銀), 하엽(荷葉), 삼록(三綠), 주홍(朱紅)
75	대구 소재사 지장보살삼존상과 명부 권속	1675	도명왕(道明王), 무독왕(無毒王), 제1왕(第一王), 제2왕(第二王), 제3왕(第三王), 제4왕(第四王), 제5왕(第五王), 제6왕(第六王), 제7왕(第七王), 제8왕9第八王), 제9왕(第九王), 제10왕(第十王), 공양(供養), 보시(布施), 진분(眞粉)
76	부산 금정사 아미타불상	1677	공양(供養), 재목(材木), 좌대(座代), 면금(面金), 철물(鐵物), 회필(烌匹)
77	전주 일출암 약사불상	1677	공양(供養), 재목(材木), 촉대(囑代), 면금(面金), 철물(鐵物)
78	남해 용문사 지장삼존상과 명부 권속	1678	지장(地藏), 도명(道明), 무독(無毒), 제1왕(第一王), 제2왕(第二王), 제3왕(第三王), 제4왕(第四王), 제5왕(第五王), 제6왕(第六王), 제7왕(第七王), 제8왕(第八王), 제9왕(第九王), 제10왕(第十王), 좌판관(左判官), 우판관(右判官), 좌귀왕(左鬼王), 우귀왕(右鬼王), 좌사자(左使者), 우사자(右使者), 좌장군(左將軍), 우장군(右將軍), 동자(童子), 오금(烏金), 면금(面金), 복장(腹藏), 후령(喉鈴), 공양(供養), 주홍(朱紅), 하엽(荷葉), 진분(眞粉), 석자황(石紫黃), 수도황(水塗黃), 식염(食鹽), 삼록(三綠), 진말(眞末), 청밀(淸蜜), 포(布), 철물(鐵物)

조선시대 불상의 복장기록 연구

	불상명	조성연도	시주물목
79	광양 무등암 대세지보살상	1678	아미타불(阿彌陀佛), 관세음보살(觀世音菩薩), 대세지보살(大勢至菩薩), 면금(面金), 니금(泥金), 오금(烏金), 공양(供養), 포(布), 황금(黃金), 체금(體金), 복장(腹臟), 후령통(喉鈴筒), 화관(花冠), 오색사(五色絲)
80	목포 달성사 아미타삼존상	1678	불상(佛像), 좌보처(左補處), 재목(材木), 등촉(燈燭), 면금(面金), 체금(體金), 오금(烏金), 복장(腹藏), 공양(供養), 보시(布施), 주홍(朱紅), 삼록(三綠), 진분(眞粉), 용루(龍淚), 철물(鐵物)
81	청도 덕사 석가삼존상과 16 나한상	1678	석가주(釋迦主), 인등(引燈), 청밀(淸蜜), 공양(供養), 미륵(彌勒), 갈라(竭羅), 가섭(迦葉), 아난(阿難), 제1(第一), 제2(第二), 제3(第三), 제4(第四), 제5(第五), 제6(第六), 제7(第七), 제8(第八), 제9(第九), 제10(第十), 제11(第十一), 제12(第十二), 제13(第十三), 제14(第十四), 제15(第十五), 복장(腹藏), 우사자(右使者), 좌사자(左使者), 우판관(右判官), 좌판관(左判官), 우제석(右帝釋), 좌제석(左帝釋)
82	청도 덕사 지장삼존상과 명부 권속	1678	지장(地藏), 도명(道明), 무독(無毒), 공양(供養), 보시(布施), 제1진광대왕(第一秦廣大王), 제2초강대왕(第二初江大王), 제3왕(第三王), 제4왕(第四王), 제5왕(第五王), 제6왕(第六王), 제7왕(第七王), 제8왕(第八王), 제9왕(第九王), 제10왕(第十王)
83	광주 덕림사 지장삼존상과 명부 권속	1680	지장조성(地藏造成), 좌보처도명존자(左補處道明尊者)
84	곡성 도림사 관음·대세지보살상	1680	공양(供養), 영산찬미(靈山粲味), 보시(布施), 식염(食鹽), 말장(末醬), 관음보살(觀音菩薩), 대세지보살(大勢至菩薩), 면금(面金), 주불개금(主佛改金), 체금(體金), 재목(材木), 후금(後金), 흉금(胸金), 니금(泥金), 수금(手金), 오금(烏金), 황금(黃金), 생금(生金), 복장(腹藏), 주홍(朱紅), 오약(五藥), 우황(牛黃), 좌구(座具)
85	고흥 송광암 아미타삼존상	1680	불상(佛像), 오금(烏金), 면금(面金), 공양(供養), 주홍(朱紅), 보시(布施), 말장(末醬), 미간주(眉間珠)
86	창원 성주사 지장보살삼존상과 명부 권속	1681	보시(布施), 포단(蒲團), 지장주(地藏主), 도명존자(道明尊者), 무독귀왕(無毒鬼王), 제1진광대왕(第一秦廣大王), 제2초강대왕(第二初江大王), 제3송제대왕(第三宋帝大王), 제4오관대왕(第四五官大王), 제5염라대왕(第五閻羅大王), 제6변성대왕(第六變成大王), 제7태산대왕(第七太山大王), 제8평등대왕(第八平等大王), 제9도시대왕(第九都市大王), 제10오도전륜대왕(第十五道轉輪大王), 판관(判官), 귀왕(鬼王), 사자(使者), 장군(將軍), 동자(童子), 복장(腹藏), 주홍(朱紅), 후령통(喉鈴筒), 철물(鐵物), 등촉(燈燭), 청밀(淸蜜)
87	서울 지장암 가섭과 아난상	1683	불상(佛像), 공양(供養)

	불상명	조성연도	시주물목
88	강진 옥련사 석가불상	1684	주불(主佛), 좌보처(左補處), 우보처(右補處), 황금(黃金), 오금(烏金), 가섭(迦葉), 아난(阿難), 1존(一尊), 2존(二尊), 3존(三尊), 4존(四尊), 5존(五尊), 6존(六尊), 7존(七尊), 8존(八尊), 9존(九尊), 10존(十尊), 11존(十一尊), 12존(十二尊), 13존(十三尊), 14존(十四尊), 15존(十五尊), 16존(十六尊), 좌사자(左使者), 우사자(右使者), 황금(黃金)
89	예천 용문사 대장전 목각아미타여래설법상과 아미타삼존상	1684	삼존후불목탱대미타회(三尊後佛木幀大彌陀會), 후불상(佛像), 불상(佛像)
90	안성 칠장사 석가삼존상	1685	좌보처미륵보살(左補處彌勒菩薩), 불상(佛像), 황금(黃金), 오금(烏金)
91	고흥 능가사 석가삼존상과 16나한상	1685	주(主), 좌보처(左補處), 우보처(右補處), 관음(觀音), 가섭(迦葉), 아난(阿難), 제1존자(第一尊者), 제2존자(第二尊者), 제3존자(第三尊者), 제4존자(第四尊者), 제5존자(第五尊者), 제6존자(第六尊者), 제7존자(第七尊者), 제8존자(第八尊者), 제9존자(第九尊者), 제10존자(第十尊者), 제11존자(第十一尊者), 제12존자(第十二尊者), 제13존자(第十三尊者), 제14존자(第十四尊者), 제15존자(第十五者), 제16존자(第十六尊者), 좌제석(左帝釋), 우제석(右帝釋), 감재사(監齋使), 직부사(直符使), 재목(村木), 공양(供養), 보시(布施), 오금(烏金), 복장(腹藏), 등촉(燈燭), 철물(鐵物), 식염(食鹽), 관포(冠布)
92	영동 중화사 석가삼존상	1686	주불석가여래(主佛釋迦如來), 좌보처미륵보살(左補處彌勒菩薩), 우보제화갈라(右補提花竭羅), 관음보살(觀音菩薩), 관음탱바탕(觀音幀婆湯), 면금(面金), 체금(體金), 니금(泥金), 공양(供養), 보시(布施), 황금(黃金), 오금(烏金), 채색(彩色), 복장(腹藏), 화로(火爐), 향로(香爐), 식염(食鹽), 후령통(喉鈴筒), 포단(蒲團), 원경(圓鏡), 식정(食鼎)
93	김해 은하사 지장삼존상과 명부 권속	1687	주지장(主地藏), 공양(供養), 제3송제대왕(第三宋帝大王), 제5염라대왕(第五閻羅大王), 제8평등대왕(第八平等大王), 판관(判官), 복장(腹臟), 보시(布施), 복장지(腹臟紙), 지장체목(地藏體木), 오향(五香), 오색상(五色綃), 진분(眞粉), 주포단(主蒲團), 말장(末醬), 진말(眞末), 재목(材木), 삼록(三綠), 철물(鐵物), 포(布), 원문지(願文紙), 복장사(腹臟絲)
94	완주 대원사 지장삼존상과 명부 권속	1688	지장(地藏), 도명(道明), 무독왕(無毒王), 제1왕(第一王), 제2왕(第二王), 제3왕(第三王), 제4왕(第四王), 제5왕(第五王), 제6왕(第六王), 제7왕(第七王), 제8왕(第八王), 제9왕(第九王), 제10왕(第十王), 태산왕(泰山王), 판관(判官), 귀왕(鬼王), 장군(將軍), 동자(童子), 사자(使者), 복장(腹藏), 철물(鐵物)
95	제천 정방사 관음보살상	1689	불공양(佛供養), 좌보처(左補處), 우보처(右補處), 불상(佛像), 오금(烏金), 불금통(佛衿筒), 복장(腹藏), 채색(彩色), 황금(黃金), 공양(供養), 보시(布施)

조선시대 불상의 복장기록 연구

	불상명	조성연도	시주물목
96	일본 교토 고려미술관 소장 아미타삼존상	1689	아미타불조성(阿彌陀佛造成), 관세음보살조성(觀世音薩造成), 대세지보살조성(大勢至薩造成), 공양(供養), 등촉(燈燭)
97	곡성 도림사 지장삼존상과 명부 권속	1690	지장조성(地藏造成), 도명존자(道明尊者), 무독귀왕(無毒鬼王), 진광대왕(秦廣大王), 초강대왕(初江大王), 송제대왕(宋帝大王), 오관대왕(五官大王), 염라대왕(閻羅大王), 변성대왕(變成大王), 태산대왕(泰山大王), 평등대왕(平等大王), 도시대왕(都市大王), 오도전륜대왕(五道轉輪大王), 사자(使者), 동자(童子), 철물(鐵物), 공양(供養), 식정(食鼎) 재목(材木), 석자황(石紫黃), 황단(黃丹), 진분(眞粉), 수도황(水塗黃), 삼록(三綠), 복장(腹藏), 후령통(喉鈴筒), 말장(末醬), 식염(食鹽), 인등(引燈), 등촉(燈燭), 잉실(芿實)
98	강릉 보현사 석가삼존상	1691	불상이운(佛像移運), 공양(供養), 복장지(腹藏紙), 공량(供粮), 황금(黃金), 복장(腹藏), 후추(後楸), 등촉(燈燭), 포(布)
99	구례 천은사 석가불상	1694	주불공양(主佛供養), 처가섭존자(處迦葉尊者), 우보처아난존자(右補處阿難尊者), 제1(第一), 제2(第二), 제3(第三), 제4(弟四), 제5(第五), 제6(第六), 제7(第七), 제8(第八), 제9(第九), 제10(第十), 제11(第十一), 제12(第十二), 제13(第十三), 제14(第十四), 제15(第十五), 제16(第十六), 좌제석(左帝釋), 우제석(右帝釋), 공양(供養), 포(布), 복장지(腹藏紙), 후령통(喉鈴筒), 말장(末醬), 청밀(淸蜜)
100	상주 남장사 관음선원 목각아미타여래설법상	1694 조성 1701 개금	공양후배지(供養後配紙), 공양(供養), 보시(布施), 주홍(朱紅), 복장(腹藏), 황금(黃金), 오금(烏金), 채색(彩色), 인사(裀衻), 금(金)
101	화순 쌍봉사 아미타삼존상	1694	공양(供養), 황금(黃金), 재목(材木)
102	대구 안일사 석가불삼존상과 16나한상	1694	공양(供養), 등촉(燈燭), 복장질(腹藏秩)
103	서울 염불사 관음보살상	1695	관음원불(觀音願佛), 재목(材木), 공양(供養)
104	곡성 도림사 석가삼존상·16나한상	1700	주불(主佛), 좌보처(左補處), 우보처(右補處)
105	서울 흥천사 관음보살상	1701	존상(尊像), 목(木), 황금(黃金), 복장(腹藏), 보시(布施)
106	서울 경국사 관음보살상	1703	황금(黃金), 관세음보살(觀世音菩薩)
107	구례 화엄사 각황전 석가·아미타·다보불·보현·문수·관음보살상	1703	불상(佛像), 아미타존상 불상(阿彌陀尊像佛像), 다보여래존상 불상(多寶如來尊像佛像), 관음보살존상 불상(觀音菩薩尊像佛像), 문수보살존상 불상(文殊菩薩尊像佛像), 보현보살존상 불상(普賢菩薩尊像佛像), 지적보살존상 불상(智積菩薩尊像佛像), 관음존상(觀音尊像), 아미타존상(阿彌陀尊像), 관음보살살존상(觀音菩薩尊像), 대세지보살존상(大勢至菩薩尊像), 원불삼존상(願佛三尊像)

	불상명	조성연도	시주물목
108	안성 칠장사 지장보살삼존상과 명부 권속	1706	시왕(十王), 황금(黃金)
109	곡성 서산사 관음보살상	1706	불상(佛像), 황금(黃金), 면금(面金), 공양(供養), 오금(烏金), 복장(腹藏)
110	영광 불갑사 응진전 석가삼존상과 16나한상	1706	석가문불주불(釋迦文佛主佛), 재목(材木), 공양(供養), 황금(黃金), 말장(末醬), 인등(引燈), 가섭존(迦葉尊), 제2가락가파차존자원불(第二迦諾迦跋蹉尊者願佛), 제3가락가존자원불(第三迦諾迦尊者願佛), 제4소빈타존자원불(第四蘇頻陀尊者願佛), 제5락구라존자원불(第五諾矩羅尊者願佛), 제6발타라존자원(第六跋陀羅尊者願), 제7가리가존자원불(第七迦理迦尊者願佛), 제8벌도라존자원불(第八伐闍羅尊者願佛), 제9술박가존자원불(第九戌博迦尊者願佛), 제10반탁가존자원불(第十半託迦尊者願佛), 제11나호라존자원(第十一羅怙羅尊者願), 제12나가서나존자원불(第十二那伽犀那尊者願佛), 제13인게나존자원불(第十三因揭羅尊者願佛), 제14벌나파사존자원불(第十四伐羅婆斯尊者願佛), 제15주다반탁가존자원불(第十五注茶半託迦尊者願佛)
111	전주 삼경사 불상	1708	황금(黃金)
112	고흥 봉래사 관음보살상	1708	발원조성(發願造成)
113	고흥 송광암 대세지보살상	1709	주불(主佛), 좌보처(左補處), 우보처(右補處)
114	평창 월정사 북대 고운암 석가불상	1710	황금(黃金), 보시(布施), 공양(供養), 인권(引勸), 진분(眞粉), 체목(體木)
115	함양 사리암 아미타불상	1711	불상(佛像), 좌보처(左補處), 우보처(右補處), 체목(體木), 황금(黃金), 면금(面金), 오금(烏金), 공양(供養), 보시(布施), 장엄(莊嚴), 오약(五藥), 청밀(淸蜜), 인등(引燈), 장말(醬末), 식염(食鹽), 식정(食鼎), 좌복(坐服), 불영통(佛影通), 복장(腹藏)
116	익산 혜봉원 석가불상과 보살상	1712	체목(體木), 공양(供養), 황금(黃金), 오금(烏金)
117	서울 천축사 불상	1713 조성 1735 개금	황금(黃金)
118	김제 문수사 아미타불상	1715	무량수여래존상(無量壽如來尊像), 존상(尊像), 공양(供養), 상체목(像體木), 식염(食鹽), 후령통(喉鈴筒), 인권(引勸)
119	심곡사 관음보살·대세지보살상	1716	관세음독판(觀世音獨辦), 복장지(腹藏紙)
120	안성 칠장사 관음보살상	1718 조성	불상(佛像), 금(金), 말장(末醬)
		1722 개금	인권(引勸), 황금(黃金), 공양(供養), 보시(布施)
121	밀양 여여정사 관음보살상	1722	관음존상조성(觀音尊像造成)

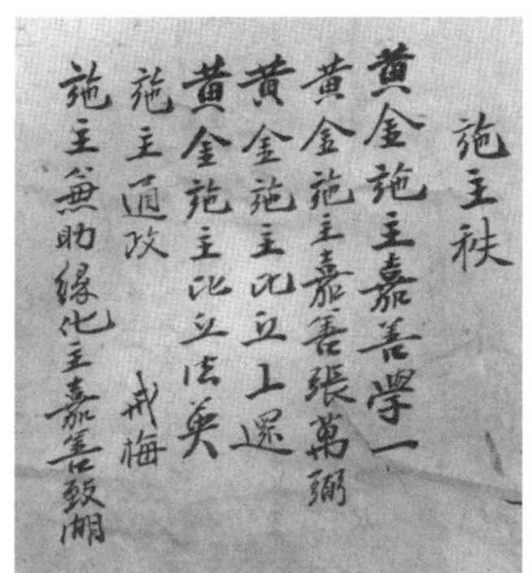

그림 95. 제천 강천사 대세지보살상과 시주물목, 1736년

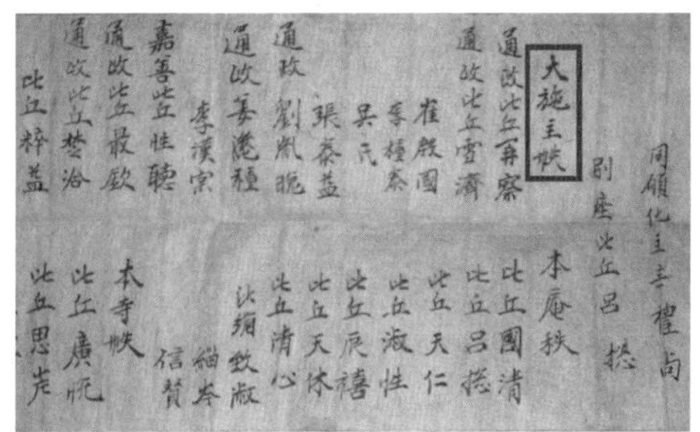

그림 96. 홍천 수타사 관음보살상과 시주자, 1758년

3) 조선 후반기 제2·3기 시주물의 종류

조선 후반기 제2·3기의 시주물의 종류는 제1기와 달리 황금(黃金)이 대다수를 차지한다. 1726년에 조성된 고흥 송광암 관음보살상처럼 여전히 '황금(黃金)·원불(願佛)·오금(烏金)·체목(體木)·포(布)·공양(供養)' 등의 시주물이 기록되기도 하지만, 1736년에 조성된 제천 강천사 대세지보살상에서는 '황금(黃金)' 시주자와 일반 시주자만 시주질에 기록되어

있다.**그림 95** 강천사 대세지보살상 조성기에서 보다시피 18세기에는 시주물목이 황금으로 간략화되는 과정을 살필 수 있다.

18세기 후반이 되면 시주질에는 시주물목도 생략하고 시주자 이름만 기록하게 되는데, 1758에 조성된 홍천 수타사 관음보살상에서 이러한 현상을 살필 수 있다.**그림 96** 홍천 수타사 관음보살상 조성 발원문에는 대시주질(大施主秩)이 마련되어 시주자의 직함과 이름만이 열거되어 있는 것은 17세기 불상과 크게 다른 점이다. 조선 후반기 제2·3기 불상의 시주물목을 정리하면 〈표 29〉와 같다.

표 29. 조선 후반기 제2·3기 시주물목

	불상명	조성연도	시주물목
1	서울 사자암 아미타불상	1726 개금	황금(黃金)
2	고흥 송광암 관음보살상	1726	황금(黃金), 원불(願佛), 오금(烏金), 체목(體木), 포(布), 공양(供養)
3	제천 백련사 아미타불상	1736	황금(黃金)
4	제천 강천사 대세지보살상	1736	황금(黃金)
5	보은 법주사 복천암 아미타삼존상	1737	황금(黃金), 오금(烏金), 공양(供養), 보시(布施), 철물(鐵物), 인등(引燈), 황촉(黃燭)
6	서울 도선사 아미타불상·대세지보살상	1740 조성	황금(黃金), 체목(體木)
		1856 개금	황금(黃金)
7	서울 봉은사 영산전 석가삼존상·16나한상	1745	후령통(喉鈴筒)
8	서울 봉은사 사천왕상	1746	체목(體木), 인권(引勸)
9	포항 오어사 삼세불상	1765	복장(腹藏)
10	평창 운흥사 아미타불상	1791	황금(黃金), 본조상(本造像)

阿彌陀佛諸佛之本師

觀此菩薩諸菩薩之本師

藏菩薩菩薩眾奉之本師

是身非他佛之比如是故

殺造有像破我世之生眾泉

6장

조선시대
불상 조성기와
불상의 이동

●

조선시대에 조성된 불상이 원 봉안처에서 이동된 것에 주목했다. 불상 이동의 원인은 여러 가지가 있겠으나 폐사(廢寺)를 비롯하여, 근래에 이르러서는 독신 비구승과 대처승(帶妻僧) 간의 불교 분규가 가장 큰 역할을 하였던 것으로 보인다.

1

조선 후반기 제1기 불상의
원 소재지와 불상의 이동

조선시대 불상은 조성 당시 봉안되었던 곳과 현재 봉안된 곳이 다른 경우가 많다. 불상 조성기에 나타난 원 봉안장소를 떠난 불상은 어떠한 경로를 통해 현 장소로 이동되었을까라는 문제는 흥미로운 주제이다. 왜냐하면 부득이한 이유로 불상이 이안(移安)되었을 경우도 있지만, 승려들의 거주지 이동과도 관련이 있을 것으로 생각되기 때문이다. 즉 원봉안처와 현 봉안처가 다른 경우, 불상의 이동 경로는 바로 당시 불교계의 상황을 반영하는 것으로 보이기 때문이다. 조선 후반기 원 봉안처에서 이동된 불상은 대부분 크기가 작은 편이다. 그러나 대형 불상 역시 이동되고 있는데 예산 수덕사 대웅전 삼세불상과 군산 동국사 석가삼존불상이 대표적이다.

그림 97. 예산 수덕사 삼세불상, 1639년

예산 수덕사 대웅전의 삼세불상(1639년)은 **그림 97** 3불상 모두 발원문의 명칭이 약간씩 다르게 표기되어 있다. 또한 각 불상이 봉안된 전각이 달랐던 것을 알 수 있는데, 현재는 모두 수덕사 대웅전 안에 봉안되어 있다. 불상 조성기에 의하면 석가불상은 '만행산(萬行山) 풍국사(豊國寺) 대웅전(大雄殿) 석가존상(釋迦尊像) 신조성(新造成) 발원문(發願文)', 아미타불상은 '만행산(萬行山) 풍국사(豊國寺) 보광전(普光殿) 미타존상(彌陀尊像) 신조성(新造成) 복장발원동참기(腹藏發願同參記)', 약사불상은 '만행산(萬行山) 풍국사(豊國寺) 대웅전(大雄殿) 약사존상(藥師尊像) 신조성(新造成) 복장발원문(腹藏發願文)'으로 기록되어 있음을 알 수 있다. 석가불상과 약사불상만 대웅전에 봉안되었고, 아미타불상은 보광전에 봉안되었다.**그림 98** 이 삼불상의 조성 당시 봉안처는 풍국사 대웅전과 보광전이었지만, 1938년 남원 귀정사(歸政寺)에서 수덕사로 옮겨졌다.[256] 풍국사에

---

256 『朝鮮總督府官報』120권, p.339(1938년 11월 12일, 제3546호), p.349(1938년 11월 14일 제3547호). 1938년 11월 9일에 귀정사에서 수덕사로 불상의 讓與가 허가되었는데, 당시 귀정사 주지는 裵晶淳이다.(대한불교조계종 총무원, 『일제시대 불교정책과 현황』下, 선우도량출판부, 2001, p.335) 귀정사는 현재 금산사 말사이다.

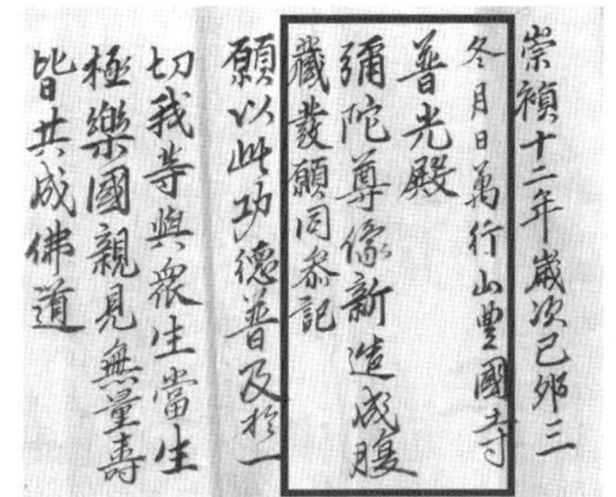

그림 98. 예산 수덕사 아미타불상과 조성기, 1639년

서 귀정사로, 그리고 귀정사에서 수덕사로 이안(移安)된 사정은 잘 알 수 없지만, 아마도 각 사찰 간에 교류가 있었던 것이 아닌가 생각된다.

군산 동국사 대웅전의 석가삼존상(1650년)은 김제 금산사에서 군산 동국사로 이동된 경우이다.**그림 99** 이 불상의 이동은 당시 불교계 상황을 잘 반영하고 있다. 군산 동국사는 1909년 일본 조동종 승려 내전불관(內田佛觀)에 의해 금강선사(錦江禪寺)로 창건된 일본 사찰로, 일본 패망 후 국가에 귀속되었다가 1956년 전북종무원에서 매입했다. 동국사의 일본 식 대웅전 안에 봉안된 석가삼존상은 김제 금산사의 대장전에 봉안되었던 것인데, 동국사 주지였던 석문남곡(石門南谷, 1913~1983)이 전북종무원장으로 재직하던 1950년대 후반에 이곳으로 이안(移安)했다고 전해진다. 동국사로 이안된 후 김제 금산사 대장전에는 고산 대둔산 안심사 산내암자인 화장암(華藏庵)에서 불상을 옮겨와 봉안하고 있다.[257] 동국사 석가삼존상의 이동은, 해방 후 대처승(帶妻僧)과 독신(獨身) 비구승(比丘僧) 간의 분규로 어수선한 불교계의 상황 속에 일어난 것으로 생각

---

257 송은석, 앞 논문, p.512.

그림 99. 군산 동국사 석가삼존상, 1650년

된다.

1677년에 조성된 부산 금정사 아미타불상과 전주 일출암 약사불상은 대둔산(大屯山) 용문사(龍門寺) 대웅전(大雄殿)에 함께 봉안되었던 불상으로, 각각 흩어져 부산 금정사와 전주 일출암으로 이안된 경우이다.[258] 부산 금정사 대웅전 수미단 위에 본존불로 봉안된 아미타불상은 언제 금정사로 옮겨졌는지 잘 알 수 없지만, 금정사 창건 때인 1920년경으로 알려져 있다. 전주 일출암 불상과 부산 금정사 아미타불상은 원 봉안처, 조성연대, 시주자, 사중(寺中)·연화질(緣化秩), 화원(畫員) 등 두 조성기의 내용은 일치하고 있다. 따라서 동일 사찰, 동일 불전(佛殿)에 동일 세트로 조성된 불상이라 할 수 있다.[259] 그렇지만 대둔산 용문사의 불상은 어떤 경로를 통해 이들 사찰로 이동되었는지 현재로서는 불분명하다.

---

258 문명대, 「조각승 혜희(慧熙)의 작품세계와 부산 금정사 봉안 용문사(龍門寺) 목 아미타불상의 복원적(三世佛像) 연구」, 『강좌미술사』 34(한국불교미술사학회, 2010), pp.81~106 참조.

259 문명대, 앞 논문, p.97.

　　　　　　　　　　　　조선시대 불상의 복장기록 연구

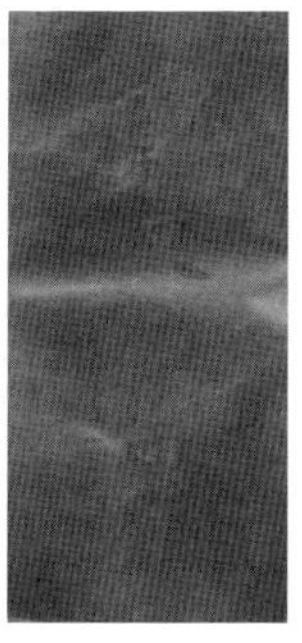

그림 100. 전주 삼경사 불상과 원문, 1708년

부산 금정사 아미타불상과 전주 일출암 약사불상이 동일 사찰에 봉안되었다가 각기 흩어졌던 것과 같이, 1708년에 조성된 전주 삼경사 불상과**그림 100** 고흥 봉래사 관음보살상 역시 아미타삼존상으로 조성되었다가 이동된 불상으로 여겨진다. 전자는 발원문에 '하서전(下西殿)'이라고만 기록되어 있어 어느 절에 봉안되었던 것인지는 잘 알 수 없었으나, 후자는 '차보살 금산사 장륙불상 중수 시 조성 이안 우 지리산 감로사 수도성전암(此菩薩金山寺丈六佛像重修時造成移安于智異山甘露寺修道聖殿庵)'이라는 기록을 남기고 있어 중수 때 금산사에서 지리산(智異山) 감로사(甘露寺, 오늘날 천은사) 수도암(修道庵)으로 이동되었다는 사실을 전하고 있다. 전주 삼경사는 대한불교 일붕선교종에 소속된 사찰로 1954년에 창건되었으며, 불상의 복장은 2002년에 확인되었다.[260]

고흥 봉래사는 송광사 이명송(李明松) 스님이 1938년 사명(寺名)을

---

260 최인선, 「全州 三暻寺 木造佛像 2軀와 腹藏物」, 『문화사학』 21 (한국문화사학회, 2004.6), pp.5~12 참조.

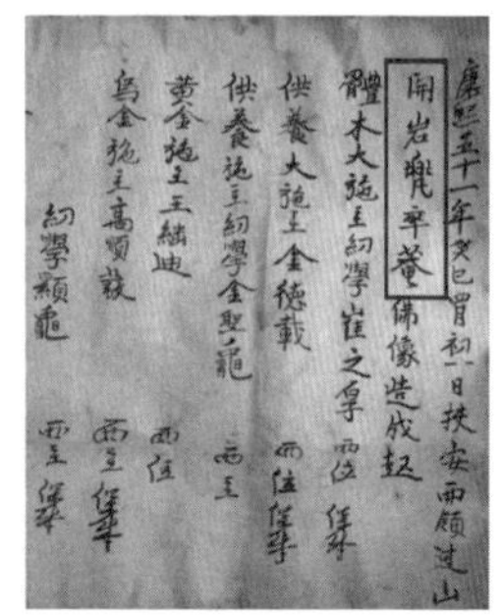

그림 101. 익산 혜봉원 석가불상과 조성기, 1712년

봉래사라 칭하고 이 절의 창건주가 되었다. 봉래사에 소장되었던 이 불상은 도난 위험성 때문에 2006년 본사인 순천 송광사 성보박물관으로 옮겨졌고, 그후 복장을 확인하게 되었다.[261] 고흥 봉래사의 관음보살상은 남원 실상사 승려였던 남벽운(南碧雲) 성범(性梵)이 1949년에 이곳으로 거처를 옮기고 난 후, 보살상이 이안된 것으로 생각된다. 그 이유는 금산사 말사였던 실상사에 거주하고 있던 그에 의해 자연스럽게 불상의 이동이 가능했을 것으로 여겨지기 때문이다.

고흥 봉래사 관음보살상의 발원문과 서로 비교해 보면, 두 불상은 조각승 법종(法宗)에 의해 1708년에 조성된 것임을 알 수 있다. 두 불상은 조성연대·증명·주지 등이 같으며, 발원문에 등장한 승려들은 모두 금산사의 승려들이다. 전주 삼경사 불상 발원문의 '하서전(下西殿)'은 김제 금산사의 한 건물로 여겨지는데,[262] 『금산사지(金山寺誌)』의 「속암조

---

261 최인선, 「高興 蓬萊寺 木造觀世音菩薩坐像과 腹藏物」, 『문화사학』 27 (한국문화사학회, 2007.6), p.916.

262 최인선, 앞 논문(2007), pp.919~921.

(屬庵條)」에 하서전(下西殿)이 있고, 서전암(西殿庵)에 상서전(上西殿)과 하서전(下西殿)이 있기 때문이다.[263] 따라서 두 불상은 1708년 조성 당시는 금산사 서전암의 하서전에 봉안되었다가 각기 흩어진 것으로 여겨진다.

익산 혜봉원에는 부안 개암사 산내암자인 도솔암에서 1712년에 제작되었다가 이곳으로 이안된 석가삼존상이 있다.**그림 101** 혜봉원은 폐사 지경에 이른 절을 1955년 금산사의 승려 하규호(河圭鎬)가 중창하고, 자신의 법호를 따서 혜봉정사(慧峰精舍)라고 했다가, 1956년 혜봉원으로 개명한 사찰이다. 현재는 화엄종에 속해 있는데 이곳으로 불상이 이동된 것은, 금산사 승려였던 하규호에 의한 것으로 추측된다. 즉 대처승이었던 하규호 스님은 1950년대 이승만 유시가 기폭제가 되어 독신 비구승과 대처승 간의 불교 분규 때 이곳으로 불상을 이안(移安)한 것으로 여겨진다. 독신 비구승과 대처승 간에 일어났던 불교 분규는 사찰 소장의 많은 문화재들의 이동을 가져왔는데, 혜봉원의 석가삼존상 역시 그러한 흐름을 반영한 것으로 생각된다.

불상 이동과 불교계의 흐름을 살펴볼 수 있는 좋은 예로 제주도의 기년명 불상을 들 수 있다. 이들 불상은 모두 육지에서 조성되어 제주도로 옮겨진 것들이다. 이러한 현상은 일제강점기 때 제주도 불교를 부흥시킨 주도세력이 해남 대흥사와 장성 백양사의 승려들이었음을 반영하는 것이다. 따라서 제주도의 명문 불상은 대흥사와 백양사 승려들에 의해 옮겨진 것들이다. 예를 들면 1935년에 창건된 정방사(正房寺)는 장성 백양사 포교당 역할을 했으며, 대웅전에 봉안된 불상은 1702년 순천 대

---

263 「金山寺誌」(아세아문화사, 1983), pp.169~171.

흥사에서 조성된 것이다. 이 불상의 조성기에는 조성 연대, 원 봉안처, 불상명, 불상 조성 동기, 조각승 등이 기록되어 있다.[264]

앞에서 살펴본 바와 같이 불상의 이동에는 반드시 원인이 있고, 그 원인을 잘 찾아본다면 당시 승려들의 이동과 불교계의 상황을 이해하는 데 좋은 자료가 될 것이다. 조선 후반기 제1기 불상 가운데 원 봉안처와 현 봉안처가 다른 것을 정리하면 〈표 30〉과 같다. 조선 후반기 명문 불상 가운데 이동 없이 원봉안처에 그대로 봉안된 불상 역시 많다. 원 봉안처에 남아 있는 경우는 대형 불상이 많고, 법맥이 끊이지 않고 사찰 운영이 원활하게 이루어지고 있던 사찰이었음을 유추할 수 있다.

표 30. 조선 후반기 제1기 불상 가운데 봉안처가 이동한 불상 목록

	현 봉안처	원 봉안처	연도
1	서울 지장암 비로자나불상	자인수양사(慈仁壽兩寺)	1622
2	나주 다보사 삼존불상과 나한상	덕룡산(德龍山) 쌍계사(雙溪寺)	1625
3	파주 보광사 보살상	경기우도(京畿右道) 양주목지(楊州牧地) 천보산(天寶山) 회암사(檜岩寺)	1633
4	영남대박물관 소장 아미타불상	성주지(星州地) 비슬산(毘瑟山) 명적암(明寂菴)	1637
5	고흥 능가사 삼세불상	하동 쌍계사(雙溪寺)	1639
6	예산 수덕사 삼세불상	만행산(萬行山) 풍국사(豊國寺)	1639
7	의성 자장사 아미타삼존상	용요산(龍腰山) 심정사(心淨寺)	1640
8	남양주 흥국사 16나한상	전라도(全羅道) 고산(高山) 안심사(安心寺) 약사전(藥師庵) 16성중(十六聖衆) 이안(移安) 우(于) 경기(京畿) 양주(楊洲) 수락산(水落山) 흥국사(興國寺)	1650
9	청도 대운암 관음보살상	경상(慶尙) 자인현지(慈仁縣地) 구룡산(九龍山) 반룡사(盤龍寺)	1654
10	김제 청룡사 관음보살상	전주(全州) 봉서사(鳳栖寺) 향로전(香爐殿)	1655
11	무주 북고사 아미타불상	전라도(全羅道) 금산군(錦山郡) 동령(東嶺) 덕유산(德裕山) 운수암(雲峀菴)	1657
		경월사(景月寺) 봉안(奉安)	1736

---

264 최인선,「제주도 正房寺所藏 순천 大興寺 石造如來坐像과 腹藏物」,『문화사학』 23 (한국문화사학회, 2005.6), pp.157~175 참조.

	현 봉안처	원 봉안처	연도
12	담양 호국사 아미타불상	용구산(龍龜山) 회적암(晦迹庵)	1660
13	서울 청룡사 지장보살상	동학산(動鶴山) 용밀사(龍密寺)	1660
14	제주 월계사 아미타불상	압성(鴨城) 백양산(白羊山) 약사암(藥師菴)	1661
15	군산 불주사 아미타불상	완산(完山) 남령(南嶺) 모악산(母岳山) 귀신사(歸信寺)	1666
16	군산 은적사 아미타불상	모악산(母岳山) 금산사(金山寺) 정수암(淨水庵)	1666
17	제주 삼광사 보살상	백양산(白羊山) 안우(安于) 청심대(淸心臺)	1671
18	부산 금정사 아미타불상	도내(道內) 고산현(高山縣) 북거(北距) 대둔산(大芚山) 문용사(門龍寺)	1677
19	전주 일출암 약사불상	전라도(全羅道) 고산현지(高山縣地) 북거(北距) 대둔산(大芚山) 용문사(龍門寺)	1677
20	광양 무등암 대세지보살상	지리산(智異山) 소은난야(小隱蘭若)	1678
21	목포 달성사 아미타삼존상	만덕산(萬德山) 백련사(白蓮社)	1678
22	청도 덕사 지장보살상	경상도(慶尙道) 청도(淸道) 서령(西嶺) 화악(華岳) 천주사(天柱寺)	1678
23	광주 덕림사 지장보살상	영봉사(靈鳳寺)	1680
24	서울 지장암 가섭 · 아난존자상	흥양(興陽) 팔영산(八影山) 능가사(楞伽寺) 능인전(能仁殿)	1683
25	안동 봉황사 삼세불상	황산사(黃山寺) 법당(法堂)	1692
26	함양 용추사 지장삼존상과 명부 권속	안음현(安陰縣) 북덕유산(北德裕山) 장수사(長水寺)	1694
27	서울 염불사 관음보살상	전라도(全羅道) 장흥(長興) 동산(東山) 사자산(獅子山) 봉일암(鳳日庵) 수도암(修道庵) 양암(兩庵)	1695
28	미국 메트로폴리탄미술관 가섭존자상 외	영암군(靈岩郡) 남면(南面) 두륜산(頭輪山) 성도암(成道庵)	1700
29	서울 흥천사 관음보살상	전라도(全羅道) 임실현(任實縣) 치북(治北) 사자산(獅子山) 적조암(寂照庵)	1701
30	제주 정방사 불상	전라좌도(全羅左道) 순천(順天) 북령(北嶺) 동리산(桐裡山) 대흥사(大興寺)	1702
31	의령 백운암 보살상	경상좌도(慶尙左道) 자인현(慈仁縣) 동령(東嶺) 구룡산(九龍山) 반룡사(盤龍寺) 극락전(極樂殿)	1705
32	곡성 서산사 관음보살상	전라도(全羅道) 옥과현(玉果縣) 남령(南嶺) 성덕산(聖德山) 관음사(觀音寺)	1706
33	전주 삼경사 불상	하서전(下西殿)	1708
34	고흥 봉래사 관음보살상	지리산(智異山) 감로사(甘露寺) 수도(修道) 성전암(聖殿庵)	1708
35	고흥 송광암 아미타불상	전라도(全羅道) 응양현(興陽縣) 남(南) 천등산(千燈山) 금탑사(金塔寺)	1709
36	상원사 석가삼존불상	천주산(天柱山) 운복사(雲覆寺) 영산전(靈山殿)	1711
37	함양 사리암 아미타불상	호남(湖南) 임실현(任實縣) 지(地) 치서(治西) 성수산(聖壽山) 중흥사(重興寺)	1711

	현 봉안처	원 봉안처	연도
38	익산 혜봉원 석가삼존상	부안(扶安) 서령(西領) 변산(辺山) 개암(開岩) 도솔암(兜率菴)	1712
39	고양 상운사 아미타삼존상	노적사(露積寺) 극락보전(極樂寶殿)	1713
40	밀양 여여정사 관음보살상	적조암(寂照菴)	1722

크기가 작은 불상은 이동이 간편하기 때문에 새로 포교소를 개설할 경우 이동되는 경우가 많았을 것이다. 대표적인 예가 현 조계사의 전신인 조선불교 총본산 태고사 대웅전 불상이 이에 해당한다. 1938년 불교계는 총본산으로서 태고사를 창건하는데 대웅전은 보천교의 십일전(十一殿) 건물을 이건(移建)하고, 불상은 새로 조성하지 않고 영암 월출산 도갑사에 있던 기존의 불상을 이안(移安)하고 있다.[265] 현재 조계사 대웅전 불단에는 새로 조성된 삼불상이 있고, 1938년 도갑사에서 이운해 온 불상 역시 대웅전 안 보호각 안에 봉안되어 있다.**그림 102** 영암 도갑사에서 서울 조계사로 불상이 이동된 것은 사찰이 폐사되어 옮겨진 것과는 다른 상황이다.

---

265 현재 조계사 대웅전 불단에는 새로 조성된 석가불·아미타불·약사불이 있고, 1938년 도갑사에서 이운해 온 불상 역시 대웅전 안 보호각 안에 봉안되어 있다.

　　　　　　　　　　　　조선시대 불상의 복장기록 연구

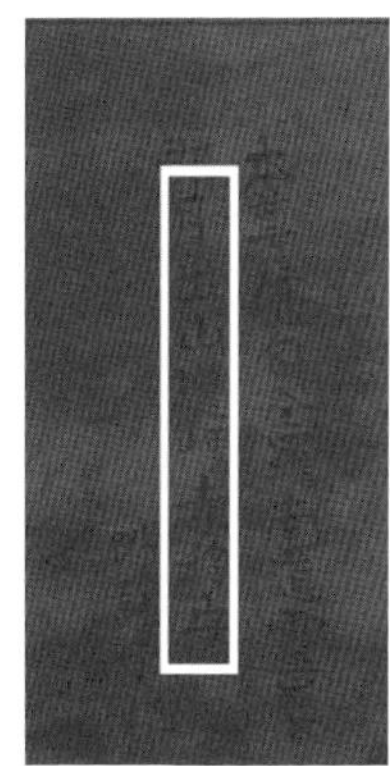

그림 102. 서울 조계사 대웅전 수리 전 석가불상과 후불도 화기, 1938년

2

조선 후반기 제2·3기 불상의
원 소재지와 불상의 이동

조선 후반기 제2·3기 불상 조성기를 통해 살펴본 불상의 이동 상황을 살펴보면, 제1기와 마찬가지로 원 소재지에서 옮겨진 경우가 많은 것을 알 수 있다. 조성 당시의 장소에서 다른 곳으로 이동된 사실은 당시 불교계의 상황을 반영하는 중요한 사건 가운데 하나이다. 여러 시기를 통해 불상은 이동했을 것이고, 여기에는 여러 상황이 내재되어 있음을 의미한다.

조선시대 불상의 이동과 관련해 주목되는 기록은 문경 대승사 목각아미타여래설법상과 관계된 문서이다. 현재 대승사에 봉안된 목각아미타여래설법상은**그림 103** 1685년에 영주 부석사에서 제작되어 봉안되어 오다가, 1869년 이곳으로부터 대승사로 옮겨온 것이다. 대승사 목각아미타여래설법상과 관계된 문서는 총 11점이 있는데, 그 가운데 일부가 보물 제575-1~4호로 지정되어 있다. 즉 1869년에 부석사 목각아미타

그림 103. 문경 대승사 목각아미타여래설법상, 1685년

여래설법상을 이안하기 위한 소송 문서, 1875년~1876년 사이 목각아
미타여래설법상을 되찾기 위한 부석사와 이안(移安)의 타당성을 주장하
는 대승사 간의 소송문서, 1876년 대승사와 부석사 간의 합의문서 등으
로 구성되어 있다.[266] 이 기록들은 문경 대승사로 옮겨진 목각아미타여
래설법상을 중심으로 대승사와 부석사 간에 일어난 소송 사건에 관한
것인데, 사건의 일단을 살펴보면 다음과 같다.그림 104

경상우도 여러 절의 승려들은 목욕재계하고 향을 피워 백 번 절
하며 순흥대도호부 사또께 상서를 올리니 세세히 살펴주십시오.
상주의 사불산 대승사는 삼한시대의 고찰이자 영조의 어필을 봉

---

266 문경시 · (재)불교문화재연구소,『대승사 목각아미타여래설법상 및 관계문서』, 2011, p.38.

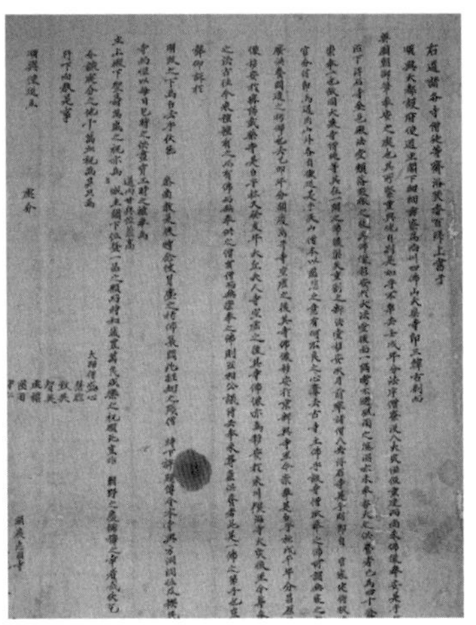

그림 104. 문경 대승사 목각아미타여래설법상 소송 관련 자료 부분, 1869년

안한 곳입니다. 그 요긴하고 소중함이 다른 곳과 저절로 구별되더니, 불행히도 지난 임술년(1862년) 즈음 법우(法宇)와 승료(僧療) 등이 화재를 당해 근근히 중건했으나, 아직도 불상을 봉안하지 못했습니다. 그런데 (사또께서) 다스리는 곳에 있는 부석사의 금색전(金色殿) 법당이 퇴락·훼철된 뒤 그곳에 있던 불상을 큰법당 뒤 한쪽 구석에 옮겨 두었는데, 항상 비바람이 들이침을 피하지 못하고, 또한 향화(香火)를 받들지 못한 지가 이미 40여 년이나 되었습니다. 이미 일불제자(一佛弟子)가 되었으니 존숭해 받드는 것도 매한가지입니다. 그러므로 저희 대승사 승려들은 한쪽 구석에 옮겨둔 그 불상을 저희가 중창한 새 법당에 옮겨 모시려고 한 달쯤 전에 여러 승려들을 거느리고 부석사에 들어갔는데, 관가(官家)에서 장교(將校)를 보내 전령(傳令)으로 금지했기에 한결같이 관가의 분부에 따라 즉각 산 밖으로 물러나 각자 흩어져 돌아왔습니다. 산승들이

조선시대 불상의 복장기록 연구

본디 자비로운 뜻에서 한 일이지 무슨 불량한 마음으로 옛 절의 주불(主佛)을 빼앗으려 했겠습니까?

저희 사찰의 승려들이 받들고자 하는 부처님은 가히 집 없는, 숫자 밖의 여벌 불상이며, 또한 향화가 끊기고 공양이 그친, 민망히 버려진 낡은 부처님입니다. 지난 을묘년에 문경의 오정사(烏井寺)가 텅 비게 된 후 그 절의 불상을 서울의 신흥사(新興寺)에 옮겨 봉안해 지금까지 받들며, 무오년에 창원 웅신사(熊神寺)가 텅 비게 된 후 그 절의 불상을 밀양의 재약사(載藥寺)에 옮겨 봉안했으며, 또 계해년에 대구의 부인사가 텅 비게 된 후 그 절의 불상을 또한 영천의 은해사에 옮겨 봉안해 화재가 발생한 이후에 지금까지 받들어 봉안했으니, 그렇다면 승가에 이미 이와 같은 법이 있어 예부터 지금까지 종종 이러한 일이 있었습니다.

불상이 있는데 받들어 모시는 승려가 없거나 승려는 있는데 받들 불상이 없다면, 서로 공적으로 상의해 모시어 가고 받들어 와서 봉양하는 것은 이미 모두 한 부처님의 제자이기 때문이니, 어찌 여러 승려들의 시조(始祖)가 아니겠습니까.[267]

앞의 기록에서 볼 수 있듯이 사찰에 사정이 생겼을 경우 불상은 자연스럽게 인연 있는 곳으로 이동하고 있음을 알 수 있다. 즉 '불상이 있는데 받들어 모시는 승려가 없거나 승려는 있는데 받들 불상이 없다면, 서로 공적으로 상의해 봉양하는 것은 이미 모두 한 부처의 제자이기 때

---

267 〈경상우도각사승도상서(慶尙右道各寺僧徒上書)〉(1869년), 문경시·(재)불교문화재연구소, 앞 책(2011), pp.43~44.

그림 105. 제천 강천사 대세지보살상과 복장 유물, 1736년

문'이라는 대목이 주목된다. 이같은 이유로 조선시대 불상은 많은 이동이 있었던 것으로 추측된다.

조선 후반기 제2·3기 불상 역시 원 봉안처에 현재까지도 그대로 봉안되고 있는 불상도 많다. 대구 동화사 대웅전 삼세불상(1727년)을 비롯한 영천 은해사 아미타불상(1729년), 순천 선암사 비로자나불상(1735년), 보은 법주사 복천암 아미타삼존상(1737년), 여수 흥국사 팔상전 석가삼존불상(1741년), 합천 해인사 백련암 불상(1761년), 포항 오어사 삼세불상(1765년), 영천 묘각사 아미타불상(1775년), 김천 직지사 천불상(1784년)[268] 등 많은 불상이 원 봉안처에 그대로 모셔져 있다.

불상의 이동에는 두 가지 형태가 있다. 하나는 조성 당시 조성처에서 옮겨져 봉안되는 경우이고, 다른 하나는 정확한 원인을 알 수 없는 이동이다. 이 가운데 주목되는 불상은 충북 제천에 있는 원 봉안처가 단

---

268 1구가 서울 지장암으로 이동된 것 외에는 대부분 직지사에 봉안되어 있다.

조선시대 불상의 복장기록 연구

양서면 금수산 조계사 극락전에[269] 봉안되었던 아미타삼존상(1736년)이
다. 본존인 아미타불상은 현재 제천 백련사에 봉안되어 있고, 대세지보
살상은 제천 강천사에 봉안되어 있다. 좌협시였던 관세음보살상의 행방
은 지금으로서는 알 길이 없다. 복장 유물 가운데 강천사 대세지보살상
의 복장만이 고스란히 잘 남아 있다.그림 105 강천사는 근래에 새로 조성
된 사찰인데 지광 스님의 전언에 의하면, 강천사를 창건한 노노대사가
모시고 있던 불상이라고 한다. 어떤 연유로 강천사로 오게 되었는지는
잘 알 수 없으나, 독신 비구승과 대처승 간의 분규가 일어났을 때 이동
된 것으로 추측된다.

조선 후반기 제1기와 마찬가지로 제2·3기의 불상 이동의 주 요인
가운데 하나는 일제강점기를 거치면서 도심지에 설치된 포교소의 개설
과 관련이 깊은 것으로 보인다. 예를 들면 창녕 포교원에 봉안된 1730
년에 조성된 석가불상의 원 봉안처는 경상도 구룡산(九龍山) 관룡사(觀
龍寺)이다.[270] 이같은 사실은 포교당 개설 때 본사에 있었던 불상들이 이
동된 것으로 보인다.

불상의 이동과 관련해 주목되는 불상은 무주 북고사 아미타불상
(1659년 조성, 1736년 개금 중수)이다. 이 불상은 1659년에 조성되었을 당시
조성기와 1736년 개금 중수기 때의 기록이 남아 있어, 불상 조성에 관

---

269 『신증동국여지승람』 제14권 단양군 산천조에는 "금수산이 군 북쪽 20리에 있다(錦繡山 在
    郡址二十里)"라고 소개되어 있다. 불우(佛宇)조에는 '금수산에 원당사(原堂寺)·개원사
    (開原寺)·자복사(資福寺)가 있다(原堂寺開原寺資福寺俱在錦繡山)'고 할 뿐 조계사는
    보이지 않는다. 그렇기 때문에 조계사는 1531년 『신증동국여지승람』이 완성된 이후에 세
    워진 사찰로 추정된다.
270 『신증동국여지승람』 제17권 창녕현(昌寧縣) 불우(佛宇) 조에 의하면 관룡사는 자련사 및
    승지사와 함께 화왕산에 위치(觀龍寺紫連寺勝地寺俱在火王山)하고 있음을 알 수 있다.

한 사항을 자세히 알려주고 있다. 1659년의 조성기에는 순치 14년(1659년)에 조성해 전라도 금산군 동령 덕유산 운수암 극락교주 아미타불상을 조성한다는[271] 내용이 기록되어 있다. 조성 당시의 봉안처는 운수암(雲岫菴)임을[272] 알 수 있다. 그런데 1736년의 개금중수기에는 적상산(赤裳山) 안국사(安國寺) 보월전(普月殿)으로 옮겨 개금 중수를 한 후 점안식을 하였으며, 다시 경월사(景月寺)로 옮겨 봉안했다고[273] 기록되어 있다. 그리고 개금 중수할 당시 안국사에 상주하고 있던 승려 명과 함께 '경월본사질(景月本寺秩)'과 '보월전질(普月殿秩)'을 기록해, 당시 각 사찰에 어떤 승려들이 몇 명이 머물고 있는지를 알려주고 있다.

1740년에 조성된 서울 도선사 아미타불상과 대세지보살상 역시 원봉안처는 삼각산(三角山) 진관사(津寬寺)였다. 불상 조성기에 의하면 이 불상은 도봉산 원통암(圓通菴)에서 조성되어 삼각산(三角山) 진관암(津寬菴)에 봉안되었음을 알 수 있다.[274] 이 기록을 통해 당시 원통암은 목불상 조성소였음을 알 수 있다. 현재 원통암은 작은 암자에 불과하지만 당시는 많은 조각승들이 상주하면서 서울 근교의 목불상을 조성했을 것이며, 운반이 가능한 불상은 한 조성소에서 주문받아 조성한 후 주문처

---

271 무주 북고사 아미타불상 개금중수기(1736년): "順治十四丁酉年五月日記」全羅道錦山郡東嶺德裕山雲岫菴」極樂教主」陀尊像造成始役於四月初畢」功於五月日」主上殿下壽萬歲國泰民安法輪常轉"

272 『신증동국여지승람』 금산군(錦山郡) 불우(佛宇)조에 운수암은 보이지 않는다.

273 무주 북고사 아미타불상 개금중수기(1736년): "乾隆元年丙辰三月二十一日佛像改金重」修次移運于赤裳安國寺普月殿始役于次」日同月二十六日畢于訖功仍爲同日開眼點眼」次七日還運景月寺奉安"

274 서울 도선사 목 아미타불상 조성기(1740년): "役于道峰山圓通菴敬造彌陀尊像大勢至尊像奉安于」三角山津寬菴"

     조선시대 불상의 복장기록 연구

그림 106. 부천 석왕사 관음보살상, 1755년
그림 107. 양주 회암사 아미타불상, 1755년

로 옮기는 방법이 널리 행해졌다는 사실을 밝혀주고 있다.[275] 그런데 개
금 중수기(1856년)에는 진관사의 절 이름이 암(菴)에서 사(寺)로 변경되
고 있다.[276] 이같은 사실은 불상 조성기를 통해 사찰의 규모가 변하고
있는 것을 확인할 수 있게 한다.

1748년에 조성된 인제 백담사 아미타불상도 조성기에 의하면 강원
도 운마산(雲磨山) 보월사(寶月寺)에 봉안되었던 것을 알 수 있다.[277] 운
마산 보월사는 백담사 아미타불상의 공덕주인 환성문인(喚惺門人) 화월
당(華月堂) 성눌(聖訥, 1690~1763)의 출가 사찰로, 그는 보개산(寶蓋山)·운
마산(雲磨山)·오성산(五聖山) 등을 왕래하면서 30년 가까이 강의를 계속

---

275 문명대,「印性派 木佛像의 조성과 道詵寺 木阿彌陀三尊佛像의 고찰」,『聖寶』5(대한불교
　　조계종 성보보존위원회, 2003), p.11.

276 서울 도선사 목 아미타불상 개금중수기(1856년): "漢陽北三角山津寬寺"

277 인제 백담사 아미티불상 조성기(1748년): "朝鮮國江原道嶺西平康」雲磨山寶月寺佛像新
　　造成回向發願文"

그림 108. 합천 해인사 백련암 불상, 1761년
자료 제공 : 손태호

그림 109. 거창 고견사 불상, 1761년
자료 제공 : 손태호

하다가 보월사로 돌아왔다고[278] 한다. 따라서 이 불상은 운마산 보월사에서 조성되어 백담사로 이안(移安)되었던 것으로 짐작할 수 있다.[279]

부천 석왕사 관음보살상(1755년)[그림 106] 역시 용화암(龍華庵)에서 조성되었다가 석왕사로 이안(移安)되었고, 양주 회암사 아미타불상(1755년)[그림 107] 역시 창평(昌平) 용흥사(龍興寺) 상선암(上禪庵)에서 조성되어 회암사로 옮겨진 상이다.[280]

1761년에 조성된 합천 해인사 백련암 불상과[그림 108] 거창 고견사 불상은[그림 109] 한 세트로 생각된다. 불상 대좌의 묵서명에 의하면 두 불상은 모두 해인사 백련암에서 조성되고 있음을 알 수 있기 때문이다.[281] 현

278 이정 편(李政編), 『한국불교인명사전(韓國佛敎人名辭典)』(불교시대사, 1993), p.143.

279 문명대, 「백담사 목아미타불좌상」, 『강좌미술사』 5 (한국불교미술사학회, 1993), pp.83~88.

280 문명대, 「상정계 목불상의 연구」, 『강좌미술사』 29 (한국불교미술사학회, 2007), pp.87~106.

281 해인사 백련암 불상 조성기에는 "陝川伽倻山海印寺白蓮庵緣化"乾隆貳拾陸年辛巳六月

　　　　　　　　　　조선시대 불상의 복장기록 연구

재에는 한 구는 합천 해인사 백련암에 있고 또 다른 한 구는 거창 고견사에 봉안되어 있다. 두 불상 모두 불상인 것으로 이 시기에 유행한 석가여래삼세불상으로 조성된 것으로 추정되지만, 또다른 한 구의 행방을 알 수 없어 정확한 존명은 확인이 불가능하다. 이같은 사실은 불상 조성기를 통해 원 봉안처에서 이동되었다 하더라도 원 봉안처를 알 수 있고, 조성 당시의 불상 도상을 파악할 수 있다는 점에서 중요한 자료라고 할 수 있다.

봉은사 석가불상의 1765년 중수기는 현 불전의 명칭 변화를 보여준다는 점에서 주목된다. 1765년 개금 당시에는 '대보광전(大光寶殿)'이지만, 1651년 아미타불상의 발원문에는 '대웅보전(大雄寶殿)'으로[282] 기록되어 있으며, 1912년에 현재의 '대웅전(大雄殿)'으로 명칭이 변경되었다. 따라서 대광보전의 '광(光)'이 '웅(雄)'의 오기인지 또는 다른 의미를 가지고 있는지에 대해서는 검토할 필요가 있다는 견해가[283] 있다. 만약 중수기의 내용대로 대광보전이라면 주불은 비로자나불이 봉안되어야 할 것이다. 그러나 1765년 개금 당시에도 사바교주 석가모니불, 동방교주 약사여래불, 서방교주 아미타불 삼세불을 개금불사 한다고[284] 기록되어 있다. 1765년의 개금 중수기의 내용대로라면 대광보전에 삼세불인 석

十六日爲始八月初七日畢工"으로, 거창 고견사 불상 조성기에는 "陜川伽倻山海印寺白蓮庵」設辦造像也」乾隆」拾陸年辛巳六月十六日爲始」八月初七日畢工也"로 대좌에 묵서로 기록되어 있다.

282 문명대, 「봉은사 대웅전 목(木) 삼세불상(三世佛像)의 도상 특징」, 『봉은사 -奉恩寺의 寺院構造와 文化-』, (사)한국미술사연구·대한불교조계종 봉은사, 2008, p.56("願以此功德普及於一切我等汝衆生皆共成佛道」時維大淸順治八年辛卯七月十九日畢功朝鮮國京畿左道」廣州府地西面修道山奉恩寺極樂敎主阿彌陀佛安于大雄寶殿).

283 문명대, 앞 논문(2008), p.60.

284 서울 봉은사 석가불상 개금기(1765년): "娑婆敎主釋迦牟尼佛」東方敎主藥師如來佛」西方敎主阿彌陀佛」三世如來尊像改金佛事始"

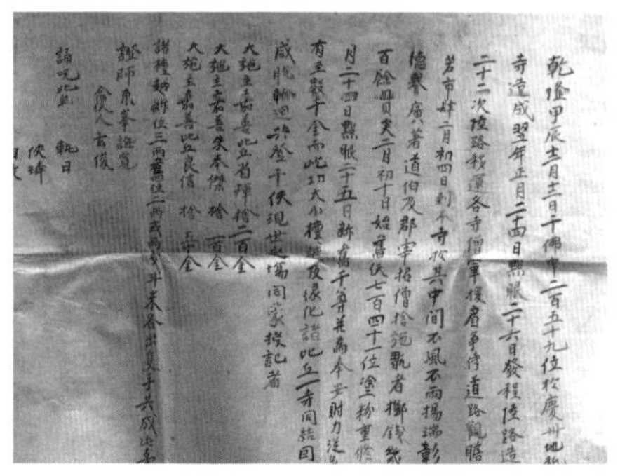

그림 110. 서울 지장암 천불상과 불상 조성기, 1784년

가불·약사불·아미타불을 봉안하고 있다는 것인데, 삼세불을 봉안하고 '대웅보전'이라고 하지 않고 '대광보전'이라고 한 점에 대해서는 앞으로 이 시기에 다른 예가 있는지 비교·고찰할 필요가 있다.

1784년에 조성된 김천 직지사 천불상은 불상의 조성과 이동과 관련해 주목되는 불상군(佛像群)이다. 그 가운데 한 구는 현재 서울 지장암에 봉안되어 있다. 서울 지장암에 소장된 천불상의 조성기와 현재 직지사에 있는 천불상의 조성기는 거의 동일하다. 조성기에 의하면 1784년에 1천불 가운데 259위를 경주 기림사에서 조성했고, 다음 해 1월 24일 점안해서 26일 육로로 떠나 손수레로 22차에 걸쳐 이운(移運)했다. 이때에는 각 절의 승군(僧軍)들이 동원되었고, 운반 중에 많은 사람들이 시주한 돈이 100관이었다. 2월 10일에는 옛 불상 741위를 개채(改彩) 중수하고 2월 24일 점안했으며, 25일 새로 조성한 불상과 새로 채색한 불상 1천불을 봉안했다. 이 불상의 조성기는 불상의 조성 기간[1784년 12월 12일~1785년 1월 24일]과 불상의 이동 기간[1785년 1월 26일~2월 4일], 1천불 가운데 새로 조성한 불상의 수[259위]와 기존의 불상을 수리하고 개채한

   조선시대 불상의 복장기록 연구

수[741위], 불상을 조성한 장소[기림사], 이동 수단[손수레] 등을 알려주고 있다는 점에서 주목되는 불상이다.[285] **그림 110**

17세기 중반에 조성되었고 1861년에 개금한 대전 비래사 비로자나 불상의 원 봉안처는 안심사(安心寺) 심검당(尋劍堂)이었다. 원 소재지인 안심사는 현재 충남 안심사로 추정되지만 이동된 연유는 잘 알 수 없다. 조선 후반기 제2·3기 불상 가운데 원 봉안처와 현 봉안처가 다른 것을 정리하면 〈표 31〉과 같다.

표 31. 원 소재지에서 이동된 조선 후반기 제2·3기 불상 목록

	현 봉안처	원 봉안처	조성 연도
1	서울 사자암	고암산(高岩山) 적사(積寺)	1726 개금
2	고흥 송광암	전라좌도(全羅左道) 흥양포두(興陽浦頭) 서마북산(西馬北山) 문수암(文殊庵)	1726
3	창녕 포교원	구룡산(九龍山) 관룡사(觀龍寺)	1730
4	서울 지장암	곡산(谷山) 문수산(文殊山) 보현사(普賢寺)	1733
5	제천 백련사	단양서면(丹陽西面) 금수산(錦繡山) 조계사(曹溪寺) 극락전(極樂殿)	1736
6	제천 강천사	〃	1736
7	포항 대성사	영천남면(永川南面) 연양산(然兩山) 성불암(成佛菴)	1736 중수
8	무주 북고사	경월사(景月寺)	1736 개금 중수
9	서울 도선사	삼각산(三角山) 진관암(津寬菴)	1740
10	인제 백담사	조선국(朝鮮國) 강원도(江原道) 영서(嶺西) 평강현(平康縣) 운마산(雲磨山) 보월사(寶月寺)	1748
11	부천 석왕사	용화암(龍華庵)	1755
12	남양주 회암사	창평(昌平) 용흥사(龍興寺) 상선암(上禪庵)	1755
13	거창 고견사	합천(陜川) 가야산(伽耶山) 해인사(海印寺) 백련암(白蓮庵)	1761
14	서울 지장암	경주지(慶州地) 기림사(祇林寺)	1784
15	대전 비래사	안심사(安心寺) 심검당(尋劍堂)	1861 개금

---

285 문명대,「지장암장(藏) 직지사 석(石) 천불상(千佛像)과 복장품」,『지장암-地藏庵의 歷史와 文化』, (사)한국미술사연구소·지장암, 2010, pp.163~166(서울 지장암장 천불상 조성기(1784 년): "乾隆甲辰十二月十二日千佛中二百五十九位於慶州地祇林」寺造成翌年正月二十四日點 眼二十六日發程陸路造輦」二十二次陸路移運各寺僧軍揚眉爭侍道路觀瞻鬧」若市肆到本寺 於其中間不風揚瑞彰光」德譽廣著道伯及郡宰招僧捨施翫者擲錢幾至」百餘貫矣二月初十日 始舊佛七百四十一位塗粉重修至二」月二十四日點眼二十五日新舊千尊并爲奉安").

조선시대 불교조각의
새로운 영역의 확장

불상의 배 안에 여러 유물을 넣는 것 또는 그 유물들을 복장(腹藏)이라 하는데, 복장은 점안식과 더불어 불상이 신앙의 대상이 되기 위해 불상에 생명력을 부여하는 의미를 갖는 매우 중요한 불교의식 중의 하나이다. 조선시대의 복장으로 넣어진 불상 조성 발원문이나 조성기는 불상의 명칭, 조성 연대, 봉안 장소, 불상을 조성한 작가, 불상 조성에 참여한 사람과 그의 신분, 조성 배경 등을 담고 있는 귀중한 자료이다. 또한 불상 조성기와 발원문에는 시주자(施主者) 및 발원자(發願者)를 밝힌 시주질(施主秩)과 조성 당시 사찰 내에서 불사(佛事)를 이끌었던 소임자와 제작 화사(畵師), 종파 사상 등에 대한 정보가 담겨 있어 작품의 조성 배경을 파악하는 데 토대가 된다.

'조선시대 불상의 복장기록 연구'를 전개하기 위해 크게 여섯 가지 주제를 중심으로 고찰했다.

1장은 조선시대 불상 조성기를 통한 불상 조성의 배경에 관해 살펴보았다. 불상 조성기에는 불사를 하는 목적이 드러나고, 조선 전반기를 지나면서 불상 조성기가 일정한 형식을 갖게 되지만, 완주 송광사 대웅전의 삼세불상처럼 불상 조성의 목적이 뚜렷이 나타나는 경우가 있다. 시기별 불상 조성기에 나타난 조성 배경을 통해 조선시대 불상 조성의 목적을 고찰했다.

조선 후반기 제1기(1609~1724) 불상 조성은 매우 활발하다. 조선 후기는 왜란과 호란 이후 승군(僧軍)의 활약에 힘입어, 국가적인 차원의 불사가 이루어져 대형 불상이 등장하고 있다. 또한 전쟁으로 인한 상처와 내세에 관한 불안감은 명부(冥府)신앙에 관한 관심으로 이어졌다. 이러한 사정을 반영하듯 조선 후기에는 지장삼존상과 시왕 및 그 권속을 봉안한 명부전(冥府殿) 건립이 활발해져, 이와 관련된 명문 불상이 전해지고 있다. 또한 한 전각에 삼불상을 봉안한 경우가 많아지는 것도 이 시기의 불사의 특징이라고 할 수 있다. 17세기 전반에서 18세기 중반에 이르는 이 시기의 불상 조성기는 조선 후기 불교미술사 뿐만 아니라 불교사 연구에도 중요한 자료적 의미를 갖고 있다.

조선 후반기 제2기(1725~1800)와 제3기(1801~1910)는 사회변동이 심했던 시기로서 불상 조성은 양적으로 제1기에 비해 현격히 줄어들고 있었음을 알 수 있으나, 그중에서도 가장 많이 조성된 불상은 아미타불상과 관음보살상이다. 당시 불안했던 사회 상황을 아미타신앙과 관음신앙으로 극복하려 한 단면을 보여준다고 하겠다. 1740년에 조성된 서울 도선사 아미타불상과 대세지보살상의 조성기를 통해 비록 여성으로 태어났지만 수행을 통해 불도를 이루기를 기원하고 있는 점은, 기복적인 신앙이 아니라 적극적인 수행적 보살행을 실천하고 있다는 점에서 주목되는 자료라고 할 수 있다. 이와 함께 당시 치성광여래신앙을 반영하듯 민간신앙과 결합된 치성광여래삼존상이 조성된 것은, 조선시대의 생산 신앙과 관련해 주목된다.

2장은 조선시대 불상 조성기가 어떻게 구성되어 있는가를 각 시기 대표적인 불상의 조성기를 중심으로 살펴보았다. 조선시대 불상 조성기 역시 당시 불교계의 대표적인 고승들이 짓고 있어, 당대 불교계 고승들의 문장을 살필 수 있다는 점에서 주목된다. 조선시대 불상 조성기는 조선 후반기에 접어들면서 일정한 형식을 갖게 되고, '원이차공덕(願以次功德)…개공성불도(皆共成佛道)'라는 관용구가 등장하게 된다. 또한 불상 조성기를 지칭하는 용어가 시기별로 달라지기도 한다. 이러한 전반적인 내용을 고찰했다.

조선 후반기 제1기(1609~1724)에 제작된 불상 조성기의 구성과 명칭에 대해 고찰했는데, 조선 후기의 불상 조성기 역시 조선 전반기와 마찬가지로 불상을 조성한 연도, 봉안 장소, 명칭, 목적, 시주자, 화주, 조각승 등이 기록되어 있다. 조선 후기 제1기에는 불상 조성기를 발원문(發願文)이라고 일컫는 경우가 많아지고, 그 구성은 불상 조성의 목적과 조각승의 명칭, 직위, 서열 등을 분명히 기록하고 있는 점을 발견할 수 있다.

조선 후반기 제2기(1725~1800)와 제3기(1801~1910)의 불상 조성기의 명칭은 '원문(願文)'과 '발원문(發願文)'을 사용하고 있는 경우가 많았고, 조성기의 내용은 조선 후반기 제1기와 유사한 형태를 유지하고 있었다.

3장은 조선시대 불상 조성기에 나타난 불사(佛事)를 수행하는 직임(職任) 즉 소임(所任)에 관해 서술했다. 특히 불사를 주도하는 데 중요한 역할을 담당한 증명(證明)과 화주(化主)를 중심으로 살펴보았다.

조선 전반기(1392~1608) 불상 조성기를 통한 조선 전반기 불상 조성의 배경을 연구하기 위해 먼저 조선시대 승직제도에 대해 살펴보았다. 조선시대의 승직제도는 선교양종 제도로 선종(禪宗)은 대선(大選) → 중덕(中德) → 선덕(禪師) → 대선사(大禪師)의 순으로, 교종(敎宗)은 대선(大選) → 중덕(中德) → 대덕(大德) → 대사(大師)의 순으로 직위가 부여되었다.

조선 전반기 불상 조성기에 나타난 불사의 직임(職任)은 간선(幹善)·증명(證明)·화주(化主)·공양주(供養主)·별좌(別座) 등을 비롯해 다양했다. 불사의 주도한 세력은 처음에는 간선(幹善)이었으나 16세기로 접어들면서 화주(化主)와 간선(幹善)이 합해져 간선대화주(幹善大化主)로 변화되고 있다. 조각에 참여한 층은 처음에는 분업된 양상을 보이기도 하지만 차츰 '화원(畵員)'으로 통폐합되는 경향을 보였다.

조선 후반기 제1기(1609~1724) 불상 조성기의 연화질(緣化秩)에 나타난 증명(證明)과 화주(化主)을 분석해 당시 불교계를 주도하던 승려들이 불사(佛事)와 어떤 관련이 있는지를 고찰했다. 증명 가운데 주목되는 인물은 소요태능(逍遙太能)과 벽암각성(碧巖覺性)이었다. 이들은 당대 최고의 계파인 청허계와 부휴계로서 서로 불사(佛事)에 동참하고 있었으며, 특히 조각승들과 증명과는 서로 긴밀한 관계를 유지하고 있었다. 또한 조선 전기에는 화주의 임무를 주로 승려들이 담당했으나, 조선 후기로 오면서 승려뿐만 아니라 거사(居士)나 사당(舍堂)도 화주로서 활동하고 있는 사실을 확인할 수 있었다.

조선 후반기 제2기(1725~1800)와 제3기(1801~1910) 불상 조성기의 연화질(緣化秩)에 나타난 증명(證明)과 화주(化主)를 분석해 당시 불교계를 주도하던 승려들과 불사(佛事)의 관계를 살펴보았다. 증명 가운데 주목되는 인물은 약탄(若坦), 호암체정(湖巖体淨), 만화원오(萬化圓悟) 등이었다. 이들은 당대 선사(禪師)이면서 강사(講師)였던 인물들이었지만, 조각승과의 관계는 뚜렷하게 나타난 바가 별로 없었다. 단지 인신(印信)은 조각승 정행(正幸)과 함께 두 불상을 조성하고 있었다. 또한 화주는 조선 후반기 제1기와 마찬가지로 승려뿐만 아니라 일반 신도 및 거사(居士)와 사당(舍堂)도 화주로서 활동하고 있음을 고찰했다.

4장은 조선시대 불상 조성에 가장 중요한 역할 가운데 하나인 조각승(彫刻僧)에 관해 고찰하였는데, 조각승들의 지위가 어떠했는지, 이들과 불사를 주관하는 증명(證明)이나 화주(化主)와는 어떤 관련이 있는지 등을 살펴보았다.

조선 전반기(1392~1608) 불상 조성기에 나타난 승직(僧職)은 선종의 경우 선사(禪師)·대선사(大禪師)·선종판사(禪宗判事) 등이, 교종의 경우는 대사(大師)·교종판사(敎宗判事) 등이었다. 특히 조각승의 지위가 선사(禪師)나 대선사(大禪師)인 사실은 조각승의 지위가 상당한 위치에 있었음을 알 수 있었다.

조선 후반기 제1기(1609~1724) 불상 조성기 내용 가운데 조각승을 어떻게 부르고 있으며, 그들의 지위는 조선 전반기와 비교해 어떤 위치에 있는가를 살펴보았다. 조선 후기의 조각승은 화원(畵員)으로 명명되는 경우가 가장 일반적이었으며, 17세기 후반 이후로는 조각승을 양공(良工)이라 지칭하는 것을 파악할 수 있었다. 아울러 수 조각승을 중심으로 서열화된 위계가 나타나고 있다. 또한 조각승의 지위는 조선 전기와 비교해 직위(職位)를 표기한 경우가 적었고, 전기와 마찬가지로 대덕(大德)·대사(大師)·대선사(大禪師)가 사용되었다. 17세기 후반에 이르면 색난과 색난파에서는 정3품 당상관인 통정대부(通政大夫)로 지칭되는 경우가 일반화되고 있다. 조각승의 계보는 현진(玄眞)·청헌파(淸憲派), 응원(應元)·인균파(印均派), 수연파(守衍派), 법령파(法靈派), 단응(端應)·탁밀파(卓密派), 무염(無染)·도우파(道祐派), 색난파(色難派) 등이 정립되어 가는데, 이것은 조선 후기 불교계의 청허계(淸虛系)와 부휴계(浮休系)를 비롯한 계파(系派)와 문파(門派) 형성과 그 흐름을 같이하고 있다.

조선 후반기 제2·3기 불상 조성기의 내용 가운데 조각승의 명칭과 직임(職任) 그리고 조각승의 계보를 살펴보았다. 조선 후반기 제2·3기의 조각승은 화원(畵員)과 양공(良工)으로 명명되는 경우가 가장 일반적이었다. 조각승의 계보는 하천파(夏天派)·정행파(正幸派)·상정파(尙淨派)·인성파(印性派)·유성파(有誠派)·순민파(順敏派) 등이 정립되어 가는데, 특히 하천계와 상정계의 활동이 가장 두드러지고 있음을 살필 수 있었다. 특히 상정은 조각승이면서 개금장으로서의 활동도 활발했으며, 불상의 중수와 개금에는 조각승보다는 화승(畵僧)들이 주로 담당하고 있음을 알 수 있다.

5장은 조선시대 불상 조성에 참여한 시주층과 시주 물목(物目)에 관해 서술했는데, 조선 전반기와 조선 후반기에 걸쳐 크게 변화가 나타나고 있다. 시주층의 변화는 조선시대 불교의 흐름을 파악하는 데 중요한 잣대가 되고 있음을 반증한다고 하겠다. 조선 전반기는 주로 왕실과 양반층 등이 불사를 주도하고 있다면, 조선 후반기에 들어서는 새롭게 거사(居士)와 사당(舍堂)이라는 새로운 시주층이 등장한다는 점이다. 시주층의 변화는 주로 거사와 사당을 중심으로 고찰했다.

조선 전반기 불사를 발원한 세력은 15세기에는 왕실 주도가 많지만

이 역시 시간이 흐를수록 승려와 일반민들의 주도로 변해갔다. 조선 전반기 불상 조성기 연구는 불교사, 불교경제사, 사상사, 불교문학사, 도상 연구 등에 많은 자료를 제공하고 있기 때문에 앞으로 체계적인 연구가 절실히 요구된다.

조선 후반기 제1기(1609~1724) 불상 조성기는 조선 전반기와 비교해 조선 후기에는 시주층이 다양해지고 있음을 살필 수 있었다. 왕실 발원 불사는 줄어들고 승려를 비롯한 거사(居士)와 사당(舍堂) 그리고 일반인 들이 시주가 늘어나고 있다. 특히 조선 전기부터 내려오던 비승비속(非僧非俗)의 사장배(社長輩)가 불사의 새로운 주도층인 거사(居士)와 사당(舍堂)으로 나뉘어 17세기에 등장하고 있는 것은 주목할 만하다. 따라서 시주 동참자가 수백 명이 되는 1650년의 동국사 석가삼존상의 불상 조성기에서 보듯이, 각자 때에 따라 증명으로, 화주로, 시주자로, 불사 소임자로, 조각승으로 다양하게 불사에 동참하고 있는 사실은, 17세기 이후 불사에 동참한 시주자층이 확대되고 다양화되고 있음을 반영한다.

조선 후반기 제1기와 다른 점은 예산 수덕사 삼길암 관음보살상(1726년), 포항 대성사 관음보살상(1736 년 중수), 서울 도선사 아미타불상과 대세지보살상(1740년)에서 보듯이, 거사와 사당들이 무리를 지어 사찰 불사에 동참하고 있다는 사실이다. 이러한 사실을 통해 조선 후기 사회변동과 함께 거사배(居士輩)가 유랑예인집단으로 그 성격이 변해가는 전(前) 단계를 암시하는 자료이다.

18세기 중반에서 20세기에 이르는 조선 후반기 제2·3기의 불상 조성기는 당시의 시대상을 반영하고 있으며, 불교계의 불사 활동이 어떠한 변화를 보이는지를 잘 보여준다고 하겠다. 특히 불사의 한 축을 담당했던 재가자 그룹의 거사와 사당의 역할이 주목되는데, 이들은 시간이 흐르면서 유랑예인집단으로 성격이 변모하게 된다.

시주물목도 조선 전반기와 조선 후반기에 큰 변화가 있었는데, 17세기 불상 조성기에는 시주물목이 가장 세세하게 기록되어 있는 점이 주목된다. 특히 불상 제작에 필요한 재료뿐만 아니라 의식에 필요한 시주물, 채색에 사용되는 안료 등이 기록되어 있어 당시 불상 조성의 재료를 파악할 수 있다. 그러나 18세기에 들어서면서는 시주물목은 황금(黃金) 시주자만 기록되거나, 시주질에 시주자 이름만 기록되는 것으로 변화되었다.

6장은 조선시대에 조성된 불상이 원 봉안처에서 이동된 것에 주목했다. 불상 이동의 원인은 여러 가지가 있겠으나 폐사(廢寺)를 비롯하여, 근래에 이르러서는 독신 비구승과 대처승(帶妻僧) 간의 불교 분규가 가장 큰 역할을 하였던 것으로 보인다.

조선 후반기 제1기(1609~1724) 불상 조성기에 나타난 불상의 원 봉안처와 불상의 이동은 주목할 만하다. 오랜 시간 여러 번에 걸쳐 이동된 불상도 있지만, 많은 경우 일제강점기 때 새로운 포교당 건설로 불상이 이동된 것과 1954년 이후 독신 비구승과 대처승 간의 분규로 대처승들이 거주하던 사찰에서 밀려나면서 불상이나 불화를 이동시킨 것으로 대별되었다. 조선 후반기 제2기(1725~1800)와 제3기(1801~1910)의 불상들은 조선 후반기 제1기와 마찬가지로 이동이 상당히 많았던 것을 살필 수 있었다.

참고문헌

『經國大典』
『金山寺誌』
『東文選』
『磻溪隨錄』
『逍遙堂集』
『新增東國輿地勝覽』
『燃藜室記述』
『朝鮮王朝實錄』
『朝鮮總督府官報』

강만길,「왕실전기의 官匠制와 私匠」,『조선시대 상공업사 연구』, 한길사, 1984.
鏡島元隆,「百丈古淸規變化過程의一考察」,『驅澤大學佛敎學部硏究紀要』25, 1967.
국립중앙박물관,『발원, 간절한 바람을 담다 – 불교미술의 후원자들』, 2015.
김길웅,「불갑사의 불교조각상」,『사찰조경연구』6, 동국대학교 사찰조경연구소, 1998.
______,「흑석사 목조아미타여래좌상고」,『문화사학』10, 한국문화사학회, 1998.
______,「彫刻僧 勝浩가 제작한 불상」,『문화사학』27, 한국문화사학회, 2007. 6.
김동현,「全羅北道 北部地域의 朝鮮時代 木造佛像 硏究」, 한국교원대 석사학위논문, 2000.
김순석,「조선후기 불교사 연구의 현황과 과제」,『조선 후기사 연구의 현황과 과제』, 창작과 비
　　　평사, 2000.
김영태,『한국불교사』, 경서원, 1997.
______,「三國 · 統一新羅時代의 僧職제도 고찰」,『僧伽敎育』3, 대한불교조계종 교육원, 2000.
김용태,『조선 후기 불교사 연구』, 신구문화사, 2010.
김재웅,「新羅末 · 高麗初 禪宗寺院의 三綱典」,『진단학보』77, 진단학회, 1994.
김정희,『조선시대 지장시왕도 연구』, 일지사, 1996.
김창균,「법주사 대웅보전 소조삼불좌상과 원통보전 목조관음보살좌상에 대한 고찰」,『불교문
　　　화연구』4, 한국불교문화학회, 2004.
______,「법주사 대웅보전 봉안 소조삼존불좌상에 대한 연구」,『강좌미술사』24, 한국불교미술
　　　사학회, 2005.
______,「畵僧 色敏과 그의 佛畵」,『강좌미술사』29, 한국불교미술사학회, 2007.
______,「大芚山 妙蓮庵 목조관음보살상과 조각승 교류를 통해 본 無染 작풍 연구」,『미술사학
　　　보』45, 미술사학연구회, 2015.
김춘실,「충청북도 제천·단양지역의 朝鮮後期 木造佛像」,『미술사연구』23, 미술사연구회,
　　　2009.

김형수, 「고운사, 대곡사, 흑석사 관련자료 소개」, 『영남학』 2003-4, 경북대 영남문화연구원, 2003.
김희정, 「朝鮮後期 慶尙道地域 彫刻僧과 佛像」, 동아대 박사학위논문, 2011.
대한불교조계종 총무원, 『일제시대 불교정책과 현황』下, 선우도량출판부, 2001 .
문경시·(재)불교문화재연구소」, 『대승사 목각아미타여래설법상 및 관계문서』, 2011. 문화재청, 『법주사 대웅전 실측·수리보고서』, 2005.
문명대, 「백담사 목 아미타불좌상」, 『강좌미술사』 5, 한국불교미술사학회, 1993.
______, 「松廣寺 大雄殿 塑造釋迦三世佛像」, 『강좌미술사』 13, 한국불교미술사학회, 1999.
______, 『高麗·朝鮮 佛敎彫刻史 硏究』, 예경, 2003.
______, 「상원사(上院寺) 목문수동자상」, 『高麗·朝鮮 佛敎彫刻史硏究-삼매와 평담미』, 예경, 2003.
______, 「松林寺 大雄殿 木 釋迦三尊佛坐像의 연구」, 『강좌미술사』 27, 한국불교미술사학회, 2006.
______, 「무염파(無染派) 목불상의 조성과 설악산 신흥사 목아미타 삼존불상의 연구」, 『강좌미술사』 20, 한국불교미술사학회, 2003.
______, 「印性派 木佛像의 조성과 道詵寺 木阿彌陀三尊佛像의 고찰」, 『聖寶』 5, 대한불교조계종 성보보존위원회, 2003.
______, 「三幕寺 七星殿佛像銘 磨崖熾盛光三尊佛像의 硏究」, 『강좌미술사』 20, 한국불교미술사학회, 2003.
______, 「조각승 무염(無染), 도우파(道祐派) 불상조각의 연구」, 『강좌미술사』 26-1, 한국불교미술사학회, 2006.
______, 「尙淨系 木 佛像彫刻의 硏究」, 『강좌미술사』 29, 한국불교미술사학회, 2007.
______, 「왕룡사원의 1466년작 목 아미타불좌상 연구」, 『강좌미술사』 28, 한국불교미술사학회, 2007.
______, 「선운사 대웅보전 무염(無染)작 비로자나삼불상(毘盧遮那三佛像)」, 『강좌미술사』 30, 한국불교미술사학회, 2008.
______, 「17세기 전반기 조각승 현진파(玄眞派)의 성립과 지장암 목(木) 비로자나불좌상의 연구」, 『지장암』, 한국불교미술사학회, 2010.
______, 「조각승 혜희(慧熙)의 작품세계와 부산 금정사 봉안 용문사(龍門寺) 목 아미타불상의 복원적(三世佛像) 연구」, 『강좌미술사』 34, 한국불교미술사학회, 2010.
______, 「조선 전반기 불상 조각의 도상해석학적 연구」, 「강좌미술사」 36, 한국불교미술사학회, 2011.
______, 「흥국사 1723년 의겸·순민작 목 수월관음보살상 불감과 복장 연구」, 『강좌미술사』 37, 한국불교미술사학회, 2011.
______, 「조선 후반기 제1기(17세기, 융성기: 광해-경종) 불상조각의 도상해석학적 연구」, 『강좌미술사』 38, 한국불교미술사학회, 2012.
______, 「조선 후반기 제2·3기(18·19세기 :영·정조-순조·순종기) 불상 조각의 도상해석학적 연구」, 『강좌미술사』 40, 한국불교미술사학회, 2013.
______, 「해남 大興寺 대웅전 1612년 太顚 작 삼세불상 연구」, 『강좌미술사』 41, 한국불교미술사학회, 2013.
문현순, 「1450년~1460년대紀年銘 아미타삼존불에 대한 고찰」, 『불교미술사학』 3, 불교미술사학회, 2005.
문화재청·(재)불교문화재연구소, 『한국의 사찰문화재 서울특별시』 자료집, 2012.
박상국 편, 『全國寺刹所長木板集』, 문화재관리국, 1987.

박아연, 「1493年 水鐘寺 석탑 봉안 왕실발원 불상군 연구」, 『미술사학연구』 269, 한국미술사학
　　　회, 2011.

______, 「1628년 仁穆大妃 발원 水鍾寺 金銅佛像群 研究」, 『강좌미술사』 37, 한국불교미술사
　　　학회, 2011.

白南雲, 『朝鮮封建社會經濟史』 上, 개조사, 1937.

성춘경, 「達聖寺 木造地藏菩薩 및 阿彌陀三尊佛」, 『문화사학』 14, 한국문화사학회, 2000.

손영문, 「조각승 印均派 불상조각의 연구」, 『강좌미술사』 26-1, 한국불교미술사학회, 2006. 6.

______, 「彫刻僧 應惠派 佛像彫刻의 研究 - 潭陽 晦迹庵 木造阿彌陀佛像을 中心으로」, 『불교
　　　문화연구』 8, 한국불교문화학회, 2006.

송석하, 「社堂考」, 『韓國民俗學』, 일신사, 1960.

송은석, 「17世紀 彫刻僧 玄眞과 그 流派의 造像」, 『미술자료』 70·71, 국립중앙박물관, 2004.

______, 「通度寺聖寶博物館 所藏 金銀製阿彌陀三尊佛坐像 研究」, 『불교미술사학』 3, 통도사
　　　성보박물관 불교미술사학회, 2005.

______, 「朝鮮後期 17世紀 彫刻僧 熙藏과 熙藏派의 造像」, 『태동고전 연구』 22, 한림대 태동
　　　고전연구소, 2006.

______, 「17세기 朝鮮王朝의 彫刻僧과 佛像」, 서울대학교 박사학위논문, 2007. 2.

______, 「法靈派 彫刻僧과 佛像 -法靈, 惠熙, 祖能」, 『불교미술사학』 5, 불교미술사학회, 2007.

______, 「17세기 전반 曹溪山 松廣寺와 彫刻僧 : 覺敏, 應元, 印均」, 『보조사상』 29, 보조사상
　　　연구원, 2008.

______, 「조선 17세기 彫刻僧 유파의 합동작업」, 『미술사학』 22, 한국미술사교육학회, 2008.

______, 「梁山 通度寺의 熙藏風 佛像」, 『불교미술사학』 6, 불교미술사학회, 2008.

______, 「조각승 勝日과 勝日派의 造像 활동」, 『한국선학』 26, 한국선학회, 2010.

______, 「17세기 無染派의 造像 활동」, 『역사학연구』 40, 호남사학회, 2010.

______, 「조선 후기 應元·印均派의 활동: 應元, 印均, 三忍」, 『한국문화』 52, 서울대 규장각 한
　　　국학연구원, 2010.

______, 「17세기 중후반 운혜파의 조상 활동: 운혜와 경림」, 『미술사와 시각문화』 9(미술사와
　　　시각문화학회, 2010.

______, 『조선 후기 불교조각사』, 사회평론, 2012.

______, 「金堤 金山寺 조각승 淸虛의 造像 활동」, 『미술사학 연구』 279·280, 한국미술사학회,
　　　2013.

______, 「미국 미술관, 박물관 소장 조선시대 불상 연구」, 『미술사와 시각문화』 12, 미술사와 시
　　　각문화학회, 2013.

______, 「17세기 말-18세기 초 彫刻僧 守一의 造像 활동」, 『한국사상과 문화』 70, 한국사상문
　　　화학회, 2013.

______, 「조선후기 불교조각의 독창성」, 『미술사학』 28(한국미술사교육학회, 2014.

______, 「蔚珍 佛影寺의 佛像과 彫刻僧 : 尙倫, 卓密」, 『동악미술사학』 17, 동악미술사학회,
　　　2015.

______, 「海南 大興寺의 조선 후기 불상」, 『불교미술사학』 22, 불교미술사학회, 2016.

______, 「목포 달성사 명부전 존상의 조성과 중수: 香嚴, 進悅」, 『미술사와 시각문화』 18, 미술
　　　사와 시각문화학회, 2016.

______, 「義城 大谷寺 나한전 존상과 조각승 卓密」, 『석당논총』 66, 동아대 석당학술원, 2016.

______, 「1622년 慈壽寺·仁壽寺의 章烈王后 發願 佛事와 안동 선찰사 목조석가불좌상」, 『석
　　　당논총』 67, 동아대 석당학술원, 2017.

______, 「完州 松廣寺 나한전의 제 존상과 조각승」, 『보조사상』 47, 보조사상연구원, 2017.

손태호, 「18세기 彫刻僧 尙淨 연구」, 동국대 석사학위논문, 2012.
송기태, 「전남 남해안지역 절걸립패의 활동 및 성격 고찰」, 『남도민속연구』 13, 남도민속학회, 2006.
송지민, 「해남 서동사 목조삼세불좌상 연구」, 『강좌미술사』 46, 한국불교미술사학회, 2016.
신은미, 「조선후기 十六羅漢圖연구-畵譜圖像의 수용과 전개를 중심으로」, 『강좌미술사』 27, 한국불교미술사학회, 2006.
심우성, 『男寺黨牌硏究』, 동문선, 1974.
심주완, 「임진왜란 이후의 대형 소조불상에 관한 연구」, 『미술사학연구』 233·234, 한국미술사학회, 2002.
______, 「조선시대 三世佛像의 연구」, 『미술사학연구』 259, 한국미술사학회, 2008.
안귀숙·최선일, 『朝鮮後期僧匠 人名辭典-佛敎繪畵』, 양사재, 2008.
여은경, 「朝鮮後期의 寺院侵奪과 僧契」, 『慶北史學』 6, 경북대 사학과, 1986.
오경후, 「顯宗代의 佛敎政策과 佛敎界의 動向」, 『한국선학』 17, 한국선학회, 2007.
오진희, 「조각승 色難派와 華嚴寺 覺皇殿 七尊佛像」, 『강좌미술사』 26-1, 한국불교미술사학회, 2006.
______, 「華嚴寺 大雄殿 木 三身佛像의 연구」, 『강좌미술사』 28, 한국불교미술사학회, 2007.
______, 「彫刻勝 夏天의 佛像彫刻 硏究」, 『강좌미술사』 34, 한국불교미술사학회, 2010.
______, 「조각승 법종(法宗) 불상의 연구」, 『강좌미술사』, 한국불교미술사학회, 2012.
여은경, 「조선시대 왕실 여성 발원 불화」, 『발원, 간절한 바람을 담다 – 불교미술의 후원자들』, 국립중앙박물관, 2015.
유근자, 「조선전반기 불상조각의 조성기 분석을 통한 조성 배경 연구」, 『강좌미술사』 36, 한국불교미술사학회, 2011.
______, 「조선후반기 불상조성기를 통한 불상의 조성 배경 연구」, 『강좌미술사』 38, 한국불교미술사학회, 2012.
______, 「조선후반기 제2·3기 불상조성기를 통한 불상의 조성 배경 연구」, 『강좌미술사』 40, 한국불교미술사학회, 2013.
이경화, 「坡州 龍尾里 磨崖二佛立立像의 造成時期와 背景-成化7年 造成說을 提起하며」, 『불교미술사학』 3, 불교미술사학회, 2005.
이경화, 「조선시대 왕실의 比丘尼院 설치와 信行」, 『역사학보』 178, 역사학회, 2003.
이능화 지음·이재곤 옮김, 『朝鮮解語花史』, 동문선, 1992.
이민형, 「17세기 후반의 彫刻僧 端應과 卓密의 불상 연구」, 홍익대 석사학위논문, 2009.
이병희, 『高麗時期 寺院經濟 硏究』, 경인문화사, 2009.
______, 「고려·조선시기 불사(佛事) 후원자의 추이」, 『발원, 간절한 바람을 담다 – 불교미술의 후원자들』, 국립중앙박물관, 2015.
______, 「승관조직과 승관제도」, 『한국사』 16, 국사편찬위원회, 1994.
______, 「조선시대의 僧職제도」, 『한국불교학』 25, 한국불교학회, 1999.
______, 「조선시대의 僧職제도」, 『僧伽敎育』 3, 대한불교조계종 교육원, 2000.
이분희, 「조각승 승일과 불상조각의 연구」, 『강좌미술사』 26-1, 한국불교미술사학회, 2006.
______, 「조선전반기 阿彌陀佛像의 연구」, 『강좌미술사』 27, 한국불교미술사학회, 2006.
______, 「朝鮮 15世紀 塔內 奉安 佛像의 考察」, 『미술사학연구』 283·284, 한국미술사학회, 2014.
______, 「朝鮮時代 僧侶의 甲契의 연구」, 『불교학보』 13(동국대 불교문화연구원, 1976.
______, 『조선후기 불교의 수행체계 연구 : 三門修學을 중심으로』, 동국대 박사학위논문, 2010.
______, 「해남 대흥사의 천불 조성과 그 시주자들」, 『강좌미술사』 43, 한국불교미술사학회,

2014.

이창화, 「朝鮮時代 濟州道 佛像研究-紀年銘 佛像을 중심으로」, 목포대학교 석사학위논문, 2009.

자각 종색선사 원저·최법혜 역주, 『고려판 선원청규 역주』, 가산불교문화연구원, 2001.

장충식, 「景泰七年 佛像腹藏品에 對하여」, 『考古美術』 138·139, 한국미술사학회, 1978.

______, 「통도사금동아미타삼존상의 복장기에 대하여」, 『통도사금동아미타삼존불상의 종합적 고찰』, 통도사성보박물관, 1991.

장휘주, 「사당패의 집단성격과 공연내용에 대한 史的 考察」, 『한국음악연구』 35, 한국국악학회, 2004.

______, 「'사당패'관련 名稱에 대한 史的 考察」, 『공연문화연구』 13, 한국공연문화학회, 2006.

전신재, 「居士考; 流浪人集團研究, 序說」, 『韓國의 生活意識과 民衆藝術』, 성균관대학교 대동 문화연구원, 1983.

______, 「거사와 사당」, 『한국역사민속학강의』 2, 민속원, 2010.

전영근, 「왕실 주관 불사 권선문의 조성과 운용-상원사 권선문과 용주사 권선물을 중심으로」, 『서지학보』 30, 서지학회, 2006.

______, 「조선시대 僧官制와 僧人 人事 관련 文書」, 『古文書研究』 30, 한국고문서학회, 2007.

전통문화연수원 편, 『천성산 관음사 목조관음보살좌상 조사 보고서』, 정일사, 2010.

정병삼, 「조선시대의 호남불교 연구의 성과와 전망」, 『불교학보』 59, 동국대 불교문화연구원, 2011.

정석종, 『조선후기사회변동연구』, 일조각, 1983.

정영호, 「莊陸寺菩薩坐像과 그 腹藏發願文」, 『考古美術』 128, 한국미술사학회, 1975.

정은우, 「1502년명 천성산 관음사 목조보살좌상 연구」, 『석당논총』 48, 동아대학교 석당학술원, 2010.

______, 「龍門寺 木造阿彌陀如來坐像의 특징과 願文 분석」, 『미술사연구』 22, 미술사연구회, 2008.

______, 「남양주 흥국사의 조선전기 목조16나한상」, 『동악미술사학』 10, 동악미술사학회, 2009.

______, 「17세기 부여 무량사 명부전 불상과 발원문 분석」, 『동악미술사학』 17, 동악미술사학 회, 2015.

______, 「영광 불갑사 목조사천왕상의 특징과 제작시기」, 『역사와 역사교육』 33, 웅진사학회, 2017.

정제규, 「고려시대 불교신앙결사에 대한 인식과 그 성격-『동문선』 소재 신앙결사 기록을 중심 으로」, 『문화사학』 21, 한국문화사학회, 2004.

조명제, 「朝鮮後期 松廣寺의 전적 간행과 사상적 경향」, 『보조사상』 32, 보조사상연구원, 2009.

조태건, 「17세기 후반 조각승 勝浩 作 十王像 研究」, 『불교미술사학』 12, 불교미술사학회, 2011.

______, 「17세기 후반 조각승 색난 단응 시왕상 연구」, 『동악미술사학』 15, 동악미술사학회, 2013.

______, 「도선사 관음보살좌상을 통해 본 18세기 서울지역으로의 불상 이운 배경 : 북한산성 승영사찰 개창을 중심으로」, 『불교미술사학』 22, 불교미술사학회, 2016.

智冠 編著, 『(伽山)佛教大辭林』 10(伽山佛教文化研究院, 2008.

진나라, 「조선전기 社長의 성격과 기능-불교신앙활동을 중심으로」, 『한국사상사학』 22, 한국사 상사학회, 2004.

채상식, 「淨土寺址 法鏡大師碑陰記의 分析-高麗初 禪門의 구조와 관련하여」, 『한국사연구』

36, 한국사연구회, 1982.

채인환, 「新羅僧官制의 설치 의의」, 『佛敎學報』 9, 동국대학교 불교문화연구원, 1982.

최법혜, 「百丈古淸規變化過程の一考察」, 『駒沢大學 佛敎學硏究紀要』 25.

최선일, 「朝鮮後期 全羅道 彫刻僧 色難과 그 系譜」, 『美術史硏究』 14, 미술사연구회, 2000.

______, 「용주사 대웅보전 목조석가삼존불상과 조각승 – 戒初比丘를 중심으로」, 『동악미술사학』 4, 동악미술사학회, 2003.

______, 「高陽 祥雲寺 木造阿彌陀三尊佛坐像과 彫刻僧 進悅」, 『미술사학연구』 244, 한국미술사학회, 2004.

______, 「全羅南道 和順 雙峰寺 木造地藏菩薩坐像과 彫刻僧 雲惠」, 『불교미술사학』 2, 불교미술사학회, 2004.

______, 「朝鮮後期 彫刻僧의 활동과 佛像 硏究」, 홍익대 박사학위논문, 2006. 6.

______, 『朝鮮後期僧匠人名辭典: 佛敎彫塑』, 양사재, 2007.

______, 「17세기 전반 彫刻僧 守衍의 활동과 佛像 硏究」, 『동악미술사학』 8, 동악미술사학회, 2007.

______, 「南楊州 興國寺 大雄寶殿 佛像의 製作時期와 彫刻僧의 推論」, 『불교미술』 19, 동국대 박물관, 2008.

______, 『17세기 彫刻僧과 佛像 硏究』, 한국연구원, 2009.

______, 「朝鮮 後期 彫刻僧과 佛相樣式의 변천」, 『미술사학연구』 261, 한국미술사학회, 2009.

______, 「安城 七長寺 木造地藏菩薩坐像과 彫刻僧 金文」, 『역사민속학』 29, 한국역사민속학회, 2009.

______, 「파주 보광사 대웅보전 목조보살입상과 彫刻僧 英賾」, 『미술사학』 24, 한국미술사교육학회, 2010.

______, 「17세기 후반 조각승 勝浩의 활동과 불상연구」, 『조선후기 彫刻僧과 佛像 硏究』, 경인문화사, 2011.

______, 「완주 대원사 대웅전 목조불상의 제작시기와 조각승 推論」, 『문화사학』 35, 한국문화사학회, 2011.

______, 「속초 普光寺 〈목조지장보살좌상〉과 彫刻僧 草安」, 『미술사학연구』 274, 한국미술사학회, 2012.

______, 「安城 七長寺 木造觀音菩薩坐像과 彫刻僧 一機」, 『문화사학』 38, 한국문화사학회, 2012.

______, 「배천 강서사 조성 지장보살과 조각승 영철」, 『선문화연구』 13, 한국불교선리연구원, 2012.

______, 「남원 선원사 木造地藏菩薩三尊像과 조각승 元悟」, 『미술사학』 27, 한국미술사교육학회, 2013.

______, 「日本 교토 高麗美術館 所藏 木造菩薩立像 硏究」, 『문화사학』 40, 한국문화사학회, 2013.

______, 「강화 전등사 木造地藏菩薩坐像과 조각승 守衍」, 『인천학연구』 18, 인천대 인천학연구원, 2013.

______, 「完州 大院寺 冥府殿 木造佛像의 硏究」, 『문화사학』 42, 한국문화사학회, 2014.

______, 「영동 영국사 목조보살좌상과 조각승 여찬」, 『역사와 담론』 15, 호서사학회, 2014.

______, 「가평 현등사 금동지장보살좌상과 설훈」, 『인문과학연구』 44, 강원대 인문과학연구소, 2015.

______, 「18세기 후반 조각승 계심의 활동과 불상 연구」, 『동악미술사학』 17, 동악미술사학회, 2015.

______, 「안성 봉덕사 목조석가여래좌상과 조각승 금문」, 『불교미술사학』 22, 불교미술사학회, 2016.

최선일·조태건, 「나주 다보사 명부전 불상과 조각승 지견(智堅)」, 『미술사와 문화유산』 1, 명지대 문화유산연구소, 2012.

최성은, 「조선 후기 불갑사 불교조각의 一考察」, 『서지학보』 35, 한국서지학회, 2010.

______, 「보성 開興寺 목조관음보살좌상을 통해 본 조선후기 조각승 色難」, 『한국사학보』 62, 고려사학회, 2016.

최소림, 「흑석사 목조아미타불좌상 연구-15세기 불상 양식의 일이해」, 『강좌미술사』 15, 한국불교미술사학회, 2000.

최인선, 「康津 玉蓮寺 木造釋迦如來坐像과 腹藏」, 『문화사학』 1, 한국문화사학회, 1994.

______, 「全州 三暻寺 木造佛像 2軀와 腹藏物」, 『문화사학』 21, 한국문화사학회, 2004.

______, 「제주도 正房寺所藏 순천 大興寺 石造如來坐像과 腹藏物」, 『문화사학』 23, 한국문화사학회, 2005.

______, 「高興 蓬萊寺 木造觀世音菩薩坐像과 腹藏物」, 『문화사학』 27, 한국문화사학회, 2007.

______, 「全南 新案 一心寺 木造菩薩像과 腹藏物」, 『호남문화연구』 42, 전남대 호남학연구원, 2008.

______, 「珍島 雙溪寺 大雄殿 三尊佛像과 彫刻僧 熙藏」, 『문화사학』 44, 한국문화사학회, 2015.

한기문, 「고려시대 사원 내의 관리조직과 소속승의 구성」, 『한국중세사연구』, 1995.

한상길, 『조선 후기 불교와 寺刹契』, 경인문화사, 2006.

한상인, 『朝鮮初期 吏讀의 國語學的 研究』, 보고사, 1998 .

황인규, 「조선 전기 후궁의 비구니 출가와 불교수행」, 『불교학보』 57, 동국대 불교문화연구원, 2010.

허형욱, 「전라남도 順天市 梅谷洞 석탑 발견 成化四年(1468)銘 청동불감과 금동아미타삼존불좌상」, 『미술자료』 70·71, 국립중앙박물관, 2004.

허흥식, 「佛教界의 組織과 行政制度」, 『高麗佛教史研究』, 일조각, 1986.

______, 「高麗의 僧職과 僧政」, 『僧伽教育』 3, 대한불교조계종 교육원, 2000.

조선시대 불상의 복장기록 원문
(조성 연도순)

1. 영덕 장육사 보살상, 1395년
2. 보령 금강암 미륵불상, 1412년
3. 대구 파계사 관음보살상, 1447년 중수
4. 밀양 표충사 대원암 지장보살상, 1448년
5. 양산 통도사 아미타삼존불상, 1450년
6. 금강산 은정골 아미타삼존상, 1451년
7. 견성암 약사삼존불상, 1456년
8. 영주 흑석사 아미타불상, 1458년
9. 경주 왕룡사원 아미타불상, 1466년 조성, 1474년 완성
10. 평창 상원사 문수동자상, 1466년
11. 순천 매곡동 석탑 아미타삼존상, 1468년
12. 파주 용미리 이불병입상마애불, 1471년
13. 강진 무위사 아미타삼존상, 1476~1478년
14. 국립중앙박물관 소장 천주사 아미타불상, 1482년
15. 남양주 수종사 팔각오층석탑 석가불상, 1493년
16. 경주 기림사 보살상, 1501년
17. 천성산 관음사 관음보살상, 1502년
18. 국립중앙박물관소장 정덕10년명 지장보살상, 1515년
19. 예천 용문사 아미타불상, 1515년 중수
20. 대원사 비로자나불상, 1516년
21. 남원 실상사 서진암 나한상, 1516년
22. 제주 서산사 보살상, 1534년
23. 홍성 고산사 아미타불상, 1543년
24. 고창 선운사 참당암 아미타삼존상, 1561년
25. 봉화 청량사 약사불상, 1560년 중수
26. 목포 달성사 지장삼존상과 명부 존상, 1565년
27. 포항 보경사 비로자나삼존상, 1569년
28. 완도 관음사 지장보살상, 1569년
29. 봉화 청량사 지장보살삼존상, 1578년 추정
30. 경주 왕룡사원 석가불상, 1579년
31. 경주 왕룡사원 약사불상, 1579년
32. 울진 불영사 석가삼존상, 1580년
33. 문경 봉암사 아미타불상, 1586년
34. 안성 청룡사 석가삼존상, 1603년
35. 김해 선지사 아미타불상, 1605년
36. 익산 관음사 관음보살상, 1605년
37. 논산 쌍계사 삼세불상, 1605년
38. 공주 동학사 삼세불상, 1606년
39. 서울 불교박물관 소장 불상, 1605~1610년
40. 김제 문수사 석가불상, 1610년
41. 여주 신륵사 아미타삼존상, 1610년
42. 남원 선원사 지장삼존상과 명부 존상, 1610년, 1646년
43. 순창 강천사 아미타불상, 1612년
44. 진주 월명암 아미타불상, 1612년
45. 함양 상련대 관음보살상, 1612년
46. 해남 대흥사 삼세불상, 1612년

　　　　　　　　조선시대 불상의 복장기록 연구

47. 익산 숭림사 삼세불상, 1612년
48. 순천 송광사 비로자나삼존상, 1614년(소실)
49. 구례 천은사 관음보살·세지보살상, 1614년
50. 김제 금산사 독성상, 1615년
51. 진주 청곡사 석가삼존상, 1615년 추정
52. 공주 갑사 삼세불상, 1617년
53. 서천 봉서사 아미타삼존상, 1619년
54. 서울 지장암 비로자나불상, 1622년
55. 강화 전등사 삼세불상, 1623년
56. 순천 송광사 광원암 아미타불상, 1624년
57. 순천 송광사 석가삼존상과 16나한상, 1624년
58. 나주 다보사 석가삼존상과 16나한상, 1625년
59. 보은 법주사 비로자나삼불상, 1626년
60. 여수 흥국사 석가삼존상, 1628~1644년
61. 용인 화운사 아미타·약사불상, 1628년
62. 완도 신흥사 약사불상, 1628년
63. 남양주 수종사탑 금동불상군, 1628년
64. 순천 송광사 사천왕상, 1628년
65. 군산 은적사 석가삼존상, 1629년
66. 창녕 관룡사 삼세불상, 1629년
67. 서울 봉천동 마애미륵불상, 1630년
68. 김제 귀신사 비로자나삼불상, 1633년
69. 고창 선운사 비로자나삼불상, 1633년
70. 부여 무량사 아미타삼존상, 1633년
71. 파주 보광사 미륵보살상, 1633년
72. 익산 숭림사 지장삼존상과 명부 존상, 1634년
73. 영광 불갑사 삼세불상, 1635년
74. 청도 적천사 삼세불상, 1636년
75. 구례 화엄사 비로자나삼신불상, 1636년
76. 강화 전등사 지장삼존상과 명부 존상, 1636년
77. 동국대학교 박물관 소장 아미타삼존불감, 1637년
78. 영남대박물관 소장 성주 명적암 아미타불상, 1637년
79. 하동 쌍계사 석가·약사불상, 관음·대세지·일광·월광보살상, 1639년
80. 고흥 능가사 삼세불상, 1639년
81. 예산 수덕사 삼세불상, 1639년
82. 거창 심우사 아미타불상, 1640년
83. 익산 숭림사 성불암 불상, 1640년
84. 완주 송광사 지장삼존상과 명부 존상, 1640년
85. 보은 법주사 약사삼존상, 1641년
86. 완주 송광사 삼세불상, 1641년
87. 진주 응석사 삼세불상, 1643년
88. 광양 백운사 아미타불상, 1643년
89. 대구 용연사 지장삼존상과 명부 존상, 1643년
90. 순천 선암사 지장삼존상과 명부 존상, 1644년
91. 경산 경흥사 삼존불상, 1644년
92. 상주 남장사 아미타삼존상, 1645년

93. 산청 율곡사 아미타삼존상, 1645년 추정

94. 평창 상원사 제석천상, 1645년

95. 군산 불주사 관음보살상, 1646년

96. 구례 천은사 아미타불상, 1646년

97. 대구 보성선원 석가삼존상, 1647년

98. 해남 도장사 석가삼존상, 1648년

99. 해남 도장사 아미타불상, 1648년

100. 여수 흥국사 지장삼존상과 명부 존상, 1648년

101. 김천 직지사 석가불상, 1648년

102. 강진 정수사 삼세불상, 1648년

103. 포천 동화사 불상, 1649년

104. 서울 화계사 지장삼존상과 명부 존상, 1649년

105. 구미 수다사 아미타불상, 1649년

106. 완주 송광사 사천왕상, 1649년

107. 완주 묘련암 관음보살상, 1649년

108. 군산 동국사 석가삼존상, 1650년

109. 남양주 흥국사 석가삼존상과 16나한상, 1650년 중수

110. 진안 금당사 아미타삼존상, 1650년

111. 해남 서동사 삼세불상, 1650년

112. 대전 비래사 비로자나불상, 1650년

113. 무주 관음사 관음보살상, 1650년

114. 갑사 보장각 석가불상, 1650년대

115. 고흥 금탑사 아미타삼존상, 1651년

116. 서울 봉은사 삼세불상, 석가불(17세기 후반), 약사불·아미타불(1651년)

117. 속초 신흥사 아미타삼존상과 지장삼존상 및 명부 존상, 1651년

118. 완주 정수사 아미타삼존상, 1652년

119. 서울 지장암 석가불상, 1653년

120. 대구 운흥사 아미타삼존상, 1653년

121. 고창 문수사 삼세불상, 1654년

122. 고창 문수사 지장삼존상과 명부 존상, 1654년

123. 청도 대운암 보살상, 1654년

124. 영광 불갑사 지장삼존상과 명부 존상, 1654년

125. 속초 보광사 지장보살상, 1654년

126. 여수 흥국사 석가삼존상, 1655년

127. 여수 흥국사 16나한상, 1655년

128. 창원 성주사 삼세불상, 1655년

129. 김제 청룡사 관음보살상, 1655년

130. 칠곡 송림사 아미타삼존상, 1655년

131. 칠곡 송림사 천장보살상, 1655년

132. 보은 법주사 관음보살상, 1655년

133. 대구 용연사 아미타삼존상, 1655년

134. 완주 송광사 석가삼존상·16나한상·500나한, 1656년

135. 함양 법인사 아미타불상, 1657년

136. 무주 북고사 아미타불상, 1657년

137. 칠곡 송림사 석가삼존상, 1657년

138. 진주 청곡사 제석·범천상, 1657년

139. 고흥 금탑사 지장삼존상과 명부 존상, 1659년
140. 나주 다보사 지장삼존상과 명부 존상, 1659년
141. 기장 장안사 삼세불상, 1659년
142. 화성 동학산 지장보살상, 1660년
143. 담양 호국사 아미타불상, 1660년
144. 서울 청룡사 지장보살상, 1660년
145. 제주 월계사 아미타불상, 1661년
146. 부산 범어사 석가삼존상, 1661년
147. 평창 상원사 문수보살상, 1661년
148. 전주 학소암 약사불상, 1662년
149. 순천 송광사 관음보살상, 1662년
150. 서울 지장암 지장보살상, 1664년
151. 칠곡 송림사 지장삼존상과 명부 존상, 1665년
152. 곡성 도림사 아미타삼존상, 1665년
153. 군산 은적사 아미타불상, 1666년
154. 군산 불지(주)사 아미타불상, 1666년
155. 화순 쌍봉사 지장삼존상과 명부 존상, 1667년
156. 김천 직지사 비로자나삼존상, 1668년
157. 고성 옥천사 지장삼존상과 명부 존상, 1670년
158. 김천 고방사 아미타삼존상, 1670년
159. 해남 대흥사 대광명전 삼세불상, 1670년
160. 제주 삼광사 보살상, 1671년
161. 합천 해인사 지장삼존상과 명부 존상, 1673년
162. 대구 소재사 삼세불상, 1673년
163. 함양 백운암 아미타불상, 1674년
164. 문경 대승사 목각아미타여래설법상, 1675년
165. 대구 소재사 지장삼존상과 명부 존상, 1675년
166. 고창 선운사 지장삼존상과 명부 존상, 1676년
167. 부산 금정사 아미타불상, 1677년
168. 합천 해인사 희랑대 지장보살상, 1677년
169. 공주 마곡사 지장삼존상과 명부 존상, 1677년
170. 전주 일출암 약사불상, 1677년
171. 울진 불영사 석가삼존상과 16나한상, 1677년
172. 남해 용문사 지장삼존상과 명부 존상, 1678년
173. 광양 무등암 대세지보살상, 1678년
174. 목포 달성사 아미타삼존상, 1678년
175. 청도 덕사 석가삼존상과 16나한상, 1678년
176. 청도 덕사 지장삼존상과 명부 존상, 1678년
177. 광주 덕림사 지장삼존상과 명부 존상, 1680년
178. 곡성 도림사 관음·대세지보살상, 1680년
179. 고흥 송광암 아미타삼존상, 1680년
180. 진안 천황사 삼세불상, 1680년
181. 창원 성주사 지장삼존상과 명부 존상, 1681년
182. 서울 지장암 가섭·아난상, 1683년
183. 강진 옥련사 석가불상, 1684년
184. 예천 용문사 목각아미타여래설법상과 아미타삼존상, 1684년

185. 안성 칠장사 석가삼존상, 1685년
186. 고흥 능가사 석가삼존상과 16나한상, 1685년
187. 청송 대전사 지장삼존상과 명부 존상, 1685년
188. 의성 주월사 아미타삼존상, 1685년
189. 영동 중화사 석가삼존상, 1686년
190. 김해 은하사 지장삼존상과 명부 존상, 1687년
191. 영월 보덕사 아미타삼존상, 1687년
192. 김해 은하사 석가삼존상, 1688년
193. 군위 인각사 아미타삼존상, 1688년
194. 완주 대원사 지장삼존상과 명부 존상, 1688년
195. 울진 불영사 지장삼존상과 명부 존상, 1688년
196. 제천 정방사 관음보살상, 1689년
197. 여수 흥국사 53석불좌상, 1689년
198. 일본 교토 고려미술관 소장 아미타삼존상, 1689년
199. 곡성 도림사 지장삼존상과 명부 존상, 1690년
200. 강릉 보현사 석가삼존상, 1691년
201. 안동 봉황사 삼세불상, 1692년
202. 구례 천은사 석가불상, 1694년
203. 함양 용추사 지장삼존상과 명부 존상, 1694년
204. 상주 남장사 관음선원 목각아미타여래설법상, 1694년
205. 화순 쌍봉사 아미타삼존상, 1694년
206. 대구 안일사 석가삼존상과 16나한상, 1694년
207. 서울 염불사 관음보살상, 1695년
208. 청양 장곡사 약사불상, 1695년 중수
209. 전주 서고사 가섭존자상, 1695년
210. 제주 관음사 관음보살상, 1698년
211. 제주 용문사 석가불상, 1700년 경
212. 미국 메트로폴리탄미술관 가섭존자상과 영암 축성암 나반존자상, 1700년
213. 곡성 도림사 석가삼존상과 16나한상, 1700년
214. 해남 대흥사 석가삼존상과 16나한상, 1701년
215. 서울 흥천사 관음보살상, 1701년
216. 제주 정방사 불상, 1702년
217. 서울 경국사 관음보살상, 1703년
218. 구례 화엄사 각황전 석가·아미타·다보불·보현·문수·관음보살입상, 1703년
219. 하동 쌍계사 사천왕상, 1705년
220. 의령 백련암 보살상, 1705년
221. 안성 칠장사 지장삼존상과 명부 존상, 1706년
222. 곡성 서산사 관음보살상, 1706년
223. 영광 불갑사 석가삼존상과 16나한상, 1706년
224. 고흥 능가사 불상, 1707년
225. 전주 삼경사 불상, 1708년
226. 고흥 봉래사 관음보살상, 1708년
227. 고흥 송광암 대세지보살상, 1709년
228. 평창 월정사 북대 고운암 석가불상, 1710년
229. 평창 상원사 석가삼존상과 16나한상, 1711년
230. 함양 사리암 아미타불상, 1711년

231. 영동 영국사 보살상, 1711년
232. 익산 혜봉원 석가불상과 보살상, 1712년
233. 고양 상운사 아미타삼존상, 1713년
234. 서울 천축사 불상, 1713년
235. 김제 문수사 아미타불상, 1715년
236. 양구 심곡사 관음보살·대세지보살상, 1716년
237. 안성 칠장사 관음보살상, 1718년
238. 안성 청룡사 관음보살상, 1722년 중수
239. 밀양 여여정사 관음보살상, 1722년
240. 여수 흥국사 수월관음보살상 불감, 1723년
241. 예산 보덕사 아미타불상, 1726년
242. 예산 수덕사 삼길암 관음보살상, 1726년
243. 서울 사자암 아미타불상, 1726년 개금
244. 고흥 송광암 관음보살상, 1726년
245. 대구 동화사 삼세불상, 1727년
246. 영천 은해사 아미타불상, 1729년 중수
247. 부산 내원정사 관음보살상, 1730년
248. 제천 신륵사 아미타존상, 1730년
249. 서울 지장암 관음보살상, 1733년
250. 순천 선암사 비로자나불상, 1735년
251. 제천 백련사 아미타불상, 1736년
252. 제천 강천사 대세지보살상, 1736년
253. 보은 법주사 복천암 아미타삼존상, 1737년
254. 남양주 봉선사 불상, 1738년
255. 서울 도선사 아미타불상과 대세지보살좌상, 1740년
256. 여수 흥국사 석가불상, 1741년
257. 의성 대곡사 대웅전 불상, 1743년 개금
258. 서울 봉은사 석가존상과 16나한상, 1745년
259. 서울 봉은사 사천왕상, 1746년
260. 인제 백담사 아미타불상, 1748년
261. 안양 삼막사 지장보살상과 명부 존상, 1753년
262. 양산 천태사 아미타불상, 1754년
263. 부천 석왕사 관음보살상, 1755년
264. 양주 회암사 아미타불상, 1755년
265. 홍천 수타사 관음보살상, 1758년
266. 합천 해인사 백련암 불상, 1761년
267. 거창 고견사 불상, 1761년
268. 의성 대곡사 적조암 불상, 1761년 개금
269. 문경 김룡사 대웅전 불상, 1761년 개금
270. 안양 삼막사 마애치성광여래삼존상, 1763년
271. 포항 오어사 삼세불상, 1765년
272. 경주 분황사 약사불상, 1775년
273. 영천 묘각사 아미타불상, 1775년 중수
274. 남원 실상사 약수암 목각아미타여래설법상, 1782년
275. 서울 지장암 천불상, 1784년
276. 김천 직지사 천불상, 1784년

277. 서울 만월암 불상, 1784년 개금 중수
278. 의령 수도사 아미타삼존상, 1786년 중수
279. 영천 백홍암 석가삼존상과 16나한상, 1786년
280. 울주 문수사 아미타불상, 1787년
281. 화성 용주사 삼세불상, 1790년
282. 가평 현등사 지장보살상, 1790년
283. 평창 운흥사 아미타불상, 1791년
284. 남양주 흥국사 지장삼존상과 명부 존상, 1792년
285. 의성 지장사 상적암 불상, 1803년 개금 중수
286. 예천 보문사 아미타불상, 1811년 개금 중수
287. 해남 대흥사 천불상, 1817년
288. 순창 일광사 관음보살상, 1854년 개금 중수
289. 의성 고운사 석가불상·아미타불상, 1858년 개금
290. 청도 운문사 나한상, 1871년 중수
291. 흥천사 지장삼존상과 명부 존상, 1873년 개채 중수
292. 예천 용문사 16나한상, 1884년 개채
293. 평창 상원사 영산전 16나한상, 1886년
294. 양구 심곡사 무량수불, 1887년
295. 평창 상원사 중대 사자암 비로자나불상, 1895 중수
296. 양산 통도사 자장암 마애삼존불상, 1896년
297. 서울 청룡사 삼세불상, 1902년 개금 중수
298. 서울 학도암 마애관음보살상, 조선 후기
299. 경주 기림사 지장삼존상과 명부 존상, 1907년
300. 서울 안양암 마애관음보살상, 1909년

1. 영덕 장육사 보살상, 1395년

佛腹藏同發願文」
惟願弟子生生世世生修善家早遇明師童眞出」家淫心永斷睡眠輕微於此法門信心堅固戒」行淸
淨進道無魔不過七日早早發明廣度」衆生親見彌勒自他一時同成佛道者」主上殿下萬萬歲」顯
妃殿下壽齊年」世子殿下壽千秋」諸王宗室各保天年兩府百官福壽無彊于戈永」息四海波安各
父母離苦趣生淨土立願」洪武二十八年九月初吉」
幹善比丘 信庵」功德主六閏居士海栓俗号前判事白瑠」同室密陽郡夫人朴」
石門山一信淸」釈連覚淸」寧海府使 李」同寧海府使 沈」監場官 張」前眞珠 朴」前梁州 朴」
丹陽郡人朴氏」前典書 尹」玉泉郡夫人 全」前郎小 朴」珍島郡人曺氏」前中郎□ 朴」丹陽郡夫
人 朴氏」前司字少監 朴」楊根夫人 金氏」前軍器少 尹申」開城郡夫人 王氏」前司宰副令 朴」
英陽郡夫人 南氏」前凉山府使 金」達惠」景祚」志松」向根」六明」覚还」智觀」信安」釈
壽」惠逢」登志」海南」水命」內伊」宝罷」金万」信妙」重根」
松郞」今音莊女」信女」老丁」義南」信連」義宗」李上佐 畵延」
白恒」長延」加也赤女」靑龍女」瑟奇女」於火伊女」福生女」菜師女」上佐」龍莊女」嚴珠
女」豆彦」末乙彦」夢伊女」西同」池皈女」盈德女」僧衆伊」天祿」黃恩」莫莊女」內殷金」
嚴石」仍邑莊女」粉德女」
衍金」夫介」千伊」伐介」衆伊」仍邑成」瀛山」申元」所文伊」祿成」靑加女」卜長」雪莊
女」守德女」金莊女」嚴德女」加猪伊女」猪加伊女」□貴女」孫金」厚金」銀莊女」三莊女」
狛伊女」頓金」処用」金生女」
白昇」尹倫」金般若」朴承秀」南信」朴連」崔□□」重德」凍獻」夫介」則只」蕗之」几竜」
朱雲」□」白鱗」達惠」玉泉」希峯」希訥」□南」志延」海岑」□□吉」徐幹」
修福」古火伊」大几」德莊」於屯」召吏」道樂」內德」泉德」新月」九叱古」□奴」內伊」金元
兼」□斤」召吏」文伊」古伊」他加伊」伊屯」今勿莊」竜屯」內伊」天祿」僧伊」金□」芙蓉」
朴□」朴苞」朴□□」申弘」申氏」金存」鄭安遇」金原貝」英起」用富」金謙」□□」希分」
□□」思□」由大」朴□」仏金」朴丁」朴富」□□」兪玄」許小□」兪□□」林道」加草」阿
□伊」林莫□」林閑松」
永楽五年丁亥六月」十一日節長寺禪堂觀」音改金施主 白瑱」上金僧向根」古士只」金元」信通」

2. 보령 금강암 미륵불상, 1412년

玲嵒比丘創金剛庵碑銘片」
玲嵒比丘創金剛庵碑銘」朝鮮」大祖康獻王王師無學門人玲嵒玉上人穀犖确□□□」倚銘於余
曰融未知其由安敢爲茋其再□□□」三適彌峰洞山而執侍數載四五七辰謁無□□□」本寂中心
巳寧自爾志筌越乙酉春討金山□□□」酒觚孔角斧又於山之陽一里許覬得靑石□□□」彌勒像
之曰然則金剛之意明矣轤轆之義□□□」遠塵土而捿之高蹈物表飽淸閑而樂之獨□□□」心也
今玲嵒覿奧而開基此曰悟心而卓庵□□□」明王亦奧宜茋銘曰」玉壺涵水師之其淸塵匣拓鏡師
之其明始於峰□□□」綣絶彼離微花自開落鳥弗尋飛指地一片維庵其□□□」之靑有鍾神秀維
山之靈斷成石佛以比天眞中能□□□」住道場度人己罄」
永樂十年壬辰季冬上澣」宮主權氏願堂主判漢城權弘翁主李氏」

3. 대구 파계사 관음보살상, 1447년 중수

① 底面墨書(1447년)
正統十二年丁卯六月日」古佛重修」丙子年九月二十八日□□□」晦日止乙亥」□□□二十七
日」□□□於瑞」□□□太平」□□□則位」漢陽基都□□□」僧無學利□□□」雄錄日三百年

□□□」後松虫大發□□□」何而國民安□□□」
耶國王此佛願」則太平是錄甲乙秋寅卯」方寅卯生人直傳上」達朱子願佛」
②內部墨書
大施主永右灵駕」君琰」愼墟金氏」寧海君璋」金精」哲今朴長□」化主 普然朴氏」性會 釋岑
金精」金乙保体」
③발원문(1724년)
發願文」
令日發心重修慕緣功德主比丘載玄以法界随類普沾力諸佛如來加持力眞如所」流敎法力諸地菩
薩願行力天龍八部護法力法界檀越随喜力諸宗外道隱助」力國王大臣外護力今日功德回向力與
法界發心同緣檀越一會同業大衆九玄七」祖多生師長一切怨親法界含靈從今往至盡未來際於其
中間世世生生不入地獄」不生餓鬼不生畜流不生北洲不生天宮不生邊土不生尊貴生於中土婆羅
門家」棄恩出家常得善友攝援不離本所立處頓明普門法界建立水月佛事應」以如來之處現諸如
來之身如彌陀之此身應以菩薩之處現諸菩薩之身如觀」世音之此身應以沙門之處現諸沙門之身
如地藏之此身應以活人刀之處如靈山」之拈花應以殺人刀之處如恒河之分座應以染欲之處如波
須之用力應以嗔殺之處如」甘露之食人以報多劫海中國王許捨之恩師長成智之恩父母愛養之恩
諸佛悲」濟之恩」
施主秩」
比丘性源 性覺 義嘗 智閑 慧清 聰卜 聰淑 秀敏 善哲 懷仁 國埕」明遠 金召吏 李次明兩主 俞貴萬
兩主 金甚未兩主 金乭彦兩主 金時養兩主」金令奉兩主 申世建兩主 金進必兩主 申阿只兩主 申
善友兩主 裵大善兩主」吳世興兩主 居士性吉兩主 比丘斗心 雪元 萬順 普天 贊和 致仁 俊慧」萬
堅 寬白 學旻 永洽 致鑑 致察 致律 致悅 致默 致應 致清」致彦 致性 致玄 永贊 處點 義卜 得祥 雪
雄 管心 機贊 能海」就文 就冾 有善 達世 進善 鄭時蔓 再三」
緣化秩」
證明 藏六」快善」持殿 明悅」畵筆 快敏」智性」供養主 德宗」道云」祐日」
奉祝」主上三殿下金枝鬱鬱玉葉脩脩內以刑錯外以兵息時和永稔天下泰平」
雍正二年甲辰九月日畢工奉安」
④발원문(1724년)
發願文」
令日發心重修募緣功德主載玄比丘以法界随類普沾力諸佛如來加持力眞如」所流敎法力諸地菩薩
願行力天龍八部護法力法界檀越随喜力諸宗外道隱力」國王大臣外護力今日功德回向力與諸發心
同緣檀越一會同業大衆九玄七祖多生師」長一切怨親法界含靈 從今往至盡未來際於其中間世世
生生不入地獄不生餓鬼不」生畜流不生北洲不生天宮不生邊土不生尊貴生於中土婆羅門家棄恩出
家」常得善友攝援不離本所立處屯明普門法界建立水月佛事應以如來之處」現諸如來之身如彌陀
之此身應以菩薩之處現諸菩薩之身如觀音之此身應」以沙門之處現諸沙門之身如地藏之此身應以
活人刀之處如靈山之拈花應」以殺人刀之處如恒河之分座應以染欲之處如婆須之用事應以嗔殺之
處如甘」露之食人以報多劫海中國王許捨之恩師長咸智之恩父母愛養之恩諸佛」悲濟之恩」
檀越秩」
比丘智閑 性源 性覺 慧清 義嘗 聰卜 聰淑 秀敏 善哲 懷仁 国埕」明遠 金召吏 李次明兩主 俞萬貴
兩主 金甚未兩主 金是發兩主 金令奉兩主 申世建兩主 金進必兩主 申阿只兩主 申善友兩主 裵大
善 吳世興兩主 居士性吉兩主 比丘斗心 雪元」萬順 普天 贊和 致仁 俊慧」萬堅 寬白 學旻 永洽
致鑑 致察」致律 致悅 致點 致應 致清 致彦 致性 致默 永贊 處兼 義卜」得祥 雪雄 管心 機玄 能
海」就文 有善 達世 進善 鄭時蔓 裵世和兩主 再三」
緣化秩」證明 藏六」快善」持殿 明悅」畵筆 快敏」智性」供養主 德宗」道雲」就冾」祐日」
願以此功德普及於一切我等與衆生皆共成佛道」
奉祝」主上三殿下壽萬」
雍正二年甲辰九月日畢工奉安」

⑤ 발원문(1740년)
發願文」
盖把溪寺者新羅初創建不知幾百年自正統十二年丁卯六月日」佛像重修而至後多年歷計則I
百九十八年又自崇禎十年丁丑」六月日古佛像重修而至後多年歷計則一百十五年又自三重創
乾」隆五年庚申九月日大法堂改金佛像及羅漢重修新造像主佛」三尊各菴諸房幀佛各具尊像
一千佛名至十二月回向于又曰把」溪寺段自壬辰年爲始 上潛邸敎是時三殿誕日每年三次式」佛
供願堂之處也更爲辛亥年分自於義宮如此辭緣入啓因爲」啓下願堂而九月十三日誕日主上殿下
甲戌生李氏保体萬歲歲繼繼」繩之十二月初七日誕日王妃殿下壬申生徐氏保体齋年年壽齋年」
正月二十一日誕日 世子邸下乙卯生李氏保体萬歲歲鳳閣千秋」聖上至靑沙上衣一領願佛服藏
中而萬歲流傳伏願今日道場同」修淨業證明諸師良工侍者檀越緣化見聞隨喜結緣同參四事十」
方施主等承此造像及塗金重修畵像造成功德臨命終時無除障碍」七日已前預知時至心不顚到身
無痛苦遇善知識敎稱佛名願阿彌」陀佛與諸聖衆現在其前放大光明携手迎接自見其身乘金」剛
臺隨從佛後如禪指傾往生彼國到彼土已見佛聞法悟無生忍」究竟至於不退轉地願與十方法界衆
生一時同得阿耨多羅三貌」三菩提唯願阿彌陀佛慈悲證明發願已歸命礼三寶」都畵員慧湜平生
所願畵佛菩薩各具尊像名」數抄記 乾隆伍年庚申二月日自比安玉蓮寺造成」佛像畵等一千位點
眼而因爲六月日義城高雲寺畵佛等合一」千九百位回向點眼而又因爲九月日大丘八公山把溪寺
畵佛」等大法堂佛像改金羅漢主佛三尊新造像改重修冥府」十王改重修諸菴幀佛一千五十位至
十二月日點眼回向而」
檀越秩」
主上殿下甲戌生李氏保体」王妃殿下壬申生徐氏保体」世子邸下乙卯生李氏保体」暎嬪房丙子
生李氏保体」乾命乙巳生朴氏保体」坤命丁未生李氏保体」坤命丁丑生李氏保体」坤命乙丑生
安氏是介保体」坤命辛酉生金氏保体」坤命庚午生李氏保体」坤命癸亥生崔氏保体」坤命丙寅
生千氏保体」坤命乙亥生朱氏保体」坤命乙巳生高氏保体」坤命丙寅生金氏保体」坤命丁卯生
崔氏保体」坤命壬戌生南氏保体」申彦守 宋氏重現兩主保体」嘉善大夫行僉使尹弼殷兩主保
体」比丘癸酉生冠履保体」
山中助緣 齋深觀静慮」證明 採白」誦呪 體眞」思冶」守元」佛尊 快淑」性順」敬請良工 慧
湜」察奇」明俊」偉順」性淸」天眞」證戒」玉蓮」善海」厚心」義謙」震贊」自還」
化主秩 偉澄」朗演」快淑」應希」供善主 鶴淳」就澄」最性」惠和」淨桶 宗澤」負木 玉淨」仲
信」仇順奉」別坐 快海」三剛 尊禪」德基」會震」都監 六明」僧統冠瓊」有功 六海」處士 信
建」比丘 鵬峻」比丘 萬善」比丘 汝撼」比丘大施主 萬順靈駕往生西方之願」比丘嘉善大夫致
冶靈駕」宋宗甲兩主保体」仇致三兩主保体」仇希甲兩主保体」折衡蘇進淸兩主保体」通政金
守平兩主保体」金氏态女保体」比丘快欽保体」比丘冠日保体」比丘惠和保体」比丘利原保体」
比丘尙澤灵駕」
本寺秩 山中大德」比丘方律」乙瓊」廣雲」心日」學能」自閑」克贊」義輝」義殊」淨贊」快
撼」快欽」再寬」德和」冠白」尊禪」會玄」利玄」戒覚」會閑」會嚴」會式」會楚」曇和」德
淸」震英」胤鵬」勝和」道衍」震叔」震玉」體裕」文哲」彦淸」呂撼」鵬峻」就白」碩默」方
惠」國冶」偉白」楚眼」德雄」尊善」德海」會旭」德欽」進覚」胤淸」震悟」胤英」埋希」胤
式」德守」震琦」冠日」思後」英悟」偉全」偉根」圓淨」石輝」性輝」汗鵬」漢楚」太甘」胤
撼」德宝」守学」胤日」世興」弼安」守衍」體学」國屹」普性」汝詳」決希」再埋」渭詳」

4. 밀양 표충사 대원암 지장보살상, 1448년

大施主 曺活」妻 松代」芍藥」世加伊」白加伊」大施主 李根生」妻 金氏」大施主 鄭邦」妻怂
德只」丹殊」周弼」周輔」徐繼道」妻周氏」安宥仁」妻尹氏」朴鈞」妻金氏」金宥」宋枝」康
自斜」妻白德只」洪大平」妻自加伊」金仲孫夫妻」閑敏夫妻」李未」妻古音加伊」徐乙富」妻
內隱加伊」金得守」

妻心邦」大禪師海澄」大禪師戒宗」禪師洪惠」宋殷仲」妻甘音莊」古音加伊」米伊」朴未芿
永」徐仁夫」妻莑加」李云妻牧丹」康自海夫妻」康自活夫妻」康乙仲夫妻」
朴佛松夫妻」梁內隱同夫妻」閑吉生夫妻」甘金夫妻」仲加」安白妻者斤」周卜龍妻夫知」鄭升
通」妻小斤召史」鄭守山妻同加」聖妃」李龍守」妻小斤加伊」李得守」妻㐫加」僧加伊」洪柔
妻德介」周礼妻西妃」曺巨公妻德非」信寧」曺卜万妻万德」卜龍」梁同良夫妻」金希夫妻」金
文斐」魯元哲夫妻」李熙夫妻」黃天夫妻」崔希雨」妻金氏」池忘妻戶斤」宋右生妻於里」金仲
宝妻德只」林生妻毛老非」孫上佐妻衆生」介音加伊」朴內隱生妻良里」崔生右夫妻」崔連夫
妻」李安生」妻泉夫妻」道者夫妻」崔万龍妻延花」周興夫妻」周道夫妻」宋鈞妻召史」金氏」
梅花万花」李春小斤伊」九花米伊」李氏淑妃氏」朴㐩進夫妻」元金妻德」
朴桛妻莑德」朴夫个妻者斤」朴衆妻小斤」吏乙珎妻卜加」長訥金妻亡吾赤」金泉妻石加伊」朴
勿金妻古邑生」冬白元世」牛氏曺善」金貴鄭氏」洪丕雲峰」禪宗大禪師道器」前高敝縣監李
約文」成鈞生員金彦容」孝信殷命」智修天己」莫同石同」敬云自分洪準」海尙海向惠明」
霜唇崔莊」金勿金妻頓莊」尹上佐妻小斤莊」金內隱金妻內隱之」宗乙李永未夫妻」海修義
裴夫妻」夫乙金夫妻」夫德只」盧貴衍妻古未」克情宝德只」李克情」碩志」海珠」
造像性摠」化主達寶」正統十三戊辰二月日」三尊造像」
<背面>萬曆三十六年」戊申六月日」中修輔大義」

5. 양산 통도사 아미타삼존불상, 1450년

願成彌人三尊同發願」
願我世世生生處」帝於般若不退轉」如波本師勇孟智」如波舍那大覺果」如波文殊大智惠」如
波普賢廣大行」如彼地藏無邊身」如披觀音三十應」十方世界無不現」普領衆生入無爲」聞名
我者免三途」見我形者得解脫」如是敎化恒沙劫」畢竟無佛及衆生」願諸天龍八部神」爲我擁
護不離身」於諸難處無諸難」如是大願能成就」發願已皈命三礼寶」常於般若不退轉」如彼舍
那大覺果」如彼普賢廣大願」如彼觀音三十應」普願九生入无爲」爲我形者得解脫」畢竟无佛
及衆生」爲我擁護不離身」如是大願能成□」
金哲 中敏 訥音 召史 八月 者斤 老見 延之 元敬 銀金 春非 元通 宝强 牧舟 耆士 成丹 思達 明達 □
强 □□ 自田 善敬 銀德」
內ㄱ伊 小斤太 文子 得敬 姜成吉 終乙 訥斤伊 崔今守 巾莊 甘音伊 金松 流伊莊 金□ 金□ 古邑那
只 崔仁彦 □□內 □同 □□ 崔仁德 達正 光一 今月」
金難 金彦 豆打非 義乳 義由 徐加永 □ 於伊莊 內ㄱ惠只 金亡龍 智加伊 梁用 高□ 梁氏□□ □□
□□ □□ 鄭仇金 洪禪 太石蘭 銀珠 洪道 行正 李氏 三月」
白德只 處義 朴乙生 李尙 全吉 義修 石山 者光 坦雲 長□ 亡龍 千章奉 欣非 □□ □□ 古音 金加
□太 □□ □知伊 土僧加伊 心方 金□ 現龍 金德 金亡龍 難金」
柳氏 民衣□伊 □衣亘 智加伊 加阿之 金氏 芿之 甫泰 信元 衆伊 民衣伊莊 金他乃 有子 柳中貴同
者斤 召史 住□ 徐繼分 金眞梅 善妃 李夫斤失 梁悶 吳氏 万花 □道 金思量 成子 万德只 龍世 權守
朴今音□ 卜眞 陳个 若德只 月梅 金仇知夫妻 李哲 心□ 召□」
黃得守 者斤伊 梁現三 長每邑金 宋行 金□ 仇知金 李宮 朴亡龍 將美 梁長命氏 金元界 永德 梁禹
之 金德 巾之 □若 金已業 孫德 申万 □香 洪守謙 者斤 金夫 徐延 毛得只 賴太 有知 同金 幼亡伊
成□□ 金呂溫 金氏 惠智 牧舟 宝紙 全氏 金□」
春敬 性元 永春 梁氏 梁末同 明春 □思 哲牛 □□ 志澄 金奉 金同 心方 信義 朴習 □□ 道禪 性明
六明 □明 六和 六悶 春金 琴氏 大敬 信成 德之 中敬 金氏 □山 □□ 金天存 毛伊乎 金氏 金亡□
之 衆伊 宋□以」
芝火伊 張氏 凡□ 金 黃氏 玄三 德中 形氏 奴伊加 形玉龍夫妻 尹渼 趙氏 性行 處□ 加伊□ 豆□ 迷
同 哲山 道者 山非 崔中海 本致 金□ 吐 丹正 長今□ 同 觀音 崔云 白德 曺□ 奉 敬存 義敬 希顔 四
德 敬生 金儲 柳和 柳承吉 四宝 □□ 淮□」

德之 命山 末生 朴海 者斤 裴文 所進 金旵彦 者斤召吏 金巳 郎生□□定峯 明菴 □□ 道□ 正菴
志修 海胡 俊菴 祖敏 賴性 性惠 義尙 允義 德敬 智岑 囧然 義□ 學 正環 空惠 性淳 性照 洪道 義固
信正 學存 雪環 學惠 囧玉 義明 洪惠」
性照 處峯 海惠 性月 雪敏 信義 向敏 學眉 □摠 □□ 囧輝 洪乙 學□ □一 石三 信心 洪樞 信觀 性
了 惠明 海惠 義悟 元玉 海衍 覺志 尙敏 義見 竹林 一明 性明 法印 □□ □□ 性了 性雲 省囧 洪俊
惠徽 得尙 信海 性海」
金旵彦 者斤召吏 卜眞 月海 召史 小斤伊 繼南 毛邑非 □□ 得□ □□ 李万終金 亡達旵彦 尙京
空排 个同 乙大 爲方 金天 召吏 吉通 遠通 心方 李漢雨 正月 崔氏介 成美 正月 仇哲 □惠敬大妻
□□伊 李仁桂內(隱)花 尹通 李仁 朴陽 三德只」
崔金守 鄭氏師莊 □□流伊莊 □□ □□□ 癸丑生 妙癸丑生 金莊 艺印」
化士 義月 惠月」 石窓」 幹善道士 超然」 信頓」 造士 海了」
景泰元年庚午」 五月日畢」 共登蓮願往」 生」

6. 금강산 은정골 아미타삼존상, 1451년

景泰二年七月日 施主等 成氏朴氏小非水精 亡吾赤辛繼孫兩主 羅元生任元萬兩主玄莫同姜元京
朴仲連 鄭保民羅得 富兩主 李守明李 長守 李㫇□未 金寶連金□敬 趙長守金亡吾赤 姜元萬金自
禮兩主 正月 李淳金㫇个同 金得富金 金剛命仇知□得 □朴他乃李春京兩主 李同韓長命 金禮成
側只朴光守朴萬韓 今生 卜中萬代加也之□□ 衣□生波□只李 大平寶金任格佛非 朴㔦只知道者
於里德普賢万德 安住持兩主金長□ 金吉松千松若非金 松李松申今金□ 伊金□則碩胎金 石順池
己生兩主□ 元万兩主徐元吉□ 主□□玉□ 文□乃兩主 尹良□金兩主

7. 견성암 약사삼존불상, 1456년

① 大功德主」
比丘尼永嘉府夫人申氏 慧圓」以次修補功德 普皆廻向 四恩三有 法界衆生 無上菩提眞如實際」
願共法界諸衆生等 臨命終時 七日已前 豫知時至心不顚倒 心不失念」心不散亂無諸痛苦 身心安
樂 如入禪定 遇善知識 敎稱十念聖衆 現」前承佛願力 上品往生 阿彌陀佛極樂國土 到彼土已 獲
六神通 遊歷十方」奉侍諸佛常聞無上微妙正法 修行普賢無量行 願福慧資糧」實得圓滿 速證菩
提 法界寃親 同斯願海 摩訶般若波羅密」惟願大聖專大 悲哀攝受 令我次大願 決定得成滿 我次
所發願 願與諸衆生 廣大如法性 究竟同虛空 共」奉爲」
有明朝鮮國王子廣平大君章懿公」抏安君 章惠公」三韓國大夫人王氏 妙貞」府尹申自謹」
本班 李氏莫之 洪德海」印平仚靈」比丘尼 韓氏 无着」永順君 兩位」本氏 惠義」比丘尼 智愚」
學梅」學尊」學恩」妙嚴」妙蓮」善修」學全」釋金」寶松」其每」丁善奇」田述花蔓」崇隱」
金良貴」比丘 信眉」
景泰七年丙子九月」
②同發文」
某等 無始却來 淪沒業坑 昇沈」苦海 幸得人倫 未達善時 我」主上殿下宿」資善願當承末運 權現世
間 乃以雄猛」智政 永滅邪種 令國祚更新 四海復淸」安 仰希」聖代令社稷永固之願與永膺大君 共
成藥師三」尊 同種妙因 普與隨喜 見聞同入 薩婆苦海 同乘般若舟 抗共到彼岸」狀惟」三寶證明」
幹釋道人 慶照」金乙保兩主」本元萬 兩主」
前僧伽寺住持 定從」前觀音堀住持 竹軒」大功德主判禪宗事都大禪師 守眉」王竿」徐氏」寧海
君」翼現君」密城君」夫人金氏」義昌君」夫人韓氏」桂陽君」夫人宋氏」
永膺大君琰」孝寧大君」愼嬪殿 金氏」世子邸下壽千秋」公主李氏」王妃殿下壽齊年」主上殿
下萬歲萬萬歲」
③畵員」李中善 宝冠 造成」金今音知 造佛」省道」

8. 영주 흑석사 아미타불상, 1458년

① 보권문(1457년)
井巖山法泉寺堂主彌陀三尊願成諸緣」普勸文」
西方主彌陀佛此娑婆別有救度衆生之」緣一稱彼佛則接引九蓮臺上觀音者聞」聲濟苦速脫衆生
之苦惱也地藏者常住」冥間之中救拔衆生之苦三尊威德奚可」量哉是故貧道欲成尊像力微難
辨普告」尊卑須植無淚勝善爲幸廻玆勝因」壽」君福國萬姓無憂者穌南謹扣」天順元年二月日
誌」幹善道人」
擧目」
供養」布施」彩色」漆」
懿嬪宮 權氏」明嬪宮 金氏」孺人 辛氏」孝寧大君」
大施主 李菜」大施主 池湧泉兩主」大化主 性哲」
② 복장기(1458년)
天順二年戊寅十月日 造成」阿彌陀佛 觀世音菩薩地藏菩」薩腹藏記」
夫阿彌陀佛諸佛之本師」觀世音菩薩諸菩薩之本師」地藏菩薩苦海衆生之本師」此是三尊非他
佛之比也是故」敬造肖像願我世世生生永離」三惡途 奉祝」
主上殿下壽萬歲」王妃殿下壽齊年」世子邸下壽千秋」
諸君宗室各安寧」干戈永息國泰安寧」佛日增輝法輪轉」
施主記」
懿嬪宮 權氏」明嬪宮 金氏」孝寧大君」光德大夫筵昌尉」孺人辛氏」
大施主 前日直池勇泉兩主 李氏小世」大施主 李芋兩主」施主 仇叱金兩主」吾意乙末金兩主」
元末兩主」韓万年兩主」崔一兩主」李春秀兩主」李乃斤乃兩主」金乭進兩主」金山兩主」李北
刄兩主」李氏」姜升通兩主」咸伐介兩主」金石丁兩主」仍邑莊」鄭上左」李乾申兩主」李今音
仙兩主」趙□宝兩主」尚諸治」銀諸治」眞猪治」趙氏孝德小知」
畵員 司直李重善 李興孫」付金 韓信」金朴 李松山」漆 金牛籠 莫同」刻手 黃小奉」磨造 金頁
同」小木 梁日峯」
大化主 性哲」同願化主 性修」克仁」惠聰」
化主 正義」性聰」逐會」義正」善憂」性園」仇叱破回」石破回」乞同」
崔山」今音德」道印」信敏」前白云」性文」性演」邊元桂」信云」趙珍」性海」朴夫金」德
龍」性能」達仁」惠明」宝今未」性運」義惠」海林」道一」覺觀」安聽伊」安仏老」廉元」惠
安」芥片金」李去」海澄」釋崇」惠云」海一」省惠」惠澄」海梅」宝英」雪幢」能惠」朴无
心」信丕」申貞理」福中」崔香三」闷微」韓吾知」崔文金」性穆」德中」從非」豆个」吾布
同」性參」海禪」性義」金雲年」宋氏」孝道」靈峯」覺禪」酒淵中」尹去」大禪師」尹璜」申
式」安汝」延德」元元中林」金金光走之」金吾尚」性仇」金內隱同」孫禿豆伊」豆未」徐今
勿金」崔長伊」李莫同」尹石孫」朴非山」康去」李乙春」金哲金」金則金」朴千」仇瑟伊」吳
石伊」金無金」朴去」善自」朴崇山」金本致」每而訥德只」乙隱今」趙生伊」元美」乙加隱
重」曹朴進」乙從達」池仏老」金生」日泂」金波豆」李金伊」乬之」善夫」內隱伊」白同伊」
金乭」仇知」宝襲」于吾伊」內隱三」灵火」吳康丹」萬中」灵萬伊」辛祐者」介夫妻」仍之仇
德」小非」孝德」義正」元道乙个」善非」石去」元孝貞」李孟根」元性」貴進兩主」乭進內隱
伊」安老兩主」內隱同」者斤同」一 同万同」池中生」古音莊」余伊生」蕊加伊」末生末飛」
得夫元伊」元此」荒夫今」申莫大」分伊心乃」丹之」於里金」申貴」衆生」池尹万」銀加伊」
訥金」役德伊」加銀叱伊」未个老兩主」妻者斤」如莫同」今德只」尹頓兩主」青今」安去」豆
未金」下通命伊」朴領老」若細非」元去」加也之」元自孝」安上左」從介」李希山」石介」地
乭亡」孝豆於豆」黃何分伊」金每我每」安补礼」地中伊兩主」申良老」亡吾之」林釋敬」金
衆伊兩主」貴同」者斤乃」崔衆伊」金佳知」金和尚」金莫山」文仁」吉加莊」仍隱德只」金成
老」影守」此未之爲」林孝同」莫同」今音德」金後各兩主」貴尊」李內隱同」金仏生」姜乙

조선시대 불상의 복장기록 연구

中」鄭卜万」都守丁」黃生巧之」告巧之」李延守」高毛知」金貴」金他乃」林乞山」安秀」崔
內隱松」李吾个知」石告生」朱其每」姜古里」高末个」崔干今」金石伊」朴觀音老」金會升
古」徐隱內同」金從同」崔大伊」朴靈生」李个斤乃」開花」金乞之」內隱德只」莫非」朴白
長」金德只」梁靑煩據」金山」玉珠」玉株」者斤史」李氏」永巨夫」若今」永」高安」金氏」
李興孫」小知」召史」朴德只」若莊」
③ 大機一金」大機二金」洪德中兩主」吳元万兩主」李菜兩兩主」李英隆兩主」金吾兩主」李
□□兩主」金□兩主」鄭順兩主」長台金兩主」咸仲生兩主」應富兩主」金守兩主」千末乙中兩
主」鄭□□兩主」朴□□兩主」□□□」王得春兩主」金氏兩主」知莊」嚴敬順兩主」何君子兩
主」李建申兩主」者古兩主」尹□□兩主」丁伊兩主」
④ 貞懿公主法名妙和」延昌尉安孟聃法名了空」

9. 경주 왕룡사원 아미타불상, 1466년 조성, 1474년 완성

① 조성기(1474년)
還城寺彌陀三尊造成結願記」
八公山彌勒寺依接造成彌陀三尊丙戌年正月十三日移安環城」寺初點眼後於庚寅年許二三點眼
畢已此佛功分上金」木綿一百余疋其余供養凡物三百余疋此功此德同生正覺」之願恭惟我」主
上壽与天一般」王妃体寧靜妙和兼歲稔萬姓樂相歡」成化十年甲午十二月日誌右后」世祖莊惠
大王」睿宗大王」孝寧大君」河陽縣鑑鄭玉良」上戶長玄准」上主 命玉」記官 玄元」造成養手
前斷俗寺住持禪宗大禪師 性了」副良手 禪師 惠正」證明 性正 敏玉」持殿 戒會」看香 信海」三
宝大禪師 頓元」飯頭 克能」菜頭 義連」熟頭 海山」造餅 道一」茶閣 学蜜」造泡 学修」別坐 尙
明」大施主 尹永吉兩主」大施主 申好饑兩主」大施主 司正直 金順敬兩主」明皇」
甲午年 冬安居衆目于完 蓮臺座指揮信岑」
中訓大夫金九河」
施主 信省」金三龍」戒會」今音德」今音莊」生員 許忠」小斤德」古抄」尹于三」許忠進」玄
准」李甫林」於屯」金得万」金進」召史」李柱」李春」粉以」金順生」加隱伊」鄭守」灵德」
崔乙生」諸允和」玄表連」崔衆伊」玄□乙亥」裵習」鄭興之」召史」非礼」曺得南」長命」都
吉」今音同」今音德」今音大」玄吉」玄良衣金」朴陽孫」徐孟孫」鄭云致」鄭文脩」三大」德
非」玄吉」戒生」鄭思亥」今旁大」惠照」乃乳」海山」道一」学修」
大化主 性安」大化主 性月」
諸人同發記」
願我世世生生處常於般若不退顗一佛生」處相隨化我願無盡度無界衆生界」盡我願盡然願汇汇
娑界內攄攄辟生類」丈此殊勝因同成正覺之願」
成化十年甲午十二月日誌」華嚴衲前永明寺住持大師信連述」
明皇甲午年冬安居衆目于完蓮臺坐指揮信岑」會主尙珠」前堂信了」後臺尙珠」性淡」義敬」圭
峯」松月」信文」戒宗」學寧」印善」義通」道行」智泉」信戒」敬雲」惠宝」牛岡」戒正」惠
聰」乃宥」戒淡」義修」信連」義圭」一順」善修」戒淨」信義」道一」洪道」性會」義親」行
者」祖敬」祖信」祖連」海靑」義觀」希尙」一超」性崇」性動」惠安」海宗」海明」性淡」戒
宗」玉敏」竹梅」一能」希浩」義峻」一玉」信戒」處云」信明」道有」義正」信淡」玉明」性
了」覺峯」義善」海宗」尙明」戒正」竹梅」戒淡」性安」海能」內宥」李明心」金澤兩主」乙
進」李得先」金海」金三龍」許志進」申好訓」金順敬」玄朵連」尹永吉」智印」覺正」學修」
大化主 性安」大化主 海能」
② 개금 중수기(1716년)
噫彌 陀三尊造成年代成化二年丙戌 始於彌勒寺五年庚寅移于本寺九」歲甲午告功也大凡 佛像
之役別於例也可翕守乎月成之累經星霜誠可爲訝」而昔賢大凡僧漏其故於識之故末審其曲折之
如何耳計以歷代考之則自成化至于今康熙五十有五丙申二百四十四年也腹藏所入舍利一筒與眉

舍利政是 釋迦如來」 親舍利也兵 大師法眼晦迹桑林八斛四斗之舍利播乃東土決乎吾鄉無處不
在」 而八公法地曾無此迹獨有於此利刹之鐘靈貯瑞盖可知矣改金重修化士與助緣」 檀信 釋迦如
來腹藏所入重修記一具一載故玆不煩焉」
康熙五十五年丙申午月日 涵汗門人大師玄淨誌」
緣化秩」
證明 名現碩心」 持殿 豆陀道旭」 上畵師 淸允」 別座 一悟」 化主 處源」 供養主 再淸」 大都監 嘉
善碩賛」 本寺」 時僧統 一欽」 殿座 碩稔」 持事 明祐」 三宝 應念」 山中大德」 普眼」 會閑」 寺中
老德」 義暹」 弘遠」 弘印」 熙性」 呂澄」 知明」

10. 평창 상원사 문수동자상, 1466년

① 조성기(1466년)
朝鮮國河城尉鄭顯祖懿淑公主李氏伏爲」 主上殿下」 王妃殿下」 世子邸下萬歲萬歲萬萬歲 亦願
己身速得智惠之男敬成」 釋迦如來 藥師如來 阿彌陀佛 文殊菩薩 普賢菩」 薩 彌勒菩薩 觀音菩薩
地藏菩薩 十六應眞 天帝釋王」 伏安于」 五台山 文殊寺 伏願」 衆聖各運慈悲同加攝受」 以逐弟
子區區懇願」 成化二年二月日誌」
② 개금중수기(1599년)
皇明萬歷己亥五月日 緣化比丘智雲本寺大衆普明等」 同發菩提之心重修」 童子文殊一尊 老文殊
一尊 十六尊聖 華嚴會圖 四方會」 圖 圓覺會圖 彌陀會圖 毗盧會圖 靈山會圖 靈」 山會圖 達摩眞
儀 懶翁眞儀 安于福地 以比良緣」 大誓發願」
主上殿下壽萬歲山」 王妃殿下壽齊年」 世子邸下壽千秋 國泰民安」 佛日重輝 法界含靈 超生極樂
亦願戒定勤修 三毒永継」 超生極樂 親見彌陀 磨頂授記 廣度迷倫 大小隨喜」 皆發菩提」 普與人
天廣緣無窮」
證明一學 畵師 釋俊 元悟 持殿 戒淳 供養主 學寶」 學明跋」

11. 순천 매곡동 석탑 아미타삼존상, 1468년

成化四年戊子四月」 日朝鮮國全羅道」 順天府南村別良」 里竹寺道人一禪」
施主牧庵正悟金」 用等願成彌陀觀」 音地藏同月十五日」 初點開眼隨喜」 施主同發願文」 我成
三尊同隨喜」 九品蓮臺次定生」 親見三尊滿月容」 授記言下悟無生」
申自梗 道一加伊 義敏 金永和 九月 金士安 金日章 金卜良 莫非 尹敏 姜莫只 金夫 心方 德加伊 金
加方 紛德 宋梅 金長守 金千 朱貴生 丁宥 姜旬中 梁善慶 金松 金德生 姜有山」
張暉 張孝南 朴彌 柳韓 柳長山 柳之椿 朴宜山 朴緘□ 白種植 黃准明 李琬 李季申 尹敏 曹都致 曹
致明 學文 幸聰 明善 處玲 性彌 金順孫 李敬 李舳 訥大 珍伊未 訥加伊 九月 金珍衣 每邑莊 若非
延代」
金善才 朴吉生 金德万 丁進 金貴敬 朴訥 朴益龍 金万山 崔卜海 白永山 徐敬德 朴自敏 朴猶 李非
朴梁生 崔早雨 金胡 姜卜生 金訥大 尹杜 姜有礼 李仁淸 尹世珍 金宗直 金致安 金淳 韓義 張乙龍
金得淸 金永夫 金永哲 金乙道 吳乙貴 金元自 朴長守 張義孫 內隱同 李珍 崔希 金得 黃義 金從潔
李好山
終非 金珍衣 右未 屳知 朴莊 夢文 道一介 犬本知 莫非 黃氏 張氏 容彔 毛老非 小斤莊 右之 於里莊
金德只 三德只 三彌衣 食德 佛非 禹非 目加伊 白加伊 仐音德 貴今 卜德 朴尙安 於旺伊 鄭得 金伊莊
金自方 尙敏 毛里 妙德 徐仁厚 廉厚 申貴山 金好山 學濟 戒悅 虛點 壬脩 叔行 義行 乃分」
尹秀同 姜仁右 崔永守 張白 金田 朴金 朴貴玄 李豆彥 于金 吳乙之 蘇自中 趙延 金每邑同 金天守
金重宝 金自發 李霖 盧從實 金克愼 朴士山 林成之 姜自和 李貴生 鄭生 尹戒山 金存 朴乙尙 白自
山 千万 鄭伊 尹內隱伊 韓金 玉石 朴升道 金中南 金孝之 延加伊 覺淳 尙敬 性均 致云 惠心 智能
文赫 智洪」

惠南 壬㳟 壬智 胜牛 悟性 道澄 義明 希正 智然 徐衆生 金夫貴 朴甫信 鄭訥金 姜德 文一方 委珍
延德 吉同 康闘 金得方 解空 惠照 信淡 學明 宗林 覺月 信空 義山 法寬 法崇 智𠮷 朴思衣 莫德 者
斤伊 莫德」
宵□ 小斤莊 金莫同 崔奉 六月 李春右 順卜 莫德 丹德 孫顯祖 李金 印濟 性崇 疊峯」
了元 道南 戒洪 洽准 引牛 義胡 義珠 性了 敬海 學禪 石門 尙沉 鄭士敬 吳希 李守生 李香完 尹巨臣
姜性知 莫同 吳膺 姜自義 丹朱 塑同 李春 內隱伊 春同 朴自明 朴延山 溫克敬 李訥 李孟春 李之」
□□ 訥只德 莫德 兂如伊 每邑加伊 訥只 末今 尤思乙伊 性思 性海 性海 智衍 了空」

12. 파주 용미리 이불병입상마애불, 1471년

成化七年七月」
成化七年七月」發願文」
願此同類見佛土不向三世三有閣」直入西方九品中自他一時成正覺」又願彌勒龍華之中類在初
會作上之」正法」一人有慶 大妃無憂」大施主咸陽君」泰仁郡夫人李氏」梁氏」大施主上護軍
沈長巳」金氏」通津安氏 潘南朴氏」副正柳安 旋善韓氏」上護軍李孝志兩主」司直鄭仏仲兩
主」忠賛衛金仲山兩主」司直許継智兩主」李氏崔知」正兵金德守兩主」□□韓仁重兩主」
貞敬夫人李氏」大比丘尼道明」化主惠心」前中興寺住持大師□□僅雲□惠大師」
佛身 명문 A
當來彌勒如來大聖」世祖大王往生淨土」
佛身 명문 B
主上殿下壽萬歲」

13. 강진 무위사 아미타삼존상, 1476~1478년

① 보림사 삼층석탑 탑지(1478년)
成化十四年戊戌四月 十七日 說大會安居大衆三百餘員見 塔傾」五月十七日 重修造 大化主道人
元湜 思裝 正安 義珠 大施主」李莫佳斗金 李全同大施主金春 奉司直朴成美元湜傾雙峰寺設大會
安居無爲寺造主佛 設大會安居 惠正」
② 무위사 후불도 화기(1476년)
成化十二年丙申三月初吉畵成 無量壽如來觀音菩薩地藏菩薩」大施首 許順 觀南非 □德 永伊 檢
成 於加伊莫加 竹林 元識」山加 粉德 大禪師 善義 黃梅 尙行 徐乙京兩主 者四非 畵員」大禪師
海連 乃乳 姜品兩主 金得常兩主 法岑 徐得京兩主」前司正 金生禮兩主 化主 洪悅 智雄 義修 九
月 朴成明兩主」化主 學准」

14. 국립중앙박물관 소장 천주사 아미타불상, 1482년

皇明成化十八年壬寅三月日」多密地正水寺願成西方敎主」無量壽如來左補觀世音菩薩右補處
地藏菩薩三尊腹藏記」雍正七年己酉七月日」慶尙左道 漆谷郡 護府地北面 八公山 大長寺 雲水
庵 阿彌重修」

15. 남양주 수종사 팔각오층석탑 석가불상, 1493년

弘治六年癸丑六月初七日」淑容洪氏」淑容鄭氏」淑媛金氏等端爲」主上殿下聖壽萬歲」亦爲
兒息咸亨福壽」□行□修釋迦如來一軀」觀音菩薩一軀安激□□若其功德□意具□于後」
主上所天義莫重焉 兒息骨肉 情所篤也」富貴則極 難贖者□ 欲圖延年 常竭愚衷」百思莫伸 惟佛
□□ 法門雖多 造佛是最」玆肇檀誠 各捨己貲 重修古佛 莊嚴斯飾」虔點□眸 安妥塔廟 能事方周

徵願必圓」頌王之德 日月並明 先王之壽 天地同久」兩主大妃 中宮世子 誕膺純蝦 咸躋壽城」抑
亦己身 暨諸子甥 □保康寧 福壽增崇」在在歲歲 涵泳聖澤 生生世世 恒爲主伴」
施主」淑容洪氏」惠淑翁主兩主」完原君兩主」檜山君兩主」甄城君」福蘭」石壽」□福」鐵
壽」舜壽」□蘭」淑容鄭氏」安陽君兩主」奉安君」承福」淑媛金氏」徽淑翁主兩主」敬淑翁
主」福合」福崇」

16. 경주 기림사 보살상, 1501년

弘治十四年辛酉正月始至四月初八日」

17. 천성산 관음사 관음보살상, 1502년

① 조성기(1502년)
至正二十四年甲辰久越」弘治十五年壬戌七月 日」天聖山觀音寺堂主鑄像阿弥」陁佛三尊安座
己未年分尤右補」處逢賊令是遣補處欠由也道人惠」元性海等請像工前興教住持道裕負」觀音
菩薩大勢至菩薩造像献金」畢千人同發願腹藏記」
稽首勢至大聖尊 相好光明徧觀照」無爲心內起悲心 度脫一切群生類」又 我今歸命千万人 共産
孕于安養國」令我等流咸見佛 同成正覚度衆生」又 龍華三會還此界 正法弘揚久住世」度盡衆生
方成佛 發願歸命礼三宝」
因玆奉祝」主上殿下壽萬歳」仁粹大王大妃殿下壽萬歳」王大妃殿下壽萬歳」王妃殿下壽齊
年」元子保体壽命長」國泰民安法輪轉」
施主」
大施主李兼兩主」大施主金氏玉時」大施主朴今山兩主」大施主竹空比丘」大施主楊仁孫兩主」
大施主李斐孫兩主」上將朴枝興兩主」李守枝兩主」吳末孫兩主」金水淵兩主」申莫山兩主」
李日孫兩主」宋連兩主」李中連兩主」李斐孫兩主」金重斐兩主」南末同兩主」申永孫兩主」趙
繼善兩主」李成春兩主」金山兩主」仍邑台」軍伊兩主」女莫台」金界同兩主」李孝孫兩主」梁
水林兩主」女富伊」韓終枝兩主」金継揚兩主」洪石孫兩主」金善宝兩主」朴毛知里兩主」金氏
莫加伊」德非」朴淳生兩主」女末同伊」加毛里兩主」田福敬」安於㘉兩主」金乙山兩主」朴个
應介伊兩主」李實兩主」金乫伊兩主」金乫石兩主」金末乙山兩主」女孟今兩主」女丁今兩主」
朴自牙兩主」金孝根兩主」孝台竺只」省惚」志瓊」克連」惠田」日森」處浩」性淳」智仁」學
眞」定峯」智明」子云」日旭」性賢」六行」令休」克念」智元」信惚」義惠」義正」祖文」性
淡」子黙」性寬」道行」性根」子賛」智岑」性空」儀澄」性文」釋熙」智會」德澄」覺觀」
寺內秩」
智元」惠定」釋休」學寬」信月」允元」寬允」義明」釋仁」義坦」學罔」道善」玲志」儀通」
戒淡」學岑」良修」智云」中悟」信王」克能」惠儀」惠珠」竹根」道行」信寬」性嘗」智彬」
允悟」性淳」玲召」學道」心修」學頓」日云」竹海」省浩」克祖」性空」罔丕」罔黙」儀成」
信敏」戒令」信坦」性寬」義善」學心」恩石」罔澄」
色掌秩」
熟頭 靈梅」飯頭 義敏」
緣化秩」
達宗」順女」儀悅」性坦」大化主 性海」大化主 惠元」三剛社主 成罔」持寺 志瓊」持寺 惠
元」侍奉行者 凡山」侍奉 戒文」副畫 義雄」副畫 信梅」造像前興教住持大禪師 道裕
② 개금 중수기(1706년)
熙四十五年丙戌七月日」
淨法界身本無去來形相也應化則乃有形相矣歸於寂滅故後人」依見相瞻敬尊顔故泥佛木佛鑄佛
体像塗金也而今天聖寺弥」陁觀音勢至達磨世尊二祖梁武之慈女則塗彩脫落無色」故寺內有道

之僧善行者垂乎誓願持勸文募緣丙戌鷄未月」召良工於改彩也實倍初制願此功德檀越與緣化比
丘等斷諸」塵垢當結良緣超生樂邦之願云爾」
發願文」
願我生生生樂處 觀音勢至常遊戲」身心自在不昏沈 卽得本身通古今」又」願我同緣生淨土」度
諸衆生難苦海」願我獲得不壞身」闊步如來等妙理」
大施主秩」
都大施主」捨堂信海」捨堂信瓊」女月仙」女禮仙」女終止」李義碩」李豪雄」
碩德秩」登陛智淳」比丘德裕」
持寺秩」
比丘三應」比丘柳平」比丘惠圓」比丘智弘」
緣化秩」
證師 道人靈桂」持殿 道人大淸」供養主 道人曇海」熟頭 比丘大雲」書記 比丘淨眼」國中無倫
名現良工都大邊手」比丘省希」比丘楚眼」比丘釋珪」都大別座 比丘智圓」化主 比丘善行」

18. 국립중앙박물관소장 정덕10년명 지장보살상, 1515년

正德十年乙亥三月日」造成觀音地藏施(主)」金順孫兩主順代保(體)」金貴千兩主宋和兩主」畵
員簡學山人信□」助緣比丘智目」法俊」仁□」

19. 예천 용문사 아미타불상, 1515년 중수

①
正德九年十二月卄四日始」乙亥年四月初九日終畢」矣也」夫象佛重修因緣最爲」良緣也 然則
此三尊」象佛像假造故今之」受福也以此此象見之人一時」同成正覺況施」主乎」
②
參奉洪元旺」郑氏」夫人權氏」夫人權氏」儒学文億敬兩主」彔士朴堅坤兩主」安久元兩主」李
氏」施主 崔命山兩主」大施主 林山兩主」施主 朴甘山 內ㄱ非」施主 古邑之兩主」施主 崔銀孫
兩主」李存兩主」金柔兩主」林莫同兩主」廣孫兩主」挨金兩主」尹山兩主」金同兩主」李乫同
兩主」金音同兩主」權仇知兩主」林乚金兩主」秀金兩主」李命戒兩主」介屎兩主」崔仇大兩
主」柳哿宗兩主」崔氏思浪」內ㄱ介」金乫山兩主」朴淑兩主」朴淑敬兩主」四非」奈今兩主」
郑挨自兩主」金禾兩主」張番兩主」李存兩主」金貴孫兩主」金挨成兩主」林豆里金兩主」郑多
勿沙里兩主」郑嵒金兩主」李莫同兩主」夢伊」春月」槐達兩主」朴吾麻知兩主」龍萬兩主」李
同兩主」李泉伊兩主」內ㄱ非」內ㄱ同」者斤」安木兄兩主」安象伊兩主」薔薇」卜老兩主」洪
暉尾里兩主」初里兩主」洪莫同兩主」尹宗凉兩主」金乫同兩主」金禾兩主」金內ㄱ達兩主」
朴乫同兩主」林海南氏」朴熙同兩主」林象伊兩主」金玉孫」銀伊」他乃」尹卜中兩主」無生」
安乫之兩主」安孫」安世熙兩主」李仁同」趙道也之兩主」趙敬保体」黃同兩主」尹孟孫兩主」
金石山兩主」郑同」朴尙玉」金孫」黃自丁」末同」申同」崔山」李銀同」加仇之」金木」嚴孝
同」朴貴丁」乫非」乫德」多勿沙里」今德」乫伊」尹根」圓應」覺修」尙明」智察」海能」戒
令」戒淡」志生」元惠」應熙」道晶」信会」道リ」信連」自己」法觀」宋牛」雪淳」雪峯」戒
之」覺崇」克卡」儀浩」覺了」覺應」洪峻」
同寺 四作」性倫」持寺 社主 志还」雪雄」信惠」智閂」智燈」海玉」玉成」性淸」玄敏」禮
禪」賛惠」智觀」惠明」
成造作」
訂明 性品」持殿 道一」上畫員 李永文」畫員 学淸」木手 思云」鉄匠 郑迎山」飯頭 覺淳」熟頭
幸黙」法惠」別座 大禪師 自己」熙孫」性悠」惠觀」心月」乃淳」達恩」性安」性安」一亼」
学能」持寺 大化主」学敏」緣化 大化主 了心」惠明」

20. 대원사 비로자나불상, 1516년

正德十一年丙子八月 新造像毘盧遮羅佛 金剛臺 幷畢」 主畵員 信正 智悟 萬熙」 化主 學南」 供養
主 六行 自雄 覺溫」 後佛圓覺會畵員 性徹 源海 仁雲」

21. 남원 실상사 서진암 나한상, 1516년

正德十一年丙子化主敬熙」

22. 제주 서산사 보살상, 1534년

①-A
嘉靖十三年甲午春」 造成同發願文」 佛像眞空無像宗」 古今非有亦非空」 妙体如如流法界」 月輪
赫赫大千中」 主上殿下」 王妃殿下」 世子邸下」 觀察使南世雄」 牧使奉嗣宗」 都事朴世昫」 判官
趙崇禮」 座首金健」 別監柳洽」 生員羅益文」 佛像大施主羅崇義兩主」 上金大施主梁益淮兩主」
①-B
供養大施主梁竺同兩主」 施主尹末乙兩主」 宋淸山兩主」 夢金伊兩主」 金夫兩主」 月分保体」 六
月伊兩主」 郭道里孫兩主」 儀文比丘」 伐乙道兩主」 眞朶施h主金壽丁兩主」 兪弘信兩主」 羅番
其兩主」 今尹」 小邊」 尹末乙金兩主」 善孫兩主」 鄭仁夫兩主」 鄭春孫兩主」 朱成生乙兩主」 周
世熙兩主」 白貴孫兩主」 李同月兩主」 李崇智兩主」 陳得林兩主」 吾使郎兩主」 鄭瑞兩主」 林千
石兩主」 千非保体」 朴莫同兩主」 仲山兩主」 西元生兩主」 金君世兩主」 宋莊平兩主」 羅漢永」
長守兩主」 丁尹兩主」 孫順年兩主」 思才兩主州」
①-C
金-致敏兩主」 朴奉伊兩主」 羅儀孫兩主」 金小才兩主」 萬從兩主」 龍山兩主」 孫住山兩主」 金
春孫兩主」 朴□□兩主」 朗□」 徐孫兩主」 孫□兩主」 證明處仁」 持殿性修」 畵員香嚴倚奉七
伊」 智軒」 別座修仁」 熙願」 崇竺」 供養主印崇」 持寺佛像大化主性一」 化主淡熙」 丹靑化主信
行」 盖瓦化主學澄」
願堂大施主金江兩主」 梁竺同兩主」 金夫兩主」 文山兩主」 羅外山兩主」 契伊智」 □千石兩主」
金世貞兩主」 丹靑大施主儀孫」 孔住山兩主」 姜春儀」
①-D
申子同兩主」 李五奇兩主」 鄭仁孫兩主」 尹夫仇知兩主」 姜小山兩主」 申學文兩主」 鄭自丁兩主」 鄭
□忠」 金斤平」 金從孫」 陳氏」 申萬松兩主」 申光文兩主」 龍非」 黃仲廷兩主」 金忘金兩主」 □□□」
□□□」 □□□」 □□□」 □□□保体」 今今保体」 鳩非保体」 □□之」 契伊智保体」 訥非」
②
佛像腹藏儀」 主上殿下」 王妃殿下」 世子邸下」 觀察使南世雄都使朴世昫」 牧使奉嗣宗判官趙
崇禮」 座首金健別監柳洽李璿」 生員羅益文」
③
佛紀二千五百六十一年에 造成이고 至二千九百六十」 六年己卯八月初九日改金佛事面回向갓지
年代」 가 四百五年耳畵師比丘河龜峰」 監院比丘尹奉天」 化主處士徐性集」 持殿童子高斗旭」
證師比丘崔慧峰」
④
改金佛事」 佛紀二千五百二十三年」 西山寺住持文星彬」

23. 홍성 고산사 아미타불상, 1543년

大禪法正」 證明 處仁」 證明 虛云」 焚尊處峯」 畵員 惠雄 法淮 張印 丁敎光 別坐 開張」 供養 幸

正 首眉 大木 智云」水印」覺連」大木 性旭」湛開」道仁等三十六名也 佛像大化主 釋閑」
嘉靖二十二年大歲癸卯八月初澣」日同參求受」佛紀」權千同兩主 權成兩主」
願佛大施主 文世均兩主」丁莫龍」朱尹享」施主 金臨成 李文象 等 59名」智俊 等 7名」施主名
211名」僧名 53名」

24. 고창 선운사 참당암 아미타삼존상, 1561년

嘉靖四拾十月十三日付役十日月二十七日」終役口遣又彌勒山道信寺法堂堂主」三尊造像 次以
進去三人」
靈泉寺法堂主佛独尊」大施主 盧億賞」畵員秩 大口 信 迹 印海」材木施主 必初」持殿 二玄 行
者 金隣」供養主寶貨」化主 宇圓」別座 奇世」

25. 봉화 청량사 약사불상, 1560년 중수

① 천인동발원문(1560년)
千人同發願文」性海」釋空」戒嘗」性一」正堅」能了」智蟾」雪仁」玉連」處澄」智安」雪
熙」思允」信雄」玉澄」道文」儀淳」信道」行淳」善弘」雪旭」性天」雪還」
學敬」敬熙」智空」道文」海連」熙祖」處敏」能印」信洞」法澄」靈隱」智湖」釋熙」玄牛」
佛行」靈機」印贊」學敬」能印」志優」學靈」
正衍」智安」惠弘」惠澄」雪岑」覺淳」元旭」雪雲」信峻」性玉」智雲」雲熙」克湖」元悟」
性嘗」一宗」戒洞」熙尚」靈秀」道軒」法根」信峻」覺月」
信敬」印草」智還」天宝」永貞」法淳」法修」法源」崇印」崧悅」贊崇瓊」崇鮮」崇彦」惠
雄」僅文」靈默」玄則」熙晟」性修」處林」天雲」尙澄」印祖」學淳」祖玄」僅敬」
天一」性連」敬仁」僅敬」性熙」雙雲」雙明」熙允」熙牛」雙勳」崇坦」自澄」學敏」惠澄」
惠林」宗敬」印玉」竹林」法修」贊靈贊」戒林」淡行」祖仁」省雲」宗印」智有」
小童秩」
漢元」鳳壽」眞伊」億從」鶴壽」壽量」宓伊」鶴守」連守」雲鶴」連壽」億良」億良」灵贊」
東方藥師如來造成卽不知年數年久破色改金則」至元五年十月日畢造其後計數二百四爲始十二
月日畢造」
證明 釋空」持殿 惠峻」禪宗維那 祖澄」法堂持寺大化主 雪旭」畵員 省衍」世峻」供養主 信
囘」戒幢」書寫寶鏡」
嘉靖三十九年庚申仲冬日目錄」
② 결원문(1560년)
結願文」大施主 白裴山兩主」大施主 李莫同兩主」大施主 張挨貞兩主」大施主 崔世元兩 主」
大施主 李屎仇知兩主」大施主 崔莫松兩主」大施主 盧銀孫兩主」大施主 金永 孫兩主」大施主
永眞兩主」孔內隱孫兩主」琴元朴兩位」琴仰尙兩位」琴億兩位」琴守億兩位」
琴文淳兩位」權繼林兩位」權繼根兩主」崔貴男兩主」崔元朴兩主」崔武金兩主」崔 莫同兩
主」今德兩主」禹莫孫兩主」劉蕊之兩主」鄭蕊同兩主」林武金兩主」林 順山兩主」李銀孫兩
主」金忠男兩主」
金千兩主」金大山兩主」全龍金兩主」李亨兩主」林碩金兩主」姜玉連兩主」全自孫 兩主」金
內ㄱ同兩主」必非保体」千德保体」朴元兩主」林無作只兩主」林承良兩 主」林每邑孫兩主」
林孫兩主」黃延孫兩主」
金萬碩兩主」裴守貞兩主」金世長兩主」崔碩兩主」金今孫兩主」林成武兩主」朴長 孫兩主」
金有永兩主」金莘兩主」朴命孫兩主」
畵員 省衍」惠峻」證明 釋空」持殿 惠峻」法堂持寺 雪旭」禪宗維那 祖澄」
供養主」信星比丘」戒幢比丘」化主」淳默比丘」

嘉靖三十九年庚申十二月初一日蓮臺寺 藥師三世如來改金重修記錄」
③ 발원문(1715년)
發願文」
聞夫發願者造成者現增福壽當生淨利是以有善君子同願發心各出珎財重修補」滿月敎主藥師如
來與左右補處日光月光兩大菩薩尊像安于淸凉山蓮臺寺共結良」緣同願發心各各施主與緣化各
各比丘大化士等同往西方極樂國土見佛接引親見彌陁佛 卽」蒙授記同證菩提之願者玆記后祿」
施主秩」
黃金大施主 李氏良春」黃金供養兼大施主 金士奉兩主」黃金大施主 比丘笁灵」烏金大施主 金
石松兩主」黃金施主 嘉善大夫鄭善兩主」黃金大施主 崔己哲兩主」供養大施主 全貴奉兩主」黃
金施主 鄭戒玄兩主」布施大施主 鄭氏禮梅兩主」布施供養大施主 朴一先兩主」供養施主 盧應
積兩主」供養施主 尹勝積兩主」供養施主 崔仁發兩主」供養施主 趙男兩主」黃金施主 李億孫
兩主」黃金施主 戒琳灵駕」黃燭施主 趙礼山兩主」施主 朴伯萬兩主」施主 崔己先兩主」施主
羅一先兩主」施主 李億萬兩主」施主 比丘禪鑒」施主 比丘德祐」施主 比丘密順」施主 權宗京
兩主」施主 比丘處默」施主 比丘宝明」施主 比丘緇侃」施主 比丘就晉」施主 金戒弘兩主」施
主 文悟奉兩主」施主 劉氏心礼兩主」施主 朴業龍兩主」施主 比丘彩日」施主 崔一龍 兩主」施
主 金氏召史兩主」施主 金奉兩主」施主 鄭戒先兩主」施主 金氏三礼」
緣化秩」
證師 比丘圓澤」持殿 比丘法察」善手良工 比丘慧珠」比丘圓策」比丘三海」比丘淨行」別
座」比丘密瓊」供養主 比丘覺明」比丘禪月」負木 朴一先」居士 淂行」大化士」剋念」
山中大德」比丘片雲」和尙」比丘密謙」三剛」比丘大欽」山中老德 比丘淸學」比丘應梅」比
丘笁海」比丘敏惠」比丘德祐」比丘圓鑑」比丘法勝」比丘呂閑」
康熙五十四年乙未六月日淸凉山蓮臺寺」藥師如來與左右補處塗金重修記」
④ 대좌묵서(1734년)
雍正十二甲寅秋七月~龍席造成記」釘鐵施主 姜龍男兩主」山中老德 比丘笁灵」持殿 廣訥」三
綱」三宝□倫」書記 日淵」和尙 碩梅」造工 比丘三印」化主 比丘覺淸」
願以此功德」普及於一切」我等与衆生」皆共成佛道」

26. 목포 달성사 지장삼존상과 명부 존상, 1565년

① 지장보살 발원문(1565년)
嘉靖四十四年乙丑十」月初二日記」朝鮮國全羅道南平」地熊岾寺地藏及兩輔」處尊十王尊位
各像」自春爲始至秋爲終安」于道場因妏奉祝」主上三殿壽萬歲」全羅鑑司」城主申黙」禪宗判
事 惠能」敎宗判事 雪梅」
施主秩」
供養大施主 安承守」地藏大施主 池庚同」□里西非」道明尊者 尹終文」姜千連」無毒鬼王施主
□今」金千億」秦廣大王施主 許君」孫富合」初江大王施主 崔守良」宋帝大王施主 朴大成」南
同文」五官大王施主 金元香」閻魔大王施主 李斤石」變成大王施主 李今孫」泰山大王施主 朴
泰根」平等大王施主 金世毗」都市大王施主 朴永茂」轉輪大王施主 注化沙里」日直使者施主
金萬近」月直使者施主 李仁世」
金孫」法令」金古春」香嚴」朴仅番」黃彦圭」學文」彦宝」覺熙」姜致元」行云」智嘗」道
嘗」仅寬」洪仁」一淳」道益」朴順享」金同」李文」七非」尹江千」四月」朴石近」朴必上」
申允」李亡難」白孫」金允同」李希無」□成末 金千世」毦非」永夫」分伊」業山」鄭有」崔行
孫」七山」姜石」金貴鶴」安億千」朴同」曹石來」德只」永今」鄭允世」奉代」鄭永」延非」
金孝同」金萬同」万世」高君必」金白」梁從者」梁漢貴」云鶴」宋文」金延山」漢己」李□
孫」同任伊」李千世」高乭同」申尹山」林世文」裵豆之」金成文」李今」眞卜只」□孫」黃億
近」光大」順己」安內同」崔自昌」末乙峯」要光」金岊同」金貴世」金宝同」

畵員秩」
香嚴」淡正」崇恩」天鑑」福壽」別座 林正」供養主 三玄」大化主 智雄」
② 개금 중수기(1719년)
十王重修願文」康熙五十八年己亥八月」日記入」海東朝鮮國全羅左道」南平縣南嶺德龍山雲
興」寺旧基成安地藏及兩大」補處等重修改金而與」此王重修改腹藏新彩」利安于新基事始
於」孟秋畢于中秋之哉生」魄爾仍玆奉祝」
主上三殿下壽各萬千齊歲」城主俞夏基方伯辛士哲」本寺大禪師 信和 應日」老德 明淨 法摠 印
悟 尙」閑 尙奇 双淑 幸淑 玉环」
施主秩」
大施主 淸学 姜德彩」各 〃 十方四事施主等」
緣化秩」
畵員錄」進悅 太元 玉楚 守英」道體 熙遠 淸輝」龍詳」證觀 省悅」呪誦 廣悅」供養主 自閑」尙
俊」來往 助事」負木 丁七生」澄覺」少者 萬億」化主 嘉善 日祥」別座 瑞閑」本持殿 古雙奇」
新性冶」
願以此功普及於一切我」等與衆生皆共成佛道」三綱 首僧 慶雲 三宝 通信 持寺」良察 典座 妙
惠」住持 性克 書記 明輝」
③ 개금 중수기(1719년)
十王重修願文」康熙五十八年己亥八月日」記入」海東朝鮮國全羅左道」南平縣南嶺德龍山
雲」興寺旧基成安地藏及」兩大補處等重造改金」而與此王亦以重修改腹」藏改彩利安于新
基」事始於孟秋畢于中秋」之哉生魄爾仍玆奉祝」
主上三殿下壽各萬千齊歲」城主俞夏基方伯辛士哲」本寺大禪師 信和 應日 戒能」老德 明淨 法
摠 印悟 双法」尙閑 尙奇 玉環 思益土」
施主秩」
施主兼化士 一禪」大施主 淸学 姜德彩各」〃補添施主不能盡記耳」材木施主 金沙邑沙里」
緣化秩」
畵員錄」進悅 太元 玉楚 守英」單敬 道體 熙遠 淸輝」龍詳」證觀 省悅」呪誦 廣悅」負木 丁七
生」供養主 自閑 尙俊」往來 助事」澄覺」少者 萬億」化主 嘉善 日祥」別座 瑞閑」
願以此功普」及於一切我等與衆生皆共成佛道」本持殿 古雙奇」新性冶」書記 明輝」三宝 通
信」首僧 慶雲」住持 性克 禁山 智敏 澄性」

27. 포항 보경사 비로자나삼존상, 1569년

묵서 A
無盡煩惱斷」無量法門學」誓度諸有情」皆共成正覺」願生出善家」願早遇明師」願語玆法門」
願信心堅固願戒行淸淨願淫心永斷」願活眼輕術」常行六波羅蜜」用天大報恩」國王哀報恩世
界施主恩父母受生恩」四恩三有盡忠忘永斷生」死入涅槃」
묵서 B
隆慶三年己巳元月日成」施主兼化主」信眉」供養主」玄一」畵工」演嘻」木手」克淳」

28. 완도 관음사 지장보살상, 1569년

隆慶三年己巳仲夏日願文」
山野海超以所遂此無上尊相功德自今至午經」年檀信及我木千障百害猶如鎖雪於日光所求」聖
願改若興雲于碧落烟?塵念頓息於念頭」淸平性覺長明於住上無量先妻不盡諸魂速脫」幽明之若
快罪極樂堂中經年之後則都志畢」抱之惢速赴浮邦之界觀見樂土之 主專變」其記之以餘德」國
界安寧群氓得樂之稱」

大施主 金宗祖 朴元忠 羅石 崔莫金 李尊國 族德」 助緣 靈透比丘 泰澄比丘」

29. 봉화 청량사 지장보살삼존상, 1578년 추정

願文」
夫地藏菩薩與十王水尊皆爲度生」慈父敬則卽蒙饒益造像則速拔衆」苦言不歸依是以山野惠黙
自發其志遠請」良手始役丁丑閏八訖于戊寅五月安于其殿」永爲群途补田以此功德生兮千散百
福雲」興壽歷千秋樂高迸兮速見弥陁卽蒙授」記還出龍華佳會助化群迷遂證極果永度」
寶篋眞言」獨判施主 權彭萬」

30. 경주 왕룡사원 석가불상, 1579년

噫道可道非道 眞可眞非眞 言不言 像非像 像佛體本絶言象凡」情要凭形像若不因眞設像焉能印
像求眞所以三世如來十方菩薩無」身現身身視一体非相作相相作十種若修古造新以締緣或超几
證聖之獲果今茲」寶刹有佛像三尊乃三世如來也 娑婆琉璃兩世教主 萬曆七年己卯一時造成也
計」以曆代考之則自萬曆逮于今康熙五十有五丙申 一百廿九年也 烏兎争忙殿宇之」創修非一則
因之以黃金盡壞黑柒猶存能使一瞻一禮漸離五痛五燒之定省可」發慨歎者己矣豈恬而知而不知
之事耶可爲可爲扵可爲之事乎以故本寺」兩釋像瞻遺像共發矢心處源主其化紗岑亞其勸旁求助
緣募得工倕」始扵閏三迄于午月能事己畢復滿將虧考造修 鴻因便獲勝報斷可期矣」像之創時物
力多寡施主組緣具載本記故不煩重錄令者緣化助緣大小檀」信之芳嘴開列于后以爲可畏之觀感
爾願以此功游泳大願海 中無一人不生 淨土經行七重樹下與諸聖同入圓門」
康熙五十五年丙申午月日 涵汙門人玄淨 述書」
本縣太守施主」李璋兩位 壽等三山」福如四海」衙童施主」李普恊壽命長」李普弼命若彭」李
氏壽久生男子」本縣公兄施主」戶長許海」吏房諸福來」副史許堯叟」
大施主秩」
本寺居嘉善彩根」嘉善碩祐爲母崔氏靈駕」嘉善碩裣」嘉善克慧」通政尙湖」通政尙璘靈駕」通
政文俊」通政再白爲母社堂尙銀」比丘國倫爲母閔氏保體」新寧佛堀寺 嘉善宗謐」慈仁大興寺
嘉善處訥」嘉善柄善」京中居金世俊爲母李氏淑亨」開城府居文尙眞爲父母貴得兩主」京中大
寺洞居金世俊兩主保体」金世進兩主」大邱夫仁寺淸日比丘」大邱邑内黃碩伊兩主」金兌鼎兩
主」金允鼎兩主」許俊三兩主」永川邑内孫尙豪兩主」新寧阿村里金召史」
次施主秩」
金水平兩主」卜何善兩主」許億世兩主」鄭時京兩主」金時悟兩主」玄漢石兩主」趙國承兩主」
楊富海兩主」崔敏世兩主」張俊載兩主」金有聲兩主」韓成發兩主」張戒金兩主」孫莫金兩主」
崔太重兩主」徐太興兩主」金興賴兩主」金載垕兩主」金世聃兩主」鄭自昌兩主」許弼文兩主」
李起哲兩主」許洽兩主」許自興兩主」金貿得兩主」李起峯兩主」梁興伊兩主」李世茂兩主」許
召史保体」張漢祐兩主」崔俊允兩主」崔太允兩主」許仁傑單身」金重海單身」金乭加應伊單
身」金乭無致單身」崔敬宇單身」丁時中兩主」丁萬秋兩主」丁就興兩主」變愛先兩主」朴汗必
兩主」趙彦女保体」金立先兩主」金丙石兩主」金丙起兩主」鄭万成兩主」白日暉兩主」徐太元
兩主」張信種兩主」變万昌兩主」尹必老兩主」崔周興兩主」金大俊兩主」金俊達兩主」比丘雷
建」比丘敏軒」比丘杜熏」比丘妙海」比丘性覺」比丘慈遠」比丘元悟」比丘思益」比丘再建」
比丘草日」比丘碩密」比丘法連」比丘再省」比丘智云」比丘弘遠」比丘戒聰」嘉善再冾」嘉善
碩雄」嘉善幸云」比丘天慧」大師會閑」石萬重兩主」李貴同兩主」李貴民兩主」朴成以兩主」
高順才兩主」李益垕兩主」孫文益兩主」金世達兩主」許順發兩主」姜件里舍兩主」金有元兩
主」朴汗重兩主」池愛峯兩主」尹以成兩主」金右仁兩主」宋莫代兩主」金丙圭兩主」曺世昌兩
主」崔重發兩主」金以迪兩主」朴尙志兩主」崔貴哲兩主」朴尙義兩主」朴順達兩主」尹男兩
主」朴丙圭兩主」尹斗先兩主」禹閑世兩主」柳戒万兩主」李乭山兩主」有先兩主」鄭哲元兩

主」崔日先兩主崔李白兩主」申仲士兩主」金重基兩主」韓豪信兩主」李枝花兩主」韓惟信兩主」鄭再昌兩主」金文淑兩主」金遇平兩主」申彦花兩主」申彦守兩主」梁芝乞兩主」申彦楹兩主」崔汝江兩主」李福來兩主」金守堅兩主」陳漢平兩主」比丘祐白」比丘惠淸」比丘幸岑」比丘致文」比丘自文」比丘證伭」比丘重璇」比丘呂寬」比丘慈眼」比丘慈遠」比丘廣元」比丘贊仁」比丘敬洽」比丘善贊」比丘熙淨」比丘冀玉」比丘淸運」比丘冀念」比丘時進」比丘道心」比丘性宗」比丘贊謙」比丘克淳」比丘彩淑」比丘淨湜」比丘再淸」比丘世悅」比丘再詳」比丘幸云」比丘德还」比丘學敏」比丘太能」比丘善諶」林夏雨兩主」徐熙石兩主」張雄漢兩主」李熙達兩主」劉氏保体」車丙律兩主」徐凡屎伊兩主」黃世重兩主」金夢安兩主」全終哲兩主」金千峯兩主」劉石敏兩主」徐必達兩主」白春長兩主」李善慶兩主」處源爲父母」李順良兩主」緣化秩」
證明 名現碩心」持殿 豆陀道旭」聞慶陽山寺居」上畵師淸允」副畵師 璧璇」熙日」智英」歸信」京中大寺洞居」金匠金世俊」金成官」別座一悟」供養主 再淸」致逸」化主 處源」妙岑」大都監 嘉善」碩賛」副持殿 智明」本寺衆目」時住持 一欽」殿座 碩稔」持事 明祐」三寶 應念」首僧 慧寬」比丘義暹」弘印」熙性」呂澄」印寶」自和」比丘」自悅」思任」淸淑」雪聰」比丘玉軒」學宗」信輝」萬澤」大中大士 菩眼」王淳」德林」一梅」尙澄」比丘萬什」守悟」守草」信行」碩密」六草」卓梅」体佋」比丘体佋」戒玄」慧玉」敬宜」穎官」智仁」旺淳」碩倫」竺能」李起昌」智英」六善」智和」体珠」再輝」智祥」會哲」會眞」体眼」覺草」旺文」再明」莫峯」瑞機」天敏」冠三」善宗」世熏」最賛」許弼明」旺天」彩英」体壇」覺性」戒嚴」最眞」崇海」良旭」彩詳」慧聰」穎奇」日湖」戒學」本俊」彩察」六明」性天」敏世」太詳」世文」再悅」就甘」天屹」体瓊」就英」靑眼」慧日」智坦」体菊」再云」就賛」天云」天念」淸眼」戒旭」覺元」信悅」演輝」覺聰」天淨」冠諶」尹世昌」萬億」世嘗」四學」廣習」旺熏」体淳」漢貴」漢必」守江」弘悅」智明」會文」性還」得堅」克敏」最坦」天震」守明」法日」淸湜」萬平」元悟」德賛」惠淸」
安居衆目垂」近三百餘貟」因煩不能細」擧擧槩以」示耳」寺中書記太軒」手決」願以此功德」善及於一切」我等與衆生」皆共成佛道」

31. 경주 왕룡사원 약사불상, 1579년

萬歷七年己卯五月」初九日佛像終畢」施主張億比丘」施主 儀閅比丘」施主 李分業兩主」施主崔凡同兩主」鄭石兩主」腹藏大施主 玄石兩主」惠嘗比丘」朴氏文今保体」各各結願隨喜施」主與緣化比丘等」持殿 日閅比丘」畵員 思峻比丘」畵員 信海比丘」供養主 省元比丘」供養主國賛比丘」化士 比丘弘忍保体」
發願文」
願我生生世世生修善」家造五明師同盡」出家淫心永斷垂眼」堅末於此法門中信」心堅故戒行淸淨盡都」無庥不過七日助助發明」黃道衆生親見彌勒自他一時同成佛道」

32. 울진 불영사 석가삼존상, 1580년

① 조성 발원문(1580년)
隆慶萬歷八年」康處三月始作」八月仲十八日終」江原道 蔚西面」天竺山 佛影寺」主佛釋迦左右補」處三尊與十六」羅漢帝釋使者」童六分建殊神」蔚珎縣令」柳伐春」證明 西宗師 休淨」畵員」靈俊」道嚴」彦義」戒正」供養主 心溿」化主 慧閑」
② 개금 중수기(1770년)
乾隆參拾伍年康寅五月中望改金重」證明 湫岩堂首座埋明」持殿」再勤性湖」誦呪」敬說」廣勒」畵員」戒初」最性」裝榮」畵員」幻善」幻敏」奉有」彔先」卽信」畵員」会善」性日」供養主」映学」信勳」負木」弘悅」別座」禪密」化主秩」菜鵬」一學」信覺」學敬」學深宝記」守謙」

33. 문경 봉암사 아미타불상, 1586년

① 조성 발원문(1586년)
伏聞」彌陀大聖白玉明毫光流處處無不攝生紫金嚴相影化重重有」緣皆度尋□接引應念拔 苦
是以弟子等敬請良工真天下之妙筆」希人間之竒乎像佛彌陀一軀畫成彌陀八大菩薩一幀彌陀兩
大」菩薩二幀安于曦陽山鳳巖寺禪堂香爐殿禮敬者皆蒙利樂」歸依者俱獲吉祥丙戌正月十八日
特 占善慶之吉日敬設點眼之法會扵」□八十種隨形之妙好燦若蓮芳四十八廣大之深願皎如秋月
伏願 先亡父母」
師尊列名靈駕百層棲閣之中常見彌陀而遊戲九品蓮花之上恒伴菩薩」而逍遙亦願各〃 隨喜弟子
等增五福於現在圓三覺扵未來信根堅固生生」常踐扵淨土種智圓明世〃不離扵彌陀彌陀 爲師菩
薩爲友然後願」養四生貪嗔愛欲之濁浪茫茫九類盡入彌陀大願之淸波稽首再拜至願」萬曆十四
年大歲丙戌正月十八日發願文」承功德伏願」
主上殿下聖壽無彊」王妃殿下壽無彊」德嬪邸下壽千秋」
比丘尼 朴氏」尹氏」畫貟 蘿雲比丘」法正比丘」證明 德普比丘」別座 戒淳比丘」供養主 性敏
比丘」幹善 信寬比丘」像佛大施主 朴希宗兩主」後佛大施主 牛根」大施主 □面兩主」大施主
崔閏伊」白順亨兩主 吳介屎」李命長兩主」金椽伊兩主」金弼伊兩主」朴氏今伊」錢氏伊」氏
死比德」山」金毛作兩主」良女片今」鄭彦國」洪億岺」白叔只」白仁壽」神擇」羅云」一學」
許叱文乙伊」乭介屎」左是」太英」
② 개금 발원문(1710년)
崇禎紀元後庚寅十月日」改金大施主山人明安」施主 嘉善大夫朴順生」施主 朴淳」證明 瑞訓」
持殿 統蓮」画貟 淸允」供養主 大元」處嘗」別座 管草」化主 裕察諸人木」來徃 快然 負木 坦
熏」願以此功德普及扵一切」我等與衆生 皆共成佛道」

34. 안성 청룡사 석가삼존상, 1603년

①
萬曆三十」一年癸卯」八月十六」日列录」證明」衍惠」火尊」現悶」
②
別上 彦愍」畵員」廣圓」副 萬珠」有一」李今貞」覺通」晶玄」
③
双引 懷玉」飯頭 熙安」熟頭 暉訂」祖悅 自淳」杜參 一好」元信 連卜」惠禪」化主 文惠」副 太
永」腹藏化主」頓德
④
宗旭 尙准」祖戒(成)」玄日」住持 元惠」三寶 呂日」殿上 丹吾」一化」

35. 김해 선지사 아미타불상, 1605년

萬曆三十三年歲次乙巳十一月日造成弥陀」尊像巳耳願以此功德普及於一切我等與衆生」皆共
成佛道」
元黙比丘」鄭連卜兩主」安內ㄱ世兩主」舍今伊兩主」惟勝比丘」彩丹比丘」浄海比丘」普印比
丘」法衍比丘」安性比丘」法玄比丘」法能比丘」安同伊兩主」金乭山兩主」金彦守兩主」金勿
凱兩主」朴挨山兩主」金罷金兩主」金毛世兩主」朴流里兩主」文奉守兩主」姜罷世兩主」崔大
吉里兩主」乭德只兩主」十月伊兩主」安乭□致兩主」彦伐伊体保」朴壽伊兩主」朴奉伊兩主」
兪得守兩主」春介伊体保」各〃施主等開列于后」畵員 元悟」忠信」淸虛」信玄」神釰」別座
供養主兼 太凞」持殿 戒嘗」

36. 익산 관음사 관음보살상, 1605년

山人儀菴發大誓願廻見名山甲午之間到於北庵丁酉之歲」本寺兵火盡宵佛殿與諸閣忽作騰蘿之
田菴時有觀之每」念空在於奇山好基又餘人背勸言但而立於法堂再三勸之不得」已辛丑元月始
於法堂次年儀莊兼像佛三尊已畢又次年」靈山會幀及別殿兼丹靑悉皆終畢上於北庵人皆見者曰
於是」作補處千萬可也懇以勸之不道其言乙巳八月始於文殊普賢」觀音地藏等尊像又畫相藥師
會彌陀會地藏幀十王各幀等造」成十一日已畢慶讚云亦」願以此功德 普及於一切 我等與衆生 皆
共成佛道」萬曆三十三年歲次乙巳十一月日記」
佛像大施主 李宝石兩主」佛像大施主 金加外兩主」佛像大施主 李江山兩主」佛像大施主 孫介
記付」佛像大施主 趙於自里靈駕」佛像大施主 金破回兩主」佛像大施主 宋億環兩主」上金大
施主 劉鶴孫兩主」上金大施主 李宗ärm兩主」上金大施主 朴得連兩主」上金大施主 朴千守兩主」
上金大施主 李貞兩主」上金大施主 崔介金兩主」上金大施主 李致乾兩主」上金大施主 千德孫
兩主」上金大施主 金丁伊龜兩主」上金大施主 韓連國兩主」上金大施主 金雲水兩主」上金施
主 金同兩主」上金施主 金破回兩主」上金施主 崔泣夫兩主」上金施主 亡孫介兩主」上金施主
玄鑑比丘」上金施主 覺敏比丘」上金施主 高漢卜兩主」上金施主 億介保体」上金施主 智緇比
丘」上金施主 憂曇比丘」上金施主 金莫世兩主」上金施主 鄭豊世兩主」上金施主 元照比丘」
上金施主 任男連兩主」上金施主 趙福兩主」上金施主 朴金兩主」上金施主 吳金兩主」上金施
主 李獻生兩主」上金施主 沈億卜兩主」上金施主 朴修金兩主」上金施主 許山兩主」上金施主
李龍卜兩主」上金施主 德只保体」金內ㄱ文兩主」金彦世兩主」吳轉兩主」李勒兩主」李世光
兩主」金克文兩主」李恩石兩主」金修卜兩主」柳有良兩主」金加外同兩主」姜有卜兩主」朴目
連兩主」朴乞伊兩主」金早ㄱ孫兩主」晏古石兩主」金今回兩主」崔春世兩主」
畫員秩」元悟比丘」忠信比丘」淸虛比丘」信賢比丘」神釗比丘」持殿」戒嘗比丘」別座兼供養
主 大熙 比丘」春卜保体」靑風衲子雲首道人勸緣大化士」儀菴比丘」勸善化士 靑信居士 金文
儀 保体」

37. 논산 쌍계사 삼세불상, 1605년

曆三十三年乙巳季春三月日欲成佛像慈悲衲子靈觀」敬請良工于手作過夏而孟秋七月敬造訖功
晦日安于雙」溪寺二層敬禮造成願文開錄于后因玆奉祝」聖壽無窮亦願各各結願隨喜助緣施主
等現增福壽超登覺岸」願以此功德 普及於一切 我等與衆生 皆共成佛道」
佛像造成大施主 莫非兩主」佛像造成大施主 宋蘭兩主」佛像造成大施主 鄭叔文兩主」佛像上
金大施主 鄭連福兩主」黃金大施主 玄玉比丘」黃金大施主 透閑比丘」黃金 施主 □非兩主」佛
像金漆大施主 弘寶比丘」佛像金漆大施主 李仁香兩主」佛像体木大施主 金德水兩主」供養大
施主 李順山兩主」供養大施主 勝祖比丘」供養施主 雙笥比丘」供養施主 法根比丘」供養施主
惠能比丘」供養施主 世伊兩主」黃金施主 卜世兩主」供養施主 天宝保体」黃金施主 李□世兩
主」供養施主 思隱比丘」供養施主 李仁希兩主」佛像衣服施主 韓卜連兩主」供養施主 梁金伊
兩主」供養施主 梁小奉兩主」施主 都順已兩主」施主 朴世根兩主」施主 田正倫兩主」施主 三
月兩主」供養施主 演熙比丘」施主 大允比丘」施主 應造比丘」燈燭施主 加莫金兩主」燈燭施
主 李石只兩主」燈燭施主 菱先伊兩主」燈燭施主 性輝比丘」燈燭施主 惠明比丘」燈燭施主 惠
日比丘」黃金助緣秩 歛知 安龍兩主」李貴同兩主」金龍同兩主」崔希水兩主」奇奉世兩主」金
衡胤兩主」崔紅金兩主」朴連福兩主」林德茂兩主」宋順彦兩主」金連金兩主」亐之」終德保
体」金難伊保体」德淳」鶴只兩主」金八石兩主」施主 法仁比丘」日觀比丘」崇敏比丘」信連
比丘」思隱比丘」智嚴比丘」印敬比丘」敏玉比丘」愼淨比丘」方會保体」玉明比丘」李光孫兩
主」高欣山兩主」都彦必兩主」高彦必兩主」徐順伊兩主」儀觀比丘」劉光必兩主」劉永年兩
主」德寶比丘」智明比丘」戒熙比丘」道海比丘」道周比丘」信根比丘」克牛比丘」妙熙比丘」
能玉比丘」德才比丘」能照比丘」吳希卜兩主」張億孫兩主」李大聰兩主」朴壽希兩主」宋能

云兩主」法仁比丘」戒和比丘」印珠比丘」行云比丘」敬珠比丘」靈菴比丘」性根比丘」祖安比
丘」雪祐比丘」守眞比丘」儀鈴比丘」
佛像造成秩」
證明」持殿 印湖比丘」畵員上首大禪師 元悟比丘」信玄比丘」淸虛比丘」神釰丘」希春」
緣化秩」
供養主 眞覺」勝文」性坦」德水」元頭 能惠」法性」別座 雲日」八葉筒大施主 梁小奉」佛像上
金大化主 儀湖比丘」佛像造成大化 靈觀比丘」

38. 공주 동학사 삼세불상, 1606년

維萬曆三十四年丙午二月日忠淸道公州鷄龍山」靑林寺大雄殿佛像釋迦藥師彌陀極樂殿彌陀」
四尊乙巳孟冬爲始丙午季春畢造初二三點眼水六」安遊也」眞如性無盡故無量壽佛今在西方極
樂世界衣食」宮殿隨念卽至受諸快樂十方衆生信心念佛往生極」樂世界七寶池中便生蓮花永脫
六道輪廻之苦趣」速證九品蓮臺之上坐隨身公案同證彌陀度濟迷倫」伴登覺岸願同念佛人盡生
極樂國見佛了生死與」佛道一切」
王妣殿下壽齊年」主上殿下壽萬世」世子底下壽千秋」于戈永息國民安」
金大施主 金仲世兩主」金大施主 朴仁壽兩主」金大施主印天比丘」柳德均兩主」太雄比丘」白
舜山兩主」朴平水兩主」高德還兩主」烏金大施主 裵春鶴兩主」金施主 靈正比丘」智淨比丘」
淨裕比丘」李叔番兩主」文鳳林兩主」崔同令兩主」金金伊同兩主」朴根玉兩主」喉靈桶大施
主 壹閑比丘」魚膠大施主 尹進世兩主」黃金施主 孫介同兩主」柳無作兩主」尹進福兩主」寶俊
比丘」愁己里代保体」李福希兩主」柳德均兩主」金彦京兩主」龍之保体」林舜禮兩主」李豊伊
兩主」李進卜兩主」柳德仁兩主」金貴男兩主」熙仁比丘」朴莫實兩主」崔終石兩主」宋今山兩
主」韓氏玉只兩主」李氏者斤介保体」林大鳳兩主」朱惢致兩主」柳應壽兩主」徐實夢兩主」行
修比丘」憚鑑比丘」吳成兩主」徐茂同兩主」高孟傑兩主」柳春兩主」金景兩主」李氏玉代保
体」金永水兩主」吳尙孝兩主」吳天壽兩主」白希壽兩主」朴季男兩主」崔夫希兩主」朴男福兩
主」金性山兩主」金春兩主」朴彦世兩主」朴淲孫兩主」金彦吐兩主」李必連兩主」李彦弼兩
主」李希連兩主」金弼兩主」金萬亨兩主」金彦唱兩主」崔今春兩主」空默比丘」德修比丘」春
代保体」鄭彦孫兩主」金代汗保体」明德保体」申重福保体」金卜連兩主」許玉壽兩主」安士巨
伊兩主」金夢壽兩主」一峻比丘」尹氏七今保体」朴氏莫介兩主」正玉比丘」白於里介兩主」梁
世訓兩主」玉代保体」金永水兩主」車仁福兩主」徐安吐兩主」金仁壽兩主」宋彦壽兩主」朴氏
水介保体」李忠元兩主」金希春兩主」姜彭壽兩主」金今閑兩主」金京會兩主」金仁男兩主」金
希男兩主」楊彦京兩主」柳千年兩主」雪印比丘」金加應伊金兩主」高末賢兩主」金銀鐵兩主」
順非保体」姜二男保体」勝仁比丘」玉眞比丘」妙眞比丘」崇默比丘」德和比丘」燈苔比丘」天
暉比丘」姜氏延花保体」勝密比丘」天測比丘」一如比丘」金季文兩主」李彦石兩主」鄭賢貴
兩主」李龍兩主」金叔連兩主」李信介兩主」申莫斤兩主」彦今保体」春風保体」朴氏保体」林
仁義兩主」孫方小兩主」彦明斗兩主」寶雲比丘」慈雲比丘」孫貴希兩主」朴介皆兩主」崔寶連
兩主」柳大生兩主」柳福均兩主」韓几白兩主」韓永水兩主」李白男兩主」李孫兩主」張春己兩
主」金水影兩主」金列水兩主」何乞禮兩主」徐允良兩主」孫終必兩主」金億終兩主」金莫孫兩
主」李天鶴兩主」徐貴根兩主」朴豊年兩主」金云一兩主」金氏兔巨之保体」允今保体」全昌壽
兩主」李壽卜兩主」裵惢終兩主」金乞同兩主」金永眞兩主」李希男兩主」韓億孫兩主」金乞德
兩主」李億龍兩主」吳京還兩主」金應僯兩主」金善伊兩主」郭己元兩主」金有眞兩主」趙雲鶴
兩主」張氏舟伊保体」朴□补兩主」金氏挨勿里兩主」許氏女上介兩主」金氏夢男保体」李奉己
兩主」姜守連兩主」姜欣同兩主」陳內心兩主」崔士憲兩主」智默比丘」陳禮元兩主」道成 比
丘」尹惢金兩主」金世洪兩主」鄭春己兩主」金乞金兩主」羅命卜兩主」朴卜只兩主」羅夢同兩
主」梁世号兩主」道訓比丘」成伊兩主」金傑保体」尹終世兩主」趙鶴龍兩主」金氏惢今保体」
郭彦弼兩主」金仲己兩主」金山伊兩主」弘正 比丘」金彦孫兩主」崇隱比丘」朴於屯兩主」金

春立保体」尹春世兩主」默宗比丘」正明比丘」水澄比丘」柳泉兩主」守斗比丘」崔云傑兩主」
宋自全兩主」李龍兩主」崔億孫兩主」金連兩主」崔玄云兩主」姜閑老保体」智崇比丘」莫知保
体」李一男兩主」金志同兩主」法禪靈駕」印正靈駕」性軒靈駕」徐已光靈駕」通彦比丘」林舜
質兩主」金□金兩主」惠衍比丘」眞覺比丘」勝雲比丘」盧貞欄保体」金春兩主」李□辰兩主」
朴刈沙里兩主」金牛佛里兩主」李無音石兩主」戒淳比丘」朴漢兩主」姜龜華兩主」姜敏華兩
主」姜龍華兩主」山代保体」李堅兩主」朴興男兩主」雲花保体」全雲水兩主」李洪兩主」韓凡
兩主」孫億壽兩主」金□阿之兩主」李琶同兩主」鄭生保体」張健兩主」金俊金兩主」峻茴保
体」柳守連兩主」羅命卜兩主」金春山兩主」李終己兩主」申貴孫兩主」申貴石兩主」大殊比
丘」宋和比丘」三月保体」李艺□兩主」丁應心兩主」姜彦京兩主」六月保体」宋京邦兩主」林
氏春代兩主」學靈比丘」李万壽兩主」貴之保体」金億卜兩主」車春保体」高彦旺兩主」今伊保
体」申銀水兩主」安萬山兩主」張七同兩主」李古同兩主」李可叱末兩主」雄俊保体」崔□必兩
主」柳大平兩主」鄭艺德兩主」姜莫善兩主」李終京兩主」朴福只兩主」小裵态終兩主」大裵态
終兩主」高末還兩主」柳乙牛兩主」李介同兩主」朴貴卜兩主」姜難水兩主」茶閑元兩主」李恩
郎兩主」金琶同兩主」朴文亨兩主」金永立保体」朴介啇兩主」金士文兩主」太全比丘」金全兩
主」金善閑兩主」張文希兩主」金貴閑兩主」金石只兩主」沈忠世兩主」茶官兩主」吳淨兩主」
宋仁京兩主」朴賢卜兩主」夢男保体」李閑進兩主」李貴進兩主」金注啇兩主」金士孫兩主」万
代保体」金仇音方兩主」姜天昌兩主」申業孫兩主」孫氏舟伊保体」
緣化秩」
幹善大化主 普淨比丘」烏金勸化 淨林比丘」水六勸化 靈敏比丘」別座 太雄比丘」供養主 靈會
比丘」□祥比丘」寶雲比丘」負役雜事 弘圭比丘」一閑比丘」季生比丘」
畵員秩」
證明 釋俊比丘」上畵員 覺敏比丘」覺心比丘」幸思比丘」休一比丘」德岑比丘」持殿 天暉比丘」

39. 서울 불교박물관 소장 불상, 1605~1610년

詳夫植因之門雖復千差萬別其中殊勝者無越乎尊像安邀之也功雖小」而易獲勝果然而是寺也者
萬曆二十四年火難之秋乃被倭賊討乱焚火之傷」寶殿盡燒尊像爲爐累歲空止禾黍油油於是人義
庵居士金文儀保体」等慨然久矣痛纏心腑故發志誠敬請良工造像普令群生瞻禮尊」顔同成正覺
固所願焉」
佛像大施主金克文兩主」佛像大施主金吉万兩主」佛像大施主李宝石兩主」上金大施主宣德起
兩主」上金大施主鄭訥金兩主」上金大施主宋介同兩主」烏金大施主朴目連兩主」烏金大施主
朴斤世兩主」供養大施主長麻田兩主」施主金億龍兩主」施主金二龍兩主」施主乃湖比丘」施
主玉只兩主」施主金云水兩主」施主洪命世兩主」施主內伐兩主」施主吳全兩主」施主李正兩
主」施主金丁龍兩主」施主禿云兩主」施主春卜保体」施主李宋兩主」施主梁湖兩主」施主金卜
兩主」施主白龍兩主」施主閑連國兩主」姜宿介兩主」施主李春良兩主」施主春介兩主」施主李
玉石兩主」施主吳彦峯兩主」施主宋訥訖里兩主」施主姜态金兩主」施主金訥訖里兩主」施主
鄭是乃兩主」比丘彦化」比丘双玉」金億良兩主」比丘性道」比丘雪仁」比丘信惠」比丘印心」
比丘淡敬」金欣兩主」朴金伊兩主」朴欣金兩主」千德教兩主」比丘玉熙」愁朴失間兩主」長碧
公兩主」金綾眞兩主」金志卜只兩主」姜一石兩主」張卜只兩主」云今兩主」朴憶文兩主」朴銀
孫兩主」林德壽兩主」今春兩主」态介保体」吉德兩主」難介保体」李彦卜兩主」李世光兩主」
艺介保体」徐才奚石兩主」李宝孫兩主」李禿兩主」蔡順斤兩主」隱珠比丘」柳壽万兩主」朴從
世兩主」李□巾兩主」赴万連兩主」裵見守兩主」沈憶卜兩主」鄭彦龍兩主」金己志兩主」金水
己兩主」金本介兩主」古芥兩主」朴丁訖里兩主」朴敬守兩主」崔介山兩主」朴葉兩主」參學處
明比丘」持寺覺然比丘」持寺天令比丘」首僧元己比丘」住持宗仁比丘」
持殿 日玄比丘」法己比丘」別座 尙儀比丘」供養主 志文比丘」證明 善修大士」畵員 願悟」覺
敏」德奇」淸虛」勸化 比丘衲子義庵」金文儀保体」

40. 김제 문수사 석가불상, 1610년

同願錄」
萬曆三十八年庚戌年十一月日」釋之如來遺敎弟子娑婆世界南贍部洲朝鮮國全羅道金構縣地南
嶺模岳山金岡庵佛 像大化士比丘逐衍與各各結願隨喜施主等恭聞大慈悲父於過去不可設無史數
劫已前 已成正覺悲願難思度生無厭而揖授若干末世衆生弟子等涕淚悲泣於是 自惟本是三途 餘
滓劫海漂沈丰得難得之身又逢難遇之法旣不賣胃酬恩叔不雨淚悲泣玆以同發誓願 同施若干財始
於己酉冬契於庚戌春點眼而落之三十二相八十種好八萬四千隨身相好 光明一時具焉天魔地魔外
道闡提八萬四千魔徒飜作擁護權神天上人間佛 日騰暉法輪 常轉嗚呼偉載弟子等盡心非爲人天
報權秉諦緣代願以功德見者聞者一札者功養者 布施者讚者毁者同成正覺天取人餓鬼取傍生取終
羅取地獄取興氣者情同時解脫以至虛空界之衆生界我等弟子之願無有窮盡而已伏願十方大慈悲
父特垂證明謹錄」主上三殿壽萬歲」同願施主芳名于后……(중략)

41. 여주 신륵사 아미타삼존상, 1610년

大明萬曆三十八年庚戌十月初十日」驪州牧神勒寺法堂」新佛造成助緣同參名同開」
列于后佛像大施主 金成福兩」大禮信 朱德龍兩主白從介兩主」閔應期兩主 劉山水兩主 金春蘭
兩主」李珉知兩主 宋應男兩主 金炭兩主」金氏七月兩主 吉永益兩主 吉大益兩主 金漠」年兩主
元達光兩主 劉萬年兩主 李」希文兩主 李杰男兩主 比丘太均 克斤」仁之 孫德希兩主 仁今兩主
從今兩主」韓漠卜兩主 李業成兩主 張順天兩主」張淳兩主 春介兩主 朴㖀孫兩主」金蘭卜兩主
韓金伊兩主 金貴石兩主」朴成兩主 韓香金伊兩主 李希同兩主」學正 戒珠 安江 阿之 㖀德 崔入
艺兩」時朶李加應於里兩主 智仙 全永速兩」引手 林春茂兩主 妙正 戒祖 天正 處元 之彦」玄修
靈照 務云 韓玤國兩主 性牛 務元」希安 自無 應觀 李加屎 大仁 尹得成兩主」卜今 空月 明寶 金
金伊 金允明兩主」金杰丁 崔莫同兩主 丹月 崔南山兩主 戒天」申日下兩主 申南卜兩主 惠恩表難
從兩主 權」石卜兩主 四德 羅同 三印 林天修兩主 金卜介兩主」李應吉兩主 應海兩主 李彦玉兩
主 秋」㖀同兩主 李希兩主 林莫同兩主 朴德憐」兩主 張後天兩主 莫今 李莫金伊兩主 趙春」兩
主 林從同兩主 姜連兩主 高繼仁兩主 南彦」卜兩主 鄭永守 羅介同兩主 善今 韓仁兩主」春月 金
男 比丘幸珠 敬熙 鄭仁連兩主」莫孫兩主 朴連希兩主 張世卜兩主 億德」崔許農兩主 日代 李宗
直兩主 韓萬世兩主」崔金伊兩主 朴安卜兩主 金後乃兩主 鄭日同」兩主 崔允漢兩主 任倚眞兩主
李石之兩主」鑑愛直兩主 柳玉金伊兩主 仁之 尹彦眞兩主」二從羅世卜兩主 玉春 白彦 夫申白山
兩主 戒心」法宗 智翁 金後乃兩主 鄭日同」兩主 崔允漢兩主 任倚眞兩主 李石之兩主」鑑愛直
兩主 柳玉金伊兩主 仁之 尹彦眞兩主」二從 羅世卜兩主 玉春 白彦夫 申白山兩主戒心」法宗 智
翁 金景行兩主 權德應兩主 朴仁卜」兩主 崔重石兩主 邊得環兩主 孫夢己」兩主 李杰男兩主 李
多勿兩主 朴春金」兩主 徐得信兩主 徐愛男兩主 崔眞兩主」鄭各孫兩主 金孫兩主 鄭住人兩主 朴
仁卜」兩主 宋得男兩主 金彦守兩主 尹夫希兩主」安君花兩主 金漠斤兩主 比丘覺惠 李應」吉兩
主 李應海兩主 六月 信然 寶 靈修」惠玻 印環 金德文兩主 日和 沈杰山兩主」大仁 尹得成兩主 敬
俊 尙玄 仁甘 性覺 坦熙」尙元 志軒 大云 智甘 學明 熙印 玉輪 義會」今恩 雲三 學淳 靈瑞 性允
元印 志證」信連 自和 鄭仁明 金順和兩主 漠玉 信玄」惠湜 普明 懷玉 惠甘 戒天 莫今 金小仁」
兩主 金植兩主 朴希兩主 李安心兩主」趙安信兩主 羅介同兩主 崔業同兩主」崔亡難 於憐介兩
主 河訥叱春兩主 盧」從同兩主 信和 熙敬 印天 興云 玄熙 玄家」一元 信云 尙惠 雪聰 尹吉孫兩
主」驪興閔氏甲戌生保体 富貴平生子孫萬补」
緣化 飯頭 眞奔」熟頭 雪敬」嵆世」造像大畵員山人 仁日 助役 守天」證明 華嚴宗中德 雪庵 敬
玉」各各結願同參隨喜施主與緣化幹善大」化主淸風衲子日雲等伏爲」主上殿下壽萬歲」王妃
殿下壽齊年」世子邸下壽千秋亦爲」先王先后祖宗列位仙駕亦爲」先亡父母上世高曾祖孝七代
善亡六親九」族等爲 天兵國兵倭兵法界無主孤」魂等承此勝因永離 五渴惡世超昇極」樂世界親
見」彌陀」願以此功德普及於一切我水與衆生當生」極樂國同見無量壽皆共成佛道」

42. 남원 선원사 지장삼존상과 명부 존상, 1610년, 1646년

① 지장보살상 원문(1610년)
萬曆三十九年庚戌十二月晦日點眼慶讚安于振錫堂」願以此功德普及於一切我與衆生皆共成佛
道」先王先后祖宗祖宗列位仙駕與各〃結願隨喜良工同參等」與緣化助緣比丘等芳名于后」主
上殿下壽萬歲」王妃殿下壽齊年」世子邸下壽千秋」
大施主秩」
金希世兩主」趙明命兩主」趙春石兩主」趙守同兩主」金文己兩主」宋厽同兩主」李宗兩主」德
只兩主」崔良世兩主」圓悟比丘」戒嘗比丘」朴莫同兩主」鄭風世兩主」鄭君世兩主」崔万年兩
主」凡德兩主」趙難同兩主」
畵員秩」
圓悟比丘」學文比丘」忠信比丘」儀正比丘」清虛比丘」弘敏比丘」申釼比丘」海嚴比丘」太珪
比丘」
緣化秩」
持殿 覺海比丘」別座 道奇比丘」齊廚 智堅比丘」智淨比丘」戒悅比丘」李祥比丘」崔孫男兩
主」崔萬達兩主」李逸命兩主」李彦尙兩主」盧亦兩主」金蓮兩主」金凱兩主」金文方兩主」張
天益兩主」池金兩主」朴莫乃兩主」
寺中秩」
住持 道奇比丘」持寺 省熙比丘」首僧 明旭比丘」鍊珠比丘」妙玄比丘」正淳比丘」天靈比丘」
道仁比丘」普閑比丘」敬寶比丘」园照比丘」园奇比丘」覺蓮比丘」雲侃比丘」妙希比丘」德宗
比丘」淨閔比丘」智均比丘」弘敏比丘」德汴比丘」信玉比丘」天眞比丘」熙悅比丘」太一比
丘」惠嘗比丘」浩彦比丘」
侍者秩」
莫金」守直」敬南」敬立」繼福」大化主淸信居士凶者 金文儀」
② 귀왕상 원문(1646년)
順治三年丙戌三月日十王從官造成記」泰山大施主 淸遠比丘」鬼王大施主 孫彦閑兩主」使者
大施主 勝學比丘」使者大施主 㤬介單身」第一童子施主 右溫介單身」地藏童子施主 李順吉兩
主」地藏童子施主 灵修比丘」第二童子施主 義淸比丘」第三童子施主 韓永吉兩主」第四童子施
主 莫德兩主」第五童子施主 □聖男兩主」第六童子施主 孫彦文兩主」第七童子施主 朴四龍兩
主」第八童子施主 崔貴金兩主」第九童子施主 崔奉春兩主」第十童子施主 戒尙比丘」腹藏大施
主 舜玄比丘」金練色施主 徐亐鶴」三緣 保体五十今灵駕」
山中老德」尙仅比丘」明旭比丘」碩軒比丘」法岑」太日」惠能」敬嚴」閑信」閑信」熙竣」
畵員秩」道隨比丘」一雲比丘」覺海」法贊」性賢」曼伊」命立」持殿 玉洞」緣化秩」別座 戒
文」懷俊」供養主惠默」忠男 單身」大化士 道日」持任 英修」三剛 信悟」持寺 信裕」

43. 순창 강천사 아미타불상, 1612년

萬曆四十年三月十四日全羅道淳昌」郡西嶺廣德山蓮臺庵新塑成」彌陀一尊腹藏發願文」大矣
哉我佛遷化□及三千載普」洽之祥盈于西乾溢于東震而陰」其末裔福其塵方流芳千古至於」東
方正敎之馨降靈之西謁遞」代相永凡幾而年矣一朝」國執所臺蒼生所運以歲當壬」辰海分鼎佛
天下塗歲河南河北」一空丘塘以所反者三京文物五陵」烟月靈祠仙利遺跡而己山之向足玄」策
者向聞老宿之言經云造像如麥淂」輪王位也慨然嘖老曰寶殿雖有不若」住持三寶鎭久萬世也因
緣之力刻」木之條法如是理固然也山野廣化群」品圭撮之栗分文之財區 萬聚落」請其敏手者雕
其魯般者數目之」中儼若化成而福粧嚴金色光相映日」林 千葉寶蓮花中極樂大敎主」彌陀尊像
一軀也眞可?法身之光」流轉萬象生界是也各 檀信具畫于」左」願以此功德普及於一切我等與
衆生皆共」成佛道」佛像大施主 李應孫兩主」朱紅大施主 朴奐世兩主」佛像大施主」尹希文兩

主」金大施主 朴無上兩主」供養大施主 成一男兩主」面金施主 李希必兩主」金施主 銀伊」金
施主 梅草」金施主 恣介」
緣化秩」
證師」禪□比丘」畫士 湛瓊比丘」持殿 天日比丘」別座 雪軒比丘」供養主 海日比丘」助緣 解
空比丘」助緣 居士 崔太眞兩主」助緣 行者大豹」化士 山人玄策比丘」助緣 行者石靈」
大衆秩」
普明」律義」智全」玄正」祖仁」法同」戒能」智下」淸信」信攢」信讚」太田」解□」演鑑」崇
宝」海淳」一之」□坦」守安」德照」戒行」法行」性林」玉□」尙明」大義」崇隱」粹演」天
默」克浩」道日」海岑」沙彌秩」性安」一巖」道洽」惠之」惠□」一□」惠敏」性□」戒演」性
珠」德文」□文」一葉」仅心」季應」生朴」生立」朴伊」永伊」受男」□□」□□」□□」

44. 진주 월명암 아미타불상, 1612년

事端願發文」
大乘庵創立已訖無佛像而歿矣壬子開春」始意而新造彌陀兩尊及雙磧寺大像彌陀」形身破落不
知歲月歿矣於今如舊重修抑」與新成觀音二尊等開眼點畢然後切有淨土」因緣而發願廣大大小
檀越與随喜助緣等同證」金仙俱登覺岸者尔」願以此功德普及扵一切我等與衆生當極樂」國同
見無量壽皆共成佛道」
主上殿下壽萬歲」王妣殿下壽千秋」世子底下萬〃歲」國泰民安法輪轉」
像佛大施主 洪雲起兩主」烏金引勸施主 金平丹」上金大施主 宋非郞波時保体」泥金大施主 車
漢連兩主」腹藏大施主 覺性比丘」腹藏施主 鄭連福兩主」腹藏施主 嚴愛福兩主」朱紅大施主
趙男」供養大施主 金國只」末醬大施主 智崇比丘」布施大施主 鄭思竣」引勸 文仝」引勸施主
金二龍」空俊比丘」姸花」加應致金保体」尙宮훌德保体」
像匠秩」
上貟 玄眞比丘」副員 學文比丘」行斑 明훌比丘」義能比丘」太訓比丘」證明 正旭比丘」持殿
靈源比丘」冶匠 慶星比丘」
緣化秩」
別座 智崇比丘」飯頭 淨修比丘」熟頭 寶澄比丘」修菜 敏淨比丘」助緣 海禪比丘」海堂比丘」
海雲比丘」居士鄭希保体」居士朴延梅保体」幹善 普明比丘」
萬曆四十年壬子十月初五日開眼點畢也」

45. 함양 상련대 관음보살상, 1612년

① 앞면
新造觀音立像而徃生淨土發願文」願以比功德普及扵一切我等與衆生當生極」國同見無量壽皆
共成佛道」
主上殿下壽萬歲」王妃殿下壽千秋」世子底下萬歲」國泰民安法輪轉」大功德主 善修比丘」功
德主 覺性比丘」
像匠秩」
上貟 玄眞比丘」造像主 學文比丘」次貟 明隱比丘」次貟 義能比丘」敎習 太訓比丘」證明 正旭
比丘」持殿 靈源比丘」冶匠 慶星比丘」緣化秩」別座 智崇比丘」飯頭 淨修比丘」熟頭 寶澄比
丘」修菜 敏淨比丘」助役 海禪比丘」海堂比丘」海雲比丘」居士 朴□梅保体」居士 鄭希保体」
幹善 普明比丘」萬曆四十年壬子十月初五日誌」
② 뒷면
重修」康熙拾六年丁巳十月二十三日誌」畫員 自珪比丘」

46. 해남 대흥사 삼세불상, 1612년

① 약사불상 발원문

時維皇明萬曆四十年歲次壬子八月十六日頭輪山大芚寺」法堂堂主釋迦藥師彌陀三尊塑成腹藏記」嗚呼哀哉國運不幸倭寇大振歲自壬辰之初賊船不」知其數幾千萬艘泊于釜山直到京城且又彌滿國土」積年橫鶩唯我湖南一道幸以猶專焉逮丁酉七月之望我」舟師敗績然後賊徒水陸並至屠戮人民之際几百公廨閭」閭山寺蕩燒遺基況此沿海之地加以對馬島小賊乘其隙〃」迭相出入焚蕩擄掠自秋至冬殆無虛日餘存者剩水殘山而」已傷心慘目有如斯者乎以後十餘年間法堂及諸殿寮幾半」復立舊址而畵成後佛中下壇十王諸幀而像佛則難其幹緣」之人故稽延數年矣適偶得之於雲水衲子之善者緇素等」竭誠以助一歲中塑成尊像點眼之日祥瑞大振人皆讚嘆玆」豈非幹緣造工施主及證明咸得其人之所致歟奉祝」

主上殿三聖壽無窮珠基地久寶曆天長干戈永息國土恒安」風調雨順百穀登場龍歡神悅法輪常轉次願各〃先亡」祖先父母離生死之苦海得常樂之眞常隨喜施主等無」災無障壽命長遠有慶有祥子孫昌寧所求所願一〃」圓成然後願以此功德普及於一切我等汝衆生皆共成佛道」

證明 曹溪宗國一都大禪師 圓撤」山中大德 學岑」奉敎大禪行間直 太尙」老德 惠靈」老德 熙俊」天靈」湛印」大軒」海正」大元」老德」天應」雲玉」性淳」德天」釋仁」戒安」戒環」方緝」雪淳」熙淳」

佛像大施主 崔從兩主」佛像大施主 尹環兩主」上金大施主 李介福兩主」供養大施主 李壽山兩主」供養大施主 處閑比丘」上金大施主 金應山兩主」上金大施主 眞淨兩主」烏金兼苧布大施主 許仁世兩主」上金大施主 金破回兩主」上金大施主 李武世兩主」上金大施主 李武山兩主」上金大施主 明長壽兩主」上金大施主 朴端孫兩主」上金大施主 金掩山兩主」上金大施主 金平路兩主」上金大施主 車仁福兩主」上金大施主 車銀世兩主」上金施主 吳俊喜兩主」上金施主 鄭明守兩主」上金施主 金寶孫兩主」鋪陳大施主 崔光湜兩主」材木大施主 僉知 鄭琢兩主」材木大施主 前萬戶 尹宏兩主」座臺大施主 李有進兩主」上金施主 鄭氏 崔仁倫兩主」泥金施主 愛敬保體」泥金施主 敬湖比丘」紫金施主 曇景比丘」金施主 龍熙令兩主」金施主 襄世兩主」金施主 巴冬兩主」金施主 金雲世兩主」金施主 金仁弘兩主」金施主 金夢春兩主」金施主 宋回斤兩主」金施主 金萬世兩主」金施主 張澤兩主」金施主 襄仁世兩主」金施主 高萬國兩主」金施主 朴根世兩主」金施主 吳莫西非兩主」金施主 金盈世兩主」布施施主 介伊兩主」烏金施主 金兼富兩主」烏金施主 朴挨ㄱ介兩主」烏金施主 金鳳兩主」供養施主 高弘節兩主」供養施主 全淡兩主」供養施主 高者兩主」金施主 李億年兩主」金施主 崔文兩主」末醬施主 鄭祈壽兩主」末醬施主 朴順公兩主」末醬施主 八龍兩主」淸蜜施主 李萬戶兩主」淸蜜施主 李億萬兩主」食塩施主 金熙守兩主」食塩施主 朴官世兩主」食塩施主 安松己兩主」末醬化主 海峻比丘」淸信居士 曺彦弼兩主」淸信居士 能秀兩主」淸信居士 朴米乙石兩主」

助緣 性覺」助緣 藏玄」助緣 海湛」熟頭 修旭」熟頭 敬熙」飯頭 惠日」外別座 鄭廓」

畵員秩」奉敎大禪 太顚」義根」明默」松幹」德普」釋熏」釋湖」敬倫」愛仁」思印」持殿 守仁」幹善大功德主 曹溪宗大禪師 弘印」化士 淸風衲子 廣雲」別座 淸風衲子 敬璘」副化主 思正」持殿 印禪」書記 印悟」幹事 湛淨」持寺 前三綱 德惠」時當三綱 性總」

前松廣寺 法天」印浩」明正」妙祥」性慈」斗浩」法明」勝戒」妙林」前松廣寺 重闇」前萬德 信招」禪日」軟習」司勇 惠全」智峰」靈日」懷信」司勇 處閑」行勇珎寺 大選 印峻」前雙峰寺 埋敬」雪岩」司勇 日海」大選 日閑」敬全」前上院 省己」行無爲 弘寶」參學 義㘃」義敬」性湖」思正」敏奎」思惠」德胤」思行」幸全」性印」太淳」印環」德岑」戒能」惠明」大選 釋海」大選 法璘」性正」法能」兼司僕松廣寺 恭敬」勝峻」信雲」靑遠」湖正」信悅」靈覺」應均」道訓」知淳」德岑」應森」印照」安守」勝了」明習」性天」義嚴」敬安」信捿」敏玄」太安」信学」文湜」禪允」省還」義卓」義英」修益」道安」光益」修逈」靈寶」靈己」修隱」修遠」修凜」敬仁」修己」惟運」義根」惟捧」三惠」修衍」修拜」性雄」靈應」普玉」三湖」勝日」玉林」禪竺」自浩」玄靜」敬云」守端」修洽」義環」朴斤世」靈敏漢」高漢旭」申太斤」法云」行澄」尹彦白」金补熙」李春良」金仁弘」金挨金」金彭世」朴湖世」全應竜」陳漢巾」李億連」貴金」李仁守」守門將 鄭世雲」金榮

貴」金昌文」金奉伊」
法華經施主秩」
淡印」敬璘」勝俊」義卓」
正鉄施主秩」
李永卜」熙俊」淡印」天加之男」沈厚立」金文斤」金㐩金」朴莫同」金相」光照」義明」竟宠」渇玄」玉之」李仁世」李仝石」李德」春非」金從榮」姜𠶔己」姜同世」三月」金永日」金莫松」金仍乞」李熙德」吳戒玄」仁守」金德」朴守」林戒竜」銀秋」金漢夫」崔破回」內ㄱ之」礼非」金乭同」金千介」鄭己生」李國陪」崔允成」林命金」梁忠男」文從男」金仲𠶔」金許弄」朴大石」仝發」母之」宋士君」仁非」厚奉」禿同」李順生」文光節」崔孝粉」金世弘」李斗介」李末乙竜」明熙同」金戒男」春記」金萬生」金汙江」叔德」朴允梅」趙熙永」金欣花」李乞」金光献」銀介」命介」井之」金太」乭介」命西非」李金同」金必兩主」鄭花」白進熙」金仁忠」崔厚仁」金應竜」林敬申」權文記」能軍」朴元世」金伊男」金伊」梁𠶔竜」申貴守」敬信」朴石山」金千月」朴元山」金吉孫」金千祥」金汗文」李云世」蔡雲」李斤礼」甘孫」挨代」乶里」朴平守」尹元𠶔」金夫非」金良輪」金汝駉乫」胡椒施主 金德竜」珠玉施主 黃石環」金尙奉」吳允𠶔」金竜應」金明守」吳愛貞」李萬丈」朴池謙」趙順石」金莫乃」末乙男」太𠶔」柳得男」金末加金」李莫大」柳氏」難行」鴬介」金丁」永徒」鋪陳施主 高嵡山」鋪陳施主 宋均於」鋪陳施主 盧安斤」會彦」默玄」裵守弄」李金同」許應謙」信𠶔」崔熙世」李厚男靈駕」

②아미타불상 발원문

時維」皇明萬曆四十年歲次□□□□□□□□□□大芚寺法堂堂」主釋迦藥師彌陀三尊塑成腹藏記」嗚呼哀哉 國運不幸倭寇大振歲自壬辰之初賊船」不知數幾千萬艘泊于釜山直到京城且又彌滿□□□」年橫鶩唯我湖南一道幸以猶專焉逮丁酉七月□□□」舟師敗績然後賊徒水陸並至屠戮人民之際九百公□」閭閻山寺蕩燒擄掠遺基況□□□□□□□□□□」賊乘其隙迭相出入焚蕩擄掠□□□□□□□□餘存」者剩水殘山而已傷心慘目有如斯者乎以後十餘年間法」堂及諸殿寮幾半復立舊址而畵成後佛中下壇十王諸」幀而像佛則難其幹緣之人故稽延數年矣適偶得之於雲」水衲子之善者緇素等 竭誠以助一歲中塑成尊像點眼之」日祥瑞大振人皆讃歎玆豈非幹緣造□□□□□□咸得」其人之所致歟奉祝」
主上三殿聖壽無窮珠基地久寶曆天長干戈永息國土恒」安風調雨順百登穀場龍歡神悅法輪常轉次願各先亡祖」先父母離生死之苦海得常樂之眞常隨喜施主等無災無」障壽命長遠有慶有祥子孫昌寧□□□□□□□成然」後願以此功德普及於一切我等汝衆生□□□□道」
證明 曹溪宗國一都大禪師圓撤」山中大禪師 學岑」奉教大禪行間直太尙」
佛像大施主 崔從兩主」佛像大施主 尹環兩主」上金大施主 李介福兩主」供養大施主 李守山兩主」供養大施主 處閑比丘」上金大施主 金應山兩主」上金大施主 眞淨兩主」烏金兼苧布大施主 許仁世兩主」上金大施主 金破回兩主」上金大施主 李武山兩主」上金大施主 李武世兩主」上金大施主 明長壽兩主」上金大施主 朴端孫兩主」上金大施主 金掩山兩主」上金大施主 金平路兩主」上金大施主 車仁福兩主」上金大施主 車銀世兩主」上金大施主 吳俊喜兩主」上金施主 鄭明守兩主」金施主 金寶孫兩主」鋪陳大施主 崔光湜兩主」材木大施主 僉知 鄭琢兩主」材木大施主 前萬戶 尹完兩主」座臺大施主 李有進兩主」上金施主 鄭氏兩主」上金施主 崔仁倫兩主」泥金施主 愛敬保體」泥金施主 敬湖比丘」紫金施主 湛景比丘」金施主 龍熙令兩主」金施主 裵世兩主」金施主 乶冬兩主」金施主 金雲世兩主」金施主 金仁弘兩主」金施主 金梦春兩主」金施主 宋四斤兩主」金施主 金萬世兩主」金施主 張澤兩主」金施主 裵仁世兩主」金施主 高萬國兩主」金施主 朴根世兩主」金施主 吳莫西非兩主」金施主 金盈世兩主」布施施主 介伊兩主」烏金施主 金兼富兩主」烏金施主 朴挨介兩主」烏金施主 金鳳兩主」供養施主 高弘節兩主」供養施主 仝湛兩主」供養施主 高者兩主」金施主 李億年兩主」金施主 崔文兩主」末醬施主 鄭祈壽兩主」末醬施主 朴順公兩主」末醬施主 八龍兩主」淸蜜施主 李萬戶兩主」淸蜜施主 李億萬兩主」食塩施主 朴官世兩主」食塩施主 金熙守兩主」食塩施主 安松己兩主」末醬化主 海峻兩主」
助緣 性覺」助緣 海湛」熟頭 修旭」熟頭 敬熙」執勞 疰玄」飯頭 惠日」外別座 鄭廓」幹善大功

德主 曹溪宗大禪師弘印」化士淸風衲子 廣雲」別坐淸風衲子 敬璘」副化主 思正」淸信居士 能
守」淸信居士 曹彦弼」淸信居士 朴米乙石」
塑成畵員秩」
奉敎大禪 太巓」義根」明默」松幹」德普」釋熏」釋湖」敬倫」愛仁」思印」持殿 修仁」書記
印悟」幹事 湛淨」持寺 前三綱德惠」時在三綱 法總」
老德秩」
熙俊」惠靈」天靈」湛印」太軒」海正」大元」天應」雲玉」性淳」雪□」熙純」戒安」太安」
敏禪」德天」釋仁」戒安」戒環」方緝」前松廣 重闍」印浩」明正」妙祥」性慈」斗浩」法明」
勝戒」妙林」前松廣 法天」前萬德 信招」禪日」軟習」司勇 惠全」智峰」靈日」懷信」司勇 處
閑」行勇珎寺大選 印峻」前雙峰 埋敬」雪巖」司勇 日海」大選 日閑」敬全」前上院 省己」行
無爲 弘寶」衆學」義呂」義敬」性湖」思正」敏奎」思惠」德閏」思行」幸全」性印」太淳」印
環」德岑」戒能」惠明」大選 釋海」大選 法璘」性正」法能」兼司僕松廣 恭敏」勝峻」信雲」
靑遠」湖正」信悅」道訓」智淳」德岑」應森」印照」安守」勝了」應均」明習」性天」義巖」
敬安」信己」司勇 自浩」文湜」信学」守端」玄□」敬雲」禪允」靈覺」省環」義卓」義英」
修益」道安」光益」修逈」靈寶」靈□」修隱」修遠」修凜」敬仁」修己」惟運」義根」惟擇」
三惠」修衍」修巾」性雄」靈應」普玉」三湖」勝日」玉林」禪竺」靈敏」修演」修悅」靈應」
日熏」印玄」義奎」敬守」德明」修克」慈玉」敎演」敎卜」敎行」義仁」敎能」修岸」朴斤
世」高漢旭」申太根」法雲」行澄」尹彦白」金补熙」李春良」金仁弘」金挨金」金彭世」朴浩
世」全應竜」陳漢巾」李億連」貴金」李仁守」鄭世云」□□忠」金唱知」金鳳伊」朴平守」尹
元福」金夫非」□□幹」金驛墅」胡椒施主 黃石環」珠玉施主 金德竜」金尙奉」吳允补」□應
竜」金明守」吳愛貞」李萬丈」朴池謙」趙順石」□□乃」末乙男」太补」柳得男」金末加金」
李莫大」□氏」難行」鴬介」金丁」永徒」金莫□」□生」成生」
法華經施主秩」
湛印」敬璘」勝俊」□寶」義卓」
正鉄施主秩」李永卜」□俊」□印」天加之男」沈厚立」金池斤」金末加金」朴莫同」鋪陳
□□」高螫山」鋪陳施主 宋於均」鋪陳施主 盧安斤」懷彦」默玄」□守弄」李金同」許應謙」
信补」崔熙世」□□男靈駕」金相」光照」義明」究竜」得賢」□之」李仁世」李全石」李德
春非」金從榮」□补己」姜同世」三月」金永日」金莫松」金仁乞」李熙德」吳戒賢」仁守」金
德」□守」林戒竜」銀秋」金漢夬」崔破回」□之」女非」金兂同」金千介」□己生」李國陪」
崔尹成」林命金」梁忠男」文從男」金仲补」靈恻」修彦」修赫」修默」修勤」修瀹」修佑」義
浩」靈遠」性演」德峻」義□」王應」

47. 익산 숭림사 삼세불상, 1612년

大明萬曆肆拾壹年歲次癸丑季冬初八日爲始 明年」甲寅季春初八日畢功」主上殿下壽齊年」王
妃殿下壽千秋」佛像大施主朴螫同三兩主各各結願隨喜施主與」緣化土廣仁自逈等同成崇林佛
像三尊及兩圓通佛」像各壹願以此功德普及於一切我等汝衆生同成無」上道 施主 徐莫同兩主」
大明神宗萬曆四拾壹年」李朝光海主五年」단기三九四六年癸丑(四二九□年現在 三四五年)」

48. 순천 송광사 비로자나삼존상, 1614년(소실)

萬曆四十二年甲寅四月日始役九月日畢役慶」讚終了」緣化秩 證明」信明」持殿 懷玉」畵員 覺
敏」幸思」淸虛」寶玉」熙淳」心淨」應梅」供養主 心印」熟頭」智明」義修」鍊板」思祐」化
主 德林」淡玄」侍奉」白云」夢憐」

49. 구례 천은사 관음보살·세지보살상, 1614년

清信戒弟子太能源等敬造」靈像尊像特樹菩薩大願云」願我世世生生在在處處相好端嚴梵行淸」
白常說正法具四無碍梵音淸雅今人樂聞」傳佛心燈如迦葉流通敎海如阿難大智如」文殊大行如普
賢大慈如彌勒大悲如」觀言大願如地藏大果如舍那虛空有」盡我願無窮」十方諸佛咸垂證明」
施主秩」
朴天民兩主」智雲比丘」金奉世兩主」崔愛福兩主」克年比丘」二月比丘」薛久香兩主」全太男
兩主」金大男兩主」山福兩主」蔡福兩主」崔億年兩主」毛進介兩主」梅香兩主」金環兩主」李
生兩主」允石兩主」張菴兩主」南春種兩主」今伊靈駕」大禪師 善修比丘」玉井比丘」覺性比
丘」有均比丘」法惠比丘」行機比丘」道林比丘」
畵士 玄眞比丘」明隱比丘」孔比丘」彦浩比丘」思印比丘」證明 太英比丘」雪梅比丘」香化 學
珠比丘」
執務秩」
寶湛比丘」智寒比丘」印宗比丘」性林比丘」敏正比丘」智照比丘」幹善大化主 靈源比丘」
烏金化士 優婆塞 柳介屎兩主」
萬曆四十二年甲寅六月日辨擧比丘太能拜手」願以此功德普及於一」切我等與衆生皆共」成佛
道」

50. 김제 금산사 독성상, 1615년

大藏殿奉安佛像造成年代及七星閣」大淸道光二十五年乙巳五月二十六日」松臺七星閣重建堅
柱上樑」
片手 金成玉」溫元米」文詠魯」金好喆」僧志幸」供養主 志順」壯能」時住持」淨潭慧絞」都
監 前僧統 孟允」時僧統 桐坡 義永」前住持 德英」典軒」定仁」山中老德」月峰有心」月谷斗
定」影月應還」忠庵善奇 印潭喆銀」時幹事 性允」三綱」自弘」啓萱」性寬」化主 尼太元」志
禪」萬曆四十三年乙卯」獨聖造成」化主 行衍」畵員 太顚」應元」守衍」法令」印均」

51. 진주 청곡사 석가삼존상, 1615년 추정

改金佛事同叅結緣作福錄(前統計人員一千二百□一人也)」
萬曆四十三年乙卯佛像造成乾隆十五年庚午三月日」建立都數」重修改金其間一百七十六年
也」錢文玖百拾五兩玖戔七分也」正租壹百石弐斗也」白米拾參石拾參斗壹升也」黃金壹百拾
束也大箔賀來」大施同參 都合七百六十八名也」山中大衆 合弌百八十二名也」緣化所任員 合六
十四名也」時会同參人 二十四名也」同時袈裟弐拾領 良工十一人」誦呪 勸供 十五人也」良工
二十六人也」內外供養主 九人也」各寺九個寺同參」所屬佛堂 五房也」衆寮 八房也」山庵 三
菴也」東面所屬各菴 十一菴也」負木 十一人 司直 一人也」通政大夫前住持都大別座 印海」通
政大夫前住持都大都監 宇洽」首僧 任察」持寺 眞湜」書記 會益」三宝」孟琛」寫師時 公貟 妙
湛」時住持前判司廣信」
乾隆十五年庚午三月日 佛像三尊地藏菩薩改金兼帝釋兩位冥府十王」改粉供養布施大〃施主 錢
文四百兩 孝弟子比丘妙心真敬呂坦會雲八還時冷怡珠等 伏爲」亡師嘉善大夫思日靈駕永□苦趣
淂生淨利之大願」
黃金大施主錢文七十兩 孝弟子比丘信聰最連八觀等 伏爲」亡師嘉善大夫 太閑靈駕永□苦海徃生
淨土之大願」烏金兼布施大施主鷄峯堂大禪師珏愿 伏爲」父母秋泰宗兩主保体 宊厄永消 壽福長
遠」彩色大施主通政大夫前住持就文」彩色大施主通政大夫前住持宇洽」供養大施主折衝將軍
姜太渭兩主」供養大施主鄭加音發兩主」布施大施主比丘釋岑」普施大施主比丘任性」布施大施
主崔中元兩主」供養布施〃主通政大夫比丘自善」爲亡父張萬敬 灵駕」爲母鄭召史壽梅 保体」

眉間銀珠施主金等才兩主」供養施主比丘印海」爲亡父母金信發兩主」比丘妙英」普施主比丘
廣信」爲亡父母孫自正兩主」車中海伏」爲亡母鄭召史守良灵駕」通政大夫成世哲兩主」金大成
伏」爲父母金禾夫里兩主灵駕」折衝將軍行龍驤衛副護軍金處榮伏」爲母文召史英真保体」金時
載兩主」通政大夫 仇萬重灵駕」子八還」趙召史世今」仇汝知兩主」柳召史慕真」秋淡伊」閑良
權聖贄兩位」比丘青特」金義成兩主」羅時占兩主」權處行兩主」金貴才爲父金淡沙里」朴召史
次禮」子證寬」幼學文胤承單身」諸慶集兩主」布施〃主河德兩主」比丘采淨」孟真」會守」最
連」孟健」會益」瑞行」雷占」道眼」自湛」文淨」證寬」渭英」妙湛」時日」真佑」爲母姜召
史愛雲兩主」爲亡師釋璘」山人大日」惟性」振行」通政印鑑」嘉善體一」勝察」達淳」爲亡師
玄淨」自還」會平」陟雲」自善」任哲」密楚」大主」楚演」元海」致占」孟森」孟冠」時湛」
施主秋」召史工禮」舍堂信連」居士信悅」金态連兩主」金日白」金月白」比丘真湜」爲母鄭召
史兩主」許聖已兩主」比丘陟珠」爲母姜召史兩主」比丘陟海」爲父母居士念信兩主」秋順淡兩
主」金重才兩主」鄭太善兩主」李召史者斤岳兩主」尹萬伊兩主」金萬世兩主」朴成枝兩主」金
占化兩」金聖重兩主」金召史兩主」金正岳兩主」金太占兩主」姜碩雲兩主」金□遜兩主」朴載
徵兩主」金夢善兩主」秋甫坦兩主」姜召史」姜萬哲兩主」千准才兩主」高尙發兩主」姜晉會」
爲母鄭氏」金有寬兩主」姜東耈兩主」金弼重兩主」林碩輝兩主」羅連鶴兩主」金萬起兩主」孔
聖才兩主」舍堂聖湛兩主」全召史莫真」
供養施主秋」
比丘奉悟」性湛」達聰」呂湛」學淳」任珠」任行」勝擇」青益」會雲」漢英」致白」任札」普
冶」任鵬」呂健」致淨」浪演」極淨」任仙」偉英」宇楚」法連」順森」裕淨」漢旻」祖還」順
淨」任活」偉英」呂坦」曇益」釋明」任坦」就瓊」智閑」曇輝」青惠」爲母朴召史茂林」姜汝
郁兩主」鄭再必兩主」鄭再根兩主」比丘淨益」爲母姜召史」比丘解閑」仇召史岳只」施…」金
元碩」李召史福娘」趙戒建兩主」金善伊兩主」朴悅富」姜召史望真」舍堂妙淨」居士妙真」洪
准發兩主」魯三萬兩主」朴思儉兩主」河聖三」朴潭」梁今碩兩主」魯七夕」趙召史連真」林光
國兩主」林光顯兩主」姜千萬兩主」河貴同」爲母金召史」朴召史丐真」朴根三」鄭孟章兩主」
鄭孟潭兩主」鄭應潭兩主」李仁起兩主」金召史」爲子岳只」姜興孫」金閏潭兩主」金龍潭兩
主」金夢潭」金慶潭」金宗潭」鄭守淸兩主」盧元昌兩主」諸千秋兩主」姜贄耆兩主」金日才兩
主」姜甲戌兩主」崔重渭兩主」鄭進(朴)朴兩主」鄭世太兩主」李召史玉之」女息阿只」
施主秋」
黃燭」黃筆」真墨」施主」姜億遜」千聃守兩主」金重化兩主」姜萬哲兩主」金德海」趙和種」
趙聖孫」姜尙周」金處澄」姜萬堅」李才味」金元鏡」金致鏡」姜昌烌」姜昌人」姜渭微」姜聖
郁」仇就毫」千欣發」朴義丁」比丘如輝」林茂盛」朴召史加青今子世哲」成道遠」鄭晉福」鄭
好種」比丘風仁」比丘八益」李召史爲」家夫洪斗昌灵駕」洪日弼伏爲」亡父洪斗望灵駕」比丘
達淳」雷淸」爲母召史」比丘孟岑」姜昌稷」李三昌」載道」尹夢完」比丘呂遠」爲母鄭召史」
林太白」比丘哲守」克海」順仁」宗雄」宗寬」振悟」李東必」許潤」成以福」姜時才」姜必武」
必範」李德位」仇道恒」僧快文」奉采」秋金岩田」僧大演」僧熙俊」朴山伊」僧藏特」僧体祐」
妙淑」孟淳」卓善」平遠」風益」任海」漢寬」大守」華王」性信」曇淑」哲雄」三擇」就日」致
偉」居士信宗」任贄」大仅」國天」應日」真雄」明察」自悟」應冊」成頤」性渭」瑞琳」善敏」
性仁」開覚」方原」自性」丹悅」体尙」可輝」志学」任平」青惠」尹太吉」鄭致仲」鄭戒奉」比
丘妙心」處性」尙梯」尙擇」仅安」達佑」性言」若律」浔英」浪軒」太行」孟成」浪湜」哲草」
体心」真演」錦岭」若輝」思連」允嚴」寬眉」鄭召史」三晉」方律」蕭英」蕭澄」會遠」体森」
浪欽」國性」現甘」印淑」相信」金仅丁」鄭命言」姜文成」仇奉采」宋再奉」姜仁杓」諸奉星」
鄭順大」諸慶聘」金汗長」李夢必」韓福萬」李海碩」鄭宗發」趙重明」鄭夢巾」鄭道亨」趙太
萬」趙太右」僧道成」□英」性淨」淨心」陟行」宇湛」金孟九」僧達遠」弘勤」任寬」雷遠」雷
札」如肯」德和」哲文」攺淑」弘札」勝彦」如甘」方遠」開演」覚仁」朴□岳」僧懷式」仅閑」
最演」月心」卓還」信淸」開淸」孝心」信軒」鄭龍伊」忠彦」志敏」浪淳」浔平」体日」克訥」
若輝」允甘」惟淡」采明」印洗」仅守」真遠」李仲才」李日才」僧頻擇」尹孟浔」僧脫森」卓

元」太佑」臣戶」信已」劉時同」金太周」姜世仲」李守榮」李碩海」金德徵」尹商局」金宗太」李必伊」李東培」姜石昌兩主」朴永哲」李命才」朴吾尺主」僧孟環」呂心」會演」陟心」別善」最己」朴永昌」僧解淵」完才」僧莊策」孟禪」致岸」再敏」允學」善還」任日」熙益」熙玉」任祐」性俊」呂雲」方演」學宗」莊信」任行」性文」守行」達岑」戒悟」自淸」敬悟」仅訓」天悟」汗天」宇學」達明」呂坦」宋乭碩」李尙白」僧祖訓」德三」爲母金召史」偉擇」達雲」度心」戒和」呂札」八俊」善輝」朴支成」朴次貴」僧風俊」會日」廣学」呂玉」善札」呂淳」法宗」沈殷根」僧性海」僧會俊」思益」懷順」双惠」金晉三」僧圓淸」惠訥」錦善」雲日」孝深」智英」幻善」良俊」良賚」敏淨」錦淳」雷添」善己」弘善」斗天」浪洽」太公」攝蘭」性右」淂明」志森」如認」善敏」任侃」開眼」雷湛」省眞」閏鄉」大鏡」應安」戒哲」就輝」寬守」法雲」位丹」應密」淂淸」智明」林太周」金乭伊」金順才」丁七奉」成守男」金渭世」河次乭」李完澄」金介道」金介」玉丁」朴仅丁」朴云立」崔孟好」金命介」金德斤」千欣發」朴就雲」朴善白」尹德齊」采淨」應札」聖行」道行」善原」体順」妙雄」道元」善擇」惠坦」自欣」幸淑」性寬」哲淳」淂明」思式」呂森」任哲」性悟」贊和」義天」坦英」居士覚心」居士善札」寬旭」灝必」世郁」奉尙」明擇」普順」月梅」寬日」若惠」大性」朴茂長」卜完國」卜□岳」卜斗滿」徐雲夏」卜完尙」諸太守」僧禪印」三雲」文益」最性」李汗才」李汗芳」李汗右」鄭永賚」姜汝中」姜守京」姜渭京」吳日夕」李成化」河再丁」宣應龍」金命守」申淂夏」姜驗喆」守喆」興喆」益喆」姜尙喜」申太明」李昌守」僧仅岑」太宗」姜世官」方晉三」金吾宗」許時圭」金益金」鄭□岳」徐乭世」僧信悟」密平」浪欽」志白」再洽」玉淸」寬淑」冲順」抱明」能律」志遠」法律」思允」四密」太守」太訓」宏善」草英」良洽」鵬淸」金英善」李經善」李東來」李日才」仇萬才」僧快英」幸敏」靑賚」三海」法賚」法訓」會英」日隱」尙学」金德章」金德重」鄭開奉」朴命千」李女連」僧惠雲」會仁」察卜」察英」妙日」鵬遠」良擇」勝宗」最安」幸守」学英」致閑」月雲」抱森」孟澤」渭欽」埜學」擇俊」澄右」世淨」禪仁」三雲」仅閑」三式」有甘」快軒」玉占」曺順日」覚心」最眞」德日」就淡」呂習」惠敬」渭信」道遠」竺日」祐就」快禪」再訓」奉札」仙悅」閑演」再淳」就郁」解寬」最占」擇雲」德俊」演行」德雲」姜碩昌」李召史三安」金武印」居士仇斤」禪日」達和」鄭元才」尹貴才」姜宇必」白山伊」姜秀才」梁目善」姜渭連」

重修緣化秩」

同時敬造裟裟貳拾領良工十一負」證師靑霞堂大禪師竺綻 丹城栗谷寺雙明祖室」鷄峯堂大禪師玨愿牟寺南庵 祖室」元持殿 瑞行」誦呪 文鑑」處性」文淨」性信」守賚」尙元」永尙」自湛」任活」淂閑」英悟」勸供 致岸」三擇」智閑」良工尙淨 全羅昌平 瑞鳳寺 山人」覺心」宥淳」妙徵」錦線」禪輝」稱淑」敬學」廣仁」戒初」漠英 牟寺」采鵬 吾道庵」寶明」觀心」宇學」永哲」際」大功德主 智辯 全羅道 順天 松廣寺 山人」助緣 體一」眞敬」浪淳」時湛」呂湛」堂司眞佑」八益」通政大夫 前住持 都大別座 印海」通政大夫 前住持 行都 大都監 宇洽」三寶 孟琛」首僧 任察」持寺 眞湜」書記 會益」寫師時 公負 妙湛」時住持 前判司 廣信」內供養主 粹日」尙俊」證性」覺眞」外供養主 奉悟」八俊」熙俊」敬悟」大照」來徃 宇學」性演」莊特」淨桶 大日」修洒 居士道俊」光明 淨日」

各寺施主秩」

百泉寺」玉泉寺」大寺」義林寺」龍門寺」華芳寺」棲鳳寺」靑岩寺」吾道庵」

同參秩」

灵玉」允淨」日瑞」趙遠三」自善」龍牙」介大」淑賚」自琛」孟明」德永」昌代」最認」開眼」斗天」順聰」法琳」永尙」演淨」泰淳」体行」德英」孟智」崔六兩主」李召史時今」大施主同參都合七百六十八名」建立都数」錢文(玖)玖百拾伍兩玖戋柒分」正租壹百石貳斗」白米拾參石拾參斗壹升」黃金壹百拾束箔大貿來」萬曆四十三年乙卯佛像造成 乾隆十五年庚午三月日重修改金其間一百七十六年也」

牟寺秩」

大禪師 靜波堂太淳」大禪師 鷄峯堂玨愿」老德 文鑑」浪俊」文演」前御 法訓」就文」坦英」

조선시대 불상의 복장기록 연구

惟性」體一」印海」信聰」宇冶」時住持 廣信」再敏」義安」廣哲」体祐」學淳」處性」道
眼」戒和」廣學」元持殿 瑞行」宇哲」文淨」魚山 致岸」致占」解淵」解允」廣心」戒悟」解
悟」妙心」妙英」哲雄」真敬」堂司 真佑」供儒監 性湛」自還」宇埜」性信」允學」最連」公
貞」妙湛」粹行」解閑」持寺 真湜」快日」大悅」妙淑」孟健」三寶 孟琛」自淸」自善」性俊」
孟禪」浪淳」快禪」呂玉」孟寬」順敬」尙元」宇湛」淨日」能淨」孟真」時日」時冶」孟淳」
任行」呂湛」熙玉」學宗」善還」奉悟」普冶」呂坦」證寬」祖訓」善札」時湛」勝擇」任活」
孟森」呂淳」卓善」掌務 最己」首僧 任察」平遠」呂雲」靑特」宇學」任祐」會雲」呂札」呂
心」偉擇」會演」風益」會俊」任海」會應」八俊」善輝」會平」八益」熙信」豊仁」八還」天
悟」勝察」掌務」會守」善學」成一」幻湜」渭英」汗珠」會允」八觀」書記 會益」任安」雪
嚴」任仙」陟行」任日」宇擇」八行」攝信」再信」大義」靑益」汗天」莊益」別善」陟海」陟
珠」陟雲」法宗」曇淑」任貧」善己」智閑」義訓」性演」怡惠」三擇」性海」陟峻」陟心」陟
明」漢俊」莊信」善熙」淨益」漢英」大聰」莊策」善擇」達善」達信」華湜」華察」体輝」偉
英」性淨」快文」汗己」錦海」錦和」達聰」以仁」華英」德律」明淨」祖軒」汗哲」覺日」志
性」就日」莊輝」莊活」開湛」華順」達雲」性寬」達遠」怡珠」華玉」萬珠」達岑」達淳」方
演」華敏」敬悟」漢悟」大習」達明」漢寬」時悅」漢俶」寬敏」大演」寬仙」尙俊」大照」莊
特」大守」達心」靑海」熙俊」
小者秩」
信貴」□岳」汗重」閏三」擇伊」淂彬」□岳」德三」來長」東海」昌己」渭世」完太」完才」
淂長」戒三」大鄕」晋仅」鳳守」九日」□岳」奉三」性重」岩㖿」奉采」呂長」渭三」龍兒」
永昌」鄭岳只」白蓮」福伊」幸世」□岳」元三」奉世」億只」渭才」太巾」性右」有淡」命
云」季孫」日三」性采」鼎迪」□岳」厚邑種」萬福」希徵」成三」茂成」尙好」占同」孟來」
應來」閏鄕」尙己」興孫」聖太」性三」仲大」命采」金岩㖿」義興」滿伊」岳只」曺岳」尙
迪」方雲」徐□岳只」
各房水軍秩」
金自善」金有成」僧宇擇」徐閏太」居士良宅」僧呂遠」僧□世」姜汗益」僧開湛」徐太才」僧
省真」馬直居士八式」
所屬佛堂秩」
安心房佛堂」長安佛堂」修道佛堂」圓通佛堂」宅洞佛堂」衆寮八房」禪堂」僧堂」西上室」白
蓮堂」送日寮」滿月堂」淸風寮」海岸堂」
山庵秩」
南庵」聖隱庵」靑蓮庵」東面所屬各庵」吾道庵」所屬」長安庵」隱寂庵」□起庵」淨水庵」栖
雲庵」松基庵」杜芳庵」排山庵」毘羅庵」祖溪庵」
大雄殿三尊佛像及帝釋兩位及」十王全部」同參文記」佛紀二九六四年戊寅正月十五日拈花堂
中水月改」

52. 공주 갑사 삼세불상, 1617년

畫員」幸思比丘」德玄比丘」天澤比丘」熙淳比丘」敬倫比丘」心淨比丘」應梅比丘」性㫉比
丘」性宗比丘」助緣」仅甘比丘」眞守比丘」云食比丘」熟頭」日淨比丘」惟瓊比丘」慧敏比
丘」泫日比丘」飯頭」玉仁比丘」依信比丘」別坐」剋眞比丘」持殿」暎會比丘」寶眞比丘」
緣化」證師 泫正比丘」雲敏比丘」金彦京」全旕福」智寬比丘」印坦比丘」幹善道人 玄印比丘」
双翊比丘」德耳比丘」幹善道人性安比丘」萬曆四十五年丁巳十月日鷄龍山岬寺佛像畢造」

53. 서천 봉서사 아미타삼존상, 1619년

① 아미타불상 발원문

願我永離三惡途 願我速斷貪嗔癡」願我常聞佛法僧 願我勤修戒定慧」願我恒修諸佛學 願我不
退普提心」願我決定生安養 願我速見阿彌陀」願我分身偏塵利 願我廣度諸衆生」發願已故礼三
宝」施主秩」
佛像大施主比丘大雄」體木大施主金恂一」黃金大施主宣德熙」布施大施主金希春」供養大施主
宋於石」裵布大施主崔靑山」喉鈴筒施主全氏」施主鄭斤石兩主」施主挨德」施主朴四文」施主
太浩」施主白介」施主天心」施主勝攢」玉了」囧天」匙筋食器施主 崔䀝福兩主」三剛能照」
緣化秩」
證明 守衍」持殿 曇秀」畫員 守衍」性玉」靈招」應仁」宝熙」飯頭 弘敏」熟頭 道全」永男」
卜男」大化師兼大施主 雲勸 玉岑」
萬曆四十六年戊午八月日爲始」己未正月日終畢」
② 관세음보살상 발원문
願我永離三惡道」願我速斷貪嗔癡」願我常聞佛法僧」願我勤修戒定慧」願我恒隨諸佛學」願
我不退菩提心」願我決定生安養」願我速見阿彌陀」願我分身偏塵利」願我廣度諸衆生」發願
已歸命禮三宝」
施主秩」
佛像大施主 比丘 太雄」體木大施主 金恂一兩主」黃金大施主 宣德希兩主」供養大施主 宋於石
兩主」布施大施主 金希春兩主」囊布大施主 崔靑山兩主」喉鈴筒大施主 全氏兩主」施主鄭斤石
兩主」施主 挨德保体」施主 朴四文兩主」施主 白介保体」施主 太浩比丘」施主 天心比丘」施
主 勝攢比丘」施主 囧天比丘」證明 守衍」持殿 曇秀」畫員 守衍」性玉」靈招」應仁」宝熙」
時〃供給飯頭 弘敏比丘」時〃供敬熟頭 道全比丘」永男保体」福男保体」大化主兼大施主 玉岑
比丘」玉了比丘」三剛 能照」
萬曆四十六年八月始」己未年正月畢」
③ 대세지보살상 발원문
願我永離三惡道」願我速斷貪嗔癡」願我常聞佛法僧 願我勤修戒定慧」願我恒隨諸佛學 願我不
退菩提心」願我決定生安養 願我速見阿彌陀」全氏」施主 鄭斤石」施主 挨德」施主 朴四文」施
主 太浩」施主 介」施主 天心」施主 勝攢」玉了」囧天」三剛 能照」緣化秩 願我分身偏塵利 願
我廣度諸衆生」發願已歸命禮寶三」
施主秩」
佛像大施主 比丘大雄」體木大施主 金恂一」黃金大施主 宣德熙」布施大施大施主 金希春」供
養大施主 宋於石」裵布大施主 崔靑山」喉鈴筒 施主」證明 守衍」持殿 曇秀」畫員 守衍」性
玉」令招」應仁」宝熙」飯頭 弘敏」熟頭 道全」永男」福男」大化師兼大施主 玉岑」匙筋食器
施主 崔䀝福兩主」
萬曆四十六年戊午八月日」爲始己未正月日終畢」

54. 서울 지장암 비로자나불상, 1622년

毘盧佛願文」恭聞」
覺皇功成億劫位著義天三身之德相」周圓四智之慧明眞淨分身利土實萬善之莊」嚴 一坐蓮宮乃
群心之欽慕」慈深苦海悲極含生是故一聞號而衆罪悉除一」念歸而萬福畢集今我」章烈殿下益
信」佛乘爰發 聖願特爲」主上殿下陰陽冷釋年月厄消二曜並明休光隻於千古兩儀齊壽盛業萬於
百王天人」交慶日月貞明」世子邸下壽盛献彩如來座福辰呈輝 世尊前順從民心荷天地之休明傳
授」宝明宣」祖宗之重光」嬪朴氏邸下壽命千秋敬奉 慈闈之德仰致怡愉之禮密符徵者之恩克勤
徹」戒之規速誕元孫續承聖嗣亦爲」已身章烈殿下德並大術道同宣仁增壽筭於靈春著徽音於盛
世神輕氣」順頓消諸病之根食穩寢安永享萬年之快仰願」先王先后祖宗列位仙駕」文陽府院君
柳自新仙駕」蓬源府夫人鄭氏仙駕」壬長生公主李氏仙駕」丙申生公主李氏仙駕」庚子生大君
李氏仙駕」甲寅生郡主李氏仙駕」贈文陵君進士柳希鏗靈駕」贈文源君柳希聃靈駕」先亡上世

宗祖親姻眷屬之灵脫此三有生後九蓮」以此大願恭椙宝舍處募」良工敬造尊像毘盧遮那」佛二
尊」釋迦如來三尊」盧遮如來二尊」彌陀如來二尊」觀音菩薩」大勢至菩薩兼圖畵像」三身大灵
山會幀二 龍華會幀二 五十三佛幀一 中壇幀一 下壇幀一工手已畢奉」安于慈仁壽兩寺 仰表丹(小
변 있음)愫䏩解初心克成勝妙以此大功德伏願」請聖垂慈嘉應時格洪休使成前願必獲後果悔咎頓
消吉祥存至動資」佛力永亨不老之春秋尋符天恩長見太平之風月群臣協睦百神護祐東溟之賊」
倭之舟楫北地絶𡨥攪之弓弩天災自滅地変自弭雨暘和而百穀登場于戈」息而四方尊枕」瑤圖地
久宝暦天長 佛日興舜日恒明 禪風共堯」風退扇然後願惠流寶利」澤及含灵咸脫」若波同遊覺海
伏惟」請聖慧眼速観作此功德 時維」大明天啓二年 壬戌五月二十六日 謹記 證明大德熙彦」證
明大德覚性」持任智軒」
造像畵貟秩」
玄眞 應元 守衍 玉明 法玲 明峇 淸虛 性仁 普熙 印均 敬玄 志修 太鑑 冶匠 性玉 勝一 密衍 義仁」
大尊 坦宗 明導 雲雨 寫経 希安 書記 宗遍 別座 熙尙 來往 義雲 飯頭 笙熙 濟一 茶角 戒淳 熟頭
攫衍 應和 妙安 敬禪 淨桶 道彦 助役 可瑛 宗印 性眞 雙淳 宗湜」

55. 강화 전등사 삼세불상, 1623년

① 원문(1623년)
歸命西方大慈尊紫金光色彌陀佛四十八願度含生」接引郡迷登九品願我捨此五蘊聚速徃安養蓮
華中」親聞圓音悟無生恒沙菩薩因復遊虛空終爲破有盡」我願曠劫無能盡似此造像佛功德法界
衆生同成覺」隨喜造成供養者見者禮者皆成佛天地洞然毫末」盡此像劫石如須臾」主上殿下壽
萬歲」王妃殿下壽歲年」世子邸下壽千秋」
證明 坦悟」畵員 守衍」性玉」靈哲」察英」法林」惠祐」供養主 雪珠」侍子儀生」侍得龍」三
綱志敬」持寺 儀玄」普眞」普瓊」持殿 志仁」
佛像大施主 終今單身」佛像大施主 高業同兩主」面金大施主 高大春兩主」体木金大施主 丹形
單身」体木大施主 愛界兩主」烏金大施主 高者斤介兩主」供養施主 金武勝兩主」座臺施主 劉
玉遭兩主」座臺施主 崔德金兩主」甫團施主 韓外香單身」彩安大施主 朴春伊兩主」復藏施主
嚴命福兩主」腹藏施主 朴淑引兩主」引燈施主 件星介兩主」熟頭施主 表黑石兩主」施主 察行
比丘」來徃 大僧 湖英比丘」都大別座 敬希比丘」
天啓三年癸亥四月十九日未畢終雲守衲子大化師 弘敏比丘」
② 아미타불상 개금 중수기(1751년)
願文 彌陁」
乾隆二十七年壬午二月二十三日改金重修」靈山教主釋迦牟尼佛一位」西方極樂教主阿彌陁佛
二位東方滿月教主藥師如來佛一位藥常菩薩一位五尊畢功安于京畿右道江華府南嶺鼎足山傳」
燈寺惟我無量壽佛慈深苦海悲含生靈大口方便之門眞示往生之路八功德水(星月)能淸五濁之心
七寶行樹仙口皆念三歸之法是以」願我各各先亡父母列名法界念灵等親見」玉毫淂證法忍金」
剛石上興菩薩逍口阿耨池中步蓮花以口口頓脫幻海永歸寂場」伏願」主上殿下」王妃殿下」世
子邸下」珠基地久寶暦天長文武口口于戈口息法輪常」轉國界恒安」抑願所求所願一一成就逐
今三有衆生皆入」念佛三昧」
施主」
嘉善大夫韓時雄兩主」嘉善大夫 比丘勝裕」念佛兼畵員山人 比丘最白盧」坤命池氏單身」
緣化」
證師」蓮菴山人大爲」誦呪 都監兼 來往 滿月山人 頓裕」持殿 念佛山人 頓根」畵員 比丘最白
比丘性輝 比丘妙心 畵員 比丘圓有 化主 居士還明兩主 化主 居士眞玉 化主 比丘尼最俊 化主 居
士妙堅兩主 比丘漢暎 比丘幸春 比丘漢悟 供養主 比丘妙瓊 比丘靑玉 比丘行密 三綱 老德 比丘應
濟 老德 比丘文欽 都大別座 比丘大演 火臺 奉漢」

56. 순천 송광사 광원암 아미타불상, 1624년

奉」佛弟子南贍部洲鮮國全羅道各官各里居住各各」大施主各各隨喜施主諸良工畵師各各執勞
各各結願」助緣勸化比丘等伏以特蒙」十方常主佛法僧尊加被之力現增福壽當生淨利之」願或
捨珍財或入良梓或執勞給侍而共成」無上尊像安于曹溪山廣圓庵寶蓮花臺座盟」手焚香稽首再
拜仰惟」大聖鑒冥應」
佛像大施主 僉知金善兩主」柒大施主 林邊春兩主」熙玉」丈室 應默 六俊 德敏 戒暎 文益 思
惠」證師 馹闍 持殿 法俊」別座 勝熙」心淨」畵員 應元 高閑 思舜 印均 釋參 宗海 性宗」天曉
鳳翼」供養主 允瓊 惟聖 大英 惠寬」化主 法欽 無染 敬彦 道修 全彦 念愍」
天啓四年甲子九月初吉日」

57. 순천 송광사 석가삼존상과 16나한상, 1624년

相屬虛假而當存正泯故色見聲求未免行邪然」而隱卽費幻卽眞不形之形碁布於天下爲世福」田
作人依仗者其唯羅漢也歲在丁酉宣祖卅年毁相」于賊手淒凉龕室寅目傷懷俗無植福之處僧無」
投敬之地豈非名利之一欠事耶山中衲子某某」有志重新無計自勞始役於癸亥之春首訖功於」甲
子冬而三尊妙相十六眞容爭羅炳煥星月交」輝於碧落金珠互露於銀盤光愈舊制麗極新成」也而
兼就普照庵之獨尊西浮屠之單像嵬然粹」然主伴雙成佛日再明於今日法林重翠於山林」可謂美
矣二三子欲叙立功之迹將爲後日之鑑」姑述其大槪又撫檀越姓氏列之于左永鎭山門」俾後有考
焉 澄光寺 詠月 識」

58. 나주 다보사 석가삼존상과 16나한상, 1625년

① 제15 아지다존자상 발원문
發願文」
三身佛寶與十六聖衆之大寶也蕩〃乎不能可以名焉巍〃乎不能可以語焉可以是佛」也靈山演妙
天雨四花地搖六震分形千億諸佛之舍利存焉菩薩之靈妙在焉千經之」骨髓而一心之圓鑑也龍宮
之秘藏也病患之醫王也高焉之太虛深焉之若海體不可以」極其邊用不可以窮其際一稱名焉水陸
咸欣一曆耳根河沙罪滅凡心專想於聖域眞」身定降於閣部昔遠公畵像而眞佛現前慈恩鑄像而眞
佛目現凡聖交通志誠之冥會」成之者能作福田發願者易爲勝果遇此妙利如優曇花之一開浮木孔
之相値何遞」千生用功極鮮獲利尤多古既如此今何不然伏願各〃檀越與勸化及與執勞運力」等
因玆勝咸證菩提能度無數百千衆生亦願」
主上三殿下萬歲無窮先王先后超生淨域 佛日與聖日長明不盡金輪與法輪常轉無窮風」調雨順歲
稔時康萬國欣慶四海寧靜法界含靈同爲極樂之化生娑婆穢土共作弥」阤之淨方 亦願者 願以此功
德 普及於一切我等與衆生 皆共成佛道」願此心堅固 承佛神力頓悟上乘 以報諸佛莫大之恩」
天啓五年乙丑德龍山雙溪寺佛像三尊十六」聖衆四月始初七月終成」
畵員秩」
兼證師 守衍比丘」持殿 靈慧比丘」性玉比丘」戒和比丘」天琦比丘」儀嚴比丘」應仁比丘」法
林比丘」雪珠比丘」侍者 得龍」應栢」
緣化秩」
供養主 印悟比丘」兼熟頭 海雲比丘」海惠比丘」妙嚴比丘」行者 春栢」張居士」別座 忠信比
丘」勸化覺元比丘」大化主 信堅比丘」
② 가섭존자상 발원문
發願文」
三身佛寶與十六聖衆之大寶也蕩〃乎不能可以名焉」巍〃乎不能可以語焉可以是佛也靈山演妙
天雨四花地」搖六震分千億諸佛之舍利存焉菩薩之靈妙在焉」千經之骨髓而一心之圓鑑也龍宮

　　　　　　　　　　조선시대 불상의 복장기록 연구

之秘藏也病患之醫」王也高焉之太虛深焉之若海體不可以極其邊用不可以」窮其際一稱名焉水
陸咸欣一曆耳根河沙罪滅凡心專想」於聖域真身安降於閤部昔遠公畫像而真佛現前慈恩」鑄像
而真佛日現凡聖交通志誠之冥會成之者能作田福發願」者易爲勝果遇此妙利如優曇花之一開浮
木孔之相值何遆千生用極功」鮮獲利尤多古既如此今何不然伏願各〻檀越與勸化及與執勞運」
力等曰玆勝緣咸證菩提能作福田無數百千衆生 亦願」
主上三殿下萬歲無窮先王先后超生净域 佛日與聖日長明不盡金輪與法輪常轉」無窮調雨順歲稔
時康萬旺欣慶四海寧靜法界含 同爲極樂之化生娑婆穢土」共作弥陁之淨方 發願 願以此功德 普
及於一切我等與衆生 皆共成佛道」
天啟五年乙丑佛像始初四月終成七月爲也」
畵員秩」
兼證師」持殿 靈慧比丘」守衍比丘」性玉比丘」戒和比丘」天琦比丘」仅吅比丘」應仁比丘」
法林比丘」雪珠比丘」
緣化」
供養主 印悟比丘」爇頭 海雲比丘」妙吅比丘」海惠比丘」春白」張居士」別座 忠信比丘」勸
化」覚元比丘」大化主 信堅比丘」

59. 보은 법주사 비로자나삼불상, 1626년

①-A 비로자나불상 조성기(1626년)

天啓六年丙寅三月日始役於七月二十四日佛像三尊已完點眼安于」願以此功德普及於一切我等
汝衆生當生極樂國皆共成佛道與各各結願隨喜」
施主等」佛像大施主沈休許里兩主」佛像大施主 李石連兩主」佛像大施主 韓俊兩主」供養大施
主 一禪兩主」供養大施主 朴貴失兩主」供養大施主 金壽兩主」供養大施主 李愛山兩主」供養
大施主 申起成兩主」佛像大施主 金甘金兩主」供養大施主 德春兩主」供養布施兼大施主 億非
單身」材木大施主 鄭鶴卜兩主」材木大施主 崔仁世兩主」引勸大施主 金千水兩主」布施大施主
春非兩主」布施大施主 李洋兩主」布施大施主 金春玉兩主」供養大施主 徐□山兩主」布施大
施主 朴應年兩主」布施大施主 金态赤兩主」布施大施主 豊介兩主」布施大施主 李万年兩主」
布施大施主 孔文壽兩主」布施大施主 金起兩主」布施大施主 李春鶴兩主」布施大施主 趙卜兩
主」釘鐵大施主 金剋壽兩主」釘鐵大施主 朴勝卜兩主」供養大施主 李希兩主」釘鐵大施主 林
逸兩主」供養大施主 金万世兩主」腹莊大施主 金逸男兩主」腹莊大施主 李文仲兩主」腹莊大施
主 文今兩主」喉鈴筒大施主 安白水兩主」腹莊施主 寶老音兩主」腹莊施主 金順希兩主」喉鈴
大施主 億春兩主」腹藏施主 金昆□兩主」喉鈴大施主 李表赤兩主」布大施主 方愛世兩主」苧
布大施主 崔必兩主」苧布大施主 白貴汗兩主」布施大施主 申無應忠兩主」八葉大施主 申九峯
兩主」八葉大施主 朴彦神兩主」末醬大施主 金千吉兩主」末醬大施主 崔太水兩主」末醬大施主
金汗年兩主」末醬大施主 張二男兩主」布施大施主 洪季卜兩主」末醬大施主 鄭希卜兩主」燈燭
大施主 安士卜兩主」腹藏施主 金億壽兩主」腹藏施主 種介單身」熟頭大施主 吳乭赤兩主」施
主 性賢比丘」妙淡比丘」應尙比丘」靈運比丘」學靈比丘」戒元比丘」宗悅比丘」性净比丘」
双彦比丘」性摠比丘」武蹟比丘」戒浩比丘」宗敏比丘」惠明比丘」玄旭比丘」香玉比丘」懷卜
比丘」勝衍比丘」勝立單身」
證明 甘印比丘」持殿 六行比丘」畵員 玄眞比丘」畵員 清憲比丘」畵員 衍默比丘」畵員 懷默比
丘」玉净比丘」道泂比丘」英蹟比丘」雪梅比丘」性覺比丘」雪和比丘」惠明比丘」天浩比丘」
日暎比丘」太先比丘」雪源比丘」性惠比丘」信允比丘」
緣化」
別座 性敏比丘」供養主 道悟比丘」處雄比丘」玉只」熟頭 天允比丘」妙齊比丘」來往 竺靈比
丘」印宗比丘」海云比丘」李年春單身」性元比丘」文陪單身」菜居士 片千玉兩主」姜江阿之
兩主」金艮郎山兩主」李逸男兩主」埋炭妙暉比丘」云净比丘」元倫比丘」幹善道人 信彦比

丘」法弘比丘」天敏比丘」韓仁陪兩主」
①-B 비로자나불상 중수기(1747년)
願文」
(音)玉辰年火燒後丙寅佛像三尊造成其間年代則自任」(辰)火燒至丙寅年計數則三十七年自丙
寅至乾隆丁卯一百」(二十)四年改金三月始役七月初四日畢功」弟子某等發心不爲自求人天福
報緣覺聲聞乃至權乘」諸位菩薩唯依最上乘發菩提心願與法界衆生一時同」得阿耨多羅三藐三
菩提然則主事料理執勞工匠廚中」供給人等嘉惠嘉功不可泯沒敍次芳命名分張功業要使後來
親」視奧感云爾」
當今」大王大妃殿下萬歲萬歲聖壽萬歲」黃金大施主 乙卯生」世子邸下千秋千秋壽千秋」黃金
大施主 乙卯生」洪氏保體壽齊年」黃金大施主 乙巳生朴氏」黃金大施主 丁未生季氏」黃金大施
主 丙子生季氏」黃金大施主 丁亥生越氏」黃金大施主 己未生朴氏」黃金大施主 丙寅生千氏」
黃金施主 丁亥生徐氏」黃金施主 壬戌生尹氏」黃金施主 戊寅生池氏」黃金施主 丁亥生丁氏」
黃金施主 己丑生崔氏」黃金施主 戊子生崔氏」黃金施主 甲子生宋氏」黃金施主 己酉生季氏」
黃金施主 丙寅生林氏」黃金施主 庚辰生姜氏」黃金施主 丙寅生季氏」黃金施主 乙亥生金氏」
黃金施主 甲辰生金氏」黃金施主 庚辰生金氏」黃金施主 己卯生姜氏」黃金施主 丁酉生河氏」
黃金施主 辛丑生朴氏」黃金施主 己亥生金氏」黃金施主 辛丑生金氏」黃金施主 壬寅生尹氏」
黃金施主 壬寅生沈氏」黃金施主 季氏」黃金施主 癸卯生季氏」崇綠大夫知內侍府事 季景和」
黃金大施主 兵馬節度使沈鳳陽兩主」沈鳳德兩主」金德重」宋奎徵」池光曠」張時漢」金斗
天」朴次血」季百年」
本寺秩」
時住持 通政印起」山中沙門淸空敬圓」前住持 淸學」前住持 敏哲」前住持 泅俊」前住持 嘉善
泅哲」山中老德」忠輝」老德嘉善」思念」山中老德 嘉善鵬羽」比丘 宗洽」比丘守湖」比丘秋
仁」比五智行」比丘快玉」比丘三應」通政月堅」比丘釋稔」比丘自心」比丘楚明」比丘宇琳」
比丘贊敬」比丘幸連」比丘位湛」比丘位成」比丘月海」比丘曇淳」比丘國眞」比丘宇森」比丘
智尙」比丘位諶」比丘世寬」比丘位鑑」比丘就湖」比五國安」比五戒還」比丘智玄」國摠」國
鑑」比丘有禪」明順」明哲」沙彌 範壽」社堂 法信」
綠化秩」
證師 嗣祖沙門震基」諷誦 山中大德覺澄」畫員 山人妙鏡」首書員 山人世冠」尙州牧使季坱兩
位」比丘廣珹」比丘性贊」比丘宇平」比丘寔演」持殿 道人泰均」供養主 比丘慧明」比丘道
湜」比丘海悟」負柴 比丘道式」烏金化主 比丘法信」引勸大化主 仁伯」種種助緣 比丘信和」居
士玉淨」社堂 玉梅」比丘尼 勤念」太和比丘尼体還」大化主比丘尼 太行」別座 登階法岑」
②-A 석가불상 발원문(1626년)
天啓六年丙寅三月日始役於七月二十四日佛像三尊已完點眼安于」願以此功德普及於一切我等
汝衆生當生極樂國皆共成佛道」與各各結願隨喜施主等」
佛像大施主 沈休許里兩主」佛像大施主 李碩連兩主」佛像大施主 韓俊伊兩主」供養大施主 一
禪兩主」供養大施主 朴貴失兩主」供養大施主 金壽兩主」供養大施主 李愛山兩主」供養大施主
申起成兩主」佛像大施主 金甘金兩主」供養大施主 德春兩主」供養布施兼大施主 億非單身」材
木大施主 鄭鶴卜兩主」材木大施主 崔仁世兩主」引勸大施主 金千水兩主」布施大施主 春非兩
主」布施大施主 李洋兩主」布施大施主 金春玉兩主」供養大施主 徐□山兩主」布施大施主 朴
應年兩主」布施大施主 金恋致兩主」布施大施主 豊介兩主」布施大施主 李萬年兩主」布施大
施主 孔文壽兩主」布施大施主 金起兩主」布施大施主 李春鶴兩主」布施大施主 趙福兩主」釘
鐵大施主 金剋壽兩主」釘鐵大施主 朴承卜兩主」供養大施主 李希兩主」釘鐵大施主 林貴一兩
主」供養大施主 金萬世兩主」腹藏大施主金逸男兩主」腹藏大施主 李文仲兩主」腹藏大施主 文
今兩主」喉鈴筒大施主 安白壽兩主」腹藏施主 寶老音兩主」腹藏施主 金順希兩主」喉鈴大施
主 金億春兩主」腹藏施主 金昆伊兩主」喉鈴大施主 李恋致兩主」苧布大施主 方愛世兩主」苧
布大施主 崔必兩主」苧布大施主 白貴汗兩主」布施大施主 申無應忠兩主」八葉大施主 申九峯

　　　　　　　　　　조선시대 불상의 복장기록 연구

兩主」八葉大施主 朴彦神兩主」末醬大施主 金千吉兩主」末醬大施主 崔太水兩主」末醬大施主
金汗年兩主」末醬大施主 張二男兩主」布施大施主 洪季卜兩主」末醬大施主 鄭希卜兩主」燈燭
大施主 安士卜兩主」腹藏施主 金億壽兩主」腹藏施主 醯介 單身」熟頭大施主 吳乞赤兩主」施
主 性賢比丘」妙淡比丘」應尙比丘」靈運比丘」學靈比丘」戒元比丘」宗悅比丘」性淨比丘」
双彦比丘」性摠比丘」武賾比丘」戒浩比丘」宗敏比丘」惠明比丘」玄旭比丘」香玉比丘」懷卜
比丘」勝衍比丘」勝立」
寺內」
覺性比丘」道門比丘 性均」淡俊比丘」先熙比丘」妙玄比丘」道岩比丘」法動比丘」性安比
丘」道墨比丘」印元比丘」裕信比丘」
證明 甘印比丘」持殿 六行比丘」畵員 玄眞比丘」畵員 淸憲比丘」畵員 衍默比丘」畵員 懷默比
丘」玉淨比丘」道泂比丘」英賾比丘」雪梅比丘」性覺比丘」雪和比丘」惠明比丘」天浩比丘」
日映比丘」太先比丘」雪源比丘」性惠比丘」信允比丘」
緣化秩」
別座 性敏比丘」供養主 道悟比丘」處雄比丘」玉只」熟頭 天允比丘」妙齊比丘」來往 竺靈比
丘」印宗比丘」李年春單身」海云比丘」性元比丘」文拜」片千玉兩主」姜江阿之兩主」金艮卽
山兩主」李逸男兩主」云淨比丘」元倫比丘」幹善大化士 信彦比丘」法弘比丘」天敏比丘」韓
仁陪兩主」
②-B 묵서명
忠淸左道全義邑內女名貴仁介年己未生身衣佛全入內長壽命白命絲亦納
②-C 묵서명
忠淸左道全義邑內金得金年壬戌生身衣佛全入內長壽命命命絲納
③ 노사나불상(1626년) 발원문
天啓六年丙寅三月日始役於七月二十四日佛像三尊已完點眼安于」願以此功德普及於一切我等
汝衆生當生極樂國皆共成佛道與各各結願隨喜」施主等」
佛像大施主 沈休許里兩主」佛像大施主 李碩連兩主」佛像大施主 韓俊伊兩主」供養大施主 一
禪兩主」供養大施主 朴貴失兩主」供養大施主 金壽兩主」供養大施主 李愛山兩主」供養大施主
申起成兩主」佛像大施主 金甘金兩主」供養大施主 德春兩主」供養布施兼大施主 億非單身」材
木人施主 鄭鶴卜兩主」材木大施主 崔仁世兩主」引勸大施主 金千水兩主」布施大施主 春非兩
主」布施大施主 李洋兩主」布施大施主 金春玉兩主」供養大施主 徐□山兩主」布施大施主 朴
應年兩主」布施大施主 金志致兩主」布施大施主 豊介兩主」布施大施主 李萬年兩主」布施大
施主 孔文壽兩主」布施大施主 金起兩主」布施大施主 李春鶴兩主」布施大施主 趙福兩主」釘
鐵大施主 金剋壽兩主」釘鐵大施主 朴承卜兩主」供養大施主 李希兩主」釘鐵大施主 林貴一兩
主」供養大施主 金萬世兩主」腹藏大施主 金逸男兩主」腹藏大施主 李文仲兩主」腹藏大施主
文今兩主」喉鈴筒大施主 安白壽兩主」腹藏施主 寶老音兩主」腹藏施主 金順希兩主」喉鈴大施
主 億春兩主」腹藏施主 金昆伊兩主」喉鈴大施主 李志致兩主」苧布大施主 方愛世兩主」苧布
大施主 崔必兩主」苧布大施主 白貴汗兩主」布施大施主 申無應忠兩主」八葉大施主 申九峯兩
主」八葉大施主 朴彦神兩主」末醬大施主 金千吉兩主」末醬大施主 崔太水兩主」末醬大施主
金汗年兩主」末醬大施主 張二男兩主」布施大施主 洪季卜兩主」末醬大施主 鄭希卜兩主」燈燭
大施主 安士卜兩主」腹藏施主 金億壽兩主」腹藏施主 醯介」熟頭大施主 吳乞赤」施主 性賢比
丘」妙淡比丘」應尙比丘」靈運比丘」學靈比丘」戒元比丘」宗悅比丘」性淨比丘」双彦比丘」
性摠比丘」武賾比丘」戒浩比丘」宗敏比丘」惠明比丘」玄旭比丘」香玉比丘」懷卜比丘」勝衍
比丘」勝立保体」
證明 鑑印比丘」持殿 六行比丘」畵員 玄眞比丘」畵員 淸憲比丘」畵員 衍默比丘」畵員 懷默比
丘」玉淨比丘」道泂比丘」英賾比丘」雪梅比丘」性覺比丘」雪和比丘」惠明比丘」天浩比丘」
日暎比丘」太先比丘」雪源比丘」性惠比丘」信允比丘」
緣化秩」

別座 性敏比丘」 供養主 道悟比丘」 乾祖僧 敬揖比丘」 處雄比丘」 玉只」 熟頭 天允比丘」 妙齊比丘」 來往 竺靈比丘」 印宗比丘」 李年春單身」 海云比丘」 性元比丘」 文倍單身」 茅居士 片千玉 兩主」 姜江阿之兩主」 金艮卽山兩主」 李逸男兩主」 埋炭 妙暉比丘」 云淨比丘」 元倫比丘」 幹善道人 信彦比丘」 法弘比丘」 天敏比丘」 韓仁陪兩主」

60. 여수 흥국사 석가삼존상, 1628~1644년

① 좌보살상 보관 뒷면
提花菩薩 大明崇禎」
② 우보살상 보관 뒷면
慈氏菩薩 大明崇禎」

61. 용인 화운사 아미타·약사불상, 1628년

① 약사불상 조성기(복장물 법화경 권1 말미에 기록)
崇禎元年四月 日造」 大施主 李應卜兩主」 大施主 金士還兩主」 大施主 金萬世兩主」 施主 朴貴生兩主」 供養大施主 姜春兩主」 布施大施主 卓永世兩主」 衣紙施主 香介兩主」 施主 龍安兩主」 供養主 生伊」 別座 玄洗」 化士 張歆」
② 아미타불상 시주질
白京伊 知能比丘 崔漢世 尙熙比丘 靈玉比丘 金愛守 金莫終 金福其 金順貞 金遞福 金崙世 崔德明 金粉伊 朴己任金 光身老 朴莫世 片仁守 李米春 今春 金業山 金孫伊 女乬屎 金仁介 金石金 崔山佛 李光己 蔡鶴丁」
鄭奉世 劉思仰孫 金杰金 朴夢伊 莟介 朴余音金 崔伐同 柳世福 彦介伊 朴汝音福 尹世金 卓以澄 卓世江 內ㄱ之 金介佛 金石福 要亂伊 今西非 金彦方 任應伊 崔漢夫 林錄杯 李愛常 崔漢乞 玄雲伊 金風伊 金日男 金白蓮」
金無世 夢介 鄭石丁 趙世憐 今伊 李內 石 李內 金 李義世 咸莫同 李氏白 同 莫代伊 介面伊 金世必 愛終介 錄介伊 愛福伊 愛雲伊 玉節伊 金必石 漢月伊 鞠連伊 金斷生 福上介 金萬世 乬古之 朴永風 玉丹春 今春甲」
李景春 他之伊 嚴德雲 鄭石奉 白民常 非丹伊 鄭潔伊 鄭逸伊 盧彦眞 李有福 鄭淡伊 金延守 李禹春 福代伊 李海男 文牙綿 徐彦連 乬德伊 崔福立 延貞伊 鄭彦仁 內 之伊 君介伊 金夢伊 錄春伊 得男伊 花葉伊 代之伊」
林波伊 金舵林 鄭林伊 金彦龍 鄭元福 張希禮 趙破經龍 天益比丘 崔牙間 妻欣介 崔福只 恩春伊 永每伊 林左連 彦春伊 金山福 金大江 李福其 彦之伊 李己伊 金德龍 張春朔 朴世福 根應伊 春伊 淨生 蔡景希 永山伊」
金生伊 李夫容 任演伊 崔粉伊 內隱今 老丹介 金崙彌 申恩福 士仰介 朴彦水 朴平水 文吉男 金背伊 崔春伊 庶乬丁 崔命同 永孫伊 全香伊 金毛致 郭士山 錄今伊 萬非伊 玉今伊 乬無 內金 得男伊 鐵伊」
亂福 一男男 李大福 蓮福伊 姜孟連 許彦千 李元己 金世珎」 朴厚謙 白彦己 金德良 任白仁 蔡鶴貞 李大福 蔡貞丁 蔡莫亂 沈春安 崔洪水 春安伊 粉伊伊 金德信 崔貴祥 金五貞 元春伊 春乃伊 仍邑德 永介伊 白外岩」
白仁福 白永菓 仁介伊 仲德伊 白大靈 金命九之 白雲介 內代 匙今伊 於連伊 崔順伊 龍節介 宗男伊 韓時乙音金 權應鳳 莫介伊 彦守伊 春補伊 日隱金 崔厚伊 閔古米 戶連介 古音介 韓目補 粉代伊 金彦 德之伊 金丁補 異生伊 天德只」

62. 완도 신흥사 약사불상, 1628년

願文
歸命十方三寶慈尊 我等發願重修改金藥師 如來一尊 依舊奉安于大光明殿 唯願以此功德凡發願
勸化者 隨願捨施諸檀越等 執務證明畵工供養主諸隨喜讚歎者 乃至見聞瞻禮者宿業現障往作現
造諸罪過愆悉令消滅 現增福壽後生極樂爲上善菩薩 還度裟婆受苦衆生令生淨土 普願法界有情
咸脫苦趣者伏願以此發功德奉爲我 主上殿下壽萬歲 國泰民安時和歲豊至禱〃〃
緣化秩」證明 草衣意恂」持殿 水月旦昇」誦呪 梵雲」畵師 錡衍」竺性」供養主 乃一」永祉」
比丘 海眼」化主 千氏」李山容」
施主秩」比丘意恂」比丘善機」金化實」李國寶」金重甲」金璋瑚小家」金重信」李權容」崔
氏」金正淳」金明淳」千氏」金朱月」千良夫伊」金氏」金士玉」金寶勝」金日出」金喆宗」金
永云」黃永」
此藥師如來新造成於崇禎元年五月 日 其後改金不知何年 至嘉慶壬戌重修 又於道光二十四年乙
巳五月日重修改金 畵工乃元主持先以黃粉濃塗於面胸手足 泥金之底佛之兩手以濃膠固粘揷之
同治四年乙丑重修改金時兩手堅粘不拔故長欲潤之而灌之袖中水入腹中沾濕開坼腹藏 新造腹藏
入安奉安」
同治四年乙丑閏五月二十二日謹祝至禱」

63. 남양주 수종사탑 금동불상군, 1628년

崇禎元年戊辰昭聖」貞懿大王大妃發願」鑄像二十三尊容安于」寶塔後貽濟衆爾」畵員 性仁」

64. 순천 송광사 사천왕상, 1628년

大明崇禎元年戊辰月日四天王新造成」證明 熙玉」持殿 印淸」別座 圓一」畵員 應圓」高閑」釋
湖」法海」戒雄」釋森」懷潤」天翼」離幻」天然」性悅」三忍」信懷」法端」司果 洪有智」印
均」小兒李愛生」化主 法欽」供養主 大悟」敬修」懷信」壽命」勝默」

65. 군산 은적사 석가삼존상, 1629년

證明 守宗」禪德 元圭」天彦」淸遠」持殿 戒學」
佛像施主秩」金氏福德」李良元」金加音末伊」金氏龍今」金氏玉何」張彦水」李萬浩」朴大
歲」朴太仁」車莶福」金現南」哈伊」孫屈乙音伊」仍邑德只」
畵圓 法靈」太甘」天允」覺玄」緣化秩 靈云」道悟」道淸」學順」四水」大化士 靈日」
崇禎貳年閏四月旬六日終」

66. 창녕 관룡사 삼세불상, 1629년

① 석가불상 대좌 묵서(1629년)
證明 義心」畵員 玄眞」勝一」天敏」守英」坦行」哲義」持殿」印岑」緣化秩」貞熙」義一」
圓洙」玉晶」法燐」化主 性允」崇禎二年己巳十月日佛像造成」五月十四日已畢」
② 아미타불상 대좌 묵서(1629년)
대좌 상면 : 崇禎二年己巳十月始三尊造成 五月十四已畢」
대좌 하면 : 崇禎三年庚午日」

67. 서울 봉천동 마애미륵불상, 1630년

彌勒尊佛 崇禎三年 庚午四月日 大施主朴山會兩主」

68. 김제 귀신사 비로자나삼불상, 1633년

□亂時盡爲焚滉而□□□□□□□□□□黍草木十丈或有僧拈花信虛過行傷見發心□□法堂七
間復立以後或有僧德奇佛像三尊安于次□□僧堂已成次正門已成次彌勒寶殿已成後彌勒畫佛安
于次十王殿已成後地藏十王從官眷屬安于次天王門已成四天王造成安于各各方舍已畢無有羅漢
殿或有初僧道軒比丘嗚呼咄差自己發心羅漢殿已成修藏兼後靈山敎主釋迦牟尼佛左右補處阿難
迦葉十六大阿羅漢左右帝釋監齋使者直符使者建靈神幷二十五位安于後轉轉流通而与末世衆生
同成正覺之事跡也」阿難大施主 智浩比丘」迦葉大施主 朴永春兩主」供養大施主 □介保体」賓
頭盧大施主 黃千兩主」迦諾迦大施主 李時達兩主」跋釐墮闍大施主 朴□孫兩主」諾矩羅大施
主 劉氏禮成兩主」迦理迦大施主 張鳳鳴兩主」弗多羅大施主 金進男兩主」戍博迦大施主 洪日
兩主」半託迦大施主 金氏梅香兩主」那伽犀羅大施主 姜杰男兩主」因竭羅大施主 早ㄱ介保体」
伐羅婆斯大施主 朴禮兩主」阿伐多大施主 檢眞兩主」左輔帝釋大施主 金高山兩主」右輔帝釋大
施主 祖能比丘」監齋使者大施主 印玉比丘」燈燭大施主 魯貴孫兩主」引燈施主 宋栗兩主」龍
露大施主 丁得說兩主」琉璃大施主 金尊貴兩主」鐵物施主 金亡太兩主」花草紙天施主 李金保
体」引燈施主 朴泰崗兩主」引燈施主 朴氏泰眞單身」引燈施主 金維進兩主」引燈施主 金進男
兩主」引燈施主 金貴生兩主」引燈施主 金鳳壽兩主」
畫員秩」
證明 處明」持殿 性悅」畫員 印均」畫員 大悟」畫員 信戒」畫員 寬海」畫員 懷鑑」畫員 天沽」
畫員 處心」畫員 靈寬」畫員 靈印」畫員 沽敬」畫員 尙儀」畫員 學沽」
緣化秩」
飯頭 法浪比丘」熟頭 太能比丘」別座 泰순比丘」處英比丘」智敏比丘」元鑑比丘」信敏比丘」
信律比丘」林尹福而」少者 哲生」少者 德龍」崔夫柘木金而」化主 道軒比丘」
崇禎六年癸酉十月初七日落成也」

69. 고창 선운사 비로자나삼불상, 1633년

① 불상 대좌 묵서
次年春鳥時」衆目記」
崇禎六秊癸酉」二月日始役爲定毘」盧佛藥師如來」阿彌陀佛木三尊七月」日白像初點眼爲
止」明春甲戌之秊佛像三」尊鳥黃金之永畢其」此四月廿二日法堂安移」佛像後人觀者詳之」
如何哉」毘盧佛大施主孔守龍」藥師大施主尹弘立」彌陀大施主韓仁南」證明處明比丘」持殿
一淡比丘」
畫員秩」法海比丘 首元畫員 無染比丘 道祐比丘」性修比丘」信懷比丘」海心比丘」雲日比丘」性
寬比丘」雲議比丘」信堅比丘」玉行比丘」双隆比丘」大化士」法淨比丘」崇敦比丘」趙金仁」
② 조성기
佛像上年始役衆目記」證明 處明」持殿 日曇」
畫員秩」執元畫員 無染比丘 天彦比丘」道祐比丘」性修比丘」性律比丘」双照比丘」海心比
丘」性寬比丘」大祐比丘」信堅比丘」愛生」淳日」

70. 부여 무량사 아미타삼존상, 1633년

① 아미타불상 발원문

崇禎六年歲次癸酉八月日忠淸南道鴻山地無量寺極樂寶殿」彌陀觀音勢至三尊造成安于發願文」
伏願某甲等世世生生處處在在第重眞之家常聞正法信心堅固獲得菩薩果心種智類明梵音」淸預
令人樂聞離苦得樂傳佛心燈如迦燮流通敎海如阿難神通如淨名大智如文殊大行如普賢」大慈如
彌勒大悲如觀音大願如地藏大果如舍那願以此功德普及一切我等予衆生當生」極樂自見無量寺
皆共成佛道願以願己發願以皎命禮」三寶慈尊」奉爲」主上三殿下壽萬歲」
施主秩」
李孝甲外123人」
緣化秩」
證明 斗仁比丘」大畵士 玄眞比丘」次畵士 衍默」懷默」持殿 通行外17人」
色掌秩」
尙立比丘 外23人」別座 戒賛 化主 灵珠比丘」寺中都目 辨事 德海」維那 湖淨外4人」住持 璋
奎 外11人
② 대세지보살상 발원문
崇禎六年歲次癸酉八月日忠淸南道鴻山地無量寺」極樂寶殿彌陀觀音勢至三尊造成安于」發願文」
伏願某甲等世世生生在在處處常生現善之家亘聞正法信心堅固行願圓蒲梵音淸白令人」樂聞卽
穫佛果菩提長巢扛樂之那傳佛心燈如彼迦葉流通敎海如阿難知彼文殊大智慧」如彼普賢廣大行
如彼觀音三十應如彼地藏大願行聞阿我名者免三逢見我形自得解脫」如是大願能成就發願已皎
命禮」三寶慈尊」奉爲」主上三殿下壽萬歲」
李孝甲 李文甲 金亨 韓福希 朴洪立 朴氏愛切 宋凱文 金永弼 朴壽男 崔夫希 金欣陪 韓己云 朴戒
立 安大吉 宋希 高貴山 張四耳介 金千石 朴連業 朴成問 韓正立 姜學世 金松月 文龍必 安泰□ 安
大文 蔡泰尋 朴忠尋 金龍鶴 朴加金吐 金豊守 朴應奉 金仁福 尹連金 鄭四金 鄭明身春 李英世 金
㐬 李玉男 金忠實 金德金 宝能 金儀立 尹三仲 太云 趙□□ 崔巳生 宋福希 宋福世 文復男 尹摸金
鄭摸世 金俊希 韓俊 建德 金希春 張達福 金粉世 金永會 □□鶴 李希世 白敬 信賛 韓石福 明月 朴
莫山 韓瓊」金乞金 尹義立 張巳承」水京 權仲立 朴汗臨 韓己湖 金氏」李玉壽 應秋 岇春 金氏拾
介 應連」
畵員秩」
玄眞 證師 㦤懷 持殿 祖行 衍默 懷默 通冏 太應 天敏 信云 天暉 戒眞 仁胡 覺惠 哲行 克隣 哲義 無
洽 双納 双彦 性海 性俊 順日」
助緣秩」
南立 覺堅 別座 玉倫 感溫 玄妙 璋令 智淨 性暉 靈元 雪芝 思祭 一還 一眞 惠鑑 道敬 得立 金㐬龍
金千年 韓□金 宗敬 徐仁氏 都大別座 戒賛 幹善道人 靈珠 判事 德海 住持 璋珪 維那 湖淨 行全
性敏 尙黙 玄黙 天闡 靑云 性岑 信敏 瑞云 性云 太玄 智心 漢熙 双納 敬旭 刻手 梁二□」

71. 파주 보광사 미륵보살상, 1633년

彌勒菩薩願莊」
崇禎陸年癸酉四月日京畿右道楊州牧地天寶山檜岩寺新造彌勒菩薩尊像願莊」夫不言而信不化
而行大聖濟衆之德有願則成有施則報徵僧奉佛之誠其道孔昭斯言匪耄是以黃金作像建魏孔於無
窮白馬䭾經基漢業扵不拔古有行者今」何不然金諭釋顔深非敬本之至意玉堆螺髻可綏復舊之德
容鳩聚□功新造彌勒之檜事捨所甚愛用改三寶之莊嚴造此無限之緣冀垂不息之禍」福伏願靈珠
普照法花長春芺쯁身菩提心皆登色相之法界琉璃瓶甘露水遍霑塵利之衆生 亦爲先王先后與法界
含靈等超鼎淨界之願」
證明 坦悟比丘」持殿 德憐比丘」畵員 英賾比丘」畵員 省勤比丘」畵員 智軌比丘」畵員 玉俊比
丘」畵員 靈竺比丘」助緣 別坐 義甘比丘」供養主 信策比丘」供養主 信堅比丘」來往 雙敏比
丘」祖任比丘」幹善道人 雲冾 比丘」本寺住持 道悟比丘」德衍比丘」法坦比丘」一宗比丘」信
元比丘」懶奇比丘」後元比丘」李氏桂叔兩位」李敬眞兩位」申氏單身」韓氏貞順單身」敏氏兩

位」鄭氏兩位」禮氏兩位」姜乙生兩主」張乭金兩主」金秋男兩主」鄭信雄兩主」金氏㐎介單身金氏信正兩主」
佛像大施主 黃金大施主 張乙生兩主」面金大施主 姜道世兩主」黃金施主 宣得男兩主」李彦沐兩主」金功命兩主」柳賛蕃兩主」李加云兩主 李命吉兩主」德衍 比丘」洪戒正延春兩主」朴白山兩主」金仁儀兩主」李氏億春兩主」朴㐎終兩主」申敬澤愛相兩主」金莫難兩主」金白男兩主」鄭檢同兩主」裵乭屎兩主」朴莫同兩主」金命元兩主」愛香」李㖀沙里兩主」韓介金兩主」申莫終兩主」金論終兩主」金漢金兩主」太均 比丘」六虛比丘」龍合兩主」吉屯日兩主」金鐵承兩主」朴世春兩主」林 德春兩主」柳天牛 單身」天易 單身」金鳳壽兩主」徐長命兩主」張氏古云兩主」鄭千壽兩主」嚴氏丁伊 保體」尹希福兩主」朴莫金兩主」

72. 익산 숭림사 지장삼존상과 명부 존상, 1634년

① 조성기(1634년)
寫 地藏菩薩腹藏記文」大明崇禎七年甲戌二月日」
佛像化主敬一者請工良匠刻彫成像尊」幽冥教主地藏大聖尊及道明尊者無毒鬼王兩」家眞俗作同行十王判官諸貴王將軍童子及使者」建立諸形相皆以成佛道硏始於三月初功訖于六月晦」凡物有始必有終必有始始之成終之得皆一揆也始」之勞終之安皆一致也頓不能自圓必因漸而成圓」圓不能自頓以假漸而成頓故昔之頓今之圓今之圓」昔之頓也故曰成與得一揆故與安一致也非特處事」精祥兼亦誠懇無二所謂精者純一不雜之謂也誠」者眞實無安之謂也祥者悉也懇者至也精誠祥」懇則能所不二矣能所不二則生佛無間矣生佛無」間則我之流通則佛之流通也佛之圓自在莊嚴卽我」之圓自在莊嚴也伏以造成之後四恩拔濟三有猶如」反掌也以此勝因回向覺岸 奉爲」主上殿下聖壽萬歲」王妃殿下睿算齊年」世子邸下鶴齡千秋」天下泰平法輪轉」干戈息靜國太安」
持事 玄淨比丘」三寶 性雨比丘」持殿 玉淨比丘」畵員秩」證明 泰守比丘」守衍比丘」双輝比丘」靈哲比丘」性林比丘」大雄比丘」儀哲比丘」省敏比丘」
大明崇禎七年甲戌二月日李朝仁祖十二年단기 三九六七年甲戌(四二九0年現在三二四年)
② 지장삼존상 이안기(1931년)
本地藏三尊像明崇禎七年甲戌造成于朝鮮國全羅」道沃溝郡瑞穗面寶泉寺仍爲奉安矣以來日月屢」遷至佛紀二千九百四十九年 三五年 寺皈廢墟越三年乙」丑 三十三年 本像外十王及羅漢諸尊像並爲移安于同」道益山郡熊浦面崇林寺化主比丘雪初黃成烈誓」願募涓建築殿堂十王及羅漢諸像一新輔缺改彩」而復且改金本像仝時獨聖二位並爲造成各安其所故」縷數行以記焉」
佛紀二千九百五十七年庚午十二月八日 二十八年前」
大衆祝(寫 腹藏記文)」
證明比丘 致益」會主比丘 宥信」持殿比丘 智淳」誦呪比丘 基弘」金魚比丘 文性」日燮」
鍾頭 沙彌 又日」茶角 沙彌 尙順」供司 李龍起」別供 金容順」都監比丘 日和」咸羅面 咸悅里」乾命 甲午生 金炳順」坤命 庚寅生 兪 氏」仝」坤命 乙酉生 趙氏」子婦 戊辰生 河氏」聖堂面 長善里」淸信女 丁巳生 李淨信行」金堤郡 萬頃邑內」淸信女 丙子生 金正烈行」沃溝郡 臨陂面 東上里」淸信女 丁亥生 趙彌陀行」
化主 比丘成烈」化主 淸信女 乙丑生 河蓮池華」淸信女 丁丑生 金福德華」淸信女 癸酉生 洪極樂行」施主秩」金堤郡 万頃面 万頃里」乾命 癸卯生 郭幸鎭」坤命 辛丑生 趙淑卿」咸羅面 咸悅里」乾命 辛巳生 李培源」坤命 己亥生 金 氏」沃溝郡 臨陂面 東上里」乾命 甲申生 李完植」群山市 新興洞」乾命 辛丑生 李氏」江景」淸信女 癸酉生 朴正玉」仝 乾命 戊申生 朴昌淳」仝 淸信女 戊寅生 朴正行」

73. 영광 불갑사 삼세불상, 1635년

① 석가불상 발원문 앞면

願我所造佛像諷經以諸功德隨喜同叅」者」現增福壽當生 淨利同見諸佛俱成正覺奉」爲 主上殿
下龍樓萬歲鳳閣千秋干戈永」息四海安寧」
金宗玉兩主」池奉春兩主」陳內ㄱ兩主」姜彦國兩主」金奉春兩主」正惠比丘」勝連比丘」性印
比丘」己非單身」朴孫卜兩主」德只單身」朴德男兩主」姜莅進兩主」宋澤只兩主」李思給兩
主」卞音之單身」李氏單身」朴土立兩主」尹英立兩主」李貴塔兩主」吳邦道兩主」李申生兩
主」道能比丘」朱令春」節伊單身」梁應先兩主」金卒伊兩主」鄭得生單身」尙澄比丘」李金兩
主」金毛老金兩主」李八山兩主」厚食比丘」韓海水兩主」圓覺比丘」雪云比丘」法輝比丘」學
文比丘」道修比丘」天學比丘」印信比丘」道印比丘」儀淡比丘」朴德金兩主」金金兩主」盧禿
金兩主」金乞同兩主」愛春單身」李德生兩主」敏銀孫兩主」
證明 靈淨比丘」持殿 法玄比丘」畵員 無染比丘」勝一比丘」道祐比丘」性修比丘」双照比丘」
信會比丘」云一比丘」信見比丘」尙安比丘」有性比丘」崇禎八年歲次乙亥仲春日」全羅道靈光
地母岳山佛」甲寺住持 勝元比丘」三綱 應全比丘」持寺 熙彦比丘」別座 全葉比丘」供養主 元
悟比丘」熟頭 淨辦比丘」應先比丘」愛立單身」得立單身」大功德主 思敬比丘」助緣功主 性岑
比丘」
願以此功德」普及於一切」我等與衆生」皆共成佛道」
② 석가불상 발원문 뒷면
主佛」
③ 석가불상 하부 대좌 묵서
畵員秩」
證師 灵淨比丘 首畵 無染比丘 次畵 勝日比丘 道祐比丘 性修比丘 双照比丘 神會比丘 雲日比丘
信見比丘」尙安比丘」有聖比丘」持殿 法玄比丘」
緣化秩」
施主兼別座 全葉比丘」施主兼化師 性岑比丘」飯頭 元悟比丘」熟頭 淨燮比丘」應禪比丘」工
器 得立」菜供 愛立」像大施主 金宗玉兩主」像大施主 池奉春兩主」像大施主 陣內ㄱ金兩主」
大施主 思瓊比丘 結願施主 緣化比丘」
後正獲得金剛不毀種智遊□」極樂九品蓮花之願書」
④ 약사불상 하부 대좌 묵서
＜上部＞ 東座」
＜下部＞ 證師 灵淨比丘」畵 無染比丘」勝日比丘」道祐比丘」性修比丘」双照比丘」神會比
丘」雲日比丘」信見比丘」持殿 法玄比丘」有聖比丘」
⑤ 아미타불상 하부 대좌 묵서
＜上面＞ 順治十八年」辛丑三月日」開金」畵員 智堅 畵員幸根」化主 坦英」供養主 明乾」佛尊
法浩」證明 談准」
甲戌十月六日」崇七-八乙亥二月十三日」畢造安于法堂也」
畵員秩」
證師 灵淨比丘 首畵 無染比丘」勝日比丘」道祐比丘」性修比丘」双照比丘」神會比丘」雲日比
丘」信見比丘」上作所 尙安比丘」有聖比丘」緣化」秩 持殿 法玄比丘」施主兼別座 全葉比丘」
助化 性岑比丘」供養主 元悟比丘」熟頭 淨卞比丘」工器 得立 菜供 愛立」大施主 思瓊比丘 此
等人」後獲得不毀金剛」種智同登覺岸而」遊於極樂九蓮之願」文」佛像大施主」金宗玉兩主」
佛像」大施主」池奉春兩主」佛像」大施主」陳內ㄱ金兩主」

74. 청도 적천사 삼세불상, 1636년

發願文」
伏願化主尙浩等世世在在生生處處於此正法」信心堅固永不退轉童眞出家早達三敎梵」行淸白
常說正法具四無得梵音淸雅令人」樂聞傳佛心燈如迦葉流通敎海如阿難神」通如淨名大智如文

殊大行如普賢大慈如彌」勒大悲如觀音大願地藏大果如舍那永不退」轉發願已歸命札」三寶慈
尊」主上殿下壽萬歲」王紀殿下壽齊年」世子邸下壽千秋」
施主擧目秩」
佛像大施主 金應福兩主」供養眞末兼大施主 張貴代兩主」黃金供養灯燭兼大施主 季槪兩主」面
金大施主 金德男兩主」烏金大施主 季千兩主」面金大施主 四月兩主」面金大施主 尹男兩主」手
金大施主 仲金伊兩主」腹藏大施主 金德雲兩主」腹藏大施主 古音德兩主」灯燭供養泡太眞末任
子步輦兼大施主 金大男兩主」裏布大施主 季王梅兩主」腹藏大施主 季起成兩主」食鼎大施主 彦
今單身」布施大施主 石日男兩主」布施施主 金得生兩主」布施施主 金命生兩主」食塩大施主 金
春世兩主」埋炭大施主 金仁化兩主」鐵物大施主 安松業兩主」泥金施主 敬嚴比五」泥金施主 宣
琦比五」泥金施主」沈千斤兩主」腹藏施主 法明比五」腹藏施主 朴今金兩主」烏金施主 金愛男兩
主」引灯灯燭兼施主 灵竣比丘」供養施主 朴忠男兩主」供養布施大豆兼施主 季順梅兩主」眞末
步輦兼施主 季德敏保休」尹日男兩主」張壽仁 兩主」朴千卜兩主」高愛男兩主」季俊生兩主」張
春梅兩主」河先卜兩主」双今兩主」張札男兩主」孫召史兩主」全介兩主」崔守伊兩主」裵夢仁
兩主」許今祐兩主」朴輝成兩主」礼香兩兩主」仇永好兩主」金漢准兩主」季應卜兩主」朴乬卜
兩主」金生兩主」張彦實兩主」呂輝比丘」朴丁海兩主」徐順生兩主」金明仁兩主」季介兩主」
否史兩主」金明希兩主」金波水兩主」金舜卜兩主」金永金兩主」鄭無致兩主」季乬同兩主」沈
仁龍兩主」韓閏男兩主」季加音未兩主」金日壽兩主」張三生兩主」鄭光春兩主」聖花兩主」德
介兩主」金日前兩主」金生水兩主」權天生兩主」季貴男兩主」崔永男兩主」金卜兩主」朴夢龍
兩主」壽香兩主」崔應畓兩主」權國民兩主」終介兩主」□德兩主」朴守難兩主」石介兩主」宋
日男兩主」朴彦夫兩主」月乙伊兩主」金□隱兩主」□□男兩主」金一二同兩主」金山守兩主」
蘇元吉兩主」金莫已兩主」鄭貴上兩主」難春兩主」金祥兩主」季乬男兩主」朴男兩主」季成章
兩主」孫乬世兩主」越巠孫兩主」姜業同兩主」季乞同兩主」金(仍+叱)卜兩主」朴男兩主」白永
金兩主」郭太逸兩主」吳永□兩主」季必信兩主」梁天生兩主」白難同兩主」應介兩主」朴奉希
兩主」金□山兩主」朴桂祥兩主」季孝民兩主」崔男兩主」朴乞伊兩主」尹後民兩主」伊春同兩
主」伊善龍兩主」姜今生兩主」季祥兩主」金男兩主」千玉量兩主」朴弘日兩主」崔士男兩主」
季春伊兩主」孔後男兩主」金乬祥兩主」季山卜兩主」吳□金兩主」安逸兩主」金亝未兩主」金
守日兩主」金点夫兩主」金達魔兩主」由永孫兩主」尹德立兩主」沈秋日兩主」仲得立兩主」金
羅斤兩主」季上兩主」金卜兩主」金絶莫兩主」季明善兩主」金明金兩主」朴應龍兩主」玉梅兩
主」朴順兩主」權日兩主」金孫兩主」金卜兩主」金加音乞兩主」鄭應見兩主」金卜兩主」沈奉
生兩主」乬介兩主」季山兩主」金秋日兩主」白仲吉兩主」尹小斤伊兩主」金克明兩主」金日生
兩主」尹春兩主」金乞男兩主」仲戒龍兩主」朴彦男兩主」孫應化兩主」金北只兩主」貴春兩
主」姜□□兩主」金應守兩主」□眞兩主」千乬難兩主」粉河伊兩主」石戒生兩主」薛用晋兩
主」崔智承兩主」安明还兩主」鄭春卜兩主」安八生兩主」金□仁兩主」朴成卜兩主」張加音金
兩主」張三生兩主」金金伊兩主」越明立兩主」朴孝生兩主」金允生兩主」道琦比丘」尹明承兩
主」智照比丘」金順礼兩主」朴礼奉兩主」金永男兩主」文永立兩主」仅淨比丘」金彦陽兩主」
季□同兩主」吳卜兩主」愼應比丘」朴仅仁兩主」安莫金兩主」權仁吉兩主」武介保体」
崇鎖九年丙子五月日靑道地華岳磧」石(川)寺佛像 緣化秩」
證明 儀心比丘」持殿 双信比丘」大畫師 玄眞比丘」副畫師 靈贊比丘」熙玄比丘」哲行比丘」處
暎比丘」雪雄比丘」供養主 道悟比丘」智还比丘」祖寬比丘」祖玄比丘」運租來往 太暎比丘」
玉男保体」都大別座 勝輝比丘」化土 尙浩比丘」

75. 구례 화엄사 비로자나삼신불상, 1636년

明萬曆二十一年 我宣祖大王二十六年癸巳之祀 倭寇陸梁 民物虔劉 棟梁像設 餘殘奪物 盡付兵
燹…自庚午大師之來 六七年之間…佛像大化土 懶默與希寶 邀請淸憲英頤印均應元等 傳得栴檀
像 手才蘇之塗之圓滿三十二相

76. 강화 전등사 지장삼존상과 명부 존상, 1636년

① 시왕조상회향발원문(1636년)
傳燈寺十王造像回向發願文」觀喜園春水月容慈雲甘露洒濛〃願因敬造斯功德普使同緣利莫
窮」崇禎九年丙子始於孟秋覃於孟冬日各〃結願隨喜施主與緣化比丘義玄助緣」劉金信正信雄
等伏祝」主上三殿萬萬歲」國泰民安法輪轉」
畫員秩」
證明 坦悟」守衍」灵哲」密暎」兼持殿 義嚴」淨元」省敏」法蘭」思信」善行」信觀」信修」
冲信」侍者愛生」愛立」德男」禹男」
緣化秩」
志仁」天琦」太演」海元」德希」孝立」承立」姜早金」化主 義玄」助緣 刘金」助緣 信正」信
雄」大施主 李氏 兩主」李氏 兩主」金氏 莫福 兩主」申氏 保体」韓氏 保体」朴氏 丹從 兩主」
朴氏 文從 兩主」徐業同 兩主」崔氏 保体」朴次乞屎 灵駕」金大仁 灵駕」姜乙生 兩主」韓氏
灵駕」韓氏 保体」李氏 保体」李氏 金氏 兩主」黃氏 鄭氏 兩主」閔氏 鄭氏 兩主」吳氏 □之 保
体」金氏 莌介 保体」李淂仁 兩主」人參氏」□伊氏」□□氏」閑氏淂香 保体」姜善礼」表億
石」莫之」尹代」連春 韓彦」崔達 于伊仁玉 韓氏」
大施主秩」
地藏大施主 金希龍兩主」張淂男兩主」金茂生兩主」鄭氏 丹春兩主」南應春兩主」金命金兩
主」千應春兩主」金淸兩主」安應春兩主」朴承玄兩主」崔命千兩主」白云吉兩主」□□□兩
主」李德行兩主」金族同兩主」明氏介屎 學力」黃彦龍兩主」高勝男兩主」金春難兩主」吳貴
男兩主」莫介 兩主」吳辛彦兩主」金梦生兩主」姜己生兩主」朴大守兩主」崔秀李兩主」李氏
今伊兩主」李恭男兩主」姜仅生兩主」秦業成兩主」朴恭男兩主」金許老應孫兩主」白敬彔保
体」金氏 愛春兩主」白氏 愛進保体」張鶴臨兩主」全春福兩主」金業成立兩主」金仁男兩主」
李古龍兩主」車(九/入)里兩主」刘九乙金 兩主」刘難福兩主」河貴一兩主」金戉云兩主」崔信
伊保体」安氏 順養兩主」李天伊兩主」金春兩主」金夢吉兩主」姜氏件里兩主」車南金兩主」
李氏玉今兩主」李欣孫兩主」黃秀春兩主」邪凱兩主」朴冲福兩主」趙天龍兩主」惠瑜比丘」應
均比丘」池天龍兩主」金墨世兩主」尹許奴應兩主」朱恭連兩主」徐氏九月兩主」朴氏乞介兩
主」朱德山兩主」朱德根兩主」朴天龍兩主」朴礼先兩主」李丁立兩主」韓氏莫代兩主」金永之
兩主」金氏海堂兩主」崔繼興兩主」韓氏希介兩主」張氏孝進兩主」高仅謙兩主」金氏春伊兩
主」文乞福兩主」刘莫之兩主」張乞金兩主」白氏孝女兩主」洪氏□水介兩主」姜訥去伊兩主」
張位男兩主」辛敬進兩主」黃氏兩主」慶喜學力」金氏李仁 學力」趙氏兩主」辛浩道兩主」徐
氏 學力」鄭氏 學力」金氏 愛蘭 學力」辛氏敬淑 學力」李氏 李玉 學力」北官兩主」圓牛比丘」
金京忠兩主」桂乞屎兩主」林男兩主」嚴勝比丘」守能灵駕」洪進生兩主」趙俊識兩主」奉仁必
兩主」宋豊金兩主」全天龍兩主」洪山 兩主」枞彦山兩主」張(納/叱)孫兩主」韓氏春梅兩主」
姜希守兩主」金氏龍介兩主」韓(仿/叱)金兩主」崔彦奉兩主」金應守兩主」金茂生兩主」朴承
男兩主」金奉守兩主」黃得兩主」崔墨孫兩主」刘氏甘之 學力」南金兩主」李菊花兩主」鄭冲
兩主」朴應命兩主」朴己立兩主」李孫兩主」鄭孫兩主」李氏九月兩主」刘氏淀鹿德兩主」張士
臣兩主」張南孫兩主」韓氏正□ 學力」金氏欣介 學力」朴氏□一 學力」金氏大立 學力」姜鉄
道兩主」金氏恭介 學力」金尙男兩位」沈氏兩位」申氏兩位」朴夢仁兩主」辛會兩位」薛興兩
主」尹氏兩位」安介夫里兩主」洪彦春兩主」趙承林兩主」勝雲比丘」戒環比丘」宝瓊比丘」宝
峻比丘」志敬比丘」雲思比丘」法云比丘」戒淳比丘」正彦比丘」仅尙比丘」元敏比丘」元明比
丘」天峻比丘」□能比丘」□敏比丘」太琦比丘」玉憐比丘」太嘗比丘」元應比丘」惠明比丘」
信會比丘」德峻比丘」佛玄比丘」自皓比丘」云皓比丘」宣繼宗兩主」高淡兩主」全天國兩主」
崔命吉兩主」高氏龛德兩主」宋得萬兩主」宋希巾兩主」趙氏仁玉兩主」宋希兩主」韓氏兩位」
韓氏兩位」裵氏正今兩位」李氏元陳兩主」韓氏兩位」金氏保体」韓仁兩位」卓守閑兩主」恭介
學力」張乞金兩主」白氏小礼 學力」金敬还兩主」姜乙生兩主」閑唱灵駕」

② 축원문
進士李慶昌口舌官灾一時消滅」願生文章才子功盖一國名滿天下」之願」
進士李慶昌先亡父母往生極樂世界自己」身上口舌官災永爲消滅功名富貴煥」赫一世奴婢牛馬
一時興旺願生貴子名」滿天下所求所願一″成聚之願」
③ 원문(1918년)
願文」
伏以地藏大聖威神力恒河沙劫說難盡大聖威德雖曰无量一言以蔽之曰悲智願心也住在」恒沙劫
中宿植善本覺華定自在王古佛塔前大發三心久遠劫波長遊三途不可思議功德成就然」至聖沒量
恒沙聖德視如毛倫不足以爲貴而如斯末運當發大心者可謂火中蓮花豈不勝」哉化主智永仰慕聖
女釋迦如來世尊前立大誓願曰願我生″在″處″如彼地藏大聖衆生」度盡方證菩提堅志如來廢
寺壞像次第新之而繼无彼我之私偏有同緣於此故 大正五年」丙辰大雄寶殿三尊改金後佛畫幀
神衆變相藥師塗粉彌陀觀音之改金十王改彩殿」閣丹雘寂黙廢寮之修理講堂退室之滲滿完旧如
新若非曩劫宿願豈如是耶溯仰」大聖之因行亦无過於今日抑亦菩薩重來否和尙之願與功湏彌之
筆香海之墨難可盡記」而以古視今不可无記故告諸大衆″當知否沙彌者艾咸曰假使鉄輪頂上旋
安可忘和尙」之功也欺願我欲如和尙之願令諸衆生益入滅度永盡群生名字則遮可報和尙之恩而
亦」可爲菩薩之德酬矣余稽首曰菩薩之願成就者和尙(和尙而)之化效之者卽大衆□以大衆之心
比」度則和尙之風化豈大於大聖耶大聖之盛德沙劫說難自固不誣以是爲發原文」以發願已至心
奉祝」天皇陛下聖壽萬歲」李太王殿下玉體安寧」李王殿下聖壽千秋」
施主」
尙宮 淸信女 己酉生 金氏 虛空心」尙宮 淸信女 己酉生 柳氏妙明心」尙宮 淸信女 戊申生邊氏 光
明華」
緣化所」
證明 太虛」大圓」持殿 仁虛」片手 寶鏡」金魚 霽月」慈月」助畵 南壽」鐘頭 善洪」供司 石
潭」火坮 玄義三」高寬錄」書記 根皓」山監 善周」別座 靑峰」監事 錦松」法務 寶鏡」院長 蓮
月」住持兼化主 鏡濟」
大正七年戊午九月十日點眼時」太虛頭陀焚香謹書」
④ 도명존자 발원문 A
發願文」
無毒王隨一道明共資眞化利羣生故今敬造仁慈德願使同緣入覺城」崇禎九年丙子孟冬日各″結
願隨善施主與緣化義玄刘金信雄信正等 伏祝」主上殿下壽萬歲」國泰民安法輪轉」
畫員秩」
兼證明 守衍」灵哲」密暎」兼持殿 義嚴」正元」省敏」法蘭」思信」信觀」信修」冲信」侍者
處生」處立」禹男」德男」
緣化秩」
志仁」天琦」太衍」海元」德希」孝立」承立」姜早金」
施主秩」
金軒竜 靈駕」白敬祿 保体」愛春 靈駕」愛眞 保体」張鶴林 靈駕」乬卜伊 保体」莫之 保体」
長乬金 靈駕」孝礼 靈駕」長守介 保体」吳身彦」江氏□□伊」李孙伊」鄭孙伊」九月伊」浼德
伊」長四申」長□孙」崔命吉」䨞德伊」宋得萬」宋希巾」仁玉伊」宋希」全春卜」全業成立」
金仁男」李吉竜」車九八里伊」刘難卜」河貴日」金戒雲」崔信」長律男」韓氏靈駕」敬眞 靈
駕」黃氏」敬嘉」愛人」趙氏」伸千道」徐氏鄭氏愛難」
⑤ 도명존자 발원문 B
傳燈寺十王造像回向發願文」
顯相幽冥內秘慈明分苦樂利寰中齋心彫造僉尊像普使含灵福海泓」崇禎九年丙子孟冬日」主上
殿下壽萬歲」國泰民安法輪轉」
畫員秩」

證明坦悟」守衍」灵哲」密暎兼持殿 義嚴」淨元」省敏」法蘭」思信」善行」信觀」信修」冲信」侍者 處立」處生」禹男」德男」
緣化秩」
志仁」天琦」太演」海元」德希」孝立」承立」姜早金」化主 義玄」助緣 刘金」助緣 信正 信雄」三剛 元敏」
大施主秩」
金希龍」張得男」金筏」鄭氏丹春」南應春」金命金」千應春」金靑」安應金」朴承玄」崔命天」金愛吉姜氏休里」車□金」李氏至今」李欣□」黃守春」邪凱」朴忠补」趙天龍」惠有比丘」應均」元牛」金京忠」桂乞屎」林男伊」嚴勝」守能」灵駕」洪進生」趙後食」奉仁必」宋風金」全千龍」洪彦春」趙承林」勝云」戒还」普敬」宝唯」智敬」云□」法云」
⑥ 제3송제대왕 발원문
造像回向發願文」
顯相幽冥内秘慈明分苦樂利寶中齋心彫造僉尊普使含灵福海泓」崇禎九年丙子孟冬月日」主上三殿萬〃歲」國泰民安法輪轉」
畫員秩」
兼證明 守衍」灵哲」密暎」義嚴」淨元」省敏」法蘭」思信」信觀」善行」信修」冲信」侍者 處生」處立」德男」禹男」
緣化秩」
志仁」天琦」太演」海元」德希」孝立」承立」姜早金」大功德主 義玄 助緣 刘金 信正 信雄」姜乙生」韓氏」(이하 시주질 생략)

77. 동국대학교 박물관 소장 아미타삼존불감, 1637년

崇禎十年丁丑八月日彌陀願佛尊像」今旣畢功共結洪緣俱登覺岸者」願以此功德普及於一切我等與衆生」
皆共成佛道」證明 義正」持殿 成寬」畫員 賢元」大施主 風陪兩主」施主 曹希吉兩主 烏金施主 金眞金」施主 文廷生兩主 施主 鄭混生」別座 呂林 大施主 性奎」

78. 영남대박물관 소장 성주 명적암 아미타불상, 1637년

發願文」
伏願裵元仲」先志世兩主」李志千兩主」崔今同兩主」趙得立兩主」林大連兩主」金受男兩主」金成春兩主」石忠立兩主」石景立兩主」陳澤兩主」李仲男兩主」朴萬詳兩主」朴仁世兩主」朴仁立兩主」許龍老兩主」法藏比丘」思印比丘」玄益比丘」金己守兩主」尹介兩主」朴士日兩主」李奉男兩主」李戒宗兩主」李得卜兩主」德介保体」義信比丘」淑淨比丘」明照比丘」法熙比丘」義燈比丘」命生保体」證明 義心 等」善正比丘」郭丹卜兩主」吳仁金兩主」李舜兩主」柒施主 李千伊兩主」持殿 雲祐比丘」畫員 玄眞比丘」勝一比丘」靈瓚比丘」熙玄比丘」處英比丘」靈湜比丘」供養主 淑哲比丘」敏宗比丘」玄益比丘」別座 思印比丘」
各各施主等」世世生生在在處處於此正法信心堅固」永下退轉童眞出家早達三敎梵行」淸白常說正法具四無碍梵音淸」雅令人樂聞傳佛心燈如迦葉流通」敎海如阿難神通如淨名大智如文」殊大行如普賢大慈如彌勒如大悲」如觀音大願如地莊大果如舍那」永不退轉發願已皈命礼」三寶慈尊」
崇禎十年丁卯四月日星州地」毘瑟山明寂菴造佛像大化主」勝安比丘」一行比丘」

79. 하동 쌍계사 석가·약사불상, 관음·대세지·일광·월광보살상, 1639년

時維大明崇禎十一年己卯八月日造像」奉安于雙溪寺」

嚴愛福」比丘虛靈」女人春介」金者斤同」朴莫世灵駕」梁世津」比丘智彦」金貞同」比丘法
連」金旭福」李國」金安」比丘正能」女人丹春」鄭氏郎伊」比丘敬學」李山」朴沙同」鄭民
郎」比丘寶心」孔巨公」李希」朴漢京」比丘雙玉」淸益」義修」女人業介」池彦守」姜子俊」
金大孫」女人礼德」河進海」前郡守李滿天」比丘省義」比丘学主」冲印」道仁」學成」戒勤」
金元國」鄭明智」朴蘭梅」法藏」印敬」執勞 德華」善寬」印軒」妙学」能信」弘敏」應照」秀
雄」法雨」法靈」末生」匠人 比丘淸憲」勝日」法玄」英蹟」賢亂」應惠」希藏」尙安」學海」
懶欽」靈湜」持殿 印堅」證師 明心與各結願隨」
喜施主及功德主學倫淸眼等」願以此功德普及扵一切我等與衆生」皆共成佛道發願已敀命」三
寶」賜報恩闡敎圓照國一都大禪師都揔攝」碧岩堂覺性」通政大夫前江原揔攝 眞一」持寺 玉軒
比丘」

80. 고흥 능가사 삼세불상, 1639년

① 조성기(1639년)
時維 大明崇禎十一年己卯八月日造像」奉安于□□□」
嚴愛福 比丘靈虛 女人春介」金者斤同 朴莫世灵駕 染世津 比丘智彦」金貞同 金旭福 比丘法連
李國 金安 比丘正能 女人丹春 鄭氏郎伊 比丘敬學 李山 朴沙同 鄭民郎 比丘寶心 孔巨公 李希 朴
漢京 比丘雙玉 淸益 義修 女人業介 池彦守 姜子俊 金大孫 女人禮德 河進海 前郡守李滿天 比丘
省義 比丘學主 冲印 道仁 學成 戒긴 金元國 鄭明智 朴蘭梅 法藏 印敬 執勞 德華 善寬 印軒 妙學
能信 弘敏 應照 秀雄 法雨 法靈 末生」
匠人 比丘淸憲 勝一 法玄 英蹟 賢亂 應惠 希藏 尙安 學海 懶欽 靈湜」持殿 印堅」證師 明心 與各
各結願隨喜施主 及功德主 學倫 淸安等」願以此功德普及於一切我等與衆生皆功成佛道 發願已
歸命三寶」賜報恩闡敎圓照國一都大禪師都揔攝 碧岩堂覺性」通政大夫前江原揔攝 眞一」持寺
玉軒比丘」
②
□□奇被有淸云爾 時維 □□四年歲舍龍集六月日 創主道淸公州錦江子正玄行年七十有三□□
病□侵染月艱苦 氣息奄奄 筆症眩昏 不堪衆請 而記」□□全大施主 裵德弘兩主」李成業兩主」
□□木大施主 張應宗兩主」供養大施主 李戒哲兩主」布施大施主 郭廷一兩主」供養大施主 郭
天玉兩主」□□大施主 吳氏春月兩主」腹藏莊嚴錦紗 林星龍兩主」□□□氏丙申生保体」林
旭同兩主」腹藏莊嚴錦綾芙 林信龍兩主」蓉香施主 安處胃保体」朴一元兩主」金愛立兩主」金
五生兩主」供養施主 曺氏達熙單身」盧士京兩主」洪神三兩主」金善伊兩主」李命生兩主」鄭
義哲兩主」供養施主 李氏生花單身」金汝龍兩主」鐵物大施主 夏霧雨兩主」洪贊比丘」性哲比
丘」安福兩主」鐵物大施主 許星敏兩主」趙天吉兩主」荷葉大施主 裵哲立兩主」眞粉大施主 裵
時憲兩主」眞粉大施主 裵德龍兩主」荷葉大施主 裵命良兩主」印圭現爲母氏□□□□」布施大
施主 染氏正月單身」朱紅大施主 南甲生兩主」候鈴桶施主 趙日發兩主」金魚秩」大禪師 雲慧
比丘」勝鈞比丘」西邊監首 敬琳比丘」坦旭比丘」東邊監首 幸瓊比丘」道敏比丘」德彦比丘」
妙謙比丘」處雲比丘」文淨比丘」惠雲比丘」楚明比丘」敏哲比丘」靈運比丘」太浩比丘」有聲
比丘」敏助比丘」冶匠 崔繼商兩主」
緣化秩」
持殿兼證 大智比丘」得俊比丘」敏商比丘」海心比丘」雪輝比丘」釋堅比丘」一行比丘」助役
朴世伍 單身」別座 懷益比丘」大功德主 冲印比丘」天日比丘」
寺院當色秩」
三綱 尙璘比丘」首僧 印坦比丘」持寺 順規比丘」佛糧持寺 梵日比丘」直歲 明侃比丘」方丈上
室 慧英比丘」□持殿 法連比丘」
乙卯六月十六日」腹藏 點眼 證明 正玄」

81. 예산 수덕사 삼세불상, 1639년

① 석가불상 발원문
崇禎十二年歲次己卯秋冬」雨節中萬行山豊國」寺大雄殿」釋迦尊像新造成發」願文」化主惟
演伏願」以此功德諸大施主助緣同」參緣化比丘等世世生生在」在處處於此正法信心堅固」永
不退轉童眞出家早」達三敎梵行淸白常說正」法具四無碍令人聞傳」佛心燈如迦葉流通敎」海
如阿難大慈大悲如觀」音大誓大願如地藏盡度」三有同飯淨土同見彌陀同」成正覺盡未來際永
不退」轉發願已飯命禮」三寶慈尊」因玆奉祝」君王壽餘福散於四海民」法輪常轉於無窮國界」
恒安於不亂」
本寺禪德」
惠能比丘」藏惠比丘」圓俊比丘」如俊比丘」正玉比丘」俊熙比丘」智學比丘」敬環比丘」懷運
比丘」淡雲比丘」義全比丘」太英比丘」敬浩比丘」明汁比丘」唯和比丘」寶明比丘」證明 雙
印比丘」畵員」守衍比丘」灵澈比丘」省敏比丘」思忍比丘」信寬比丘」明惠比丘」印宗比丘」
侍者夢還」
佛像大施主」朴萬貴兩主」金大施主 吳彦祥兩主」供養施主 鄭氏彦花伊」供養施主 李莫同兩
主」金大施主 朴納孫」金大施主 金德南兩主」金大施主 金順男兩主」金施主 日玄比丘」金大
施主 金守山兩主」囊布大施主 智學比丘」金大施主 敬浩比丘」腹藏大施 鄭古□兩主」三尊白
毫大施主 藏惠比丘」喉灵通 安哲秀兩主」喉灵通施主 天心比丘」金施主 趙心世兩主」烏金施
主 蘇氏兩位」鋪團大施主 韓成福兩主」座臺施主 俊熙比丘」步蓮施主 日ㄱ德」生金施主 金福
世兩主」精粉施主 黃正俊兩主」眞粉施主 孫介文兩主」釘主 朴孝養兩主」朴信伊」
緣化」
供頭 智祥比丘」菜頭 性澈比丘」來往 釋心比丘」少者 命吉 海生 保體」兼別座 印天比丘」大化
士 惟演比丘」負春居士 尹能福」助役 崔永立」
② 아미타불상 발원문
崇禎十二年歲次己卯三」冬月日萬行山豊國寺」普光殿」彌陀尊像新造成腹」藏發願同參記」
願以此功德普及於一」切我等與衆生當生」極樂國親見無量壽」皆共成佛道」伏願」主上殿下
壽萬歲」王妃殿下壽齊年」世子邸下壽千秋」亦願」佛像施主萬善莊嚴」法界含灵九蓮化生」仰
惟」三寶證明功德」
佛像大施主 韓永男兩主」紫金大施主 朴先仅兩主」面金大施主 玉代兩主」面金大施主 朴敏生
兩主」供養大施主 李山同兩主」供養大施主 朴貴男兩主」面金大主 有礼」金施主 惠能比丘」
鉄物大施主 吳德立兩主」魚膠大施主 李男兩主」供養施主 鄭介間兩主」喉灵通施主 智言比
丘」施主 梁希龍兩主」梁山男兩主」梁弘敏兩主」
畵員」守衍比丘」灵澈比丘」省敏比丘」思忍比丘」信寬比丘」明惠比丘」印宗比丘」侍者夢还」
緣化」飯頭 智祥比丘」菜頭 性澈比丘」使換 釋心比丘」行者 命吉」侍者 海生」兼別座 印天比
丘」大化主 惟演比丘」居士 尹能礼」崔永立」
③ 약사불상 발원문
崇禎十二年歲次己卯秋」冬兩節中萬行山豊」國寺大雄殿」藥師尊像新造成腹」藏發願文」
誠心已格功德斯圓廻有」作之功利施無邊之種類」伏願」三界九有四生六道一切衆」生同飯淨
土同見彌陀同」聞正法同化衆生發願已」飯命禮」三寶慈尊」因玆奉祝」主上殿下壽萬歲」王妃
殿下壽齊年」世子邸下壽千秋」國泰民安法輪轉」天龍土地護道場」
佛像大施主 曹命金兩主」黃金大施主 金永立兩主」黃金大施主 利츠孫兩主」供養大施主 吳壽
堅兩主」供養大施主 金守貞兩主」金大施主 利츠福兩主」金大施主 銀花伊兩主」烏金大施主
金哲兩主」腹藏大施主 敬闍比丘」面金施主 春月」
釘主 朴孝養兩主」朴信伊」助緣施主 沈立」
證明 雙印比丘」匠師」守衍比丘」灵澈比丘」省敏比丘」思忍比丘」信寬比丘」明惠比丘」印
宗比丘」侍子 夢還」飯頭 智祥比丘」菜頭 性澈比丘」執事 釋心比丘」行者 命吉」侍者 海生」

兼別座 印天比丘」大化士 惟演比丘」

82. 거창 심우사 아미타불상, 1640년

崇禎十三年庚辰五月日始役八月已畢□□□德山」演水佛像三尊安于」
佛像大施主 天雄」佛像大施主 金守歇」佛像大施主宋從金」面金大施主 表成希」面金大施主 學
招」面金大施主 崔松伊」供養大施主 李世良」供養大施主 宝勳」布施大施主 崔全号」布施大施
主 刑孫伊」烏金大施主 李閑水」烏金施主 李代亂梅」坐具施主 劉國民」坐圃施主 禹大仁」坐具
施主 金希眞」腹藏施主 羌金」朱紅施主 一浩」烏金化主 幸澄」黃金施主 河乃從」腹藏施主 勝
還」正鐵大施主 李戊生」材木施主鄭或」淸演」朴男」愼永好」許白令」食鹽施主 李志孫」
本寺」智閑」應香」幸見」無雲」智玄」智海」印宗」雪嚴」惠元」山人大德 智儀」智海」
證明 双信」持殿 德守」畫員 淸虛」法玄」賢允」勝浩」別座 敬海」供養主 戒嚴」智安」來往
人 太英」得男」幹善道人 天佑比丘」
願以此功德普及於一切我等與衆生當生極樂國」

83. 익산 숭림사 성불암 불상, 1640년

寫 成佛庵 佛像, 坐臺 記文」
崇德五年庚辰二月日 全羅北道 臨陂地鷲聖山佛」明寺 佛像 彌陀觀音大勢至 三尊釋迦如來三
尊」成佛,彌陀,獨聖, 五月初一日造成已畢」
淸風衲子 幹善道人 大化師 卓規比丘」證明 靈寬比丘」持殿 性全比丘」大畵員 法靈比丘」哲學
比丘」覺玄比丘」慧熙比丘」祖能比丘」惠元比丘」
緣化」
別座 云律比丘」供養 戒男」別熟頭 敬淨比丘」元熟頭 印海比丘」命生」勝男」寶日」
彌陀尊像 新造成之後 康熙五十二年癸巳 修」淨道人 法堂新建之次 尊像 改金之後 乾隆四」十二
年丁酉三月錦閏道人 佛像改金 與幀佛五軸」新造成」
化主 錦閏僧 修淨之孫弟也」
淸崇德午年」李朝仁祖十八年」단기 三九七三年庚辰」(四二九□年 現在 三一八年)」

84. 완주 송광사 지장삼존상과 명부 존상, 1640년

腹藏記」
庚辰年七月日 西方山松廣寺 十王造成記功記」
昔牧牛子新羅之大聖窮尋名勝之地乃得地霙也奇哉白頭之一脈南流作奇靈之嶽名曰西」方山寺
之」得名松廣壬戌春慷慨僧輩欲續」眞聖之志彼草結茅廬過各後癸亥春法堂二層開也初層化主
雲淨上層化主德林(琳)同共」構成而後戊寅春克律僧後佛幀畵成又一安僧爲丹靑也又勝明僧具
身年正門成建而後具人」又庚辰春」十王造成始於三月訖功七月日也兼設佛事也大哉全州一境
外不出成之㮣妓四事施主同」共發願」同成佛道」願我臨欲命終時盡除 一切諸 障涯面見彼佛地
藏菩薩卽得往生西方安樂利」願以此 共德 普及於一切我等與衆生 皆共成佛道」

85. 보은 법주사 약사삼존상, 1641년

崇德六年辛巳八月日 俗離山大法住寺藥師殿佛像三尊安于」
證明 靈眞 畵員 衍默 懷默 太應 信允 印胡」持殿 智熙」別座 儀淳」化主 宝應 性熏」飯頭 雪
軒」熟頭 學性 雪宗」來往 日胡 戒澄 法玄」

86. 완주 송광사 삼세불상, 1641년

① 복장기 A
崇禎十四年」崇德六年 歲次辛巳六月二十九日佛像施主目錄」
釋迦如來大施主 僉知金於獅兩主」供養大施主 同知朴連孫兩主」藥師如來大施主 金千福兩主」
供養大施主 同知李彦希兩主」阿彌陀如來大施主 金漢男 兩主」供養大施主 姜仁國兩主」腹藏
經大施主 同知文同介兩主」腹藏經大施主 金益江兩主」金成男兩主」守安比丘」勝寶比丘」義
哲比丘」信學比丘」日應比丘」佛供施主 鄭松福」
各各結願隨喜施主與緣化比丘等」賜報恩闡敎圓照國一都大禪師大功德主覺性」
老德 覺海」證明 弘印」持殿 克謙」畫員 淸憲」法令」惠澄」會海」法玄」雲賾」元澤」天元」
靈竺」賢允」贊日」法密」惠熙」信雄」見牛」靈隱」惠遠」
別座 忠印」供養主 敬藏」智禪」學性」得敏」緣化 道嘗」印宗」天竺」太衍」性卓」雪環」昆
淑」廣仁」智淳」天暉」住持 應浩」執事 得淳」都監 弘信」持寺 性明」三網 德明」一眞」畫
佛化主 克律」覺海」禪玉」文印」寶禪」三唯」信寬」德林」義行」四拈」森軒」弘海」印根」
明鏡」海和」書記 德敏」惠淡」進一」裕習」廣信」印悟」天日」圓覺」宗惠」杜悅」海連」呂
仁」天海」淨岩」德行」守雲」祖印」淸雲」信岑」英准」學連」能敏」義淳」忠允」道軒」
以此造像功德奉爲」主上殿下壽萬歲」王妃殿下壽齊年」世子邸下壽千秋速還本國」鳳林大君
增福壽亦爲還國」諸宮宗室各安寧 文武百僚盡忠良」先王先后祖宗列位仙駕與各各先亡父母
列」名靈駕戰亡将卒等俱生淨利親見諸」佛然後願無邊法界有識含靈遠離苦」海徑登佛地亦爲
已身現增福壽當生」淨域普度群生咸證無生之願」
佛像大化士 勝明」應岩」哲仁」惠賛」處能」印英」思淳」戒悅」敬衍」義明」雪玄」繼宗」陸
一」有文」戒信」太一」震雲」戒能」惠輝」英遠」太堅」靈淡」玉修」三應」性熙」智心」智
寬」宗洽」道旭」智禪」處心」信如」法湖」靈瑞」義均」敏玉」明遠」冲玉」懶黙」惠遠」勝
俊」惠俊」
② 복장기 B
崇禎十四年」崇德六年歲次辛巳六月二十九日佛像造成施主目錄」釋迦如來大施主 僉知金魚鱗
兩主」供養大施主 同知朴連孫兩主」藥師如來大施主 金千福兩主」供養大施主 同知李彦希兩
主」阿彌陀如來大施主 金漢男兩主」供養大施主 姜仁國兩主」腹藏經大施主 同知文同介兩主」
腹藏經大施主 金益江兩主」金成男兩主」守安比丘」勝寶比丘」義哲比丘」信學比丘」日應比
丘」佛供施主 鄭松福兩主」
各各結願隨喜施主與緣化比丘等」賜報恩闡敎圓照國一都大禪師大功德主覺性」老德 覺海」證
明 弘印」持殿 克謙」畫員 淸憲」法令」惠登」會海」法玄」雲賾」元澤」天元」靈竺」賢允」
贊日」法密」惠熙」信雄」見牛」靈隱」惠遠」別座 忠印」供養主 敬藏」智禪」學性」得敏」
緣化 道嘗」印宗」天竺」太衍」性卓」靈環」昆淑」廣仁」智順」天暉」住持 應浩」執事 得
淳」都監 弘信」持寺 性明」三綱 德明」一眞」畫佛化主 克律」覺海」禪玉」文印」寶禪」三
唯」信寬」德林」義行」四拈」森軒」弘海」印根」明鏡」海和」書記 德敏」惠淡」雙日」裕
習」廣信」印悟」天日」圓覺」宗惠」杜悅」海連」呂仁」天海」淨岩」德行」守雲」祖印」淸
雲」信岑」英准」學連」能敏」義淳」忠允」道軒」守天」太鑑」太訓」宗稔」太連」應圭」太
雄」坦信」法雲」勝學」雲信」德元」惠日」海信」性明」道圭」方會」智照」弘悟」三玄」智
衍」斗性」雲修」性一」熙彦」隱珠」淸俊」寶嚴」玉淸」杜文」太堅」靈淡」玉修」三應」性
熙」智心」智寬」宗洽」道旭」智禪」處心」信如」法湖」靈瑞」義均」敏玉」明遠」冲玉」懶
黙」惠遠」勝俊」惠俊」應岩」哲仁」惠賛」處能」印英」思淳」戒悅」敬衍」義明」雪玄」戒
宗」陸一」有文」成信」太一」震雲」戒能」惠輝」英遠」佛像大化士 勝明」
以此造像功德奉爲」主上殿下壽萬歲」王妃殿下壽齊年」世子邸下壽千秋遠還本國」鳳林大君
增福壽亦爲還國」諸宮宗室各安寧 文武百僚盡忠良」先王先后祖宗列位仙駕與各各先亡父母列
各靈」駕戰亡將卒等俱生淨利親見諸佛然後」願無邊法界有識含靈速雜苦海徑登佛」地亦爲已

身現增福壽當生淨域普度群」生咸證無生之願」
③ 복장기 C
崇禎十四年」崇德六年歲次辛巳六月二十九日佛像造成施主目錄」釋迦如來大施主 僉知金於獜
兩主」供養大施主 同知朴連孫兩主」藥師如來大施主 金千福兩主」供養大施主 同知李彦希兩
主」阿彌陀如來大施主 金漢男兩主」供養大施主 姜仁國兩主」腹藏經大施主 同知文同介兩主」
腹藏經大施主 金益江兩主」金成男兩主」守安比丘」勝寶比丘」義招比丘」信學比丘」日應比
丘」佛供施主 鄭松福兩主」金壯同兩主」吳嵤山兩主」軍丁介保體」乭介保體」班乞屎兩主」
禮成保體」玉伊保體」訥乑保體」
各各結願隨喜施主與緣化比丘等」賜報恩闡敎圓照國一都大禪師大功德主覺性比丘」老德 覺海
比丘」證明 弘印比丘」持殿 克謙比丘」供養主 敬藏比丘」智禪比丘」學性比丘」得敏比丘」
畵員秩 淸憲比丘」法靈比丘」慧澄比丘」會海比丘」法玄比丘」雲賾比丘」元澤比丘」天元比
丘」靈竺比丘」賢允比丘」贊日比丘」法密比丘」惠熙比丘」信雄比丘」見牛比丘」靈隱比丘」
惠遠比丘」
緣化秩 別座 忠印比丘」道甞比丘」印宗比丘」天竺比丘」太衍比丘」性卓比丘」雪環比丘」昆
淑比丘」廣仁比丘」智淳比丘」天暉比丘」住持 應浩比丘」禪德 得淳比丘」一眞比丘」畵佛化
主 克律比丘」覺海比丘」禪玉比丘」文印比丘」弘信比丘」宝禪比丘」三唯比丘」信寬比丘」
德林比丘」三綱 德明比丘」持寺 性明比丘」義行比丘」四拈比丘」森軒比丘」弘海比丘」印根
比丘」明鏡比丘」海和比丘」書記 德敏比丘」惠淡比丘」雙一比丘」裕習比丘」廣信比丘」印
悟比丘」天日比丘」圓覺比丘」宗惠比丘」杜悅比丘」雲修」性一」熙彦」隱珠」淸俊」寶嚴」
杜文」玉淸」
海連比丘」呂仁比丘」天海比丘」淨岩比丘」德行比丘」守雲比丘」祖印比丘」淸雲比丘」信岑
比丘」英准比丘」學連比丘」能敏比丘」義淳比丘」忠允比丘」道軒比丘」守天比丘」太鑑比
丘」太訓比丘」宗稔比丘」太連比丘」應圭比丘」太雄比丘」坦信比丘」法雲」勝學」雲信」德
元」惠一」海信」性明」道圭」方會」智照」弘悟」太堅」靈淡」玉修」三應」性熙」智心」智
寬」宗洽」智禪」處心」信如」道旭」三玄」智衍」工性」法浩」靈瑞」義均」敏玉」明遠」冲
玉」懶默」惠遠」勝俊」惠俊」應岩」哲仁」惠贊」處能」印英」思淳」戒悅」敬衍」大一」義
明」雪玄」繼宗」陸一」有文」成信」震雲」戒能」惠輝」英遠」佛像大化士 勝明」
以此造像功德奉爲」主上殿下壽萬歲」王妃殿下壽齊年」世子邸下壽千秋遠還本國」鳳林大君
增福壽亦爲還國」諸宮宗室各安寧文武百僚盡忠良」先王先后祖宗列位仙駕與各各先亡父母列
各靈」駕戰亡将卒等俱生淨利親見諸佛」然後願無邊法界有識含靈速雜苦」海徑登佛地亦爲己
身現增福壽當生淨」域普度群生咸證無生之願」
④ 불상화주행적, 서울대학교 규장각 소장
全州府同領終南山松廣寺大法堂佛像」三尊新造成化主勝明持勸文出往京城」求檀信之際一日
大道之上幸逢一檀越此」世子近侍人白実男也化主禮拜〃造佛」塗金之事敍言良久白往憐之化
僧告」於世子〃嘉之胡國往來得黃金施與」化主勝明奉金勸文時促下來招良工」四十餘人三朔
之間三尊佛像壯大造」成坐相一丈二尺坐廣七尺三寸鍊磨」塗金光華瑞朗法殿玲瓏八路江山諸
刹」諸佛興然無雙〃此健善之功 世子」大君睿業淸輝於鳳閣鶴筭不光於」椿堂請祝一件大法堂
上樑文并書莊於」棟上一件成丹流傳寺中千秋萬歲」永不泯也時當我國十三世」先祖大王有男
多中第五男世子大君」金施造佛與化主勝明有緣成功後昆」編覽仰德敬手哉」
歲在乙巳六月日改案」各公殿聖像證師震默堂大禪師」法諱 一玉」

87. 진주 응석사 삼세불상, 1643년

大明崇禎十四年歲次癸未五月初一日凝石寺」佛像造成記」
夫晉陽之北有山曰集賢有寺曰凝石寺也自白龍兵火之後」蕩然空基者久矣白馬年中幹善道人敬
天克修日輝ㅊ」自念人事無常慷慨發願各持勸文始建法堂次成僧堂」梅月水月小寮畢而所乏者

　　　　조선시대 불상의 복장기록 연구

惟」佛像也有志之師見而嗟〃者年深久矣適有淸白道人太敬」者以單瓢壹衲周流八表偶然來此
自念天地之間最貴者」人也萬善之中最重者」佛像也以是癸未年中謹授勸文造成 三尊而因設」
落成而於是乎文」
施主秩」
佛像大施主 昔金守兩主」佛像大施主 姜萬令兩主」佛像大施主 介代兩主」面金大施主 崔貴兩
主」供養大施主 六月兩主」烏金大施主 朴黑山兩主」五色絲施主 李金伊兩主」腹藏大施主 林
恩龍兩主」引灯大施主 崔貴孫兩主」引灯施主 鄭祥兩主」引灯施主 長命上兩主」烏金施主 崔
石奉兩主」供養施主 姜壽富兩主」供養施主 玉無其叱金兩主」施主 河吾音祥兩主」施主 命代
單身」施主 莫代單身」施主 忝今兩主」施主 姜戒白兩主」施主 金貴伊兩主」施主 金龍兩主」
施主 鄭仁金兩主」施主 鄭鶴只兩主」施主 金厚立兩主」施主 崔成男兩主」施主 金莫難兩主」
施主 安弘兩主」施主 方好祥兩主」施主 孫月生兩主」施主 崔日祥兩主」施主 億只兩主」施主
朴日伊兩主」腹藏施主 淸允比丘」腹藏施主 勝宗比丘」施主 金祐金兩主」施主 金太山兩主」
施主 河忝男兩主」
畵貞秩」
證明 思信比丘」持殿 海雲比丘」畵貞 淸憲比丘」法玄比丘」元澤比丘」賢允比丘」乞惠比丘」
懶欽比丘」
緣化秩」
別座 靈主比丘」供養主 雪學比丘」學明比丘」道謙比丘」幹善道人 太敬比丘」淸雲比丘」玉堅
比丘」
本寺秩」
處仁比丘」日如比丘」元鑑比丘」性海比丘」覺默比丘」景熙比丘」元悟比丘」坦淳比丘」

88. 광양 백운사 아미타불상, 1643년

以此功德 弟子等 世世生生 在在處處 相好端嚴 梵行淸白 常設正法 具四 無碍 梵音淸雅 令人樂聞
傳佛心燈如迦葉 流通敎如阿難 神通如淨名 大智如文殊 大行女普賢 大慈如彌勒 大悲如觀音 大
願如地藏 大果如舍那 求不退轉 歸命禮三寶慈尊」
證明 山中大德太能大師」施主秩 金山立 奉眞 李仁孫 林孝男 金命連 命眞 貴之 漢卜金起春 曺景
興 禮祥 禹忠立 禹忠男 李應立 金起壽 韓命神 李德金 許文 許愛仙 柳元春 辛年 李文金 曹大興 金
南海 金彦南 辛孫 梁起世 朴連 禮從 照德 金忘年 金哲良 辛忝同 桃花 鄭生 仇立峯 金□春 應肥
李氏保体 張黔水 金乞屎 愛眞 吳世」弟子 處愚 德默 敬悟 崇信」施主 敬浩 灵熙 唯廣 雲修 希性
戒敏 大智 道克 戒玄 灵峻 鍊淳 太澄 法蓮 三印 福礼 德玉鞠雲龍 白乞欽 福禮 李世 延春 金德元
命春 李斗生 文祥祿 金義範 徐漢立 金忝龍 金産男 河明男 李世 金仲水 朴智成 卜立 億介 仇芿邑
石 林乞山 甘德 張貴仁 貴今 興我」持殿 玉寶」別座 信澤」供養主 智俊 琢成 信慈 海寶 灵運 愼
戒 行熏 澄元」畵員 印均 尙儀 慈敬 善河 明湛 秋生」化主 師順 三慧」
崇禎十六年癸未五月日」

89. 대구 용연사 지장삼존상과 명부 존상, 1643년

崇禎十六年歲次癸未」三月爲始琵瑟山龍淵」寺冥府十王新造像第」九都市大王」願以此功德
我等與衆生」普及於一切皆共成佛道」發願以歸命禮三寶」
檀越秩」
鄭愛男靈駕」朴无奇正兩主」金允京兩主」李忝千兩主」車大云兩主」湺今單身」華代單身」栢
梅單身」金緣忠單身」崔太英兩主」李今汝兩主」淸振比丘」一彦比丘」一學比丘」道應比丘」
勝璘比丘」呂輝比丘」一珠比丘」仅湖比丘」一淳比丘」靈璘比丘」敏元比丘」敏英比丘」依哲
比丘」戒宗比丘」法連比丘」戒印比丘」幸珠比丘」法贊比丘」太英比丘」車也外兩主」金右貞

兩主」金玉同兩主」方奉孫兩主」朴仁立兩主」宋難福兩主」朴仇里兩主」朴己生兩主」申愛立
兩主」佛德單身」山春兩主」姜卓立兩主」金彦守兩主」鄭万生兩主」金得生兩主」金文伊兩
主」李季元兩主」金好男兩主」金莫禮兩主」李吾孫兩主」處黙比丘」信草比丘」玉瓊比丘」惠
英比丘」法涅比丘」守安比丘」一远比丘」處敏比丘」
緣化秩」
證明 雙信比丘」持殿 敬云比丘」畵員」應慧比丘」熙莊比丘」孫弘比丘」處英比丘」雙修比
丘」唯冏比丘」戒贊比丘」道岺比丘」四龍」命弘」供養主 玄益比丘」戒弘比丘」彦機比丘」
愛立」別座 思印比丘」大化主 勝安比丘」李大立單身」

90. 순천 선암사 지장삼존상과 명부 존상, 1644년

① 발원문
時維崇德九年甲申孟秋辛亥日」奉」佛戒弟子化主坦海比丘及施主等」敬造幽冥敎主地藏菩薩
及無」毒鬼與十王等衆及判官鬼監齊」直符卒史諸班幷從眷屬願以此」功德普及於一切我等與
衆生」皆共成佛道」
② 연화질
化主宋汝珍誠恐仰達于」山中」僉位座下伏以今月初四日新造十王侍下□計伏」望僉尊侍等 不
彈炎霆枉赴淨齊之所前後」侍衛許座梵宮幸甚望願各庵僉尊後錄相」考各其庵藍轝及陽傘措□
右日早茶後□遣」枉臨千萬伏望」丁未五月初二日化主宋汝珍別座天習再拜」後錄」寒山殿左
使者」鳳栖庵弟一王」瑞雲庵右使者」性寂庵弟二王」天仙庵弟三王」隱仙庵左將軍」大乘庵弟
四王」大□寂弟五王」上院庵」古□寂」弟六王」靑雲庵弟七王」白蓮庵座臺」慈壽庵右將軍」
見聖庵弟八王」此亦中各侍像扶結皮葛岳十五把持」來寔望」
③ 축원방
祝願榜」地藏王大施主 通政大夫金銀鶴兩主」道明尊大施主 李雲信兩主」無毒王大施主 金孫伊
兩主」第一秦廣王大施主 善裕比丘」第二初江王大施主 通政大夫幸全比丘」第三宋帝王大施主
貴月單身」第四五官王大施主 德浩比丘」第五閻羅王大施主 金大閑兩主」第六變成王大施主 蘇
男伊兩主」第七秦山王大施主 善裕比丘」第八平等王大施主 通政大夫徐态男兩主」第九都市王
大施主 李德世兩主」第十五道轉輪王大施主 □奉日兩主」判官大施主 姜□正兩主」鬼王大施主
覺梅比丘」左將軍大施主 千秋男兩主」右將軍大施主 李日厚兩主」童子大施主 成儀春兩主」童
子大施主 妙楫比丘」使者大施主 弘寶比丘」使者大施主 慶初比丘」体木大施主 朴德龍兩主」烏
金大施主 鄭德明兩主」朱紅大施主 順花單身」黃丹大施主 全天祿」水塗黃大施主 春伊兩主」石
紫黃大施主 全守閑兩主」重靑大施主 全儀先兩主」眞彩大施主 咸日弘」精彩大施主 朴貴金主」
三綠大施主 徐他音伊」荷葉大施主 李從立兩主」龍淚大施主 金得男」龍淚大施主 明俊比丘」眞
墨大施主 朴貴日」腹藏大施主 金貴世兩主」腹藏大施主 太訥比丘」五香大施主 李乙生兩主」五
寶大施主 李同生兩主」五茶大施主 姜難水」五色絲大施主 金自信兩主」黃丹大施主 李凡石兩
主」初靑大施主 訓練奉司金應立兩主」囊布大施主 宗一比丘」供養大施主 林應主兩主」供養大
施主 慮鳴五兩主」座具大施主 林琢伊」引灯施主 朴壽連兩主」灯燭施主 李先立兩主」靑蜜施主
戊辰」末醬施主 林偈孫」末醬施主 命代兩主」食壜施主 鄭龍兩主」鐵物施主 金世한」施主 梁得
男」施主 梁守一兩主」緣化秩」飯頭善海」大悅比丘」淸卜」秋貴承兩主」勸化大功德主 淸信
居士宋汝珍兩主」引勸」居士李億世兩主」居士朴鴐男兩主」內外別座 天習比丘」
祝願榜」印禪」施主 敬祐」施主 明勝比丘」施主 玉修」灯燭施主 德浩」印淸」施主 學戒」慧
門」信旹」道冶」施主 性林」性根」玄鑑」雪淨」信靈」

91. 경산 경흥사 삼존불상, 1644년

① 발원문

歲在乙亥有僧海雲與義瓊惠寬學眞等卜地于」高鶴山之南麓謀建新刹海雲所聚禪僧兩堂之材」
未及赴役而身病義瓊惠寬學眞等召匠創建義」淡燔无盖之越三年丁丑眞寬爲法堂化主營建數」
年盖」瓦修粧旣畢法尙爲丹靑及繪佛化主數年之間丹」臒照躍法界儼然號曰慶興寺衆衲推靈圭」
爲佛像」化主諸處勸善三年之內凡具已備邀請全羅道」金山寺畵員始役于草庵證師名雙信畵員」
名」淸虛三關月而佛像已成奉安于法堂衆僧瞻拜」歡聲雷動共命鳥三之鳥爭疆於蓮花臺上鳴」
呼」千萬古草芥空山今乃爲一境大梵宮此非有數存」焉於其間耶於千萬年陵不變谷不遷佛像其」
永」無疆則普施衆生亦將福田無窮矣甲申五月二十二日」前參奉徐思選誌」
主佛大施主 李榮主兩主 左補處大施主 李彦良兩主 右」補處大施主 吳命守兩主 二靑大施主 禦」
侮將軍 金國明兩主」黃金大施主 眞寬比丘 淨齋米布施兼大施主 安夢山兩主」供養布施茶禮兼
大施主 安國男兩主 開眼大施主 曹成來兩主」齋米茶禮大施主 陳淵龍兩主 食鹽淸蜜大施主 仇
彦」忠兩主 淸蜜燈燭兼大施主 李彦好兩主 布施茶禮大施」主 李丙同兩主」釘子大施主 朴難好
兩主 腹藏大施主 朴好己」兩主 腹藏大施主 金汝哲兩主 大施主 李順兩主 大施主 徐」永和兩主
大施主 趙春發兩主 大施主 金玉守兩主 大施主」河龍華兩主 大施主 陳石音福兩主 大施主 孫千
萬兩主」大施主 金蕃生兩主 大施主 甘守兩主 施主 柳日兩主 施主」李春福兩主 施主 金松立兩
主 施主 申莫同兩主 施主 雲峯」兩主」施主 丁崇夫兩主 李吾左末兩主 鄭全同兩主 施主 李」義
善兩主 施主 金介屎兩主 施主 金介大兩主 施主 朴□信」兩主 施主 金文鶴兩主 施主 安精信兩主
施主 孝善兩主 洪泗龍兩主 金綠守兩主 施主 李同兩主 施主」施主 陳滄山兩主 申榮海兩主 曹慶
立兩主」
②
願以此功德普及於一切我等與衆生當極樂國同見」無量壽皆共成佛道」
寺內秩」
義瓊比丘」勝禪比丘」眞寬比丘」惠寬比丘」文信比丘」元學比丘」性覺比丘」義深比丘」宝囧
比丘」坦英比丘」法藏比丘」双益比丘」彦謙比丘」處玉比丘」彦奇比丘」印潭比丘」善道比
丘」忠湜比丘」玄己比丘」幸玄比丘」天海比丘」衍淸比丘」衍均比丘」弘戒比丘」覺撤比丘」
懷淨比丘」印潭比丘」幸修比丘」懷濟比丘」印海比丘」淨岑比丘」儀淨比丘」懷印比丘」衍贊
比丘」懷獻比丘」嚴和比丘」處日比丘」坦能比丘」淸元比丘」懷訥比丘」戒默比丘」法尙比
丘」道淳比丘」懷惠比丘」衍雄比丘」覺惠比丘」法心比丘」德獻比丘」熙淨比丘」信弘比丘」
覺惠比丘」懷益比丘」
緣化秩」
證明 雙信比丘」持殿 雲雨比丘」畵員 淸虛比丘 副畵員 英賾比丘」玄旭比丘 淨惠比丘 信雄比丘
懶欽比丘 榮伊」供養主 處玉比丘 懷哲比丘 來往 衍行比丘 聖俊」聖悅比丘 彦性比丘 衍聰 挺敏
保体」別座 忠信比丘」幹善道人 靈圭比丘」
③
崇禎十年丁丑六月日慶興寺新創記」
供養大施主 趙夢仙兩主」布施大施主 張雲善兩主」李敬日兩主」金春生」劉希世兩主」韓豆
音」朴得敏伏爲」亡父朴靑山靈駕」孫千萬」金業伊」滝德保体」韓從男」李奉尙」金乞伊兩
主」申英海」鐵物大施主 吳福伊兩主」李英杂」金蓓金」末醬大施主 李順伊兩主」供養施主 惠
寬比丘」
本寺運力秩」
義瓊比丘」文熙比丘」學眞比丘」竺岑比丘」智明比丘」敬詳比丘」元學比丘」儀環比丘」法藏
比丘」幸修比丘」彦兼比丘」釋明比丘」太均比丘」克雲比丘」學能比丘」儀淡比丘」印淡比
丘」彦哲比丘」處敏比丘」裕識比丘」釋明比丘」學信比丘」戒眞比丘」應湖比丘」哲雲比丘」
釋還比丘」慧日比丘」忠信比丘」卓淳比丘」敏學比丘」神明比丘」性愷比丘」懶發比丘」彦性
比丘」克勤比丘」處玉比丘」處日比丘」淨應比丘」學玄比丘」弘戒比丘」淨行比丘」學宗比
丘」裕印比丘」
本寺秩」

尙允比丘」三應比丘」法澄比丘」三俊比丘」工和比丘」慧天比丘」慧澄比丘」竺玄比丘」妙雲
比丘」懷淨比丘」海元比丘」天玉比丘」
緣化秩」
別座 慧寬比丘」供養主 處性比丘」覺湖比丘」智男比丘」應丹比丘」成造化主 眞寬比丘」蓋瓦
化主 覺慧比丘」
建陽二年丁酉三月日三創時謄書」
④ 대좌 묵서
順治一年甲申始 役二月每日造作 五月卄二日畢役」

92. 상주 남장사 아미타삼존상, 1645년

願文」
大聖觀世音菩薩」極樂敎主阿彌陀佛」大聖大勢至菩薩」窃聞法身非相卽有相而現身眞體無形
因假像而作體湛然空寂絶視聴而包含太虛常炤圓明離方處而廓周砂界由是大覺皇流慈也化三千
猶一家愛四生猶一子度苦海」之沉淪小弟子發心也是眞假爲一體慕萬德傾一心效優塡之造像伏
念弟子感前生之異報雜今世之釋末繆鰲支那未愒蓮邦虛稱出家實未入道嘆此身之浪生憫來世之
窒塞所以聊忄守小心輒任大事肘」談柄於黑羊炎朱之月惟始役於靑雞暮春之日於是倩一國之名
畵公造萬德之金仙氏匠未化於天上奇才巧無倫於世中般倕雖非負於香木誠不下於昔王操斧斫木
聲未徹於三十三天承佛神力澤惟及於隨喜諸人」而乃主極樂之敎主補觀勢之二補阿彌陀金色如
來無量壽無量光須摩提妙眞淨土極樂國安樂利越六八之大誓願願願皆度生之本願開二八之正觀
門門門悉攝化之眞門觀音大聖救世救苦普門示現願力弘」深三十二應應羣機於白花道場十四無
畏畏衆魔於竹紫叢邊大勢大聖誓願深重念佛三昧引衆生於紫棗塘上攝化行願導含識於向藕花中
八十種隨形之好妙粲若芬花三十二大士之相儀皦如圓月」倩玆澂善事雖如綴疏而完錦切可牟鍊
石而補天雖九牛之一毛尙萬德之三尊惟玆寶坊山名露陰寺號南長旣稱山之露陰陰雨露賴民叚之
德蔭頗多惟曰寺之南長長崎南勝名區之絶景最夥昔自」黑璃之歲適値斑衣之寇千古琚利一朝焦
土僧徒四獻爲鵲一聚粤有年之黙鼠韻釋名之尙輪不忍耕一場之痛悼遂成十五架之梵宮惟構堂之
久矣乃珚閣之空成即今昭陽恊洽玉珠上人」投誠千種愚萬意端慕圓滿之黃金色圖白玉毫煒燁之
白玉毫於斯旣就金相欲安玉殿則時維六月序屬三庚涓吉日擇甞取今月卄一日鬼鬼滿月眞容奉安
于靑蓮獅子妙菩」提之座上焖焖海雲毫光炤徹向百億乾坤娑訶界之利中香□金爐聲震紺殿勝事
云瞻禮告罷以此功德伏願 主上殿下仁逾解網德盖彈琴 王妃殿下金技釀瑞玉葉」産祥世子邸下螽
羽蟄蟄國儲綿綿亦願金諾大檀信垂手諸蒲塞現世則人敬而神佑宗牟邵希文之脫難福來誠類劉惠
仲之無驚來生則芙蓉池內與諸聖而游戲菡萏花中接」勝友而盤桓鸚鵡孔雀共命頻伽之聲無日不
聒於耳畔琉璃瑪瑙黃金界道之色非時未見於眼中抑願小·結因檀子之輩汲·運力執勞之流面覩
白玉毫身秉紫金座伏祈幹善比丘玉」珠白業頓增惡緣漸消五雲堂中學善導之垂語永作不退佛子
七珚舫內交效曇鸞之現形長爲勸進導師餘波攸曁沐蒸祐」
大施主秩」
李天慶」尹勝龍」金天禮」張壽」張應祥」李蓓男」李志南」李勝南」比丘道眞」文莫山」全彦
希」崔志致」莫介」金傑伊」全御屯」申忠己」宋莫同」廉白山」廉應祥」文吉」朴樂只」申春
發」黃日」李山水」崔石龍」劉鳳壽」吳遠日」崔乭金」高淂銀」仇福壽」聖代」金碍金」張秋
日」李軒赴」申眞」權男」蘭德」申福南」朴成祿」徐允承」鳳禽」李善南」尹淂連」椿荷」
寺中韻釋秩」
尙輪」淨眥」忠雲」應天」淸涼」聖賢」忠信」性湖」時首僧 虔林」時三寶 妙嚴」證明 名現尊
宿 智熙」畫匠秩」海東畫名」淸虛」英賾」玄旭」天輝」懶欽」法燦」緣化秩」別座 義心」飯
頭 覺靈」熟頭 熙玉」勝雲」簸箂 義行」負木 松砬」來往 戒融」幹善 道玉珠」
甞維 順治二年歲在乙酉 癸未月 辛未日 雲衢醉朋子復元書」

93. 산청 율곡사 아미타삼존상, 1645년 추정

前日造緣創始化士施主之名杳無所記而但座臺書之于乙酉六月」十九日始役而畢役七月十九日
云也今則」乾隆十一年丙寅閏三月初六日佛像上金始役畢功奉安于」其月二十五日也」
緣化秩」
證師 寒巖大禪師 星岸」暎巖大禪師 載旺」誦呪 梅谷堂致憲」禪師慧聞」禪師幸俊」知殿 大魚
山 禪師普觀」大金魚 全羅道 任實縣新」興寺住 大德禪師 觀性」六閣 致一」供養主 旻性」性
海」太演」至㻛」司木兼淨桶直 勝和」化士 嘉善大夫前任在雄」化士 通政大夫前任性天」別座
嘉善大夫前任省宗」
本寺秩」
山中大禪師處閑」山中老德大允」山中老德琢琳」山中老德仁善」山中老德妙益」山中老德廣
照」前僧統大覺登胜 明悅」前僧統通政大夫 省性」時僧統 通政大夫 利淵」三綱 持殿 月忍」書
紀曇悅」三補 勝俊」
來往秩」
納判司 勝策」通政 會悅」嘉善 最卷」
施主秩」
大施主 善女 金桂林 錢六十八兩」大施主 嘉善大夫 廣淳 租金五十石」大施主 嘉善大夫就澄 錢
五十五兩」大施主 通政大夫四瑞 錢四十五兩」施主 通政大夫廣澤 錢」大施主 通政大夫尹萬一
烏金伴」供養施主 仁善」供養施主 通政琢林」供養施主 嘉善最卷」供養施主 通政休眼」供養
施主 妙益」供養施主 申千鶴」供養施主 高時佑」供養施主 金興發」供養施主 通政鄭進達」淸
密施主 通政李發」供養施主 通政金世奉」供養施主 通政姜日寬」供養施主 沈江東」供養施主
李世佑」供養施主 崔善發」供養施主 高元于」供養施主 鄭再昌」
願以此功德普及於一切我等與衆」生皆共成」佛道」

94. 평창 상원사 제석천상, 1645년

① 발원문(1645년)
供養布施兼大施主 金氏玉梅靈駕」施主 朴豪基兩主」造成大施主 朴嵒金兩主」布施大施主 朴
勝男兩主」布施大施主 金态大兩主」布施大施主 金順一」布施大施主 崔洽良兩主」布施大施主
金守禮粉切兩主」供養大施主兼大施主 李鷲兩主」供養大施主 女異堂兩主」黃金大施主 李氏庚
子生兩位」黃金大施主 金氏一禮保体」面金大施主 崔氏朱英兩位」佛像黃金大施主 金継知兩
主」佛像大施主 貞夫人 李氏兩位」金長禮兩主」金先禮玉代兩主」金內叱金兩主」李氏梅香兩
主」塗壁施主 勝春南兩主」供養施主 德介保体」供養施主 愛月兩主」
良工 大禪師 性倫」禪師 崇暉」寶機」處一」法機」英特」善機」崇信」信旭」六坦」正遲」冲
洽」供養主 僅淡」惠照」熟頭 智理」義浩」埋均」妙嚴」別座 處浩」持殿 宗熙」勸化大禪師
覺海」
順治二年歲次乙酉六月十三日」寶修」性軒」慶悅」處菴」覺祥」正仁」應元」住持 心寬」雪
晴」釋仁」
山中大德」禪覺」證明 禪宗大禪師 性正」
王妃殿下壽齊年」主上殿下壽萬世」世子仙駕願往生」
丁丑年李氏保体」面金施主 貞叔翁主李氏靈駕」金氏李氏保体」壬午生癸未生保体」丁卯生李
氏保体」龍露施主 李溟兩位」丙寅生 李氏保体」朱氏巨勿里兩主」趙氏永環保体」趙德守兩
主」李棻震 靈駕」比丘尼 性玄保体」
② 바닥면 주서(1862년)
帝釋天王」證明 扁隱大琳」誦呪 無住禪學」金魚 金谷永環 化主比丘 瑢燁」施主 坤命丁丑生林
氏現增福壽當生極樂」同治元年壬戌五月念始六月旬畢」

95. 군산 불주사 관음보살상, 1646년

維大淸順治三年歲在丙戌十月日弟子」自皓比丘本以法界中一浮漚身承宿微因」出入空門聞法
生信得悟無常幸同風入畵角」之中年登四十有四自奔前世之薄祐乞千家撮粟」建三竿精舍仍又
丹而䕃之瓦而盖之壁而塗之其」爲輪煥可勝量哉然後請工雕造觀音大士滿月華」容奉安此殿兼
復親燒片惠供養三世一切」三寶伏願以此殊勝功熏已往先亡親瞻睟相栖身」於十刹雲中邁迹於
九重天上作三賢十聖之眷」屬銷千劫百劫之寃結然後前用莊嚴廣申誓」願天竺之所覆壽日車之
所照臨蠢動蚑翾飛焦」焚蟄溺咸據愛網速證籌筌然後願 君有德」早圖炤於西極願已有緣終輔
處於東邊則月」面光中宛同奔月身雲影下永罷行雲來爲」桂苑行人去作桑丘使者願已發願已歸
命」禮三寶 山人 英絢書」
木造觀音菩薩施主秩」
順治丁亥四月施主秩」
佛像施主 自皓比丘 施主洪連」比丘 各各施主見聞隨喜等」
緣化秩」
證明 處祐比丘」持殿 玉玄比丘」畵員 應惠比丘 戒替比丘」淸眼比丘 往來 雲藏比丘各各」緣化
等化主 自皓比丘」

96. 구례 천은사 아미타불상, 1646년

崇禎十九年歲次丙戌八九月日全羅」道南原府地東嶺智異般若峯西麓修道菴堂主阿彌陁佛左右
補處」尊像造成服藏發願文」願我以諸佛造像功德十方世界生死六」道一切衆生同歸淨土同見
彌陁同聞淨」法同化衆生盡未來際無間斷身口意」業無有疲厭虛空有盡我願不盡惟願」三寶
證明功德」主上三殿下壽萬歲」天下大平法輪轉」
主佛大施主 高氏應伊單身」面金大施主 崔戒老單身」面金大施主 福禮單身」座具大施主 河靑荷
兩主」供養大施主 王景祥兩主」供養施主 金義吉」布施施主 李志文兩主」施主 崔命仇之兩主」
布施 李志男南兩主」朱紅施主 鄭喬孫」腹藏施主 法敏比丘」燈燭施主」朴有信兩主」施主 金石
文兩主」施主 金豊立」施主 介單身」施主 戒日」末醬大施主 金億金兩主」施主 思良介兩主」鐵
物大施主 張汝雄兩主」泥金大施主 韓立主兩主」烏金大施主 梁德生兩主」供養大施主 梁善伊單
身」供養施主 姜孝男兩主」布施施主 金暹伊兩主」施主 金福連兩主」施主 黃福兩主」腹藏施主
元悟比丘」淸蜜施主 天德兩主」灯燭施主 鄭起祥兩主」施主 天俊比丘」施主 張金」施主 今香兩
主」施主 敬俊灵駕」施主 梁萬石兩主」施主 金彦金兩主」食鼎施主」河伊兩主」
禪師列錄」
禪師 大珠比丘」道修比丘」義相比丘」都攝 眞一比丘」天雲比丘」卯雄比丘」禪機比丘」惠雲
比丘」三玄比丘」楚允比丘」智熏比丘」天應比丘」證師 双印比丘」匠主列次」勝日比丘」熙
藏比丘」太元比丘」性照比丘」戒贊比丘」天學比丘」寶海比丘」行者 戒明寶體」智元比丘」
僉知勝元比丘」尙圭比丘」信明比丘」義岩比丘」信全比丘」太俊比丘」守熙比丘」學堅比丘」
釋寶比丘」緣化」禪機比丘」處安比丘」自弘比丘」印球比丘」天學比丘」敬閑比丘」□性比
丘」英益比丘」別坐 天印比丘」法敏比丘」禪一比丘」引勤化主 智嚴」大化士 德祐」

97. 대구 보성선원 석가삼존상, 1647년

① 석가불상
願文」
願我造佛像功德以豈細事乎十方世界死生六道一切衆生同歸淨土親見諸佛同聞正法同成正」覺
順治二年六月日慶尚道居昌縣東面牛頭山見岩寺以今月二十四日佛像三尊造畢而後開列于后」
佛像大施主 吳山端兩主 朴戒達單身」主佛大施主 李影湖兩主」左補處大施主 山春兩主 朴命福

兩主」右補處大施主 權應男兩主」面金大施主 金希真兩主」面金大施主 梁无(無)音聲兩主」面金大施主 朴顧公單身」黃金大施主 嚴命千兩主」黃金大施主 諸談音沙里單」黃金大施主 文從鶴兩主」烏金大施主 金夢日單身」烏金大施主 全竟單身」烏金大施主 內隱鶴兩主」裴袍施主 朴愛男兩主」裴袍施主 吳山福兩主」裴袍施主 高承竟兩主」開眼大施主」開眼大施主」開眼大施主」點筆施主」點筆施主」點筆施主」布施主施主」布施主施主」布施主施主」共養大施主 朴太福兩主」供養大施主 孔介福兩主」供養大施主」供養大施主 應談比丘」供養大施主」腹藏大施主 釋湛比丘」腹藏大施主 三允比丘」朴順男兩主」腹藏大施主 印珠比丘」腹藏大施主 雷雄比丘」姜愛福兩主」朱紅施主 金奉立兩主」泥師團施主」圍團施主」座具施主」喉呤筒施主 仇福兩主」五色絲施主」綿子施主」印珠比丘」惠准比丘」雲默比丘」法岑比丘」灵(靈)鑑比丘」惠元比丘」普輝比丘」宗海比丘」信英比丘」印岑比丘」坦湖比丘」德融比丘」古仁比丘」惠日比丘」太仁比丘」印球比丘」雷嘗比丘」淨日比丘」法林比丘」日訓比丘」處淳比丘」處能比丘」處還比丘」學淳比丘」敬湖比丘」三機比丘」三玄比丘」三允比丘」道行比丘」思淨比丘」妙連比丘」禪敏比丘」雷玉比丘」卓令比丘」禪坦比丘」禪機比丘」禪淨比丘」禪照比丘」禪冶比丘」禪日比丘」禪賛比丘」元植比丘」元六比丘」元坦比丘」學能比丘」學哲比丘」惠元比丘」信英比丘」文悅比丘」居士金影單身」
緣化」
證師 性寬比丘」持殿 慈雲比丘」畵員 玄旭比丘」懶欽比丘」玄鑑比丘」侍者 亥伊單身」供養主 雷雲比丘」供養主 學清比丘」來往僧 學日比丘」別座 雷雄比丘」大化士 惠學比丘」化士 思慧比丘」時三寶 道日比丘」
② 문수보살상
願文」
願我造佛像功德以豈細事乎十方世界死生道六一切衆生同歸淨土親見諸佛同聞正法同成正覺」順治二年丁亥六月日慶尙道居昌縣東面牛頭山見岩寺以今月二十四日佛像三尊造畢而後開列于后」
佛像大施主 吳山端兩主」朴戒達單身」主佛大施主 李影湖兩主」左補處大施主 山春兩主 朴命福」右補處大施主 權應男兩主」面金大施主 金希真兩主」面金大施主 梁无(無)音聲兩主」面金大施主 朴顧公單身」黃金大施主 嚴命千兩主」黃金大施主 諸談音沙里單」黃金大施主 文從鶴兩主」黃金大施主」黃金大施主」烏金大施主 金夢日單身」烏金大施主 全竟伊單身」烏金大施主 內隱鶴兩主」裴布大施主 朴愛男兩主」裴布施主 吳山福兩主」裴布施主 高承竟兩主」開眼大施主」開眼施主」開眼施主」點筆施主」點筆施主」點筆施主」布施主」布施主」布施主」布施主」喉呤筒施主 仇福兩主」供養大施主 朴太福兩主」供養大施主 孔介福兩主」供養大施主」供養大施主 應談比丘」腹藏施主 釋湛比丘」腹藏施主 雷雄比丘 朴順男兩主」腹藏施主 三允比丘 姜愛福兩主」腹藏施主 印珠」泥師團施主」圍團施主」喉呤筒施主」座具施主」朱紅施主 金奉立兩主」荷葉施主」五色絲施主」印珠比丘」惠准比丘」雲默比丘」法岑比丘」灵(靈)鑑比丘」惠元比丘」普輝比丘」宗海比丘」信英比丘」印岑比丘」坦湖比丘」德融比丘」古仁比丘」惠日比丘」太仁比丘」球印比丘」淨日比丘」法林比丘」日訓比丘」雷嘗比丘」處淳比丘」學淳比丘」處能比丘」處還比丘」敬湖比丘」三機比丘」三玄比丘」三允比丘」道行比丘」思淨比丘」妙連比丘」禪敏比丘」雷玉比丘」卓令比丘」禪坦比丘」禪機比丘」禪淨比丘」禪照比丘」禪冶比丘」禪賛比丘」禪日比丘」元植比丘」元六比丘」元坦比丘」學能比丘」學哲比丘」學林比丘」惠元比丘」信英比丘」文悅比丘」居士金影單身」緣化」證明 性寬比丘」持殿 慈雲比丘」畵員 玄旭比丘」懶欽比丘」玄鑑比丘」侍者 亥伊」供養主 雷雲比丘」供養主 學清比丘」來往 學日比丘」別座 雷雄比丘」化士 惠學比丘」化士 思慧比丘」時三寶 道日比丘」
③ 보현보살상
願文」
願我造像功德以豈細事乎十方世界死生六道一切衆生同歸淨土親見諸佛同聞正法同成正覺」順治二年丁亥六月日慶尙道居昌縣東面牛頭山見岩寺以今月二十四日佛像三尊造畢而後開列于

后」
佛像大施主 吳端兩主」朴戒達單身」主佛大施主 李影湖兩主」朴命福兩主」左補處大施主 山春兩主」右補處大施主 權應男」面金大施主 金希真兩主」面金大施主 梁无(無)音聲兩主」面金大施主 朴顧公兩主」黃金大施主 嚴命千兩主」黃金大施主 諸談音沙里兩主」黃金大施主 文從鶴兩主」烏金大施主 金夢日兩主」 烏金大施主 全竟兩主」烏金施主 內隱鶴兩主」裛布施主 吳山福兩主」裛布施主 朴愛男兩主」裛布施主 高承竟兩主」開眼施主」開眼施主」開眼施主」點筆施主」點筆施主」布施主兩主」布施主」供養大施主 太福施主兩主」供養大施主 孔介福兩主」供養大施主」供養施主」腹藏施主 釋湛比丘」腹藏施主 三允比丘」腹藏 雷雄比丘」腹藏 朴順男兩主」座具施主」喉吟筒施主 仇福兩主」五色絲施主」綿子施主 應談比丘」寺內 印珠比丘」惠准比丘」法岑比丘」雲默比丘」靈鑑比丘」惠元比丘」普輝比丘」宗海比丘」信英比丘」印岑比丘」坦湖比丘」德融比丘」古仁比丘」惠日比丘」太仁比丘」印珠比丘」雷嘗比丘」淨日比丘」法林比丘」日訓比丘」處淳比丘」學淳比丘」處還比丘」處能比丘」敬湖比丘」三機比丘」三玄比丘」三允比丘」道行比丘」思淨比丘」妙連比丘」禪敏比丘」雷玉比丘」卓令比丘」禪坦比丘」禪機比丘」禪淨比丘」禪照比丘」禪洽比丘」禪日比丘」禪贊比丘」學哲比丘」學能比丘」元植比丘」元六比丘」元坦比丘」惠元比丘」信英比丘」文悦比丘」居士 金影單身」
緣化」
證明 性寛比丘」持殿 慈雲比丘」畫員 玄旭比丘」懶欽比丘」玄鑑比丘」侍者 亥伊單身」供養主 雷雲比丘」供養主 學清比丘」來往僧 學日比丘」別座 雷雄比丘」大化士 惠學比丘」大化士 思惠比丘」時三寶 道日比丘」

98. 해남 도장사 석가삼존상, 1648년

① 석가불상
順治五年戊子春之始造夏之五月日旣畢也」願以此功德普及於一切我等與衆生皆共成佛道」
佛像大施主 金太生兩主」佛像大施主 岑春兩主」佛像大施主 功訥比丘」供養大施主 張興信兩主」供養大施主 儀英比丘」面金大施主 李春金兩主」香兩主」等」面金大施主 郭希奉兩主」面金大施主 吳得憐兩主」面金大施主 崔義立兩主」面金大施主 朴甲生兩主」体金大施主 韓乃兩主」布施大施主 朱應龍兩主」烏金大施主 明金兩主」烏金大施主 裴春發兩主」烏金施主 韓龍虎兩主」烏金大施主 金生兩主」佛龕施主 态生保体」佛龕施主 韓春每兩主」佛龕施主 戒生單身」供養施主 日應比丘」供養施主 斗衍比丘」供養施主 敬海比丘」供養施主 白成男兩主」供養施主 勝玄比丘」供養施主 朱順兩主」供養施主 勝哲比丘」囊布大施主 難德保体」腹藏大施主 宝日比丘」腹藏大施主 性覺比丘」座臺大施主 法贊比丘」座臺大施主 鄭伐里兩主」朱紅腹藏大施主 李态金兩主」揮帳施主 惠云比丘」朱紅施主 裴春立兩主」毛丹施主 金松竹兩主」鐵物施主 金福兩主」眞彩施主 金令奉兩主」朱紅施主 李戒尙兩主」龍露施主 宗敬比丘」龍露施主 智惠比丘」龍露施主 金愛南兩主」朱紅施主 李戒男兩主」龍路施主 金延洙兩主」
燈燭施主 海印比丘」燈燭施主 双印比丘」燈燭施主 楚嘗比丘」引灯施主 任奉生兩主」引灯施主 白男兩主」末醬施主 双圭比丘」末醬施主 方山湖兩主」食鹽施主 金白立兩主」茶角施主 宝音金兩主」供養施主 韓一萬兩主」供養施主 張振漢兩主」施主 李承男兩主」施主 默厚元兩主」施主 得非兩主」施主 千伊兩主」施主 高敬男兩主」施主 春月兩主」妍脂施主 柳承」妍脂施主 郭忠兩主」施主 崔昆無作兩主」施主 鄭态龍兩主」施主 金進希兩主」施主 李成男兩主」施主 丁秋兩主」施主 丁文兩主」施主 金奉伊兩主」施主 朴厚元兩主」施主 李厤音山兩主」供養主 尙文比丘」施主 李水生兩主」施主 明雨比丘」施主 玉潤比丘」施主 僅明比丘」施主 日守比丘」施主 白一比丘」施主 妙尙比丘」朝鮮一國名現大德」逍遙大師 太能比丘」碧岩大師 覺性比丘」湖衍大師 太浩比丘」大德 戒益比丘」大德 靈悟比丘」大德 性悟比丘」大德 處愚比丘」大德 守楚比丘」大德 戒愚比丘」大德 灵元比丘」大德 琢珪比丘」大德 正玄比丘」大德 印旭比丘」

首座 守一比丘」首座 普濟比丘」首座 性甘比丘」首座 依玉比丘」大德 敬悅比丘」大德 天海比
丘」大德 覺元比丘」禪師 釋解比丘」禪師 一閑比丘」禪師 印海比丘」
緣化秩」
證明 嚴澤比丘」持殿 自浩比丘」持殿 普濟比丘」
畵員秩」
師翁 幸思比丘」養師 無染比丘」首畵員 海心比丘」性寬比丘」勝秋比丘」宗稔比丘」智准比
丘」敏機比丘」三侃比丘」道均比丘」明照比丘」敬聖比丘」侍者戒立」英桀」供養主 海雄比
丘」海敬比丘」往來 海林比丘」尙宝比丘」宗敏比丘」智淳比丘」智彦比丘」別座 僅暎比丘」
大功德主勸化淸」信居士九十老」翁全春鶴單身」助緣 斗衍比丘」首僧 勝玄比丘」三綱 法贊比
丘」腹藏施主 宝仁比丘」
② 보살상
順治五年戊子春之始造成畢夏之五月日皆成也」願以此功德普及於一切我等與衆生皆共成佛道」
佛像大施主 金太生兩主」佛像大施主 岑春兩主」佛像大施主 功訥比丘」供養大施主 張汝信兩
主」供養大施主 儀玲比丘」面金大施主 宝堅比丘」面金大施主 李春金」面金大施主 礼香等兩
主」面金大施主 郭希奉兩主」面金大施主 吳得憐兩主」面金大施主 崔儀立兩主」面金大施主
朴甲生兩主」体金大施主 韓斤乙乃兩主」布施大施主 朱應龍兩主」烏金施主 明金伊兩主」烏金
施主 裵春發兩主」烏金施主 金得難兩主」烏金施主 韓龍虎兩主」烏金施主 今生兩主」佛前施
主 态生保体」佛前施主 韓春每兩主」佛殿施主 戒生單身」供養施主 一應比丘」供養施主 嚴衍
比丘」供養施主 敬海比丘」供養施主 白成福兩主」供養施主 勝玄比丘」供養施主 朱順兩主」
供養施主 勝哲比丘」裹布大施主 難德 保体」腹藏大施主 宝日比丘」腹藏大施主 性覺比丘」坐
臺大施主 法贊比丘」坐臺大施主 鄭伐里兩主」朱紅腹藏兼大施主 李态金兩主」揮帳施主 惠云
比丘」朱紅大施主 裵春立兩主」毛丹大施主 金松竹兩主」鐵物大施主 金福兩主」眞粉施主 金
令奉兩主」朱紅施主 李戒尙兩主」朱紅施主 李戒男兩主」龍腦施主 宗敬比丘」龍腦施主 智惠
比丘」龍腦施主 金愛男兩主」龍腦 金筵朱兩主」燈燭大施主 海印比丘」燈燭施主 双印比丘」
燈燭施主 楚嘗比丘」引燈施主 任奉生兩主」引燈施主 白男兩主」末醬施主 双主比丘」末醬施
主 方山海兩主」食塩施主 金白立兩主」茶角施主 甫音金兩主」供養施主 韓一萬兩主」供養施
主 張振漢兩主」施主 李承男兩主」施主 默厚元兩主」施主 得非兩主」施主 千伊兩主」施主 高
敬男兩主」施主 春月兩主」妍女(旨)施主 柳承兩主」妍女(旨)施主 郭忠國兩主」施主 崔(同+
叱)無作只兩主」燈燭施主 鄭态龍兩主」施主 金進希兩主」施主 李成男兩主」施主 丁秋兩主」
施主 丁文兩主」施主 金奉伊兩主」施主 朴厚元兩主」水糆施主 李麻音山兩主」施主 李水生兩
主」施主 韓厚一兩主」供養施主 尙文比丘」施主 明愚比丘」施主 玉問比丘」施主 日守比丘」
施主 儀明比丘」引燈施主 通彦比丘」施主 自曰比丘」施主 妙尙比丘」
大德秩」
逍遙大師 太能比丘」碧峯大師 覺性比丘」湖衍大師 太胡比丘」大師戒益比丘」大師靈悟比丘」
大德 性悟比丘」大德 處雨比丘」大德 守楚比丘」大德 戒愚比丘」大德 灵元比丘」大德 琢珪比
丘」大德 敬悅比丘」大德 廣海比丘」大德 天海比丘」大德 正玄比丘」大德 覺元比丘」大德 印
旭比丘」大德 釋海比丘」禪師 功敏比丘」
山中首座秩」
首座 守日比丘」首座 普濟比丘」首座 懷玉比丘」首座 性甘比丘」
緣化秩」
證明 嚴澤比丘」持殿 自胡比丘」普濟比丘」
畵員秩」
師翁 幸思比丘」養師 無染比丘」首畵 海心比丘」性寬比丘」勝秋比丘」宗稔比丘」智准比丘」
敏機比丘」三侃比丘」道均比丘」明照比丘」敬聖比丘」侍者 戒立單身」英榮單身」供養主
海雄比丘」海敬比丘」來往 海林比丘」尙宝比丘」宗敏比丘」智淳比丘」智彦比丘」別座 儀玲
比丘」大功德 勸化九十老人淸」信居士 無護單身」全春鶴」助緣化士 嚴衍比丘」首僧 勝玄比

丘」三綱 法贊比丘」腹藏施主 宝仁比丘」

99. 해남 도장사 아미타불상, 1648년

順治五年戊子春之始造畢□之五月日□畢也」願以此功德 普及抃一功 我等興衆生 皆共成佛道」
佛像大施主 金太生兩主」岑春兩主」
緣化秩」
訂明 嚴澤比丘」持殿 白胡比丘」持殿 普淸比丘」
畵員秩」
師翁 幸思比丘」養師 無染比丘」首畵 海心比丘」性寬比丘」勝秋比丘」宗稔比丘」智准比丘」
敏機比丘」三侃比丘」道均比丘」明照比丘」敬聖比丘」持者」戒立」英桀」

100. 여수 흥국사 지장삼존상과 명부 존상, 1648년

① 지장보살상
□□□」□□□□□□□諸員與□□小□□□□□□□□喜者及化士等同參發願者幷緣化良
工某甲等稽首歸命」□□□□□□□□□□聖尊道明和尚大□□□□□□□甲等求哀懺悔至
心乞請」□□□□□弘願自在化力普濟□□親奉聖慈同運悲心以某甲等虔誠某甲等敬造之
功現世來世劫生生天則快樂無窮生人則壽福無恨」□□□□不中夭心不敬亂正慧明了不經中
陰不入地獄一切雜形皆悉不受常得男身六根完具端正有潔無諸垢穢志意和雅恒思諸善常爲」
□□□□□□□護念同生極樂國同見無量壽如來同共發心同成正覺還度有緣衆生虛空有
盡我願無窮者矣以此勝功德」□□□□舜日長明法輪常轉那國恒安萬民咸熙」□□□□□□證
明」□□□□六月日誌」□□□□太湖」□□□□□勝俊」□□□□ 淡俊」□□□ 惠觀」□□
□眞」□□□□□□」□□□□信」□□□□□嚴」□□□□□梅」□□□□□」
大聖地藏菩薩大施主金正金兩主」淡行」智嚴」道冷」妙正」性文」性珠」思贊」德林」戒旭」
雪淳」學宝」道默」尙訓」思澄」思性」宝澄」又 尙訓」敬仁」敬煇」戒鍊」戒修」守仁」惠
敏」戒仁」宗印」印圭」靈應」天忍」雪□」守□」思旭」幸思」靈寬」太英」灵坦」印性」思
然」奇玉」忍宝」法洗」智宝」智淳信」玉敬」浩彦」法淸」三玄」應服」天楫」智岑」熙哲」
灵悟」戒然」宝英」自信」元淨」□密」性洗」戒贊」思淳」奇元」灵敏」虛默」天念」尙均」
贊俊」太灵」奇侃」奇玉」淸稔」靈敏」三戒」印和」信淑」方及」欽益」妙蓮」敏淳」灵機」
灵印」應行」信□」信剋」日澄」學文」日閑」三元」先益」信密」妙剋」善海」天允」戒深」
太初」妙淳」三忍」海敏」印應」信悟」釋憐」應憐」地藏大施主 黃到天兩主」布施施主 菊花
兩主」粉大施主 金立兩主」腹藏大施主 鄭春奎兩主」畵員 印均」尙仅」慈敬」灵侃」智玄」善
河」淳玉」淳一」淸學」德軒」明淡」頂峯」緣化秩」別座一寬」供養主弘寶」極岑」仅天」朴
金秋」大化士仇敬義」德梅」引勸丁永守」徐彦連」朴成立」三剛灵元」首僧懷甘」
② 무독귀왕상
願文」
興國寺內碩德諸員與大施小施善男善女見聞隨喜者及化士等同參發願者幷緣化良工某甲等稽首
歸命」幽冥敎主地藏大聖尊道明和尙大辨長者及十大冥王之殿下判官使者將軍童子等衆某甲等
求哀懺悔乞請」慈悲方便誓道弘願自在化力普濟群迷親奉聖慈同運悲心高懸業鏡照於愆瑕昭示
憲司明乎因果以某甲等虔誠某甲等敬造之功現世來世劫生生天則」快樂無窮生人則壽福無恨身
無病壽不中夭心不散亂正慧明了不經中陰不入地獄一切雜形皆悉不受常得男身六根完具端正有
潔無諸垢穢志意和雅恒」思諸善常爲地藏大聖十大冥王之所護念同生極樂國同見」無量壽如來
同共發心同成正覺還度有緣衆生虛空有盡我願無窮者矣以此勝功德」堯風永扇舜日長明法輪常
轉那國恒安萬民咸熙」十方諸佛同垂證明」順治五年六月日誌」
證明 大禪師太湖」禪宗判司勝俊」忠淸判司淡俊」大禪師惠觀」持殿 彦眞」無毒大施主 勝惠比丘」

조선시대 불상의 복장기록 연구

布施大施主 菊花兩主」粉大施主 金立兩主」腹藏大施主 鄭春奎兩主」引灯大施主 成昌運兩主」畵員 印均」尙義」慈敬」灵侃」智玄」善河」淳玉」淳一」淸學」德軒」明淡」頂峯」別座 一寬」供養主 弘寶」大化士 仇敬義」朴秋金 德敏」引勸 丁永守」徐彦蓮」朴成立」三剛 灵元」首僧 懷甘」

③도명존자상

願文」
興國寺內碩德諸員與大施小施善男善女見聞隨喜者及化士等同參發願者幷緣化良工某甲等稽首歸命」幽冥敎主地藏大聖尊道明和尙大辨長者及十大冥王之殿下判官使者將軍童子等衆某甲等求哀懺悔至心乞請」慈悲方便誓道弘願自在化力普濟群迷親奉聖慈同運悲心高懸業鏡昭於愆瑕昭示憲司明乎因果以某甲等虔某甲等敬造之功現世來世劫生生」天則快樂無窮生人則壽福無恨身無病壽不中夭心不敬亂正慧明了不經中陰不入地獄一切雜形皆悉不受常得男身六根完具端正有潔無諸垢穢志意和雅」恒思諸善常爲地藏大聖十大冥王之所護念同生極樂國同見」無量壽如來同共發心同成正覺還有緣衆生虛空有盡我願無窮者矣以此勝功德」堯風永扇舜日長明法輪常轉那國恒安萬民咸熙」十方諸佛同垂證明」順治五年六月日誌」
證明 大禪師太湖」禪宗判司 勝俊」忠淸判司 淡俊」大禪師 惠觀」持殿 彦眞」道明大施主 性寬比丘」布施大施主 菊花兩主」粉大施主 金立兩主」腹藏大施主 鄭春奎兩主」引灯大施 成昌運兩主」曺惠龍兩主」文高買兩主」畵員 印均」尙仅」慈敬」灵侃」智玄」善河」淳玉」淳一」淸學」明淡」德軒」頂峯」別座 一寬」供養主 弘寶」極岑」仅天」[朴秋金] 大化士 仇敬義」德敏」引勸等 丁永守」徐彦蓮」柳成立」三剛 灵元」首僧 懷甘」

④제1진광대왕
興國寺內碩德諸員與大施小施善男善女見聞隨喜者及化士等同參發願者幷緣化良工某甲等稽首歸命」幽冥敎主地藏大聖尊道明和尙大辨長者及十大冥王之殿下判官使者將軍童子等衆某甲等求哀懺悔至心乞請」慈悲方便誓度弘願自在化力普濟群迷親奉聖慈同運悲心高懸業鏡照於愆瑕照示憲司明乎因果以某甲等虔誠某甲等敬造之功現世」來世劫生生天則快樂無窮生人則壽福無恨身無橫病壽不中夭心不散亂正慧明了不經中陰不入地獄一切雜形皆悉不受常得男身六根完具端正有潔」無諸垢穢志意和雅恒思諸善常爲地藏大聖十大冥王之護念同生極樂國同見無量壽如來同共發心同成正覺還有緣衆生虛空有盡」我願無窮者矣以此勝功德」堯風永扇舜日長明法輪常轉那國恒安萬民咸熙」十方諸佛同垂證明」順治五年戊子六月日誌」
證明 大禪師太湖」大禪師惠觀」禪宗判司勝俊」忠淸判司湛俊」持殿 彦眞」第二初江大王大施主 宋氏丹春兩主」布施大施主 菊花兩主」粉大施主 金立兩主」腹藏大施主 鄭春金兩主」引灯施主 成昌運兩主」引灯施主 曺得龍兩主」引灯施主 文高買兩主」畵員 印均」尙義」慈敬」淸侃」智玄」善河」淳玉」淳一」淸學」明淡」德軒」峯頂」草生」別座 一寬」供養主 弘宝」極岑」義天」[朴秋金]信伊」大化士 仇敬義」德梅」末醬化士 丁永壽」朱紅化士 徐彦蓮」粉化士 朴成立」三剛 靈元」首僧 懷甘」持殿 尙訓」

⑤제2초강대왕
興國寺內碩德諸員與大施小施善男善女見聞隨喜者及化士等同參發願者幷緣化良工某甲等稽首歸命幽冥」敎主地藏大聖尊道明和尙大辨長者及十大冥王之殿下判官使者將軍童子等衆某甲等求哀懺悔至心乞請」慈悲方便誓度弘願自在化力普濟群迷親奉聖慈同運悲心高懸業鏡照於愆瑕昭示憲司明乎因果以某甲等虔某甲等敬造之功現」世來世劫生生天則快樂無窮生人則壽福無恨身無橫病壽不中夭心不散亂正慧明了不經中陰不入地獄一切雜形皆悉不受常得男身六根完具」端正有潔無諸垢穢志意和雅恒思諸善常爲地藏大聖十大冥王之所護念同生極樂國同見無量壽如來同共發心同成正覺還度有緣衆生虛空」有盡我願無窮者矣以此勝功德」堯風永扇舜日長明法輪常轉那國恒安萬民咸熙」十方諸佛同垂證明」順治五年戊子六月日誌」
證明 大禪師太湖」禪宗判司勝俊」忠淸判司湛俊」大禪師惠觀」持殿 彦眞」第一秦廣大王大施主 許恁男風鶴兩主」布施大施主 菊花兩主」粉大施主 金立兩主」腹藏大施主 鄭春金兩主」引燈施主 成昌運兩主」引燈施主 曺得龍兩主」引燈施主 文高買兩主」畵員 印均」尙義」慈瓊」淸侃」智玄」善河」淳玉」淳一」淸學」明淡」德軒」峯頂」草生」別座 一寬」供養主 弘宝」

極岑」義天」信伊」[朴秋金]大化士 仇敬義」德梅」末醬化士 丁永壽」朱紅化士 徐彦連」粉化
士 朴成立」首僧 懷甘」三剛 靈元」持殿 尙訓」

101. 김천 직지사 석가불상, 1648년

順治五年歲次戊子四月初一日紀」
施主秩」
南無釋迦牟尼佛」佛像大施主 有德單身」體金大施主 金德明兩主」腹藏大施主 裴內辰兩主」
金施主 禮尙伊兩主」腹藏大施主 金守擇兩主」金施主 金萬生兩主」施主 鋤作只兩主」施主 周旋
伊單身」施主 幸俊比丘」山人性環比丘」幹善道人化士 靈祐比丘」幀佛化主 法潭比丘」成造盖瓦
丹靑兼大勸化士 姜福」壽靈駕」盖瓦化士 琢珪比丘」修粧化士 海曇比丘」營建化士 靈祐比丘」
證明 守一比丘」持殿 智熙比丘」畫負 玄允比丘」元擇比丘」天輝比丘」敬仙比丘」供養主 碩瓊
比丘」秀天比丘」熟頭 圓覺比丘」來徃 弘運比丘」圓鑑比丘」祿只單身」別座 勝淳比丘」幹善
道人大化士 義哲比丘」三綱 義一比丘」
願以此功德普及扵一切」我等與衆生皆共成佛道」

102. 강진 정수사 삼세불상, 1648년

① 석가불상 중수 개금기 대좌묵서(1722년)
康熙六十一年 壬寅春夏四月日」大雄殿大和尙改金造成秩」
證明 廣湘」信一」麥學」大禪師 泰儀」三眼」畫員 太元」孝平」日英」日登」德修」持殿 振
厚」曇愼」通政大夫 住持 □寺」三綱 首僧大令」持事 斗星」畫記 旭英」緣化秩」供養主 起
宗」圓奎」來往 六心」泗機」一覺」別座 尙眼」通政大夫 大功德主 曇碩」副化士 省賛」
天蓋山雙溪寺」順治五年戊子五月日成」
證明 普齊」持殿 懷卜」畫員 勝日」性照」戒賛」智安」敬玉」天學」戒明」緣化 性戒」坐丹」
金應世」供養主 性訥」玉晶」別座 智英」副化士 印海」大化士 香淋」持殿 唯日」首僧 印宗」
三剛 戒心」持寺 戒淸」畫記 哲惠」
② 향우 불상 중수 개금기 대좌묵서(1779년)
天蓋山雙溪寺」順治五年戊子五月日成」證明 普齊」持殿 懷卜」
畫員 勝日」性照」戒賛」智安」敬玉」天學」戒明」勸化 香淋」別座 智英」供養主 性訥」玉
晶」緣化秩 重修改金大法堂」三尊幷本寺諸庵及外屬庵佛相三十位幷合同時訖功而爲」首戒雨
心也 戒心禪卽 去壬寅改金主也」雨華堂大禪師太元之孫弟也」
證師」持殿」畫員 戒心」宇允」坦圓」幸安」善圓」永日」天定」天民」泂賛」太潤」猰先」有
性」義政」世璡」軌彦」融鑑」供養主」淨桶 大心 一性」化主 幷蓮堂 兼學比丘」別座 見和比
丘」都監 是和比丘」住持」三綱」乾隆四十四年戊戌三月二十四日始役於四月望日畢役也」
③ 향좌 불상 중수 개금기 대좌묵서(1648년)
天蓋山雙溪寺」嘉靖四十年 辛酉」□三月日成」
證師 覺玄」畫員 太宝」思淡」行者 應龍」供養主 影潭」別坐 泫惠」漆施主 鄭閏霖」開眼施主
長命」布施主 金忐山」□善 通人 雪聽」
又重修」順治五年戊子五月日成」
證明 普齊」持殿 懷卜」畫員 勝日」性照」戒賛」智安」敬玉」天學」戒明」供養 性訥」玉晶」
緣化 性戒」坐丹」化士 海印」大化士 香淋」

103. 포천 동화사 불상, 1649년

釋迦如來佛」造成施主 林萊龍」主佛大施主 金億水」證明 大禪師 太浩比丘」切以住四心修六

　　　　　　　　　　　　조선시대 불상의 복장기록 연구

度收行布而示現八十種好」有緣三途之苦者莫似乎能仁牛霞衲居」巖泉光明以轍隈沙界有賜人
天之福」者莫如夫羅漢故欲蒙其德者須仗」造成今有山人德月稱名者勸諸有」信檀那敬造釋迦
如來迦葉阿難」左右帝釋十六眞類將軍使者奉」安于回門山萬日寺伏乞不捨鴻慈」如從兜率下
神宮而降此空像不遺」本願若天中月影千江而咸寶座廣」化有緣之衆生普濟人天之苦類願」以
此功德普及於一切我等與衆生皆」共成佛道」時」大淸順治六年歲在黃牛七月既望之秋」端一
誌」證明 大禪師 大浩比丘」畫員 思忍比丘 尙琳比丘」
緣化秩 德日」
西紀一九七二年四月十六日改金佛事時腹藏確認當時住持」邊密耘緣起文筆寫保管中」二□□
五年腹藏盜難後二□□七年筆寫本奉安」

104. 서울 화계사 지장삼존상과 명부 존상, 1649년

發願文」
稽首三界尊歸命十方佛我今發弘願持此金剛經」上報四重恩下渡三塗苦若有見聞者悉發菩提
心」盡此一報身同生極樂國親見彌陀佛仰慈尊嘉會」度一切衆生連證佛界之願」時維大淸順治
三年歲次己丑九月初三日畢」敬請良工造成地藏大聖道明無毒冥府十王泰山判」官鬼王將軍童
子諸位使者等尊像畢功見佛山江」西寺改命廣齊寺安邊奉佛」
供養布施 緗色末醬兼大施主 朴起福兩主」地藏黃金燈燭兼大施主 朴玉男金氏庚戌介兩主」道明
大施主 崔永男兩主 体木大施主 洪承福兩主」無毒大施主 禹氏加應志保体 黃金大施主 趙态金兩
主」燈燭大施主 崔得男兩主 第一王大施主 姜大秋黃氏黑音○條兩主」第二王大施主 洪連兩主
弟三王大施主 黃氏香春金大連兩主」金仲閑兩主 第四王大施主 朴從男黃氏态秋兩主」第五王大
施主 柳儀守兩主 金彦國金氏一安兩主」金春男兩主 李豆萬兩主 第六王大施主 朴大立兩主」第
七王大施主 徐信男兩主 金斤搶兩主 第八王大施主 高氏但香兩主」第九王大施主 金莫同灵駕 第
十王大施主 姜金同兩主」金允秋兩主 候令大施主 林峻得兩主 布施大施主 朴寅伊兩主」布施主
大施主 徐京春兩主 天大近兩主 供養大施主 張應春」烏金大施主 申□龍 金氏夫鈿兩主 茶角大
施主 李善伊」腹莊嚴大施主 劉儀兩主 泰山府君大施主 李氏鶴帶保体」金礼龍兩主 判官鬼王大
施主 申氏一不兩主 趙命立兩主」將軍大施主 沈三男兩主 使者大施主 李應立兩主」金大用(月)
金氏」汗之兩主 童子大施主 趙汗伊兩主 林竹立兩主 鉄物大施」朴信國雲氏礼成兩主 鉄物大施
主 崔廣進兩主」大卓大施主 朴元夫兩主 供養施主 金大起兩主」阿膠施主 劉戒仲兩主 禹信男兩
主 畓弘大施主 魯天一兩主」布施主 金氏養屎兩主 候令施主 林孝得保体 林大得保体」腹莊施主
金愛先兩主 童子施主 田忠南兩主 板子」施主 嚴連龍兩 主藏嚴施主 鄭有起兩主 眞末施主 申命
伊兩主」体木施主 洪起男兩主 供養施主 洪氏生伊保体 黃貴生兩主」李介同兩主 孔永進兩主 咸
愛金兩主 体木施主」李介孫兩主 布施主 尹命先兩主 布施主 方石立兩主」鄭挨加居兩主 金玉石
兩主 金莫卜兩主 比丘性揖 崔命先兩主」金氏态德兩主 供養施主 方今伊兩主 烏金施主 高得先」
鉄物施主 鄭希男兩主 布施主 黃萬春兩主 趙進龍兩主」尹石金兩主 布施主 韓太吉兩主 辛春金
兩主 孫氏滛伊兩主」金奉伊兩主 車進忠兩主 腹莊施主 宝珠比丘 性賢比丘」車氏分基兩主 宋氏
得介兩主 朴希貞兩主 南繼立兩主」金仃業兩主 徐萬得保体」吳仁卜兩主 趙繼得兩主」趙繼崇
兩主 吳毫七兩主 曺氏玉只兩主 李氏繼香保体」任天吉兩主 韓氏保体 金氏保体 趙奉秋兩主」吉
承賢兩主 宋氏兩主 金鶴同兩主 崔皆兩主」劉貴得兩主 柳舡卜兩主 俱有豆金兩主 李山卜兩主
金五男」李春同兩主 金德賴兩主」姜态山兩主 金風同高氏從金」趙态南兩主 鄭戒林兩主 金末
心兩主 姜石壁兩主 姜仍」邑之兩主 洪儀立兩主 李松山兩主 宋難得兩主 任元乞」趙起宋兩主 趙
己祖保体 南宋元保体 金氏仁遊保体」崔於入叱金兩主 金氏愛世保体 申天一兩主 孔儀男兩主」
金順文兩主 宋今切兩主 高光立 鄭氏得生兩主」時持任 信美 智禪 妙淨 戒嘗 承天 宝洽 今信 道
吳 元信」道岩 元益 宗式 天機 勝洽 體敏 熙日 天黙 德禪」祖禪 戒談 奉雄 宝允 祖圖 竹卜 幸漢
風云 德訓 楚訓」具閑 敬熙 敬彦 體嚴 德梅 仰悟 學悅 戒輝 密」元 令談 雪心 雪峻 擇屹 擇稔 儀
海 性還 體洽」信還 能式 首僧 靈信 雙文 英印 海心」

畵員秩」
靈哲」印明」尙云」云惠」玉淳」學宗」天輝」學軒」儀尙」儀浩」玉澄」妙玄」證師 儀淳」持
殿 性賢」色学秩」飯頭 惠贊」熟頭 儀心」海淡」清學」靈卓」來往 一欽」大別座 唯信」大化
主 三印」書記 勝冶」文氏英藏保體」兼氏禮時保體」
諸山知識」
泰能」覺性」戒益」戒珠」雙彦」儀譜」孝憐」靈珠」義英」明照」戒輝」儀浩」正心」海攔」
儀嚴」寶嚴」儀誠」隱體」覺楚」妙嚴」知目」德目」冊後」日元」勝熙」密云」覺淳」儀欽」
淳儀」守能」守楚」妙澄」德彦」雙諦」雪淸」釋敏」隕凉」法贊」唯安」性天」

105. 구미 수다사 아미타불상, 1649년

順治六年歲在己丑九月日一善府西淵岳山水多寺」佛像造成時隨喜助緣抄記」
阿彌陀佛」觀音菩薩」大勢至菩薩」
證明 智熙」持殿 信仁」禪德 大雲」禪德 敬演」禪德 道應」禪德 處仁」玄日」廣海」根岑」法
崙」雪熙」法行」大全」守玄」宗和」玄密」運益」應文」竹能」寺主呂心」草淳」德輝」惠
湖」尙均」
梓匠秩」
熙藏」天蹟」敬玉」太林」敬湖」信元」寶海」覺元」敬先」供養主 釋敬」正淳」別座 三機」
大功德主 竹根比丘」
緣化秩」
戒旭」尙嘗」
施主秩」
主佛大施主 趙德文兩主」左補處大施主 黃貴男兩主」右補處大施主 仇應龍兩主」供養大施主
鄭命生兩主」面金大施主 徐莫難兩主」體金大施主 金末龍兩主」施主 李永立兩主」施主 金億
難兩主」施主 李福男兩主」施主 白雲兩主」施主 林還兩主」施主 黃福只兩主」施主 南氏男兩
主」施主 金順吉兩主」施主 李泙兩主」施主 李艻(叱)福兩主」施主 丁大守兩主」施主 姜善同
兩主」施主 陸乃仜兩主」施主 毻介兩主」施主 仇從立單身」施主 朴金兩主」施主 艻(叱)金兩
主」施主 李信男兩主」施主 禹得春兩主」施主 忎代單身」施主 李乙生兩主」施主 勿加里兩
主」施主 南季春兩主」施主 成李宗兩主」施 柳永金兩主」施主 德勝兩主」施主 朴生立兩主」
施主 金貴仁兩主」施主 莫今兩主」施主 金海龍兩主」施主 金永立兩主」施主 金志同兩主」施
主 李連億兩主」施主 金戌伊兩主」施主 柄春兩主」施主 蘭眞兩主」施主 丁秋男兩主」
各各結願隨喜施主等」佛寶之明德如日月之當天乾坤之敎化萬物之滋雨」佛寶之恩德恒沙身命
未能難報也」願以此功德普及於一切我等汝衆生皆共成佛道」

106. 완주 송광사 사천왕상, 1649년

① 묵서명(1649년)
順治己丑年十月日畢 金山畫面主造□爲□」
② 보탑 묵서명(1786년)
乾隆五十一年丙午五月日性 有天王重修時別會新造成也丙戌生」

107. 완주 묘련암 관음보살상, 1649년

① 불상 대좌 朱書銘(세로)
順治六年己丑
② 불상 대좌 墨書銘(가로)

조선시대 불상의 복장기록 연구

化主 德忍」畫員 無染」妙」
③ 불상조성기
順治六年歲次己丑十一月初五日大芚」山妙蓮庵佛像造成記」
佛像人施主 匹母天義靈駕 黃金大施主 朴」泰仁兩主布施大施主 兪生壽兩主」孫石兩主金」冬於
應伊兩主」姜宮己兩主」旕德主」金」命吉主」論今主」金春生主」張業竜兩主」大禪師 覺性」
太能」志勸」法印」緣化」畫員 無染」性修」心印」尙林」敬性」供養主 幸俊」善律」智明」
願我臨終滅罪障往西方大慈尊」金色光中蒙授記盡未來際度衆生」虛空有盡願不盡十方諸佛作
證明」大化主 德忍比丘」
④ 개금 중수기(1907년)
大韓光武十一年丁未三月初七日神供二十四日」落成點眼觀世音菩薩二位改金重修奉」安于楊
州天寶山佛巖寺萬日會水月道」場」
大施主」乾命 庚申生姜在喜」奉父 辛丑生姜文煥」監董 乾命 丁未生元騏常」乾命 丁卯生李德
基」信女 丁巳生任氏極樂月」證明 石舟常一」含影法曇」持殿 渫河定修」誦呪 碧山海順」金魚
片手 普庵肯法」繼恩鳳法」供司 宗元」別供 昌典」鍾頭 圓照」茶角 性學」都監 碧波法昕」別
座 靑曇道含」化主 栗庵景河」

108. 군산 동국사 석가삼존상, 1650년

① 석가불상 시주질
施主秩」性閑比丘」裕戒比丘」道蹟比丘」元覺比丘」一云比丘」攢靈比丘」印玉比丘」海敬比
丘」鄭厚南兩主」李善男兩主」尹玉男兩主」李罜卧是兩主」金乭金兩主」鄭景方兩主」全一立
兩主」金乭文兩主」合眞兩主」李德京兩主」文希水兩主」大山水兩主」任生己兩主」朱珠巨伊
兩主」張秋日兩主」金貴卜兩主」金守男兩主」朴京水兩主」李罜之兩主」申春日兩主」李得立
兩主」京淳比丘」一淳比丘」張京立兩主」張龍香兩主」趙□建兩主」李氏兩主」金召史兩主」
愛春兩主」鄭德兩主」礼眞兩主」貴仁介兩主」罜之介兩主」奉承兩主」申生兩主」礼伊兩主」
黃一億兩主」者斤礼兩主」古邑前兩主」梁一介兩主」四順兩主」姜儀兩主」內ㄱ河兩主」礼終
兩主」可玉伊兩主」罜德兩主」李罜金兩主」白三漢彔兩主」柳戒男兩主」白成龍兩主」方龍春
兩主」金介伊屎兩主」崔毛里金兩主」夢実兩主」戒香兩主」徐応先兩主」吳永立兩主」李卜立
兩主」李京石兩主」任敬生兩主」林生兩主」金天江兩主」羅成男兩主」鄭乙承兩主」兪京立兩
主」金信白兩主」兪卜兩主」業成兩主」朴天彔兩主」同介兩主」莊蘭兩主」金無只兩主」尹玉
水兩主」吳氏兩主」金戒卜兩主」龍介兩主」金得男兩主」雲霞兩主」天海比丘」玉岑比丘」信
応比丘」日玉比丘」敬淳比丘」天心比丘」印云比丘」胡龍比丘」一學比丘」尙海比丘」性堅比
丘」克哲兩主」儀敏兩主」応浩兩主」幸云兩主」応眞比丘」幸敏比丘」性行比丘」竺街比丘」
宝淨比丘」龍祥比丘」一玄比丘」浩敬比丘」儀輝比丘」性圭比丘」戒和比丘」勝玉比丘」信元
比丘」裕洽比丘」応元比丘」勝連比丘」德衍比丘」三男單力」希善兩主」一生單力」克淳比
丘」一輝比丘」戒淨比丘」一秀比丘」儀濟比丘」性云比丘」性寬比丘」淨還比丘」淨禪比丘」
宝衍比丘」儀寬比丘」儀尙比丘」色明比丘」応和比丘」敬淳比丘」尙玄比丘」靈玉比丘」惠安
比丘」先贊比丘」戒淳比丘」勝元比丘」淨祐比丘」戒信比丘」靈敏比丘」信玉比丘」靑全比
丘」善印比丘」坦雄比丘」六軒比丘」智熙比丘」學宗比丘」玉玄比丘」古塔比丘」海天比丘」
元俊比丘」信黙比丘」明學比丘」印元比丘」太敏比丘」瀨玉比丘」宝軒比丘」靈嘗比丘」儀英
比丘」儀□比丘」善旭比丘」一岑比丘」儀明比丘」勝海比丘」濟益比丘」尙宗比丘」太尙比
丘」惠能比丘」三印比丘」儀安比丘」元応比丘」尙元比丘」戒还比丘」勝允比丘」大俊比丘」
応眞比丘」明性比丘」六惠比丘」印行比丘」玄戒比丘」靈和比丘」靈俊比丘」自熙比丘」法壽
比丘」哲熙比丘」忠龍比丘」思允比丘」信雄比丘」応玄比丘」惠熙比丘」德明比丘」儀能比
丘」學敏比丘」崔生吉兩主」朴龍男兩主」金白連兩主」金丁立兩主」金元立兩主」儀介兩主」
金貴希兩主」朴仁生兩主」柳儀江兩主」柳承立兩主」柳好生兩主」柳淡伊兩主」柳末男兩主」

柳□回兩主」柳龍伊兩主」鄭四仁單力」李㐎龍兩主」高建立兩主」梁生兩主」金海卜兩主」難生兩主」艮郎德兩主」金允孫兩主」栗介兩主」金尙吉兩主」金己云兩主」金龍進兩主」金龍立兩主」金山卜兩主」李孫兩主」金元老兩主」張道生兩主」柳㐢金兩主」姜卜生兩主」金㖝同兩主」朴乭□只兩主」李加応伊金兩主」柳彦龍兩主」李千兩主」朴男兩主」李風己兩主」李一孫兩主」咸生兩主」李莫世兩主」李莫實兩主」先乭生兩主」文彦金兩主」金漢生兩主」金莫金兩主」林㐎孫卜兩主」閑命立兩主」周㐎金兩主」咸尙卜兩主」早ㄱ介兩主」李處山兩主」尙礼兩主」金乭金兩主」㐢之介兩主」吳德只兩主」咸金卜兩主」高人沙里兩主」內ㄱ代兩主」初生兩主」金南世兩主」欣介兩主」閑卒卜兩主」先卒生兩主」盧淳龍兩主」金山孫兩主」金生兩主」金戒生兩主」金欣同兩主」金得男兩主」崔立兩主」金萬卜兩主」洪□回兩主」銀玉只兩主」金大生兩主」姜莫實兩主」金孫伊兩主」甘介屎兩主」趙介屎兩主」春月兩主」朴得男兩主」河戒龍兩主」秋立兩主」朴山伊兩主」處玉比丘」法雲比丘」信忍比丘」戒弘比丘」尙敏比丘」海日比丘」智性比丘」戒摠比丘」尙元比丘」尹宝老音金兩主」金仇屯兩主」茂德兩主」李各同兩主」鄭一金兩主」玄全兩主」性明比丘」儀行比丘」海信比丘」弘海比丘」儀淳比丘」靈俊比丘」德元比丘」天學比丘」學玄比丘」法浩比丘」海和比丘」妙雄比丘」省斤比丘」惠日比丘」敬莊比丘」印行比丘」方會比丘」守天比丘」弘玉比丘」道軒比丘」元覺比丘」智堅比丘」忠印比丘」學連比丘」彩玉比丘」智雄比丘」玄雨比丘」三玄比丘」普禪比丘」四拈比丘」玉靑比丘」一淳比丘」善宝比丘」印玄比丘」淨水比丘」六和比丘」熙彦比丘」丹応比丘」性岦比丘」印行比丘」幸云比丘」處岑比丘」海敬比丘」宋同金兩主」姜德吉兩主」宋永伊兩主」吳五龍兩主」金㐎金兩主」金乭同兩主」宋失同兩主」金金兩主」金卜兩主」朴金伊同兩主」崔四卜兩主」黃內ㄱ同兩主」大祐比丘」戒安比丘」善悟」元応」太和」性尊靈駕」儀均」応玄」靈玄比丘」尙雲」雲海」尙安比丘」靈暉比丘」戒和比丘」信訓」自忍比丘」性照」淨安比丘」禪潭」敬仁比丘」弘敏」大立」元熙比丘」敬軒」雷忍」応尙比丘」智堅」元澤」祖祐比丘」儀文」智珠比丘」寬運」祖明」妙雲」祖还」応浩」學訓」內ㄱ代兩主」太全比丘」敬靈比丘」靑印」双會」敬岦」草奇」瀨冏」守閑」敬哲」學行」靈澄」敬宝」応見」敬仁」趙命上兩主」幸玄比丘」勝哲比丘」信賾」元信」勝益」信寬」祖承」敬軒」德和」印英」信冏」道祐」雙照」熙莊」性敏」處淳」道天」天雲」智輝」双日」六處」坦識」儀悅」双敏」立文」敏玄」道全」靈旭」德允」日雄」戒訓」天冏」思印」靈日」印堅」道安」思允」宗密」學敬」海敬」玄海」太元」道彦」性梅」瀨行」善海」靈哲」太云」戒和」性浩」敬能」戒明」敬特」太冏」六敏」崔二龍兩主」儀尙」玉淳」玄覺」靈心」太英」太能」道印」信还」溫応云」金莫難」盧山卜」吳早ㄱ金」李石只」尙全」李天」曺內ㄱ失」朴大ㄱ金」金加外」金萬山」粉伊」仇時男」金応龍」趙千介」金玉立」張応吉」趙白只」朴貴日」朴仇人ㄱ伊」鄭德生」金河男」李豆仁」金三男」金石松」金業山」金五男」崔承男」李㐎卜」任貴生」李順鶴」崔和生」金命金」李嚴云」崔卜立」崔山伊」者斤德」金命貴」道欽」智慈」玄甘」幸梅」覺日」敏応」雲行」覺元」戒學」德暉」興善」敬林」靈雄」尙均」幸淨」靈宗」鄭一男」朴失生」崔此乭屎」金愁里金」金末男」金㖝金」金者斤金」張連卜」金卜男」金卜只」鄭永男」鄭太山」李靈男」朴每伊」張軍先」申男」朴㐎金」五月」德只」徐忠臣」朴尙金」金男金」柳白世」崔處水」朴吉男」戊辰」李成卜」張奉伊」尹伊力」白底ㄱ金」李㐎龍」李㐎卜」白巨元」李於里金」李㖝卜」趙永世」礼信」羅海」李夢龍」金永立」金銀金」李乭卜」朴甘金」申金山」梁氏得」梁氏」梁氏」朴得眞」引勸 朴㐎金」柳德金」彦代」終德只」內ㄱ介」莫卜」㑊介」難弘」全一男」太林」世和」於大ㄱ里」崔仁万」重礼」金水」朴者斤金」金見」金尙伊」金命金」金命吉」梁同己」申山水」梁和奉」張吉男」礼生」金三正」李希卜」鄭愛命」金永弘」魯尙男」朴士仁」金礼男」朴水日」林夢仁」申天老」林成立」許京伊」朴成立」姜春卜」姜訥㖐」趙承吉」朴有靑」金龍」金海行」咸日」金玉水」金士云」朴得立」順伊」黃石只」柳蠟金」朴奉世」金応明」金靈伊」金豆致」金介佛伊」金愛男」李㐢金」兪挨從」曺二龍」李今」金生男」金岩回」金於伊孫」金太訓」奉春」張德吉」朴惟宗」金男龍」㖝德」金業伊」金善卜」崔愛龍」宋愛先」金愛承」順小陽」姜愛男」今生」趙愛正」緣香」李夢男」金乭生」鄭聖卜」金完老」裵応身」鄭順生」梁

大斤」朴乭卜」金完卜」金者斤卜」金云」金士男」金儀生」李末連」金每宝」李先立」朴己
卜」早ㄱ介」尹男」白元鶴」金訥叱實」欣春」仁德只」礼成」金明身」李生伊」金得龍」金儀
日」張好敏」朴돌男」鄭大浩」金得命」趙波同」梁万立」金內ㄱ金」閑同伊」閔者斤山」金
守敬」尹先立」徐褰金」崔沙千」曹承文」戒香伊」崔延白」林氏」梁得立」褰山金」李卜男」
閑流日」朴閑世」朴戒一」李順一」李生」文方伊男」朴責金」金礼尙」金戒吉」閑挨卜」朴
守男」金命金」崔敬立」白山元」白山命」莫介」李屎同」金戒承」李春男」金業伊」張卜只」
李成吉」李者斤里」莫介」李吉生」李海龍」德只」羅卜龍」羅永先」愛春」張業同」朴漢生」
金돌男」申順男」金龍」李彥男」柳連伊」業男」世和」嚴興永」金能守」金太永」朱春生」李
希卜」李京㮇」李孝宗」金斤卜」吳承伊」金於屯」金難生」吳思金」二月」㐉春」徐春」德承
伊」金彥希」朴仁卜」金卜龍」礼香」金者介」金山伊」朴屯伊」朴克成」李太卜」五月」終
得」金乤海」鄭月老」金貴承」姜貴延」申戒卜」金旺生」小陽」金難生」金伊」李承男」李生
吉」金京男」金白見」金所卜」愛尙」內ㄱ香」於伊介」方貴金」金春玉」守歇」洪今金」沈金
山」朴德立」申業伊」盧貴德」安壹龍」許龍」朴承必」崔戊先」春伊」鄭㳽同」張孔敏」朴龍
生」安時福」李一夢」金善立」李一男」宋夢山」四礼」林笠生」金돌生」金氏」金一生」金金
伊」梁難金」林得生」回龍」信世」太山」金仁孫」春月」鄭順吉」紅連鶴」天介」崔內ㄱ億」
蔡占伊」林哲伊」實德」金日生」朴承吉」金小難」朴惟生」朴萬金」李戒生」仁香」文春立」
金生一」李仇今金」金加音末」金德立」內ㄱ生」內ㄱ春」金奉伊」梁戒敏」鄭正主」朴戒日」
朴日玉」宋有哲」李愛金」黃돌男」天吉」李永」李其牛金」礼鶴」春伊」任生己」金終生」李
男水」吳山眞」崔承仁」朴百連」安終」朴愛香」金海生」金戊生」文浩學」處陽」乤応伊」朴
得男」金豆応失」金돌山」崔哲岩」褰巨所是」朴順同」仁山」崔善奉」白春山」朴風年」徐
仁」徐鶴立」黃順吉」金儀龍」蘇卒」李龍立」林一行」全大海」兪卜介」李戒浩」李成男」李
二男」林尙」內ㄱ春」林卜只」洪貴男」金生立」崔貴男」㐉介」朴失伊」林得希」南旺只」申
大連」徐得承」尹㳽孫」朴道擇」朴成立」金太生」金尙玄」林申生」守代」安善伊」春每」三
還」愛還」朴男」奉今」無上介」於里」銀玉」權先」朴者斤山」池永卜」銀河」鄭信良」李挨
失」李二男」朴永立」李儀之」奉德只」閑夢吉」林春吉」洪溶天」思郞介」李德立」鄭宝靈」
朴豆伊間」春介」乤伊介」得介」奉春」

鄭云卜」金德吉」愛堂」玉丹」甲辰」崔戒仁」三忍」敏安」玉뙨」德靈」双哲」湛珠」信覺」
天眼」戒彥」日雄」勝哲」玉林」釋堅」性合」淨學」明□」淨悟」元俊」性均」信賛」依敬」
柳丁卜」金命卜」李弘竹」李銀鶴」閑順圭」鄭水男」金美身」朴業卜」崔永伊」姜德只」金
男」金難生」朴山卜」性照」性海」塚瓊」依俊」勝惠」惠悟」文益」法尙」頓應」思眼」戒
雄」思遠」儀浩」天信」戒嘗」海安」靈淳」能賛」法輪」尙能」雲日」性堅」信悟」天日」儀
閑」法閑」慈悟」學澄」華彥」玉林」惠英」印性」一均」海英」海信」惠淨」信岑」信堅」信
省」玉玄」元益」鳳七百」李貴仁」四害」金奉山」朴莫金」李乭卜」介伊」馬莫卜」朴生伊」
春伊」崔忠立」崔大ㄱ阿只」崔興㮇」金禿色同」老松伊」處業」方堂金」奉希」孫乥万」姜乥
孫」金永男」礼今」朴命信」李承還」䭈伊同」王小元」守男」李氏」文氏」

②가섭존자 발원문

發願文」
願以此功德 普及於一切」我等与衆生 皆共成佛道」順治七年佛像成造始役於六月日訖功於」九
月初二日金山寺安宇敬像」
大尊師呈目」
浩然堂大師 太浩」碧峯堂大禪師 覺性」
證師大德 太浩」畵員 天祥」應梅」持典 天明」畵員 性律」畵員 魯元」畵員 思俊」畵員 雷忍」
緣化秩」
敬正比丘」別座 戒日比丘」德允比丘」尙琳比丘」克廉比丘」敬禪比丘」士龍單身」松竹單
身」大鳳單身 朴貴男保体」
施主秩」

釋迦大施主 安命胡 於屯介兩主」迦葉大施主 金㖋男兩主」阿難大施主 戒應比丘」他方佛大施主 裵守命兩主」佛像大施主 金武生兩主」佛像大施主 金大卜兩主」面金大施主 崔還男兩主」体金大施主 金貴山兩主」泥金大施主 宣戒宗兩主」金施主 李氏單身」烏金施主 德允比丘」烏金施主 靈義比丘」体木大施主 金任生兩主」荷葉大施主 氏德兩主」圓團大施主 宋生兩主」水塗黃大施主 李太極兩主」眞彩大施主 全日ㄱ金兩主」黃丹大施主 崔乭男兩主」琉璃大施主 蘭花伊兩主」腹莊大施主」海淪比丘」腹莊大施主 內ㄱ春單身」腹莊施主 仅龍比丘」末醬施主 金貴坦兩主」食鹽施主 朴永乞兩主」鐵物施主 崔道生兩主」候靈通大施主 荷京男兩主」引燈施主 趙應男兩主」魚膠施主 羅高公兩主」三綠施主 金忘難兩主」生金施主 孫漢金兩主」金開金兩主」金氏戒和兩主」金氏奉春兩主」朴氏令伊兩主」金靑卜兩主」茶礼施主 金貴密兩主」囊布大施主 宝訓比丘」學元比丘」靑木香施主 吳礼男施主」生銀施主 朴終水兩主」俯子施主 白乭世兩主」金施主 姜文伊兩主」雄黃施主 論害伊兩主」乳香施主 秋㐰金兩主」阿梨施主 李𠯈金兩主」長衫施主 金天水兩主」施主 戒香單身」金於里同兩主」林龍春兩主」奉春兩主」今伊兩主」佟德兩主」徐万生兩主」矩淨比丘」文意淨兩主」朴金兩主」崔良旺兩主」供養施主 勝云比丘」鄭順鶴兩主」姜敬彔兩主」金㖋卜兩主」碍德只兩主」佛奠施主 億伐單身」仁介兩主」水永代兩主」同介兩主」朴德世兩主」徐春鶴兩主」金氏秩圯兩主」宝还比丘」施主 李內ㄱ伊兩主」朴伊」河興順兩主」㲾介兩主」水永兩主」䂖德兩主」李䂖金兩主」徐秋男兩主」崔大仁兩主」今春兩主」林哲生兩主」崔德仁兩主」井任男兩主」丁生男兩主」乮德只兩主」佛奠施主 金(金+叱)同伊兩主」丁承立兩主」劉承男 金日龍兩主」林愛日兩主」李生兩主」姜思郞金兩主」金仁龍兩主」朴龍男兩主」金白連」全生伊」朴京水兩主」鄭德只兩主」金應命兩主」朴順因兩主」儀龍比丘」智寬比丘」鄭金兩主」應还比丘」燈燭施主 林斤金兩主」李春卜兩主」性元比丘」金忠發兩主」朴琳兩主」愛日兩主」崔山伊兩主」張春卜兩主」井日男兩主」金四立兩主」林尙伊兩主」洪貴男兩主」林卜只兩主」內ㄱ春兩主」崔貴男兩主」朴長扶兩主」安哲命兩主」礼介兩主」李希天兩主」黃益守單力」朱一男兩主」元海比丘」靈雨比丘」淡海比丘」巨禿伊兩主」春伊兩主」李生兩主」金命金兩主」良郞金兩主」全有信兩主」內ㄱ金兩主」礼介兩主」金目ㄱ同兩主」姜思郞金兩主」趙氏單力」敬玉兩主」任命難兩主」洪得男兩主」信浩比丘」李生伊兩主」

淸風道人 大功德主 懷鑑」淸寒幹善道士 天賾

③ 아난존자 발원문

發願文」

願以此功德 普及於一切」我等与衆生 皆共成佛道」順治七年佛像成造始役於六月訖功於」九月初二日金山寺安宇敬像」

大德品目」

浩然堂大師 太浩」碧峯堂大禪師 覺性」

證師大德 大浩」持殿 天明」畵員 應梅」畵員 寬海」畵員 性律」畵員 魯元」畵員 思俊」畵員 雷忍」

緣化秩」

敬正」別座 戒日」德允」尙琳」克廉」敬禪」士龍」松竹」大鳳」朴貴男保体」

施主秩」

釋迦大施主 安命浩 於屯介兩主」迦葉大施主 金㖋男兩主」阿難大施主 戒應比丘」他方佛大施主 裵守命兩主」他方佛施主 金武生兩主」他方佛施主 金大卜兩主」面金大施主 崔还男兩主」体金大施主 金貴山兩主」泥金大施主 宣戒宗兩主」金施主 李氏單身」烏金施主 德允比丘」烏金施主 靈義比丘」体木大施主 金任生兩主」朱紅大施主 尹㖋男兩主」荷葉大施主 是德兩主」圓團大施主 宋生兩主」水塗黃大施主 李泰極兩主」眞彩大施主 全日ㄱ金兩主」黃丹大施主 崔乭男兩主」琉璃大施主 蘭花兩主」腹莊大施主 海淪比丘」內ㄱ春單身」腹莊大施主 仅龍比丘」末醬大施主 金貴坦兩主」食鹽大施主 朴永乞兩主」鐵物大施主 崔道生兩主」候靈通大施主 金氏□兩主」引燈大施主 趙應男兩主」魚膠施主 羅高公兩主」三彔施主 金莫難兩主」生金施主

孫漢金兩主」金貴密兩主」囊布大施主 宝訓比丘」學元比丘」靑木香施主」吳礼男施主」生銀
施主 朴終水兩主」俯子施主 白亐世兩主」金施主 姜文兩主」雄黃施主 內ㄱ害兩主」乳香施主
秋伀金」阿梨施主 李湺同兩主」長衫施主 金千水兩主」金於里同兩主」金施 龍春兩主」奉春兩
主」今伊兩主」終介兩主」金施主 徐万生兩主」矩淨比丘」文意正兩主」三衫 朴金兩主」崔良
旺兩主」供養施主」勝云比丘」供養施主 鄭順鶴兩主」姜敬桑兩主」金杰卜兩主」佛奠施主 億
代單身」碍德兩主」屎吒應介兩主」水永代兩主」朴德世兩主」徐春鶴兩主」金氏秩圯兩主」宝
還兩主」施主 李論兩主」朴只靈駕」何興順兩主」嚞介兩主」水永介兩主」砣德只兩主」李砣
金兩主」徐秋男兩主」崔大仁兩主」今春兩主」林哲生兩主」崔德仁兩主」井任男兩主」鄭生男
兩主」乭德只兩主」林愛日兩主」李生兩主」姜思郎金兩主」金仁龍兩主」朴龍男兩主」金白連
兩主」全生兩主」朴京水兩主」鄭德只兩主」金應明兩主」朴順同兩主」腹莊施主 儀龍比丘」
智寬比丘」應还比丘」燈燭施主 林斤金兩主」李春卜兩主」性元比丘」金發忠兩主」朴林兩
主」愛日兩主」崔山伊兩主」張春卜兩主」井日男兩主」金士立兩主」林尙兩主」洪貴男兩主」
林卜兩主」內ㄱ春兩主」朴杖秩單身」崔貴男單身」礼介兩主」安命哲兩主」李希天兩主」黃益
水單力」朱一男兩主」靈雨比丘」元海比丘」戒元比丘」淡海比丘」去禿伊兩主」春伊兩主」李
生兩主」金命金兩主」艮郎金兩主」佛奠施主 金金吒加應伊兩主」金有信兩主」內ㄱ今兩主」
金目ㄱ同兩主」金開金兩主」金氏戒和兩主」金奉春兩主」朴氏今伊兩主」金靑卜兩主」丁承立
兩主」劉承男兩主」金一龍兩主」姜思郎金兩主」趙氏單身」京玉兩主」任命難兩主」洪得男兩
主」信浩比丘」印云比丘」崔京龍兩主」淨安比丘」李生兩主」
大功德主 懷鑑」大化士 天贖」

109. 남양주 흥국사 석가삼존상과 16나한상, 1650년 중수

① 제10존자 바닥 묵서명(1650년)
三重修緣化」畵員 慧熙」尙敏」祖能」性日」大化士 海淸」
順治七年庚寅年六月二十九日始越」重修爲多」
② 제석천 바닥 묵서명(1650년)
緣化」畵員 慧熙」尙敏」祖能」性日」大化士 海淸」
順治七年庚寅六月日始起」重修爲多」
③ 중수원문(1891년)
願文」
於光緒辛卯至月日全羅道高山安心寺藥師庵十六聖衆」移安于京畿楊州水落山興國寺而其明年
至月初五日」神供十二月夜點眼伏以聖理之灵莫不有深言而元不出」乎誠信也是故五倫之趣在
於誠十善之源在於信然」財今番 佛事爲欲臻萌之由雖不溢於檀化之門也而若」非蓉潭宗現之良
信豈發乎檀門作补之玄由乎是」以且成以示慈悲尙福之抄云爾」
緣化所」
證明 拚英定修 圓耘昞肅」誦呪比丘 福住 炯万 性日」持殿 華雲耿悟 秉法 靑松宗聲」金魚 金谷
永煥 漢峯倉曄 德月應嵓」普庵肯法 蓉潭宗現 梵華潤益」供司 戒咸 化主 宗現」施主 尙宮信女
乙酉生 朴氏大惠月 尙宮信女金氏大志月」淸信女辛亥生梁氏」
壬辰至月十三日點眼」

110. 진안 금당사 아미타삼존상, 1650년

① 관음보살상
娑婆世界南贍部洲朝鮮國全南道南原府地東(嶺萬)」行山金剛寺佛像造成發願記」
抑惟發願阪命禮海岸孤絶處補陁落伽山正法明王聖觀自(在菩薩)」髮凝翠黛唇艶朱紅臉透丹霞
眉彎初月乍稱多利(時)」號吉祥阪素衣而目煥重瞳坐靑蓮而身嚴百福(響接)」危苦聲察求哀似月

現」於九霄形分衆水如春行於萬國體備群芳大悲大願大聖」大慈聖白衣觀自在菩薩」補陁山上
琉璃界」影入三途利有情」正法明王觀世音」形分六道曾無息」
施主秩」佛像大施主 孔玉尙兩主」供養大施主 吳世俊兩主」黃金大施主 粹琳靈駕」黃金大施主
崔致星兩主」黃金大施主 李福男兩主」喉鈴桶大施主 應礼兩主」復藏施主 信元兩主」復藏施主
姜福仁兩主」朱紅施主 李得福兩主」朱紅大施主 李莫立兩主」燈燭大施主 李孝男兩主」燈燭大
施主 裵福只兩主」曩布供養兼大施主」朴難福」曩布施主 夫队□□□」曩布□□□□□□」
大施主 □□□□□」大施主 柳德一兩主」大施主敬岑比丘」施主 朴億夫兩主」施主 玉玄比
丘」施主 印天比丘」施主 學裕比丘」施主 一元比丘」證明 熙日比丘」持殿 海敬比丘」別座 戒
安比丘」供養主 熙益比丘」供養主 熙衍比丘」供養主 起上單身」
畵員秩」
首畵員 熙莊比丘」信閃比丘」敬玉比丘」敬浩比丘」信元比丘」寶海比丘」双默比丘」覺元比
丘」惠淨比丘」
山之寺也沙門與工巧巧匠之緇門者(各各結願隨喜施)」主等緣化執勞助緣勸化比丘處彦等願我
以造像(功德十)」方世界死生六道一切衆生同皈淨土同見弥他同聞淨法」同化衆生也」時維歲
在」順治七年庚寅十月十四日結願」隨喜等頓頓」首首」
② 대세지보살상
娑婆世界南贍部洲朝鮮國全南道南原府地東嶺萬行山金剛」寺 佛像造成發願文」抑惟至誠皈命
禮威神自在色相端嚴冠中寶髻秀千華身上雲衣」輕五彩神光進出金瓶外攝化衆生毫相分輝濁世
中照燭群品」大慈大願大聖大慈大勢至菩薩」一音清震三千界」七辯宣談八諦門」運悲隨願應
群□」此界他方拯六趣」
施主秩」
佛像大施主 孔玉尙兩主 大施主 於□介兩主」黃金大施主 崔致星兩主 大施主 金春已兩主」復藏
大施主 信岑比丘 大施主 吳彦祥兩主」喉鈴桶大施主 應礼兩主 大施主 韓态男兩主」曩布大施主
愛玉兩主 大施主 李立兩主」末醬大施主 介非兩主 大施主 梁無伊兩主」硯石施主 應律比丘 大施
主 宋莫實兩主」大施主 智比丘」施主 崔鶴只兩主」施主 一元比丘」施主 李成吉兩主」施主 愛
還兩主」施主 德春兩主」施主 學裕比丘」施主 印天比丘」施主 玉玄比丘」施主 朴億夫兩主」施
主 車士仁兩主」施主 梁得立兩主」施主 金文祥兩主」成出立兩主」李命伊兩主」禹德立兩主」
證明 熙日比丘」持殿 海敬比丘」別座 戒安比丘」供養主 熙益比丘」供養主 熙衍比丘」大化士
處彦比丘」
畵員秩」
熙莊比丘」信閃比丘」敬玉比丘」敬浩比丘」信元比丘」寶海比丘」双默比丘」惠正比丘」覺元
比丘」工巧鐵匠居士 金象伊兩主」
山之寺也沙門与工巧巧匠之緇門者各各結願隨喜」施主等緣化執勞助緣勸化比丘處彦等願我以
造像」功德十方世界死生六道一切衆生同皈淨土同見」弥他同聞淨法同化衆生也」時維歲在」
順治七年庚寅十月十四日結願隨喜等稽首」

111. 해남 서동사 삼세불상, 1650년

① 발원문(1650년)
發願文」
願某甲世〃生〃在〃處〃相好端嚴梵行清白常說正法具四無碍梵音清雅令」人樂聞傳佛心燈如
迦葉流通教海如阿難神通如淨名大智如文殊如普賢大」慈如彌勒大悲如觀音大願如地藏大果如
舍那永不退歸命命礼三寶」
大施主秩」
一妙尙比丘」金太生兩主」姜秋男兩主」張汝信兩主」李生兩主」性熙比丘」白億男兩主」處令
比丘」德文比丘」金龍近兩主」從生兩主」費修比丘」景欣比丘」仇仲立兩主」丁君伊兩主」希

代兩主」義冏比丘」處鑑比丘」法俊比丘」天談比丘」金體健兩位」金加ㄱ春保体」金男兩主」
丹玉兩主」李春金兩主」礼香保体」費默比丘」朱彦立兩主」朴南福兩主」李福兩主」圓覺比
丘」金每邑同兩主」信旭比丘」義冏比丘」金界難」白尙吉兩主」尹加ㄱ伊」朱順伊」韓碩賴兩
主」金碩福兩主」加ㄱ春兩主」金應目兩主」金男兩主」信頓比丘」金綠生兩主」金應連兩主」
法俊比丘」金仁弘兩主」李千兩主」金德福」李丑伊」尹弘信」金戒丸」孫夢井」金命生」宝
全」自應」朴儀淂」金光金」尹信远」李士立」安心伊」鄭奉」李福守」李海宗」明祐比丘」
證明 玉寶」持殿 義浩」畵員秩」雲益」宝印」學軒」印俊」義浩」淨律」妙玄」
緣化秩」
供養 守堅」敬森」智衍」戒悟」泰堅」德天」別坐 印鑑」化士 自日」
雲車本寺秩」
智超比丘」宗密比丘」義仁比丘」義明比丘」淸遠比丘」戒明比丘」靈玲道禪比丘」淸遠双惠比
丘」仇談比丘」釋林比丘」信全比丘」惠悟比丘」信還比丘」勝寶比丘」費默比丘」義冏比丘」
信旭比丘」玄俊比丘」信頓比丘」妙远比丘」幸珠比丘」文玉比丘」弘俊比丘」坦默比丘」先
學比丘」楚嘗比丘」首僧 性默比丘」三剛 玄祐比丘」修仅比丘」處玉比丘」普徹比丘」處鑑比
丘」天湛比丘」双玉比丘」處玲比丘」普海比丘」普文比丘」法宗比丘」德浩比丘」德洽比丘」
德安比丘」品嘗比丘」費修比丘」德玲比丘」義安比丘」靈習比丘」品學比丘」寶淨比丘」性信
比丘」德訓比丘」敬幸比丘」性能比丘」性熙比丘」德尙比丘」性心比丘」性修比丘」性覺比
丘」性悅比丘」性卜比丘」性澄比丘」普倫」品獜」靈坦」品心」性根」品諫」品莊」品端」品
敏」性暉」
順治八年庚寅冬月日造畢」
② 개금 발원문(1804년)
嘉慶九年甲子五月初八日改金願文」證師 靈月誠身」誦呪 念海」性熙」智演」化主 海城 永信」碩
岑」別座 演干」都監 玩湖尹祐」持殿 侃玄」金魚片手 楓溪舜靜」煥峯景旻」朋察」支性」玉玹」
性隱」幸元」性熏」俊一」就活」處明」妙洪」最閒」勝一」覺玄」謹軒」曦和」勝允」贊旻」
魚山贖允 孟寬」最隱」六所供養主 善戒」定贊」道活」侃訓」孟寬」哲允」愼定」愼澄」書記
守岑」世暄」孟和」少者 興發」萬福」居士 寶旭」大施主 馬川里居」金慶煥兩主」宋順昌兩
主」公湏村 白禧甲兩主」牧場下里 李順祐兩主」中里 崔啓行兩主」寺洞 朴三仁兩主」
願以此功德生亨壽福」死歸蓮那世〃生〃常」逢佛法轉業淨土廣」済羣品之人願」順治八年庚寅
冬月日造成 今嘉慶九年甲子日改金」

112. 대전 비래사 비로자나불상, 1650년

① 불상 바닥 묵서(1650년)
順治八年庚寅八月日」證明 智根比丘」證師 法印比丘」持殿 性海比丘」受法畵員 無染比丘」
養師 性修比丘」德明比丘」天游比丘」首畵 敬聖」雪嚴」侍者 海喜」供養主 空印」化士大德
德忍 平海」小三命」別座 弘澹」
② 개금기(1861년)
咸豊十一年庚申四月二十九日改金重修奉安安心寺尋劍堂」證明 海雲堂」正巡」誦呪」華珍」
畵師 月下堂」世元」善律」法仁」有□」眞昊」頓碩」法信」應心」本寺秩 月荷堂」應奎」
智潭堂」大覺」雲松堂」義學」別座 慧明」鍾頭」謙順」供養主 道彦」華欣」智善」守一」致
仁」幻如」時持司 道祥」大小施主各各」保体」所願成」就之大□」今年月日後佛幀一軸神衆
幀一軸新造而亦爲改金華莊庵阿彌陀佛一位地藏菩薩二位也」化主 龍海堂圓三」

113. 무주 관음사 관음보살상, 1650년

黃金大施主 宗彦 義敏 學律比丘」布施供養施主 印海比丘 應德兩主」供養施主 鄭大仁兩主 金意

立兩主」四李靈駕 杜仁比丘 雲曇比丘」面金施主 敬淳比丘」黃金施主 淸眼比丘 弘戒比丘」得
珠比丘 守性比丘 敏浩比丘」望凱保体 應仁比丘」法正比丘」選定比丘 任天比丘 金大鳳兩主」
天祐比丘」澄遠比丘 太玄比丘」姜好生兩主」凞贊比丘 神悅比丘」烏金施主 鄭一男施主 端草
比丘」彩色大施主 法能比丘」喉鈴箭比丘 覺玄比丘」天寶靈駕 池益鏡靈駕 淸虛比丘」腹藏施
主 金廷晃 勝文比丘 普嚴比丘」食塩施主 黃福兩主 鐵物施主 李二男」五藥施主 金世男 膠子施
主 智性比丘」畫員 無染 性修比丘 敬性比丘」德明 天游 雪嚴」別座 敬信比丘 證明 志勤比丘 海
善」持殿 性海」供養主 共印 比丘 平海比丘 三命」
順治七年庚寅八月日 化主 山人德忍」康熙十五年丙辰初月日重修成功」

114. 갑사 보장각 석가불상, 1650년대

大施主 幸和比丘」姜弼万兩主」洪戒龍兩主」洪氏香玉兩主」戒淳比丘」金鹿兩主」金万同兩
主」英會比丘」惠明比丘」證明山人 信梅比丘」持殿山人 法仁比丘」畫員 山人 惠熙比丘」天允
比丘」尙敏比丘」善雲比丘」供養主 坌梅比丘」天寬比丘」幹善大化士 愼輝比丘」淨和比丘」

115. 고흥 금탑사 아미타삼존상, 1651년

衆等發願文」
願我盡生無別念」阿彌陀佛獨相隨」心心相擊王毫光」念念不移金色相」願我臨終無疾苦」預
知時至不昏迷」善根惠念轉增明」茅債冤魔咸寂滅」異香天樂盈空至」宝殿金臺應念來」親覩
如來無量光」一切聖賢同接引」彈指已登安樂國」即聞妙法悟無生」遊歷無邊佛土中」供養親
承蒙授記」分身徧至河沙界」歷微塵劫度衆生」誓入娑婆五濁中」普化群迷成正覺」衆生兼盡
虛空盡」我願終當不動移」乃至今身極未來」念念圓修無間斷」仍將三業修行善」回施虛空法
界中」四恩三有衆冤親」同脫苦輪生淨土」主上三殿壽萬歲」國泰民安法輪轉」證師持殿寺衆
等」施集隨喜無盡衆」良工畫員諸緣等」功德主緣化類」世世生生同善根」同入樂邦授記旀」維
歲次辛卯」月日 全羅道興陽地天燈山金塔寺」
法堂佛像造成腹藏于願文」結願秩」城主全命龍兩位」舍孝源」三鄕所」
施主秩」
佛像大施主 嘉善大夫陳春男」主佛大施主 盧祥男」左補處大施主 文太孫」右補處大施主 李甲
生」供養大施主 林春意」面金大施主 朴丹日」面金大施主 崔山春」面金大施主 梁夢突」面金
大施主 比丘信淡」供養大施主 通政大夫張德龍」黃氏德眞木兩主」烏金大施主 張孝奉」供養大
施主 趙□」手金大施主 姜得明」裹布施主 舍戒男」鐵物大施主 尹須立」鐵物兼施主 冶匠尹志
赤」末醬大施主 宣氏德只」鐵物大施主 朴志世」供養大施主 金厚生」朱紅大施主 洪夢得」點
筆大施主 張有昌」施主 前萬戶通政大夫朴春華」腹藏經大施主 金氏春非」腹藏經大施主 盧氏
德只」腹藏大施主 盡員雷逈比丘」體金大施主 文氏豆玉」座臺大施主 徐得」鋪團大施主」眞粉
施主 禪師性元」甘草施主 灵屹比丘 桂心施主 禹達海」施主 林幸男」黃丹大施主 黃士男」三緣
大施主 朴春福」丁香施主 鄭土吉」五色絹大施主 金一命」五色絹大施主 金應海」生銀大施主
比丘元己」眞珠施主 祥介」琉璃施主 彦花」莊嚴施主 金戒成」瑪瑙施主 金戒弘」人蔘施主 太
湖」阿梨施主 丁希奉」施主 舍信發」法華經施主 通政大夫崔元吉」牛黃施主 金志同」施主 尹
立」施主 高大龍 鄭海龍」紙天施主 金龍鶴」篩子施主 姜命」施主 訓練奉事宋弘生」金伯」曺
密龍」施主 梁命吉」開眼布施施主 朴鶴金」開眼布施施主 李奉世」開眼布施施主」施主 丁氏
應月」施主 金志男」施主 趙鐵石」魚膠施主 金太朴崔夢男」施主 金勝益」施主 金得鐵」施主
李玉峯」施主 李立生」施主 性海比丘」施主 法淳」施主 一玄」施主 法令」施主 勝學」施主 明
玉」施主 勝淳」施主 宝元」施主 前判事尙連」施主 敬閑」施主 琢瓊」施主 義閑」施主 思遠」
禪戒」施主 心修」施主 海印」施主 處軒」施主 甲申生」施主 申有彦」施主 玆敏」施主 戒海」
施主 德海」施主 性端」施主 戒湖」施主 儀暹」施主 收益」施主 道禪」施主 明智林少江」

조선시대 불상의 복장기록 연구

緣化秩」
證師 守安」 持殿 應均」 供養 義雄 勝閑」 卓玄」 秋日」 起云」 別座 前判事戒環 大功德主 幹善道
人 勝悟」 大功德主 幹善山人 學明」
畵員秩」
大禪師 休逸」 山人雷逈」 熙認」 敬安」 德海」 信惟」 惠明」 惠淨」 明印」 守方」
本寺秩」
耆德双益」 大禪師虛湖」 性眞」 大禪師天牛」 法能」 入選」 一熏」 一嘗」 一全」 一宗」 一行」
禪師」 守天」 海淳」 坦義」 智鑒」 處禪」 山人 淸哲」 智嚴」 魚山 義文」 性信」 文丈」 淸洽」 一
學」 法林」 一閑」 一元」 淸風衲子 益淳」 灵寬」 學淳」 海明」 釋圭」 禪竺」 釋和」 卓稔」 智恢」
勝益」 勝坦」 明覺」 勝敏」 勝彦」 勝修」 海伝」 智益」 勝倫」 一□」 義森」 熙旭」 德熙」 一侮」
義森」 智全」 一□」 智心」 智楫」 勝連」 勝淳」 智安」 智梅」 山人」 元鑒」 灵玉」 惠雄」 行智尙
性雲」 元悟」 灵熙」 禪師太湖」 元己」 學令」 魚山道人禪侃」 禪應」 淸允」 性俊」 法暉」 禪學」
儀玄」 明正」 儀經」 智海」 明海」 明邊」 智悶」 勝悅」 勝裕」 智玄」 玄正」 智□」 三綱淸汴」 雲
鶴」 次雲」 得希」 有玄」 一奉」 千日」 銀生」 哀靈」 城厚」 夫鶴」 業龍」 失連」 閏興」 戒立」 龍
立」 行者秩」 勝草」 山人 元悟 謹書 弟子 海伝 副書」
極樂宝殿主佛彌陀三尊位改金重修願文」 海東朝鮮國全羅左道興陽郡南天燈山金塔寺」

116. 서울 봉은사 삼세불상, 석가불(17세기 후반), 약사불·아미타불(1651년)

① 원문(1651년)
願文」
願以此功德普及於一切我等汝衆生皆共成佛道」 時維大淸順治八年辛卯七月十九日畢功朝鮮國
京畿左道」
廣州府地西面修道山奉恩寺極樂敎主阿彌陀佛安于」 大雄寶殿」
施主秩」
供養施主 金信伊體 金施主 成愛男 布施施主 學熙 供養」 崔起文 施主 李挼孫 施主 金春男 金朴
男 施主 金云 喉靈通」 施主 劉天立 鐵物施主 全壽命 鐵物施主 朴信國 應俊 宝應 裏布」 施主 鄭
愛男 裏布施主 朱儀善 韓儀宗 食鹽施主 鄭得龍 張實」 賢白土卜 張成吉 惠澄 腹藏施主 辛丑生安
氏辛丑生盧氏內人周」 己丑生安得憐 庚辰生李氏玄得吉安氏盧氏朱氏金七宝孔」 德男成田白云
和金逸吳善明朴朴吳訥比金金悊男李伊正」 金金氏德伊金莫維金敬信李伯金云龍曺金伊同曺承
云」 段愛古申獻各各結願修喜施主同證佛果之願」
諸老德」
覺性」 守初」 學訥」 戒雨」 敬悅」 儀諶」 双彦」 明熙」 道一」 戒輝」 儀英」 儀湖」 淨心」 儀欽」
覺初」 性天」 隱休」 證明」 儀淳」 畵員秩」 良工 勝一」 離一」 衛儀」 性照」 道岑」 雷日」 明訥」
三應」 楚彦」 戒哲」 緣化秩」 戒心」 双悅」 性天」 儀敬」 冲湜」 太玉」 靈車」 進元」 大化士 學
禪」 腹藏 圭洞」 烏金 戒心」 眞金 處能」 都大別座 圓悟」
② 개금 원문(1765년)
乾隆參拾年乙酉三月日修道山奉恩寺大光寶殿」 娑婆敎主釋迦牟尼佛」 東方敎主藥師如來佛」
西方敎主阿彌陀佛」 三世如來尊像改金佛事始」 於三月十九日終於四月初三日一寺之矢心及幹
善比丘等」 誠心勤勞十方檀那等捨施之力連聲相應成就」 紫金嚴相豈不爲刻栴檀爲聖像得蒙」
黃面之親記也往者造成與改金之跡未規腹藏故猶昧」 其始終而古口傳言曰昔仁氏慈氏兩宮時所
安」 三世如來安移于此矣己巳之火失」 釋迦如來尊像嗣後造成以安其位云云矣今日同參大衆
伏此最勝功德咸脫輪廻同成正覺者」 遠孫弟子嶺南人聖奎參證席梵香謹書」
大施主秩」
通政大夫前判事嶺南人頓修」 擔當一尊」 嘉善大夫時判事湖南人景雲」 擔當一尊」 坤命」 辛卯
生」 金氏」 乾命」 李有彬」 坤命」 辛丑生」 表氏兩主」 乾命 池增弼」 坤命 丙申生」 李氏兩主」

乾命 姜貴榮」坤命 辛巳生 李氏兩主」
緣化秩」
證明比丘」亮勒」位尙」持殿比丘」法能」誦呪比丘」到淑」大悅」奉察」緇侃」卓賢」良工
比丘」肯柔」震頻」雪訓」淸淑」國善」演尙」守謐」最敏」再摁」淨念」尙訓」惟策」供養主
比丘」賛英」宗侃」德英」泰仁」頓闊」完活」秋談」淨桶比丘」錦丹」斗淸」寺中秩」公員比
丘 彩欽」有司比丘」德英」掌務比丘 若憐」助使比丘 宗燁」性談」頓淨」德華」坦什」同參化
主比丘 德鵬」比丘尼文華」比丘尼祖明」同緣化主 比丘尼思信」大功德都化主 比丘最祥」大都
比丘處禪」軌一」鐘頭 比丘妙謙」肯察」別佐 比丘善旭」

117. 속초 신흥사 아미타삼존상과 지장삼존상 및 명부 존상, 1651년

①아미타불 대좌 묵서명
가로 묵서명
香山普賢寺 □□次雪嶽山 神興寺佛像造成也」
세로 묵서명
順治八年辛卯八月化主靈瑞 畵員無染謹封」
②관음보살 축원문(1651년)
順治八年辛卯八月十九日」腹藏安莊嚴祝願」朝鮮國王李壽命萬歲」王妃殿下張氏壽萬歲」大
王大妃殿下趙氏壽萬歲」世子低下李壽萬歲」國泰民安法輪轉」諸宮宗室各安寧」文武百僚忠
輔禮」本道監司柳景緝盡忠良」牟府府使宋國準壽命長」各各先亡往西方」見佛聞法悟無生」
佛像大施主 趙愛男兩主」佛像大施主 鄭金伊同兩主」黃金大施主 姜勝先兩主」黃金大施主 金
順日兩主」李成立兩主」洪汝白兩主」李夢立兩主」雙應比丘」沈男兩主」女芿終兩主」金光世
兩主」供養大施主 李㐫連兩主」韓業兩主」姜莫男兩主」金承立兩主」女加也之兩主」崔大陽
兩主」女愛還兩主」女難介兩主」曹彦善兩主」梁仲日兩主」貼金大施主 河氏瓊玉兩主」金國
之兩主」朴光每兩主」朴還朴兩主」金件里兩主」安吉男兩主」李雄龍兩主」尹海龍兩主」女春
月兩主」鄭夢同兩主」崇玉比丘」女承伊兩主」女姜今兩主」宝敬比丘」方敏兩主」林武乞兩
主」方權敏兩主」張彦守兩主」李命律兩主」崔貴榮兩主」崔奉日兩主」女愛介兩主」女愛香兩
主」女正月兩主」方武心兩主」金愛男兩主」金宗梯兩主」徐日物兩主」女天德兩主」女業礼兩
主」金愛柞兩主」林得龍兩主」柳継乞兩主」女愛今兩主」女德終兩主」金眞兩主」金德孫兩
主」女六月兩主」朴貴仁兩主」林生連兩主」柳正軒兩主」李厚男兩主」金忠良兩主」金難全兩
主」金仁旺兩主」李景立兩主」金立兩主」安睦仁兩主」孫正龍兩主」金影兩主」女德仅兩主」
朴桂春兩主」金彦日兩主」梁春生兩主」嚴起朴兩主」崔末男兩主」女今也兩主」元甲生兩主」
孔愛吉兩主」女玉山兩主」女愛香兩主」柳士男兩主」悶順彦兩主」女礼云兩主」女釖戒兩主」
咸成守兩主」李成吉兩主」陳悪金兩主」朴景男兩主」李內ㄱ善兩主」李汝善兩主」韓元鶴兩
主」女愆德兩主」金彦孫兩主」姜春兩主」朴六同兩主」金天日兩主」金銀金兩主」方仁日兩
主」鄭滐孫兩主」金成金兩主」女栗音吋兩主」林君同兩主」金春兩主」李大仙兩主」女命礼兩
主」女首承兩主」朴加也之兩主」黃立兩主」張莫卜兩主」韓夢善兩主」女桂香兩主」安乱兩
主」鄭氏己丑生兩主」女承化兩主」金仲善兩主」金命卜兩主」李景申兩主」金興龍兩主」金色
龍兩主」李鳳玉兩主」女允月兩主」金得熙兩主」金化兩主」梁成立兩主」崔德男兩主」李善男
兩主」李桂花兩主」金重業兩主」女德只兩主」尹日福兩主」金影兩主」金金銓兩主」金山兩
主」岡化金兩主」李成弼兩主」朴以俊兩主」柳目福兩主」韓永龍兩主」金生兩主」李光先兩
主」女香兩主」張土日兩主」女內ㄱ介兩主」金馬九兩主」女春花兩主」安得立兩主」女分業兩
主」朴氏己丑生保」黃氏甲申生保」甲子生保体」柳氏宗業兩」孫日龍兩主」南正男兩主」李進
漢兩主」高難俊兩主」申大謙兩主」高難彦兩主」梁止仁兩主」李義玄兩主」李孝白兩主」女業
兩主」金是男兩主」郭成立兩主」金義弼兩主」
十王造成秩」

地藏大聖尊造成大施主」鄭豆應卯兩主」金千同兩主」朴守堅兩主」比丘法明保体」道明尊者
造成大施主」比丘汝裕」無毒鬼王造成大施主」南千守兩主」南聖云保体」第一奉廣大王造成
大施主」梁奉鶴兩主」梁奉男兩主」比丘持善保体」李泰英兩主」金愛男兩主」第二初江大王
造成大施主」鄭武金兩主」第三宋帝大王造成大施主」金氏莫介施主」第四五官大王造成大施
主」申龍兩主」蔡俊兩主」第五閻羅大王造成大施主」金應善兩主」金貴漢兩主」第六變成大王
造成大施主」張氏己生兩主」李植梁兩主」李勝全兩主」第七泰山大王造成大施主」張氏礼香
兩主」姜連守兩主」姜豊業保体」第八平等大王造成大施主」孫應春兩主」孫夢天兩主」孫正天
兩主」第九都示大王造成大施主」金伯男兩主」金大允兩主」女桂香兩主」女白花兩主」第十五
道轉輪大王造成大施主」洪砬兩主」洪崇敏兩主」洪崇位兩主」趙立碧兩位」李幕年兩主」李形
立兩主」比丘尙□保」鄭一成保体」林士立兩主」金氏丙申生保」女香梅保体」李金伊同兩主」
朴春守兩主」洪彦兩主」南礼立兩主」
各各隨喜施主壽命長」
本寺秩」
首僧 法明」禪德 道悟」慈信」天鑑」性珠」眞湜」六行」眞楚」玉淳」惠元」六和」六軒」省
洗」道行」□信」六坦」碧業」證明 金剛山法祖」十王助緣兼訂明 登徽」楓岳山 雙彦」五臺山
磧禀」宝盖山 明照道一」妙香山 義淳」智異山 碧峯堂覺性」天冠 戒牛」太白山 楚日」五峯山
道源」造成畵員秩」無染」道祐」海心」德明」處常」性岑」元哲」道珪」敏奇」義信」靈峰」
處仁」日祥」
畵成畵員秩」
性倫」崇徽」信旭」玄談」得天」持殿 淸印 智軒」化主兼別座 蓮玉」化主 守潭」能演」善謙」
化主 琢文」化主 汝蓮」大化主 靈瑞」
③ 지장보살상 조성기(1651년)
順治八年辛卯八月十九日」腹藏安莊嚴祝願」朝鮮國王李壽命萬歲」王妃殿下張氏壽萬歲」大
王大妃殿下趙氏壽萬歲」世子邸下李壽萬歲」國泰民安法輪轉諸宮」宗室各安寧 文武百僚忠」
輔禮」夲道監司柳景緝畵忠良」夲府府使宋國準壽命長」各先亡父母往西方」見佛聞法悟無
生」
佛像大施主 趙愛男兩主」佛像大施主 鄭金伊同兩主」黃金大施主 姜勝先兩主」黃金大施主 金
順日兩主」李成立兩主」洪汝伯兩主」李夢立兩主」比丘雙應」沈男兩主」女彷終保体」金光
世兩主」供養大施主 李莑連兩主」韓業兩主」姜莫男兩主」金承立兩主」供養施主 女加之保
体」崔大陽兩主」女愛還兩主」女難介兩主」曺彦善兩主」梁仲日兩主」貼金大施主 河氏瓊玉
兩主」金□之兩主」朴光每兩主」朴還□兩主」金件里兩主」安吉男兩主」李雄龍兩主」尹海
龍兩主」女春月兩主」鄭夢同兩主」崇玉比丘」女承伊兩主」女姜今兩主」宝敬比丘」方敏兩
主」林武己兩主」方仅敏兩主」張彦守兩主」李命律兩主」崔貴穎兩主」崔奉日兩主」女愛介兩
主」女愛香保体」女正月保体」方武心兩主」金愛男兩主」金宗梯兩主」徐日特兩主」女天德兩
主」女業禮保体」金愛祚兩主」林得龍兩主」柳継乞兩主」女愛今兩主」女德終兩主」金眞伊兩
主」金德孫兩主」女六月保体」朴貴仁兩主」朴生連兩主」柳正軒兩主」金厚男兩主」金忠良兩
主」金難全兩主」金仁旺兩主」李敬立兩主」金立兩主」安睦仁兩主」孫龍己兩主」金影兩主」
女德仅兩主」朴桂春兩主」金彦日兩主」梁春生兩主」嚴起福兩主」崔末男兩主」女今也兩主」
元甲生兩主」孫愛吉兩主」女玉山兩主」女愛香兩主」柳士男兩主」悶順彦兩主」女禮云兩主」
女釗戒兩主」咸戒守兩主」李成吉兩主」陳愛金兩主」朴景男兩主」李內ㄱ善兩主」李汝善主」
韓元龍兩主」女蕊德兩主」金彦孫兩主」姜春明兩主」朴六同兩主」金天日兩主」金銀金兩主」方
仁日兩主」鄭潗孫兩主」金成金兩主」女栗音叻兩主」林君同兩主」金善兩主」李大仙兩主」女
命礼兩主」女首承兩主」朴加也之兩主」黃立兩主」張莫卜兩主」韓夢善兩主」女桂香兩主」安
乱兩主」鄭氏己丑生兩主」女勝化兩主」金仲善兩主」金命卜兩主」李景申兩主」金興龍兩主」
金色龍兩主」李鳳玉兩主」女允月兩主」金得龍兩主」金化伊兩主」梁成立兩主」崔德男兩主」
李善男兩主」李戒花兩主」金重業兩主」女德只兩主」尹日卜兩主」金影兩主」金金銓兩主」金

山兩主」岡化金兩主」李成必兩主」朴以俊兩主」柳木卜兩主」韓永龍兩主」金生兩主」李光
先兩主」女香兩主」佛像施主 尹天星兩主」張士日兩主」女內ㄱ介兩主」金馬九兩主」女春化
兩主」安得立兩主」女分業兩主」朴氏己酉生保体」黃氏甲申生保体」甲子生保体」柳氏宗業
保体」李氏保体」金氏己丑生保体」孫日龍兩主」南正男兩主」李進汗兩主」高難俊兩主」申大
謙兩主」高難彦兩主」張止仁兩主」李義玄兩主」李孝伯兩主」女業兩主」貼金施主 金時男兩
主」郭成立兩主」金義必兩主」金云白兩主」女申德兩主」朴小心兩主」金敬明兩主」朴愛男兩
主」梁孝善兩主」李継善兩主」柳起雲兩主」金�金兩主」崔山卜兩主」
十王造成秩」
黃金大施主 姜勝仙兩主」地藏大聖造成大施主」金㟵立 鄭豆應巾兩主」金千同兩主」朴守堅兩
主 比丘法明」金繼甫兩主」道明尊者造成大施主」比丘汝裕」無毒鬼王造成大施主」南千守兩
主」南聖雲」第一秦廣大王造成大施主」梁奉鶴兩主」梁奉男保体」善特比丘」李泰英兩主」金
愛男兩主」第二初江大王造成大施主」鄭武金兩主」第三宋帝大王造成大施主」金氏莫介保体」
第四五官大王造成大施主」申龍兩主」蔡俊兩主」第五閻羅大王造成大施主」金應善兩主」金貴
漢兩主」第六變成大王造成大施主」張氏乙生兩主」李植樑兩主」李承全兩主」第七泰山大王造
成大施主」張氏礼香兩主」姜連守兩主」姜豊業保体」第八平等大王造成大施主」孫應春兩主」
孫夢天兩主」孫起天兩主」第九都市大王造成大施主」金伯男兩主」金氏桂香兩主」金大允兩
主」洪氏白花兩主」第十五道轉輪大王造成大施主」洪碻兩主」洪崇敏兩主」洪崇任兩主」趙云
壁兩位」李萬年兩主」李繼立兩主」尙屹比丘」金金伊兩主」嚴得彔兩主」女莫得兩主」李開允
兩主」李乃信兩主」金大立兩主」鄭成一兩主」林士立兩主」金氏丙申生保体」徐氏宝蓮保体」
女香梅保体」鐵物大施 張貴龍兩主」女業保体」女玉仙保体」女命伊保体」李金伊同兩主」朴春
守兩主」女李氏保体」女香生保体」金乃男兩主」鄭鳳仁兩主」鄭鳳安兩主」洪彦兩主」南礼云
兩主」崔留鶴兩主」金彦和兩主」盧興元兩主」盧興男兩主」張漢兩主」張興立兩主」
各各隨喜施主壽命長」
本寺秩」
首僧 法明」禪德 道悟」慈信」天鑑」性珠」眞浞」眞認」六行」眞梦」玉淳」惠元」碧天」六
和」六軒」省浩」志侃」道行」琢淸」六坦」碧業」
證明 金剛山法祖」十王助緣兼訂明 登徽」楓岳山雙彦」五臺山 賾稟」宝盖山 明照道一」妙香
山 義淳」智異山 碧峯堂覺性」天冠 戒牛」太白山 楚一」造成畵員秩」無染」道祐」海心」德
明」處常」性岑」日祥」元哲」道珤」敏奇」義信」靈釋」處仁」畵成畵員秩」性倫」崇徽」信
旭」玄淡」得天」持殿 淸印 智軒」化主兼別座 蓮玉」化主 守潭」能演」善謙」化主 琢文」化
主 汝蓮」
④
順治八年辛卯八月十九日」腹藏安莊嚴祝願」朝鮮國王李壽命萬歲」王妃殿下張氏壽萬歲」大
王大妃殿下趙氏壽萬歲」世子邸下李壽萬歲」國泰民安法輪轉」諸宮宗室各安寧」文武百僚忠
輔禮」夲道監司柳景緝晝忠良」夲府府使宋國準壽命長」各〃隨喜施主壽命長」各〃先亡往西
方」見佛聞法悟無生」
地藏大聖造成大施主」鄭豆應巾兩主」金祿立兩主」道明尊者造成大施主」金千同兩主」豫裕
比丘」無毒鬼王造成大施主」南千壽兩主」南聖云保体」第一秦廣大王造成大施主」槳奉鶴兩
主」槳奉男兩主」第二初江大王造成大施主」鄭武金兩主」第三宋帝大王造成大施主」金氏莫
介保体」第四五官大王造成大施主」洪砬兩主」第五閻羅大王造成大施主」蔡俊」申龍」第六變
成大王造成大施主」李植樑兩主」張氏乙生保体」李承全兩主」第七泰山大王造成大施主」姜
連守兩主」張氏礼香兩主」姜豊業保体」第八平等大王造成大施主」孫應春兩主」孫愛天兩主」
孫起天兩主」第九都市大王造成大施主」金伯男兩主」金大允兩主」洪氏白花兩主」金氏桂香
兩主」第十五道轉輪大王造成大施主」金應善兩主」金貴漢兩主」李泰英兩主」泰山大王造成
大施主」判官王造成大施主」崔永祿」善簿童子大施主」朴世俊保体」左右使者造成大施主」鄭
金伊山兩主」地藏王造成施主」比丘法明」各各隨喜施主壽命長」

本寺秩」
首僧 法明」禪德 道悟」慈信」天鑑」性珠」眞混」眞認」眞梵」玉淳」惠元」六和」六軒」省
浩」道行」琢淸」六坦」碧業」居士 金慶祚兩主」金慶祚兩主」鄭成一保体」
證明 金剛山法祖」十王助緣兼證明 登徽」楓岳山雙彦」五臺山 贖稟」宝盖山 明照道一」妙香
山 義淳」智異山 覺性」天冠山 戒牛」太白山 楚日」五峯山 道源」
造成畵員秩」
無染」道祐」海心」德明」處常」性岑」元哲」道珏」敏奇」義信」靈澤」處仁」日祥」
畵成畵員秩」
性倫」崇徽」信旭」玄淡」得天」持殿 淸印 智軒」化主兼別座 蓮玉」化主 守潭」化主 琢文」
化主 汝蓮」助緣 能演」色掌 善兼」尙文」大化主 靈瑞」
⑤ 중수기(1720년)
康熙五十九年庚子五月十日佛像腹」藏安藏記文」
眞佛無形假形像仮依求願似」顚倒取像凡夫何處憑不可向空」興敬禮故須借像表眞像如祈雨」
者作草龍禱之眞龍降雨建假」像而敬卽眞佛垂應斷無疑安」用眞佛爲分別法身無相乃卽相」求
眞見眞身然卽造像大檀越執」務緣化隨喜助喊緣給待供饌者亨世」退齡增福壽臨命終時無障
碍面」見彼佛大慈父金色光中蒙受記」九品蓮臺任意遊永離五湯堪忍」苦如彼薩陀大士身速還
穢土世界」中和光同塵度有情示敎利喜」提接引同入彌陀大道場無餘涅」盤成正覺諸施檀越開
刊于后」朝鮮國王李壽萬歲」王妣殿下金氏壽萬歲」世子殿邸下李壽萬歲」國泰民安法輪轉常
殿」諸宮宗室各安寧」文武百僚忠輔禮」本道監司杜鎰盡忠良」本道府使朴喜陳壽命長」各各
先亡往西方」
佛像大施主 金世俊兩主」黃金大施主 金世眞兩主」張靑業兩主」通政 金世俊兩主」金有宗兩
主」比丘 儀堅 保体 時年七十七」通政 南愛先兩主」通政 金朱山兩主」金世雲兩主」通政 金拜
兩主」卓蕊男兩主」金碩建兩主」金吉先兩主」金氏驗瑞兩主」金氏驗切兩主」李萬英兩主」
嘉善 自誰保体」通政 龍眞保体」金氏有陽兩主」金戒先兩主」李貴成兩主」居士 玉軒兩主」通
政 李戒天兩主」□□□兩主」通政 安月成兩主」尹守命兩主」崔灵宝兩主」開眼大施主 金萬碩
兩主」淨正大施主 金千興兩主」通政 鄭承彔兩主」通政 金元先兩主」片今立兩主」通政金眞逸
兩主」嘉善 金厚碩兩主」李太建兩主」金蕊同兩主」陳戒心兩主」李孝元兩主」金德述兩主」
嘉善 林丁先兩主」姜武元兩主」林氏順玉兩主」林氏順礼兩主」李氏一還兩主」朴先伯兩主」
嘉善 斗賛保体」比丘 一淡保体」白碧中兩主」洪氏介德兩主」金世起兩主」嘉善 林丁立兩主」
鄭蕊立兩主」通政 鄭塔実兩主」通政 鄭丁先兩主」鄭塔奉兩主」李太龍兩主」通政 德還保体」
梁氏介礼兩主」比丘 法機保体」通政 益成保体」通政 雪單保体」折衝將軍 安起奉兩主」鄭起
朱兩主」金㐣金兩主」金道尙兩主」金龍雄兩主」朴益成兩主」朴戒先兩主」金千先兩主」林
戒業兩主」梁氏兩主」李岩回兩主」金氏愛禮兩主」崔守逸兩主」張居松兩主」全月龍兩主」卓
龍奉兩主」李濟兩主」南戒立兩主」鄭斗成兩主」許起立兩主」南加邑孫兩主」南官伊兩主」比
丘 文什保体」比丘 幸隣保体」呂聰保体」宋俊伊兩主」金陳明兩主」金氏粉伊兩主」金德花兩
主」金氏聖禮兩主」金氏玉粉兩主」朴太珠兩主」李春乞兩主」李希云兩主」朴氏淨業兩主」朴
氏業伊兩主」金氏粉香兩主」金先逸兩主」尹世奉兩主」尹世忠兩主」崔氏分伊兩主」南喆只兩
主」鄭昌命兩主」比丘一淡保体」李春迪兩主」李春彌兩主」居士 淸悟保体」金種同兩主」金
貴太兩主」李朴單兩主」金田雄兩主」通政泰裕保体」比丘 三卓保体」比丘 志輝保体」比丘 三
卜保体」金莫先兩主」洪業淨兩主」洪逸範兩主」朴範錫兩主」李賛伊兩主」金有先兩主」金有
生兩主」嘉善 李日元兩主」李智達兩主」黃善興兩主」通政 太仁保体」金海奉兩主」趙丁龍兩
主」通政 萬起保体」李氏次丹兩主」崔丁業兩主」李氏貴良兩主」朴順發兩主」晉武先兩主」
朴起點兩主」比丘 唯認保体」比丘 妙澗保体」金業补保体」姜愛伊兩主」通政 金厚種兩主」比
丘 善行兩主」李氏善礼兩主」李德桂兩主」通政 一能保体」金順興兩主」金厚先兩主」金春萬
兩主」安點伊兩主」朴聖鶴兩主」居士 廣惠兩主」黃宗元兩主」金竜拜兩主」比丘 志竿保体」
嘉善 禪允保体」李厚承兩主」比丘 敏依保體」廉碩知兩主」朴無石致兩主」金武男兩主」鄭汝

興兩主」朴玉奉兩主」金石江兩主」金成官兩主」黃春男兩主」朴仁元兩主」金應瑞兩主」南氏
元礼兩主」林戒心兩主」通政 崔承業兩主」李氏礼先兩主」比丘 哲岑保体」金云伊兩主」片今
金兩主」比丘 釋洽保体」張時漢兩主」徐萬德兩主」李必英兩主」
緣化秩」
證師 笠瓊保体」良工 呂璨保体」持處 戒岑保体」比丘 三印保体」淨允保体」信察 保体」供養主
靈熙保体」處雲保体」負木 李成芯保体」大 〃 化主秩」嘉善 明彦保体」比丘 唯寬保体」比丘 笠
惠保体」比丘 戒甞保体」別座 斗閏保体」時年首僧 戒賛保体」烏金化主居士 斗弘 兩主保体」

118. 완주 정수사 아미타삼존상, 1652년

□□」□娑婆世界南贍部洲朝鮮國全羅道全州府□□」各道各官各處拈花諸員大施主等各各結
願隨喜施」主與緣化比丘明彦等度誠造佛像結緣不朽□□之」發願文」
無相之眞身遍塵邦而湛湛□超形影之端離言之妙」理性諸法而如如逈出唇□之表湛湛無形分赴
群□」而法□□□如春行之萬□如如絕相分總萬類而有」誠卽道□□□之千江□切敢依心蒙饒
益伏願主上殿」下雷□□号令掃胡塵河海淸星斗煥文章集□□」而社稷固儒釋俱崇□三代之風
則文武並用興一國之□」□王妃殿下學得痎耶生□子而金枝鬱鬱繼於違提」發悲心而玉葉垂垂
伏願靈駕身遊七重行□之中伴觀」音而□□足蹟九品蓮臺之上與彌他而逍遙各各結願」隨喜施
主天灾若春風□釋百福似夏雲之□興命保□」□□□□□願以此功德普及於一切我等汝衆生
皆」供成佛道」
供養大施主 福德兩主靈駕 佛像大施主 □□兩主保體」施主 福德兩主靈駕 烏金大施主 金漢奇兩
主 佛像大施主 廷礼」兩主 □靈□ 金大施主 金三終兩主 供養大施主 □今兩主供」養大施主 崔
厚方兩主 烏金大施主 風介兩主 供養大施主」布施主 林士吉兩主 腹藏大施主 李勝談兩主 面金
大施主 □」□兩主 面金大施主 彦介兩主 面金大施主 李春□兩主 黃」金大施主 宣四宗兩主 黃
金大施主 今春兩主 面金大施主□」供憩伊兩主 末醬大施主 金伊伊兩主 腹藏紙大施主 金彦」□
兩主 腹藏紙大施主 弘卜比丘 腹藏紙大施主 □己天兩」主 供養施主 禾叱春兩主 □□□大施主
朴□兩主 □□」大施主 腹藏紙施主 性海比丘 腹藏紙施主 普明比丘 □」施主 崔□□單身 引
勸施主 鄭終金兩主 魚膠□鐵生兩」主 供養施主 □花兩主 供養施主 岩城介兩主 百□鶴兩主」
供養大施主 □元兩主 供養施主 供養施主 含眞兩主 供養施」主 □惠立兩主 供養施主 金目金單
身 供養施主 □□□□」供養施主 金□□兩主 供養施主 李山伊兩主 供養施主」趙鶴立兩主 供
養施主 朴甲戌兩主 引燈施主 朴貴玄兩主 供」養施主 金戒男兩主 燈燭施主 羅斤乃兩主 燈燭施
主吳」難福兩主 供養施主 □照呪兩主 烏金施主 內ㄱ德單身 供」養施主 朴眞兩主 布施主 白□
元兩主 腹藏施主 尙宗比丘」喉鈴通大施主 林仁洪兩主 供養施主 金乭文兩主 供養施」主 韓己生
兩主 腹藏施主 尙宗比丘 金訥叱失兩主 塗油施主」彦介單身 座□施主 崔玉南兩主 座□施主 孝
養介兩主」鐵物大施主 黃連福兩主 鐵物施主 金大生兩主 鐵物施主」金仁山兩主 腹藏紙施主 敏
機比丘 腹藏紙施主 慧一比丘」腹藏紙施主 惠圭比丘 引燈施主 李松栢單身兩主 □布」施主 成
貴靈駕 魚膠施主 蔡時准兩主 魚膠施主 □閑生兩」主 魚膠施主 □淳比丘 □元比丘 敏准比丘 弘
永□兩主 食塩」施主 □□兩主 □□比丘 食塩大施主 羅金山兩主 崔莫男兩」主 崔莫男兩主 石
紫黃施主 介伊兩主 戒興單身 弘義比丘」供養施主 甲眞兩主 朴貴一兩主 供養施主 智性比丘 黃
金」施主 金內ㄱ金兩主 黃金施主 希彦比丘 引燈施主 金雲」龍兩主 □□施主 崔命男兩主 道元
比丘 太一比丘 惠悅比丘」廷壽比 性敏比 戒問比丘 法融比丘 敬還比丘 學玄比丘」海一比丘 敬
連比丘 寶鑒比丘 芳湜比丘 明哲比丘 法堅」比丘 性運比丘 天浩比丘 應亥比丘 笠岑比丘 德能比
丘」法岑比丘 大海比丘 禪默比丘 淸哲比丘 普明比丘 雪暹」比丘 有齊比丘 覺能比丘 大訥比丘
守默比丘 彦圭」比丘 學賛比丘 明學比丘 加祥 印眞比丘 印賛比」丘 輝印比丘 戒應比丘 印彦比
丘 印擇比丘 海益」比丘 信行比丘 法林比丘 戒熙比丘 戒忍比丘 裵順伊」比丘 金漢福兩主 金漢
孫兩主 敬益比丘 敬梅比丘 靈」云比丘 玉禮兩主 莫介兩主 劉億男兩主 寶閂比丘 敬」琳比丘 德
立兩主 金乭文兩主 守永介兩主 金己仁兩」李眞方兩主 文益比丘 學玄比丘 靈准比丘 朴天龍」兩

主 愁斗其兩主 金漢立兩主 金戒男兩主 金眞業」兩主 漢氏兩主 朴龍兩主 玉連比丘 金禮福兩主
金」同兩主 觀印比丘 百福伊兩主 申命兩主 王臺兩主 徐」守福兩主 崔億世兩主 崔億文兩主 崔
億福兩主 金」難金兩主 淸雲比丘 余海龍兩主 姜律伊兩主 羅命」生兩主 李元生兩主 申二龍兩主
姜志福兩主 宋業」伊單身 風臺兩主 李莫生兩主 夢兩主 李山金兩主」方永金兩主 奉眞兩主 金奉
生兩主 志介兩主 黃末生兩」主 眞海兩主 金德金兩主 金銀生兩主 金金伊兩主 接」怍兩主 獨禮
兩主 信安比丘 天海比丘 鄭念兩主 性允比」正玄比丘 道淳比丘 元悟比丘 灵信比丘 德已比丘 蘇
山□」□□□末立兩主 法珠比丘 信懷比丘 應花比丘 印敬比」丘 一□比丘 宗花比丘 禪敏比丘
正心比丘 智鑒比丘 法」□比丘 □□比丘 祖流比丘 文莫金兩主 靈秀比丘 鄭」順兩主 熙彦比丘
善戒比丘 信敏比丘 定信比丘 定一」比丘 莫德兩主 金萬承單身 連金兩主 命今單身 順」花兩主
密德兩主 學令比丘 性一比丘 敏英比丘 印英」比丘 日律比丘 守安比丘 道根比丘 長者斤兩主 朴
乞」□兩主 崔得姜兩主 朴敏生兩主 宋無一兩主 李心英」兩主 金貴同主三月兩主 金守文兩主 李
萬雪兩主」
證明 熙一 大尊 智元」畵員秩 無染 信悶 心印 惠端 敬性 灵擇 學梅」緣化秩 別座 守岩 供養主 印
成 義文 印玄」往來僧 德雄 印箂 化主 明彦」恩師 法融」
時維」歲次順治九年壬辰五月二十八日各各結願隨喜」施主與緣化比明彦等至誠謹拜」

119. 서울 지장암 석가불상, 1653년

順治十年全南道興陽縣地曹溪山佛臺寺」釋迦牟尼佛」藥師佛」阿彌陀佛」願以此功德 普及於
一切」我等與衆生 皆共成佛道」主上殿下壽萬歲」王妃殿下壽齊年」世子齊下壽千秋」
佛像大施主 柳紅兩主」佛像大施主 徐夢麥憐兩主」佛像大施主 金愛峯兩主」願佛大施主 柳氏
單身」願佛大施主 高天立兩主」願佛大施主 金終兩主」供養大施主林春義兩主」供養菩蓮箂大
施主 於里介單身」供養菩蓮箂大施主 乞玉單身」點眼大施主 柳氏尹玉單身」面金大施主 姜孝
信男兩主」面金大施主 姜土継兩主」面金大施主 禮善單身」鳥金大施主 金圖致兩主」泥金大施
主 崔祥福兩主」泥金引燈箂施主 崔末立兩主」黃金大施主 金義男兩主」黃金大施主 金莫男兩
主」座臺大施主 金應男兩主」法華經大施主 高天立兩主」華嚴大施主 李一祿兩主」華嚴大施主
李都損兩主」灯燭大施主 玉祥單身」開眼末醬箂大施主 金天得兩主」淸蜜大施主 申志男兩主」
腹藏大施主 李山水兩主」
證明 禪澤比丘」持殿 大智比丘」畵員秩」熙藏比丘」性明比丘」宝海比丘」双黙比丘」覺元比
丘」戒祐比丘」淸眼比丘」別座 上還比丘」供養主 天益比丘」供養主 守閑末比丘」供養主 行者
順伊」汝訓」道行比丘」大化士 學禪比丘」老德 雪浩比丘」老德 智嘗比丘」前辨事 性澄比丘」
妙莫比丘」惠澄比丘」明信比丘」幸心比丘」三剛 處林比丘」

120. 대구 운흥사 아미타삼존상, 1653년

① 아미타불상 발원문
發願文」
願以此功德普及於一切我等汝衆生皆共成佛道」時維」歲次順治十年昭陽大荒落潤七月日最頂
山隱巖寺」佛像造成時記文」王妃殿下壽齊年」主上殿下壽萬歲」世子邸下壽千秋」
證明 太浩」持殿 敏泂」佛像大施主 裵吉男兩主」大施主 孔龍起兩主」黃金大施主 禹愛男兩
主」腹藏大施主 朴訥叱金兩主」鳥金大施主 郭戒宗兩主」
畵員 道祐」信悶」敬玉」敬愼」應澤」雪敏」玉淳」
緣化秩」
別座 彦澤」供養主 性彦」惠悅」鶴伊」化主 敬海」本寺秩」大禪師 靈智」知事 信玄」舍主 戒
淳」典座 印鑑」首僧 懷俊」靈允」自閑」元俊」玉求」學令」楚雲」妙瓊」性哲」印寬」道
成」學贊」杜岩」雨字」法璘」雪天」行均」行眞」行湛」惠應」性均」性淳」瀨仁」熙衍」覺

崇」普濟」惠熙」弘洽」惠熏」學林」靈覺」梵湜」道明」尙敏」尙暉」小者秩」尙連」以見」
龍吉」得敏」春伯」春發」愛云」愛鄕」月江」仁建」泗上」
② 대좌 묵서
順治九年癸巳六月二十一日伐木七月初 一日定役閏七月二十七日」開眼點眼法堂安于也又灵泉
寺佛像化主敬海別座彦澤等初」發良心願我後生同成佛位之願同得九品之蓮臺後人詳覽愼之」
願以此功德普及於一切我等與衆生皆共成佛道」觀世音」彌陀佛九品蓮花臺三種淨觀」大勢
至」
③ 관음보살상 발원문
願以此功德普及於一切我等汝衆生皆共成佛道」時維」歲次順治十年昭陽大荒落閏七月日最頂
山燧巖寺」佛像造成時記文」王妃殿下壽齊年」主上殿下壽萬歲」世子邸下壽千秋」
證明 太浩」持殿 敏洞」佛像大施主 裴吉南兩主」大施主 孔龍起兩主」黃金大施主 禹愛男兩
主」腹藏大施主 朴毗金兩主」烏金大施主 郭戒宗兩主」畵員 道祐」信悶」敬玉」敬愼」應澤」
雪敏」玉淳」
緣化秩」
別座 彦澤」供養主 性彦」惠悅」鶴伊」化主 敬海」本寺秩」大禪師 靈智」知事 信玄」舍主 戒
淳」典座 印鑑」首僧 懷俊」靈允」自閑」元俊」玉求」學令」楚雲」妙瓊」性哲」印寬」道
成」學贊」一學」杜岩」法璘」雪天」行均」行眞」行淡」性均」性淳」瀨仁」熙衍」覺崇」普
濟」惠熙」弘洽」惠熏」惠應」學林」靈覺」楚湜」道明」尙敏」尙暉」
小者秩」
尙連」以見」龍吉」得敏」㫒明」春伯」春發」愛云」愛卿」月江」仁建」泗上」
④ 대세지보살상 발원문
願以此功德普及於一切我等汝衆生皆共成佛道」時維」歲次順治十年閏七月日最頂山燧岩寺」
佛像造成時記文」王妃殿下壽齊年」主上殿下壽萬歲」世子邸下壽千秋」
證明 太浩」持殿 敏洞」佛像大施主 裴吉南兩主」大施主 孔龍起兩主」黃金大施主 禹愛男兩
主」腹藏大施主 朴毗金兩主」烏金大施主 郭戒宗兩主」畵員 道祐」信悶」敬玉」敬愼」應澤」
雪敏」玉淳」
緣化秩」
別座 彦澤」供養主 性彦」惠悅」鶴伊」化主 敬海」
本寺秩」
大禪師 靈智」知事 信玄」舍主 戒淳」典座 印鑑」首僧 懷俊」靈允」自閑」元俊」玉求」學
令」楚雲」妙瓊」性哲」印寬」道成」學贊」杜岩」一學」法璘」雪天」行均」行湛」惠應」性
均」性淳」懶仁」熙性」熙衍」覺崇」普濟」惠熙」弘洽」惠熏」弘旭」學林」靈覺」楚湜」道
明」尙敏」尙暉」
小者秩」
尙連」以見」得敏」龍吉」春伯」春發」愛云」愛卿」月江」仁建」泗上」
⑤ 대좌 상면 묵서 중수기(1995년)
處士金億根」供養主 李順蘭」總務 性黙」住持 曺元正觀」大韓佛敎曹溪宗 雲興寺」
乙亥年三月十八日」佛紀二五三九年開眼佛事」證明 性陀大宗師」

121. 고창 문수사 삼세불상, 1654년

① 석가불상 발원문
上來所修功德海」回向三處悉圓滿」奉爲」主上三殿下壽萬歲」願以此功德普於一切我等與」
衆生皆佛道」
材木大施主 通政大夫 曺終得 單身」佛像都大施主 戶長 李時一兩主」釋迦尊像大施主 金志山兩
主」供養大施主 文風金兩主」供養大施主 李貴男兩主」供養大施主 朴光海兩主」布施大施主

조선시대 불상의 복장기록 연구

洪存世兩主」烏金大施主 吳樓訖兩主」蒲團大施主 崔淂訓兩主」蒲團大施主 閑影勝兩主」蒲團
大施主 通政大夫 洪淂守兩主」蒲團大施主 曺白(十ㄱ)男兩主」面金大施主 白奉連兩主」烏金大
施主 鄭閑男兩主」曩(약자)布大施主 貴良兩主」喉靈通大施主 高厚元兩主」琉璃大施主 朱連
守兩主」清蜜大施主 理西非兩主」引燈施主 朴言希兩主」燈燭大施主 崔影相兩主」座臺大施主
礼生兩主」福藏大施主 金訥訖兩主」眞粉大施主 宋厚景兩主」朱紅大施主 朴龍孫伊兩主」朱紅
施主 染德男兩主」供養大施主 朴敏兩主」末醬大施主 文玉生兩主」食塩大施主 張祿立兩主」
引灯施主 姜太雲兩主」灯燭大施主 黃順梅兩主」灯燭施主 斑俊映兩主」囊布施主 覺澄比丘」
眞墨施主 崔杰山兩主」鐵物施主 尙明比丘」鐵物施主 靈岑比丘」魚膠大施主 馬戒祥兩主」木
末大施主 洪起立兩主」末醬大施主 金龍伊兩主」末醬施主 金貴金兩主」明珠大施主 金應龍兩
主」末醬施主 金釰同兩主」施主 金杰男兩主」施主 金白ㄱ福兩主」施主 檜海比丘」
大德秩」
國一都大禪師碧峯堂大師覺性比丘」老德一行比丘」大禪師 戒珠比丘」大禪師 智行比丘」大禪
師 印旭比丘」大禪師 正玄」大禪師 戒愚比丘」大禪師 敬悅比丘」老德 仅元此丘」道淳比丘」
覺俊比丘」信悟比丘」戒倫比丘」性演比丘」曇日比丘」宗海比丘」曇花比丘」惠黙比丘」覺
林比丘」道黙比丘」戒文比丘」勝鑒比丘」性林比丘」仅云比丘」靈現比丘」靈日比丘」廣全
比丘」靈瑞比丘」海澄比丘」德雄比丘」萬言比丘」哲忍比丘」海生」玉生」者斤卜」春戒」龍
吉」末龍」鳳鶴」佛像大施主 金白ㄱ世兩主」佛像大施主 金杰乃兩主」佛像大施主 亐德兩主」
佛像大施主 金仁生兩主」施主 徐鉉兩主」秦廣大王施主 李貴男兩主」初江大王大施主 德春兩
主」宋帝大王大施主 高億生兩主」五官大王大施主 鄭莫山兩主」閣羅大王大施主 金汝建兩主」
變成大王大施主 愛玉單身」太山大王大施主 崔言風兩主」平等大王大施主 李今守兩主」都市大
王大施主 崔吉金兩主」轉輪大王大施主 李順生兩主」判官大施主 黃葉生兩主」鬼王大施主 朴
言希兩主」將軍大施主 尹洪德兩主」童子大施主 李般石兩主」監齋使者施主」
緣化秩」
證明 碧峯堂大師 覺性比丘」晦跡堂 大師 性悟比丘」持殿 太嚴比丘」供養主 明悟比丘」供養主
智詢比丘」釋森比丘」別座 淨心比丘」
書員秩」
養師無染」海心比丘」性守比丘」勝秋比丘」敏機比丘」道均比丘」妙寬比丘」勝照比丘」勝悅
比丘」智文比丘」信日比丘」明照比丘」景性比丘」一安比丘」處仁比丘」元辯比丘」
順治十一年甲午暮春日化主」尙裕比丘」書記 靈現比丘」靈瑞比丘」
②아미타불상 발원문
上來所修功德海」回向三處悉圓滿」奉爲」主上三殿下壽萬歲」願以此功德皆共成」佛道」材
木大施主 通政大夫 曺終得 單身」佛像都大施主 戶長 季時一兩主」阿彌陀佛大施主 季杰乃兩
主」供養大施主 文風金兩主」供養大施主 朴光海兩主」布施大施主 洪存世兩主」烏金大施主
吳樓訖兩主」蒲團大施主 崔淂訓兩主」蒲團大施主 閑影勝兩主」蒲團大施主 通政大夫 洪淂守
兩主」蒲團大施主 曺白ㄱ男兩主」面金大施主 白奉連兩主」烏金大施主 鄭閑男兩主」曩布大施
主 貴良兩主」喉靈通大施主 高厚元兩主」琉璃大施主 朱連守兩主」清蜜大施主 理西非兩主」
引燈大施主 朴言希兩主」燈燭大施主 崔影相兩主」座臺大施主 礼生兩主」腹藏大施主 金樓訖
兩主」眞粉大施主 宋厚景兩主」朱紅大施主 朴龍孫兩主」朱紅大施主 染德男兩主」供養大施主
朴敏兩主」末醬大施主 文玉末兩主」食塩大施主 張祿立兩主」引灯大施主 宋丁同兩主」引灯大
施主 姜太雲兩主」灯燭大施主 黃順梅兩主」灯燭施主 斑俊暎兩主」囊布施主 覺澄比丘」眞墨
施主 崔杰山兩主」鐵物施主 尙明比丘」鐵物施主 雪岑比丘」魚膠大施主 馬戒祥兩主」木末大
施主 洪起立兩主」末醬大施主 金龍伊兩主」末醬施主 金貴金兩主」明珠大施主 金應龍兩主」
末醬施主 金釰同兩主」施主 金末男兩主」施主 金白ㄱ卜兩主」施主 會海比丘」
大德秩」
國一都大禪師碧峰堂大師覺性比丘」老德一行比丘」大禪師正玄比丘」大禪師 戒珠比丘」大
禪師智行比丘」大禪師印旭比丘」大禪師戒愚比丘」大禪師敬悅比丘」老德 仅元此丘」道淳比

丘」覺俊比丘」信悟比丘」戒倫比丘」性衍比丘」曇日比丘」宗海比丘」曇花比丘」惠默比丘」
覺林比丘」道默比丘」戒文比丘」勝甘比丘」性林比丘」仅云比丘」靈現比丘」靈日比丘」廣
全比丘」靈瑞比丘」海澄比丘」德雄比丘」萬言比丘」哲忍比丘」海生」玉生」耆卜」春桂」龍
吉」末龍」鳳鶴」
緣化秩」
證明 碧峰堂大師 覺性比丘」晦跡堂 大師 性悟比丘」持殿 大嚴比丘」供養主 明悟比丘」智詢比
丘」釋森比丘」別座 浄心比丘」
書員秩」
養師 無染 海心比丘」性守比丘」勝秋比丘」敏機比丘」道均比丘」妙寬比丘」勝照比丘」勝悅
比丘」智文比丘」信日比丘」明照比丘」景性比丘」一安比丘」處仁比丘」元卞比丘」
順治十一年甲午暮春日化主尙裕比丘」
佛像大施主 金訥叱山兩主」佛像大施主 金白ㄱ世兩主」佛像大施主 金仁生兩主」佛像大施主
徐鉉兩主」佛像大施主 乭德兩主靈駕」秦廣大王施主 李貴男兩主」初江大王大施主 德春兩主」
宋帝大王大施主 高億生兩主」五官大王大施主 鄭莫山兩主」閻羅大王大施主 金汝建兩主」變成
大王大施主 愛玉單身」太山大王大施主 崔言風兩主」平等大王大施主 李今守兩主」都市大王大
施主 崔吉金兩主」五道轉輪大王大施主 李順生兩主」判官大施主 黃葉生兩主」鬼王大施主 朴
言希兩主」將軍大施主 李南山兩主」將軍大施主 尹洪德兩主」童子大施主 李盤石兩主」童子大
施主 馬戒宗兩主」
③ 대좌 묵서(1844년)
道光二十四年甲辰五月十八日重修改彩大雄殿□」大施主 海雲堂 愼英」金坡堂 軌宗」枕月堂
允成」文谷堂 致成靈駕」機峯堂 定吾靈駕」沙月堂 惠□」蓮溪堂 □如」中菴堂 藕弘」正觀
堂 快逸」正峯堂 幸仁」永寬」本縣邑內 郭應大」兩主願得」妻洪氏 男子」鄭得龍」金諸尹」
大法堂」合」十王殿」黃金□二百十二兩」丹靑彩色八十~兩…」十王尊像彩色□三十」九兩
□□□」
山中秩」
奉云 演訓 謹惠 奉益 奉信 斗僖 奉明 學律 敬雲 敬元 □元」云宣 善云 善永 善奇 善奉 景修 彰旬
致文 普珉 成守 太煥」振輝」
緣化秩」
證師 白坡堂 亘璇」金魚 圓潭堂 乃圓」靑松堂 仁默」誦呪 昶旴」持殿 玩松堂 讚□」別座 普恩
堂 贊□」供養主 洪均 智翰 道儀」義彦」化主 正峯堂幸仁」雲溪堂榮準」都監 中菴堂藕弘」香
閣 龜峯堂仁裕」來往 智贊」

122. 고창 문수사 지장삼존상과 명부 존상, 1654년

上來所修功德海」回向三處悉圓滿」奉爲」主上殿下壽萬世」王妃殿下壽齊年」世子低下壽千
秋」國泰民安法輪轉」
材木大主 通政大夫 曺終得單身」平等大王大施主 李今守兩主」都大施主 李時一兩主」大施主
宋厚瓊兩主」大施主 徐鉉兩主」大施主 金訥叱山兩主」大施主 金白ㄱ世兩主」大施主 李志乃
兩主」大施主 金仁生兩主」大施主 乭德兩主靈駕」供養大施主 李貴男兩主」供養大施主 文風
金兩主」供養大施主 朴光海兩主」供養施主 洪存世兩主」大施主 白峰連兩主」大施主 吳樓訖
兩主」大施主 崔得訓兩主」大施主 通政大夫 洪得守兩主」大施主 韓影勝兩主」大施主 曺白
ㄱ男兩主」大施主 貴良單身」施主 鄭閑男兩主」大施主 高厚元兩主」大施主 朱蓮守兩主」大
施主 里西非兩主」大施主 朴彦希兩主」大施主 崔影祥兩主」大施主 宋馬同兩主」施主 姜太
云兩主」施主 黃順梅兩主」施主 班峻暎兩主」施主 學澄比丘」施主 金樓訖兩主」施主 朴龍孫
兩主」施主 張得男兩主」施主 朴敏兩主」施主 張綠立兩主」施主 文玉生兩主」施主 崔志山兩
主」施主 尙明比丘」施主 雪岑比丘」施主 馬戒上比丘」施主 洪己立兩主」施主 金龍兩主」施

조선시대 불상의 복장기록 연구

主 金應龍兩主」施主 金貴金兩主」施主 金釣同兩主」施主 金末男兩主」施主 金白ㄱ卜兩主」
施主 檜海比丘」施主 李貴男兩主」施主 德春兩主」施主 高億生兩主」施主 鄭莫山兩主」施主
金汝建兩主」施主 愛玉單身」施主 李錦守兩主」施主 崔吉金兩主」施主 李順生兩主」施主 黃
葉生兩主」施主 朴彦希兩主」施主 尹洪德兩主」施主 李南山兩主」施主 李盤石兩主」施主 馬
戒宗兩主」
大德秩」
國一都大禪師 碧峰堂大師 覺性比丘」老德 日行比丘」大禪師 戒珠比丘」大禪師 智行比丘」大
禪師 印旭比丘」大禪 戒愚比丘」大禪師 敬悅比丘」仅元比丘」道淳比丘」覺峻比丘」信悟比
丘」戒倫比丘」曇日比丘」宗海比丘」性衍比丘」曇花比丘」惠默比丘」覺林比丘」道默比丘」
性林比丘」戒文比丘」勝甘比丘」仅云比丘」靈日比丘」廣全比丘」海澄比丘」德雄比丘」鳳
鶴」末龍」龍吉」福伊」玉生」春桂」海生」哲忍比丘」萬言比丘」
緣化秩」
證明 碧峰堂大師覺性比丘」晦跡堂大師 性悟比丘」持殿 太嚴比丘」供養主 明悟比丘」智詢比
丘」釋森比丘」別座 淨心比丘」畵員秩」海心比丘」性守比丘」勝秋比丘」敏機比丘」道均比
丘」妙寬比丘」勝照比丘」勝悅比丘」智文比丘」信日比丘」明照比丘」敬性比丘」一安比丘」
處仁比丘」元卜比丘」書記 灵現比丘」灵瑞比丘」
各各結願隨喜施主等願以此功德普及於一切皆共」成佛道」順治十一年甲午季春 化主尙裕比
丘」
② 시왕상 일괄
墨書銘：第壹 庚午 辛未 壬申 癸酉 甲戌 乙亥/墨書銘：第三 壬午 □未 甲申 □酉 丙戌 丁亥
墨書銘：第四 甲子 乙丑 丙寅 丁卯 戊辰 己巳/墨書銘：第五 庚子 乙丑 壬寅 □□ 甲辰 乙巳
墨書銘：第六 庚子 乙丑 戊寅 己卯 庚辰 辛巳/墨書銘：第七 甲午 乙未 丙申 戊戌 己亥
墨書銘：第八 丁未 戊申 □□ 辛亥　　/墨書銘：第九 壬子 癸丑 甲寅 乙卯 丙辰 丁巳
墨書銘：第給 戊午 己未 庚申 辛酉 壬戌 癸亥
③ 대좌 묵서명(1844년)
道光二十四年甲辰五月十八日改金地藏菩薩改彩十王各像」
大施主秩」
愼英軌」軌宗」郭應大」學律」英玉」敬源」智閒」仁暉靈駕」演訓」永寬」耦弘」義敎」化
主」鷲岩堂敬倍」住持淸月堂映河」大施主 忽必」
緣化秩」
證師 白坡堂 亘旋」金魚 靑松堂 仁默」圓潭堂 乃圓」誦呪 祀眪」香閣 鱻峰堂 仁裕」別座 普恩
堂 贊韻」供養主 弘均 智瀚」都監 中庵堂 藕弘」化主 雲溪堂 榮準」冥府殿 丹靑」金魚 垸□堂
寬俊」幻波堂 德岸」淸□堂 映湜」□元」

123. 청도 대운암 보살상, 1654년

發願文」
願以次功德普及於一切我等汝等衆生」皆共成佛道」順治拾壹年閼逢敦祥葵賓之月日造相記錄」
佛像大施主 白有名兩主」供養兼大施主 海允比丘」供養大施主 日珠比丘」黃金大施主 鄭丑兩
主」面金大施主 高山玉兩主」服藏大施主 鄭今生兩主」烏金大施主 金克立兩主」經紙大施主
鄭德山兩主」淸蜜大施主 盧順吉兩主」李乭世兩主」布施主 李制明兩主」□□大施主 曺蘭豊
兩主」蒼蜜施主 鄭以元兩主」服藏施主 黃時保体」經紙施主 金信萬兩主」布施施主 黃英祐兩
主」食鼎施主 丁□國兩主」布施主 韓南兩主」經紙施主 菊花灵駕」經紙施主 金成生兩主」淸
蜜施主 鄭加音末兩主」黃蜜施主 金閏伊兩主」食壚施主 姜未信兩主」□□施主 金□立兩主」
齋米施主 崔命酬兩主」喉領筒施主 徐進卜兩主」朱紅大施主 比丘玉岑保体」施主 性允比丘」
施主 林永生兩主」施主 性弘比丘」施主 尹□□兩主」施主 □山兩主」施主 崔玉燐兩主」施主

金忠生兩主」施主 金玉宝灵加」施主 姜忝奉兩主」施主 鄭日山兩主」施主 鄭□立兩主」施主
今淑比丘」施主 崔文所兩主」施主 崔者音兩主」施主 金□□兩主」施主 崔己令兩主」施主 金
成□兩主」施主 金成云兩主」施主 裵□同兩主」施主 趙太吾己主兩主」施主 金澤米兩主」施
主 孫岙國兩主」施主 礼玉比丘」施主 朴岙之兩主」施主 李信卜兩主」施主 朴□達兩主」施主
朴英□兩主」施主 秋春兩主」施主 文□兩主」施主 □右昌兩主」施主 李斗卜兩主」施主 日淳
比丘」詞□信天比丘」施主 金熙比丘」施主 尙玄比丘」施主 深承主兩主」施主 朴身兩主」施主
盧宗元兩主」施主 桂右比丘」施主 同鶴兩主」施主 高□勇兩主」施主 □獻比丘」施主 重香兩
主」施主 戒云比丘」施主 金□□兩主」施主 蓮非保体」施主 彥□保体」施主 金致民保体」施
主 金□士宇兩主」施主 金美信兩主」施主 郭玉參兩主」施主 金□弼兩主」施主 金□□兩主」
施主 申成□兩主」施主 盧文上兩主」施主 李山立兩主」施主 金奉生兩主」施主 申三弼兩主」
施主 趙彦立兩主」施主 金仍□□兩主」施主 柳公兩主」施主 □忠立兩主」施主 戒主兩主」施
主 李事□兩主」施主□季立兩主」施主 信行比丘」施主 折合比丘」施主 □洽比丘」施主 暹□
比丘」施主 □元比丘」
造相所諸貟尊号目錄」
首禪宗大禪師 熙莊」彌勒菩薩」性明」慧端」太澄」釋迦世尊」普海」双嘿」覺元」竭羅菩
薩」戒愚」淸眼」侍者愛日」
證師 尋劒太湖」持殿 性雲」緣化」性允比丘」妙連比丘」別座 宝琳比丘」玉岑比丘」智悅比
丘」尙玄比丘」應吉單身」鐵匠 □手」朴乞龍兩主」□□施主」引勸化士」法慧比丘」
願我皆續之」人等」願我盡生無前念」阿彌陀佛獨常隨」心常継玉毫光」念永觀金色相」虛空有
盡願不盡」十方諸佛作調明」願己發願己歸」命禮三寶」際」
慶尙慈仁縣地九龍山盤龍寺留鎭」

124. 영광 불갑사 지장삼존상과 명부 존상, 1654년

① 지장보살상 조성기
大明順治十一年甲午 七月 十六日 靈光郡 母岳山 佛甲寺」
拱宗授敎國壹都大禪師」覺性」大禪師 明照」大禪師 義沈」大禪師 雙彦」大禪師 首初」大禪
師 繼愚」大禪師 廣海」大禪師 印旭」大禪師 敬悅」大德 勝連」大德 天學」大德 學文」大德 三
玄」大德 信湛」大德 道能」方伯 李萬」城主 洪柱一」
證明 湛慧」持殷 心徹」本寺」住持 淨玄」三綱 義玄」持寺 宗悟」勝元」敬性」惠允」淨行」
淡准」戒淳」禪淨」禪帆」道信」
施主秩」
成造都大施主 信一比丘」地藏大施主 熙遠比丘」面金大施主 姜遠生兩主」黃金大施主 淨林比
丘」烏金大施主 淨玉比丘」道明大施主 黃閏男兩主」無毒大施主 覺准比丘」第一王大施主 元
旭比丘」第二王大施主 太玄比丘」第三王大施主 張弘一兩主」第四王大施主 姜勝元兩主」第
五王大施主 軟化單身」第六王大施主 申春敏兩主」第七王大施主 法輝比丘」第八王大施主 尙
雄比丘」第九王大施主 惠海比丘」第十王大施主 智堅比丘」判官施主 寶寄比丘」判官施主 白
內ㄱ金兩主」使者施主 魯云兩主」裵布施主 李之休兩主」裵布施主 李龍角兩主」裵布施主 姜
烈兩主」裵布施主 法凞比丘」裵布施主 卜雄傑兩主」喉鈴通施主 柳大孫兩主」喉鈴通施主 高
萬仍兩主」腹藏施主 道能比丘」腹藏施主 奉化單身」腹藏施主 信江兩主」腹藏施主 朴弘生兩
主」童子施主 豊介單身」童子施主 義明比丘」童子施主 通寶比丘」童子施主 涅英比丘」童子
施主 尙嚴比丘」童子施主 尙全比丘」布施施主 心哲比丘」供養施主 信戒比丘」供養施主 淨玄
比丘」供養施主 崔亠去非兩主」供養施主 沙伊福兩主」三綠荷葉兼施主 愛介單身」三綠荷葉兼
施主 南介保體」三綠荷葉兼施主 金難春兩主」末醬施主 慈淳比丘」食鹽施主 朴永立兩主」燈
燭施主 奉介單身」燈燭施主 朴奇男兩主」燈燭施主 徐吉年兩主」燈燭施主 朴福男兩主」鐵物
施主 金山伊兩主」鐵物施主 覺禪比丘」鐵物施主 金景仁兩主」鐵物施主 孫世秋兩主」

畵員秩」
養師 無染」兄 正玄」首 海心」智堅」三愚」敏寄」道圭」妙寬」信一」勝照」智文」明照」一
安」學梅」處印」英發」壽天」緣化」供養主 幸根」幸禪」學倫」行者太峯」別座 自訓」勸化
應天」心徹」靈寬」勝元」淨玉」惠允」自訓」戒淳」」淨林」敬性」道照」善崇」
②도명존자상 발원문
大明順治十一年甲午七月十六日靈光郡母岳山佛甲寺」
扶宗授敎國一都 大禪師 覺性」大禪 明照」大禪 義沈」大禪首初」大禪 雙彦」禪師 敬悅」禪師
廣海」禪師 繼愚」禪師 印旭」大德 勝連」大德 天學」大德 學文」大德 三玄」大德 信湛」大德
道能」施主秩」成造都大施主 信一比丘」地藏大施主 熙遠比丘」面金大施主 姜遠生兩主」黃金
大施主 淨林比丘」烏金大施主 淨玉比丘」道明大施主 黃閏男兩主」無毒大施主 覺准比丘」第
一王大施主 元旭比丘」第二王大施主 太玄比丘」第三王大施主 張弘一兩主」第四王大施主 姜
勝遠兩主」第五王大施主 軟花單身」第六王大施主 申春敏兩主」第七王大施主 法輝比丘」第
八王大施主 尙雄比丘」第九王大施主 惠海比丘」第十王大施主 智堅比丘」判官施 寶寄比丘」
判官施主 白內金兩主」使者施主 魯云伊兩主」裴布施主 李之休兩主」裵布施主 李龍角兩主」
裵布施主 姜烈兩主」裵布施主 法熙比丘」裵布施主 卜雄傑兩主」裵布施主 柳大孫兩主」喉鈴
通施主 高萬仍兩主」腹藏施主 奉化單身」腹藏施主 信江兩主」腹藏施主 朴弘生兩主」童子施
主 風介兩主」童子施主 義明比丘」童子施主 通寶比丘」童子施主 坦英比丘」童子施主 尙嚴比
丘」童子施主 尙全比丘」布施主 心哲比丘」供養施主 信戒比丘」供養施主 淨玄比丘」供養
施主 崔ㅅ去非兩主」供養施主 沙伊福兩主」三綠荷葉兼施主 愛介單身」三綠荷葉兼施主 金難
春兩主」三綠荷葉兼施主 南介保体」末醬施主 慈淳比丘」食鹽施主 朴永立兩主」燈燭施主 奉
介單身」燈燭施主 朴奇男兩主」燈燭施主 徐吉年兩主」燈燭施主 朴福男兩主」鐵物施主 覺禪
比丘」鐵物施主 金景仁兩主」鐵物施主 金山伊兩主」鐵物施主 孫世秋兩主」
本寺」
住持 淨玄」三綱 義玄」持寺 宗悟」勝元」敬性」惠允」淨衍」禪淨」禪哲」戒淳」道信」淡
准」證明 湛慧」持殿 心徹」畵員秩」養師 無染」兄 正玄」首 海心」智堅」三愚」敏奇」道圭」
妙寬」一安」信一」勝照」智文」明照」學梅」處印」英發」壽天」緣化」供養主 幸根比丘」幸
禪比丘」學倫比丘」行者 太峯氏」別座 自訓」勸化 應天」心徹」靈寬」勝元」惠允」自訓」戒
淳」淨林」淨玉」敬性」善崇」道熙」方伯 李萬」城主 洪柱一」
③무독귀왕 발원문
大明順治十一年甲午七月十六日靈光郡母岳」山佛甲寺」
扶宗授敎國一都大禪師」覺性」大禪師 明照」大禪師 義沈」大禪師 雙彦」大禪師 首初」大禪師
戒愚」大禪師 廣海」大禪師 印旭」大禪師 敬悅」嘉善大夫都摠攝 眞一」
施主秩」
成造都大施主 信一比丘」地藏大施主 熙遠比丘」面金大施主 姜遠生兩主」黃金大施主 淨林比
丘」烏金大施主 淨玉比丘」道明大施主 黃允男兩主」無毒大施主 覺准比丘」第一王大施主 元
旭比丘」第二王大施主 太玄比丘」第三王大施主 張弘一兩主」第四王大施主 姜勝元兩主」第五
王大施主 軟化單身」第六王大施主 申春敏兩主」第七王大施主 法輝比丘」第八王大施主 尙雄
比丘」第九王大施主 惠海比丘」第十王大施主 智堅比丘」判官施主 宝寄比丘」判官施主 白內
金兩主」使者施主 魯云比丘」裵布施主 李之休兩主」裵布施主 李龍角兩主」裵布施主 姜烈兩
主」裵布施主 法熙比丘」裵布施主 卜雄傑兩主」喉鈴通施主 柳大孫兩主」喉鈴通施主 高萬仍
兩主」腹藏施主 道能比丘」腹藏施主 奉化單身」腹藏施主 信江兩主」腹藏施主 朴弘生兩主」
童子施主 豊介單身」童子施主 義明比丘」童子施主 通宝比丘」童子施主 尙嚴比丘」童子施主
尙全比丘」布施主 心哲比丘」供養施主 信戒比丘」供養施主 淨玄比丘」供養施主 崔ㅅ去非
兩主」供養施主 沙伊福兩主」三綠荷葉兼施主 愛介單身」三綠荷葉兼施主 南介單身」三綠荷葉
兼施主 金難春兩主」末醬施主 自淳比丘」食鹽施主 朴永立兩主」燈燭施主 奉介單身」燈燭施
主 朴奇男兩主」燈燭施主 徐吉年兩主」燈燭施主 朴福男兩主」鐵物施主 覺禪比丘」鐵物施
主

金山伊兩主」鐵物施主 孫世秋兩主」

方伯 李萬」城主 洪柱一」本寺」住持 淨玄」三綱 義玄」持事 宗悟」證明 湛慧」持殿 心徹」畫員
秩」養師 無染」兄 正玄」首 海心」智堅」三愚」敏奇」道圭」妙寬」信一」勝照」智文」明照」
一安」學梅」處印 英發」壽天」緣化」幸根」幸禪」學倫」行者 太峯」別座 自訓」勸化 應天」

④ 제2진광대왕 발원문

大明順治十一年甲午七月十六日靈光郡城主洪柱一母岳山佛甲寺」扶宗授敎國一都大禪師」覺
性」大禪師 明照」大禪師 雙彦」大禪師 義沈」大禪師 印旭」大禪師 廣海」大禪師 首初」大禪
師 敬悅」大禪師 繼愚」大德 勝連」大德 三玄」大德 天學」大德 學文」大德 信湛」大德 道能」
施主秩」造成都大施主 信一比丘」地藏大施主 熙遠比丘」道明大施主 黃允男兩主」無毒大施主
覺准比丘」面金大施主 姜遠生兩主」黃金大施主 淨林比丘」烏金大施主 淨玉比丘」第一王大施
主 元旭比丘」第二王大施主 太玄比丘」第三王大施主 張洪逸兩主」第四王大 姜承元兩主」第
五王大施主 軟花單身」第六王大施主 申春敏兩主」第七王大施主 法輝比丘」第八王大施主 尙
雄比丘」第九王大施主 惠海比丘」第十王大施主 智堅比丘」裴布施主 李之休兩主」腹藏施主
道能比丘」喉鈴通施主 高萬仞兩主」供養施主 信戒比丘」供養施主 崔丶去非兩主」燈燭施主
奉介單身」鐵物施主 金山伊兩主」

本寺」住持 淨玄」三綱 義玄」持事 宗悟」勝元」敬性」惠允」法浩」淨衍」禪淨」禪哲」戒
淳」道信」淡准」明元」證明 湛慧」持殿 心徹」緣化」供養 行根」行禪」學倫」行者 太峯」別
座 自訓」勸化 應天」畫員秩」養師 無染」兄 正玄」首海心」智堅」三愚」敏奇」道圭」妙寬」
勝照」智文」信一」明照」一安」學梅」處印」壽千」永發」

⑤ 제3송제대왕 발원문

大明順治十一年甲午七月十五日靈光郡城主洪柱一母岳山佛甲寺」
扶宗授敎國一都大禪師 覺性」大禪師 双彦」大禪師 明照」大禪師 義沈」大禪師 繼愚」
施主秩」造成都大施主 信一比丘」地藏大施主 熙遠比丘」道明大施主黃允男兩主」無毒大施
主覺准比丘」面金大施主姜遠生兩主」黃金大施主淨林比丘」烏金大施主 淨玉比丘」第一王大
施主 元旭比丘」第二王大施主 太玄比丘」第三王大施主 張弘逸兩主」第四王大施主 姜承元兩
主」第五王大施主 軟花單身」第六王大施主 申春敏兩主」第七王大施主 法輝比丘」第八王大施
主 尙雄比丘」第九王大施主 惠海比丘」第十王大施主 智堅比丘」裴布施主 李之休兩主」腹藏
施主 道能比丘」喉鈴通施主 高萬仞兩主」供養施主 信戒比丘」供養施主 崔丶去非兩主」燈燭
施主 奉介單身」鐵物施主 覺禪比丘」

本寺」住持 淨玄」三綱 義玄」勝元」敬性」淡准」惠允」法浩」淨衍」禪哲」禪淨」戒淳」道
信」明元」證明 湛慧」持殿 心徹」緣化」供養主 行根」行禪」學倫」行者 太峯」別座 自訓」
勸化 應天」心徹」靈寬」道熙」惠允」淨林」戒淳」淨玉」自訓」勝元」敬性」善嘗」甲契 化
主」畫員秩」養師 無染」兄 正玄」首 海心」智堅」三愚」敏奇」道圭」妙寬」勝照」智文」信
一」明照」一安」學梅」處印」

⑥ 제4오관대왕 발원문

…(앞부분 손상)」大禪□ □□」大禪師 □□」大禪師 印旭」大禪師 敬悅」大禪師 繼愚」大德
勝連」大德 三玄」大德 天學」大德 學文」大德 道能」大德 信湛」
施主秩」造成都大施主 信一比丘」地藏大施主 熙遠比丘」道明大施主 黃允男□□」無毒大施主
覺准□□」面金大施主 姜遠□□□」黃金大施主 淨林比丘」烏金大施主 淨玉比丘」第一王大
施主 元旭比丘」第二王大施主 太玄比□」第三王大施主 張洪□□□」第四王大施主 姜□□□
主」第五王大施主 軟花單身」第六王大施主 申春敏兩主」第七王大施主 法輝比丘」第八王大施
主 尙雄□□」第九王大施主 惠□□□」第十王大施主 堅□比丘」裴布施主 李之休兩主」腹藏
施主 道能比丘」喉鈴通施主 柳大孫□□」供養施主 信戒比丘」供養施主 崔丶去□□□」燈燭
施主 奉介單身」鐵物施主 金山伊兩主」
本寺」住持 淨玄」三綱 義玄」持寺 宗悟」勝元」敬性」惠允」法浩」淨衍」禪淨」禪哲」戒
淳」道信」明元」淡准」畫員秩」養師 無染」兄 正玄」首 海心」智堅」三愚」敏奇」道圭」妙

寬」勝照」智文」信一」明照」學梅」處印」一安」永發」壽天」
⑦ 제5 염라대왕 발원문
大明順治十一年甲午七月十六日靈光郡城主洪柱一母岳山佛甲寺」
扶宗授敎國一都大禪師」覺性」大禪師 明照」大禪師 雙彦」大禪師 義沈」
施主秩」造成都大施主 信一比丘」地藏大施主 熙遠比丘」道明大施主 黃允男兩主」無毒大施主
覺准比丘」面金大施主 姜遠生兩主」黃金大施主 淨林比丘」烏金大施主 淨玉比丘」第一王大
施主 元旭比丘」第二王大施主 太玄比丘」第三王大施主 張洪逸兩主」第四王大施主 姜承元兩
主」第五王大施主 軟花單身」第六王大施主 申春敏兩主」第七王大施主 法輝比丘」第八王大施
主 尙雄比丘」第九王大施主 惠海比丘」第十王大施主 智堅比丘」裵布施主 李之休兩主」腹藏
施主 道能比丘」喉鈴通施主 柳大孫兩主」供養施主 信戒比丘」供養施主 崔ㅗ去非兩主」燈燭
施主 奉介單身」鐵物施主 金山伊兩主」
證明 湛慧」持殿 心徹」本寺」住持 淨玄」三綱 義玄」持事 宗悟」勝元」敬性」惠允」法浩」
淨衍」禪淨」禪哲」戒淳」淡准」道信」明元」緣化」供養主 行根」行禪」學倫」行者 太峯」
別座 自訓」勸化 應天」畵員秩」養師 無染」兄 正玄」首 海心」智堅」三愚」敏奇」道圭」妙
寬」智文」勝照」信一」明照」一安」學梅」處印」永發」壽千」
⑧ 제6 변성대왕 발원문
大明順治十一年甲午七月十五日靈光郡母岳山佛甲寺」
都大禪師 覺性」大禪師 水楚」大禪師 敬悅」大禪師 光海」大禪師 繼愚」大德 勝連」大德 三
玄」大德 信湛」大德 天學」大德 道能」大德 學文」證明 湛慧」
施主秩」造成都大施主 信一」地藏大施主 熙遠」面金大施主 姜遠生兩主」黃金大施主 淨林比
丘」烏金大施主 淨玉比丘」道明大施主 黃允男兩主」無毒大施主 覺准比丘」第一王大施主 元
旭比丘」第二王大施主 太玄比丘」第三王大施主 張洪逸兩主」第四王大施主 姜承遠兩主」第五
王大施主 軟花單身」第六王大施主 申春敏兩主」第七王大施主 法輝比丘」第八王大施主 尙雄
比丘」第九王大施主 惠海比丘」第十王大施主 智堅比丘」判官大施主 寶奇比丘」判官施主 白
內金兩主」鬼王施主」使者施主 魯雲伊兩主」裵布施主 李之休兩主」裵布施主 李龍角兩主」
裵布施主 姜烈兩主」裵布施主 法熙比丘」裵布施主 卜雄傑單身」喉鈴通施主 柳大孫單身」腹
藏施主 道能比丘」腹藏施主 奉花兩主」腹藏施主 高萬仍兩主」腹藏施主 信江單身」腹藏施主
朴弘生兩主」童子施主 豊介兩主」童子施主 儀明比丘」童子施主 通寶比丘」童子施主 坦英比
丘」童子施主 尙嚴比丘」童子施主 尙全比丘」裵布鐵物燈燭兼施主 吳敬成兩主」供養施主 信
戒比丘」供養施主 淨玄比丘」供養施主 崔ㅗ去非兩主」供養施主 韓沙伊福兩主」三綠荷葉兼施
主 金難春兩主」三綠荷葉兼施主 愛介保体」三綠荷葉兼施主 南介保体」末醬施主 慈淳比丘」
食鹽施主 朴永立兩主」燈燭施主 慧海比丘」燈燭施主 淨食比丘」燈燭施主 朴壽男兩主」燈燭
施主 尹奉一兩主」燈燭施主 徐吉連兩主」燈燭施主 奉化單身」燈燭施主 朴福男兩主」燈燭施
主 善嘗比丘」鐵物施主 覺禪比丘」鐵物施主 金景仁兩主」鐵物施主 金山伊兩主」鐵物施主 孫
世秋兩主」皮膝施主 韓海男兩主」
畵員秩」
海心」智堅」三愚」敏奇」道圭」妙寬」信一」勝照」智文」明照」一安」學梅」處印」本寺」
住持 淨玄」三綱儀玄」持寺 應天」
緣化秩」
供養主 行根比丘」行禪比丘」學倫比丘 行者太峯」別座 慈訓比丘」持殿 心徹比丘」勸化 應天
比丘」
⑨ 제7 태산대왕 발원문
大明順治十一年甲午七月十六日靈光郡母岳山佛甲寺」
扶宗授敎國壹都大禪師」覺性」大禪師 明照」大禪師 義沈」大禪師 雙彦」大禪師 繼愚」大禪師
首初」大禪師 廣海」大禪師 印旭」大禪師 敬悅」嘉善太夫都捴攝 眞一」
施主秩」成造都大施主 信一比丘」地藏大施主 熙遠比丘」面金大施主 姜遠生兩主」黃金大施主

淨林比丘」烏金大施主 淨玉比丘」道明大施主 黃允男兩主」無毒大施主 覺准比丘」第一王大
施主 元旭比丘」第二王大施主 太玄比丘」第三王大施主 張弘一兩主」第四王大施主 姜勝元兩
主」第六王大施主 申春敏兩主」第五王大施主 軟玉單身」第七王大施主 法輝比丘」第八王大施
主 尙雄比丘」第九王大施主 惠海比丘」第十王大施主 智堅比丘」方伯 李萬」城主 洪柱一」住
持 淨玄」三綱 義玄」持寺 宗悟」證明 湛慧」持殿 心徹」畵員秩」養師 無染」首 海心」智堅」
三愚」敏寄」道生」妙寬」信一」勝照」智文」明照」一安」學梅」處印」英發」壽天」緣化
秩」供養主 幸根」幸禪」學倫」行者 太峯」別座 自訓」勸化 應天」
⑩ 제8평등대왕 발원문
大明順治十一年甲午七月十五日靈光郡城主洪柱一母岳山佛甲寺」
扶宗授敎國一都大禪師」覺性」大禪師 明照」大禪師 雙彦」大禪師 義沈」
施主秩」
造成都大施主 信一比丘」地藏大施主 熙遠比丘」道明□□□黃允男兩主」□□□□□□覺准比
丘」面金大施□ 姜元生兩主」黃金大□□ 淨林比丘」烏金大施主 淨玉比丘」第一王大施主 元
旭比丘」第二王大施主 太玄比丘」第三王大施主 張洪逸兩主」第四王大施主 姜承元兩主」第五
□大施主 軟花單身」第六王大施主 申春敏兩主」第八王大施主 尙雄比丘」第九王大施主 惠海
比丘」第十王大施主 智堅比丘」裛布施主 李之休兩主」喉鈴通施主 柳大孫兩主」腹藏施 道能
比丘」□□□□□□□」□□□□□□□」□□□□□□□」供養施主 信戒比丘」供養施
主 崔□去非兩主」燈燭施主 奉介兩主」鐵物施主 金山伊兩主」
證明 湛慧」持殿 心徹」本寺」住持 淨玄」三綱 義玄」持事 宗悟」勝元」敬性」法浩」信戒」
戒淳」道信」淡准」道熙」靈寬」明元」行梅」畵員秩」養師 無染」兄 正玄」首 海心」智堅」
三愚」敏奇」道圭」妙寬」勝照」智文」信一」明照」一安」學梅」處印」永發」壽千」緣化」
供養主 行根」行禪」學倫」行者 太峯」別座 自訓」勸化 應天」靈寬」心徹」道熙」敬性」淨
林」淨玉」戒淳」自訓」善言」惠允」勝元」甲契化主」
⑪ 제10오도전륜대왕 발원문
大明順治十一年甲午七月十六日靈光郡母岳山佛岬寺」
都大禪師 覺性」大禪師 水楚」大禪師 双彦」大禪師 儀沈」大禪師 明照」大禪師 敬悅」大禪師
繼愚」大禪師 廣海」大禪師 印旭」大德 勝連」大德 天學」大德 學文」大德 三玄」大德 信湛」
大德 道能」
施主秩」
造成都大施主 信一比丘」地藏大施主 熙遠比丘」面金大施主 姜遠生兩主」黃金大施主 淨林比
丘」烏金大施主 淨玉比丘」道明大施主 黃允男兩主」無毒大施主 覺准比丘」第一王大施主 元
旭比丘」第二王大施主 太玄比丘」第三王大施主 張洪逸兩主」第四王大施主 姜承元兩主」第五
王大施主 軟花單身」第六王大施主 申春敏兩主」第七王大施主 法輝比丘」第八王大施主 尙雄
比丘」第九王大施主 惠海比丘」第十王大施主 智堅比丘」判官施主 宝奇比丘」判官施主 白內
金兩主」使者施主 魯云伊兩主」裛布施主 李之休兩主」裛布施主 李龍角兩主」裛布施主 姜烈
伊兩主」裛布施主 法熙比丘」裛布施主 卜雄傑兩主」喉鈴通施主 柳大孫兩主」喉鈴通施主 高
萬仞兩主」腹藏施主 道能比丘」腹藏施主 奉花單身」腹藏施主 信江兩主」腹藏施主 朴弘生兩
主」童子施主 豊介兩主」童子施主 儀明比丘」童子施主 通宝比丘」童子施主 坦英比丘」童子
施主 尙嚴比丘」童子施主 尙全比丘」布施施主 心哲比丘」供養施主 信戒比丘」供養施主 淨玄
比丘」供養施主 崔□去非兩主」供養施主 沙伊福兩主」三綠荷葉兼施主 愛介單身」三綠荷葉兼
施主 金難春兩主」三綠荷葉兼施主 南介保体」末醬施主 慈淳比丘」食鹽施主 朴永立兩主」燈
燭施主 奉介單身」燈燭施主 朴奇男兩主」燈燭施主 徐吉年兩主」燈燭施主 朴福男兩主」鐵物
施主 覺禪比丘」鐵物施主 金景仁兩主」鐵物施主 金山伊兩主」鐵物施主 孫世秋兩主」城主洪
柱一」
證明 湛慧」持殿 心徹」畵員秩」養師無染」兄正玄」首海心」智堅」三愚」敏奇」道圭」妙
寬」勝照」智文」信一」明照」一安」學梅」處印」英發」壽天」本寺」住持 淨玄」三綱 儀

玄」持事 宗悟」勝元」淨性」惠允」淨衍」禪淨」禪哲」戒淳」道信」淡准」緣化」供養主 行根比丘」行禪比丘」學倫比丘」行者 太峯」別座 自訓」勸化 應天」心徹」靈寬」勝元」惠允」自訓」戒淳」淨林」淨玉」敬性」善嘗」道熙」

⑫ 좌 판관상 발원문
大明順治十一年甲午七月十五日靈光郡母岳山佛甲寺」
大禪師 覺性」大禪師 水楚」大禪師 敬悅」大禪師 廣海」大禪師 繼愚」大禪師 勝連」大禪師 信湛」大德 三玄」大德 天學」大德 學文」大德 道能」大德 印旭」大德 性悟」
施主秩」
造成都大施主 信一比丘」地藏大施主 熙遠比丘」金大施主 淨林比丘」道明大施主 黃允男兩主」無毒大施主 覺准比丘」第一王大施主 元旭比丘」第二王大施主 太玄比丘」第三王大施主 張洪逸兩主」第四王大施主 姜遠生兩主」第五王大施主 軟花單身」第六王大施主 申春敏兩主」第七王大施主 法輝比丘」第八王大施主 尙雄比丘」第九王大施主 惠海比丘」第十王大施主 智堅比丘」
證明 湛慧」持殿 心徹」畵員秩」海心」智堅」三愚」敏奇」道圭」妙寬」勝照」智文」信一」一安」學梅」處印」本寺 住持 淨」三綱 儀玄」持事 宗悟」緣化秩」供養主 行根比丘」行禪比丘」學倫比丘」行者 太峯」別座 自訓」勸化 應天比丘」

⑬ 우 판관상 발원문
大明順治十一年甲午七月十五日靈光郡母岳山佛甲寺」
都大禪師 覺性」大禪師 水楚」大禪師 敬悅」大禪師 廣海」大禪師 繼愚」大德 勝連」大德 信湛」大德 三玄」大德 天學」
施主秩」
造成都大施主 信一比丘」地藏大施主 熙遠比丘」面金大施主 姜遠生兩主」黃金大施主 淨林比丘」烏金大施主 淨玉比丘」道明大施主 黃允男兩主」無毒大施主 覺准比丘」第一王大施主 元旭比丘」第二王大施主 太玄比丘」第三王大施主 張洪逸兩主」第四王大施主 姜承遠兩主」第五王大施主 軟花單身」第六王大施主 申春敏兩主」第七王大施主 法輝比丘」第八王大施主 尙雄比丘」第九王大施主 惠海比丘」第十王大施主 智堅比丘」判官大施主 寶奇比丘」判官施主 白內金兩主」鬼王施主 孫世秋兩主」鬼王施主」使者施主 魯云伊兩主」使者施主」將軍施主」將軍施主」童子施主 豊介兩主」童子施主 儀明比丘」童子施主 通宝比丘」童子施主 坦英比丘」童子施主 尙嚴比丘」童子施主 尙全比丘」裹布施主 李之休兩主」裹布施主 李龍角兩主」裹布施主 姜烈伊兩主」裹布施主 法熙比丘」裹布施主 卞雄傑單身」裹布鐵物燈燭兼施主 吳景成兩主」喉鈴通施主 柳大孫單身」喉鈴通施主」腹藏施主 道能比丘」腹藏施主 奉花兩主」腹藏施主 高萬仍兩主」腹藏施主 信江兩主」腹藏施主 朴弘生兩主」供養施主 信戒比丘」供養施主 淨玄比丘」供養施主 韓沙伊福兩主」供養施主 崔﹍去非兩主」供養施主 處訓比丘」供養施主 金山男兩主」供養施主 宗軒比丘」供養施主 金難春兩主」供養施主 妙任比丘」三綠荷葉兼施主 愛介保体」三綠荷葉兼施主 南介保体」末醬施主 慈淳比丘」食鹽施主 朴永立兩主」燈燭施主 朴壽男兩主」燈燭施主 徐吉年兩主」燈燭施主 尹奉一兩主」燈燭施主 奉化單身」燈燭施主 朴福綠兩主」燈燭施主 金長孫兩主」鐵物施主 善嘗比丘」鐵物施主 覺禪比丘」鐵物施主 金景仁兩主」鐵物施主 金山伊兩主」鐵物施主 孫世秋兩主」
證明 湛慧」持殿 心徹」畵員秩」海心」智堅」三愚」敏奇」道圭」妙寬」勝照」智文」信一」一安」學梅」處印」本寺」住持 淨玄」三綱 儀玄」持寺 宗悟」緣化秩」供養主 行根比丘」行禪比丘」學倫比丘」行者 太峯」別座 自訓比丘」勸化 應天比丘」

⑭ 좌 사자상 발원문
大明順治十一年甲午七月十五日靈光郡母岳山佛甲寺」
都大禪師 覺性」大禪師 明照」大禪師 双彥」大禪師 儀沈」大禪師 水楚」大禪師 敬悅」大禪師 廣海」大禪師 印旭」大德 三玄」大德 勝連」大德 天學」大德 學文」大德 信湛」大德 道能」
施主秩」

造成都大施主 信一比丘」地藏大施主 熙遠比丘」道明大施主 黃允男兩主」無毒大施主 覺准比
丘」面金大施主 姜遠生兩主」黃金大施主 淨林比丘」第一王大施主 元旭比丘」第二王大施主
太玄比丘」第三王大施主 張洪逸兩主」第四王大施主 姜遠生兩主」第五王大施主 軟花單身」第
六王大施主 申春敏兩主」第七王大施主 法輝比丘」第八王大施主 尙雄比丘」第九王大施主 惠
海比丘」第十王大施主 智堅比丘」
畵員」養師 無染」兄 正玄」首 海心」智堅」三愚」敏奇」道圭」妙寬」勝照」智文」信一」明
照」一安」學梅」學梅」處印」本寺」住持 淨玄」三綱 儀玄」持事 宗悟」緣化」證明 湛慧」持
殿 心徹」供養主 行根比丘」行禪」比丘」學倫」行者 太峯」別座 自訓比丘」勸化 應天」
⑮ 우 사자상 발원문
大明順□十一年甲午七月十□日靈光郡母岳山佛甲寺」
都大禪師 覺性」大禪師 水楚」大禪師 敬悅」大禪師 廣海」大禪師 印旭」大禪師 繼愚」大禪師
勝連」大禪師 信湛」大德 天學」大德 三玄」大德 學文」大德 道能」
施主秩」
造成都大施主 信一比丘」地藏大施主 熙遠比丘」面金大施主 姜遠生兩主」黃金大施主 淨林比
丘」道明大施主 黃允男兩主」無毒大施主 覺准比丘」第一王大施主 元旭比丘」第二王大施主
太玄比丘」第三王大施主 張洪逸兩主」第四王大施主 姜遠生兩主」第五王大施主 軟花單身」第
六王大施主 申春敏兩主」第七王大施主 法輝比丘」第八王大施主 尙雄比丘」第九王大施主 惠
海比丘」第十王大施主 智堅比丘」三綠荷葉兼施主 愛介單身」
畵員」養師 無梁比丘」兄 正玄比丘」首畵員 海心」智堅」三愚」敏奇」道圭」妙寬」勝照」
智文」信一」一安」學梅」處印」明照」緣化」證明 湛慧」持殿 心徹」供養主 行根」行禪」學
倫」行者 太峯」別座 自訓」勸化 應天」本寺」住持 淨玄」三綱 儀玄」持寺 宗悟」

125. 속초 보광사 지장보살상, 1654년

① 발원문(1654년)
願文」
欽惟地藏大聖者於過去劫中覺華定自在王如來前發大舊願」受苦衆生我乃盡度因修萬行證無上
果十九住世佛號各異於今賢」劫釋迦法中重樹廣大之願分身千億隨處現形或現威猛之相或觀
慈」容之質百千方便利益衆生冥陽救苦大慈父尊又願忉利大會於如」來前自誓唯言末世苦類盡
度無餘地獄未除誓不成佛是故釋功」德品云若人金銀銅鐵及土石木草塑像畵像供養者得不退轉
於阿耨菩」提是以弟子等追誠赤心敬造金色之像以 奉」
願佛大慈大悲哀愍攝受又願當生死之時不違本誓頓拔根本業緣永滅罪」障承斯」
願力速超極樂之鄕親見彌陀摩頂授記普願以此功德先祖父母法界往生皆」蒙解脫咸登聖域永離
苦具六道四生供俱得離苦同成正覺弟子等如法奉行」十方國土遊戲自在見聞形名者皆得菩提之
妙果同作佛事同報」佛恩發願如心」
地藏大聖證明功德 同願後錄」
主上三殿下壽萬歲」
佛像大施主 韓氏伏爲 家夫崇祿大夫羅業超生極樂同見彌陀」登徽小願 父母親受 佛記皆蒙解脫
往生極樂九品蓮臺」之上」
證明 登徽」點火 玉明」畵員 草安」
歲次甲午八月二十九日金剛山安養庵安于」
② 개금 중수기(1740년)
願文」
偉哉甲午秋八月新造地藏尊像而今經八十餘年之間比丘」頓憚偶然發願補缺重修兩載經營敬請
良工已畢工仍以」伏願 檀越等與同參有緣證觀畵工化師知幸各〃等以此功德」共證無生之玄理
遊戲菩提之場中亦願普利群生咸登彼」岸得不退轉之大願」

施主秩」大施主 崔大徵」比丘 釋能」泰仁」草閑」李與寬」
山中老德 萬嘗」執剛 怨暉」正憲」緣化秩」證明 秋淨」畫工 楚欽」豊擇」持殿 聖明」化師 頓
憚」供養主 自益」別座 自敬」乾隆五年庚申三月二十七日願文」

126. 여수 흥국사 석가삼존상, 1655년

①
順治十二年乙未臘月日靈鷲山興國寺成造靈山法會而作佛發願文」
施主秩」
施主苦花單身 施主金龍岩兩主 施主金暹伊兩主 施主姜億伊兩主 施主宋順伊兩主 施主趙大生兩
主 施主金石屎兩主 施主孫日勝兩主 施主㤗春兩主 施主李說男兩主 施主彦花兩主 施主金愛方兩
主 施主玉希兩主 春介兩主 金莫山兩主 李龍男兩主 李福世兩主 金鶴福兩主 李世伊兩主 金貴軒
兩主 李淨伊兩主 漢順生兩主 李愛云兩主 姜百年兩主 柳仕弘兩主 片福壽兩主 李時達兩主 朴晶
民兩主 金 立兩主 日寬比丘 儀寬比丘 印和比丘 清湜比丘 善海比丘」
寺中秩」
淡俊 勝俊 學澄 戒倫 道洽 普澄 灵悟 灵坦 信瓊 學宝 惠敏 灵印 坦俊 印圭 思性 德信 尙均 海敏 雪
海 信淡 贊俊 戒枕 宝能 戒修 戒旭 敬輝 懷甘 善海 宝明 灵應 先覺 戒連」
畵員秩」
印均 三忍 慈敬 海翼 清敏 思舜 戒宗 儀坦 天信 若育 鞭後」持殿 一閑 供養主 智玄 清熟 清習 儀
卜 戒擇 別座 信蜜 持寺 戒仁 首僧 守印 三剛 三戒 化主 信明 助綠 朴秋金」
主上三殿下壽萬歲 願以此功德 普及於一切我等汝衆生 皆共成佛道」
②
順治十二年乙未臘月日靈鷲山興國寺成造靈山法會」而作佛事發願文」
施主秩」
施主苦花單身 施主金龍岩兩主 施主金暹伊兩主 施主姜億伊兩主 施主宋順伊兩主 施主趙大生兩
主 施主金石屎兩主 施主孫日勝兩主 施主 㤗春兩主 施主李說男兩主 施主 彦花兩主 施主金愛方
兩主 施主 玉希兩主 春介兩主 金莫山兩主 施主李龍男兩主 李福世兩主 金鶴福兩主 施主李世伊
兩主 金貴軒兩主 李淨伊兩主 漢順生兩主 李愛云兩主 姜百年兩主 柳仕弘兩主 片福壽兩主 李時
達兩主 朴晶民兩主 金 立兩主 施主日寬比丘 儀寬比丘 印和比丘 清湜比丘 善海比丘」
碩憲秩」
淡俊 勝俊 學澄 戒倫 道洽 普澄 令悟 灵坦 信瓊 學宝 惠敏 灵印 坦俊 戒旭 戒修 戒能 戒枕 贊俊 信
淡 雪海 海敏 尙均 憲信 思性 印圭 敬暉 懷甘 善海 普明 令應 先覺 戒連 幸思 思泗 奇託 性珠 妙覺
三忍 思旭 方俊 熙哲 印和 聖元 妙正 思贊 令元 天允 尙勳 智嚴 三剛 三戒 持寺 戒仁 首僧守印」
願以此功德 普及於一切我等與衆生 皆共成佛道」主上三殿下壽萬歲」
③
順治十二年乙未臘月日靈鷲山興國寺成造靈山法會」而作佛事發願文」
施主秩」
施主苦花單身 金龍岩兩主 金暹伊兩主 姜億伊兩主 宋順伊兩主 趙大生兩主 金石屎兩主 孫日承
兩主 李說男兩主 彦花兩主 金愛方兩主 玉希兩主 春介兩主 金莫山兩主 李龍男兩主 李福世兩主
金鶴福兩主 李世兩主 金貴軒兩主 李淨伊兩主 韓順生兩主 李愛云兩主 柳仕弘兩主」
畵員秩」
印均 三忍 慈敬 海翼 清敏 思舜 戒宗 儀坦 天信 若育 鞭後 持殿 一閑 供養主 智玄 清熟 清習 儀卜
戒擇 助綠朴秋金 化主信明」
主上三殿下壽萬歲 願以此功德 普及於一切我等汝衆生 皆共成佛道」
④ 제화갈라보살상(1741년)
隆六年辛酉四月日」改獻金」化主 淑行」別座 亘岸」位点」良工 舜敏」智演」瑞俊」伸泰」清念」

⑤ 미륵보살상(1741년)
乾隆六年辛酉四月日」 改獻金」 化主 淑行」 別座 亘岸」 位謙」 良工 舜旻」 智演」

127. 여수 흥국사 16나한상, 1655년

順治十二年乙未臘月日靈鷲山興國寺造成靈山大法」會而作佛事隨喜助緣者同共發願文」
施主秩」
大施主苦花單身」 施主金龍岩兩主」 施主金石音兩主」 姜憶伊兩主」 宋順伊兩主」 施主趙大生兩
主」 金乭屎兩主」 孫日勝兩主」 施主态春兩主」 李說男兩主」 彦花兩主」 金愛方兩主」 施主玉希兩
主」 春介兩主」 金莫山兩主」 施主李龍男兩主」 李福世兩主」 金鶴福兩主」 施主李世伊兩主」 金貴
軒兩主」 李正伊兩主」 韓順生兩主」 李愛云兩主」 姜百年兩主」 柳仕弘兩主」 片福壽兩主」 李時達
兩主」 朴晶民兩主」 施主金彦立兩主」 日寬比丘」 寬比丘」 印和比丘」 清湜比丘」 善海比丘」
山中碩德」 談俊比丘」 勝俊比丘」 學澄比丘」 戒倫比丘」 道洽比丘」 普澄比丘」 灵悟比丘」 灵坦比
丘」 信瓊比丘」 學宝比丘」 惠敏比丘」 灵印比丘」 坦俊比丘」 信談比丘」 先覺比丘」 海敏比丘」 德信
比丘」 思口比丘」 戒旭比丘」 敬暉比丘」 懷甘比丘」 方俊比丘」 熙哲比丘」 戒修比丘」 戒能比丘」 善
海比丘」 戒枕比丘」 晋明比丘」 印和」 贊俊」 灵應」 聖元」 雪海」 妙正」 上均」 幸思」 奇託」 性珠」
畵員秩」
印均」 三忍」 慈敬」 海益」 清敏」 思舜」 戒宗」 仅坦」 天信」 若六」 鞭後」 侍子崔長命」 供養
主」 智玄」 清埶」 清習」 仅卞」 戒澤」 助緣 朴秋金」 持殿 日閑」 化主 信明」 別座 信密」 三剛
三戒」 首僧 宗仁」 持寺 戒仁」
願以此功德普及於一切」 我等與衆生皆共成佛道」

128. 창원 성주사 삼세불상, 1655년

① 조성기(1655년)
昌原熊神寺新造佛像施主記」 時維」 順治十二年乙未春始役其年仲秋訖工佛像三尊腹藏點眼時
大檀」 信與緣化等品名開列于后」
佛像大施主 通政大夫崔大英兩主 佛像大施主 金鮒魚兩主 佛像大施主 鄭有」 禮兩主 佛像大施主
鯤海比丘 佛像施主 宋出男兩主 面金大施主 金武生兩主」 鳥金施主 崔禮男兩位 施主 者斤介兩
主 施主 崇德灵駕 施主 李得憐兩主」 施主 李本立兩主 施主 尹厚是兩主 施主 蕋德兩主 施主 今
介兩主 施主 李乭」 朴兩主 施主 李尙日兩主 施主 朴上保体 施主 金愛龍兩主 施主 姜达孫兩主
施主」 徐起琳兩主 鄭莫男兩主 姜日立兩主 金貴仁兩主 灵駕莫德兩主 崔貴希兩主 崔雄梅」 兩主
李知部兩主 愛花保体 崔厚男兩主 南莫山兩主 蔡元卓兩 主朱文生兩主」 态俠保體眞兩主 閏河兩
主 閣愛卜兩主 姜難金兩主 難代兩主成德龍」 兩主朴連孫兩主
緣化秩」
證明 能清比丘 持殿 熙尙比丘 畵員 鹿苑比丘 知玄 贊印比丘」 惠淨 道聖比丘 明信 肯聖比丘 明
眼 學倫比丘 印宗 印信比丘 別座 弘衍比丘 曇惠比丘 供」 養主 灵竺 琢灵 敬禪 學璉比丘 李春孫
兩主秋希朴兩主 佛像大主 勸化 一珠比丘」 化土 性悅 別座 儀元 天眼 戒立 後良 淡沙里乙」
寺內秩」
心印 知淸 知口 忠熙 印先」 三綱 戒信」
② 개금기(1729년)
慶尙右道昌原南面佛母山聖住寺三世如來靈山主佛改金與三壇幀能天主所付各庵幀幷爲十五部
繪畵腹藏文」
噫眞體無相法身無形不可以形相求佛也然而佛乃渡生之大父僧是濟物之慈航若非佛僧之力其滯
溺人何可渡乎故優塡國王刻旃檀作相」 金泥畵影爲群生大導師焉今此聖住寺者新羅獻康大王時
兩朝無染大師曆銓開基創建之處也而物盛而衰古來皆然故壬裏水蛇之歡居僧四潰吁其」 間幾何

年之空址耶康熙壬戌熊信寺僧謀議發興重建舊址聖住之中興可指日而待也嗟甲子未還壇上如來
金色脫落掛壁畫相彩光飛出居」者之悶過客之愁適有年矣雍正戊申本寺龐眉六七取頭相議曰何
人此事可以重之諾曰碧巖之紗攝閑之子眞淨道人適當其首也然不應何」已言之於是强要請之則
道人掉頭叱擲曰修道之人何來□也復歸如是者凡爲五度不得應諾未數月間取財十餘萬錢己酉端
陽之月請工一以塗金一以爲」繪畫不數月而訖功仍爲奉安金色尊容粲爛於壇上依俙鹿野園之重
說泥金畫相瑞凝於寶殿彷彿靈鷲山之拈花禪風再煽明月更照偉哉眞淨道人功」與天地無窮亘萬
世長今如此慶事畧擧而以示後來云爾」雍正七年卽」聖上卽位之六年己酉」本道方伯 朴文秀」
本府城主 具旰」
施主秩」
改金婆幀大施主 嘉善靈悟靈駕」供養改金大施主 嘉善天淑保體」改金布施大施主 嘉善覺仁保
體」改金婆幀大施主 通政贊機爲」父李龍立保體」改金大施主 通政一淸爲亡師」通政大夫宗密
靈駕」改金大施主 通政通慧保體爲」亡父劉祥雲兩主靈駕」改金大施主 通政熙眼伏爲」亡父金
賢立兩主靈駕」改金大施 前判事玉贊保體」改金大施主 通政再英伏爲」亡父通政崔敏道兩主靈
駕」改金供養施主 比丘智軒伏爲」亡母高氏禮良兩主靈駕」婆蕩施主 嘉善信敏伏爲」亡父金斗
星靈駕」
緣化秩」大德 證明 道人瑞華」誦呪 道人震日」持香 道人一淸」龍眼 比丘 性澄」信淨」漢英」
印行」漢英」世冠」國英」炊供兼來往 隨喜 道人致眼」比丘 山人眞性」偉贊」光明比丘 淨淳」
以學」鍊軸通政處鑒」都監 嘉善信敏」別座 通政比丘一雲」大功德主 碧巖嫡孫道人眞淨」本寺
三綱」兼和尙 前判事戒英」首僧 丹益」三寶 善覺」直社 太雲」書記 丹旭」
③ 개금 중수기(1929년)
願文」
佛本法身不垢不淨不增不減常住如百千萬億前化佛身或垢或淨或增」或減也是故今此三尊佛像
亦復是白所成以來幾百年之下脫金染垢體」不潔矣奇松漢中興金定慧月特以願力白發勸他同心
合力灌浴塗金則」金光新鮮體像慈偉德相鬼必能大度於現未來際衆生也我等以此因」緣功德世
增發菩提究竟圓成佛果之願」
緣化秩」
證明 一鳳敬念」誦呪 南化修鍊」金魚 石霞施讚」靈徹」鍾頭 介珦」供司 戒潤」都監」化主奇
松漢中」設辦化主 金定慧月 金靑蓮華」施主各等」
本寺秩」
住持 暎月敬玉」監務 玩溟其猶」法務 惺海龍佑」上持殿 德海應鍾」中持殿 慶庵戒欣」印虛性
文」桂潭其聖」山監 斗洪」晟泰」鎬用」負木 永秀」
佛紀二千九百五十六年己巳十二月日」

129. 김제 청룡사 관음보살상, 1655년

時維」
大淸順治十二年歲次乙未五月端午日」畢造全州鳳栖寺香爐殿觀音菩薩尊像一座」
以此功德伏願」主上殿下壽萬歲」王妃殿下壽齊年」世子邸下壽千秋」
佛像大施主 道䏇比丘」
證明 山納 天勝比丘」持殿 幸律比丘」畫員 祖能比丘」天行比丘」文一比丘」文贊比丘」英悅比
丘」春曄」幹善化士信守比丘」
願以此功德普及於一切我等汝衆生皆共成佛道」

130. 칠곡 송림사 아미타삼존상, 1655년

① 원문(1655년)

順治十二年乙未八月日八公山松林寺佛像造成于」
願以此功德 普及於一切我等與众生」皆共成佛道」主上殿下壽萬歲」王妃殿下壽齊年」世子邸
下壽千秋」
施主秩」
佛像供養布施兼大施主 金應瑞兩主」明玉兩主」朴良補兩主」恁從兩主」金義暳兩主」金男兩
主」張大男兩主」金連生兩主」金彦龍兩主」金彦男兩主」文尙戒兩主」別座 思玉比丘」供養
主 單軒比丘」空坦比丘」孝生保体」化主 信文比丘」緣化秩」持殿 双明比丘」畫貟 道祐比丘」
勝浩比丘」敬玉比丘」敬信比丘」惠淸比丘」道哲比丘」玉淳比丘」
② 대좌 묵서(1692년)
康熙三十二年」壬申四月日」八公山松林」寺極樂殿」佛座臺花」褥烏金施主」一時同志造」成
也如是之」人若不記焉」眛於後人之」眼目遂以記」焉」烏金施主愼機比丘」雪瓊比丘」善擇比
丘」花褥施主 廣冾比丘」印勳比丘」德和比丘」穎覺比丘」座臺施主 崔俊碩」木手 得淡」畫貟
而靖」法令」時和尙 載白比丘」三補」淂延比丘」冀宗比丘」宗慧比丘」

131. 칠곡 송림사 천장보살상, 1655년

天藏菩薩重修發願文」
像主與施主重修天藏菩薩尊像」誓心發願願以此功德一生災害不復」侵壽福增長所願成抑願上
世」先亾父母祖娰祖妣師翁弟子列名」靈駕與一切寃親受苦衆生咸脱苦」趣直徃極樂之願」

132. 보은 법주사 관음보살상, 1655년

順治十二年乙未十月日觀音造成奉安于俗離山大法」住寺觀音殿以此造成功德奉爲」
主上殿下壽萬歲」大王大妃殿下壽萬歲」王妃殿下壽齊年」世子邸下壽千秋」
造成都大施主 崔福」大施主 朴連鶴」尙均比丘」鄭金同兩主」崔介金」黃德州」沈長堂」張興
起」勝雲比丘」心修比丘」金起福」
畫師秩」
惠熙比丘」智修比丘」天允比丘」尙敏比丘」海修比丘」天釋比丘」祐玄比丘」山中老德秩 釋
蘭比丘」性悅比丘」處祥比丘」摩日比丘」金文比丘」勝學比丘」裕冾比丘」能學比丘」淨允比
丘」省贊比丘」信明比丘」明覺比丘」處仁比丘」別座 得倫」化士 敬岑」森彦」

133. 대구 용연사 아미타삼존상, 1655년

①
時維」
順治十二年旃蒙協冾姑洗之日成州地龍淵寺記文」
咄哉通天下流轉之法自天竺始傳於震朝震朝之境有國曰高麗」高麗之內有道曰慶尙道內之境有
山曰琵瑟琵瑟之麓有邑曰成州」先風其餘列邑可不察哉成州之六十里許有寺曰龍淵寺之」刱建
之基言之則我國祖師淨心登階自忠淸道移歸於此道」琵瑟山長壽庵舊居舍身之處也師曰山之下
有大伽藍此是」中原祖師通靈洞山之曆銓始刱之刹也嗟哉玄〃倭變之時我國」諸山寺刹蕩於無
遺惟我此寺山歸於獨存矣示幸一日之內皆爲灰燼」寺衆咸曰噫萬古禪刹何爲泯也一時建立示日
成之宛轉如舊所欠者」三界大導師佛相也大禪師一行比丘因衆勸善自己發心 伏聞」
法身無相酒卽相以求眞實相亡言伏金言以詮顯是以袖入勸疏廣聚諸」緣做成佛相三尊旣畢而同
參萬緣檀越諸名錄」
王妣殿下壽齊年」主上殿下壽萬世」世子邸下壽千秋」國泰民安法輪轉」
題名錄」證明 老納太浩」持殿 禪德二照」畫所任」首大禪師 道祐」双照」敬玉」敬愼」惠淸」

道哲」玉淳」緣化秩 妙正」法熙」性覚」靑律」学梅」大功德主 一行」別座 妙贊」寺內秩」三
綱 大禪義明」首僧 大禪戒环」住持 大禪雙奎」大禪一彦」大禪弘哩」大禪道應」大禪弘海」
發願文」
願以此功德 普及於一切」我等汝衆生 皆共成佛道」
②아미타불상 사중질
順治十二年歲次乙未七月十五日龍」淵寺衆目關列于后」
大禪師 覺和比丘」大禪師 道膺比丘」覺悅比丘」敬天比丘」羊謚比丘」尙允比丘」一彦比丘」
義仁比丘」一淳比丘」雙圭比丘」弘海比丘」羊敏比丘」智岑比丘」一珠比丘」說璘比丘」双隱
比丘」懶日比丘」勝天比丘」羊獻比丘」延修比丘」妙膺比丘」玉獻比丘」三照比丘」熙鑒比
丘」妙膺比丘」妙惠比丘」宝雨比丘」懷遠比丘」勝日比丘」懷鑒比丘」妙贊比丘」禪則比丘」
尙璘比丘」懷悟比丘」學璘比丘」惟捏比丘」惟性比丘」義淨比丘」妙淨比丘」法熙比丘」性淨
比丘」惠黙比丘」惠閑比丘」惠日比丘」戒覺比丘」戒寬比丘」印和比丘」戒閑比丘」法聰比
丘」梵璘比丘」惠靖比丘」戒宗比丘」戒元比丘」戒治比丘」戒均比丘」性宗比丘」戒哲比丘」
處淨比丘」勝學比丘」靈湛比丘」文峻比丘」幸均比丘」海天比丘」文印比丘」惠印比丘」文惠
比丘」惠弘比丘」靈湜比丘」戒崇比丘」善圭比丘」坦宗比丘」坦浩比丘」信英比丘」靈哲比
丘」靈印比丘」性機比丘」妙覺比丘」道覺比丘」戒弘比丘」性浩比丘」戒環比丘」信薰比丘」
信景比丘」敏謙比丘」印寬比丘」妙雲比丘」惠允比丘」智修比丘」性照比丘」靈鑒比丘」勝安
比丘」性海比丘」學仁比丘」學淸比丘」學燮比丘」學敏比丘」學性比丘」學玄比丘」學信比
丘」信能比丘」信輝比丘」淸律比丘」淸學比丘」淸益比丘」緇善比丘」性坦比丘」義祥比丘」
自修比丘」自能比丘」自性比丘」自敬比丘」自愼比丘」自正比丘」自環比丘」自勝比丘」自光
比丘」自閑比丘」自寶比丘」自玲比丘」自寬比丘」自熙比丘」自文比丘」自暹比丘」自澄比
丘」學文比丘」處環比丘」哲輝比丘」智善比丘」卓心比丘」淸心比丘」
書記 惟均」三寶 義明比丘」首僧 戒環比丘」和尙 弘黙比丘」持任 麗輝比丘」
③ 대세지보살상 발원문
時惟」順治拾二年旃蒙脇洽姑洗之日琵瑟山龍淵寺佛相成造記文」
伏聞」法身無相迺卽以求眞實亡言仗金言以詮顯是以大功德主化主溢」行一廣行造諸緣做成佛
相三尊旣畢而同共諸員題名錄」
發願文」願以此功德 普及於一切 我等汝衆生 皆共成佛道」
王妃殿下壽齊年」主上殿下壽萬歲」世子邸下壽千秋」國泰民安法輪轉」
緣化秩」證明 太浩」持殿 三照」法熙」性覺」妙正」淸律」学梅」小者」土男」厚發」畵員
秩」首道祐」双照」敬玉」敬信」惠淸」道哲」玉淳」化主一行」別座 妙黃」
寺內秩」三綱 義明」首像 戒環」和尙 双奎」和尙 一彦」和尙 弘黙」禪伯 弘哩」禪伯 峯□」禪伯 峯
□」禪伯 嚴暉」禪伯 一住」禪和 懶一」禪和 峯密」釋日」妙應」道應」覺悅」延守」日淳」仅仁」
施主秩」
大施主 張奉世兩主」大施主 李夫仁兩主」大施主 郭永立兩主」大施主 信行比丘」大施主 車大
云兩主」大施主 鄭彦生兩主」大施主 徐順正兩主」大施主 愼吉兩主」崔是同兩主」大施主 崔
穮伊兩主」大施主 裵順立兩主」大施主 朴小智兩主」大施主 朴難世兩主」大施主 宝祐比丘」
大施主 尹玉孫兩主」大施主 金守難兩主」裵釋日兩主」大施主 崔成男兩主」大施主 洪守明兩
主」大施主 張永立兩主」大施主 張釋立兩主」大施主太英靈駕」大施主 淸守靈駕」大施主 □
莊靈駕」大施主 白難守靈駕」大施主 金應夫保体」大施主 禹昌孫兩主」施主 朴还伊靈駕」施
主 老介比丘」施主李正千兩主」施主都信云兩主」施主 金迪兩主」施主 金光立兩主」施主 安
命守兩主」施主 鄭世逢保体」施主 申守仁靈駕」施主 李性男兩主」施主 金云金兩主」金千伊
兩主」梁秀令兩主」金俊兩主」林日同兩主」朱四明兩主」金希孫兩主」金千夫兩主」性覺比
丘」覺華比丘」依悟比丘」義暉比丘」葛仅孫兩主」朴弟山兩主」金有靑兩主」□堅比丘」壽立
保体」妙黃比丘」妙應比丘」日主比丘」」應比丘」朴少長保体」白興叔保体」白興進保体」金
俊日保体」申戒男兩主」李厚生兩主」朴不介兩主」朴順龍兩主」李千礼靈駕」方介守兩主」李

九里福兩主」朴戒」□天比丘」三照比丘□」從礼兩主」朴龍兩主」徐惢上兩主」陳得云兩主」
妙晶比丘」法熙比丘」李厚發單身」
④ 관음보살상 발원문
時惟」
順治十二年乙未三月日慶尙爲成以如龍淵寺佛相成造記文」伏聞」法身無相迺卽以求眞實亡言
伏金言以詮顯是以化主」一行廣求法以此做成佛相三尊旣畢爲同玆法人題名錄」
奉爲」
王妃殿下壽齊年」主上殿下壽萬歲」世子邸下壽千秋」國泰民安法輪轉」
證明 太浩」持殿 三照」畵所位」首大禪 道祐」双照」敬玉」敬愼」惠淸」道哲」玉淳」大化士
一行」大別座 妙黃」緣化秩」妙正」法熙」性覺」靑律」學梅」小者」土男」厚發」寺內秩」義
明」戒環」双奎」一彦」弘黙」道應」弘哩」峯□」惟□」峯□」嚴暉」一住」□日」峯密」妙
俊」釋日」妙應」覺悅」延守」
施主秩」
張奉世兩主」李夫仁兩主」郭永立兩主」信行比丘」車大云兩主」鄭彦生兩主」徐順正兩主」愼
吉兩主」崔是同兩主」崔是伊兩主」裵順立兩主」朴小智兩主」朴雄世兩主」宝祐比丘」尹玉孫
兩主」金守難兩主」裵釋日兩主」
發願文」願以此功德 普及於一切」我等汝衆生 皆共成佛道」
⑤ 대세지보살상 중수 개금기(1762년)
時維 願文」
乾隆二十七年壬午歲三月日大丘地」龍淵寺極樂殿」
大勢至菩薩尊像重修改金」願以此功德 普及於一切」我等與衆生 皆共成佛道」
證明法師」宣定」慧澄」至誠」誦呪法師」雙能」廣輝」智明」敏元」法淨」泰信」普坦」處
行」典淳」漢淨」湜俊」畵師」尙淨」界汝」密演」寬心」宇允」宇官」最信」快信」幸安」大
善」有行」斗淳」永日」攝閑」直惠」供養主」樂坦」怡淨」普學」允和」宇初」管益」普敏」
性日」道官」漢摠」奉一」化主 德雨」別座 喚玄」都監允楚」時僧統 歸潤」鍾頭 謹英」克英」
三綱夢淑」謹悅」覺還」
施主秩」
定悅」漢淸」達心」道彦」宝訓」道行」勝旲」印談」法云」旲悅」頓世」呂性」等海」性學」□
性」宗演」丹識」就行」廣心」旺行」旺午」最英」觀惠」隱閑」寂玉」勝宗」性天」抱淳」元日」
⑥ 관음보살상 중수 개금기(1762년)
時維 願文」
乾隆二十七年壬午歲三月日大丘地」龍淵寺極樂殿」
觀世音菩薩尊像重修改金」願以此功德 普及於一切」我等與衆生 當生極樂國」同見無量壽 皆共
成佛道」
證明法師」宣定」慧澄」至誠」誦呪法師」雙能」廣輝」智明」敏元」法淨」泰信」普坦」處
行」典淳」漢淨」湜俊」畵師」尙淨」界泇」密演」官心」宇允」宇官」最信」快信」幸安」大
善」有行」斗淳」永日」攝閑」直惠」供養主」樂坦」怡淨」普學」允和」宇初」官益」普敏」
性日」道官」漢摠」奉日」化主 德雨」別座 喚玄」都監 允楚」時僧統 歸潤」鍾頭 謹英」克
英」三綱夢淑」謹悅」覺還」
施主秩」
定悅」怡悅」明性」定賛」定彦」宇一」碧信」旺林」旺心」定修」定悟」奉悅」抱覺」奉學」哲
仁」奉益」進白」謹英」国英」得淸」□楚」竺佃」体禪」卓淳」貫察」應心」瑞英」卓行」弘信」

134. 완주 송광사 석가삼존상·16나한상·500나한, 1656년

① 원문(1656년)

願文」
昔維」順治十三年丙申元月日敬請良工五十餘人始作」此月日大靈山教主釋迦如來左右補處提
花竭羅慈氏彌勒」十六大阿羅漢與五百多羊聞龍女獻珠左右帝釋左右將軍」諸位使者童子等像
至于孟仲秋才生明日已畢本寺大雄殿後」移座點眼是日祥雲密布瑞氣盤空檀越施主等見聞隨
喜」諸歡喜勇躍讚嘆佛德歡多羊如雷八表振動耳」
禪宗都摠攝名現大德碧岩堂大師 覺性」禪宗名現大德 明照大師」禪宗判事大禪師 弘信」禪宗住
持大禪師 德敏」前住持大禪師 應浩」大禪師 警雷」大禪師 行修」大禪師 淨能」大禪師 海心」
大禪師 善熙」大禪師 克律」大禪師 性明」大禪師 道禪」大禪師 處心」大禪師 雲修」禪師 三
淮」禪師 祖雄」禪師 戒淳」禪師 慧日」禪師 議行」禪師 玉修」禪師 海連」禪師 思拈」持寺 弘
悟」三綱 應敏」
主佛大施主 勝准」左輔處施主 長氏介德」右輔處施主 金生水」面金大施主 崔四天」左帝釋施
主 道旭」右帝釋施主 彥非」材木大施主 崔鳴難」十六聖衆 智准」裵氏使今」行准比丘」施主
道規」道軒」靈修」玉淸」文知」莊介」雪應」道凹」天准」玉明」李使淵」朴南伊」丹介」天
律」五百聖象施主 慧信」玉修」性仁」敬莊」貞晶」靈敏」宗洽」天認」義淳」弘悟」元覺」
守天」淨岩」議行」惟習」成習」妙明」議雲」妙應」淨洽」道和」成學」善仁」淂行」敬惠」
腹藏施主 寶惠」戒環」宗印」左將軍施主 應林」右將軍施主 義雲」松岩後人證師 三一」特殿
學明」
畵員秩」
無染」玄准」首畵員 戒訓」思印」性淳」太信」法器」熙淳」覺善」敬熙」丹應」天信」道均」
海淨」三應」道心」行敏」印凹」法行」善文」冲學」議宗」心敏」性還」思忍」智修」覺林」
冲衍」玉玄」行珠」供養主 惠岑」守悅」戒軒」覺心」
綠化秩」
學連」贊元」能悅」卓律」冲雪」卓凹」冶匠 朴無金」別座 智照」大化士 冲仁」天日」
② 大靈山十六聖衆五百聲聞成造回願文」（1）
大施主 宜凹比丘」畵員 忠學」思印」智修」覺林」化士 忠印」當」順治十三年 丙申 孟秋旣
畢」
③ 大靈山十六聖衆五百聲聞成造回願文」（2）
大施主 道凹」畵員 端應」性還」三應」法行」大化主 忠印」智照」覺心」當」順治十三年 丙申
孟秋旣畢」
④ 大靈山十六□□□□聞如左帝釋成造回願」（3）
證明 松岩後人三一比丘」畵員 玄准比丘」大功德主 忠仁比丘」別座 智照比丘」當」順治十三
年丙申 孟秋已畢」
⑤ 大靈山十六聖衆聲聞成造回願文」（4）
大施主 朴男」證明大禪師 三一比丘」學明」畵員 戒訓」性淳」思印」化士 忠印」別座 智照」
當」維順治十三年 丙申 孟秋已畢」第十四」
⑥ 大靈山十六聖衆五百聲聞成造回願文」（5）
大施主 道規比丘」證師 松岩後人三一比丘」學明比丘」畵員 性淳比丘」化士 忠印」別座 智
照」順治十三年丙申孟秋已畢」第三」

135. 함양 법인사 아미타불상, 1657년

發願文」
時維」順治十四年歲次赤鷄仲夏 日安陰地北嶺德裕山隱身菴新建造像及畵像畢功已于后」
願以此功德」普及於一切」我等與衆生」皆共成佛道」奉爲」主上殿下壽萬歲」王妃殿下壽齊
年」世子殿下壽千秋」干戈息靜國民安」天下太平法輪轉」
諸山大禪師」碧岩堂大禪師 覺性」虎丘堂大禪師 戒珠」海運堂大禪師 敬悅」松破堂大禪師 天

海」大善知識 宗印」雙運堂大禪師 廣海」
大施主秩」
姜破回兩主」禪師慧默」印玄」柳醴同灵駕」勝真灵駕」印玉比丘」奉春灵駕」思敬比丘」許
弼承兩主」鄭允信兩主」玉今」義香兩主」李春金兩主」太今兩主」徐同兩主」勢乙云」金仲
元」太圭比丘」李盖天」思敬」金志卜」卓宗健」金勝仁」李仁立」申命根」金愛奉」金永男」
宋大吉」曹莫补」尹義正」金萬圯」金戒生」柳定金」李春同」張撫金」金生补」金連金」上
珠」張有義」天贖」孝進」貴香」尹應男」俊玉」桂香」無常介」一熏」信澄」朴成敏」申起
雲」李厚男」解禪灵駕」醴介」崔命得」李英敏」金景澤」金一萬」弘冶」任永生」朴己生」弘
敏」趙思郎金」二月」三月」智眼」仲里德」朴進伊」春伊」金貴尙」徐論祥」方義」戒熏」秀
悟」靈守」朴文祥」一德只」李海男」周萬億」朴貴生」朴貴玄」朴二男」金守仁」朴甲戌」
玉礼」愛介」張克男」方申善」朴福男」金三龍」金守仁」金龍伊」戒還」李仁金」朴道男」
吳難卜」梁一元」金善立」柳卜立」尹仅達」金雲鶴」白紛同」玉丹伊」敏英」尹信伊」金丁
發」金英吉」李允伊」李貴生」金乱秋」車乱生」文奉伊」韓宝老音金」韓順吉」文鶴只」姜
義達」金得男」李文伊」李進白」李海生」韓今同」金述立」朴貴金」朴海臨」趙貴閑」金乱
生」趙萬卜」千福男」雙旭」白祐祥」金愁豆只」自英」釋律」智営」学宗」克日」性云」学
淳」郭礼男」韓每連」金信崇」金進龍」坦義」信默」裕湜」雲淨」智默」裕克」雙測」弘旭」
秀悟」呂還」一浩」贊憐」應熏」宏哲」太能」弘彦」天敏」解一」慧淳」性弘」道文」性湛」
自玄」處彦」德真」宗仅」性敏」性学」元益」学心」金志金」金愛介」太日」笁岑」襄應建」
金景祿」金戒天」刘弘武」申白只」李京直」方進白」金好生」屹暎代」金春生」梁大江」梁
文伊」春德只」張善伊」生介」勝月」思仰介」張仅龍」金自里」順化」尹仅發」金金生」道
全」玄修」哲雄」義囧」印尙」性熏」金壽」金千日」云全」智囧」斗印」思悟」天冶」日寬」
戒心」戒彦」思玉」處彦」玉梅」德行」性一」李男」金信生」敬性」贊玉」彦和」元擇」勝
安」雪真」處営」法慧」姜尙伊」尙慧」道元」雙悟」靈熙」瑞旭」李益」熙敏」智珠」道岩」
義囧」玄俊」法圭」呂宗」善行」湛軒」湛宗」敬还」義和」應天」金億世」高春鶴」學圭」金
奉伊」崔漢卜」崔仁补」崔莫补」白無其叱金」金」仁金」鄭貴碧」金仁男」李富貴」崔惡金」
鄭紛金」鄭京立」鄭补只」崔一龍」李金」張彦伊」任應立」李德奉」高勝龍」金春生」何梵
龍」何命男」鄭己龍」金宝日」李己龍」林莫乃」冲律」覺日」英伯」勝一」金峯金」坦珠」淨
営」信贊」勝宝」法敏」淨信」太敬」朴一生」宝敬」永生」義淨」三演」善学」靈印」元惠」
崇海」性允」淨悟」敬修」灵嚴」智閑」性悟」解一」慧営」文彦」應律」贊律」義仁」性敏」
智行」李莫只」戒囧」尙学」戒宗」太元」解衍」印贊」表性希」礼正」尙熙」應尙」雪営」雙
密」戒雄」灵運」道天」覺性」惠俊」宋興男」屎應德只」銀玉只」敏元」圭淨」雄侃」信文」
唯一」灵守」印淨」一学」敬連」處稔」順玄」敬性」灵宝」戒珠」勝敏」豊玉」省念」戒祥」
守謙」英贖」太冲」信文」解心」英玉」宝玉」惠信」一能」釋連」天裕」彦圭」應还」天機」
李希允」彦永介」愛花」覺律」法还」信益」勝准」朴愛云」菊花」莫今伊」徐每日」金玉龍」
徐漠立」全莫补」金金同」金一鶴」性哲」尙熙」汁花」健元」学律」何戒浩」戒一」金滋金」
海元」戒定」道学」義准」戒輝」敬岑」義英」彦行」敬珠」守哲」海准」宗哲」信修」一性」
宝海」海浩」玉龍」冲信」学淳」敬玉」道囧」敬熏」光熏」黃营世」崔德立」義営」敏学」大
慈」亏介」雪梅」敬宗」釋云」敬憐」智元」海珠」性珠」冲冶」義玉」義敬」智軒」覺真」三
玄」三印」上閑」太裕」尙叩」学淡」元明」冲熙」贊憐」法俊」哲益」應卜」印軒」太鑑」云
冶」性明」太輝」敬一」法海」法密」道鑑」灵運」處憐」道軒」慈運」印元」贊冶」尙元」金
鶴只」義浩」方湜」義擇」祖行」道元」灵輝」宗和」應和」戒行」閑云」太熏」惠明」大圭」
学輝」淨営」法連」道黙」学哲」元悟」湛澄」性営」法岑」性珠」上印」天淳」祖信」戒彦」
一英」性云」惠印」守印」文軒」妙心」卓圭」智熏」戒云」德應」香遠」一元」信法」敬学」
稔惠」惠演」處玄」太囧」性还」復靈」灵現應律」智元」信行」釋明」戒淳」敬閑」灵允」德
真」印宗」勝梅」信宗」智海」云悅」印惠」玄哲」淨益」性明」戒云」海謙」德敏」一俊」祖
義」敬應」宗贊」性梅」雪應」趙补龍」朴亐未」元印」文寬」淨融」淨淳」德梅」法囧」戒

조선시대 불상의 복장기록 연구

安」法印」戒玄」義圭」心海」敬敏」三囧」李生伊」玉根」觧行」雙玉」戒英」義雄」應擇」
刘一男」黃己生」文淂祥」金壽延」朴貴仁」朴汝乙涯」金石立」金春卜」朴戒立」朴哲守」
文莫龍」海祥」楚玉」勝心」道安」天熙」性哲」灵鑒」太一」竺明」性輝」玄哲」金土立」李
白立」金仲龍」金林善」莫龍進」趙今金」金英發」金龍世」李同伊」金順伊」金今世」金土
还」金社元」金守元」金恭赤」崔玉立」禹仁義」金邊水」禹連金」金唯延」茂德只」天礼」姜
穩山」金応金」安莫同」吳礼奉」姜鶴龍」金吉金」安竺明」安丑一」金早ㄱ金」金大民」林
恭春」趙莫大」金波回」宋世發」宋世龍」宋得桌」朴貴卜」金壽」金同立」朴乞屎」朴貴金」
裵春石」何乃終」吳義立」李礼立」李礼奉」金一立」朴內ㄱ金」恭先」李仁立」李弘伊」李
難金」盧仁立」黃戒明」南順男」朴彦男」李後男」何仁終」慎吾藏伊」金恭金」呂法」淨修」
釋能」靑運」信連」熙悅」行淨」義輝」玉淳」金千億」何竹立」吳承男」裵乱生」朴千石」白
山卜」金先龍」朴美承」朴二擇」朴守」鄭莫卜」何明一」鄭信囧」鄭國訓」鄭永男」李命守」
鄭難同」金石鉄」安彦和」朴命吉」李戒奉」龍戒男」鄭夢龍」金卜立」五月」鄭恭孫」玉淳」
張彦」朴卜男」莫春」金大生」吳是正」李賛」柳八伊」柳云己」思哲」戒文」玄覚」法宗」淨
龍」神逸」灵一」印淨」順正」勝閑」閑信」太元」双慮」玉明」宗敏」学賛」信印」玉敏」性
輝」性悟」卓敏」法堅」守淡」仅浩」雪玄」信均」天云」義明」智学」冲牛」性融」振玄」性
演」懷信」水澄」元信」慈運」卓圭」萬元」李性民」性林」淨修」妙元」明湜」上暹」楚行」
了云」方伯」信行」觧明」法熙」戒安」朴可龍」朴仁男」
本菴」
戒熏」弘冶」觧一」惠淳」哲仁」思敬」唯任」性湜」道文」文玉」戒学」處彦」元盖」德真」
信澄」玉連」学天」勝云」印玄」一湜」性敏」坦珠」淨学」淨宗」釋憐」唯信」学宗」学敏」
学心」呂还」妙囧」三悅」灵卜」灵坦」德明」灵哲」灵祐」
兒童秩」
乞立」貴葉」莫伯」宗立」恭生」礼立」仅英」崔覚靈」
緣化秩」
證師 弘彦」持殿 天敏」畵員 靈圭」造成 祖能」玄修」文賛」英悅」畵佛 心印」上信」供養主
灵哲」灵祐」來往 唯勝」別座 玉云」大化土 幸律」丹靑畵」元惠」敬允」性敏」宝淨」尙澄」

136. 무주 북고사 아미타불상, 1657년

① 조성 발원문(1657년)
順治十四丁酉年五月日記」全羅道錦山郡東嶺德裕山雲峀菴」極樂敎主弥陀尊像造成始役於四
月初畢」功於五月日」主上殿下壽萬歲 國泰民安法輪常轉」
證明 智禪」畵員 勝一」處英」道岑」持殿 一岑」山中大德」圓惠」信一」智默」賛律」戒雲」
性修」印行」侍者」瑞龍」自奉」恭生」緣化秩」圓淨」海元」性仁」性俊」永鎭」
大功德主 智雄」
佛像大施主 金居沙是兩主」面金大施主 順介兩主」體金施主 全日生兩主」體保體 慎介兩主」
供養大施主 梁應元」末醬施主 金德立」姜恭同」食鹽施主 全夢伊」鐵物施主 金世伊」曩布施
主 金宝陪」覺觧比丘」喉鈴筒施主 仇貴福」腹壯紙施主 禪照比丘」恭金」供養兼保體 一代」梁
礼吉」李連」綿子施主 吳德山」金尙伊」金礼生」恭梅」長水 訥(乙)伊」德春」
各各結願隨喜施主同參」常介 金希進 金一生 金孔金」金龍花 金氏奉丹 千□ 李□□若」法融 宗
惠 道全 天應 元監 信哲 善□」信文 君福 淨益 道訓 玄哲 法連」戒囧 敬閑 李太云 金勝洛 嚴氏粉
德 諫介」
杜礼」代伊」金毛荏」全專和」愛進」長士仁」□應龍」崔尙哲」崔弘伊」金京立」金進信」李
恭上」李順令」金應男」梁靑乞屎」難春」金有上」朴碧只」金乙生」金金伊」鄭業同」伸礼
丁」法淨」敏英」今伊」金生允」金龍伊」金仁香」金勝鶴」鄭貴萬」恩信」釋輪」裵德難」裵
京生」林金伊」丁應男」丁儀月」丁貴仁」蘭德」崔□同」見介」食梁」楊難金」金恭男」乞

介」李叔世」李莫世」貴尙」莫德」金鶴龍」金莫同」朴厚敏」白起男」金莫乃」金希立」金福連」朴代生」印監」申子生趙氏」戒雲」天日」性海」覺岑」贊雲」覺海」道習」解宗」三彦」學灵」贊英」宝嚴」戒嚴」法湖」惠運」三遠」金若信」金東立」金儀敏」金德男」金太己」李虎失」莫金」金玉男」可永介」朴夫許」許五金」張會伊」張希守」許己金」金貴福」英湖」覺連」淨日」熙玉」惠賓」日岑」瓊林」德應」惟贊」森彦」金彦希」處行」海瓊」有瓊」德卞」衍修」學宗」明眼」明祐」戒雲」愛先」應吉」乭承」催大同」
② 개금 중수기(1736년)
乾隆元年丙辰三月二十一日佛像改金重」修次移運于赤裳安國寺普月殿始役于次」日同月二十六日畢于訖功仍爲同日開眼點眼」次七日還運景月寺奉安」
緣化秩」證師 大法禪 思政」畵員 瑞氣」尙熙」淨還」別座 弼眞」供養主 宝悅」笠莊」勸供引導 泰信」大禪師 月河堂應淨」
施主秩」
引勸大施主 嘉善大夫 李瓊夏兩主」供養兼黃金大施主 訓鍊院僉正 黃載耉兩主」李莊雲兩主」通政大夫 崔德八兩主」嘉善大夫 黃泰明兩主」通政大夫 金德運兩主」前別將 金重鉉兩主」金召史玉筍兩主」河義俊兩主」崔以綠兩主」金得龜兩主」比丘 雷择」
安國本寺秩」
時住持 思淳」時代□ 天倫」持殿 斗還」殿佐 漢捴」書記 義眞」通政大夫 惠明」通政大夫 印贊」嘉善大夫 思任」嘉善大夫 思(日+欣)」前捴攝登階 忠彦」嘉善大夫 智憲」前住持 應日」前代□ □忍」景月本寺秩」性浩」最抃」彩應」智軒」性日」英希」連贊」處訓」法寬」元哲」智日」道澄」太修」道行」一英」學宗」普月殿秩」嘉善大夫 景尙」天海」思玉」覺還」彩洽」海岑」海□」道岑」大功德主 時扈衛捴攝 性和」
願以此功德 普及於一切」我等汝衆生 皆共成佛道」

137. 칠곡 송림사 석가삼존상, 1657년

願文」
順治十四年歲在丁酉季秋八月日慶尙道柒谷府南嶺八公山」松林寺大雄殿佛像造成已畢奉安記」願以此功德普及於一切」我等與衆生皆共成佛道」奉爲」主上殿下壽萬歲」王妃殿下壽齊年」世子邸下壽千秋」
施主秩」
佛像大施主 金應瑞兩主」佛像大施主 女明玉兩主」金大施主 惠熙比丘」金大施主 海淳比丘」金大施主 宣嗣宗比丘」金大施主 春榮兩主」金大施主 朴震賢兩主」烏金大施主 粉春兩主」佛像大施主 金應守兩主」面金大施主 張占孫兩主」烏金施主 鄭甘守兩主」引燈施主 張厚男兩主」烏金施主 李義江兩主」烏金施主 永梅兩主」烏金施主 勝云比丘」烏金施主 金善龍兩主」烏金施主 金春發兩主」烏金施主 金春世兩主」鉄物施主 申男兩主」金淡沙里兩主」金戒近兩主」申戒伯兩主」朴己特兩主」呂宗蘭兩主」供養施主 鄭仁林兩主」供養布施兼施主 金彦金」李舜福兩主」崔乭男兩主」金得生兩主」金䛍同兩主」仇乬里兩主」腹藏施主 孫今福兩主」腹藏施主 張萬生」
綠化秩」
證明 文熙」持殿 克勤」畵負 道雨」雙照」信冏」性明」惠瑞比丘」敬信」性根」雪祐」宗信」靈泽」肯聖」道哲」海淳」學梅」印宗」戒能」智玄」惠淨」供飯 戒信」應岑」雪澄」雪天」雪禪」雪和」雪藏」雪照」楚軒」印俊」載哲」治匠柟大生」樵父南座主」化主秩 惠弘」信文」祖熙」德明」元詳」釋淡」天敏」裕律」別座 彛淸」喉鈴桶施主 鄭舜伯兩主」張仁兩主」張自文兩主」舜代兩主」寺內秩」信暉」太敬」覚明」坦玄」学能」思惠」坦湖」学明」覚淳」一聰」宝楫」元湖」性天」卓融」性俊」忠惠」丹屹」忠習」宗運」雪淳」雪欽」載伯」敬環」懷忍」海根」三宗」日行」学律」義閑」德仁」秘軒」坦洽」玉暹」雪玉」雪海」雪林」杜敬」雙淳」

洋敏」道閑」法令」雪湜」義詳」日冏」妙信」守英」楚鑑」尚玄」雪益」義悅」尚倫」雪黙」
坦軒」載信」竹律」雪楚」雪敬」雪梅」雪珠」雪允」法坦」熙淡」靈黙」守日」印学」楚玄」
玄順」黙淡」真淑」處心」法清」信璣」道修」儋全」勝和」勝浄」海清」秘海」楚卜」道修」
三遠」雪岺」雪冾」智堅」玉倫」灵祐」雙悅」禪洋」海安」楚日」楚益」處旭」性旭」法賛」
玄印」道義」應暉」載謙」雪聰」妙淡」雪嘗」雪軒」雪学」敬淳」性連」玉心」天機」信暉」
信全」幸悅」性学」雪仁」浄性」載璘」法勝」法宝」雪清」雪環」雪云」雪仅」覚希」敬信」
處英」載哲」應和」道衍」裕嘗」載性」懷湜」道閑」雪璘」守湖」学敏」戒雲」呂敬」應黙」
各各施主大小緣願與緣化比丘等速徃極樂之願爾」黃金大施主 李榮立兩主」黃金大施主 李業仁
兩主」黃金施主 比丘處仁」比丘日環」比丘天黙」比丘文玉」施主 李汙福兩主」鉄物施主 真伊
保体」黃金施主 金召史兩主」供養施主 姜榮好兩主」供養施主 曷戒右兩主」

138. 진주 청곡사 제석·범천상, 1657년

① 조성기
伏聞 眞非眞相非相妙體本絕於言思色知色空知空凡情要憑於形相若不因眞以設相何能卽相而達
眞所以」三世如來十方菩薩無身現身而示現一切色相非相作相而變作百千形儀隨機接物利生
難側然而重生」暗昧不知諸聖眞身編滿十方化光同塵逗機利生是以勸諸善士信心檀越敬造地藏
大聖道明尊者」無毒鬼王十大冥王諸卒吏衆尊像安于月牙山靑谷寺全身現煥巍〃如海上之高峯
妙像端嚴歸」〃若星中之圓月卽事卽理何論法身伏願慧光普照於十方德釋遐流於萬歲恩被三界
群迷皆」覺伏願以此功德各〃施主等先亡上世父母祖上列名靈駕河沙法界有識含靈伏此勝緣俱
登覺岸河沙國界隨緣降筳普濟寃親之類塵墨劫中如願受生廣度人天之衆亦願各〃大檀越隨喜見
聞與」緣化比丘等承此妙因同修淨業覺悟自性眞如妙理上報四種之重恩下濟迷淪之種類十方常
主三寶」玆尊不捨本願咸證徽緣」
主佛大施主 克明」佛像大施主 金山伊」左佛大施主 鄭英達」右佛大施主 金多勿沙里」
緣化秩」證明 智勝」持殿 志雲」供養主 八空」報心」善祝」畵工」印迎」誕隼」智邊」學廉」
瑞明」法律」宗誕」善祐」別座 海悅」化主 印化」印浩」書寫 李浚白」
② 묘법연화경 권6 묵서명
슌치십ᄉ년애졍유년삼월과팔월과여□듄만의근필」ᄒ다」화원의탄쥰」자편슈의인영」우편
슈의흑념」디변 혜명 죵탄 션우 고양쥬의 홍졍」보심」별좌의 희열」원두예 션츅 뉘앙승의 팔
공 화쥬의 인화」

139. 고흥 금탑사 지장삼존상과 명부 존상, 1659년

順治十六年歲次己亥六月日全南道興陽縣」天燈山金塔寺地藏三尊十王新造成各」施主祝願
記」
地藏大施主 劉善男兩主」道明造成大施主 戒環比丘」十王造成大施主 御侮將軍訓鍊院判官陳
後平兩主」十王造成大施主 朴簡男兩主」十王造成大施主 劉氏兩主」十王造成大施主 林戒明兩
主」十王造成大施主 鄭大生兩主」十王造成大施主 何勝男兩主」十王造成大施主 旺礼兩主」鬼
王造成大施主 李庭憲兩主」判官造成大施主 金雲戒兩主」監齊造成大施主 性元比丘」直府使者
造成大施主 金太甲單身」監齊使者造成大施主 片仁老兩主」供養大施主 通訓太夫行興陽縣監姜
錫圭兩位」黃金大施主 通訓太夫崔潤扶兩主」黃金大施主 御侮將軍都陽尉司果金彦經兩主」烏
金大施主 通訓太夫奉尙寺主 薄朴以溫兩位」布施大施主 御侮將軍行蛇渡鎭管鉢浦水軍萬戶表
偖 兩位」腹藏大施主 處祥比丘」經大施主 嘉善太夫中樞府使金興武兩位」經大施主 前訓尊朝
奉太夫金時進兩位」末醬大施主 李晟兩位」烏金大施主 李萬興兩主」烏金大施主 劉愛淨兩主」
朱紅施主 金氏兩主」眞粉大施主 通政大夫尹忱 兩位」三綠大施主 金建兩主」石子黃大施主 李
弘瀾 兩主」水道黃大施主 柳善男兩主」黃丹大施主 李守江兩主」臙脂大施主 鄭氏保体」精粉

大施主 朴勝吉兩主」大綠大施主 朴正吉兩主」布施大施主 金得生兩主」角膠大施主 吳命吉兩主」五臺大施主 金武赤只兩主」五靑大施主 朴戒祥兩主」五黃大施主 朴氏末保体」五芥子大施主 張氏愛眞兩主」候靈通大施主 朴仲吉兩主」候靈通大施主 司果丁乙住兩主」候靈通大施主 李氏信兩主」眞珠大施主 金監同兩主」經大施主 申以平保体」經大施主 趙天龍兩主」經大施主 勝彦比丘」經施主 淸哲比丘」經施主 李白雲兩主」鐵物施主 愛介兩主」引燈大施主 禹大兩主」布施主 劉貴仁兩主」魚膠施主 李淡石兩主」眞粉大施主 梁氏兩主」布施主 男承兩主」眞粉大施主 金氏介屎兩主」眞粉大施主 李向男兩主」三綠大施主 李敬立兩主」唐荷葉大施主 朴氏信兩主」供養大施主 朴希律兩主」供養施主 性眞比丘」供養大施主 丁弘義兩主」供養大施主 鄭順立兩主」五色大施主 洪豆令兩主」引勸大施主 金連敬兩主」布施主 申克義兩主」供養施主 姜一明兩主」鐵物施主 黃莫立兩主」施主 黃日祥保体」腹藏經大施主 吳氏只單身」淨筆施主 性元比丘」供養施主 安逸兩主」五色絹施主 公有生兩主」朴貴孫兩主」朴杰林兩主」劉大男兩主」金尙重單身」劉杰祿兩主」丁實兩主」金宗吉兩主」裴連金兩主」戒林比丘」處暎比丘」寶明比丘」勝倫比丘」學修比丘」禪澤比丘」太明比丘」明惠比丘」崔彦南兩主」金起善兩主」金鳳兩主」金守兩主」黃勝仁兩主」金氏兩主」粉施主 李香男兩主」鄭氏今兩主」金順經兩主」金大施主 朴香起兩主」粉施主 金莫男兩主」崔成兩主」禪俊兩主」李太淳兩主」供養施主 命男兩主」布施主 申成吉兩主」供養施主 丁杰男兩主」金義玄兩主」李知和兩主」金鳳連兩主」今單身」崔氏單身」羅巨福保體」李氏三保体」供養施主 崔善海保体」供養施主 天義兩主」宋天龍兩主」權益冾 兩主」李氏單身」金氏兩主」供養施主 金正立兩主」金得立兩主」仁香兩主」供養施主 毛來兩主」崔氏單身」汝加音兩主」曺益敬兩主」朴德潤兩主」安男兩主」生兩主」鹽醬施主 都彦希兩主」食鹽施主 姜杰龍兩主」黃氏保冾」李氏兩主」金氏保冾」白丹香施主 女信保冾」金成敏兩主」金生立兩主」朴秋立兩主」李云發兩主」崔貴男兩主」陳金岩回兩主」陳金兩主」徐厚日兩主」朴士男兩主」俞貴仁兩主」金信宗兩主」馬淡同兩主」金應海兩主」崔從哲兩主」李敬一兩主」白信鶴兩主」鄭貴業兩主」鄭貴仁云兩主」丁竺山兩主」金大木兩主」林壽江兩主」布施〃主 毛化伊兩主」□碧兩主」連大立兩主」朴豆汗兩主」丁祿生兩主」崔勝業兩主」李明遠兩主」金萬連兩主」裸布施主 鄭氏夫人保体」開眼施主 日月保体」開眼施主 朴戒得保体」李承吉兩主」金甫男兩主」朴行立兩主」祥義兩主」尹敬男保体」文杰赤兩主」申有立兩主」許水男兩主」崔起香兩主」李石哲兩主」布施主 白光立兩主」朴莫乃兩主」梁義明兩主」金萬一兩主」吳春山兩主」天希兩主」尹太孫兩主」莫介兩主」金一奉兩主」壬德玉兩主」金戒浩兩主」裴老得兩主」金愛立兩主」魯海壽兩主」義無兩主」道仁兩主」明海比丘」金仇悅保体」敬益比丘」可習比丘」李氏兩主」崔義兩主」金乙生兩主」朴氏兩主」豆里保体」李性愛兩主」金氏兩主」池莫男兩主」何氏兩主」朴呑石兩主」金武承兩主」柳仲賢兩主」韓氏兩主」姜氏兩主」金末嚴兩主」姜氏兩主」順□兩主」淑只兩主」權氏兩主」金氏兩主」戒方兩主」朴成吉兩主」淸冾比丘」守賢比丘」惠遠比丘」太行比丘」禹戒比丘」朴得善兩主」黃起哲兩主」文有進兩主」李氏兩主」許氏兩主」丁應善兩主」鄭氏保体」俊衣保体」韓氏保体」崔氏保体」韓氏保体」崔豆石只兩主」劉戒南保体」崔信龍兩主」崔戒岩兩主」今生兩主」李氏兩主」吳日祥兩主」興龍兩主」車貴兩主」朴今生兩主」崔氏兩主」申氏兩主」壬武億保体」介不兩主」李玉只兩主」李孝承兩主」李衣食兩主」鄭仇之兩主」鄭千貴兩主」羅元遠兩主」洪敬龍兩主」杰兩主」李戒宗兩主」玉成貴兩主」張厚祥兩主」宋白雲兩主」白成男兩主」李起南兩主」金連實兩主」洪氏兩主」趙立兩主」鄭氏兩主」朴龍起兩主」李氏保体」黃氏保体」朴氏夫人保体」崔氏兩主」秋應明兩主」朴戒祥兩主」朴俊業兩主」韓善男兩主」崔氏兩主」李氏兩主」金大兩主」李承龍兩主」金進吉兩主」金成吉兩主」金杰香兩主」金孝益兩主」金應成兩主」李玉單身」金氏兩主」金氏乙未生兩主」金氏己未生兩主」應成兩主」李氏兩主」丁彦孫兩主」丁氏兩主」男崔氏兩主」女崔氏兩主」韓氏兩主」柳氏兩主」趙有占保体」宣時日兩主」宣厚益兩主」張厚尙兩主」朴德有兩主」車潤兩主」車金兩主」姜實兩主」咸介之兩主」高地境兩主」黃氏兩主」朴環春兩主」朴氏貴業保体」李敬立兩主」李義善兩主」李七伊兩主」崔氏良兩主」李宗益兩主」朴足龍兩主」趙萬水保体」李貴賢兩主」金勝玄兩主」金令兩主」劉杰山兩主」劉愛天兩

主」劉澄伊保体」劉者斤伊保体」劉瑟金保体」李乭屎兩主」黃㤓哲保体」李生立保体」李氏玉難保体」王玉桂代保体」崔永生保体」趙乙生兩主」崔愛環兩主」趙士令兩主」趙何玉兩主」金香水兩主」梁應明兩主」李業單身」趙孝益灵駕」趙氏種灵駕」趙氏貴淨灵駕」林義信灵駕」金善男灵駕」金氏得礼 兩主」朴天歲兩主」朴多天兩主」金介同兩主」金得信兩主」金義吉灵駕」德潤灵駕」金夢得駕」五十介灵駕」金仁伊駕」咸元熙兩主」彩色大施主 通訓大夫金千兩位」咸元同兩主」咸春金兩主」施主 戒嚴比丘」咸玉石兩主」金蘭水兩主」安世會兩主」咸信灵駕」七非兩主」勝敏比丘」義經比丘」普揮比丘」
緣化秩」
證明 性一比丘」持殿 益淳比丘」
畫工秩」
三忍比丘」妙寬比丘」楚安比丘」何勤比丘」若六比丘」德敏比丘」末贊比丘」道岑比丘」道軒比丘」大釘 金仲立兩主」鄭過龍兩主」別座 靈熙比丘」供養主 敬一比丘」普學比丘」助緣 卓玄比丘」守寶比丘」禪宗判事大功德主 戒嚴比丘」禪宗大禪師 前判事助緣 大師戒環比丘」通訓太夫行 縣監興陽姜錫圭兩位」

140. 나주 다보사 지장삼존상과 명부 존상, 1659년

順治十六年己亥四月日十王造成願文」
吐王 李淏」大德 性悟」大德 性甘」大德 覺性」大德 明照」大德 意沈」大德 廣海」大德 賾稔」大德 天海」道主 徐弼涼」牧使 沈之明」造成大施主 金鶴卜」地藏大施主 李男」道明大施主 明一」無毒大施主 申耈同」一王大施主 金有談」二王大施主 鄭彦龍」三王大施主 黃戒水」四王大施主 李卜男」五王大施主 天淨」六王大施主 尹䃌金」八王大施主 明命山」九王大施主 今向」十王大施主 黃順」鬼王施主 曺海金」鬼王施主 覺慧」判官施主 李召吏」判官施主 戒牛」使者施主 韓生彦」使者施主 金太英」燈燭大施主 開花」燈燭大施主 吳上之」供養大施主 金厚秋」供養大施主 心淨」供養大施主 開春」供養大施主 淨虛」供養大施主 中生伊」供養施主 申者斤同」供養施主 韓生伊」供養施主 韓京金」供養施主 朴 孫」供養施主 李業同」供養施主 戒英」面金施主 徐德承」面金施主 崔金」烏金施主 文萬同」材木施主 權萬生」三綠施主 朴光守」烏金施主 朴京生」腹藏施主 事德」金施主 一向」末醬施主 吳介」末醬施主 金淡山」末醬施主 金哲」食壚施主 金安金」羅斗鬪」膠皮施主 立生」布施大施主 鄭林望」布施施主 應天」布施施主 法輝」布施施主 尙雄」布施施主 元信」腹藏施主 張振翼兩位」腹藏施主 張振翀兩位」腹藏施主 張振翂兩位」腹藏施主 金氏兩位」腹藏施主 林水元兩位」腹藏施主 丁酉生男子」腹藏施主 林氏 男子」腹藏施主 林氏 男子」腹藏施主 申巳生」腹藏施主 乙酉生」腹藏施主 乙丑生」腹藏施主 乙未生」腹藏施主 戊戌生」腹藏施主 金斗一」
證明 湛慧」持殿 守雲」畫員秩」智堅」信寬」三愚」性寶」性安」行斤」性花」心一」三認」緣化秩」別座 禪剋」供養主 性旭」海敬」信連」印訓」勸化 心哲」本寺」三綱 智堅」持事 敬暹」首僧 信海」明一」仅贊」定暹」定一」靈寬」性云」能悟」妙云」智卞」能印」惠玉」太性」禪攝」道元」性訓」法壯」法准」玄應」炳崀」自哲」双林」炳安」法海」覺玄」信元」海成」宝准」禪及」禪悅」學宗」太敬」信明」英元」禪談」禪竺」信行」應安」戒岑」炳岩」性明」法談」勝坦」勝旦」勝悅」元覺」皆筳」英宝」敬宗」敬訓」太云」太洽」法玄」天輝」信朱」勝准」海謙」學訥」仅尙」太均」天敏」法憲」海淪」海眞」双秋」敬印」敬賾」法一」覺淳」覺敏」覺岑」海翼」海文」海眼」海修」海照」處雄」禪式」太甘」法輝」

141. 기장 장안사 삼세불상, 1659년

① 석가불상 조성기(1659년)
慶尙左道蔚山府南面佛光山張安寺佛像施主秩目」

供養布施占大施主 永眞靈駕」供養腹藏占大施主 彦浩比丘」供養大施主 妙奔比丘」布施大施主
海蓮比丘」供養大施主 孫者斤伊單身」供養大施主 恋春兩主」供養大施主 吳哲伊兩主」供養大
施主 李貴生兩主」朱紅大施主等 辛善补兩主」食塩大施主 李貴生兩主」奉化」
順治十六年己亥五月二十四日化主秩 釋林比丘」印岺比丘」雷翔比丘」緣化秩」大畫員 鹿元比
丘」片手 明峻比丘」學峀比丘」覺仁比丘」供養主 幸捻比丘」智悅比丘」來往 尹得立單身」木
手 哲玄比丘」別座 婼日比丘」
寺內」桂軒比丘」千性比丘」首僧 性宗比丘」直事 敬希比丘」三剛 宗嚴比丘」
② 석가불상 중수기(1703년)
重修文」
康熙四十二年癸未六月日石佛三尊重修」塗金于佛光山長安寺奉安」
黃金大施主 進點比丘」供養大施主 通政大夫 處明比丘」黃金大施主 日梅比丘」供養大施主 崔
淸立兩主」布施施主 崔玉龍兩主」布施施主 道悅比丘」供養施主 思遠比丘」供養施主 秋龍山
兩主」布施施主 通政 金戒立兩主」供養布施主 末醬大施主 通政大夫 雪摠比丘」供養施主 女尹
貴辰保体」腹藏經施主 草涧 戒澄比丘」
緣化秩」
證明 竺卜比丘」持殿 道林比丘」塗金善手良工供養 嘉善大夫 金文比丘」世均比丘」就習比
丘」宗念比丘」供養主 海文比丘」拾悅比丘」萬善比丘」別座 通政 雪摠比丘」化主 一文 一環
引勸 懷默比丘」來往 居士信琦兩主」惣令大都監 通政大夫 處明比丘」打金匠人 金太萬兩主」
願以此功德」普及於一切」當生極樂國」皆共成佛道」
③ 약사불상(1659년)
慶尙左道蔚山府南面佛光山長安寺佛像施主秩」
供養布施占大施主 永眞靈駕」供養腹藏占大施主 彦浩比丘」供養大施主 妙涧比丘」布施大施主
海蓮比丘」供養大施主 恋春兩主」供養大施主 吳哲伊兩主」朱紅大施主 辛善福兩主」供養大
施主 李貴生兩主」食塩大施主 奉化兩主」布施大施主 金稷伊保體」施主 林奉益保體」施主 郭
慶秀兩主」施主 李鐵顯伊兩主」黃蜜施主 春立兩主」淸蜜施主 秀介兩主」玄學比丘」法菜施主
金永男兩主」處益比丘」佛暎通施主 一洽比丘」囲園施主 鄭多音沙伊兩主」釋還比丘」
寺內秩」山中大德 戒軒比丘」元習比丘」枓性比丘」首僧 性宗比丘」直歲 敬希比丘」三宝 尙嚴
比丘」
緣化秩」
證明 雷默比丘」先生畫圓 鹿元比丘」明峻比丘」片手 學峀比丘」覺仁比丘」供養主 幸捻比丘」
智悅比丘」來往 尹得立單身」木手 哲玄比丘」別座 双日比丘」
順治十六年五月二十四日 化主 釋林比丘」印岺比丘」引勸 雷嘿比丘」

142. 화성 동학산 지장보살상, 1660년

明峻比丘」片手 學峀比丘」覺仁比丘」供養主 幸捻比丘」智悅比丘」來往 尹得立單身」木手 哲
玄比丘」別座 双日比丘」順治十六年五月二十四日化主 釋林比丘」印岺比丘」引勸 雷摰比丘」

143. 담양 호국사 아미타불상, 1660년

發願文」
順治十七年庚子五月十三日造成」彌陀一軀畢功安于龍龜山晦迹庵」因茲奉祝」王妃殿下壽齊
年」主上殿下壽萬歲」世子邸下壽千秋」不爲自求人天福報緣覺聲聞乃至權」乘諸位菩薩唯依
最上乘發菩提心」願度一切衆皆共成佛道」發願以歸命禮三寶」
山中大德秩」
大德應俊比丘」大德守安比丘」大德義天比丘」禪德雙忍比丘」禪德寶澄比丘」禪德敬湖比丘」

 조선시대 불상의 복장기록 연구

禪德覺能比丘」禪德守一比丘」本寺三綱秩」三寶 天玉比丘」首僧 道悟比丘」持事 一祐比丘」
直舍 大義比丘」持殿 海英比丘」記事 淸眼比丘」和尙 淨心比丘」本庵秩」大德性悟比丘」禪德
性天比丘」禪德允岑比丘」禪德道惠比丘」禪德覺俊比丘」禪伯戒日比丘」禪伯義謙比丘」修粧
化主 勝比丘」禪伯敬心比丘」禪伯尙連比丘」禪伯宗敏比丘」禪和明竺比丘」禪和法融比丘」
禪和戒香比丘」禪和德輪比丘」禪和道益比丘」始尹井化主 敬安比丘」禪和靈默比丘」禪和惠
默比丘」塗壁化主 義訓比丘」建樓化主 尙湖比丘」盖瓦化主 信默比丘」佛器化主 國明比丘」
書記 德雄比丘」
施主秩」
佛像大施主 金得玄兩」体金大施主 處行比丘」面金兼引燈大施主 太英比丘」體金大施主 姜生
伊兩主」材木大施主 延福立兩主」烏金大施主 郭光業兩」烏金大施主 金寬伊兩」供養大施主
金訥叱山兩主」普施大施主 金順日兩主」供養大施主 鄭計還兩主」腹臟大施主 鄭得良兩主」腹
臟大施主 李敬立兩」燈燭施主 金得時兩主」引燈施主 莫眞兩主」
畵員秩」
相畵 應惠比丘」海機比丘」中者萬生」印性比丘」影畵 義坦比丘」戒機比丘」神伊」藏畵 鄭胤
兩主」
緣化秩」
證明 性悟比丘」持殿 宗敏比丘」供養主 信寶比丘」幻寬比丘」來往僧 惠哲比丘」海瀾比丘」別
座 惠默比丘」大功德主 天日比丘」腹臟施主 金醉鶴單」中鍾施主 曺庭兩主」成男兩主」鈑螺
兼法鼓化主」海云比丘」海初比丘」釋森比丘」大英比丘」禪日比丘」尙機比丘」惠行比丘」

144. 서울 청룡사 지장보살상, 1660년

順治十七年庚子四月日新造成」安于勳鶴山龍密寺」
供養布施兼大施主」通政大夫金季生兩主保本」供養布施兼大施主 金乃明兩主」供養秩施兼施
主 金鐵兩主」彩色施大施主 金有民兩主」供養布主兼施主 韓武生兩主」供養布施兼施主 田以
成兩主本」供養布施兼大施主 孫樂生兩主」布施施主 黃滕男兩主」供養布施兼施主 鄭口龍兩
主」布施施主 有崔普經兩主」布施主 金有成兩主保本」
緣化秩」
證明 圓應」上畵員 勝一」邊手 性照」副化員 明信」源一」一熏」玄敏」別座」法應」供養主
法明」淸海」爲安」化士 前判釋行」

145. 제주 월계사 아미타불상, 1661년

時維 願文」順治十八年歲次辛丑孟秋日鴨城白羊山藥師菴新造像佛兼畵佛旣已畢功安於寶座」
願以此功德普及於一切我等與衆生皆共成佛道」奉爲」主上殿下壽萬歲」王妃殿下壽齊年」世
子邸下壽千秋」干戈息靜國民安天下太平法輪轉道內監兵壽命長城主兩位厄消除四事施主增」
福壽十方施主厄消滅」
施主秩」
主佛大施主 貴介兩主」鄭訥(叱)山兩主」申戒宗兩主」補處施主 金哲伊兩主」梁厚承兩主」莫
介兩主」補處施主 金士立兩主」裵正儀兩主」玄羅云兩主」体木施主 金夢得單身」李珏兩主」
金大得兩主」供養大施主 金以信兩主」李之翰兩主」李男兩主」施主 敬礼兩主」徐以生兩主」
李貴善兩主」波湯施主 閏花兩主」徐夢善兩主」於正兩主」施主 思郞春兩主」董慶成兩主」思
遠比丘」施主 孫厚朣兩主」懶熏比丘」施主 金天福兩主」金夏日兩主」施主 朴命山兩主」玉今
兩主」施主 應礼兩主」德進兩主」施主 崔一男兩主」金永立兩主」施主 金早ㄱ金兩主」金加外
金兩主」施主 玉進單身」黃今福兩主」施主 李明信兩主」徐天彔兩主」施主 李鶴只兩主」者斤
介兩主」施主 孫生伊兩主」劉壽萬兩主」施主 義哲比丘」白秋光兩主」施主 玄無金兩主」儀云

比丘」施主 宋仲一兩主」金順燁兩主」施主 金一男兩主」李天老兩主」施主 朴士永兩主」沈浩
澤兩主」施主 朴弓金兩主」余自銀兩主」施主 一礼兩主」玉今兩主」施主 延春兩主」朴四信兩
主」施主 金命吉兩主」趙得仁兩主」施主 梁應立兩主」李信吉兩主」施主 徐永立兩主」戒春兩
主」施主 金慶建兩主」金俊石兩主」施主 朴春福兩主」愛香兩主」施主 吳善生兩主」崔信元兩
主」施主 朴生伊兩主」崔敬伊兩主」施主 柳成立兩主」朴時暉兩主」施主 鄭弼兩主」尹戒云兩
主」施主 孫厚宗兩主」徐戒察兩主」
本寺」住持 自瑢」持寺 覺軒」三綱 敬如」
緣化秩」
證明 天敏」持殿 靈珠」畫員 雲惠」尙全」來往 性元」供養主 得文」別座 法明」幹善道人 崇信」

146. 부산 범어사 석가삼존상, 1661년

①
佛像記文」
大矣成佛之所以爲佛者高超乎一氣之先迥出」乎二儀之表無相之相溢乎塵邦無聲之聲亮乎」法
界子四生而無彼無此宅三千而無內無外德」庇萬有而無終恩被百靈而無始道逾道之要道」玄出
玄之幽玄然則光逾乎日月德勝乎乾坤鬼」鬼也其無此蕩蕩也其無倫唯我世尊三祇修鍊」纖瑕
去而法性凝清萬行功圓片善興而報化微」妙上生兜率下降閻浮生死苦海駕無底之舡無」明長
夜□無□之遂能使衆生離三界之苦海登」四聖之樂岸化□旣畢金河顧命玉毫收彩金棺」掩□
跡□雖□道必無虧是故遺風迺振蕩乎煩」雲餘澤遠沾榮乎枯物浩浩乎慈悲之海鬼鬼乎」恩德
之山所慨親不見蓮花之容親不聞妙法之」談雖然我等薄有餘資今逢遺法□恩□□慶幸」于懷以
宗而觀法身本無成壞妙色亦非□百若」不造像何以歸心緣發南竺涅□□□傳□之軸」西方入寂
猶開变相之龕然則变假爲眞唯幻乃」宗若梵域建假佛而陳誠則眞佛垂感如世上作」草龍而禱雨
則眞龍降霆然則安用以眞假爲分」別也今發造像之作始於何時世尊上兜利之天」闓王懷法雨之
恩雕栴檀而造其像奉吉祥而投」其敬世尊降來檀像出迎世尊摩其頂曰我當不」久而滅汝自可住
於世流萬歲而完存濟群生而」無窮今發寺也新羅聖王之所創義相祖師之道」傷萬古叢林之林赫
千生淨因之隆隆尋眞之客」詵詵□□□□□濟非獨窮笮之淵藪亦乃換骨」之天府□□梵雄氏之
寶殿也可乏香火誠之法」相乎哉梵魚之造像信 一國之同願是故海敏大」師求爲化主若吾師者襟
虛水月操潔霜松信心」泉湧慧力風揚身雖斃矣心不辭焉以成形儀歟」報佛恩勞輾載重短綆汲深
量期塡海決志移山」袖藏募緣之文心懷廣施之德千材萬落甘苦忍」莘僑傷邊坐縮龜而遣霄借砧
坊臥曲肱而度夜」每見貧婦之皺眉幾見惡厖之驚吠聚碩穀借駄」以因轉收尺布自負以勞輳年維
己卯之年匠召」運斤之匠玉斧削成金相光融名稱法相號曰毘」盧三十二相而胸題萬字八十種好
而足踏紅蓮」靈山之世尊重來耶他方之諸聖卽位耶何其奇」至至之於斯也發以九重□□火年□
西方之幢」幡日日呼鳴前度寶殿多經歲月疑□玉鱗漏雨」金壁雖若兜率之宮殿忽如蜃氣之樓臺
然則將」任神然鬼哭之恨必有龍顒虎仆之嘆發以一寺」緇徒慨然欲重建之志積有年矣圓海善裕
學徹」性還六環等意有重修功爲化主陶人獻瓦木客」供材月斧風斤蜂聚蕩心之傷雲鍬雷鍤駿走
游手」之匠始自戊戌之春迄于己亥之秋頗增舊制壯」麗前規壯茂豁然如玉京之廣漢美茂巋然若
魯」國之靈光可謂今發鵝殿高啄月星迥飛河漢上」云毘盧之相小法寶之殿大相小殿大奉安不
宜」相與殿和殿與相合此其宜也是故一寺大衆慨」然□□戮力以心作毘盧殿以安其毘盧相於
毘」盧殿□釋迦相以安其釋迦相於大雄殿海敏大」師不□□然更欲新成釋迦相益勵誠懇盡傾
私」財始役於辛丑之春斷手於辛丑之夏名曰釋迦」尊相噫吁戲金身顯煥鬼鬼海上之孤峰妙相
莊」嚴皎皎星中之圓月偉哉提花曷羅慈氏弥勒」何爲亞聖懇陳深願寶雲開月香海淳浪百福」莊
嚴萬德圓滿三尺喙五色毫無以叙也天之」□海之脣無以言也噫前之造像此師之功也」後之造像
此師之功也則誠侔闓王願同梁帝」此師之功非言可宣非筆可述余釋苑陳人禪」林枯葉思遲噪吻
學淺嚼筋窮荒累命素短文」筆然余嘉其大師之成功無後世能及者故聊」書大槩使後世觀之者興
懷感慨以成如此之」大功者也又謂吊頭之妙手淨務之細君隨喜」之芳名寺衆之實者開列于后

順治十八年」白牛之夏鶉朱月日寒山子智通記因發以祝」願以此功德」普及於一切」我等汝衆
生」皆同成佛道」主上殿下壽萬歲」王妃殿下壽齊年」世子邸下壽千秋」
寺衆秩」
大德真熙」大德大悟」前住持敬真」前住持忠學」前執綱志明」前執綱志觀」前持任覺海」前
持任善裕」前判事敬印」前判事勝暹」三寶 敬行」首僧 天俊」直舍 玉寶」書記 宗律」老德 天
元」老德 性弘」老德 戒淳」老德 崇嘗」性敏」智天」俊英」圓解」智日」敬禪」熙益」崇黙」
志寬」印冶」熙悅」儀雄」思日」印雄」儀海」儀玉」弘儀」斗森」智哲」思雲」自澄」玄俊」
自修」學淳」學允」性還」軒裕」忠彦」太日」圓機」靈衍」靈贊」勝衍」勝益」贊行」守安」
雪祖」一還」處英」懷彦」廣學」淳日」六閑」法行」贊能」天心」法日」六還」雪云」雙倫」
雪倫」信珠」贊日」雪秀」妙云」卓明」覺能」六哲」玉岊」性仁」權現」雪卜」處瓊」六瓊」
法宗」幸黙」天學」幸蘭」幸湖」幸機」應哲」應贊」應堅」宝仁」應瓊」宝俊」法熏」處宗」
處憐」儀甘」法熙」法坦」法玄」法淡」玉淡」玉憐」玉懷」玉林」裕坦」尙熙」尙輝」法岊」
大嘗」應澤」印熏」禪覺」淨淵」淨學」尙諶」尙暹」尙能」心玄」哲閑」應和」青嘗」法堅」
尙仁」尙湖」笠寬」應悟」應圭」應梅」戒球」參悅」道文」道岑」道日」道悟」道天」道全」
道甘」道悅」道會」
施主秩」
供養金兼大施主」天元」布施施主 宋愛男」面金施主 态真」供養施主 志明比丘」供養施主 文
繼聖」供養施主 僉知金淂男」供養施主 敬真比丘」供養施主 郭命伊」供養施主 李靈立」供養
施主 蘭介」補團施主 李命男」裏布施主 應德」裏布施主 林徽」裏布施主 崔召史」裏布施主 張
斗順」裏布施主 學淳比丘」腹藏施主 菊花」腹藏施主 菜悲」腹藏施主 卓明比丘」腹藏施主 學
林比丘」腹藏施主 羅垣石」喉零桶施主 金汝海周」喉零桶施主 李忠吉」燈燭施主 辛命介」鐵
物施主 孫貴男」裴今年」
畫員秩」
證明 鍊玉」持殿 守全」道雨」首頭 熙莊」寶海」敬信」雙黙」雷影」神學」淸彦」緣化秩」供
養主 六行」尙梅」道閑」別座 贊心」幹善道人 海敏」
②
佛像記因發願祝」願以此功德」普及於一切」我等汝衆生」皆同成佛道」主上殿下壽萬歲」王妃
殿下壽齊年」世子殿下壽千秋」順治十八年辛丑鶉朱月日錄」
寺衆秩」
大德真熙」大德大悟」前住持敬真」前執綱忠學」前持任覺海」前執綱志明」前持任善裕」前
住持智觀」前判事敬印」前判事勝暹」三寶 敬行」首僧 天俊」直舍 玉宝」書記 宗律」禪德 性
弘」禪德 戒淳」老德 天元」老德 崇嘗」性敏」智天」俊英」圓解」智日」敬禪」熙益」崇黙」
志寬」印冶」熙悅」儀雄」思日」印雄」儀海」儀玉」弘儀」斗森」智哲」思雲」自澄」玄俊」
自修」學淳」學允」性還」獻裕」忠彦」太日」圓機」靈衍」靈贊」勝衍」勝益」贊行」守安」
雪祖一環」處英」懷彦」廣學」淳日」六閑」法行」贊能」天心」法日」六還」雪云」雙倫」雪
倫」信珠」贊日」雪秀」妙云」卓明」覺能」六哲」玉岊」性仁」權現」雪卜」處瓊」六瓊」法
宗」幸黙」天學」幸蘭」幸浩」幸機」應哲」應堅」應贊」宝仁」應瓊」宝俊」法熏」處宗」處
憐」儀甘」法熙」法坦」法玄」法淡」玉淡」玉璘」玉懷」玉林」裕坦」尙熙」尙輝」法岊」大
嘗」應澤」印熏」禪覺」淨淵」淨學」尙諶」尙暹」尙能」心玄」哲閑」應和」青嘗」法堅」尙
仁」尙浩」笠寬」應悟」應圭」應梅」戒球」覺林」參悅」道文」道岑」道日」道悟」道天」道
全」道甘」道悅」道會」施主秩」金兼供養施主」天元」施布施主」宋愛男」供養施主」志明」
供養施主」文繼聖」供養施主」僉知金淂男」供養施主」敬真」供養施主」郭命伊」供養施主」
李靈立」供養施主」蘭介」面金施主」态眞」補團施主」李命男」裏布施主」應德」裏布施主」
林徽」裏布施主」崔召史」裏布施主」張斗順」裏布施主」學淳」腹藏施主」菊花」腹藏施主」
業悲」腹藏施主」卓明」腹藏施主」學林」腹藏施主」羅垣石」喉零桶施主」金汝海」喉零桶施
主」李忠吉」燈燭施主」辛命介」鐵物施主 孫貴男」裴今年」

緣化秩」
證明 鍊玉」持殿 守全」道雨」首頭 熙莊」宝海」敬信」雙黙」雷影」神學」淸彦」供養主 六
行」尙梅」道閑」別座 贊心」幹善道人」海敏」

147. 평창 상원사 문수보살상, 1661년

① 진여원 삼중창 발원문(1660년)
海東朝鮮國江原道江陵大都護府地五臺」山內眞如院三重創大同參發願文」
此寺始創自神龍元年至順治十七年庚子歲」一千一百三十五年也」嗟呼大哉如今宿世遇此勝因
其易乎哉」実是盲龜遇木得見曇花況同參立盟以」爲來世相導之勝利乎非唯所薦先灵各得」解
脫與茫茫沙界蠢蠢含灵同入如來正妙之」域矣莫以今時不相識面爲虛切須佩持銘心」刻骨涅槃
路上同遊之日方知今日同結不朽」之因其中若有業重先滯者先登解脫者不」忘參契之意攝受引
出以後已焉此同參」結契之勝利也昔者淨藏淨眼救妙莊嚴王」之類是爲良證各須勉之」山中各
現大德無影大師頤凜大禪參道人德堅」不無昔願不勝悲感如古重創大功德主義天伏爲」仙父一
旺淸明道德成均狀元淑淨先生文斗」仙母崇善夫人李氏礼西兩位仙灵之位承此願」力俱生淨界
次願各各所所緣化木手助役諸大」勸化士隨喜施主木伏爲上世先亡師僧父母」列位列名靈駕階
生淨界之願敏洪敏英」
重創大施主 金毛得兩主 李春花兩主」重創大施主」盖板大施主 化主 灵埋比丘」佛像大施主 吳
論乞兩主夫人 妙嚴行 正隱玄信悅 印雲比丘 德雲比丘」丹靑大施主 金兩主 克玄 尙惠」大木 法
明比丘 信宝 一訓 姜一万 大木 麗輝 能淨 連信」大畵員 信兼 大畵員 懷鑒比丘」信悅 母荅德兩主
辛世文兩主」幻寂堂 眞如院 仏相 盖板 丹靑 塗排」大化主 惠楚 學禪 學文 灵坦 惠明 尙彦」大德
無說比丘 高熹善」引勸 仅圭 惠淸 淸信居士 明俊 明寂 大都監 印雲 信悅」大別坐 性敏」大施主
兼別坐 信悅比丘 性彦比丘」大德 琢瓊 大德 引勸兼神鏡 明察比丘 至誠比丘」各各結願隨喜施主
与緣化比丘木生前永世」病患死後直上蓮花之願」
順治十七年庚子五月初三日西天一百十九代」淸虛之孫鞭羊之子將後人智鏡幻寂」淸空子義天
謹書」
香閣 幻寂堂 大化主 惠楚 眞如院 重創化主 學禪比丘」佛相化主 學文 盖板化主 灵坦 丹靑化主
惠明比丘」塗排化主 尙彦比丘 印圭 双應 淸侃 澈鏡」佛相大施主 正木一千疋 淸信居士 吳論乞
兩主」佛相面金大施主 金歸源兩主」丹靑大施主 徐相男 命介兩主 一玉比丘」敬元 印圭 應侃」
② 진여원 삼중창 발원문(1660년)
海東朝鮮國江原道江陵大都護府地」五臺山內眞如院三重刱大同參發願文」
此寺始作自神龍元年至順治十七年庚子」歲一千一百三十五年也」嗟呼如今宿世遇此勝因其易
乎哉実」是盲龜遇木得見曇花況同參立盟」以爲來世相導之勝利乎非唯所薦」先灵各得解脫與
茫茫沙界蠢蠢含灵同」入如來正妙之域矣莫以今時不相識面爲」虛切須佩持銘心刻骨涅槃路上
同遊之」日方知今日同結不朽之因其中若有業」重先滯者先登解脫者不忘參契之意」攝受引出
以後已焉此同參結契之」勝利也昔者淨藏淨眼救妙莊嚴王之類」是爲良證各須勉之」發願扶助
義圭比丘」
大木 能淨 連信 仅和 愛善 性言」大化主 惠楚比丘 學禪比丘 學文比丘」灵坦比丘 惠明比丘 尙
彦比丘 淸信士 明俊 明寂」佛相丹靑盖板 幻寂堂 種種雜物扶助」都大勸化師 印雲比丘 信悅比
丘 引勸」能淨比丘」惠湜比丘与各各結願隨喜施」主木生前永世病患死後直上蓮臺之願」順治
十七年庚子 西天一百一十九代淸虛之直孫 鞭羊之子 將開後人智鏡」幻寂淸空子義天謹書」又引
勸 惠淸比丘 大德 琢瓊比丘 神鏡比丘 性敏比丘」
③ 문수보살상 발원문(1661년
海東朝鮮國江原道江陵大都護府地五臺」地盧山亦曰風爐山一萬眞文殊常住之處」眞如院者本
來天作諸佛都會之所亦口人口做」作又自神龍元年至順治十七年庚子三重創如舊又明」年辛丑
文殊造像安坐都計一千一百三十八庚子也」發願化主學文比丘助緣印雲信悅志誠大願」功德主

幻寂等同升發願文」

嗟呼大哉如今宿世遇此勝因其易乎哉実」是盲龜遇木得見曇花況同參立盟以」爲來世相導之勝
利乎我等弟子大智文殊」大願地藏大聖觀音與五萬諸聖前立大發」願啓白云淫心永斷睡魔經微
所願十二摩訶」始誦之□永無障碍如昔物開遠明開善果勝」千倍行願所解同與文殊普賢觀音地
藏」無二無別語音清清通徹十方智慧明明過」於千日塵沙劫前所作諸罪一禮一念如湯消□」百
怪口舌返爲良藥諸佛妙理無不通明六」根清淨奇絶妙好助□良弟三三九九不離左」右邪魔外道
衆衆垂角一切不善者永不入」吾一前自然去千萬里所願如意一一成就」次願仙父成均進士文科
崇善夫人李氏」禮西兩位靈駕速離苦海生於淨界與各各大」小施主化主良工之緣化比丘等伏爲」
上世先亡師」僧父母列位列各靈駕兼及法界含靈」皆生淨界之願我等願佛不捨慈悲如是」願發
一一明證」

順治十八辛丑西天一百一十九代淸虛之孫鞭羊之」子智鏡幻寂淸空子平生發願萬一謹書」

山中大德 贖凜 崇印 德堅 正日 儀圭 性安」正眼 行修 自悅 剋敏 應卜 尚元 應元 熙遠」尚佛 大德
琢瓊 神鏡 性敏 靈雨 天旭 儀賛」玄仁 智旹 學悅 覺日 學禪 勝學 信性 德運」明察 正雲 惠楚 無
說」

佛相大施主 吳論乞兩主 正木十同」大施主 金歸原兩主 正心 法淨 法令 三玄」大施主 夫人邊氏
妙蓮 寶明 奉德 韓四春兩主」朴林兩主 宋生兩主 妙嚴 行正 遂玄 高希善兩」沈成男兩人 李明尹
兩人 金重九 明准 明寂」時橫城土主 具日兩位 子弟 守禎 志禎 尚禎 徐氏 信湖」鞭羊堂 首弟子
一旺 各現大德 楓澤大師 義諶」各現大德 釋敏 慧堂」

④ 순치 18년 발원문(1661년)

五百佛各經第一佛号」南無東方解脫主世界虛空功德」淸淨微塵等目端正功德相光」明華波頭
摩琉璃光寶体香」最上香供養訖種種莊卬頂髻」無量無邊日月光明願力莊嚴」變化莊嚴無量法
界上牲無障碍王」如來阿羅訶三若三菩佛陀」南無西方淨土極樂世界三十六」萬億一十一萬
九千五百同名同号」大慈大悲阿彌那佛」

南無文殊師利菩薩」南無普賢菩薩」南無觀世音菩薩」南無大勢至菩薩」南無金剛莊菩薩」南
無諸障碍菩薩」南無彌勒菩薩」南無地藏菩薩」南無淸淨大海衆菩薩摩訶薩」願共法界諸衆生
同入彌陀大願海」十方世界佛阿彌陀第一九品度衆生僞德無」窮極 我今大歸依懺悔三業罪」凡
有諸福善至心用廻向」願同念佛人盡生極樂國見佛了生死」如佛度一切 願我臨欲命終時盡」除
一切諸障碍面見彼佛阿彌陀卽」得往生西方安樂利」願以此功德普及於 一切我等與衆生當」生
極樂國同見無量壽皆共成佛道」

順治十八年辛丑七月日五臺山眞如院主人乾坤」一柱智鏡幻寂淸空子平生發願造成」文殊大菩
薩五臺五如來及南巡童子善財」童子及畵幷三十六變化形我願佛大悲力」所願如意一無防害現
增福壽當生淨利所願一一成就之願」

⑤ 발원문(1661년)

時維」順治十八年辛丑七月十日淸信弟子義天比丘惟願」西方極樂敎主阿彌陀佛大智文殊師利
菩薩」大悲觀自在菩薩大聖大勢至菩薩大願」地藏菩薩當來彌勒尊佛一代敎主本師」釋迦牟尼
佛淸淨法身毘盧遮那佛」南巡童子善財童子七十三位畵像諸佛」慈光慧日大悲願力消我身心業
惑霜露慈風」善振摧重業山法水長流洗我心垢惟願我等」及與父母速達心本永滅罪根法界衆生
同」得淸淨 又復歸依如是十方盡虛空界」一切三寶無量賢聖 發願造相化主學文比丘」

造相大畵員 懷鑒 洗淨 神彦 仅玄 土吉」大德 琢瓊 持殿 參證 別坐 信悅 飯頭 信性 善文」爲法忘
軀 來往 德運比丘 種種助緣 文姓 志春」發願 佛相大施主 尙宮夫人 邊氏妙蓮」大施主 淸信居土
金歸原兩主 吳論氣兩主」諸佛都會眞如院重創 文殊造成幷畵三十六化形發」願 功德主兼證參
智鏡 幻寂 淸空子 所願 如義 一無防害」

148. 전주 학소암 약사불상, 1662년

康熙元年壬寅十二月二十日」新造成藥師如來奉安于維摩寺因玆奉祝主上三殿下萬歲萬歲龍樓

鳳閣千秋德高堯」舜恩過乾坤國泰民安法輪常轉」
左補佛施主 鄭南世靈駕」烏金施主 吳娑回單身」愛今靈駕 施主 允行比丘」大謙比丘」鐵物施
主 祖熙比丘」喉鈴施主 李春男靈駕」布施主 鄭時憲靈駕」山中大德 尙元」
色匠秩 印均」天信」河得」危(色)難」助緣秩 持敬」德均比丘」供養主 慧英比丘」尼善」父比
丘」□□比丘」都大別座 淸風衲子 明晏」幹善道人 雲水納子 可焉」

149. 순천 송광사 관음보살상, 1662년

① 저고리 발원문

觀音造像發願文」返聞 頓悟圓通 上同慈力下同悲」觀音佛賜觀音號 三十二應徧塵利」
許氏」李氏 慶安君兩位 壽命長遠」庚子生 朴氏盧氏壽命長遠」尹氏保体壽命長遠」
是以內人辛丑生盧氏禮成深發大願康」熙元年壬寅正月日敬造觀音菩薩像願」以此功德普及於
一切我等與衆生皆共成」佛道」

② 발원문

大施主 盧氏禮成」慶安君 李氏許氏兩位」內人朴氏保体」大施主 比丘守初」
證明 比丘延壽」畫員 比丘慧熙」比丘金文」別座 比丘靈美」供養主 義堅」鞭人」大師 元哲」
大師 坦元」正玄」道英」道機」信哲」一雨」一旭」敬禪」大義」宗一」韓孝元兩主」朴大建兩
主」韓氏孝眞」

150. 서울 지장암 지장보살상, 1664년

① 발원문(1664년)

歲次 康熙三年甲辰 四月日」主上殿下壽萬歲」王妃邸下壽齊年」世子邸下壽千秋」
夫天徑地緯萬物之中各有所長況人物乎嘗」謂諸善之中病苦爲深作福之中成佛爲最是」故古
人深山幽谷之間穴土以爲盧綯(糸勺)草以爲衣掬」溪而飮煮黎食勤修求佛之志以金石爲佛以土
木」爲佛以民甲土爲佛由是今化主天日師之師意欲躡」於徃聖志足継於來學會以爲造作大雄殿
佛像三尊」功已於人碑德已昭於冥鏡今復以地藏十王建立」亦當其任自甲辰四月日敬請良工至
六月日畢功於點」眼昭昭於人間彰彰於冥界可謂欠橫之願也一於寺之」兩佛事必於師之畢功也
後之人之知之哉 後曰」
施主秩」
藏大施主 申起兩主」願佛大施主 裵貴福兩主」左補處施主 洪申立兩主」右補處施主 養多勿兩
主」黃金施主 宝雲比丘」泥金引灯兼施主 金燁葉兩主」泥金施主 朴氏單身」泥金施主 鄭氏礼
香單身」面金施主 鄭氏愛敬單身」面金施主 姜春每兩主」面金施主 印機比丘」体金施主 安貴
世兩主」体金施 林氏斗花兩主」体金施主 李成業」李金兩主」体金施主 智玄比丘」胸金施
主 申紅承兩主」施主 申氏仲介單身」烏金施主 申玉水兩主」施主 方命浩兩主」施主 金奉伊
兩主」喉靈桶施主 趙日兩主」第一王施主 趙虺生」第二王施主 林棒立兩主」第三王施主 裵乙
男」第四王施主 李氏卜生兩主」第五王施主 姜氏中德灵加」弟六王施主 朴應男」第七王施主
姜億龍兩主」第八王施主 姜善龍」第九王施主 申乙田兩主」第十王施主 姜継先兩主」判官施主
宥閑比丘」判官施主 金氏壽春單身」鬼王施主 金得吉兩主」鬼王施主 金紅儀兩主」左部童子
施主 林凡龍兩主」右部童子施主 崔氏今月單身」監察使者 崔檢福兩主」直符使者施主 姜岩回
山」供養施主 朴夢立兩主」供養施主 朴氏戒德單身」施主 姜順伊兩主」施主 慧日比丘」施主
孫得希兩主」施主 林㤛同兩主」施主 勝学比丘」姜憶福」申起龍兩主」金海云兩主」金億山」
黃命吉兩主」朴應上」吳灵發兩主」學修比丘」鄭時伯」慈訓比丘」引灯施主 鄭士龍」引灯灯
燭兼 宋琓兩位」食塩施主 姜氏玉生兩主」金氏愛玉單身」末醬施主 鄭信紅單身」施主 懶認比
丘」腹藏大施 姜氏香春兩主」施主 趙氏今春單身」施主 信宗比丘」施主 道元比丘」腹藏施主

處玉比丘」施主 慈運」李氏 彦春兩主」施主 汝軒比丘」施主 敬習」鉄物大施主 崔戒上兩主」
施主 朴應立兩主」施主 朴松立兩主」施主 方孫同兩主」施主 金介同兩主」施主 朴士弘兩主」
朴忢立兩主」魚膠施主 孟戒日兩主」施主 春月單身」施主 林忢同兩主」施主 黃厚男兩主」阿
膠施主 吳守安兩主」布施施主 朴士男兩主」施主 信洓比丘」施主 幸元比丘」施主 敬敏比丘」
施主 姜氏孝春兩主」綵色施主 通政大夫金千福兩主」施主 李成業兩主」施主 裵德紅兩主」施
主姜終男兩主」施主 德只兩主」五香施主 法宗比丘」
本寺秩」
宝印比丘」宝雲比丘」思俊比丘」敬能」宗敏」大智比丘」瓊閑」學俊」天應比丘」宝元」應
哲」智和」信和」信宗」義衍比丘」双海」信贊」信鑑」智雄」思英」榮済比丘」三學」文洽」
麗暉」性哲」信洽」神應」天儀」慈運」處悟」德閑」省笒」麗軒」一念」尚浩」宝閑」法眼」
虛應」慈忍」明印」處玉」宥擇」依悅」敬坦」宥謙」宥淑」双哲」宥坦」宥閑」幸修」處岩」
笒閑」明哲」敏英」處揖」致敬」依鑑」依元」守卜」敬林」守均」道元」梵日」廣行」紅正」
紅習」双運」依信」玉心」依習」戒稔」戒淳」信梅」坦暹」克淳」道環」應初」依玉」依旭」
依益」戒仁」仅尚」林暉」印詳」戒湜」戒浩」戒益」戒行」敬岑」妙俊」雲習」宗安」尚樂」
尚運」克連」印海」尚學」卓琳」淸閑」守堅」仅海」神月」
山中老德」
惠環」處安」信浩」玄照」思尙」法雷」戒軒」文克」明玉」宥文」善明」良運」印坦」印天」
信悅」懶學」持殿 天日」三剛 唯日」首双 惠僧」書記善忍」持寺 碩衍」佛像大化士 一岑」大
禪師 信熙」天日」創建主 大禪師」碧川堂 正玄」圓日」大化士 天日」
畵員秩」
證師 延壽」持殿 敏應」大畵師主 鹿苑」智玄」慧定」雪嚴」思忍」依玉」印宗」玄一」道云」
處眼」覺印」義英」智惠」一性」唯敬」行者 唯日」緣化秩」來往僧 宥坦」守卜」供養主 戒
雄」尚律」冲暉」斗牛」小者 宗善」別座 勝文」大化士 天日」克俊」
② 개금 중수기(1742년)
願文」
窃聞我佛如來 滅後諸大菩薩應身生彼末法中作種種形度諸輪轉或」作沙門白衣居士或」作人
王宰臣或作童男童女如是乃至或作婬女寡婦偸奸屠賊之形與其同事稱讚佛事今其身心」入三摩
地終不自言我是菩薩今則去佛旣遠末法方興其受佛記慈悲廣大誓願無盡應身無量」十通四心無
乎不在廣度無邊利海衆生苦趣者其唯我大聖地藏大悲菩薩之願力增深實爲當仁乎弟子」化士永
閑別座斗演都監善覺等與諸十方道俗檀信之士要承我大聖深深願力径得超昇之正路故力賀」雙
南之鎔金重煥我大聖地藏之尊像兼用五彩之澄鮮改繪道明無毒及與十大冥王冥官眷屬之神像」
安座本壇菡萏華王上及雙龍荷負之座上月面星眸玉毫金山冠玉琉衣龍袞之輝容煇煌燦爛光瑞」
煥暎伏願用此勝利内緣祝我聖上受諸天之覆護得無像之太平」邊都無虞萬民恒安次願唯我大檀
信」道俗等現世若後生介介成多宝如來不空之福德東塗又西抹念念受用地藏大聖無盡之宝藏各
各在亡」師尊父母上世祖先九蓮化件及與化士別座都監盡院衆等悉此勝因共亨無爲之吉慶常
逢」善友之提携然後願三有四生七趣受苦萬靈與諸聖同證圓通受用自家之宝莊一會證誦」諸大
禪師在在處處萬善莊嚴速證菩提金魚諸大高德世世生生承此手畵聖賢之正業獲得」足步虛空之
宝蓮緣化供饋諸師現世俱獲五常共入地藏大聖之願海也」崇禎紀元後一百十三年壬戌之孟冬影
海沙門謹誌于本寺能仁室中」
施主秩」
大施主 嘉善大夫比丘」演卜比丘」若宗灵駕 趙有昌灵駕 秋氏愛今金氏 金枝金氏 玉葉 趙壽大」
南遠善 嘉善快蜜比丘」聰演 嘉善柳正龜」
緣化秩」
證明 大禪師若坦比丘」大禪師處寬 誦呪 照心 巨豁 頓益 持殿 雷習 剋禪」金魚 義謙 潁安 日敏 明
眼 敏希 處訥 色敏 供養主 發雲 寡學 錦賚 守元 秘賚 厚詳 孟成」
本寺秩」

時住持 前僧統善云 三綱 聖訓 能益 此機」山中大禪師 慧玄 老德 六淨 嘉善坦益 嘉善快俊 嘉善
翰聰 嘉善竺善 前行冠海 前行竺元」嘉善宝謙 嘉善巨稱 通政巨休 通政神覺」

151. 칠곡 송림사 지장삼존상과 명부 존상, 1665년

① 도명존자상

康熙四年歲次乙巳七月廿九日八公山松林寺十王造成畢造時施主」
目錄記」主上殿下壽萬歲」王妃殿下壽齊年」世子邸下壽千秋」發願文」願我世世生生處常於
般若不退轉如彼本師勇猛志」如彼舍那大覺果如彼文殊大智惠如彼普賢廣大行」如彼地莊無过
身如彼觀音三十應十方世界諸師檀越與」緣化比丘碩淡等上報四重恩下濟三途苦若有見聞者」
悉發菩提心盡此一報身同生極樂國云何淂長壽」金剛不壞身腹以何因緣究竟到彼岸願我同會龍
華會中」同成無上道」念十方三世一切諸佛諸菩薩摩訶薩摩訶般若波羅密」
判事 坦湖」判事 天詳」判事 学明」判事 敏淳」山中大德 祖熙」十王造成大施主 通政大夫兼嘉
善大夫金應守兩位保体」供養布施兼大施主 張聖哲兩主」布施大施主 法净比丘」布施大施 潤化
兩主」布施大施主 陳山伊兩主」黃金大施主 連臺兩主」黃金大施主 圓印比丘」腹藏大施主 學
净比丘」供養大施主 比丘卓融保体」供養大施主 朴春男灵駕」布施大施主 張守兩主」布施大施
主 具勝文兩主」食鼎大施主 金貴男兩主」布施大施主 李宗日兩主」布施大施主 南占孫兩主」
供養大施主 通政大夫朴山伊兩主」供養大施主 孫今礼兩主」腹藏大施主 金信承兩主」黃密大
施主 禹後先兩主」布施大施主 申右立兩主」供養施主 金起男兩主」布施施主 春月兩主」布施
施主 黃守吉兩主」布施施主 定春兩主」布施施主 李召史兩主」布施施主 金奉詳兩主」布施施
主 尹壁孝兩主」布施施主 比丘普觀保体」布施施主 安大云兩主」布施施主 金洪日兩主」布施
施主 李聖元兩主」布施施主 朴勝云兩主」布施施主 朴士龍兩主」布施施主 朴道男兩主」布施
施主 吳金伊兩主」布施施主 方貴男兩主」布施施主 比丘克性保体」布施施主 徐彦宗兩主」布
施施主 崔士男兩主」布施施主 李歲云兩主」布施施主 郭日金兩主」布施施主 朴己成兩主」布
施施主 覺明比丘」布施施主 徐彦宗兩主」布施施主 崔士男兩主」布施施主 李士元兩主」布施
施主 張洪吉兩主」布施施主 徐是男兩主」布施施主 池莫男兩主」布施施主 金千龍兩主」布施
施主 金今礼兩主」布施施主 徐定汞兩主」布施施主 崔玉立兩主」布施施主 苟男兩主」布施施
主 金難金兩主」布施施主 金春上兩主」布施施主 尹壁孝兩主」布施施主 吳彦立兩主」布施施
主 比丘玉倫保体」布施施主 李之敬兩主」布施施主 白雲龍兩主」布施施主 林勝立兩主」布施
施主 白今伊兩主」布施施主 李戒奉兩主」布施施主 李夢承兩主」布施施主 崔莫男兩主」布施
施主 安大云兩主」布施施主 車态万兩主」布施施主 崔永男兩主」布施施主 陳難英兩主」布施
施主 金命立兩主」布施施主 郭礼男兩主」布施施主 進弘兩主」布施施主 金态龍兩主」布施施
主 奉日兩主」布施施主 金莫男兩主」布施 孫仅哲兩主」布施施主 河同兩主」布施施主 李奉生
兩主」布施施主 鄭立伊兩主」布施施主 姜貴日兩主」布施施主 趙定生兩主」布施施主 黃永信
兩主」腹藏施主 貴仁介兩主保体」布施施主 姜礼兩主」布施施主 金愛立兩主」布施施主 申男
兩主」布施施主 河允山兩主」布施施主 韓弘善兩主」布施施主 金利文兩主」布施施主 朴之惡
兩主」布施施主 李勝日兩主」布施施主 崔日命兩主」布施施主 比丘文哲保体」布施施主 李千
守兩主」布施施主 金艺伊兩主」布施施主 金己生兩主」布施施主 鄭艺男兩主」布施施主 徐乙
男兩主」布施施主 徐态立兩主」布施施主 曹一當兩主」布施施主 裵男兩主」布施施主 車三龍
兩主」布施施主 金大堯兩主」布施施主 吳命良兩主」布施施主 申太日兩主」布施施主 李永詳
兩主」布施施主 金命生兩主」布施施主 金莫生兩主」布施施主 裵立兩主」布施施主 吳生立兩
主」布施施主 梁愛云兩主」布施施主 宋是哲兩主」布施施主 沈世伊兩主」布施施主 比丘英贊
保体」布施施主 李政發兩主」布施施主 比丘戒珪保体」布施施主 李愛奉兩主」布施施主 比丘
双熏保体」布施施主 曹定礼兩主」布施施主 金任金兩主」布施施主 金雷生兩主」布施施主 裵
命龍兩主」布施施主 李艺連兩主」布施施主 高成發兩主」布施施主 孫之男兩主」布施施主 全
介兩主」布施施主 金礼信兩主」布施施主 許勝男兩蛙入主」布施施主 金得男兩主」布施施主

조선시대 불상의 복장기록 연구

成貴日兩主」布施施主 李舜日兩主」布施施主 朴乞伊兩主」布施施主 金取生兩主」布施施主
玄鶴兩主」布施施主 柳生兩主」布施施主 比丘卓明保体」布施施主 比丘大冾保体」布施施主
梁山朴兩主」布施施主 崔秋日兩主」布施施主 金志明兩主」布施施主 白萬世兩主」布施施主
比丘宏圓保体」布施施主 崔出生兩主」布施施主 朴春英兩主」布施施主 梁命云兩主」布施施主
鄭命云兩主」布施施主 比丘太己保体」布施施主 比丘戒修保体」布施施主 比丘雪行保体」布施
施主 比丘文侃保体」布施施主 比丘智應保体」布施施主 比丘取净保体」布施施主 比丘國平保
体」布施施主 比丘坦元保体」布施施主 比丘圓哲保体」布施施主 比丘秀宗保体」布施施主 比
丘印天保体」供養大施主 李業仁兩主」布施施主 朴貞文兩主」供養施主 梁玉兩主」供養燈燭兼
大施主 徐大日兩主」供養大施主 劉俊生兩主」布施施主 金淂只兩主」布施施主 李應彔兩主」
布施施主 具土里兩主」布施施主 申秋堅兩主」供養施主 恣眞兩主」布施施主 金成立兩主」供
養施主 尹德龜保体」布施施主 志德只兩主」布施施主 覺連比丘」供養大施主 李英立兩主」腹
藏施主 性連比丘」腹藏施主 楚印比丘」腹藏施主 信機比丘」腹藏施主 双悅比丘」
② 지지보살 협시상 발원문
發願文」
願我世世生生處常於般若不退轉如彼本師勇猛志」如彼舍那大覺果如彼文殊大智惠如彼普賢廣
大行」如彼地莊無过身如彼觀音三十應十方世界諸師諸檀越」與緣化比丘碩淡等上報四重恩下
濟三途苦若有見聞者」悉發菩提心盡此一報身同生極樂國云何淂長壽」金剛不壞身腹以何因緣
究竟到彼岸願我同會龍華」會中同成無上道」主上殿下壽萬歲」王妃殿下壽齊年」世子邸下壽
千秋」康熙四年歲次乙巳七月二十九日十王造成畢造時八公山松林寺目」
錄記」時揔攝 性旭」揔攝 天機」前判事 坦湖」前判事 德明」前判事 天詳」前判事 法印」前
判事 敏淳」前判事 學明」時和尙 卓蝎」前判事 海安」山中大德 祖熙」唯律」双淳」天圭」法
岑」信堅」雪澄」在安」尙元」大一」普揖」元湖」仅詳」秀英」應岑」竹律」廣冾」雪草」三
遠」雪敬」雪湜」雪梅」麗安」天敏」一泂」熙淡」黙淡」真淑」法淸」尙均」雪允」杜岑」大
振」寶悅」尙義」尙云」灵黙」自信」道修」杜衍」自福」天己」智堅」灵祐」双悅」楚益」法
贇」禪印」性學」在謙」雪軒」雪嘗」太叩」尙運」覺淳」黙談」真淑」法淸」尙均」三己」雪
允」性岑」信净」海根」信揮」禪俊」在憐」雪冾」雪雲」太悟」尙允」尙湜」尙澤」玉品」學
明」天詳」學律」碩海」道衍」杜天」太雄」尙哲」學能」德明」三宗」義閑」海根」而靖」卓
圭」禪益」杜瓊」尙彦」坦玄」戒熏」端屹」幸悅」尙揮」雪淳」敬環」會忍」雪義」杜雲」雪
玉」雪海」杜彦」思惠」妙信」楚鑑」信己」建遠」惠云」玉倫」在白」寶真」尙倫」覺明」楚
印」太云」一揔」性天」信元」卓倫」玉熏」一閑」敬一」雪學」秀湖」法宗」寶文」雪環」
緣化秩」畵圓」勝一」性照」净倫」智秀」三應」處英」寶悅」行净」一熏」處瓊」尙明」自
圭」龍伊」證明 文熙」持殿 端屹」見童 萬吉」山伊」萬伊」石哲」守英」命伊」太江」龍安」
命哲」貴生」戒生」英白」德立」順發」哲信」仅發」處先」好善」順必」是一」仅信」白雲」
興發」松柏」貴尙」表哲」戒宗」克信」勝業」別座 尙倫」供養主 雪軒」雪莊」雪義」尙献」
興發」幹善道人 碩談」

152. 곡성 도림사 아미타삼존상, 1665년

아미타불상
願文」佛慧流於幾劫法性滋於憶千佛法同傳萬」類滋榮於是諸趣苦類同沾大惠得性道心」今者
一切共結檀施同歸樂士蒙其授記願我」新造極樂士阿彌陀佛願諸施人等得生西方受」諸快樂是
所願也」願以此功德普於一切我等與衆生生皆共成佛道」
施主秩」
施主 貴妃」供養大施主 智淳比丘」趙廷祿兩主」今春」鄭津弼兩主」布施施主 張福立兩主」朴
得重單身」金無治兩主」裴金同兩主」梁千年」敬海比丘」連今」卓雄比丘」鄭元」李大春」愛
玉」勝梅」姜卜成兩主」黃雪立兩主」儀生」曺俊植」九女單身」金仇此金兩主」天印比丘」

李潤身」申守生」梁義發」梁得賢兩主」燈燭朴義三兩主」守卜比丘」末醬 金乭文」金戒守兩
主」印境比丘」法雲比丘」金氏生禮」
畵員秋」
雲慧比丘」瓊琳比丘」處瓊比丘」妙瓊比丘」處機比丘」緣化秋」證事 勝旭比丘」天印比丘」印
贊比丘」靈悟比丘」勝坦比丘」別座 德璘比丘」來往 双輝比丘」供養主 善一比丘」戒衍比丘」化
士 處能比丘」康熙三年乙巳五月晦日」願我後生得生樂地」受諸快樂決不少疑」伏願諸佛證臨」

153. 군산 은적사 아미타불상, 1666년

惟願弟子等願我後世常值中國正信之家托爲男子諸根具足相」好端嚴慧解明利福俱圓智[上]自
念無常又厭苦輪深期常樂割愛」辭親童眞出家早遇明師親聞正法卽發菩提依此法門動行精進立
志」如山信心似海遠離世緣樂處閑精身無諸病命不橫夭堅持禁[戒]不作惡業」常蒙佛護身意泰
然欲愛枯渴昏散勦除六門俱寂三業淸淨無始無」明一念消除多生習氣蕩然永釋十二時中無諸魔
境四威付內疑團頓發」打成一片合於無心不過七日打破玄開自他一時同成正覺」然後願生生世
世常逢 諸佛親近供養聞 法讚歎卽得受記塵沙」佛所悉亦如是十度万行無过誓願一切信根一切善
種一念具足無不成就百」千法門無量妙義河妙切德一切種智同時證得究竟圓滿建立 佛事」利益
衆生願興法界一切合靈咸發菩提俱登淨岸企仰」大淸康熙五年丙午五月日弟子玄虛子天弘興同
參隨喜等同發大願」
施主同參文」
都大施主 信哲比丘」供養施主 金順生兩主」供養施主 盧弘立兩主」供養施主 宋奇津兩主」朴
士信乃主」淨嘗比丘」金乭同兩主」林戒龍兩主」施主」勝海比丘」韓太雲兩主」雷屹比丘」神
津比丘」李态□兩主」候鈴筒施主 丁立兩主」未安單身」趙太陽保体」張德雲兩主」燈燭施主
思礼保体」引燈施主 金會日兩主」李态男兩主」未將酉施主 應昧比丘」金愛男兩主」申翰林乃
主」丁哲明乃主」金勝文乃主」成阿只兩主」
緣化秋」
證明 天弘比丘」持殿 太和比丘」畵員 惠淨比丘」淨人 震江 保体」持寺 應珠比丘」剋哲比丘」
應住比丘」利生保体」論山保体」大功德主 楚燈比丘」別座 法璘比丘」
大淸康熙五年丙午五月日謹誌」
願以此功德普及於一切我等與衆生皆共成佛道」願以此功德」普及於一切」我等與衆生」皆共
成佛道」丙午五月十七日始切慶」讚點眼於六月初一日」大淸康熙」五年丙午」五月日誌」證
明 天弘」持殿 太和」畵員 惠淨」淨人 震江 論山」別座 法璘」化主 初澄」施主 信哲」各各隨喜
施」主」持寺 應珠」母岳山金山」寺淨水庵造成阿彌陀佛」願以此功德普」及於一切我等與」
衆生皆共成佛道」

154. 군산 불지(주)사 아미타불상, 1666년

發願文」
時維」康熙五年歲次丙午仲春爲始至孟秋之日造成彌陀獨尊畢以于完山南嶺母岳山歸信寺
□□□□」願以此功德 普及於一切 我等與衆生 皆共成佛道」主上殿下壽萬歲」王妃殿下壽齊
年」世子邸下壽千秋」…(중략)
大施主秋」
佛像大施主 朴士信兩主」供養大施主 廣德生兩主」末醬大施主 韓戒仁兩主」供養施主 吳□生
兩主」…(중략)
緣化秋」
證明 天敏」畵員 懷鑑」副 義玄」持殿 龍日」來往 贊宝」供養主 三學」善浩」好生 己生」別座
應浩」大功德主 裕洽」

155. 화순 쌍봉사 지장삼존상과 명부 존상, 1667년

全羅道綾州地仲條山雙峯寺新造成地藏菩薩左補處道明尊者右補處無毒鬼王十王造成安于」伏
願」佛日慧炬長明佛盡風調雨順歲稔時康」主上三殿萬歲無窮萬國祈慶四邊寧靜」十方抱識同
爲極樂之化生」法界含靈共作地藏之海衆」次願」各各結願隋喜施主與勸化助緣比丘等現增福
壽當證菩提能度百千無數衆生」次願」
幽冥教主地藏菩薩大施主 金金兩主」左補處道明尊者大施主 比丘監天 右補處無毒鬼王大施主
吳夢良兩主」黃金大施主 金文兩主」烏金大施主 金徹鳴兩主」第一秦廣大施主 肉月兩主」第二
初江大施主 金化男兩主」第三宋帝大王大施主 崔守兩主」第四五官大王大施主 裵乞男兩主」第
五閻羅大王大施主 鄭贊兩主」第六變成大王大施主 梁益老兩主」第七泰山大王大施主 徐敬生兩
主」第八平等大王大施主 鄭金同兩主」第九都市大王大施主 徐敬生兩主」第十五道轉輪大王大
施主 琢瓊比丘」判官大施主 金命吉兩主」判官大施主 朱億主兩主」鬼王大施主 李秋日兩主」
鬼王大施主 金龍兩主」左右將軍」童子施主 應花兩主」童子施主 朴太玉兩主」使者施主 李介
同兩主」使者施主 金花單身」亦願」各現大德 風堂義浣比丘」大監 翠微堂大師守初比丘」山中
大功德主 比丘靈峯」教師 處仁 敬倫比丘」禪德 信仁 □宴比丘」日玄比丘 尙澄比丘 處學比丘」
靈郁比丘 敬信比丘」三綱 正行比丘」持寺 鬼玉比丘」持殿 性天比丘」出記 戒比丘」首僧 吳學
比丘」和尙 妙置比丘」前僧將住持 眞比丘」
證明 □行比丘」持殿 處和比丘」畵員 雲慧比丘」印性比丘」道日比丘」碧雲比丘」敬林比丘」
幸瓊比丘」道尙比丘」性行比丘」監禪比丘」處元比丘」少者 善奉」
緣化秩」
供養主 淸憲比丘」淸淡比丘」太正比丘」來往 太元比丘」負木 廣員金」治匠 宋仁哲兩主」別座
雙成比丘」大功德主 淸信居士姜仲生兩主」勸化 性浩比丘」

156. 김천 직지사 비로자나삼존상, 1668년

① 비로자나불상(1668년)
康熙七年戊申五月初四日造像」大功者列錄于后」
施主秩」
佛像大施主 嘉善大夫白仁立兩主」佛像大施主 通政大夫金繼补單身」黃金大施主 張大翼兩主」
佛像大施主 通政大夫金彦希兩主」佛像大施主 嘉善大夫金現主兩主」佛像施主 嘉善大夫李夢同
兩主」佛像施主 裵厚業兩主」佛像施主 姜思朗金兩主」佛像施主 趙懃重兩主」佛像施主 通政
大夫法熏比丘」供養大施主 通正大夫金奉兩主」供養施主 金春金兩主」冠具施主 洪氏德礼李氏
淸伊小保体」面金施主 通正大夫雙日比丘」腹莊施主 通正大夫能日比丘」丹靑大施主 嘉善大夫
張淂竜兩主」布施大施主 嘉善大夫姜大仁靈駕」鄭氏生月」姜天金成夢日水保体」引勸大施主
嘉善大夫趙自忠兩主」供養大施主朴賴男兩主」姜命立千召史林順梅水保体」金貴男趙卜男李
進竜禹大鵬保体」張竜翼金氏今香朴莫立水保体」金彦补李鶴竜朴從竜水保体」羅海生羅重生
金春生水保体」張順补金彦补裵震笔水保体」柳武雄李貴玄文二達水保体」金後男李孝立金淂
日水保体」金鼎九姜淸會金后信水保体」金仁吉金信生朴三伊」天印比丘沈氏香玉金應列水」
張大碩裵雄傑裵与信」金礼發金榮立有德靈駕持律比丘張順卜水」洪乭伊山金氏后香金連富申
㐬竜鶴梅水」黃乭立金代命姜云憲金有立釋倫比丘」鳳乭金金希男靈駕住持臣僧」
證明 楚行比丘」持殿 性惠比丘」佛像畵元 勝一比丘」三應比丘」宝悅比丘」金文比丘」文彦比
丘」丹靑畵元」應悅比丘」雙允比丘」学全比丘」先悟比丘」一瀾比丘」戒信比丘」性輝比丘」
雙云比丘」学淸比丘」化主」機一比丘」供養主」信希比丘」靑俊比丘」信責比丘」時順比丘」
戒一比丘」廣學比丘」淂昌比丘」眞旭」大吉」宋仁」敬岑比丘」
② 보살상
康熙七年歲次戊申五月初四日造成」如來大功德者列錄于后」

大施主秩」
佛像大施主 嘉善大夫 白仁立兩主」佛像大施主 通正大夫金繼朴兩主」佛像大施主 黃金大施 張大翼兩主」佛像大施主 通正大夫金彦希兩主」佛像大施主 嘉善大夫李夢同兩主」佛像大施主 嘉善大夫金現立兩主」佛像大施主 裵厚業兩主」佛像大施主 姜思鄭兩主」佛像施主 趙懿重兩主」佛像施主 通正大夫法熏比丘」供養大施主 通正大夫金淂奉兩主」供養施主 金春金兩主」冠具施主 洪氏德禮李氏淸伊保体」面金施主 通正大夫雙日比丘」腹莊施主 通正大夫能日比丘」丹靑施主 嘉善大夫張淂竜兩主」布施主 嘉善大夫姜大仁兩主 鄭氏生月靈駕」姜天金成夢日等保体」引勸大施主 嘉善大夫趙自忠兩主」供養大施主 朴頼男兩主」姜命立千乭史林氏順梅朩保体」金貴男趙卜男李辰竜禹大鵬朩」張龍翼金氏今香朴莫立朩保体」金彦福李鶴竜朴從竜朩保体」羅海生羅重生金春生朩保体」張順卜金彦卜裵震笔朩」柳武雄李貴玄文二建朩」金後男李孝立金淂日朩」金鼎九姜淸仝金后信朩」金仁吉金信泩朴三伊天印比丘」沈氏香玉金應列朩張大碩」裵雄傑裵与信金禮發金榮立」持律比丘張順卜供乭伊山有德灵駕」金氏後香金連冨申态竜」鶴梅黃态柆金代命姜云憲金有立」釋倫比丘鳳乭金希男灵駕」住持 巨僧性元比丘」妙衍比丘」真湖比丘」繼祖比丘」信行比丘」
證明 楚行比丘」持殿 性惠比丘」佛像畵元」勝一比丘」三應比丘」宝悅比丘」金文比丘」文彦比」丹靑畵元」應悅比」雙允比丘」学仝比丘」先悟比丘」一灝比丘」戒信比丘」性輝比丘」尙云比丘」学淸比丘」化主」機一比丘」供養主 信希比丘」靑俊比丘」信責比丘」時順比丘」戒日比丘」處学比丘」淂唱真旭」大吉 守仁」

157. 고성 옥천사 지장삼존상과 명부 존상, 1670년

康熙九年庚戌七月日晋州地南面蓮華山玉泉寺十王新造成願文」
主佛大施主 河戒宗兩主」左輔處施主 李擻氏兩主」右輔處施主 朴仁伊兩主」第一秦廣王施主 朴立生兩主」第二初江王施主 金守龍兩主」第三宋帝大王施主 鄭莫詳兩主」第四五官大王施主 李汝澤兩主」第五閻羅大王施主 鄭永漢兩主」第六變成大王施主 金朴龍兩主」第七太山大王施主 金龍兩主」第八平等大王施主 辛卞弘兩主」第九都市大王施主 勝安比丘」第十五道轉輪王施主 姜益岭兩主」左判官施主 仝億朴兩主」右判官施主 崔戒一兩主」左鬼王施主 金乞玉兩主」右鬼王施主 愛眞單身」左使者施主 金石堅單身」右使者施主 沈勝礼兩主」童子施主 朴仁介兩主」童子施主 鄭朴兩主」童子施主 黃成日兩主」
腹莊施主 二月兩主」末醬施主 妙和比丘」眞末施主 安彦良兩主」眞末施主 妙連比丘」補壇施主 李乙□兩主」文時望兩主」□布施主 不官兩主」木密施主 姜主□兩主」沙□施主 地春住兩主」訶仅氏兩主」李難金兩主」金日成兩主」仝太士兩主」金文同兩主」姜□氏兩主」金□達兩主」金明信兩主」姜元建兩主」徐有徹兩主」姜渭□兩主」李□基兩主」姜聖輪兩主」鄭之允兩主」徐必達兩主」孔道成兩主」金聲搌兩主」學悅比丘」
寺內」三剛 應敏比丘」持寺 海安比丘」緣化秩」持殿 幸倫比丘」畵員秩」首頭 敬玉比丘」釋心比丘」雪明比丘」慧文比丘」
供養秩」供養主 慧英比丘」道元比丘」天海比丘」別座 尙行比丘」都化主 天什比丘」扶化主 學悅比丘」

158. 김천 고방사 아미타삼존상, 1670년

康熙九年庚戌四月日慶尙道開寧縣南西」乞水山敲芳寺造緣」極樂敎主 阿彌陀佛」觀世音菩薩」大勢至菩薩」安于」
緣化秩」
證明 玄戒」持殿 妙演」畵負 勝日」性照」自圭」□□」思遠」士能」治匠 朴天□」供養主 雪行」妙希」思益」雪訔」龍□」別座 坦悅」化主 思運」惟鑑」性湖」□金化主 許福伊」

159. 해남 대흥사 대광명전 삼세불상, 1670년

① 석가불상 대좌 묵서(1670년)
時維歲次康熙九年庚戌四月日靈山敎主」釋迦如來藥師如來阿彌陀如」來三世如來造成畢功安
于頭崙山眞佛庵」
② 석가불상 대좌 묵서 중수기(1718년)
歲次康熙五十七年戊戌五月日」改重修獻金三世如來勸化……(하략)
③ 약사불상 대좌 중수기(1777년)
乾隆四十二年丁酉五月日法堂……(하략).

160. 제주 삼광사 보살상, 1671년

時維」康熙十年辛亥五月日白羊山」阿彌陀佛觀音勢至三位畢功」安于淸心臺」願以此功德 我
等與衆生」普及於一切 皆共成佛道」發願以収命禮三宝」主上殿下壽萬歲」王妃殿下壽齊年」
世子邸下壽千秋」
施主秩」
佛像供養兼大施主 金慶生兩主」烏金大施主 車淂祥兩主」施主 准眼比丘」施主 朴永龍兩主」
施主 愛節兩主」尹起敏兩主」元惠比丘」朴貴福兩主」梁尹伊兩主」朴山伊兩主」朴士日兩
主」金愛生兩主」金斗煉兩主」金於起重兩主」永代單身」朴厚重兩主」金戒生兩主」覺軒比
丘」朱莫山兩主」隱日單身」冬節單身」山中秩」大禪士 善河比丘」大德 贊有比丘」大士 雷建
比丘」一圭比丘」義均比丘」惠能比丘」住持 自禪比丘」持寺 戒英比丘」三綱 懶訓比丘」證明
惠還比丘」持殿 双衍比丘」
畵員」應慧比丘」戒贊 比丘」緣化秩」供養主 坦祐比丘」明善比丘」往來 就彬比丘」別座 戒行
比丘」化士 海澄比丘」冶匠 居士金自明」

161. 합천 해인사 지장삼존상과 명부 존상, 1673년

康熙十二年癸丑七月初三日點眼道場冥殿安邀于」鬼施主王 崔鎰單身」化主 彦岑」

162. 대구 소재사 삼세불상, 1673년

석가불상
康熙拾十二年癸丑四月日佛像成造記」
佛像大施主 全梦吉兩主」供養大施主 崔立兩主」供養施主 嘉善太夫海湛比丘」供養大施主 徐
德龍兩主」供養布施兼大施主 崔忠立兩主」供養食塩兼大施主 崔興信兩主」烏金大施主 朴毛呈
世兩主」布施大施主 金于音夫兩主」供養施主 呂愛立兩主」供養大施主 金八十伊兩主」布施主
嘉善太夫黃淂男兩主」燈燭布施兼大施主 曹三達兩主」腹藏大施主 彦熙比丘」
持寺 天日比丘」寺内衆目」大禪師性元比丘」禪德竺玄比丘」雙冶比丘」禪白 淸學比丘」能
日比丘」禪和 印軒比丘」三綱 思衍比丘」惠哲比丘」冲遠比丘」明玉比丘」双祐比丘」冲運比
丘」宗悟比丘」首僧 敬还比丘」就英比丘」弘净比丘」尙熙比丘」太尙比丘」太彦比丘」守衍
比丘」灵鑑比丘」灵坦比丘」覺心比丘」冲卞比丘」太敬比丘」少者秩」德敏保体」愛先保体」
士云保体」雲白保体」信發保体」元龍保体」性男保体」世京保体」
佛像緣化秩」
證明 無學和尙」懶翁和尙」志空和尙」持殿 寶益比丘」畵員 敬坦比丘」印全」善英」弘察」道
宗」大熙」法惠」學連」供養主 印岑比丘」斗英比丘」來往 覺信」助緣 居士金哲奉」別座 智安
比丘」大化主 玉玄比丘」

法堂緣化秩」
大木 信英比丘」 片手 智文比丘」 海澄比丘」 供養主 惠哲比丘」 弘淨比丘」 灵坦比丘」 別座 印行
比丘」 幹善化主 思允比丘」
冥府殿緣化秩」
大木 信文比丘」 片手 冲遠比丘」 太彦」 供養主 双祐比丘」 別座 宗悟比丘」 淸信居士大化主 孫
順龍保体」

163. 함양 백운암 아미타불상, 1674년

康熙十三年甲寅五月日慶尙道咸陽郡西嶺白雲山靈隱」寺安于佛像三尊同成世尊點眼」極樂敎
主阿彌陁佛」觀世音菩薩」大勢至菩薩」願文」
主上殿下壽萬歲」王妃殿下壽齊年」世子邸下壽千秋」國界安寧民安樂」願我今世無災病身心
安樂壽命長願我心中種種願」悉皆成就心歡喜當證佛果度衆生見聞隨喜皆同叅」惟願無眼佛世
尊我此發願能成就」
施主秩」
世尊無佛像都大施主 朴而俊兩主」阿彌陀佛大施主 仅元比丘」觀世音菩薩大施主 性悟」大勢至
大施主 妙堅比丘」面金大施主 朴多勿沙里兩主」面金大施主 金氏汝順單身」面金大施主 金多
勿沙里兩主」愛介兩主」面金大施主 郭子安兩主」面金大施主 趙士福兩主」体金大施主 通政大
夫法熏比丘」体金大施主 寶泗比丘」體金大施主 李碩崇兩主」面金施主 竺明比丘」面金施主 竺
一比丘」面金施主 寶應比丘」面金施主 李江山兩主」面金施主 崔双龍兩主」泥金施主 張□□兩
主」泥金施主 金勝龍兩主」烏金施主 李連金兩主」烏金施主 金德三兩主」面金施主 智熙比丘」
腹藏施主 敬嘗比丘」腹藏大施主 金春希兩主」腹藏施主 道英比丘」供養大施主 通政大夫金義
芳兩主」供養大施主 通政大夫文業龍」供養燈燭兼大施主 淨坦比丘」供養大施主 李戒敏兩主」
供養大施主 毛衍一兩主」坐臺大施主 金子明兩主」趙於入起」坐臺大施主 瑞一比丘」□□□
□□」蒲團大施主 判官丁福立兩主」蒲團大施主 主薄丁九立兩主」蒲團施主 佐郎丁仁發兩主」
布施大施主 李萬伯兩主」布施大施主 剋賢比丘」布施大施主 黃氏勝今兩主」布施大施主 通政
大夫一宗比丘」布施大施主 金遠伊兩主」末醬大施主 金鳳善兩主」供養大施主 姜敬龍兩主」食
塩大施主 尹黃龍兩主」喉靈桶大施主 金旺報兩主」裸布大施主 朴莫朴兩主」裸布大施主 義修
比丘」五樂施主 金震命兩主」供養施主 金太一兩主」冠大施主 鄭龍伊兩主」冠大施主 金土生兩
主」金施主 金夏尙兩主」金施主 嘉善大夫李仲吉兩主」金施主 丁宗軒兩主」蒲團施 金氏黃生兩
主」蒲團施 德稳比丘」點筆布施兼大施主 金得萬兩主」蒲團施主 金愛山兩主」蒲團施主 金善
山單身」供養施主 宗和比丘」燈燭施主 禹一元兩主」燈燭施主 朴營乃兩主」燈燭施主 白永元
兩主」燈燭施主 鄭淡善兩主」生銀施主 崔遠称」菏葉大施主 全奉一兩主」三綠施主 姜致成兩
主」朱紅施主 洪仁漢兩主」朱紅施主 禪雄比丘」朱紅施主 震文比丘」布施施主 朴黙世兩主」徐
應龍兩主」金剋男兩主」金南山兩主」鄭汝民兩主」朴士龍兩主」魯在元兩主」金好立兩主」柳
是達兩主」崔龍伊兩主」朴永眞兩主」李戒敏兩主」鄭賢絡兩主」金末介兩主」金幸得兩主」李
子善兩主」鄭成進兩主」池進同兩主」黃一金兩主」張命起兩主」姜戒弘兩主」姜太一兩主」金
絡男兩主」李春伯兩主」梁弘戒」李是然兩主」鄭知識兩主」李仁黃兩主」姜春生兩主」朴金伊
兩主」金萬發兩主」金男伊兩主」錦繪比丘」朴業元兩主」金尙後兩主」金生立兩主」鄭玉生兩
主」彦輝比丘」香彦比丘」姜永立比丘」金洳吡單里兩主」李春山兩主」金逈伊兩主」金艺屎兩
主」鄭輝伊兩主」金千石兩主」黃俊立兩主」河而元兩主」朴永生兩主」金多勿沙里兩主」金仁
男兩主」金命會兩主」林孝善兩主」丁福立兩主」朴云英兩主」魯夏立兩主」文起送兩主」金剋
南兩主」金愛世兩主」宋旺敬兩主」春伊單身」吳得起兩主」寺內大大持事 太泗比丘」
寺內秩」
處仁比丘」妙瓊比丘」灵敏比丘」義弘比丘」学淨比丘」如哲比丘」智辯比丘」印堅比丘」裕伯
比丘」裕習比丘」雷侃比丘」守天比丘」勝淨比丘」淨玄比丘」玉守比丘」玉鏡比丘」義倫比丘」

能信比丘」三仁比丘」德稔比丘」弘淨比丘」玉心比丘」曇性比丘」瑞遠比丘」雷應比丘」坦岑比丘」淸一比丘」敬能」海珠」雪淳」覺海」智訓比丘」智軒 處安比丘」善擇 淳玉比丘」性熙」三綱 釋軒」首僧 覺玄」法湖」覺元」善悅」雷檡」緣化秩」證明 文玉比丘」持殿 太云比丘」畵員 性照比丘」閑云」自圭」学淸」性修比丘」雪梅」思遠比丘」冶匠 柳㐂男」供養主 戒澄」戒旭比丘」幸均」思侃」雷淨」明哲保体」乾租 智眼」來往 卓敬比丘」別座 学獜」大都化士 性淨比丘」
各結願隨喜同參皆成正覺」

164. 문경 대승사 목각아미타여래설법상, 1675년

① 初」康熙十四年月」比丘 宗現」佛母 比丘 禪定」緣化比丘…」
② 長子 仁黙」次子 元黙」化主 淸信女李氏福德月」時住持 退耕相老」山中時住大衆」共八十二負」

165. 대구 소재사 지장삼존상과 명부 존상, 1675년

① 시왕상 조성기(1675년)
發願文」
願我臨終滅罪」障往參西方大慈」尊金色光中蒙」授記虛空有盡」願不盡〃未來」際度衆生」
道明王施主 姜礼詳單身」無毒王施主 羅布赤兩主」第一王施主 朴世信兩主」第二王施主 閑秋尙兩主」第三王施主 黃立兩主」第四王施主 方介守兩主」第五王施主 申召史兩主」第六王施主安應光兩主」第七王施主 鄭愛竜兩主」第八王施主 徐德竜兩主」第九王施主 崔愛今兩主」第十王施主 鄭生竜兩主」供養施主 金銀立兩主」李時明兩主」李靑仁兩主」鄭密億兩主」布施〃主金敬命兩主」真粉施主 甘長命兩主」
緣化秩」
證明 志公和尙」無學和尙」懶翁和尙」持殿」宝軒」別座 淸學」來性 弘正」供養主 灵坦」畵員守日」仅唯」道堅」精日」印玄」敬運」浄王」宝灵」祖悅」淸學」旺堅」仁發」本寺」天日」性元」海談」双洽」智安」印軒」思衍」冲遠」冲運」太尙」
康熙十四乙卯四月日造成終」
② 지장보살상 중수 개금기(1741년)
乾隆六年辛酉三月二十」三日地藏尊像重修」改金始於終畢四月初」□日」□葉弟子臣□泄湛漟封」

166. 고창 선운사 지장삼존상과 명부 존상, 1676년

① 도명존자 발원문
盖聞 皆於本目 立大擔願 一現慈容 一現威相 侍我地藏 助揚眞化 廣濟群迷 抜苦與樂 由是上來 以此功德 伏願主上殿下壽無極 而等乾坤 德至明而齊日月 法輪常轉於無窮 國界恒安而不亂 次願各各施主等 現世三灾永息 五福增崇 後世當生善處 快樂無窮」亦願同共發願 謹運至誠 常住讚唄頌祝願 比丘等勤修戒定 三毒永斷 報佛大恩 未來速妙果 次願懇修齊戒 敬造良工比丘等 今世能滅千灾 成就万福 當來同生極樂國 抑願隨喜助 緣與緣化比丘等 及幹善大化士等 今世壽命不夭 福樂交時 未來當證佛果 願以此功德 普及一切 我等與衆生 當生極樂國 同見無量壽 皆共成佛道」
康熙十五年丙辰五月日造成十王也」
十王都大大施主 靈照」施主 宗敏」剋玄」通政大夫 海俊」戒俊」慧淨」柳大善單身」金春敬兩主」通政大夫 姜得立兩主」加善大夫 河語屯單身」安鶯金灵駕願往生」金斗邁兩主」金龍日兩主」施主秩」施主 俞氏愛花兩主」安氏眞生單身」姜儀淑兩主」崔異蓮兩主」鄭得立兩主」朴

氏開春單身」金大生兩主」姜興位兩主」林光信兩主」
山中碩德秩」
大彌師 處能」大禪師 玄辯」大彌師 雷運」大彌師 聖聰」全羅都聰攝 己行」通政大夫 功德主」
思俊」云哲」妙鑑」淳湖」知幻」陸秀」靈還」慧明」戒眞」德遠」僉知 灵覺」天祖」惠覺 三
覺」印宗 戒還」三學 惟善」淡明 天湖」海揩 德海」圓惠 覺明」德敏 性惠」性益 勝行」双運 弘
賛」元海」
緣化秩」
證明 山人密嚴」持殿 瓊俊」畵員 明俊」敬益」處能」瓊湖」尚玄」宗善」淸惠」明敎」小者解日」
時壬色掌秩」
方丈 大海」首僧 弘哲」書記 思祐」持寺 敬仁」三寶 敬尙」持殿 玄允」大同 持寺」仁學」助緣
兼都大別座」信機」冶匠 金保日」供養主 惠明」執頭 彦行」行澄」負木 姜西方」工器 述生」
幹善大化士 弘察」綵色化士 剋湖」
② 무독귀왕 발원문
切以住居地上 化現人間 長開方便之行 恒濟沈涂之苦 記罪福而分明 據業緣而處斷 賞善 則與超
天界 罰惡 則剝落三途 辨是非 不枉之情 賜苦樂無偏之報 有求皆逐無願不從 是敎上來」以此功
德 伏願主上殿下壽無極 而等乾坤 德至明而齊日月 法輪常轉於無窮 國界恒安而 不亂 亦願同共
發願 謹運至誠 常住讚唄 比丘等 今生勤修戒定 三毒永斷 報佛大恩 未來速訂妙果」次願各各施
主等 現生三灾永息 五福增崇 後世當生善處 快樂無窮 次願懇修齊戒 敬造 良工比丘等 今生能減
千灾 成就萬福 未來同生極樂之願 抑願隨喜助緣與緣 及幹善大化士比丘等 今生壽命不夭 福樂交
付 後世當訂佛果菩提之願 願以此功德 普及於一切 我等與衆生 當生極樂國 同見無量壽 皆共成
佛道」康熙十五年 丙辰五月日造成十王之役畢也」
施主秩」
十王都大大施主 靈照比丘」施主 宗敏比丘」施主 剋玄比丘」施主 通政大夫 海俊比丘比」施主
戒俊比丘」施主 惠淨比丘」施主 加善大夫 河語屯單身」施主 通政大夫姜得立兩主」施主 金春
敬兩主」施主 柳大善單身」施主 金頭馬兩主」施主 命氏愛花兩主」施主 安氏眞生單身」施主
姜儀淑兩主」施主 崔異蓮兩主」施主 鄭得立兩主」施主姜興信兩主」施主 朴氏開春單身」施主
金大生兩主」施主 安鶯金靈駕速西方」施主 林光信兩主」
山中碩德」
大彌師 處能」大禪師 玄辯」大彌師 雷運」全羅都聰攝 己行」通政大夫 功德主」思俊」云哲」
妙鑑」淳湖」知幻」天祖」緣化秩」證明 山人密嚴」持殿 瓊俊」畵員 明俊」敬益」處能」瓊
湖」尚玄」宗善」淸惠」明敎 小者解日」方丈 大海」書記 思祐」首僧 弘哲」持殿 玄允」持寺
敬仁」大同 持寺」仁學」三寶 敬尙」助緣兼都大別座」信機」供養主 惠明」執頭 彦行」行澄」
來往 行給」外英」負木 姜西方」工器 述生」幹善化士 弘察比丘」綵色化士 剋湖比丘」

167. 부산 금정사 아미타불상, 1677년

主上殿下萬萬歲」願以此功德 普及於一切 我等與衆生 皆共成佛道」
供養大施主 印云比丘」材木大施主 裵德明兩主」座代大施主 金大吉兩主 面金施主 申福立兩
主」尹漢孫兩主」材木施主 成伯勳兩主」張有連兩主」李末承兩主」李先男兩主」秋命達兩
主」洪月奉兩主」林厚辰兩主」金張水兩主」妙巖比丘」金應食兩主」廉石金兩主」尹氏戒良兩
主」鄭三龍兩主」洪論世兩主」崔氏愛金」朴之淳兩主」李末男兩主」韓男生兩主」許氏礼香」
懷日」郭振伋兩主」亡人金氏礼莫灵駕」戒定」金得生兩主」金永吉兩主」金以信兩主」朴氏淑
德兩主」鐵物施主 李旬伊兩主」㶱匹施主 金貴奉」
寺中秩」
山人印云比丘」山人應梅比丘」山人性淳比丘」六藏比丘」尙雲」大明」裕勝」性義」戒訓」持
寺 文哲」三綱 智献」緣化秩」證師 沖賾比丘」持殿 大義比丘」工畵 慧熙比丘」處祥比丘」信

日」灵坦」寶融」懷日」道文」爐冶 崔秀千」來往 黃應具兩主」負木 李貴業」智冶比丘」法行
比丘」供養主 惠雲比丘」省主比丘」幸明比丘」副化主 金起龍 副化主 尙均比丘」化主 吳氏白
蓮兩主」都大別座 義允比丘」大化主 尙日比丘」
康熙拾六年丁巳六月 落成」道內高山縣北距大芚山門龍寺安于」

168. 합천 해인사 희랑대 지장보살상, 1677년

康熙十六年五月日」仏靈山雙溪寺法堂」
仏像三尊重修而新」造地藏一尊奉安于仁洞地迦」葉菴」施主 長□」畵貟 省□」淵□」證明腹
藏兼 儀尙」神神 □甘」持□ 靈祐」別座 灵熙」供養主」淂淡」化主」敏述」

169. 공주 마곡사 지장삼존상과 명부 존상, 1677년

十王倚坐像 腹藏文」
康熙十六年四月日造像施主願之」第九王施主 文武仁兩主」證明 仅□比丘 持殿 德和比丘」畵
貟 性日比丘 坦□比丘」元學比丘 □淳比丘」□□比丘 □丞比丘」森□比丘 法濮比丘」懷衍比
丘」供養 尙帝」學灵比丘」化主 德林比丘」別座 太□」比丘一單」幷端□」

170. 전주 일출암 약사불상, 1677년

康熙拾六年丁巳夏日落成全羅道高山懸地北距大芚山龍門寺安于」王妃殿下壽千秋」主上殿下
壽萬歲」世子邸下壽齊年」願以此功德」普及於一切」我等與衆生」皆共成佛道」
供養大施主 印云比丘」材木人施主 裵德明兩主」材木大施主 成伯勳兩主」囑代大施主 金大吉
兩主」面金大施主 申福立兩主」尹漢孫兩主」張有連兩主」李末承兩主」秋命達兩主」李先男
兩主」洪月奉兩主」林厚震兩主」金長水兩主」妙嚴比丘」金應食兩主」簾石金兩主」尹氏戌良
兩主」鄭三龍兩主」洪論世兩主」崔氏愛今兩主」朴之厚兩主」李末男兩主」韓男生兩主」許氏
礼香兩主」懷日比丘」郭振伋兩主」金氏礼英兩主」戒宗比丘」金得生兩主」金永吉兩主」金以
信兩主」朴氏淑德兩主」鐵物施主 李旬伊兩主」
寺中秩」
山人印云」禪德 應梅」禪德 性淳」六藏」尙雲」大明」裕勝」性儀」戒熏」持寺 文哲」三綱 智
軒」
緣化秩」
證師 冲曒」持殿 天義」畵員 慧熙」處祥」信一」灵坦」普融」懷一」道文」爐冶 崔秀千」香炊
施主 金貴奉」來往 黃應具」智冾」法行」李貴業」惠雲」供養主 省主」幸明」副化主 吳氏白
蓮」尙均」金起龍」別座 義允」大化士 尙一」

171. 울진 불영사 석가삼존상과 16나한상, 1677년

① 조성발원문 A(1677년)
康熙十六年丁巳七月旬日化主幹定山人克慧禪師發願」文記 者始於丙辰歲從次」始於願共諸檀
越等塵財物己勸施受不朽之良因結緣」死恨不顧不飽寒熱莫憚勒行苦得擧目明三月至日送」昧
箭三時單恨屯功成矣況於千里山高水闊不然調行」獨運恨思頻湎長呈豈非耶可勝哉」右 丁巳五
月爲初始役之終於七月旬日畢役不日成之造佛也」左 嘆在天仰悲願稽首待有欲成如子憶母如渴
者」思水就地造像處慶尙左道慶州東嶺山乃谷至造成于」佛影寺安邀」
施主秩」
大施主 金士男兩主」大地主 金千億兩主」大施主 朴氏伊金兩主」大施主 林橙檜兩主」大施主 張

須男兩主」大地主 張儀忠兩主」大施主 張」羅漢第一位獨辦施主 瑞比丘」第二位獨辦施主 矢心
比丘」施主 朴起奉兩主」施主 白以立兩主」施主 曹大京灵駕」喉領桶施主 韓靑國兩主」施主 金
保音金兩主」施主 崔五信兩主」崔氏楨女保体」黃須山兩主」日女保体」大定 灵現比丘」
善手良工匠人秩」
首畵員 尙倫比丘」宗鑒比丘」双益比丘」宝藏比丘」定日比丘」德云比丘」
緣化 供養主秩」
證明 大德 宗悅比丘」持殿 草衍比丘」內別座 學宗比丘」外別座 來往兼 戒琳比丘」供養主 淸日
比丘」希玉比丘」太根比丘」化主 克惠比丘」圓印比丘」
腹藏紙 施主秩」
懷敏比丘」法宗比丘」元信比丘」懶湜比丘」廣宝比丘」尙善比丘」
② 조성발원문 B(1676년)
靈山殿等像佛三尊化主 圓印」
羅漢主十六位」帝釋主一位」使者主二位」將軍主二位」
康熙十四年丙辰五月」

172. 남해 용문사 지장삼존상과 명부 존상, 1678년

①
願以此功德我等與衆生」普及於一切皆共成佛道」主上三殿下壽萬歲」康熙十七年戊午六月日
十王造像流通于龍門」
地藏大施主 通政大夫金水麗」道明大施主 李彦生」無毒大施主 金召史愛花」第一王大施主 嘉
善鄭海立」第二王大施主 通政崔克生」第三王大施主 姜弼達」第四王大施主 朴召史孝良」第
五王大施主 李應希」第六王大施主 通政吳元」第七王大施主 元從生」第八王大施主 兪太逸」
第九王大施主 趙裕道」第十王大施主 吳宝先」左判官施主 余信達」右判官施主 李德立」左鬼
王施主 黃召史今伊」右鬼王施主 比丘海蘭」左使者施主 金石銑」右使者施主 李億萬」左將軍
施主 姜繼成」右將軍施主 金日占」童子施主 李㐫無赤」童子施主 尹秀仁」童子施主 通政金明
南」童子施主 比丘省眞」烏金施主 崔明日」面金施主 比丘賛和」腹藏施主 召史順良」喉鈴施
主 金云鶴」供養施主 比丘處祥」朱紅施主 李起洪」荷葉施主 李士日」眞粉施主 梁應白」石紫
黃施主 金成男」水塗黃施主 比丘玄日」食塩施主 朴豊年」三录施主 黃戒龍」眞末施主 尹卜
立」淸蜜施主 金太英」布施主 任得達」鐵物施主 金聲重」
寺內」
老德学暹」法禪」智文」草英」勝熙」宗惠」天悟」通政尙湖」通政道淳」通政天海」持事 印
奎」三綱 希性」首僧 印明」
②
證明 大師勝哲」持殿 性岩」畵員 智玄」宝海」雪坦」神学」仅英」楚行」靜猹」覺明」敬諶」
坦英」敏英」勝还」仅堅」信惠」印戒」供養主 特明」省照」淨欽」來性 別座 自英」都別座 性
和」大功德化士 玄□」

173. 광양 무등암 대세지보살상, 1678년

康熙十七年戊午五月日記」
阿彌陁如來觀世音菩薩大勢」至菩薩三相始役於戊午閏三月初」一日畢功於其年五月十五日安
于智」異山小隱蘭若」願以此功德普及於一切我等」與衆生皆共成佛道發願以」貴命禮三寶」
主上殿下壽萬歲」王妃殿下壽齊年」世子邸下壽千秋」
阿彌陁佛大施主 車氏泗今兩主」觀世音菩薩大施主 李尙元兩主」大勢至菩薩大施主 金志宗兩
主」面金施主 印暉比丘」面金施主 金唯欽兩主」面金施主 金應天兩主」面金施主 吳氏信孽單

身」泥金施主 金氏愛翁兩主」烏金兼供養施主 金信安兩主」烏金施主 安卜兩主」布施主 金氏
命吉兩主」供養施主 懷鑑比丘」泥金施主 妙信比丘」供養施主 崔發兩主」供養施主 姜勝立灵
駕」黃金施主 禪悟比丘」黃金施主 一閑比丘」體金施主 一淳比丘」布施主 金振剛單身」腹臟
施主 可閑比丘」腹臟施主 唯信比丘」腹臟施主 守天比丘」喉鈴筒施主 李春英兩主」花冠施主
玉軒比丘」布施主 金鼎九兩主」施主 鄭四龍兩主」施主 姜守立兩主」施主 朴連弘兩主」施主
曺命吉兩主」施主 李先望」施主 禮尙單身」施主 朴善金兩主」施主 海瓊比丘」五色絲施主 碧
玉單身」施主 李重明兩主」布施主 李時同兩主」供養施主 李召史兩主」
山中秩」
大禪師 廣悟比丘」大禪師 勝旭比丘」大禪師 淸遠比丘」大禪師 天暉比丘」大禪師 普覺比丘」
禪德 一元比丘」禪德 德海比丘」禪師 戒海比丘」禪師 應天比丘」禪師 禪敏比丘」禪師 善寬比
丘」禪師 曇玄比丘」首僧 海敏比丘」持寺 熙元比丘」三剛 義贊比丘」
緣化秩」
證明 圓海比丘」持殿 普天比丘」畵員 應慧比丘」印戒比丘」海機比丘」雷侃比丘」供養主 尙信
比丘 三持比丘」大功德主 思敏比丘」別座 尙熙比丘」來往 雷一比丘」

174. 목포 달성사 아미타삼존상, 1678년

發願文」
仰观宇宙之內唯夫主靈」府察品類之中唯人最靈」嗚呼咄哉幸得人身前因駿」雜縱稟微形心志
昧劣六根」暗鈍不修自性濫則淸衆之」末念忠信而不遂恨未參於」鷲嶺嘉會痛盲矓於少林」眞
風了無自己之資熏豈有」利他之方樣念一年光陰之旨」猶白駒之過隙思九族尊灵」之苦恰若紅
熖之恒天飯依」無路假托世緣故就於萬德山」白蓮社欲爲古建今廢之殿」手持善文曆千村而行
乞合」萬家之斗粟去年構成法」堂因爲今春迎請雲衲之良工」爲證十方三寶之慈尊畵後」佛靈
山會敬造佛像三尊降」臨於獅子座上恒沙菩薩端」座於蓮葉花間造成功德因」緣不墮三途往生
極樂親見」彌陀蒙授記自利利他名各」施主等時消孽壽福增崇」日日興雲此願綿〃不絶」十方
諸佛作證明造成佛事」康熙十七年戊午五月日」彌陀觀音勢至三尊畢功」安于萬德山白蓮社」
大禪師比丘善文」大禪師比丘文彦」大禪師比丘哲仁」大禪師比丘文信」
施主秩」
佛像大施主 粉今」佛像大施主 李峻遠」佛像大施主 後落」佛像大施主 梁雲成」左補處大施
主 比丘哲仁」材木大施主 尹氏」材木大施主 尹文得」燈燭大施主 崔致泂」面金大施主 女人印
安」体金大施主 李弘錄」烏金大施主 億尙」腹莊大施主 金德倫」供養大施主 金庭發」供養大
施主 李氏印閑」供養施主 比丘双屹」布施大施主 鄭翰翔」布施大施主 玉眞」布施大施主 李君
立」布施大施主 朴灵立」朱紅大施主 金致剛」三綠大施主 四桂」三錄大施主 金天逸」眞粉施
主 比丘坦悟」龍淚施主 李希樑」鐵物大施主 金善積」鐵物大施主 張奉哲」
證明 山人嗣祖」畵員秩」比丘敬淋」比丘坦旭」比丘道敏」比丘處元」比丘三眼」比丘性日」
萬江」
緣化秩」
供養主 法圓」雪彦」宝□」助役 宝克 海明」別座 呂學比丘」法堂後佛幀造像兼」淸風衲子雲水
道人處英比丘」住持 善玄」首僧 妙應」三綱 雪天」

175. 청도 덕사 석가삼존상과 16나한상, 1678년

時維歲次康熙拾柒年戊午六月初五日」
緣化秩」
釋迦主大施主 李□□」引燈施 嘉善大夫崔日山兩主」淸□大施主 朴春同」供養大施主 仅仁比
丘」彌勒大施主 李□音□兩主」竭羅大施主 嘉善大夫盧礼□兩主」伽葉大施主 金仁世兩主」

阿難大施主 文世積兩主」第一施主 盧應拍兩主」第二施主 徐召來保体」第三大施主 姜根男兩
主」第四大施主 金永龍兩主」第五大施主 金成夏兩主」第六大施主 孫灵介保体」第七大施主
柳得衝兩主」第八大施主 柳有靑兩主」第九大施主 李應信兩主」第十大施主 曺北春兩主」第
十一大施主 張今春保体」第十二大施主 鄭貞烈兩主」第十三大施主 李應男兩主」第十四大施主
千山同兩主」第十五大施主 黃明伊」金戒斤」兩主」
緣化秩」
證明 性憲」持殿 自安」首頭畫員 勝湖」尙倫」尙淨」呂岑」天擇」卓獻」淸眼」自日」德莊」
德玄」冶匠 仅仁」供養 幸登」供養主 日堅」別座 思日」來往 性法」化主 敏英」思日伏爲」崔
神男兩主」施主 朴态文」崔靑分」腹藏大施主 朴良單身」右使者 李是連單身」左使者 梁順男
灵駕」右判官 宋命閑兩主」左判官 崔善好兩主」右帝釋 李白蓮兩主」左釋帝 崔花保体」
寺內」
處岑」淨元」元俊」妙後」安仁」雪明」勝悅」仅烌」仅衍」處泂」覺倫」淨云」能惠」天允」
疑瓊」淸旻」法安」允學」冲李」法性」尙法」處彩」玄密」敏河」敏寬」思玉」弘習」大訥」
興憲」嘉善自輝」弘衍」思忍」太日」太法」思聖」道熙」敏洙」淸湜」學性」惠敏」思釰」幸
允」哲洋」惠弘」信應」惠洽」道詡」卓信」信哲」日法」玉哲」道禪」玉隣」淳密」

176. 청도 덕사 지장삼존상과 명부 존상, 1678년

時維歲次康熙十七年戊午七月初五日慶尙道」淸道西嶺華岳天柱寺地藏大施主 學文」道明大施
主 勝仅比丘」無毒大施主 嘉善大夫敬悟比丘」比丘供養大施主 仅仁比丘布施大施主 第一秦廣
大王 金所吉兩主」第二初江大王 曺萬連兩主」第三王施主 李興進兩主」第四王施主 金起男兩
主」第五王施主 仅雲比丘」第六王施主 尹興國兩主」第七王施主 金士連兩主」第八王施主 李
會仁單身」第九王施主 仇外同兩主」第十王施主 信憲比丘」施主」朴态文兩主」思日伏爲」崔
福里崔靑萬保体」
本寺秩」
處岑比丘」淨元比丘」元峻」妙峻」守仁」雪明」仅林」勝悅」仅衍」處冏」覺嵩」淨云」法
惠」天允」賛瓊」靑眼」法安」允學」冲學」法性」尙浩」道閑」卓信」信哲」日浩」玉哲」性
日」玉玲」道□」□□□」敏覺」思玉」弘習」大訥」興憲」弘根」自暉」弘演」思忍」太日」
太浩」思聖」道熙」敏洙」淸湜」覺性」孝允」惠敏」思欠」哲洋」惠弘」信應」惠洽」玉獜」
纏密」
緣化秩」證明 性憲」持殿 自安」首畫貟 勝浩」畫貟 學淨」畫貟 尙倫」畫貟 呂岑」畫貟 天擇」
畫貟 卓獻」畫貟 淸眼」畫貟 自日」畫貟 德藏」畫貟 德雲」片手冶匠 仅仁」幸澄」供養主」日
堅」別座」楚益」思日」來住 性浩」化主 敏英」

177. 광주 덕림사 지장삼존상과 명부 존상, 1680년

① 지장보살상 발원문
地藏大聖造成願文」康熙十九年庚申夏化主守誾和南謹封」伏以弟子本以法界中一漚出沒四生
會承微善受生人道靑年」祝髮白業無補謹與檀越諸子同發無量願王以自今至盡」未來除常依 地
藏大聖親承印可頓悟無生引諸沈」溟登於覺岸之願謹債良工造成」地藏大聖兩補處十王等像而
始役於今暮之初訖工」於仲夏之晦奉安靈鳳寺因已就願無量海」堯風永扇佛日長明國界恒安法
輪常轉抑亦造成主與各〃」結願隨喜施主緣化等現增五福當生九品者芳名皆列于后伏惟」地藏
大聖證明功德」遺敎弟子爍昏子智暹和南謹記」門弟宗信謹書」
地藏造成主 金莫山」金淡沙里」盧奉辰」大禪師智暹」
山中大德秩」
性靜」海敬」思運」天極」太祥」印寬」信寬」印準」信英」善一」性玄」性淨」三綱 一讚」記

事 學敬」持殿 慧林」緣化秩」證明 玉念」持殿 禪海」首工 色難」道軒」冲玉」慕賢」惠察」
故一」釋宗」得牛」楚卜」進機」性訓」供養主秩」守保」時允」尙稔」智岑」來往僧」懷特」
懶淳」別座 碩熙」化主 守闊」
(1977년)
西紀一九七七年丁巳陰二月二十七日改金点眼」腹藏까지 當時證明九山會主東湖」住持龍金諸
和尙을모시고佛事」를 맞췄음光州月山洞德林寺」
③ 도명존자 발원문
左補處道明尊者願成文」康熙十九年庚申夏化主守闊和南謹封」伏以守闊本以法界中一漚出沒
四生會承微善受生人道靑年」祝髮白業無補勤與諸子同發無量願王以自今至盡未」來除常蒙 道
明尊者願力頓悟無引諸沈」冥登於樂岑」之願謹倩良工願成 地藏大聖兩大補處十王等像而始
役」於今暮春之初訖工於仲夏之晦奉安靈鳳寺勝因已」就願海無量」堯風永扇佛日長明國界恒
安法輪常轉抑亦願成主與各〃」隨喜施主緣化等現增五补當生九品者芳名皆列于后伏惟」道明
尊者明鑑功德」庚申五月二十六日遺敎弟子爍昏子智暹和南謹記」門弟宗信記書」
左補處道明尊者願成主 金七奉」韓淡沙里」大禪師智暹」山中大德秩」性淨」印準」信英」三
綱 一贊」性淨」性玄」記事 学敬」持殿 慧林」畵員秩」證明 玉念」持殿 禪海」首工 色難」副
工 道軒」冲玉」慕賢」惠察」故一」釋宗」得牛」楚卜」進機」性訓」緣化秩」供養主 守保」
時允」智岑」來往僧 懷特」懶淳」別座 碩熙」化主 守闊」

178. 곡성 도림사 관음·대세지보살상, 1680년

① 관음보살상 발원문
緣化秩」
證師 勝旭」持殿 大玄」畵員 雲惠」敬琳」坦昴」道敏」三眼」楚明」性日」供養主 懷哲」尙
澄」來往 尙敏」尙主」懷敏」
施主秩」
供養大施主 福春兩主」供養副施主 趙后生」靈山粲味大施主 生今兩主」布施施主 成孫兩主」
食鹽大施主 金應龍」末醬大施主 春花單身」
山中老德秩」
首施主秩」觀音菩薩大施主 通思郎」禹士信兩主」大勢至菩薩 尹氏單身」朴起玄兩主」面金大
施主 通政大夫」金承白兩主」主佛改金施主 鄭時益兩主」体金施主 姜益福兩主」材木施主 幼
學李彭壽」後金大施主 鄭風年」胸金施主 秋玉兩主」泥金施主 愛玉」朴氏恭海兩主」李禮一兩
主」愛玉兩主」崔海吉兩主」手金施主 沈德立兩主」鳥金施主 金哲立」黃金施主 仁介兩主」供
養大施主 柳善立兩主」末醬大施主 徐意望兩主」食鹽大施主 金莫立」三印比丘」人勲比丘」
天印比丘」方丈 雙暉比丘」首僧 海明比丘」三剛 勝日」持寺 性贊比丘」書記 勝環比丘」別座
靈悟比丘」布施施主 學連比丘」生金施主 蔡承吉兩主」腹莊大施主 綵英比丘」朱紅施主 金彭
老兩主」五藥施主 金莁上兩主」牛黃施主 權立生兩主」座具施主 鄭云龍兩主」化主 崔錦善兩
主」化主 申乞屎兩主」通訓大夫太□比丘各各結願隨喜施主 同生極樂國」座具大施主 金弘老
兩主今得福壽後生安養國」借馳 來往助緣施主 志詳比丘」若人誰無佛性誰無信心結不遇聖賢之
敎」則亦不發無上業之心長沈苦海虛生頃」死以實可憫也諸不種種方便敎化調伏令」其生信心
成就無上佛果信之勉之也」願以此功德普及於一切我等與衆生皆共成佛道」
康熙拾玖季庚申四月念八畢功而五月」集衆初三日慶讚無遮大會也松岩禪師」以記書之」以拙
才述之記之」一靈心地月亦淺海中沈氣目望天外」淸光徹古今嗟乎浮世客末了此間」吟常作白
雲件當來正果因」
② 대세지보살상 발원문
緣化秩」
證師 勝旭」持殿 大玄」畵員 雲惠」敬琳」坦昴」道敏」三眼」楚明」性日」供養主 懷哲」尙

澄」來往 尙敏」尙主」懷敏」別座 靈悟」化主 崔錦善兩」中乞屎兩主」李英發兩」
首施主秩」
觀音大施主 禹思信兩主」大勢至大施主 朴起賢兩主」面金大施主 通政大夫金勝白兩主」主佛改
金施主 鄭時益兩主」体金施主 姜益福兩主」像木施主 幼學李彭壽單身」胸金施主 秋玉兩主」
後金大施主 鄭豊年兩主」泥金施主 愛玉單身」朴氏盃每兩主」李禮日兩主」崔海吉兩主」鄭厚
隣兩主」手金施主 仍介單身」供養大施主 柳善立」生金施主 蔡勝吉兩主」供養大施主 趙厚生
兩主」靈山檀粲米施主 生今兩主」末醬大施主 徐儀芒兩主」春花兩主」食鹽施主 金芒立兩主」
金應龍兩主」布施大施主 學蓮比丘」腹藏施主 綵暎比丘」大点大施主 業禮單身」朱紅施主 金
彭老兩主」五藥施主 暎立兩主」金□祥兩主」□牛黃施主 權立生兩主」引燈施主 蔡守日兩主」
坐具施主 金紅老兩主」崔錦善兩主」三綠施主 玉禮單身」
山中老德秩」
三印」天印」太勳」方丈 宝輝」首僧 海明」三双 勝日」持事 性賛」書記 勝環」化主 崔錦善伏
爲」善祿靈靈駕離古得樂」

179. 고흥 송광암 아미타삼존상, 1680년

康熙十九年庚申五月初十日開列于后」主上殿下壽萬歲」王妃殿下壽齊年」世子邸下壽千秋」
佛像大施主 金海龍兩主」烏金大施主 林雪龍兩主」面金大施主 花色單身」面金大施主 洪禹積
兩主」供養大施主 朴厚南兩主」朱紅大施主 李三龍兩主」布施施主 李二生兩主」布施施主 烈
玠兩主」末醬施主 崔莫立兩主」末醬施主 姜得昌兩主」施主 明淳比丘」眉間珠施主 明學比
丘」大德處能比丘」碩德義雲比丘」尙文比丘」義敏比丘」慧明比丘」大德澄師 玉玄比丘」持
殿 應和比丘」畵員 寶海 比丘」畵員 雪坦比丘」供養主 太雲比丘」供養主 法丹比丘」別座 戒應
比丘」勸化士 幸性比丘」

180. 진안 천황사 삼세불상, 1680년

康熙十九年庚申

181. 창원 성주사 지장삼존상과 명부 존상, 1681년

願文主佛願文」
康熙二十辛酉年四月日造成佛像十王安于佛母山熊神寺」願以此功德普及於一初」我等與像生
皆共成佛道」
施主秩」
布施大施主通政大夫英寬比丘」布施大施主朴同志兩主」圍團大施主朴命吉兩主」地藏主大施
主李云世兩主」道明尊者大施主戒介單身」無毒鬼王大施主南奉先兩主」第一秦廣大王大施主
璇玉比丘」第二初江大王大施主尙學楚式比丘」第三宋帝大王大施主金聖建兩主」第四五官大
王大施主一英天日比丘」第五閻羅大王大施主崔是金崔道男兩主」第六變成大王大施主曺彭祚
李順命兩主」第七太山大王大施主金斗和兩主」第八平等大王大施主金以成兩主梁召史保体」
第九都市大王大施主英雪悟比丘」第十五道轉輪大王大施主李仁立兩主」判官大施主裵從發保
体」判官大施主裵終必保体」鬼王大施主南璘比丘」鬼王大施主一性比丘」使者大施主惠俊比
丘」使者大施主三眼比丘」將軍大施主黃己用兩主姜召史兩主」童子大施主吳順發兩主」童子
大施主順發保体」童子大施主崔卜立兩主」童子大施主妙哲比丘」童子大施主李己用保体」童
子大施主雲日比丘」童子大施主長比丘」童子大施主一嚴比丘」童子大施主金己蓮兩主」腹藏
大施主羅戒生兩主」腹藏大施主是□比丘」朱紅大施主坦修比丘」喉鈴桶大施主黃戒奉兩主」
喉鈴桶大施主曺春白兩主」腹藏大施主勝琳比丘」鐵物大施主朴日萬兩主」喉鈴通施主李順生

　　　　　　　　　조선시대 불상의 복장기록 연구

兩主」登燭淸密兼大施主寶潤比丘」
緣化秩」
證明 誌公和尙」持殿 尙文比丘」畵員 勝湖比丘」尙倫比丘」學淨比丘」卓文比丘」天潭比丘」
宝藏比丘」呂岑比丘」竺令比丘」禪俊比丘」法眼比丘」處屹比丘」守衍比丘」處行比丘」儀淨
比丘」法宗比丘」敏俗比丘」天龍保体」海發保体」供養主 玉熙比丘」玉定比丘」海玉比丘」
別座 熙尙比丘」金志立兩主」化主 熙卞比丘」

182. 서울 지장암 가섭·아난상, 1683년

① 가섭존자상
造像發願文」佛於一時昇忉利天九旬爲母說法時優塡國王及波斯匿王思慕佛德刻檀畵氎氈以寫
佛形於後佛從忉利天下其」造像皆起避席佛摩其頂曰汝於未來善爲佛事佛像」興始於此夷故造
像如來獲福無量以是法身之器也金木」石雖是無情以造像故敬毀之人獲罪福莫不表現法」使有
心者不覺加敬然如來實身常住不減於光滅放以衆」罪故對面不見一像旣爾餘像亦然樹石山林隨
相表立導我心路」越聖儀伏念遠孫弟子比丘玉念基承積善生値佛法佛言不信」言不信與其思於
心孰若存之於目是故信奉聖儀特請良工敬」釋迦如來伽葉阿難等尊像安于興陽八影山楞伽寺能
仁殿惟願」捨慈悲許垂照鑑願以此功德臨命終時見佛聞法悟無生忍入菩薩位近來五濁世中普現
其身而作佛事與觀音等與普賢等」隨類形說諸妙法令得智慧與諸衆生悉得成佛乃弟子之願」康
熙二十二年癸亥」
山中大德」
敬閑」大智」信贊」勝學」方丈 宥閑」大禪師 處信」緣化秩」證師 玉念」良工色難」得牛」
施主秩」
佛像施主 嘉善太夫盧德生」佛像施主 通政太夫盧儁發」佛像施主 通政太夫盧永發」通政太夫林
起雲」嘉善太夫鄭彌安」供養大施主 李時載」供養大施主 李時石」別座 行衍」供養主 雄釋」
② 아난존자상
造像發願文」伏念遠孫弟子比丘玉念基承積善生値佛法佛言」不信何言不信與其思於心孰若存
立於目是故敬」奉聖儀特請良工敬造」釋迦如來伽葉阿難等尊像安于興陽八影山楞伽寺能仁殿
惟願慈悲許垂照鑑願以此功德臨命終時見佛」聞法悟無生忍入菩薩乘近來五濁世中普現其身」
而作佛事與觀音等與普賢等隨類化形說諸妙法」今得智慧與諸衆生悉得成佛乃弟子之願也」康
熙二十二年癸亥」
山中大德」
敬閑」大智」信贊」勝學」方丈 宥閑」大禪師處信」緣化秩」證明 玉念」良工色難」得牛」
施主秩」
佛像施主 嘉善太夫盧德生兩主」佛像施主 通政太夫盧永發兩主」佛像施主 通政太夫盧儁發兩
主」通政太夫林起雲兩主」別座 嘉善太夫鄭彌安兩主」供養大施主 李時載單身」供養大施主 李
時石單身」別座 幸衍比丘」供養主 雄釋比丘」

183. 강진 옥련사 석가불상, 1684년

新造像記文」竊惟」大阿羅漢九品分位見思之惑修盡七返往來生死之源永斷終證四果其果也亞
聖也其神也莫」測其涯際也相屬虛假而若存若泯故隱隱卽眞不形之形基布於天下爲世福田作
人歸仗者其惟」阿羅漢歟歲在甲子之春山之衲明彥其名者有志新構聖殿而盡□己財兼募檀那欄
楯戶達不日」成之丹雘之麗又極簡淡而龕室凄凉寓 目傷神者俗無植福之處僧無投敬之地豈非
名利之一欠」事耶山中道人玲運其名者欲爲聖像而銳意先登手持勸文千村萬家募得金諾鳩財
集匠訖功於」是年之冬十一月十八日初三尊則妙體端嚴次十六眞容則炳煥靈明星月交輝於紺殿
金珠互露」於銀盤光愈舊制麗極新成而嵬然粹然主伴雙成佛日再明於今日法林重蔚於山間可謂

世世結」勝緣也聖經曰造佛造塔皆成正覺傳燈曰迦葉昔爲金師佛面塗金今號飲光尊者報應不□
奚足」疑也請記於余余嘉其誠之異之今敍立功之蹟爲以後日之鑑姑述其大槪又撫檀信姓氏列之
于」左永鎭山門俾後有攷焉 願以此功德上至有頂下及無間同登覺岸」康熙二十三年歲在甲子南
至月下澥雲溪寒衲天機記」主上殿下壽萬歲」王妃殿下壽齊年」世子邸下壽千秋」
植那芳目」
主佛大施主 宗見比丘」左補處施主 尙晶比丘」右補處施主 周岑福兩」黃金大施主 鄭萬鶴兩」
烏金大施主 金奉善兩」烏金施主 金四龍兩」烏金施主 □益比丘」迦葉施主 崔氏善花保體」阿
難施主 裵善擇兩」一尊施主 朴有宗兩」二尊施主 金仁伯兩」三尊施主 韓命龍兩」四尊施主 韓
加應伊兩」五尊施主 朴氏祐良兩」六尊施主 韓命壽兩」七尊施主 □彦比丘」八尊施主 通政大
夫 天普比丘」九尊施主 姜善生兩主」十尊施主 金桂秋兩」十一尊施主 寶白伊保體」十二尊施
主 有德呆體」十三尊施主 蘭花靈駕」十四尊施主 鄭淑吉兩」十五尊施主 崔順日兩」十六尊施
主 靑介保體」左使者施主 善梅比丘」右使者施主 尹善哲兩」黃金施主 戒今姜氏保體」忘呆體
南得良兩」志介保體 眞陽保體 李應達兩 金南伊兩 金南斗兩 韓積保體 珠陽保體 崔繼明單身 孫
准伊兩 朴順宗兩 朴以桂兩 金致達兩 吳元立兩 崔岳哲兩 嘉善大夫 張仲田兩主 金氏保體 金武丹
兩 薛勝業兩 梁應斗兩 金時翰兩 李水湛兩 申明一兩 金太生兩 洪成翰兩 思哲比丘 金氏施田兩 貴
丹保體 李海源兩 鶴今兩 金禮男兩 朴延涵兩 周凡孫兩 金氏兩 洪善兩 梁善文兩 梁雲成兩 性裕比
丘 金應生兩 姜裕民兩 姜車壽兩 徐厚仁兩 崔淸江兩 崔命宗兩 鄭成龍兩 車万葉兩 徐老男兩 洪宣
文兩 俊嚴比丘 守鑑比丘 李万膘兩 申及兩 尹千宗兩 金指南兩 申自云兩 尹守白兩 申立兩 申延民
兩 仇延吉兩 文振才兩 金琪璘兩 孫乞山兩 三海比丘 金男兩 黃得海兩 趙夢男兩 崔甲戌兩 崔同伊
兩 張命云兩 戒淸比丘 洪命伊兩 姜戒上兩 韓命善兩 朴山龍兩 朴貴一兩 崔月中兩 崔月先兩 卓淳
比丘 振初比丘 □比丘 崇慧比丘 金奉春單身 韓石山兩 朴克尙兩 雨明比丘 徐鳳龍兩 金信男兩 鄭
有湜兩 宣達立兩 金命同兩 趙右吉兩 尹尙澤兩 李夢得兩 權別難兩 金天梅兩 金彦男兩 申善一兩
曹喧明兩 金有万兩 金士益兩 金奉哲兩 石難奐兩 金秋勝兩 金善金兩 金今立兩 金今孫兩 頓悟比
丘 贊瑤比丘 剋敏比丘 寶鑑比丘」
本寺帙」
主持 法明」三綱 善梅」首僧 善雄」持寺 性天」持殿 坦澄」寺桌」像俊 智楫 明眼 德二 明敏 守
欣 時贊 贊應 日軒 雷然 法輝 印安 海宣 釋梅 守圭 釋和 攝道 三哲 普照 玲圭 思圭 玲現 行云 哲
玄 曉運 時照 文習 釋天 振後 時准 曇信 眼梅 三宝 釋淡 善希 哲忍 忍宗 梵梅 玲學 照玄 震來 二熏
敏丞 性裕 曇現 信□ 玉均 淳丞 皎心 性哲 行宗 梵岩 信日 行祐 翠岩 翠雲 克微 克哲 學梅 日皎 懷
坦 玄海 性珠 梵玄 梵現 善行 振性 敎河 敎悅 振詳 廣衍 □惠 敬熏 通政大夫 智仁 通政大夫 文克
通政大夫 天普 嘉善大夫 守奎 前判事 天機 前摠攝 竺丹 前摠攝 能祐 通政夫 卓淳 時莊 釋林 曇准
曇湜 曇石 雷湜 雷莊 曇玉 曇衍 神淡 俊文 呂澄 呂日 熙日 時海 俊勤 曇及 釋敏 曇學 信性 三密 明
正 信默 明彦 思悟 三運 貫澄 □梅 尙戒 時□ 俊特 神□ 皎善 是瞻 荷擇 戒學」
良工帙」
上工 色難比丘」副工 道軒比丘」次工 行坦比丘」慕賢比丘」楚卜比丘」雄遠比丘」哲玉比丘」
道見比丘」文印比丘」緣化帙」證明 性元比丘」泰儀比丘」應眼比丘」飯頭 明玉比丘」信行比
丘」冶匠 朴玲立兩」助緣 任丞單身」別座 義英比丘」化主 玲運比丘」俊機比丘」

184. 예천 용문사 목각아미타여래설법상과 아미타삼존상, 1684년

① 화기
金堂始刱造佛像版幀兼」各現大德昭影堂大師神鑑」康熙二十三秊甲子秊」穗日慶尙左道醴泉
郡」地小白山龍門寺等像」三尊後佛木幀大彌陁會後」佛像都大施主 通政大夫權貴同兩主」佛
像大施主 嘉善大夫李一福」佛像大施主 權鶴男兩主」佛像大施主 朴重華兩主」
山中大德秩」
螢英」致能比丘」太賢比丘」而瓊比丘」雪行比丘」尙歸比丘」法悅比丘」應嚴比丘」太能比

丘」寺中」時住持 敏球比丘」時首僧 密雲比丘」三剛 尚梅比丘」義坦比丘」幸卜比丘」義暹比
丘」性聰比丘」大現比丘」道海比丘」瑞瑓比丘」覺哲比丘」瑞全比丘」熙印比丘」畫員秩」端
應比丘」卓密比丘」學倫比丘」法淸比丘」坦性比丘」義禪比丘」體元比丘」學坦比丘」太敏比
丘」緣化秩」證明 宗現比丘」持殿 坦球比丘」禪德 穎眞比丘」供養主 戒能比丘」敬海比丘」仁
白」聖淂」別座 密淸比丘」
化主秩」
山林道人弘澤比丘」淨心比丘」黃莫金」李生男」良工助緣秩」李白蓮」李戒一」善允比丘」朴
戒洞」
② 복장 원문(1684년)
維康熙二十四年歲次甲子菊月日龍門寺金堂始創腹莊記」之郡之北有山曰龍門有寺曰昌期也
昔之新羅祖師杜雲之所建利」也而物老人非百物俱廢遊人過客多傷感焉」昭影堂大師寅過此寺
而無金堂而可興寺內僧徒承其」大師之流言山之僧處英其名者主化任成其殿大師之弟洪澤淨心
黃」莫金李信元等共發大願幹其造佛相三尊兼彌陀會版幀功成已畢」其功德海何可勝言若非大
師之庇廕安能成大事乎」因置始終列示于后」
佛像都大施主 嘉善大夫權貴同兩主」佛相大施主 通政大夫權學南兩主」佛相大施主 嘉善大夫
李逸福兩主」證明 宗現比丘」佛尊 坦球比丘」善手 端應」卓密」學崙」法淸」坦性」義禪」體
元」學坦」太敏」化主 弘澤」淨心」居士李信元」黃莫金」別座 密淸」供養主 戒能」敬海」

185. 안성 칠장사 석가삼존상, 1685년

左補處彌勒菩薩」佛像大施主麗裕比丘」李澤兩主」李成同兩主」黃金大施主 李太明兩主」海
今保体」烏金大施主 金戒弼」供養大施主 金尙雲兩主」我德兩主」山人老德 慈信比丘」惠根
比丘」惠湜比丘」尙堅比丘」省熏比丘」案琢 比丘」時和尙 守海比丘」持寺 熙日比丘」義心比
丘」證明 道元比丘」持殿 楚堅比丘」畫員 摩日比丘」賛禪比丘」澄日比丘」雙印比丘」惟寬比
丘」李愛男兩主」化土 淸日比丘」來往 惟益比丘」惠悅比丘」戒英比丘」供養主 就洞比丘」太
熙比丘」別座 海湛比丘」順業」尙玄比丘」印文比丘」明玉比丘」德信比丘」信學比丘」法俊
比丘」天機比丘」
康熙二十四年乙丑六月日造成」願以此功德」普及於一切」我等與衆生」皆共成佛道」

186. 고흥 능가사 석가삼존상과 16나한상, 1685년

造成一如來六菩薩十六阿羅漢二帝釋二使」者二童子兩金剛諸端嚴相記願」康熙乙丑六月日南
閻浮提朝鮮國全羅道興陽縣八影山」楞伽寺比丘尙機發願生大信募諸檀那諸妙工敬造」本師釋
迦如來相與提花彌勒迦葉阿難文殊普賢六大菩薩及大阿羅漢十六帝釋二使者童子二若」左右金
剛諸端嚴相奉安于斯山是寺其造成始卒」自其年季春至四月末月會圓以此勝妙工德伏願結勝」
因於現世證妙果未來天報有非吾所仰果無漏是」吾攸求亦願檀那所施夥趂石分法界所生寃親
不」別解天懸於六道登法之一乘虛空有窮此願無盡」十方諸同垂證明」時維」康熙二十四年乙
丑六月日秀演記懶忍謹書」
主大施主 金義仁兩主」左補處大施主 勝學靈駕」右補處大施主 通政尙宗比丘」觀音□大施主
元葉靈駕」觀音□大施主 有坦比丘」迦葉大施主 色難比丘」阿難大施主 洪中立兩主」第一尊者
大施主 片富岩片翠白等」第二尊者大施主 金弘立兩主」第三尊者大施主 張多勿㐌張犀工等」第
四尊者大施主 宥」第五尊者大施主 鄭武善兩主」第六尊者大施主 通政處岩比丘」第七尊者大施
主 金仁孝兩主」第八尊者大施主 嘉善盧俊發兩主」第九尊者大施主 通政劉孟南靈駕」第十尊者
大施主 淸祐比丘」第十一尊者大施主 張德南兩主」第十二尊者大施主 朴善□兩主」第十三尊者
大施主 裴德弘兩主」第十四尊者大施主 印圭比丘」第十五者大施主 金種□單身」第十六尊者大
施主 通俊比丘」盧英發兩主等」左帝釋大施主黃□秀兩主」右帝釋大施主 嘉善敬林比丘」監齋

使大施主 戒軒比丘」直符使大施主 嘉善金重宝比丘」材木大施主 都命立兩主」張云海兩主」朴
氏乙生兩主」供養大施主 通通申悟南兩主」翠雲比丘」通政李成業兩主」宋汝敏兩主」申克漢
兩主」正元比丘」趙漢弼兩主」金治世兩主」布施大施主 通政崔起龍兩主」通政梁時伯兩主」
黃永達兩主」朴應南兩主」黃乞岩」鄭乭岩」梁漢國兩主」烏金大施主 朴義直兩主」鄭氏業伊
兩主」腹藏大施主 嘉善宥文」通政義軒」碩宗」燈燭大施主 禹順信兩主」金善弼兩主」鐵物大
施主 刘□甲兩主」食鹽大施主 姜得南兩主」冠布大施主 宋萬」
寺中秩」
大禪師 創建主 正玄靈駕」圓日 靈駕」信熙 靈駕」大師 處信」秀演」老德 學俊」大和」太澄」
信賛」双海」天日」文洽」三綱 書 六信」三 太訓」□ 德玄」持寺 自和」持殿 處和」方丈 義
軒」金魚 通政兼施主」色難」道軒 徹玉」順瓊 雄遠」幸坦 文印」楚祐 載軒」□善」楚卞」得
祐」冶人 張表立」持殿 得俊」證師 玉念」緣化秩」別座 梵日」供養主 雄洋」徹俊」來往 順
侃」自裕」懷卞」幸」行者 麗鏡」水軍成任生」大功德主 前行判尙機」

187. 청송 대전사 지장삼존상과 명부 존상, 1685년

① 도명존자상
歲昭陽 協洽 伴呂月山人 其名者儀湛 廣募檀緣 主撮取票 敬請良工 造成地藏大聖 道明無毒與十
王尊像 判官鬼王 將軍童子 監齋直符等像 奉安于周王山大典寺 以伏 眞非眞像非像 佛體本絶 於
言思 色憑於形相 若不回眞而設像 可能卽相而達眞 所以三世諸佛 十方菩薩 非身現身而示現 一
切絶相 非像作相而敎作 十種形儀 若修故若造新 以締緣 或凡超或證聖 而獲報示 使一瞻一禮 漸
離五痛五燒 伏願先王先后 列位仙駕 仗此覺岸 主上殿下 陰陽診釋 年月厄消 王妃殿下 日有千祥
之慶 時無百害之突 世子邸下 福展長輝 壽星永曜 頓無諸病之恨 食穩寢安 永享萬年之重 國泰民
安 干戈取息 亦遠大擅信 各各先正 父母列名 靈駕見佛 聞法得悟 無厓此願 大擅越等 各各保體 現
增福壽 當生淨利 抑願緣化 與幹善寺象等 同致吉祥 法界有情 同成正覺」康熙四十二年癸未五月
日 慶尙左道 靑松府 大典寺 西貧記」
施主秩」
供養大施主 尹有能 兩主供住」供養大施主 尹進業 兩主供住」供養大施主 林尙武 兩主供住」供
養大施主 □□□ 兩主供住」供養大施主 崔令鶴 兩主供住」供養大施主 □□比丘」供養大施主
朴曦順兩主」供養大施主 朴儀山兩主」供養大施主 徐億連兩主」供養大施主 注自南兩主」供養
大施主 南岡比丘」供養大施主 尹仲立兩主」
寺內秩」
山中大德 先聰 釋訔」先德秩」呂湜 絹明 德稔 弘賛 戒熏 惠雄」是執剛 絹熙」直舍 空尊」三剛
勝天 敍行」緣化秩」書員秩」守衍 崇是 孝玄 智雄」證明 釋」佛奠 王欽」別坐 尙淳 文海」供養
主廣指 德其 今先」化主 儀湛」
② 무독귀왕상
歲昭陽協洽 伴呂月山人 其名者儀湛 廣募檀緣 主撮取票 敬請良工 造成 無毒鬼王 與十王尊像 判
官鬼王 將軍童子 監齋使者 直符等像 奉安宇大遜山大典寺 伏以眞非 眞像非像 佛體本絶於言思
色知色空知空 几情要憑於形相 若不回眞而設像 何能卽相而達眞 所以三世諸佛 十方菩薩 非身現
身而示現 一切絶相 非像作相而敎作 十種形儀 若故修若造新 以締緣 或凡超或證聖 而獲報示 使
一瞻一禮 漸離五痛五燒 伏願先王先后 列位仙駕 仗此勝緣 登彼覺岸 主上殿下 陰陽診釋 年月厄
消 王妃殿下 日有千祥之慶 時無百害之突 世子邸下 福展長輝 壽星永曜 身輕氣順 頓無諸病之恨
食穩寢安 永享萬年之重 國泰民安 干戈取息 亦遠大擅信 各各先亡 父母列名 靈駕見佛」聞法得
悟 厓無此願 大擅越等 各各保體 現增福壽 當生淨利 抑願緣化 興幹寺象等 同致吉祥 法界有情 同
成正覺」康熙四十二年癸未五月日 慶尙左道靑松府東嶺周王山大典寺西貧記」
施主秩」
供養大施主 尹進業」供養大施主 林尙武」供養大施主 尹有緣」

寺內秩」
山中大德 先聰 釋峕」先德秩」先德 呂湜 絹明 絹注 弘贊」持殿 草裕」知德 勝天 戒熏 敏行 惠
雄」緣化秩」畫員秩」守衍 崇湜 孝玄 智雄」證明 釋」佛奠 玉欽」別坐 來往 尙淳」文海」化主
儀湛」供養主秩」廣特 德貴 今先 負木 居士」

188. 의성 주월사 아미타삼존상, 1685년

康熙二十四年乙丑四月日」財木施主 天應比丘」匠人 僧法尙比丘」
康熙五十二年改造座判」癸巳四月初七日」住持 覺性」首僧 勝祐」直舍 依秀」

189. 영동 중화사 석가삼존상, 1686년

願文封 一」康照二十五年丙寅五月端午日」慶尙右道尙州牧地西嶺」白華山龍門寺法堂佛」像
腹藏大小施主與緣比丘」各各結願隨喜同參往生淨」土親見彌陀摩頂授記名□」列錄願文」
主佛釋迦如來大施主 釋湛」尹自奉 兩主」左補處彌勒菩薩大施主 尹永祿 兩主」右補提花竭羅
大施主 李起必羅」觀音菩薩大施主 金彭祖兩主」觀音幀婆湯施主 成孝元單身」面金大施主 都
补只兩主」面金大施主 車德立兩主」面金大施主 法明單身」體金大施主 金士京兩主」體金大施
主 宋士立兩主」面金大施主 季必達兩主」體金大施主 美德每兩主」體金大施主 金雪伊兩主」
體金大施主 徐召吉兩主」泥金大施主 金戒龍兩主」泥金大施主 梁杰金兩主」供養大施主 業伊
兩主」布施〃主 宋起云兩主」布祂大施主 金京承兩主」供養大施主 金萬千兩主」體金大施主
餘海生兩主」布施大施主 柳禾里兩主」體金大施主 季勝立兩主」體金大施主 尹山男兩主」黃金
大施主 林春金兩主」布施〃大施主 朴業男兩主」烏金大施主 居士 敬信兩主」烏金大施主 金起
山兩主」彩色人施主 季義宗兩主」布施大施主 呂勝熙兩主」腹藏人施主 普明比丘」腹藏人施主
善擇比丘」腹藏大施主 呂順擇兩主」黃金大施主 熙彥比丘」面金大施主 三慧比丘」面金大施主
季任金兩主」面金大主 李大山兩主」供養施主 高氏禮香兩主」布施〃主 朴氏應今兩主」供養大
施主 金男兩主」黃金施主 俊宗兩主」火炉施主 鄭目伊兩主」香炉施主 梁尙立兩主」食塩施主
金貞叔兩主」食塩施主 沈順命兩主」供養施主 金戒奉兩主」腹藏施主 心印比丘」腹藏施主 敬
能比丘」喉令桶施主 廉仁洪兩主」鋪團施主 李馨兩主」鋪團施主 季愁里金兩主」鋪團施主 季
軒兩主」鋪團施主 金洛元兩主」圓鏡施主 黃翼再單身」施主 李富立兩主」腹藏施主 金武玄兩
主」食鼎施主 裴生立兩主」小兒從良單身」金金伊兩主」崔一奉南主」吳貴仁兩主」季碩吉兩
主」鄭尙伊兩主」季斗先南主」羅乞明兩主」季斗英兩主」孫日男兩主」朴有卜兩主」金金伊
兩主」張愛生兩主」金京業兩主」慈覺 比丘」金海成兩主」沈進伊兩主」徐進唱兩主」梁汝渙
兩主」梁千兩主」朴興宗兩主」朴唱宗兩主」朴順日兩主」權太云兩主」居士 連元單身」德律
比丘」金成元兩主 金氏命介兩主」朴斗業兩主 金以先兩主」崔尙男兩主 金應鶴兩主」禮眞單身
沈日龍兩主」李厚生兩主 彼戒賢兩主」起云兩主 金占立兩主」曹武神兩主 徐日龍兩主」安貴先
兩主 季成吉兩主」兪丑龍兩主 金後穋兩主」金愁伊立兩主 白光守兩主」金愛生兩主 崔得吉兩
主」崔戒水兩主」李穋男兩主」金洛只兩主 尹莫立兩主」吳莫男兩主 尹乞男兩主」柳無致兩主
季京立兩主」張卲男兩主 徐玉立兩立」千愛尙兩主 季某老金兩主」金敬立兩主 金開花兩主」金
謹立兩主 鄭合伊兩主」金山立兩主 吳貴伊兩主」朴貴同兩主 韓起雲兩主」全勝億兩主 朴九元
兩主」金召史英伊兩主 梁性元兩主」千召史兩主 金英桀兩主」大師 震言比丘 朴氏應德單身」
孫命龍兩主 尹璧祿兩主」孫道承兩主 尹碧申兩主」蟠悅比丘 金召史 茈德弼」孫善日兩主 學天
比丘」曹國明兩主 瑞元比丘」金杰龍兩主 元鑒比丘」鄭守文兩主 明益比丘」姜德金兩主 祐淸
比丘」禹拜唱兩主 坦英比丘」金戒元兩主 崇輝比丘」文自明兩主 宗學比丘」文命龍兩主 弘俊
比丘」法連比丘 羅先兩主」金仁伯兩主 金貞守兩主」季俊彥兩主 金命卜兩主」朴滿石兩主 宋
淂龍兩主」金成國兩主 朴善唯兩主」□□□ □□ □□ 比丘□ 黃淵厚兩主 金元老兩主」林興江
兩主 崔生男兩主」金蘭伊兩主 金氏此陽單身」金善日兩主 朴英祿兩主」朴武仁兩主 康頭乙滿

兩主」曺氏禮陽兩主 金石立兩主」朱勝民兩主 金忠吉兩主」金順起兩主 羅仅男兩主」季春林兩主 羅秋日兩主」朴太長兩主 越信碧兩主」朴有望兩主 裵汝積兩主」全己賢兩主 朴先立兩主」朴某眞兩主 金每日兩主」幸楚比丘 趙儀伯兩主」敏贊比丘 朴永達兩主」吳太達兩主 片海千兩主」尹禮範兩主 禪敏比丘」瑞敏比丘 呂氏順礼兩主」金召史兩主 尹莘祿兩主」季述伊兩主 季勝元兩主」朴态明兩主 金汗世兩主」權玉男兩主 黃銀石兩主」韓勝立兩主 金命立兩主」金善安兩主 宗衍比丘」朴大吉兩主 鄭守文兩主」金哲山兩主 曺應何□□」小兒儉之單身 金戒哲兩主」金尙徵兩主 鄭戒性兩主」學謙比丘 林貴哲兩主」瑞嚴比丘 宋起生兩主」應淳比丘 廣惠比丘」敬湜比丘 柳召英兩主」思淨比丘 小兒毛致單身」金淂夫兩主 斗性比丘」惟信比丘 季談有兩主」林命哲兩主 一行比丘」洪大仁兩主 嚴天眞兩主」致雄比丘 法哲比丘」性信比丘 法哲比丘」念一比丘 梁大元兩主」艺今兩主 湛穎比丘」徐日金兩主 法淳比丘」金氏德每兩主 釋倫比丘」全應祐兩主 黃今鶴兩主」朴氏勝礼兩主 宋云兩主」覺萬壽單身 金仁兩主」坦俊比丘 朴於屯兩主」金祐乾兩主」

寺衆 目錄」
老德 元益比丘」老德 印機比丘」老仅清比丘」持事 慈寬比丘」三網 淨仁比丘」
緣化列錄」
證明 處英比丘」持殿 明運比丘」畫員 法琳比丘」靈坦比丘」學贊比丘」天順比丘」一玉比丘」天悟比丘」小子 太生單身」供養主 惟信比丘」敏修比丘」別座 雪云比丘」負木 好起男兩主」埋炭 許日隆兩主」冶匠 權勝京兩主」來往 敏湖比丘」助緣 小者此善單身」幹善化師 一海比丘」願以此功德 普及於一」切我等與衆生 皆共」成佛道」

190. 김해 은하사 지장삼존상과 명부 존상, 1687년

①
願文」
主上殿下壽萬歲」王妃殿下壽齊年」世子邸下壽千秋」
主地藏大施主 柳戒男灵加」供養大施主 申氏今春」第三宋帝大王施主 鄭春代」第五閻羅大王施主 覚一比丘」第八平等大王施主 裵小斤介」判官施主 鄭漢宗兩主」腹臟兼布施主 学宝比丘」腹臟紙施主 李命先兩主」地藏舳木大施主 安處賢」五香施主 申任行兩主」五色絹施主 順梅保躰」真粉施主 車守仁兩主」主圃團施主 致粉保躰」末醬施主 林青雲」鄭起相」兩主」供養施主」崔舑金」朴瑞漢」兩主」呂玄比丘」金時金」真末施主」金愛貞」李時乭」兩主」金淡沙里」兪毛乙乃」兩主」材木施主」羅金补」柳光業」兩主灵加」三綠施主 鄭日用」鉄物施主 禹态生兩主」布施主廉 起春」願文紙施主 自点」施主」自黙」處安比丘」懷擇」處奇比丘」学性」海浩」比丘」学宗」時訥比丘」法嘗比丘」金乫里」鄭時建」兩主」房瑞雲」張一千兩主」卜愛上」安時淑」兩主」貴春」鄭萬年」兩主」鄭遠漢」李泗竜」李泗立」兩主」房儀先」黃德藏兩主」宋連」是玉」保躰」李召史」金□石」保躰」黃淂青」許應粉」保躰」安起生」李莫失」兩主」金莫金」朴稔兩主」韓閏發」崔業伊兩主」南仁發」日礼」保躰」崔大生」閏粉」保躰」李次同」李起石兩主」金千斤」裵信屹兩主」白召史」秋淂粒」保躰」金俊奉」洪晋傑兩主」金哲石」吳玉根兩主」韓尙立」全今發兩主」柳風今」房貞介」保躰」朱望春」李四男兩主」金成民」張宗先」兩主」朴同金」金奉鉄兩主」任有願」李石仁兩主」金己用」李立伊兩主」朴元民」洪彥立兩主」崔順卜」金大金兩主」韓态貞」金庭豪兩主」禹挺日」李命生兩主」金閏祥」梁德生兩主」金秋益」宋四立兩主」金丁立」金竜伊兩主」安石补」姜世元兩主」李自明」張一奉兩主」張南」崔石立兩主」姜小斤」黃石立兩主」朴時貞」金莫乃兩主」金千玉」柳冲厚兩主」覚捴」勝圭比丘」笠岑」法敏比丘」自旭灵駕」法梅」尚允比丘」海雲比丘」陳命男」女今伊」朴命声」朴成達兩主」崔進業」朴進敦兩主」羅以京」金四上兩主」房益貴」白大元兩主」裵孝紀」許致亨兩主」思謐」覚訓比丘」天奇」冲学比丘」朴哲里」崔尙立兩主」趙宝培」尹甲鱗兩主」乙春」柳宗建」金斗仿兩主」朴天閏」劉定閑」崔命用兩主」孫完石」德真」

保軆」朴命上」姜尙日兩主」自心」晋覚」比丘」鄭戒元」金戒方」兩主」金應民」金貴日」朴
一男」梁起南」兩主」金暹伊」徐有点」兩主」梁孞男」孞春」保軆」腹臟絲施主 朴氏礼今」
順玉」兩主」姜鳳鳴」裵萬枝」柳益度」兩主」
本寺」
時执綱 呂玄比丘」持寺 海雲」首僧 自彦比丘」三宝 海甘」書記 海運」譏察 覚摠」比丘」持殿
雪还」禅德 道訓」比丘」冲益」幸卜」尙瓊」性明」處彦」比丘」净允」彦戒」戒岑」道天」
法英」杜安」比丘」海眼」杜哲」時認」時揀」賛英」冠卜」比丘」縁化秩」證明 透三比丘」
持殿 海運比丘」畫貟秩」道軒比丘」首畫貟 通政大夫」色難比丘」順瓊」幸坦」慕賢」楚卜」
得牛」比丘」雄遠」文印」載軒」净彦」秋評」比丘」供養主 楚安」惟淡」比丘」冶匠 金相兩
主」負木 李起程」別座 處冷比丘」爲父母謹捨珍財敬」請良工成功化主」敬欽比丘」
各隨喜結願施主」願以此功德」普及於一切」我等與衆生」皆功成佛道」
維康熙二十六年丁卯六月日」慶尚右道金海郡護府神魚山西林寺」始役於三月初」畢功於六月望」
②
願文」
主上殿下壽萬歳」王妃殿下壽齊年」世子邸下壽千秋」
主地藏大施主 柳戒男灵加」供養大施主 申氏今春」第三宋大王施主 鄭春代」第五閻羅大王施主
覺一」第八平等大王施主 裵氏小斤介」判官施主 鄭漢宗」地藏軆木大施主 安處賢」材木施主
羅今朴兩主」柳光業兩主灵加」五香施主 申任行兩主」五色綃施主 車氏順梅」真粉施主 車守仁
兩主」主圍團施主 柳載枰兩主」供養施主 崔䒶金保体」朴瑞漢」金是金」兩主」呂玄比丘」末
醬施主」林靑雲」鄭起上」兩主」真粖施主」金憂丁」李是乭」俞毛乙乃」金淡沙里」三綠施主
鄭日用」布施〃主 廉起春」兩主」嘉善大夫房孞終」願文紙施主 自兼比丘」鉄物施主 禹孞生」
施主」自黙」處安」處奇」懷擇」学宗」学性」海浩」時訥」法嘗」比丘」金乭里」鄭時建」房
瑞雲」張一千」卜愛上」安明淑」兩主」貴春」鄭遠漢」鄭萬年」李泗竜」李泗立」房儀先」宋
連」黃德藏」是玉」李召史」保体」金萬石」黃淂青」許應分」安起生」李莫失」金莫金」朴
稔」韓閏發」崔業伊」梁德生」兩主」金閏上」日礼」南仁發」崔莫生」兩主」閏粉」白召史」
李起石」李次同」金千斤」裵信屹」秋淂立」金俊峯」韓尚立」全今發」柳風今」房丁介」兩
主」朱望春」李四男」金成敏」張宗先」朴同金」金奉哲」任有元」李石仁」金己竜」李立伊」
兩主」朴元民」洪彦立」崔順卜」金大金」韓孞貞」金庭毫」禹挺日」金命生」金秋益」宋四
立」兩主」金庭立」居士 勝閑」居士 處信」居士 信明」兩主」法澄」清欠」李善昌」崔一命」
礼良」春伊」保軆」梁仁石」朴貴千」崔業上」朴以金」文今伊」朴鳴聲」朴成建」金命男」自
旭」影加」海浩」海云」尙允」法梅」法敏」竺岑」勝圭」覚摠」比丘」柳冲厚」金千玉」金莫
乃」朴時丁」黃石立」姜小斤」崔石立」張南」李完石」崔命竜」劉定閑」兩主」朴天閏」金斗
仿」柳宗建」乙春」保体」尹甲鱗」趙宝培」崔上立」朴哲里」冲学」天奇」思謐」覚訓」許致
亨」裵孝己」白大元」兩主」房益貴」崔進業」朴進敦」莫眞」許好達」姜淡沙里」姜順生」周
命昌」李大明」李得信」金竜」安石卜」姜世元」兩主」李自明」張一奉」德真」金命上」柳斗
哲」金受天」金朱日」朴願」鄭太周」兩主」金信玉」悶處信」洪海暎」兩主」文順男」李召
史」仇三竜」鄭此外」小斤召史」金戒濚」趙萬奇」韓後先」兩主」是丁」金貴賛」李今石」孞
春」梁孞男」徐有点」金暹伊」梁起男」朴日南」金貴日」金應民」金戒方」兩主」鄭戒元」姜
尙日」金命金」晋覚」自心」仁介」鄭召史」崔澁同」朴英白」蔣重敬」金成發」金戒文」柳
檜」兩主」林正閑」李時寬」金庭發」兩主」趙後成」金太先」文是暹」全世昌」金善」李善」
金辛軍」兩主」朴雄建」郭成達」金札儀」洪每男」朴是哲」洪日春」晋雪」善礼」朴召史」順
礼」保体」徐興世」金自昌」金孞峯」林時昌」孫善發」柳孞上」貴玉」玉哲」斗輝」楚安」比
丘」金儀發」池宗伊」金春上」金弘暎」曹敬延」金自洪」朴英傑」柳逢敏」朴氏礼今」河萬
立」兩主」
本寺」
時执綱 呂玄比丘」持寺 海雲」三宝 海甘」首僧 自彦」書記 海運」持殿 雪还」先德 道訓」比

丘」沖益」幸卞」尙瓊」性明」處彦」浄允」淨元」比丘」淨倫」淨玉」彦戒」戒岑」冠卞」懷
卞」智印」海暹」法弘」比丘」斗哲」時認」時揀」贊英」杜軒」卓敏」杜武」時悅」贊竺」海
眼」斗眼」廣軒」比丘」緣化秩」證明 透三」持殿 海運」比丘」畵工秩」道軒比丘」首畵貟 通
政大夫」色難比丘」順瓊」幸坦」慕賢」楚卞」得牛」雄遠」文印」再軒」浄彦」秋評」比丘」
冶匠 金相兩主」負木 李起程」供養主 楚安」惟淡」別座 處冶比丘」爲父母謹捨珍財」敬請良工
成功化」主敬欽比丘」
各隨喜結願」施主」願以此功德」普及於一切」我等與衆生」皆共成佛道」
維康熙二十六年歲丁卯六月日」慶尙右道金海都護府東嶺」神魚山西林寺」始造役於三月初」
終畢功於六月望」

191. 영월 보덕사 아미타삼존상, 1687년

江原道寧越郡地北面太白山報德寺」佛像新造成發願文」□□□」康熙二十六年」□□□」
緣化秩」
證師 □山大德昭影堂 大師神鏡比丘」持殿 宗現比丘」畵員 卓密比丘」學崙比丘」坦性比丘」
楚嘗比丘」世雄比丘」處應比丘」裕特□□□」

192. 김해 은하사 석가삼존상, 1688년

發願文」稽首十方界世徧知覺無礙聖中聖千百億化身釋迦牟尼佛」稽首靈山微妙說天上人間寂
然眞妙覺一生補處慈氏彌勒提花竭羅菩薩」稽首三明六通能佾無漏道不入涅槃天上人間應供
福田十六大阿羅漢聖衆」一音随類皆明了胎卵濕化有色無色非有非無相群生雜類六道輪廻不暫
停」今我敀依三宝慈悲方便拔濟沈淪苦海衆生承三宝之慈力志心願發」修無上菩提世世生生勤
永不退未得道前身無橫病壽不中夭正命盡時不見惡相」身無苦痛心不散亂正慧明了不經中陰不
入地獄畜生餓鬼水陸空行天魔外道」幽冥鬼神一切雜形悉皆不受長得人身聰明正直不生惡旺不
生邊地不受貧苦奴」婢女形醜陋殘缺盲聾瘖瘂凡是可惡畢竟不生随處出旺得生信家每得男」身
六根完具端正香潔無諸垢穢志意和雅身安心靜三毒永斷不造衆惡恒思諸」信奉能仁大命終時安
然快樂捨身受身無有怨封一切衆生同爲善友所生之」處出家爲僧不觀袈裟食食之哭不乘盂鉢道
心堅固不生憍慢敬重三宝常修梵」行願早成正覺伏願諸檀越願以此功德普及於一切我等与衆生
皆共成佛道所求」所願一一成就之願」
證明」思忍比丘」持殿」學性」畵員」摩日」元學」法俊」懷衍」智詳」道旭」信暎」
施主秩」
大施主 徐貞男兩主」金武先兩主」申乙敏兩主」李信梅兩主」朴鳴建兩主」李順伊兩主」李莫
立兩主」鄭之金兩主」別座」敏慧比丘」供養主」敏冶比丘」時悅比丘」往來」順發單身」全興
日單身」化主 海嚴」
康熙二十七戊辰五月日畢功安于神魚山西林寺」

193. 군위 인각사 아미타삼존상, 1688년

稽首十方三世界徧知覺無礙聖中聖千百億化身釋迦牟尼佛」稽首靈山微妙說天上人間寂然眞妙
覺一生補處慈氏彌勒提花竭羅菩薩」稽首三明六通能修無漏道不入涅槃天上人間應供福田十六
大阿羅漢聖衆」一音随數皆明了胎卵濕化有色無非有非無相群生雜□六道輪廻暫停我」今歸依
三宝慈悲方便拔濟沈淪苦海衆生承三宝之慈力志心發願修」無上菩提世世生生勤求不退未得道
前身無橫病壽中夭正命盡時不見惡相」身無菩庸心不散亂定慧明了不經中陰不八地獄畜生餓鬼
水陸空行天魔」外道冥鬼神一切雜形悉皆不受長得人身聰明正眞□不生惡國不生邊地不受」貧
苦奴婢女形醜陋殘缺盲聾瘖瘂凡是可惡畢竟不生随處生國得生信家每」男身六根完具瑞丁香潔

無諸垢穢志意和稚身安心靜三毒永斷不造衆惡恒」思□善信奉能仁大□終時安然快樂捨身受身
無有怨對一切同爲善友所」生之處生家爲僧不難袈裟食食之器不乘盂鉢道心堅固不生憍慢敬重
三」宝常修梵行早成正覺伏願諸檀越願以此功德善队於一切我等與衆生皆共」成佛道所求所願
一一成就之願 證明尙嘗」
施主秩」
崔起龍兩主」李太金兩主」李順億兩主」李氏召史保体」李守千兩主」宗軒比丘」道清比丘」孫
二善兩主」
緣化秩」
別座 曇湜比丘」處日比丘」卓敏比丘」慈敏比丘」木云比丘」
畵員秩」
勝胡比丘」尙倫比丘」呂岑比丘」善仁比丘」卓文比丘」玉淨比丘」天□比丘」法宗比丘」守
衍比丘」處屹比丘」儀英比丘」宝藏比丘」笁令比丘」秀宗比丘」就□」就旭」坦敏」致行」釋
天」□心」能黙」□□」有哲」日淳」双運」秀坦」戒覺」廣濟」
康熙二十七年戊辰五月日安于麟角寺幹善道人化士淨宗」

194. 완주 대원사 지장삼존상과 명부 존상, 1688년

<앞>
道明什施主朴契龍
<뒤>
造像願文軸」
源夫垂化耶位居地上化現人間長開方」便之門恒濟沉淪之苦隨其善惡賞罰影」從有求皆應無願
不從是故造像如麥獲福」無量捨尔財而成功者何罪而不滅何福而不成也現」世信心恭敬者何厄
而不滅何願不遂耶伏願」主上三殿下万歳〃〃壽万歳法輪常轉於無窮旺」界恒安而不亂亦願各
〃隨喜施主等家內邪祟」永滅一門子孫等災患消除万福雲興次願緣」化比丘等現世壽福增長後
世當證佛果亦願幹」善大化士等現增福壽當生利之願願以此功德普」及於一切我等與衆生皆共
成佛道」康熙二十七年戊辰七月晦日十王造像成功畢役也」
證明 山人 密嚴比丘」持殿 敏洞比丘」畵員 道岑比丘」山中大德 智玄比丘」山人 塔卞比丘」儀
暎比丘」山人 淳益比丘」戒初比丘」山人 印暉比丘」惠雲比丘」震悅比丘」法眼比丘」性日比
丘」緣化秩」別座 善日比丘」彦尙比丘」供養主 元敏比丘」性淨比丘」冶匠 金仁男」戒雲比
丘」太海比丘」居士 朴龍鶴 單身」起云」衍業」
施主秩」
地藏大施主 李進男兩主」全明生兩主」道明施主 朴契龍兩主」無毒王施主 金勝田兩主」第一王
施主 金尙碧兩主」第二王施主 李承守兩主」第三王施主 幼學 宋大哲單身」第四王施主 林厚進
兩主」第五王施主 全士男兩主」第六王施主 洪哲雄兩主」第七王施主 仇仁每兩主」第八王施主
白有厚兩主」第九王施主 鄭乭屎兩主」第十王施主 朴命吉兩主」泰山王施主 秋順立兩主」黃
時於應伊兩主」林起生兩主」流頭金單身」判官施主 金鶴伊兩主」尹起生兩主」鬼王施主 李還
伊兩主」李元日兩主」將軍施主 金态龍兩主」童子施主 崔南伊兩主」徐永白兩主」使者施主 崔
丁世兩主」裵四吉兩主」腹藏施主 李元日兩主」李善興兩主」妙寬比丘」金進泗兩主」初□比
丘」覺雷比丘」梁盖知兩主」趙流於應伊兩主」鐵物施主 白波廻兩主」金善生兩主」高日龍兩
主」禮日單身」幹善道人大化士勝益比丘」勝攢比丘」學文比丘」
寺衆秩」
双玉比丘」印攢比丘」學信比丘」宗修比丘」宗印比丘」方淳比丘」首僧 應性比丘」持殿 斗元
比丘」三宝 覺雷比丘」

195. 울진 불영사 지장삼존상과 명부 존상, 1688년

① 조성 발원문(1688년)
發願文」
娑婆世界南贍部洲朝鮮國京畿道洛陽城含元殿裏居大施主宋氏節伊大施主李氏英」益大施主朴
氏老貞等徒生季世不逢玉像幸承夙世之正因功陪利利之聖帝身棲豪貴之中心」結蓮胎之上不貪
五欲之三常廣修六度之萬行虔命淨戒桑門以付儲箱財寶齋沐致誠與我」無異傚優闐之刻工做諸
聖之尊像幽冥會宛爾尙存冥府王儼然列座 伏願主上殿下文」經武緯日盛月新王妃殿下百神奏瑞
四方致和世子邸下秀分天粹英冠神鋒亦願己身等壽」星永曜福辰長明灾同春雪隨慧日而俱消德
若秋雲共慈風而並扇伏願引勸大功德主惠能」大師與化主坦黙應坦等此受功德徒生至死永無障
碍世世常生法王之家龍宮海藏一聞千」悟菩提之大道念念不退速成正覺廣化群生共報佛恩之願
各各緣化等灾消障盡福足慧圓」戒定勤修三毒永斷 康熙二十七年戊辰四月日」
施主秩」
大施主 宋氏節伊保体」大施主 徐氏善業保体」大施主 李氏英生保体」大施主 朴氏孝貞保体」
大施主 崔氏輝杵保体」施主 夫人趙氏保体」施主 魯氏保体」施主 曹氏保体」施主 丙子生烈
伊保体」施主 義瓊比丘保体」崔碻金保体」性天保体」池孝民兩主」金一同兩主」崔氏占烈保
体」眞鑑比丘保体」呂習比丘保体」性圭比丘保体」比丘眞熙保体」比丘雪海保体」比丘自天保
体」比丘思俊保体」尹商得兩主」鄭氏自端保体」金壽星兩主」
證明 思信比丘」持殿 哲玄比丘」
寺內秩」
楚雲比丘」卓倫比丘」學宋比丘」草嚴比丘」
緣化秩」
梓匠 尙倫比丘」天擇比丘」寶藏比丘」別座 淸識比丘」別座 呂擇比丘」供養主 法信」太仁比
丘」浮石 淸祐比丘保体」尙輝」法璘比丘」
② 조성기(1688년)
十王殿等像佛化主養性堂惠能 坦黙 應坦□□□」
地藏主左右補處三尊」十王主十位」帝釋主一位」將軍主二位」使者主二位」觀音主二位」義湘
主一位」八童子」卓子兼坐臺皆是造成」康熙二十七年戊辰四月日」

196. 제천 정방사 관음보살상, 1689년

康熙二十八年歲次己巳之年造佛像始自三月閏月終之四月畢役因爲慶讚以其造像時各〃施主與
緣化比丘等名目書之」于此願以此功德普及於一切我等與衆生皆共成佛道」
施主佛供養兼施主 李自隱□□□ 左補處施主 貴今保 右補處大施主 今伊保 佛像施主 朴梧龍」
兩主 烏金大施主 李氏正月保 烏金施主 林探遠兩主 尹應□兩主 佛衿筒大施主 韓命遠兩主 腹藏
大施主 吳永男兩主 各□彩色施主 惠明比丘 黃金大施主」朴氏月保体 供養布施兼大施主 李信民
兩主 腹藏施主 金武賢兩主」
證明 行修比丘 持殿 靈賛比丘 畫工 端應比丘 宝雄比丘 裕特比丘 琢璘 供養主 剋林比丘 來往 敬
海比丘 道允比丘 別座 淨心比丘」化主 智淳比丘 居士 海性保」禪宗大禪師 信鏡比丘 山中碩德
宗現比丘 性一比丘」禪宗大禪師 明順比丘」嘉善大夫 淸眼比丘」己巳四月念六日書」

197. 여수 흥국사 53석불좌상, 1689년

①
願文」太淸康熙三十八年己巳之冬十二月全羅左道昇平府東嶺靈鷲山興國寺」五十三佛造成化
主淸信士金汝重年來四十之餘無(忽然)師自發心靑春朱夏聚落」求化召良工運美石敬造如來像

十六觀音一躬大矣哉以我之全俗無識何幸」得此哉伏願以此功德生存四親金應光萬歲康健己亡
自李氏山春連往」佛土與摩耶共遊祈自身及與同室林姓三木恒懷質直不退佛」法中次祈隨喜助
緣者木現在所願皆逐當來共會諸佛所」南無普明佛敬造大施主 義金比丘」
緣化秩」
訂師 大禪師聖修」奉香得和」別座 覺琳比丘」供養秩」文益比丘」堅玉比丘」順意比丘」慈玉
比丘」弘允比丘」負木秩」性梅比丘」李付萬」法道林」姜士同」玉根比丘」畫員秩」印戒比
丘」思敏比丘」招明比丘」雷暈比丘」□嘗比丘」雄甘比丘」興密比丘」天比丘」雄敏比丘」雷
侃比丘」大禪師印成比丘」沙彌井邑」演敏比丘」弘廣比丘」元責比丘」衍學比丘」惠日比丘」
坦□比丘」□日比丘」敏行比丘」玄哲比丘」尙均比丘」大元比丘」淨淳比丘」敏俊比丘」道熙
比丘」勝參比丘」覺元比丘」裕特比丘」道置比丘」朱斗男」趙石抱」洪信主」丁命」高鶴龍」
見聞隨喜添稱施主秩」
崔□□」尹□俊」禹太□」四礼」成大哲」金天日」成禹規」高丁男」李善達」朴矛根」洪信
□」李良介」趙□龍」金太成」李致成」李戒仁」劉貴日」□自」朱□必」金□鳴」鄭于同」□
山玉」鄭□□」尹付迪」洪信」大德」梁莫男」韓戒先」金付太」金孝□」張士民」金戒仁」崔
善日」姜相祐」李山□」李□□」朴□」金信達」鄭連國」張成漢」張信」李遺民」裵貴民」金
龍」車□□」金道上」裵遣必」裵勝迪」徐成憲」河信日」洪正龍」巳葉」金□訓」金永心」
願以此功德」普及於一切」我等與眾生」皆共成佛道」
②
願文」太淸康熙三十八年己巳之冬月至全羅道昇平府治東靈鷲山興國」寺五十三佛造成化主淸
信士金汝重年來四十之餘無忽然師自發心」靑春朱夏聚落求化召良匠運美石敬造如來像六十觀
音像」一軀大矣哉以我之全俗無識何幸得此哉伏願以此功德生存嚴」親萬歲康健己亡慈親速往
佛土與摩耶共遊祈自身及與」同室林姓三木恒懷質直不退佛法中次祈隨喜大小檀越鍊石工匠」
緣化同苦給侍見聞隨喜助緣者等現在所願皆逐當來共會諸佛所芳名開後」第一毘波尸佛敬造大
施主勝心比丘見聞隨喜添補施主秩」
大禪師印成」雷侃比丘」雄敏比丘」天宝比丘」晶密比丘」希鑑比丘」勝□比丘」禪定比丘」敬
贊比丘」天默比丘」卓林比丘」性海比丘」慈彦比丘」學謙比丘」雄卞比丘」裵命龍」勝岑比
丘」道熙比丘」敏俊比丘」淨淳比丘」大元比丘」尙均比丘」碩律比丘」玄喆比丘」敏行比丘」
歸一比丘」坦俊比丘」惠日比丘」靈嘗比丘」雄鑒比丘」崔□富」覺元比丘」裕眼比丘」道暹
比丘」慶讚」崔九聖」崔有聖」林益老」高彦祥」朴雲迪」金右伊」金任金」崔命泉」姜應信」
金致鳴」姜相胃」姜相祐」蔡時環」黃日賢」鄭成民」金仁泰」大施主海鑒比丘」李順弘」丁
重弼」金成同」金巨福」鄭大仁」崔德祥」春生」朴每南」金命得」白信弘」金鳳鳴」李山泉」
朴義男」朴生伊」李仁喆」金德敏」金應老」朴仁發」金永俊」朴永發」朴莫生」姜義山」金時
泰」金孝江」張士民」金戒仁」崔善一」李廷豊」金德訓」己義」洪起龍」河信日」徐成憲」裵
勝迪」裵廷弼」金道祥」車後宗」金儀龍」裵貴民」李廷民」張信發」張成漢」鄭連國」金信
達」朴義達」金永弼」吳翊成」河成海」朴奉卓」金萬成」鄭乙命」文孝戒」白振起」趙萬善」
徐信滿」金時輝」左ㄱ老」潘時日」趙永男」趙命日」金順立」尹世仁」崔山峰」劉貴一」香
目」朱夢弼」春玉」金主鳴」鄭于同」高鶴龍」丁命發」趙石鐵」朱斗南」孔鶴龍」林國良」閔
日良」金廷益」裵命賢」張永日」吳翊旻」吳致三」
緣化秩」
證師 大禪師性修」奉香道人得和」別座 道人覺琳」鍊石畵工秩」印戒比丘」思敏比丘」哲明比
丘」雷暈比丘」弘運比丘」六淸比丘」演敏比丘」沙彌淨業」弘廣比丘」
供養秩」
文益比丘」熙玉比丘」順彦比丘」來往秩」慈玉比丘」弘允比丘」負木秩」性梅比丘」李時萬」
冶匠秩」
姜士同」玉根比丘」
普通祝願」願以此功德」普及於一切」我等與眾生」皆共成佛道」

198. 일본 교토 고려미술관 소장 아미타삼존상, 1689년

造像之緣始自何人之作而出也經云佛昇忉利天爲母說法」故三月不來優填王不勝戀慕剖檀造
像禮拜供養佛從」天下其所造像起出禮佛佛摩其頂曰汝後世作大佛事度衆」生造佛形相有自來
矣又經云末世众生出於佛後造像供養或泥」或金或木土做成或彩畵帛布使人敬礼則非徒壽补俱
崇」皆得解脫當成佛道然則今者造佛亦猶是也今生同參」結緣後得解脫必然無疑矣」願今造像
竟所作諸功德施一切有情」皆共成佛道康熙二十八年乙巳二月日化主玲運」
阿彌陀佛造成施主 曉軍比丘」觀世音薩造成施主 哲玄比丘」大勢至薩造成施主 金四龍兩主」供
養燈燭施主嘉善大夫 守奎比丘」巧匠 通政大夫 色難比丘 得牛比丘 雄远比丘」證明 性元比丘 持
殿 泰儀比丘 供養主 皎順比丘 別座 善梅比丘」

199. 곡성 도림사 지장삼존상과 명부 존상, 1690년

① 시왕상(右3)
發願文」各各結願隨喜助演同參大小輩等發願云非但求一生之安逸欲免消除地獄之罪愆遂捨眼
前之」塵財預修身後之坦路故今大聖地藏與十王會造成功德先亡父母列名灵駕生極樂我等亦以
此功德世世生」生常值佛法志念堅固行菩薩道奉祝主上三殿下萬歲國泰民安法輪常轉次願勸化
助緣與緣化比丘等希慕合意所求如心災消障盡福足」慧圓但登覺岸然後願法界有情等願以此功
德普及於」一切我等汝衆生皆共成佛道」
同願施主秩」
地藏造成施主 梁得漢兩主」道明尊者施主 惟習比丘」無毒鬼王施主 曹廷林兩主」秦廣大王施
主 李世伯比丘」初江大王施主 高天杜兩主」宋帝大王施主 申南伊兩主」五官大王施主 信湛比
丘」閻羅大王施主 太灵駕」變成大王施主 申成業兩主」泰山大王施主 陳山擇兩主」平等大王施
主 鄭仁昌兩主」都市大王施主 李勝迪兩主」五道轉輪大王施主 金應龍兩主」使者施主 金夏振
兩主」任哲比丘」性敏比丘」童子施主 梁貴宗兩主」童子施主 文時興兩主」童子施主 呂弘周兩
主」童子施主 道性比丘」童子施主 勝還比丘」童子施主 元密比丘」童子施主 金承達兩主」童
子施主 朴成元兩主」童子施主 朴成立兩主」童子施主 李貴生兩主」童子施主 申從男兩主」鐵
物施主 權福龍兩主」供養施主 元信比丘」供養施主 申日奉兩主」食鼎 尙建兩主」姜毛都只兩
主」材木大施主 李氏兩主」權以亮兩主」石紫黃施主 金聲振兩主」黃丹施主 斗玉比丘」眞粉施
主 勝閑比丘」水塗黃施主 李承元兩主」三綠施主 韓後信兩主」腹藏施主 金明達兩主」自云淨
能比丘」喉鈴筒施主 徐石連保体」末醬施主 寶月駕」食塩施主 吳戒上兩主」引燈施主 印贊比
丘」許玉生單身」權自亮兩主」燈燭施主 張德日兩主」守日比丘」苏實施主 裴應龍兩主」施主
雷震比丘」進日灵悟比丘」各各結緣隨喜結緣施主等」厄消除命長壽」造成證明觀世音菩薩」
持殿 誦呪 泰儀」守愚」
本寺秩」
山中大禪師 三印比丘」老德 玉海比丘」双暉比丘」信元比丘」持殿 思悟比丘」方丈 明善比丘」
三綱 學熙比丘」首僧 學元比丘」持寺 證順比丘」書記 勝還比丘」畵員秩」忠玉比丘」灵善比
丘」楚卡比丘」粹絢比丘」進機比丘」覺楚比丘」慧敏比丘」道堅比丘」學俊比丘」心哲比丘」
摠演比丘」必口比丘」信覺比丘」緣化秩」來往 日閑比丘」善惟比丘」勝閑比丘」供養主 守日
比丘」學淳比丘」助緣 德行 學聰比丘」冶匠 徐石連保体」運柴 李斗伯保体」別座 三訥比丘」
化主 貞印比丘」
時維」康熙二十九年歲次庚午五月日地藏與十王造成訖功安于全羅左道谷城」縣地西嶺動樂山
道林寺」
② 시왕상(左2)
發願文」各各結願隨喜同參助緣大小輩等發願云非但求一生之安逸亦欲消除地獄之罪愆遂捨眼
前之塵財」預修身後之坦路故今大聖地藏與十王會造成功德先亡父母列名灵駕離苦得樂我等亦

514　　　　　　　　　　　　　　　　　　　조선시대 불상의 복장기록 연구

以此功德世世生」生常値佛法志念堅固行菩薩道奉祝主上三殿下萬歲萬歲聖壽萬歲國泰民安
法」輪常轉次願勸化助緣與緣化比丘等希慕合意所求如心災消障盡福足慧圓俱登覺岸然後」願
法界有情等願以此功德普及於一切我等汝衆生皆共成佛道」
同願施主秩」
地藏主造成施主 梁得漢兩主」道明尊者施主 惟習比丘」無毒鬼王施主 曺廷赫兩主」秦廣大王施
主 李世伯兩主」初江大王施主 高天柱兩主」宋帝大王施主 申南伊兩主」五官大王施主 信湜比
丘」閻羅大王施主 太灵駕」變成大王施主 申成業兩主」泰山大王施主 陳山擇兩主」平等大王施
主 鄭仁昌兩主」都市大王施主 李勝迪兩主」五道轉輪大王施主 金應龍兩主」使者施主 金夏振
兩主」任哲比丘」性敏比丘」童子施主 梁貴宗兩主」童子施主 文時興兩主」童子施主 呂弘周兩
主」童子施主 道性比丘」童子施主 勝還比丘」童子施主 元密比丘」童子施主 金承達兩主」童子
施主 朴成元兩主」童子施主 朴成立兩主」童子施主 李貴生兩主」童子施主 申從男兩主」鐵物施
主 權福龍兩主」供養施主 信元比丘」供養施主 申日奉兩主」食鼎 尙建兩主」姜毛都只兩主」材
木大施主 李氏兩主」權以亮兩主」石紫黃施主 金瞽振兩主」黃丹施主 斗玉比丘」眞粉施主 勝閑
比丘」水塗黃施主 李承元兩主」三綠施主 韓後信兩主」腹藏施主 金明達兩主」自云比丘」淨能
比丘」喉鈴筒施主 徐石連兩主」末醬施主 寶月灵駕」食塩施主 吳戒上兩主」引燈施主 印賛比
丘」許玉生單身」權自亮兩主」燈燭施主 張德日兩主」守日比丘」芿實施主 裵應龍兩主」施主
雷震比丘」進日比丘」灵悟比丘」各各結緣隨喜施主等」災厄頓除福壽延長」
本寺秩」
山中大德三印比丘」老德玉海比丘」双暉比丘」信元比丘」持殿 思悟比丘」方丈 明善比丘」三
綱 學熙比丘」首僧 學元比丘」持寺 證順比丘」書記 勝還比丘」造成證明觀世音菩薩」持殿 誦
呪 泰儀」守愚」
畵員秩」
忠玉比丘」靈善比丘」楚卜比丘」粹絢比丘」進機比丘」覺楚比丘」慧敏比丘」道堅比丘」學俊
比丘」心哲比丘」摠演比丘」必□比丘」信覺比丘」緣化秩」來往 日閑比丘」善惟比丘」勝閑
比丘」供養主 守日比丘」學淳比丘」助緣 德行比丘」學聰比丘」冶匠 徐石連」運柴 李斗伯」別
座 三訥比丘」化主 貞印比丘」
時維」康熙二十九年歲次庚午五月日地藏與十王造成」訖功安于全羅左道谷城」動樂山道林寺」
③ 시왕 반가상(左5)
發願文」各各結緣隨喜同參助緣大小輩等發願云非但求一生之安逸欲免消除地獄之罪愆遂捨眼
前之塵財預修身後之坦路故今」大聖地藏與十王」會造像功德力先亡父列名灵駕生極樂我等亦
以此功德世世生生常値佛法志念堅固行菩薩道奉祝主上三殿下萬歲國」泰民安法輪常轉次願勸
化」助緣與緣化比丘等希慕合意所求如心災消障盡福足慧圓但登覺岸然後願法界有情等願以此
功德普及於一切我等汝衆」生皆共成佛道」
同願施主秩」
地藏造成施主 梁得漢兩主」秦廣大王施主 李世伯比丘」五官大王施主 信湜比丘」泰山大王施主
陳山擇兩主」五道轉輪大王施主 金應龍兩主」道明尊者施主 惟習比丘」初江大王施主 高天柱
兩主」閻羅大王施主 太灵駕」平等大王施主 鄭仁昌兩主」使者施主 金夏振兩主」任哲比丘」性
敏比丘」無毒鬼王施主 曺廷赫兩主」宋帝大王施主 申南伊兩主」變成大王施主 申成業兩主」都
市大王施主 李勝迪兩主」鐵物施主 權福龍兩主」童子施主 面金兼申從男兩主」童子施主 朴成
元兩主」童子施主 李貴生兩主」童子施主朴成立兩主」童子施主金承達兩主」童子施主道性比
丘」童子施主梁貴宗兩主」食鼎崔尙建兩主」權以亮兩主」石紫黃施主金瞽振兩主」姜毛都只
兩主」童子施主元密比丘」童子施主呂弘周兩主」童子施主 信元比丘」眞粉施主 勝閑比丘」水
塗黃施主 李承元兩主」童子施主 勝還比丘」童子施主 文時興兩主」供養施主 申日奉兩主」材
木大施主 李氏兩主」三綠施主 韓厚信兩主」自元比丘」喉鈴筒施主 徐石連保体」食塩施主 吳
戒上兩主」許玉生單身」燈燭施主 張德日兩主」芿實施主 裵應龍兩主」守日比丘」腹藏施主 金
明達兩主」淨能比丘」末醬施主 寶月灵駕」印燈施主 印賛比丘」權自亮兩主」施主」雷震」進

日」灵悟比丘」各各結緣隨喜施主等厄消除命長」
本寺秩」
山中大禪師 三印比丘」老德玉海比丘」双暉比丘」信元比丘」持殿 思悟比丘」方丈 明善比丘」
三綱 學熙比丘」首僧 學元比丘」書記 勝還比丘」持寺 證順比丘」造成證明 觀世音菩薩」持殿
誦呪 泰儀比丘」守愚比丘」畵員秩」忠玉比丘」靈善比丘」楚卜比丘」粹絢比丘」進機比丘」
覺初比丘」慧敏比丘」道堅比丘」學俊比丘」心哲比丘」摠演比丘」必□比丘」信覺比丘」緣化
秩」來往 日閑比丘」勝還比丘」善唯比丘」供養主 守日比丘」學淳比丘」助緣 德行比丘」學聰
比丘」運柴 李斗伯保体」別座 三訥比丘」貞益」時維」
康病二十九年歲次庚午五月日地藏大聖與十王造成訖功安于全羅道谷城縣地道林寺」

200. 강릉 보현사 석가삼존상, 1691년

康熙三十年辛未五月二十四日佛像」願文」
佛像移運大施主 金貴勝灵駕」金貴立兩主保体」金貴男兩主保体」金貴先兩主保体」李六月金
兩主保体」金貴龍單身」供養大施主 金汝羅兩主保体」女子貴今單身」金訪兩主保体」腹藏紙
大施主 比丘 泗律保体」洪礼宗兩主保体」供粮大施主 李礼男兩主保体」黃金大施主 李貴演兩
主保体」李德万兩主保体」李乞明兩主保体」腹藏施主 咸俊兮兩主保体」後楸施主 金承立兩主
保体」李士男兩主保体」腹藏施主 比丘 惠念保体」燈燭施主 高明立兩主保体」明順比丘保体」
高仅元兩主保体」布施主 黃愛龍兩主保体」比丘 岺益保体」

201. 안동 봉황사 삼세불상, 1692년
대좌 묵서
此□畵貟三四今十□日入□又畵貟」座臺造作主甲寅生琢璘壬申中春黃山寺」王妃殿下壽」主
上殿下壽萬歲」康熙三十一年壬申」孟夏黃山寺法堂」佛像新造成也」
湖南全羅道全州」威鳳寺畵圓」證明 昭影堂鏡 大化主又□□」大畵圓 主應 籌室 明真 應
□□□」片長 崙大 □□」尙念」惠倫」坦玉」琢璘」持殿 宗順」別座 性揔」供養主 克生」化
主 坦朝」

202. 구례 천은사 석가불상, 1694년

康熙三十三年癸酉仲夏敬造」靈山敎主釋迦如來左右補處迦葉難與十六聖衆左右」帝釋今旣畢
功安于智異山甘露寺」願以此功德普及於一切我等與衆生同見無量壽皆共成佛道」因慈有作之
功上祖無爲之化伏願」富今主上萬歲」天眷文武千秋」聖日竝佛日常明」金輪興法輪雙運風調
再順歲稔時康萬國歡斤四過寧」靜十方抱識同爲極樂之化生法界含灵共作峯龍之海衆」
主佛供養都大施主 朴而俊亡妻明左今補灵加」處迦葉尊者施主 金元哲兩主」右補處阿難尊者施
主 義森比丘」第一施主 李明俊金氏愛陽兩主」第二施主 宋丙吉兩主」第三施主 金德千兩主石
貴單身」弟四施主 朴江霜兩主」第五施主 李氏眞花兩主」弟六施主 嘉善金時良兩主」第七施
主 金七元兩主具萬興兩主」第八施主 清信居士應祖兩主」鄭文後單身」第九施主 裵末立兩主安
應才單身裵雲養單身」第十施主 宗日比丘 卓行比丘」第十一施主 通政文屹比丘」第十二施主
廣輝比丘」第十三施主 通政清允比丘」第十四施主 載元比丘 蘇道天兩主」第十五施主 思印比
丘 陳朴連兩主」第十六施主 金銀良灵加 思哲灵加」左帝釋施主 嘉善具鳳南兩主」右帝釋施主
刘还注兩主」供養施 出身鄭自安兩主」崔曼善兩主」晉七右單身」張德立兩主」張時益兩主」
梁大聖單身」郭遇才單身」林信白單身」布施主 王大榮單身」仅初比丘」處敬比丘」嘉善應梅
比丘」金俊迪單身」林氏春今單身」處淨比丘」供養施主 南全唱兩主」崔致成單身」朴英達兩
主」朴凱不單身」嘉善金致明兩主」洪曼龍兩主」腹藏紙施主 釋安比丘」熙元比丘」性哲比
丘」單敏比丘」判事守元比丘」懷信比丘」海眼比丘」候鈴通施主 妙信比丘」明善比丘」己陽

單身」智元比丘」供養施主 曺漢吉兩主」草明比丘」姜大朴兩主」敏山伊灵加」車四生兩主」
韓巳龍兩主」末醬施主 分春單身」玉仙單身」乭今單身」清密施主 沈希龍兩主」
本寺秩」
普天」大悟」仅方」三祐」英悟」普淨」印暹」通政文屹」英叔」卓一」方順」性岩」前判事處
敬」前判事守元」通政淸允」載元」一湖」敬岑」宗日」三剛 草剋」聰悅」載湖」持殿 曇翼」
和尚應梅」
緣化秩」
訂明 海機」持殿 單洞」畵員 色難」幸坦」得牛」雄遠」文印」執森」秋鵬」秋評」冶匠 趙守
英」供養主 孔敏」淨贊」嚴覺」冲海」宝英」自官」舍堂 戒行」引勸居士 戒明」別座 處祐」大
功德化主 發願」

203. 함양 용추사 지장삼존상과 명부 존상, 1694년

康熙三十三年甲戌閏五月初五日安陰縣北德裕山」長水寺敬造初江大王大施主呂寬比丘生得無
病」長生死後向生極樂之願」
證師 名現大德 盈虛堂尙敏大師」畵工 冲玉 灵善 楚卞 性訓 進機 惠敏 覚埜」絢善 英自 暹性 眼
信 覚 有哲 冶匠 覺心兩主」養供主 海敏 衍捴 坦仁 禪習 等比丘 鄭神立」化主 居士 勝敏兩主 別
座 覚信比丘」
本寺秩」
僧統 三印」持任 淸衍」書記 文楽」三綱」德綱」能覚」

204. 상주 남장사 관음선원 목각아미타여래설법상, 1694년
개금기(1701년)

尙州西露陰山南長寺禪利金□重修觀音尊相伏藏願文」
噫眞體無形法身無相不可以形相求佛也然而将欲洬苦海之迷」倫救火宅之苦類頂□像記文之儀
式也□□優闡國王刻□作家金」泥畵□永世尊敬爲群生之大導師□今此寺之畵幀作家□世千秋
哉爲龍滅矣於康熙庚□智惠心道人袖□鳩財且賣自」發敬屬良匠大畵淸允等四人重修改金毘盧
佛與觀音大」十二尊相畢功□辛巳一夏中爲畵員與檀那洽侍□□執」務別座見」隨喜助緣者姓
氏名字一〃修書別紙折又開時」□道邦伯與本府之芳衛及□□之三綱□□座之法字寫」爲一冊
藏諸腹藏惠示□後人之作〃心目鑑□□後」寫因㣥誓願云伏願」鳳□天長邦基地久 聖主壽萬歲
法輪恒□轉次願九」族先靈現世先亡師尊父母法界含生等越生極樂國」親覩白玉毫亦願多小檀
越位□助等緣及與畵員別」座炊□等執務諸人共游毘盧法性海然後願三界」九□四生七□等仗
此勝緣俱生樂等□□□□」願不書十方諸佛作證明摩訶般若波羅蜜」
緣化秩」
供治 兼諸事及指揮色匠人 覺□大禪師」能潭比丘 克林判事 別管 諸務 前判事 弘衍和尙」
康熙四十年辛巳□□月 日」□山 晴峯者□秀瑛□文」住四心惟六度大幹善惠心左□」尙州露陰
山南長寺觀音大士伏藏」
施主秩」
嘉善金德龍兩主 灵駕願往生」大化主 惠心伏爲」亡師 信應灵駕生淨土出施自畓也」供養後配紙
兼大施主 覺蓮比丘」李氏貴分保体 嘉善曇日灵駕生淨土」供養布施兼施主 金業伊兩主」朱紅施
主 折衝將軍 金孝行兩主」伏藏施主 成俊郭氏兩位 生男之願」供養施主 朴信元兩主 通政 瑞淸比
丘」通政 賛□比丘 黃金施主 朴倫傑兩主」烏金施主 淂香兩主 黃金시주 千雲远兩主」彩色施主
千□邑種兩主 供養施主 禹俊立兩主」供養 嘉善 朴京信兩主 布施施主 朴世達兩主」布施施主 法
淨比丘 布施施主 思登比丘」通政 暎侃比丘 供養 太暎比丘」朴世根 伏爲 亡父同知朴時俊灵駕生
淨土」三奇比丘 通政 處彦比丘 施主 覺獜比丘」双彦比丘 處性比丘 海允比丘 就瓊比丘」龍沉比

丘 守仁比丘 守端比丘 弘運比丘」靜玄比丘 省察比丘 敏心比丘 法律比丘」崔一万兩主 善圭比丘
普暎比丘」孫命伊兩主 供養施主 崔哲石兩主」烏金施主 權氏毠良單身 李好日兩主」朴乙金兩
主 金甘乭屎保体」
緣化秩」
證明 秀暎 持殿 三應」大畵士 卓輝 雪岑 性澄 處賢」金匠 裀秋金乗施主 金太萬兩主」金施主 太
石兩主 金施主 韓明炫兩主」改金畵師 淸允 布日 淨日 一先」持寺 三綱 和尙 暎侃 首僧 我惠 学
文」海實 楚軒 忠允」
康熙四十年辛巳六月日 誌」

205. 화순 쌍봉사 아미타삼존상, 1694년

①

大明正統崇禎後僞王康熙三十三甲戌年乃孝宗大王太子敦王之時也此年四月二十日始作佛事閏
五月晦日怡然畢功」彌陀一尊觀音勢至兩尊奉安于中條山雙峯寺極樂寶殿」釋迦一尊伽葉阿難
兩尊奉安于三層殿」發願文」願以造成佛功德普及一切諸衆生各各結願隨喜施主與同쑘拜佛見
聞瞻禮胡跪合掌者現增福壽當生淨利」勸化道人別座負米輸轉」助緣飯頭熟頭負木種種貢給比
丘等現增福壽當生淨利」三途四生抱識含靈同爲極樂之化生」作觀誦呪扣磬比丘等梓匠比丘等
死歸蓮邦皆成佛道願以發願以歸命禮三寶」
禪宗大禪師秩」
大禪師尙振」大禪師聖聰」大禪師文信」大禪師唯侃」大禪師智暹」本寺 大禪應閑」本寺禪德
秩」志衍」學律」法聰」明稔」明玉」宗稔」淸益」淸式」淸日」守海」得心」寶乗」寶仁」寶
衍」宗敏」宗善」法閑」哲云」之作」元准」應宗」印宗」
施主秩」
供養大施主 慶修」宗日」崔訥ㄱ金」金應白」供養大施主 守悅」文憲」常憲」金善福」惠敏」
印還」忠卡」黃金大施主 性稔」處詳」斗暹」材木大施主 蘇眞道」碩海」道熙」大安」天海」
學律」應閑」淸衍」宗稔」廣衍」哲衍」能式」宗善」惠林」信叔」特信」智行」哲海」淸玉」
宗敏」守海」哲己」洪益乗」印己」千住」哲云」寶仁」坦久」雙眼」鄭天受」順禮」性和」金
善福」金善益」寶乗」河乭屎」李愛去」丹香」天海」六益」鄭寶何」省楫」學林」姜仁山」玉
介」白玉」春花」金失」宏卡」魯星」哲欠」淳淨」姜世淸」洪仁白」徐山令」覺添」聖元」覺
能」道學」朴貴玄」
緣化秩」
證明 臨濟宗直傳西山軒號淸虛堂」休靜大禪師四代孫心華子智行比丘」誦呪 道人善惠比丘」道
人寶欽比丘」扣磬 道人剋讚比丘」
梓匠秩」
道人色難比丘」慕善比丘」得牛比丘」雄遠比丘」執森比丘」秋鵬比丘」秋平比丘」供養主 信
玄」處己」能元」負木唯哲」來往僧淳侃等比丘」別座 守悅」化主 淸玉」
三綱秩」
住持 淸日」首僧 哲行」三寶 靈運」持事 道乗」持殿 克稔」記室 哲薰」執筆 融靜」
②
大明正統崇禎後僞王康熙三十三甲戌年乃孝宗大王太子敦王之時也此年四月二十日始作佛事閏
五月晦日怡然畢功」彌陀一尊觀音勢至兩尊奉安于中條山雙峯寺極樂寶殿」釋迦一尊伽葉阿難
兩尊奉安于三層殿」發願文」伏願」願以造成佛功德普及一切諸衆生各各結願隨喜施主與同쑘
拜佛見聞瞻禮胡跪合掌者現增福壽當生淨利」三途四生抱識含靈同爲極樂之化生」勸化道人別
座負米輸轉助緣飯頭熟頭負木種種貢給比丘等現增福壽當生淨利」作觀誦呪扣磬比丘等梓匠比
丘等死歸蓮邦皆成佛道願以發願以歸命禮三寶」
禪宗大禪師秩」

　　　　　조선시대 불상의 복장기록 연구

大禪師聖聰」大禪師天海」大禪師湖然」大禪師敏機」大禪師尚振」大禪師文信」大禪師應閑」
大禪師唯侃」大禪師智暹」大禪師秀鍊」禪德秩」智衍」法聰」處詳」清式」清日」清益」守
海」守惠」宗稔」明稔」惠敏」双眼」學訥」贊相」克性」
施主秩」
供養大施主 慶修」宗日」崔訥ㄱ金」金應白」供養大施主 守悦」文憲」常憲」金善福」惠敏」
印還」忠卜」黃金大施主 性稔」處詳」斗暹」材木大施主 蘇眞道」碩海」道熙」大安」天海」
學律」應閑」清然」宗稔」廣衍」哲行」能式」宗善」惠林」信叔」特信」智行」哲海」清玉」
宗敏」守海」哲己」洪益兼」印奇」天准」哲雲」寶仁」坦允」双眼」鄭千壽」順禮」性和」金
善福」金善立」寶策」河乞屎」李愛古」丹香」天海」天益」鄭寶何」省楫」
緣化秩」
證明 臨濟一宗清虛休靜」四代遠孫心華子智行比丘」誦呪 善惠比丘」寶欽比丘」扣磬 剋讚比丘」
梓匠秩」
色難比丘」慕善比丘」得牛比丘」雄遠比丘」執森」秋鵬」秋于」供養主 信玄」處己」能遠」
來往僧 淳侃」負木僧 唯哲」別座 守悦」化主 清玉」
三綱秩」住持 清日」首僧 哲行」三寶 靈運」持事 道策」持殿 克稔」記室 哲薰」執筆 融靜」
③아미타불상 대좌 묵서
大明正統崇禎后僞王康熙三十三甲戌年及我海東」孝宗大王李敦王之嘉也始役於此年四月二十
日至潤五月而怡然畢」功於六月初五日彌陀尊左右觀音勢至奉安于極樂宝殿釋迦一」尊迦葉阿
難兩大尊者奉安于三層宝殿」作現臨濟宗西山清虛堂休靜大師四代遠孫心華子智行比丘」善惠
比丘」持殿 克贊比丘」宝飲比丘」
金魚秩」
色難比丘」慕賢比丘」得牛比丘」雄遠比丘」執森比丘」秋鵬比丘」秋評比丘」供養主秩 信玄
比丘」處機比丘」能遠比丘」唯哲比丘」來往 淳還比丘」別座 守悦比丘」化主 靑玉比丘」

206. 대구 안일사 석가삼존상과 16나한상, 1694년

① 조성 발원문(1694년)
生佛莫二迷悟斯異爾故諸佛以其心爲衆生之心衆生亦以其心而爲諸佛之心」億身之化無非提接
於衆生則佛心非順於衆生歟一念之善亦可感通於諸佛則群」心非合於諸佛歟盖雖群心迷妄之極
苟一念之善萌於中則一念之妄已除也一妄之」除卽一眞之現猶如鑿墙而牖明斯生鑿地而穴孔斯
在穴與明非自外至但在其」幹而全体自現爾且覺性常寂無去無來必因人心之感而後靈應赫然是
人心誠願」之所湊卽萬心之所在也是故太主等木造釋迦文佛左右補處塑成十六應眞以爲人心」
之所歸則靈變誠格之所應現一心可分千百億佛千百億佛不生一心須以吾心爲」佛之心可也願以
此功德普及於一切我等與衆生當生極樂國同見無量壽皆共成佛道」
康熙三十三歲次甲戌五月日太主雪淸文戒印 處連 等謹願」
施主秩」大施主 通政大夫 梁得生兩主」供養施主 嘉善大夫 權重立兩主」供養施主 權一善兩
主」供養燭燈兼施主 金邁有兩主」供養施主 敬還比丘」供養施主 通政大夫 文記龍兩主」供養
施主 金介夫保体」供養施主 梁戒立兩主」供養施主 通政大夫 □□比丘」腹藏秩施主 謙□比
丘」灵□比丘」敏玄比丘」應覺現比丘」海湖比丘」三剛 天眞比丘」
寺內秩」山衆大德 崇惠比丘」□□住持 幸□比丘」山中老德 淨□比丘」老德 敬還比丘」前住
持 德閑比丘」老德 方勳比丘」
緣化秩」證明 照影堂大師 神鏡」眞應比丘」持殿 自嚴比丘」畵員 卓密比丘」普雄比丘」取還比
丘」海□比丘」震雷比丘」震珠比丘」震念比丘」廣益比丘」片手 吳命兩主」
供養主 裕性比丘」致言比丘」廣學比丘」木負 信閑」一常保体」
佛像化主 太圭比丘」□像化主 雪靑比丘」助緣化主 處連比丘」烏金化主 文戒仁」都大別坐 勝
心比丘」

② 개금 발원문(1955년)
改金佛事募緣記」
本釋迦文佛像距今二百六十二年前太圭化主造成奉安」于義城大谷寺甲午春蓮坡化主與諸檀信
協心移安于」本寺乙未春改金佛事其光輝晃迨其化緣南北東」西本□界際此緣將畢更化何處迨
緣耶 祈願」傳於本庵有緣衆生拔苦與樂以□春餘生生世世在在」處處常奉聖尊常聞佛法法界含
靈共成佛道」
化主」李萬行華」尹萬述」鄭大慧月」許萬德行」施主」崔炳喆」崔炳鎭」崔炳克」安炳琦」崔
靜明華」安龍德」安蓉壽」安蓉雲」安龍玩」安貞子」裵小岂」裵永□」尹永順」金晋泰」鄭在
勳」白東植」崔大德月」白斗永」白斗喆」白蓉子」白蓉勳」蘇尙永」崔玉蓮」蘇秉熹」蘇貞
熹」崔炳坤」張誠文」羅千守」權赫昊」朴茂述」車玉用」高貞順」吳法藏」吳任得」鄭用和」
卜學壽」金福守」裵萬行華」尹愛子」金弄春」金觀採」金復子」金奉和」金在河」吳相鎭」金
玉蓮」吳亨植」吳敬植」
證明 暎虛景宇」住持 蓮坡台碩」奉佛 鶴堤京浩」別供 金還守」
佛紀二九八三年」檀紀四二八八年 乙未三月」

207. 서울 염불사 관음보살상, 1695년

億萬同參非小事」三錢布施榮千劫」墜露添流言可采」仁家積善有餘慶」無爲眞境種因緣」一
器飯僧登九蓮」纖塵足岳語堪傳」後得菩提豈偶然」時維康熙三十四年歲次乙亥二月初六日朝
鮮國全羅道長興東山」獅子山鳳日庵修道庵兩庵佛像始役三月十三日畢役同參記」
施主秩」
觀音願佛大施主 朴二龍」朴龍山」材木施主 安可望」供養施主 天良」福德」劉俊英」金得尙」
徐夢弼」英照比丘」湛機比丘」金知歡」靈淨比丘」金忝立」崔業山」崔業善」允閑比丘」林遇
澤」趙有碧」李戒云」金汝白」金慶明」李起太」
寺內秩」
和尙 三玄」持殿 印克」首僧 總忱」三綱 懷善」持寺 德宗」書記 普衍」戒淳」戒裕」勝元」德
俊」玉敏」元賛」守海」玄機」一玉」上玄」幸運比丘」三玉比丘」宗孛」敬熙」懶衍」文洽」
尙眞」三悅」證明 性元」太祐」持殿 恒玄」
畵員秩」
得牛」德熙」
緣化秩
供養施主 覺仁」明順」廣淸」別坐 應哲」覺哲」化主 善玉」

208. 청양 장곡사 약사불상, 1695년 중수

南無新重修像」東方滿月世界藥師瑠璃光佛藥師會上諸佛諸菩薩」康熙三十四年乙亥四月日佛
像更重記文 大化士 碩德 明哲」大施主 嘉善大夫 碩德義眞」楪布施主 比丘 戒湖」
緣化秩」
證明 碩德 印謙」畵員 碩德 沖衍 楚行」養供主 比丘 慈敬 勝暉」別座 比丘 淸遠」

209. 전주 서고사 가섭존자상, 1695년

願文」歲次康熙三十四年乙亥五月卄三日朝鮮國全羅道興德內居施主」文萬英伏爲敬請良工新
造成左補處」迦葉尊者今旣畢功安可西嶺逍遙山白蓮社而伏願特爲己身」現增福壽息門眷屬唱
盛出入則常逢吉慶朝昏則永保安祥」一切所願皆得成就之願 普及有情俱斷苦輪 爲如上緣念」
施主秩」

大施主 文萬英兩主」證明 道云比丘」持殿 能學比丘」体遠比丘」敏性比丘」性印比丘」震悅比
丘」敬修比丘」信玉比丘」熙玉比丘」
緣化秩」
供養主 德行比丘」雪訓比丘」來往 員木兼 智云比丘」別座 壽海比丘」化主 惠環比丘」

210. 제주 관음사 관음보살상, 1698년

月照長空에 影落千江之水ㅎ고 佛現娑婆에 智投萬物之機ㅎ시나 今此濟州道는 淸康熙四十一年
壬午에 牧使李衡祥이 毀佛寺廢僧尼ㅎ 以後百九十年以來淸光緖二十七年辛丑은 距今二十五年
前本島禾北里乙丑生安氏信女는 願地有種의 忽生其芽ㅎ야 佛日을 挽回나 跉踞乏弱에 百障이
多端으로 經過多年에 投削髮於海南郡大興寺有藏老尼ㅎ야 入島誓願인바 信師己卯生安氏는 嶺
南山淸人으로 寅緣이 際會ㅎ야 偶然入島ㅎ니 卽癸丑早春也라. 同志盡力ㅎ야 安氏로 安其寺於
漢拏山中腰ㅎ야 奉安觀音佛像ㅎ고 以祝安島之全力ㅎ니 其功이 安在오 自此로 雨以時ㅎ고 風
以調ㅎ야 安島民樂함을 以何明智로 安知卒然□德가 余自金剛山乾鳳寺로 四年前辛酉冬에 拜探
喚酷志安老師入寂三兆之異顯勝處以來昨年甲子十月十五日三重入島라가 本島五萬戶二十萬人
衆에 但深山單寺난 現今時局에 風潮所愧라. 城市에 佛氏聖化를 廣布宣傳이 爲可宜키로 寺家官
民當地人士에 合意的組織濟州佛敎協會ㅎ야 仝十一月二十五日에 第一期總會를 觀德亭에 開設
ㅎ니 佛佛之言이 老幼口登이라. 城內二徒里一千三百六十二番地에 濟州佛敎布敎所를 乙丑四月
佛誕日에 落成ㅎ야 假安釋迦尊相타가 仝八月二十四日에 海南郡大興寺로서 觀音尊像을 入島奉
安ㅎ니 二百二十七年前改金ㅎ 文徵이 現矣라. 今日緣會에 拘衣新金ㅎ야 今九月二十四日起始
로 十月初一日點眼ㅎ니 蓮龕這裏에 儼然光相이 爲誰而安此焉이신고 有願誠祝ㅎ시난 全島人士
에 皆應必遂之無上大福田歟인저.
世尊應化二千九百五十二年乙丑陰十月初一日」金剛山衲晦明日升」漢拏山息利化漢秀」
緣化所」
증명 비구 회명일승」 회주 비구 이화한수」 송주 비구 금해守日」 지전 비구 운개정옥」 종두 사
미 한일」 봉다 사미 용준」 시자 사미 의술」 별좌 비구니 봉려관」 도감 비구 도월정조」 공사 비
구니 경우」 회주 비구니 경화」 대중 신사 오일화 신사 장불신 신사 강영봉 신녀 강정선화 신녀
남정진각」
신녀 김계생 신녀 김심안 신녀 강혜법 신녀 문임화」
대본산 대흥사」 주지 비구 취운혜오」 감무 비구 선월」 법무 비구 태환」 감사 비구 원담」
제주불교협회」 회장 비구 이회명」 부회장 신사 김태민」 홍무 신사 양홍기」 평의장 조익헌」 평
의원 송석돈 외 8인」 찬성부장 이윤희」 찬성부간사 오중헌 외 23인」
서무부장 문재창 서무부간사 김형탁 외 3인」 포교부장 안도월 포교부간사 오이화 외 3인」 성
도부장 차승옥 성도부간사 고영하 외 1인」 구제부장 봉려관 구제부간사 신봉래선 외 3인」 교
육부장 강태현 교육부간사 양창보 외 1인」 고문 전전선차 외 8인」 포교사 비구 회명 일승」 시
회장 홍종시」
大施主秩」
대본산 대흥사중 일동」 신사 임인생 송택훈 신녀 을묘생 김대명화 신녀 일사생 김응해 신녀 계
사생 방수선 신사 무오생 박성훈 신사 갑오생 현종식」 비구 진하승자」 신녀 병신생 한광명 신사
무오생 김만수 신사 무오생 김용구 신녀 계미생 홍묘련화 신사 무신생 신재남 동자 을축생 고희
준 신녀 기해생 안만옥 동녀 계해생 전옥순 신녀 병신생 김정안 신사 기해생 김해색 신녀 을미생
신평숙 동자 경신생 송택목」 비구니 경우」 신사 갑오생 양홍기 신녀 경오생 김청련화 신사 계미
생 이봉훈 신녀 정해생 정□비
신녀 경자생 현목련 신녀 임진생 김명화 신사 을사생 오윤행 신녀 기해생 오선화
신사 경오생 차승옥 신녀 정묘생 윤덕하 신사 갑진생 차윤홍 신녀 기해생 차정숙
신사 기묘생 고영하 동자 갑인생 고윤학 동자 경신생 고윤탁 동자 경신생 이태구」

동자 무오생 백영휴」 경성부 수송동 완옥궁」 상궁청신녀 을사생 정씨 보살행」
제주불교협회 회원 일동 일천칠백팔십삼인」 급다소결연동참신도일동 일백육십오인」 신녀 경
오생 고정자」 제주도 성내 이도리」 제주불교포교소」 조선 제주도 성내」 제주불교협회」

211. 제주 용문사 석가불상, 1700년 경

靈山敎主釋迦牟尼佛前謹獻發願文」
稽首歸依釋迦佛 自從多刼至于今」 及諸十方諸如來 隨身口意十不善」 哀憫攝受長齊運 使效鶩
子營寶殿」 願垂悲智滅作罪 窃慕闉王成睟儀」 承斯妙利功德製 先亡祖考生浄邦」 賴此良緣命福
亨 現存眷屬俱安樂」 無明煩惱所迷惑 六根清浄得神通」 願不心與相續起 四智圓明獲菩提」 邪魔
惡神並災厄 身心平妥動静間」 如許罪垢悉皆消 居住安康坐臥中」 一切有願畢圓滿 報年臨欲命終
時」 多般所欲盡成就 願造之佛來接引」 直往西方見彌陀 使得文殊多種智」 獲夢摩頂授記劵 常行
普賢大萬行」 天衣拂石雖磨盡 惟願諸佛作訂明」 我願深深不可窮 緣垂洞鑑三寶禮」
大施主 嘉善大夫 性還比丘伏爲」 亡父通政大夫李武生」 亡母安氏景德兩主」
緣化秩」
證師 道性」 佛遵 守悟」 畫員 進悅」 供養主 明學」 別座 懷俊」 化主 居士德澄」

212. 미국 메트로폴리탄미술관 가섭존자상과 영암 축성암 나반존자상, 1700년

康熙三十九年庚辰三月二十九日造成」 一代敎主釋迦如來尊像迦葉阿難尊者等像又十六大阿羅漢
等像奉安靈岩郡南面頭輪山成道庵…」 緣化 善才」 良工」 色難」 一機」 慕賢」 秋鵬」 秋平…」

213. 곡성 도림사 석가삼존상과 16나한상, 1700년

대좌 묵서
庚」 康熙參拾玖年庚辰仲夏月初□」 動岳山道林寺羅漢造像始役也」 六月日終畢也」 主上三殿
下壽萬歲」 主佛大施主 許氏單身」 左補處大施主 勝熙比丘」 右補處大施主 熙行比丘」
畫員」 敬浩」 尙玄」 楚忍」 楚悟」 信侃 海敏」 萬機 良戩」 勝梅」 緣化秩」 證明 性得」 持殿 雲
楚」 供養主獻擇」 哲學」 別座 善得」 化主 碩林比丘」

214. 해남 대흥사 석가삼존상과 16나한상, 1701년

康熙四十年辛巳五□□十四日海南嶺頭輪山大興」 寺羅漢腹藏願□」 我以人天敎廣爲□生說募
得千□施營作刻塑」 形令得後世人咸起發眞心願以此功德同生佛」 土中皆共成佛道」 主上殿下
壽萬歲」 王妃殿下壽齊年」 世子邸下壽千秋」
第三跋釐墮闍尊者施主 韓實賢兩主」 山中大德秩」 守□」 戒環」 時賛」 普覺」 雪坦」 懷眼」 天
特」 惠天」 大禪師」 文信」 玄機」 如照」 敏祥」 應澤」 住持 慧珠」 首僧 太奎」 三寶 一明」 諫事
演敏」 持事 趣眼」 書記 海敏」 持殿 敏和」
施主秩」
劉四明兩主」 尹大云兩主」 梁武咸兩主」 金子益兩主」 姜世宗保体」 金得堅兩主」 比丘演玄」 比
丘惠訓」
畫工秩」
色難比丘」 幸坦比丘」 慕禪比丘」 雄源比丘」 一機比丘」 秋平比丘」 致雄比丘」
緣化秩」
證明 處機」 □□明眼」 □□得秋」 □□演元」 □養主」 □彦」 文習」 應如」 持殿 信閑」 祖緣
秩」 智訥」 應寶」 元房」

215. 서울 흥천사 관음보살상, 1701년

全羅道任實縣治北獅子」山寂照庵觀音聖尊腹藏」發願文」
時維歲次康熙四十年辛巳」九月口平生發願齋者大功」德斗琪比丘玆持募緣遍」乞千村鳩成金
軀者願與各」〃施主及緣化一切天下見」聞隨喜之人同聞正法共證」毘盧之法界伏願各〃施主」
緣化化主等伏爲先亡多」生父母師長列名灵駕共」登九品臺上聽妙法音之清」長生黃金界內見
毘盧」之眞體然後願無邊法」界有識含灵等仍此勝因」但成正覺」
主上殿下壽萬歲王妃殿下壽齊年世子」邸下壽千秋 大禪師 慧機比丘 明證 天」淳比丘 持殿 性徹
比丘尊像大施主金彦」澤伏爲 亡父金億文靈駕 金承文靈駕 體」木施主 愼德行兩主 黃金保體 釋
坦比丘」惠淨比丘 幸侃比丘 腹藏施主 海寬比」丘 姜表男兩主 普施〃主 朴貴贊單」身 宋殷中兩
主 鄭世弼兩主 金象」直兩主 金象剛單身 金象柔單身」韓三兩主 曹漢雄兩主 金南彩」兩主 李益
昌兩主 信行比丘泰」淳比丘」
緣化秩」
畵員 法岑比丘 戒楚比丘 振悅比丘」性印比丘 守吾比丘」別座 戒坦比丘 性念比丘 法連」比丘
供養主 法鑑比丘 三日比丘 玄眼比丘」供養補體 金茂材兩主 石准龍」兩主 朴信雲兩主」大功
德主 斗諶比丘 法海比丘」靈贊比丘」
願以此功德普及於一切我等」與衆生皆共成佛道」

216. 제주 정방사 불상, 1702년

① 앞면
時維」康熙四十一歲次壬午年五月二十日畢功 全羅左道 順天北嶺 桐裡山 大興寺 緣化比丘等」發願
文」第三毗舍浮佛 大施主 尹士奉兩主」願以此功德 普及於一切 我等與衆生 同見無量壽 皆共成佛道」
碩德 名現」畵員 守日比丘」腹藏施主 金氏」張漢英」朴氏水礼 宋蒙立」末醬施主 淸金」尙
德」粉礼」布施大施主 崔氏」金振云」朴愛善」
② 뒷면
七伢三」

217. 서울 경국사 관음보살상, 1703년

康熙四拾貳年歲次癸未五月初五日南瞻浮提」海東朝鮮國全羅道靈岩郡地月出山道岬寺」化主
淸信居士吳信明發大願生大信募諸向善」檀郡求諸良工敬造願佛觀世音菩薩端嚴相」奉安于玆
山是寺其造成口率自仲春至仲口初口」此勝妙功德伏願結勝緣於現世證妙果於未來天狼」有窮
非吾所仰佛果無漏是吾收求亦願檀那所」施鈔鈔不分法界所生口親不別解天懸於六道登」佛法
之一乘虛空盡法願無窮」十方諸佛同垂證明」
黃金大施主 吳封兩主」觀世音菩薩大施主 淨益比丘」
造像緣化秩」
證師 幸修比丘」誦呪 聰彦比丘」持殿 六洋比丘」上工 通政色難比丘」副工 通政順瓊」惟遠」
秋鵬」秋平」大裕」璘陟比丘」治文」口立伊」負木 化主 吳信明」別座 口判自烱比丘」一去」
秋飲」平悟」秩河 太悅單身」申厚白兩主」洋益比丘」金起善兩主」嚴克海兩主」洪鐵萬兩
主」渾在比丘」允今單身」敏熙比丘」快彦」贊信」三綱」坦俊」楞印寺住持通政兼都僧統義
軒」造相于興陽縣地八影山楞印寺口口安于璽岩地」月出山工見性庵也」

218. 구례 화엄사 각황전 석가·아미타·다보불·보현·문수·관음보살입상, 1703년

① 조성기(1703년)

康熙四十二年癸未十月初四日三如來四菩薩造成緣起兼發願文」
全羅南道求禮地東地異山禪教兩宗大華嚴寺有梁新羅眞興王代草創之伽藍歷三代五度修營建
于萬歷壬辰兵燹之後爲丘墟三紀有餘崇禎三年年庚午碧巖和尙継創古寺迄復舊貫而猶未西位丈
六殿且侍時緣而未期和尙化去及西位丈六殿也過七十餘年至于康熙己卯贈弘覺登階性能自嶺南
醴泉地鶴駕山而來継碧巖未了之績經營大殿二層七間改額曰覺皇宝殿並成圓通閣三間自己印春
至壬午之冬閱四載而訖功」又明年癸未債像工命僧毳備三十二匠泊激三山鵬髭十大德同入金剛
壇結宝手印常行禮懺三昧光中造成靈山教主釋迦如來極樂教主阿彌陀如來證聽妙法多宝如來大
智文殊菩薩大行普賢菩薩大悲觀音菩薩大聖智積菩薩」此三如來四菩薩之睟容以安殿龕焚香稽
首發大誓願云」我念無始劫苦海久沈眼 今行出人中佛前佛後難 性身雖非相 相以 求眞釋尊開妙
法三周引三根 過去多宝佛塔中證眞詮西方無量壽偏燐此界人 四聖爲主伴 現示果後因 慾見佛故
造成妙嚴身 螺髻含宝月 毫光照三千 目似靑蓮葉 容如紫金山 珠瓔眞宝冠 莊嚴水月顏妙餙金輪手
瓶躡紅蓮誰知於此日 七佛現世間天地皆歡喜 人靈共欣然 請久住於世 哀愍救苦輪」我以此功德
求人天福 世世得出家 生生在佛前速發菩提心自他二利圓結願諸檀越像工及助緣禮拜供養者現世
壽福全今生師父母累」劫衆寃親 現前八部衆 土地護法神 同入願海中當登涅槃天 諸佛垂加被 令
我願無邊」願以此功德祝」聖壽」主上殿下辛丑年李氏至道通明於四方玉歷遐長於萬歲 王妃殿
下丁卯生金氏坤儀靜肅於閨閫金枝葉茂於丹坼 仁現王后丁未生閔氏仙駕神昇忉利之上界親摩耶
之聖后 世子邸下戊辰生李氏濬業清於鳳閣鶴等永配於冥椿 靈嬪己酉生金氏生前無病長壽死後親
見諸佛之願 王子母庚戌生淑嬪崔氏現增福壽子孫昌盛 親王子甲戌生延福君閤下災崩逐流而不返
壽錄興天疆長壬子生明嬪朴氏尊靈直往蓮臺蒙佛授記 二王子李氏仁壽無病長壽福祿增崇淑嬪劉
氏一生災害不濠侵誕生貴子之大願」
輔國崇祿大夫領敦寧府事兼領經筵事五衛都摠府都摠管驪陽府院君文貞公閔氏尊靈贈大匡輔國崇
祿大夫義政府領議政兼經筵事弘文館藝文館春秋館觀像監事行通政大夫守江原道觀察使兼巡察
使閔氏尊靈 資憲大夫兵曹判書兼弘文館大提學藝文館大提學知成均館事同知經筵館春秋館事吳
氏尊靈 夫人黃氏保體願與亡子輪林洪重益更逢於佛會中 中訓大夫藝文館翰林兼春秋館記事官世
子侍講院設書洪重益兩位尊靈 中訓大夫弘文館修撰兼經筵館檢討官春秋館記事官崔昌大」通政
大夫承政院左承旨兼知製教經筵館參贊官春秋館修撰官洪壽疇兩位保體」通訓大夫戶曹正郎洪氏
兩位保體」通訓大夫司憲府持平兼兵曹正郎慶尙左道災傷敬差官李彥經兩位保體」尙宮李氏貴暎
現增安安之壽當登樂樂之郷」尙宮卞氏戒業願我來世轉女成男見佛聞法」尙宮壬午生韓氏福壽增
崇終至佛果」尙宮朴氏老淨壽延難老福勝金谷捨邪歸正終證菩提」尙宮劉氏性烈因今生造佛之功
願來世見佛之容」尙宮金氏孝烈災珍佛生禎祥踏至」尙宮趙氏淨生作時元鼎爲國太山」尙宮宋氏
烈伊壽山不搖福海長清」尙宮金氏從淨回入眞乘得成正覺」庚子生魯氏孝心智行雙運果證圓極」
甲戌生金氏孝烈災厄頓除福壽蓮長」丙戌生劉氏今生壽福增崇來世轉女成男」丁亥生鄭氏英烈災
厄頓除福壽延長」辛巳生朴氏貴丹官災永消壽福增長」戊戌生吳氏愛烈轉女成男見佛聞法」丙申
生趙氏度生今生無災害□□□正果」甲午生朴氏孝定現世壽福增崇後生見佛授記」己丑生金氏順
烈災消福興」癸卯生金氏英定官災永消願生蓮坊」丁未生池氏順烈今生壽福全來世往西方」辛卯
生劉氏善業災崩雪散福芽繁興」甲辰生李氏宿千災雪散百福雲興」丙申生金氏貞烈災去福來」庚
戌生李氏此降增福壽」壬辰生此兒現增福壽」乙未生李氏義貞願生蓮華國」壬辰生金氏異宿今生
無病來世見佛」乙酉生金氏鷹花現增福壽當生淨土」丁亥生金氏貴丹種佛因緣不失人道」乙未生
朴氏伊災害不侵一生安過」丙子生李氏宿烈善芽增長不退菩提」丁亥生李氏終業速發菩提心永離
女身願」戊子生孫氏起濟福彌堅壽增高」癸未生一烈身無災害福壽增長」己亥生金氏香德災害頓
除」辛酉生哲芽福壽延長災萌永消」己丑生金氏自德種善雖今永離女身」丙戌生姜氏願貴今生富
貴後世見佛」申氏次烈厄消福興」朝散大夫朴以願災消福增」鄭次艺災厄頓除時時安樂」朴氏玉
井家患永際子孫昌盛」金氏淨難今生無病增福後世見佛聞法」
②불상대시주원문
康熙四十二年癸未全羅左道順天地興國寺」
弟子海鑑施穀百石捨錢二百兩餘諸雜物一一稱是詣於求禮地智異山大華嚴寺弘覺登階桂坡道人性

能化士緣化耶造成三如來四菩薩之中佛弟子海鑑與隨喜諸檀越同願發心敬造于靈山教主釋迦如來
大尊像一軀焚香稽首發願云伏念弟子海鑑宿有微善幸得人身」釋尊己滅慈氏未降前後相望二際莫
及肆竭淨財造」佛像形特展如在之誠敢異」冥通之感不求人天福報有漏因果生生世世在在處處正
信出家生不染世塵」童眞出家勤修定慧現世父母累劫冤親同我發心隨喜諸檀越同願種智」
佛像大施主 大興寺法壇施穀百五十碩今生福基命位各願昌隆來世智種靈苗令希增秀之願造成」
阿彌陀尊像」佛像大施主 谷城泰安寺比丘學諶施畓七斗泰仁地水溺寺比丘呂岑捨錢二百兩與諸
隨喜施主現增福」壽當生極樂之願造成」多寶如來尊像」佛像大施主 權義洞施租三十五碩現增
福壽當生淨利之願造成」觀音菩薩尊像」佛像大施主 河東雙溪寺比丘智圓施畓四斗順天地興國
寺比丘晶林施畓四斗同願生極樂之願造成」文殊菩薩尊像」佛像大施主 河東雙溪寺比丘學玄施
錢二十五兩居士應祖捨錢二十兩同願爲父母往生蓮華之界成」普賢菩薩尊像」佛像大施主 東北
東北瑜摩寺比丘性和租三十碩願生安養之願造成」智積菩薩尊像」佛像大施主 順天興國寺比
丘振遠施租四十五碩金麗秀施租十石同願現增福壽堂生淨利造成」觀音尊像」洛陽城中尙宮甲
申生李氏貴英捨錢文五十兩現世官災口舌永消來生願生安養之願造成」阿彌陀尊像觀音菩薩尊
像大勢至菩薩尊像願佛三尊像」樂安澄光寺比丘兩閑施租二十碩爲師往生連華之界供養助」本
寺 比丘希密施租二十石黃金價助」造釋迦, 觀音像八影山沙門色難」造多寶, 文殊像曹溪山沙門
沖玉造彌陀像稜伽山沙門一機」造普賢像 雄遠」造觀音像 秋朋」造智積像 秋平」順瑗 幸坦 勝
梅 初卜 覺初 道還 道堅 德希 法融」大裕 進聰 定惠 進一 善覺 澄海 瑞行 仁陟 夏天」

219. 하동 쌍계사 사천왕상, 1705년

…道天比丘」性機比丘」斗閑比丘」性正比丘」智寬比丘」德文比丘」…文眼比丘」海齋比丘」
海暎比丘」禪学比丘」海明比丘」法藏比丘」文印比丘」法坦比丘」贊秀比丘」贊海比丘」坦行
比丘」贊衍比丘」德卜比丘」雪岩比丘」應哲比丘」信悅比丘」信行比丘」信嚴比丘」三惠比
丘」贊宝比丘」贊寬比丘」贊益比丘」信敬比丘」克林比丘」克贊比丘」克湘比丘」克能比丘」
秀岩比丘」警訓比丘」警熙比丘」警特比丘」禪月比丘」克稔比丘」法端比丘」警湖比丘」二先
保体」善宗保体」今奉保体」玏鶴保体」承發保体」玏鉄保体」玉尙保体」先伊保体」奉鶴保
体」次先保体」占善保体」松立保体」尙命保体」莫哲保体」世集保体」哲良保体」白戊鶴保
体」崔石伊保体」
緣化秩」
訂明 昭影堂大比丘」畫員 瑞應比丘」德倫比丘」尙念比丘」慧崙比丘」坦玉比丘」琢璘比丘」
持殿 宗順比丘」供養主 秀一比丘」克禪比丘」惠日比丘」琢玄比丘」三益比丘」引勸」坦俊比
丘」性照保体」幸文比丘」黃金化主 信行比丘」佛像化主 海暹比丘」坦照比丘」別座 法揔比丘」

220. 의령 백련암 보살상, 1705년

造像記文」朝鮮國慶尙左道慈仁縣東嶺九龍」山盤龍寺極樂殿彌陁會三尊兼後佛」幀造成畵成
則時維康熙四十四年歲次」乙酉閏四月初八日安于也言贊造成畵工詩」奇哉手裏一毫力」造出
胸中萬佛身」若遇丹霞難放過」盤龍門外幸無人」伏念至誠發願弟子禪教兼通大禪師」一珪敬
造」極樂教主阿彌陁佛觀世音菩薩大勢至菩」薩三位尊容一會兼後佛尊容一幀帝釋」會一幀焚
香頂礼發大誓願願我臨終滅」罪障往峹西方大慈尊金色光中蒙授記随」喜同峹施主與緣化等同
修善業速證無生」盡未来際度衆生虚容有盡願不盡十方」諸佛作證明」
緣化秩」
證師 名現大德惠諶比丘」持殿 戒擇三湖比丘」造像名現良工 沖玉比丘」覺初」道見比丘」釋
俊」擇林比丘」芝惠」萬澄比丘」巨初」幀佛良工 義均印宗硯敏比丘」供養主 尙旭比丘」日
淸」玄鑑最悅比丘」冶匠兼施主 朴成文保体」別座 處鑑妙性比丘」都監 前僧統坦忍 比丘」引
勸 慧鑑能悅比丘」敬熙海熏比丘」玉哲淸卜比丘」至誠發願化主 名現大德一珪比丘」時僧統 草

任比丘」時和尙 德明比丘」

221. 안성 칠장사 지장삼존상과 명부 존상, 1706년

願文」康熙四十五年丙戌五月廿八日」京幾左道竹山都護府地南嶺七寶山」七長寺新造成十王
願文」
三綱」住持 緇悅」三寶 燕洽」持寺 道謙」證明 聖玄」持殿 体閑」畫員 金文」淸允」妙聖」
德藏」□善」世均」熙日」剋沆」呂賛」就習」義閑」武男」時建」供養主 緇遠」大供養主 淨
連」學淳」大別座 義湛」大化士 思侃 比丘」黃金兼菜色化主 坦元比丘」嘉善大夫 金世」李暎
俊」山中大德 法印」山人 双印」山人 楚嚴」大義比丘」前住持 明哲」山人 双圭」山人 雪林」
前住持 熙日」前住持 一玉」唯益」惠俊比丘」十王大施主 嘉善大夫 金命立 兩主」嘉善大夫 林
萬金 兩主」通政大夫 尹時萬兩主」嘉善大夫 坦明比丘」嘉善大大一 一俊比丘」敬隣全尙住申
萬連」金氏 太礼」黃金大施主施 劉世寬 張禹井 兩主 金氏德向」黃金施主壽命金氏古溫兩主 通
政大夫 金孝忠」梁孝彬 李尙文」金二上 金法行」金萬敵 嘉善大夫 曹丙戌」通政大夫 姜有信 通
政大夫 落心」與各隨喜大施主等災消漳畵补吳慧圓」
各緣化助緣比丘等先亡父母列各灵駕往生西方樂安利」願以此功德普及於一切我等與衆生當生
極樂國」同見無量壽」皆共成佛道」觀世音菩薩寶篋手眞言」

222. 곡성 서산사 관음보살상, 1706년

娑婆世界海東朝鮮國南之始山之脉白頭之所派」流也至於全羅左道玉果縣南嶺聖德山也四山之
中天」下奇山哉其山之腰有觀音寺也其山之頭有大隱菴」旣已建成也無佛像之故淸禪道衲海天
比丘者欲爲」佛像故發大願心於始始役於二月念五日也旣畢於四月」初五日觀音獨尊造成移運
之時緇白雲集衆鳥悲泣」其像可歎奇哉」
佛像大施主 秋三奉兩主」黃金大施主 嘉善夫金迪金兩主」面金大施主 性允比丘」供養大施主
姜億立兩主」鳥金大施主 釋能比丘」鳥金大施主 金萬業兩主」腹藏大施主 李萬宝兩主」
緣化秩」
證明 健標比丘」畵員 進悅比丘」畵員 太元比丘」化主 海天比丘」持殿 瑞旭比丘」供養 印湖比
丘」供養 海敏比丘」
三綱秩」
惠日比丘」佑楚比丘」玄機比丘」山中老德」思悟比丘」惠悟比丘」守益比丘」戒雄比丘」
主上殿下壽萬歲」王妃殿下壽齊年」世子邸下壽千秋」願以此功德」普及於一切」我等汝衆生」
皆共成佛道」
康熙四十五年丙戌四月初八日」佛腹納」

223. 영광 불갑사 석가삼존상과 16나한상, 1706년

① 석가불상
康熙四十五年丙戌四月初一日靈光南嶺母岳山佛岬寺新」造成釋迦文佛左右補處阿難迦葉十六大阿
羅漢腹藏發」願文」法華妙典云造像少如麥獲福大若空肆以與善男信女共爲」發心邀良工市美材塑
其高坐花王之上貿雙南之彩畵其像」垂其壇之後於是儼然若有靈響之儀遂使一瞻一禮但合掌」少低
頭之人共結不朽之勝緣願獲菩提之勝果耳若兼他日」得見五百普明如來此豈非今日之因歟」
釋迦文佛主佛 願大施主 金氏山化單身」材木大施主 車海云 愛節 供養大施主 張白」施主 白眞音
先」主上三殿下壽萬歲國泰民安法輪轉」燈燭施主 金承男」事事十方施主」
畵員秩」
楚卞」灵善」覺楚」釋俊」淨惠」瑞行」澄性」致海」寂勝」澄海」泗祥」

조선시대 불상의 복장기록 연구

三綱秩」
方丈 應楚」 首僧 幸宗」 三寶 宗蜜」 持寺 學玄」 典佐 玄樞」 知典 淸鏡」 書記 幸侃」 直歲」 竺英」 守仁」
緣化秩」
證明 性一」 知典 淸旭」 供養主 尙淳」 弘日」 斗三」 負木 戒淸」
化主秩」
玉岑」 熙衍」 居士金信白」 車海云」 腹藏化主 性海」 助緣 弘侃」 舍堂信行」 信堅」 別座 鶴敬」
記事 道堅」
願以此功德普及於一」切我等與衆生皆共成佛道」
②미륵보살 대좌 묵서
＜下部＞ 順德□□」 黃金□之金□□兩主」 分禮」 末醬□□」 引證趙□□」 李□□」 □」 老德」
淸敬比丘」 應楚」 應信」 剋□」 悅□」 守□」 □雄」
③가섭존자 발원문
康熙四十五年丙戌四月初一日十六羅漢造像願文」 奉爲」 主上三殿壽萬歲國泰民安法輪轉願
佛施主」 材木大施主 車海云 長城靑岩道人也 同生淨刹之願」 供養大施主 張白伊登彼岸」 迦葉
尊」 布施施主願往生」 四事十方施主同生淨土同歸極樂之願」 願佛大施主」 靈允」 鄭白千」 靈光
郡守 李馨香」
願以此功德普及於一切」 我等與衆生皆共成佛道」
山中碩德秩」
明遠」 惠迪」 善荷」 海能」 智暹」 老伊」 淸鏡 三綱 方丈 應楚」 首僧 幸宗」 三宝 智元」 持寺
學玄」 典座 玄樞」 持殿 淸鏡」 和尙 翠雲」 淸學」 妙淨」 直歲 守仁」 竺英」 造像畵員」 楚卞」 靈
善」 覺楚」 釋俊」 定慧」 瑞行」 澄性」 致海」 寂勝」 澄海」 四祥」 緣化秩」 證明 性一」 持殿 淸
旭」 大暉」 供養主」 尙淳」 弘日」 杜三」 負木 戒淸」 別座 鶴敬」 大功德主 貧道玉岑」 熙衍」 居
士金信白信堅」 居士車運湛」 性海」
④제1 발라타도존자
康熙四十五年□□□□初一日十六羅漢造」 像願文第一□□□跋羅墮闍尊者」 東國之美者有道
人玉岑焉淳昌卽其胎邑也盖其爲」 人耿介移俗不與衆流爲群幽靜溫粹每以謙卑自牧年」 逾二毛
飄然有遺世之志而始托路于禪門其受禪敎」 以來面壁觀心者十有餘歲旣得空門大緣乃能留心」
於造成佛像歲辛巳住錫于大芚寺造羅漢佛十六」 像旣成之越五年乙酉到推善寺畵成如來像掛佛
繼之」 以又成如來佛於雲興□明年丙戌轉進于箕城地南母」 岳佛甲寺巡覽一周恨其佛像之未能
盡備因以大芚寺」 所造佛像繼營此遍告于諸僧諸僧逾助之以此得經始焉」 其□心輸力之功鳩材
修作之勞有不可言語而記之書庸而」 識哉嗚呼吾□□各寺大利削髮而居又手而行者無慮哉」 八
而□能奪發於一世致念於十方哉惟吾師超然獨立慨然興」 歎一心奉請念念不弭佛像之修成者于
今四矣是歲月正念」 日始役于寺之右白雲堂月三缺而畢功豈不盛哉岑師之功豈」 不美哉岑師之
志釋敎之旣濟由岑師復振佛道之旣迷者」 由岑師復明矣惟彼華構翼然佛像儼臨穆穆布列降福」
下民後之過者觀此盛儀必爲寺之僧而誦美焉寺之僧不有」 其美歸之于岑師□□自以爲美歸之于
佛像佛像歸之于默默雖無」 言語之諄諄而必有作福於冥冥之中降之於岑師矣岑師其可」 壽而康
乎主上三殿壽萬國泰民安法輪轉願佛施主」 生極樂供養施主布施主四事施主等同生極樂之願」
山中碩德」
明遠」 惠迪」 善荷」 老伊」 海能」 信哲」 願佛大施主」 金召史接」 介兩主靈駕」 畵員秩」 楚卞」
靈善」 覺楚」 釋俊」 定慧」 瑞行」 澄性」 致海」 寂勝」 澄海」 四祥」 三綱秩」 方丈 應楚」 首僧
幸宗」 三宝 智元」 持寺 學玄」 持殿 淸鏡」 化主秩」 玉岑」 希衍」 居士金愛生」 居士車雲湛」 腹
藏化主 性海」 緣化秩」 證明 性一」 持殿 淸旭 大輝」 供養主 尙淳」 弘日」 斗三」 戒淸」
⑤제2 가락가파차존자
康熙四十伍年丙戌四月初一日靈光郡南嶺母岳山佛岬寺新造成」 釋迦佛左右補處阿難迦葉十六
大阿羅漢腹藏發願文」 法華妙典云造像少如麥獲福大空肆以與善男信女共爲發心邀」 良工市美

材塑其形高坐花王之上貿雙南之彩畵其像垂」其本壇之後於是儼然若有靈響之儀逐使一瞻一禮
但合掌少」低頭之人共結不朽勝緣願獲菩提之勝果耳若兼他日得見」五百普明如來此豈非今日
之因歟」第二迦諾迦跋蹉尊者願佛大施主」李在英兩主」張渭胃兩主」主上三殿下壽萬歲國泰
民安法輪轉」
材木大施主 車海云」愛節」供養大施主 張白」施主 白眞音先」燈燭施主 金勝男」事事十方施主」
畵員秩」
楚卞」灵善」覺楚」釋俊」淨惠」瑞行」澄性」致海」寂勝」澄海」泗祥」三綱秩」方丈 應楚」
首僧 幸宗」三宝 宗蜜」持寺 學玄」典佐 玄樞」知典 淸鏡」書記 幸侃」直歲」竺英」守仁」緣
化秩」證明 性一」知典 淸旭」供養主 尙淳」弘日」斗三」負木 戒淸」化主秩」玉岑」熙衍」處
士金信白」車海云」腹藏化主 性海」助緣 弘侃」舍堂 信行」信堅」別座 鶴敬」記事 道堅」
願以此功德普及於一切」我等與衆生皆共成佛道」

⑥ 제3가락가존자

□□□□□年丙戌四月初□□靈光南嶺母岳山佛岬寺」□迦佛左右補處十六大阿羅漢腹藏發願
文」□□□□□□□像少如麥獲福大若空肆以□□□□□」□□□市美材塑其形高坐花
王之上貿雙南之彩畵□□□□」□□□□□是儼然若有靈響之儀逐使一瞻一禮但□□□□□」
□□□□□□朽之勝緣願獲菩提之勝果□□□□□□」□□普明如來此豈非今日之因歟」
□□迦諾迦尊者願佛大施主林次江兩主」□□□□□□□□□□□安法輪轉」□□□□□車海
□□□□□張□燈燭施主金□□」愛節」施主白眞音先」事事十方施主」畵員秩」楚卞」覺楚」
釋俊」淨惠」瑞行」澄性」致海」寂勝」澄海」泗祥」三綱秩」方丈應楚」首僧幸宗」三宝宗
蜜」持寺學玄」典佐玄樞」知典淸鏡」書記幸侃」竺英」直歲」守仁」緣化秩」證明性一」知典
淸旭」尙淳」供養主」弘日」斗三」負木□□」化主秩」玉岑」□□」處□□□□」車□□」腹
藏化□□□」助□□□□」□□□□」□□」別座鶴敬」記事□堅」願以此功德普及於一切」我
等與衆□皆□成佛道」

⑦ 제4소빈타존자

康熙四十五年丙戌四月初一日靈光郡南嶺母岳山佛岬寺新造成」釋迦佛左右補處十六大阿羅漢腹
藏發願文」法華妙典云造像少如麥獲福大若空肆以與善男信女共爲發心邀」良工市美材塑其形高
坐花王之上貿雙南之彩畵其像垂其本壇之後」於是儼然若有靈響之儀逐使一瞻一禮但合掌少低頭
之人共結」不朽之勝緣願獲菩提之勝果耳若兼他日得見五百普明如來此」豈非今日之因歟」
第四蘇頻陀尊者」願佛大施主 笱漢國兩主」材木大施主 車海云」愛節」供養大施主 張白」施主
白眞音先」燈燭施主 金承男」事事十方施主」主上三殿下壽萬歲國泰民安法輪轉」
畵員秩」
楚卞」灵善」覺楚」釋俊」淨惠」瑞行」澄性」致海」寂勝」澄海」泗祥」三綱秩」方丈 應楚」
首僧 幸宗」三宝 宗蜜」持寺 學玄」典佐 玄樞」知典 淸鏡」書記 幸侃」直歲」竺英」守仁」緣
化秩」證明 性一」知典 淸旭」供養主 尙淳」弘日」斗三」負木 戒淸」化主秩」玉岑」熙衍」居
士金信白」車海云」腹藏化主 性海」助緣 弘侃」舍堂 信行」信堅」別座 鶴敬」記事 道堅」
願以此功德普及於一切」我等與衆生皆共成佛道」

⑧ 제5락구라존자

康熙四十五年丙戌四月初一日靈光南嶺母岳山佛岬寺新造成」釋迦佛左右補處十六大阿羅漢腹藏
發願文」法華妙典云造像少如麥獲福大若空肆以與善男信女共爲發」心邀良工市美材塑其形高坐
花王之上貿雙南之彩畵其像垂」其本壇之後於是儼然若有靈響之儀逐使一瞻一禮但合掌少低」頭
之人共結不朽之勝緣願獲菩提之勝果耳若兼他日得見」五百普明如來此豈非今日之因歟」
第五諾矩羅尊者願佛大施主 安仁生兩主」玉眞命兩主」主上三殿下壽萬歲 國泰民安法輪轉 燈燭
施主 金承男」事事十方施主」材木大施主 車海云」愛節」供養施 張白」施主 白眞音先」
畵員秩」
楚卞」灵善」覺楚」釋俊」淨惠」瑞行」澄性」致海」寂勝」澄海」泗祥」
三綱秩」

方丈 應楚」首僧 幸宗」三宝 宗蜜」持寺 學玄」典佐 玄樞」知典 淸鏡」書記 幸侃」直歲 竺
英」守仁」
緣化秩」
證明 性一」知典 淸旭」供養主 尙淳」弘口」斗三」負木 戒淸」
化主秩」
玉岑」熙衍」居士金信白」車海云」腹藏化主 性海」助緣 弘侃」舍堂信行」信堅」別座 鶴敬」
記事 道堅」
願以此功德普及於一切」我等與衆生皆共成佛道」
⑨ 제6발타라존자
康熙四十五年丙戌四月初一日靈光南嶺母岳山佛岬寺新造成」釋迦佛左右補處十六大阿羅漢腹
藏發願文」法華妙典云造像少如麥獲福大若空肆以與善男信女共爲」發心邀良工市美材塑其形
高坐花王之上貿雙南之彩畫其像垂其本」壇之後於是儼然若有靈響之儀遂使一瞻一禮但合掌少
低頭之」之人共結不朽之勝緣願獲菩提之勝果耳若兼他日得見五百普」明如來此豈非今日之因
歟」
第六跋陀羅尊者願大施主 三熙比丘」安永三兩主」燈燭施主 金承男」事事十方施主」主上三殿
下壽萬歲 國泰民安法輪轉」材木大施主 車海云」愛節」供養施主 張白」施主 白眞音先」
畫員秩」
楚卞」灵善」覺楚」釋俊」淨惠」瑞行」澄性」致海」寂勝」澄海」泗祥」
三綱秩」
方丈 應楚」首僧 幸宗」三宝 宗蜜」持寺 學玄」典佐 玄樞」知典 淸鏡」書記 幸侃」直歲 竺
英」守仁」
緣化秩」
證明 性一」知典 淸旭」供養主 尙淳」弘日」斗三」負木 戒淸」化主秩」玉岑」熙衍」居士金信
白」車海云」腹藏化主性海」助緣 弘侃」舍堂信行」信堅」別座 鶴敬」記事 道堅」
願以此功德普及於一切」我等與衆生皆共成佛道」
⑩ 제7가리가존자
康熙四十五年丙戌四月初一日靈光郡南嶺母岳山佛岬寺新造成」釋迦佛左右補處十六大阿羅漢腹
藏發願文」法華妙典云造像少如麥獲福大若空肆以與善男信女共爲發心邀」良工市美材塑其形高
坐花王之上貿雙南之彩畫其像垂其本壇之後」於是儼然若有靈響之儀遂使一瞻一禮但合掌少低頭
之人共結不朽之勝」緣願獲菩提之勝果耳若兼他日得見五百普明如來此豈非今日之因歟」
第七迦理迦尊者 願佛大施主 鶴明比丘」朴勝哲」主上殿下壽萬歲 國泰民安法輪轉 燈燭施主 金
勝男」事事十方施主」材木大施主 車海云」愛節」供養施主 張白」施主 白眞音先」
畫員秩」
楚卞」灵善」覺楚」釋俊」淨惠」瑞行」澄性」致海」寂勝」澄海」泗祥」
三綱秩」
方丈 應楚」首僧 幸宗」三宝 宗蜜」持寺 學玄」典佐 玄樞」知典 淸鏡」書記 幸侃」直歲 竺
英」守仁」
緣化秩」
證明 性一」知典 淸旭」供養主」尙淳」弘日」斗三」負木 戒淸」
化主秩」
玉岑」熙衍」居士金信白」車海云」腹藏化主 性海」助緣 弘侃」舍堂信行」信堅」別座 鶴敬」
記事 道堅」
願以此功德普及於一切」我等與衆生皆共成佛道」
⑪ 제8벌도라존자
康熙四十五年丙戌四月初一日靈光南嶺母岳山佛岬寺新造」成」釋迦佛左右補處十六大阿羅漢腹
藏發願文」法華妙典云造像少如麥獲福大若空肆以與善男信女共爲發心」邀良工市美材塑其形高

坐花王之上貿雙南之彩畫其像垂其本壇」之後於是儼然若有靈響之儀遂使一瞻一禮但合掌少低頭
之人」共結不朽之勝緣願獲菩提之勝果耳若兼他日得見五百普明」如來此豈非今日之因歟」
第八伐闍羅尊者 願佛大施主 金尙夏兩主」主上三殿下壽萬歲 國泰民安法輪轉 燈燭施主 金勝
男」事事十方施主」材木大施主 車海云」愛節」供養施主 張白」施主 白眞音先」
畫員秩」
楚卞」灵善」覺楚」釋俊」淨惠」瑞行」澄性」致海」寂勝」澄海」泗祥」
三綱秩」
方丈 應楚」首僧 幸宗」三宝 宗蜜」持寺 學玄」典佐 玄樞」知典 淸鏡」書記 幸侃」直歲」竺
英」守仁」
緣化秩」
證明 性一」知典 淸旭」供養主 尙淳」弘日」斗三」負木 戒淸」
化主秩」
玉岑」熙衍」居士金信白」車海云」腹藏化主 性海」助緣 弘侃」舍堂信行」信堅」別座 鶴敬」
記事 道堅」
願以此功德普及於一切」我等與衆生皆共成佛道」
⑫ 제9술박가존자
康熙四十伍年丙戌四月初一日靈光南嶺母岳山佛岬寺新造成」釋迦佛左右補處十六大阿難羅漢腹
藏發願文」法華妙典云造像少如麥獲福大若空肆以與善男信女共爲發心」邀良工市美材塑其形高
坐花王之上貿雙南之彩畫其像垂其本壇之」後於是儼然若有靈響之儀遂使一瞻一禮但合掌少低頭
之人共結不」朽之勝緣願獲菩提之勝果耳若兼他日得見五百普明如來此豈」非今日之因歟」
第九戌博迦尊者 願佛大施主 朴乞尿單身」鄭元立兩主」主上三殿下壽萬歲 國泰民安法輪轉 燈
燭施主 金承男」事事十方施主」材木大施主 車海云」愛節」供養施主 張白」施主 白眞音先」
畫員秩」
楚卞」灵善」覺楚」釋俊」淨惠」瑞行」澄性」致海」寂勝」澄海」泗祥」
三綱秩」
方丈 應楚」首僧 幸宗」三宝 宗蜜」持寺 學玄」典佐 玄樞」知典 淸鏡」書記 幸侃」直歲」竺
英」守仁」
老德秩」
明遠」妙覺」惠迪」善荷」信哲」
緣化秩」
證明 性一」知典 淸旭」供養主 尙淳」弘日」斗三」負木 戒淸」
化主秩」
玉岑」熙衍」居士金信白」車海云」腹藏化主 性海」助緣 弘侃」舍堂 信行」信堅」別座 鶴敬」
記事 道堅」
願以此功德普及於一切」我等與衆生皆共成佛道」
⑬ 제10반탁가존자
康熙四十五年丙戌四月初一日靈光南嶺母岳山佛甲寺新造成」釋迦佛左右補處十六大阿羅漢
腹藏發願文」法華妙典云造像少如麥獲福大若空肆以與善男信女共爲發」心邀良工市美材塑高
坐花王之上貿雙南之彩畫其像垂其本」壇之後於是儼然若有靈響之儀遂使一瞻一禮但合掌少低
頭」之人共結不朽之勝緣願獲菩提之勝果耳若兼他日得見五百」普明如來此豈非今日之因歟」
第十半託迦尊者 願佛大施主 金明發兩主」尙天比丘」主上三殿下壽萬歲 國泰民安法輪轉 燈燭
施主 金承男」事事十方施主」材木大施主 車海云」愛節」供養大施主 張白」施主 白眞音先」
畫員秩」
楚卞」灵善」覺楚」釋俊」淨惠」瑞行」澄性」致海」寂勝」澄海」泗祥」三綱秩」方丈 應楚」
首僧 幸宗」三宝 宗蜜」持寺 學玄」典佐 玄樞」知典 淸鏡」書記 幸侃」直歲」竺英」守仁」老
德秩」明遠」妙覺」惠迪」善荷」信哲」

緣化秩」
證明 性一」 知典 淸旭」 供養主 尙淳」 弘日」 斗三」 負木 戒淸」
化主秩」 玉岑」 熙衍」 居士金信白」 海云」 腹藏化主 性海」 助緣 弘侃」 舍堂 信行」 信堅」 別座 鶴敬」 記事 道堅」
願以此功德普及於」 一切我等與衆生」 皆共成佛道」

⑭ 제11나호나존자
康熙四十五年丙戌四月初一日靈光郡南嶺母山佛甲寺新造成」 釋迦如來左右補處十六大阿羅漢腹藏發願文」 法華妙典云少如麥獲福若大空肆以與善男信女共爲發心邀」 良工市美材塑其形高坐花王之上貿雙南之彩畵其像垂其本壇」 之後於是儼然若有靈響之儀遂使一瞻一禮但合掌少低頭之人」 共結不朽之勝緣願獲菩提之勝果耳若棄他日得見五百普」 明如來此豈非今日之因歟」
第十一羅怗羅尊者 願大施主 羅召史禮良單身」 主上三殿下壽萬歲 國泰民安法輪轉 燈燭施主 金承男」 十方施主」 材木大施主 車海云」 愛節」 供養施主 張白」 施主 白眞音先」
畵員秩」
楚卞」 灵善」 覺楚」 釋俊」 淨惠」 瑞行」 澄性」 致海」 寂勝」 澄海」 泗祥」
三綱秩」
方丈 應楚」 首僧 幸宗」 三宝 宗蜜」 持寺 學玄」 典佐 玄樞」 知典 淸鏡」 書記 幸侃」 直歲 竺英」 守仁」
山中老德秩」
明遠」 妙覺」 善荷」
緣化秩」
證明 性一」 知典 淸旭」 供養主 尙淳」 弘日」 斗三」 負木 戒淸」
化主秩」
玉岑」 熙衍」 居士金信白」 車云湛」 腹藏化主 性海」 助緣 弘侃」 舍堂 信行」 信堅」 別座 鶴敬」 記事 道堅」
願以此功德普及」 於一切我等與衆生」 皆共成佛道」

⑮ 제12나가서나존자
康熙四十五年丙戌四月初一日靈光南嶺母岳山佛岬寺新造成」 釋迦文佛左右補處十六大阿羅漢腹藏發願文」 法華妙典云少如麥獲福若大空肆以與善男信女共爲發心邀」 良工市美材塑其形高坐花王之上貿雙南之彩畵其像垂其」 本壇之後於是儼然若有靈響之儀遂使一瞻一禮但合掌少」 低頭之人共結不朽之勝緣願獲菩提之勝果耳若棄他日得」 見五百普明如來此豈非今日之因歟」
第十二那伽犀那尊者 願佛施主 翠雲比丘」 主上三殿下壽萬歲 國泰民安法輪轉 燈燭施主 金承男」 事事十方施主」 材木大施主 車海云」 愛節」 供養施主 張白」 施主 白眞音先」
畵員秩」
楚卞」 灵善」 覺楚」 釋俊」 淨惠」 瑞行」 澄性」 致海」 寂勝」 澄海」 泗祥」
緣化秩」
證明 性一」 知典 淸旭」 供養主 尙淳」 弘日」 斗三」 負木 戒淸」
化主秩」
熙衍」 玉岑」 居士金信白」 車云湛」 腹藏化主 性海」 助緣 弘侃」 舍堂 信行」 信堅」 別座 鶴敬」 記事 道堅」
願以此功德普及於」 一切我等與衆生皆」 共成佛道」

⑯ 제13인게나존자
康熙四十伍年丙戌四月初一日靈光南嶺母岳山佛岬寺新造成」 釋迦文佛左右補處十六大阿羅漢腹藏發願文」 法華妙典云造像少如麥獲福若大空肆以與善男信女」 共爲發心邀良工市美材塑其形高坐花王之上貿雙南之彩」 畵其像垂其本壇之後於是儼然若有靈響之儀遂使一瞻」 一禮但合掌少低頭之人共結不朽之勝緣願獲菩提之勝果耳」 若棄他日得見五百普明如來此豈非今日之因歟」
第十三因揭羅尊者 願佛大施主 法連比丘」 主上三殿下壽萬歲 國泰民安法輪轉 燈燭施主 金承

男」事事十方施主」材木大施主 車海云」愛節」供養施主 張白」施主 白眞音先」
畵員秩」
楚卞」灵善」覺楚」釋俊」淨惠」瑞行」澄性」致海」寂勝」澄海」泗祥」
三綱秩」
方丈 應初」首僧 幸宗」三宝 宗蜜」持寺 學玄」典佐 玄樞」知典 淸鏡」書記 幸侃」直歲」竺
英」守仁」
緣化秩」
證明性一」知典 淸旭」供養主 尙淳」弘日」斗三」負木 戒淸」
化主秩」
熙衍」玉岺」居士金信白」車云湛」腹藏化主 性海」助緣 弘侃」舍堂 信行」信堅」別座 鶴敬」
記事 道堅」
願以此功德普及於一切」我等與衆生皆共成佛道」
⑰ 제14벌나파사존자
康熙四十年丙戌四月初一日靈光南嶺母岳山佛岬寺新造成」釋迦文佛左右補處十六大阿羅漢腹藏
發願文」法華妙典云造像少如麥獲福大若空肆以與善男信女共爲」發心邀良工市美材塑其形高坐
花王之上貿雙南之彩畵其像」垂其本壇之後於是儼然若有靈響之儀遂使一瞻一禮但合」掌少低頭
之人共結不朽之勝緣願獲菩提之勝果耳若有」兼他日得見五百普明如來此豈非今日之因歟」
第十四伐羅婆斯尊者 願佛大施主 劉萬徵兩主」金信遠兩主」主上三殿下壽萬歲 國泰民安法輪轉
燈燭施主金承男」十方施主」材木大施主 車海云」愛節」供養施主 張白」施主 白眞音先」
畵員秩」
楚卞」灵善」覺楚」釋俊」瑞行」澄性」致海」寂勝」澄海」泗祥」
三綱秩」
方丈 應楚」首僧 幸宗」三宝 宗蜜」持寺 學玄」典佐 玄樞」知典 淸鏡」書記 幸侃」直歲 竺英」
守仁」
緣化秩」
證明 性一」知典 淸旭」供養主 尙淳」弘日」斗三」負木 戒淸」
化主秩」
熙衍」玉岺」居士金信白」車雲湛」腹藏化主 性海」助緣 弘侃」舍堂 信行」信堅」別座 鶴敬」
記事 道堅」
願以此功德普及於一切」我等與衆生皆共成佛道」
⑱ 제15주다반탁가존자
康熙四十五年丙戌四月初一日靈光南嶺母岳山佛甲寺新成」釋迦文佛左右補處十六大阿羅漢腹
藏發願文」法華妙典云造像少如麥獲福大若空肆以與善男信女共爲」發心邀良工市美材塑其形
高坐花王之上貿雙南之彩畵其像」垂其本壇之後於是儼然若有靈響之儀遂使一瞻一禮但合」掌
低頭之人共結不朽之勝緣願獲菩提之勝果耳若兼他日」得見五百普明如來此豈非今日之因歟」
第十五注茶半託迦尊者 願佛大施主 信哲」一性比丘」主上三殿下壽萬歲 國泰民安法輪轉 燈燭
施主 金承男」事事十方施主」材木大施主 車海雲」愛節」供養施主 張白」施主 白眞音先」
畵員秩」
楚卞」灵善」覺楚」釋俊」瑞行」澄性」致海」寂勝」澄海」泗祥」
三綱秩」
方丈 應初」首僧 幸宗」三宝 宗蜜」持寺 學玄」典佐 玄樞」知典 淸鏡」書記 幸侃」直歲 竺英」
守仁」
緣化秩」
證明 性一」知典 淸旭」供養主 尙淳」弘日」斗三」負木 戒淸」
化主秩」
熙衍」玉岺」居士金信白」車雲湛」腹藏化主 性海」助緣 弘侃」舍堂 信行」信堅」別座 鶴敬」

          조선시대 불상의 복장기록 연구

記事 道堅」
願以此功德普及於一切」我等與衆生皆共成」佛道」

224. 고흥 능가사 불상, 1707년

康熙四十六年丁亥四月日敬造新塑像奉安於八影山楞伽寺大道場也」□□□」證明 行修」通
呪」淸日□□□」持殿 信益」彫妙工通政大夫 色難」幸坦」通政大夫 雄遠」一機」荷信」混
平」大猷」善覺」夏天□□□」

225. 전주 삼경사 불상, 1708년

願文」下西殿」康熙四十七年卽崇禎後八十一戊子也是年四月初九新造成阿彌陀佛奉安于」下
西殿施主與緣化芳名列于左」
黃金施主 遷㐙福兩主」供養施主 柳奉生兩主」證明 太始」天性」畵員 法宗」化主 太學」善
淨」知堅」天敏」別座 尙覺」住持 敬初 首僧 宗益 三寶 碩明 知寺 覺一 書記 景習」山中老德 敏
英」天允」處訥」前住持 太初」海玉」
願以此功德普及於一切我等與衆生皆共成佛道」

226. 고흥 봉래사 관음보살상, 1708년

① 앞면
願文 修道」
② 뒷면
康熙四十七年戊子四月」初九日新造成觀世音」菩薩獨尊畢役也」發願造成施主」鄭有千兩
主」施主 時任和尙 載昊比丘」證師 太始 天性」畵員 法宗」首僧 冲息」三宝 冲允」山中大德 義
玄」化主 太起」
以此造成功德檀信」與緣化等現增福」壽當生淨界之願」抑願各各先亡父母」列名靈駕俱生極
樂」此菩薩金山寺丈六佛」像重修時造成移安」于智異山甘露寺修」道聖殿庵」

227. 고흥 송광암 대세지보살상, 1709년

造像發願文」娑婆世界勝全州海東朝鮮國全羅道興陽縣南」千燈山金塔寺弟資克敏伏以得人身甚
難遇佛法」轉不易如盲龜遇木而性暗根鈍禪未參經未看」佛未念而無一善可憑則每目念之心腸欲
裂故依」十科之中爲己爲人之一條勞筋苦骨如鵲含枝而」爲巢蜂採花而成蜜募衆緣召良工雕造
無」量壽如來尊像一主及觀世音菩薩大勢至菩」薩尊像二補䏶眼供養訖伏願以此功德施者」化者
助緣者及現世父母諸親眷屬等於未來」世根性明利福慧弘深如觀音勢至二大士然」後證大二果如
無量壽如來窮未來際現諸」淨土化無量壽衆生登彼無上岸者」康熙四十八年己丑四月日記」
施主秩」
主佛大施主 演祐」左補處施主 翠眼」右補處施主 文淑」達玄」學岑」弼玄」道明」雲捲」金晚
浩」張益漢」金尙秋」金致九」鄭昌化」申秀胤」申尙源」張漢雄」卓律」金世輝」朴信日」朴之
昌」呂瓊」尙宗」演卡」李旻彬」崔泰岡」妙法」朴如直」穎覺」覺天」金汝鑑」安氏」朴愼逸」
證明 聰彦」持殿 覺誼」誦呪 海敏」住持 通政 載融」自還」三綱 道閑」廣澤」化士 克敏」別座
呂瓊」
助緣秩」
一玉」大軒」造像片手 通政色難比丘」雄元」混平」一奇」德熙」大裕」善覺」夏天」雷習」廣
惠」

228. 평창 월정사 북대 고운암 석가불상, 1710년

願文」
夫此菴者洪治八年壬寅之春懶翁大和尚親躬初創其年木像」釋迦獨尊歲代具存乙丙兩年荒年
驗歲空虛之時所造」佛相不知玄處大白金剛往來慈悲道人□謙者來到此菴雖」在蘭若佛無所見
之嘆慨然發心神疏勸軸之文檀越施主」之家曩取斗斗之布庚寅四月初旬始役畢役五月念四四点
眼」釋迦如來左補處慈氏彌勒菩薩右補處提花揭羅菩薩」三尊造成功德不可勝言願以此功德普
及於一切我等與衆生」当生極樂國同見無量壽皆共成佛道」康熙四十九歲次庚寅初夏江陵府西
巖五台山北台孤雲菴腹藏記」
山中列錄」
大德 八傾比丘」大德 雪荷比丘」大德 道淨比丘」大德 尚淨比丘」老德 無峻比丘」大德 大根比
丘」老德宗□比丘」能衍比丘」智凞比丘」學岺比丘」尚天比丘」依信比丘」弘允比丘」玉訥比
丘」上院持殿 元敏」老德 信還」信□比丘」大德 體信比丘」靈淳比丘」双湖比丘」大敏比丘」
成敏比丘」本寺秩」前住持 仅依」前住持 瑞利」時首僧 呂淨」使庫首僧 弘允」
緣化列錄」
證明 竺瓊」持殿 妙淨」畵員 廣習」粲屹」瑞凞」供養主 信敏」性凞」來往 道明」負木 念心」
慈悲別座 道人曇期」慈悲大功德主 道人秋謙」
施主秩」
黃金布施供養引權兼」大施主 京城內 金氏舍堂妙淨」布施大施主 金氏寶陪兩主」引勸大施主
舍堂 花德保体」眞粉布施大施主 李氏香擧保体」布施大施主 金仁興兩主保体」引勸兼大施主
黃尙諱兩主保体」施主 趙貴男兩主」淸信居士 元信兩主」淸信居士 信翁兩主」嘉善 洪終一兩
主」沈毛奴身兩主」沈天信兩主」李唯仁兩主」李次敏兩主」金時黃兩主」体木大施主 幻學 崔
煥兩主保体」

229. 평창 상원사 석가삼존상과 16나한상, 1711년

① 미륵보살 조성 발원문(1711년)
願文」上古成佛未能俱存主佛釋迦依舊安坐左右補處」提花竭佛慈氏彌勒位故無發願造成以偈
于后」願以造成功普及於一切我等與施主皆空成佛道」伏願」主上三殿壽萬歲 天下太平轉法
輪」次願」
同參募緣施主 李順達兩主 韓貴大兩主 嘉善金岩回兩主」嘉善崔萬祥兩主 金敬眼兩主白氏悅伊
保体」李氏惠郎保体 金氏哲洭保体 李氏以淨保体」洪氏次業保体 亦願諸隨喜增延福壽之願」
同參緣化秩」
證師 大德大嘗比丘」持殿 老德三彦比丘」良工 惠珠比丘」淨行比丘」思彦比丘」畫工 進趣比丘」
施主兼畫工 道淸比丘」給侍 明琳比丘」小者 克載保体」監事 密涵比丘」發願 幹善 瑞雲比丘」
三綱秩」
時和尚通政元依比丘 首僧 秀涵 三寶 獲琛比丘」持殿 寶蓮比丘」典座 同知 瑞珠比丘」
維康熙五十年 歲次辛卯四月二日天柱山雲覆寺 靈山殿左右補處新造安于於此」
② 미륵보살 중수 발원문(1886년)
彌勒菩薩像重修發願文」左補處慈氏彌勒菩薩 鍾頭比丘大賢」證明 惠思 坦謙 供司比丘允燮」
晦光 有璿 淨桶 韓明吉」誦呪 比丘昌忱 別座 金成應祐」持殿 東坡善元 都監 德雲演摠」畵師 惠山
竺衍 化主 寶雲亘葉」昨年春自」內帑賜下千金今円臕又佛事而究竟」伏願」聖壽無彊國界寧安普
與法界彼亡衆生共成佛果還度米淪」光緒十二年丙戌福月望日奉安于五」台山上院寺 靈山殿」

230. 함양 사리암 아미타불상, 1711년

湖南任實縣地治西聖壽山重興寺造像與叛立諸療舍始末擧槩而記」盖玆寺也古新羅之世元曉祖
師之道場也而兵燹之後廢基成林者幾經年載乎適值崇德戊寅之歲」各曰戒行禪師初占始叛艱構
一房之舍額曰白雲之殿居焉多載亦踰累年而建于丁巳之秋其各敬敏師」遂立一療堂曰明月而西
舍橫在闕無左右鴛鴦之堂不缺正間之樓也迄于白馬之春玉瓊師者造成一療於兌」乃曰碧眼堂而
之闕仇麗之一位而其間白雲堂多經風雨累換星霜亦未免橡榻之蹉跎而老德法口師者暮諸」檀那
之珎財改旧煥新之造畵上中下三壇幀軸豈不曰美成闕後靑狗之口尙圭師者之叛立圓音樓閣嘉乎
而而」震方空缺若人之一隻之目而至於赤猪之載處隨上人上在明月之堂移建于東隅鴛鴦並宿一
位俱成之不曰美成」然而其位精利徒無金軀之尊像居諸衆莘慨歎莫窮監乎白免之歲稊老衲處隨
與上人信宗立大誓言」同共發願敬造弥陀觀音勢至三大聖像不踰其口訖功落成之乃瑞陽之日而
儼口化城麗乎蓮界此非」如上諸禪同種叔世之善緣而宠乎杜茷此寺之如是美麗凡諸四物器皿若
那捨施檀越之財穀豈至於此茷然」則諸舍叛建之始末敬造聖像之標致與諸檀信之難能題各於后
以曉後代之来者擧署而記之」康熙五十歲在辛卯仲夏端午日万丈山人守愚書」
老德 法瓊比丘」賓瓊比丘」普眼比丘」戒侃比丘」就圓比丘」恵軒比丘」唯性比丘」玉瓊比
丘」三綱」灵卞比丘」宗印比丘」幸哲比丘」公貟 天演比丘」施主秩」佛像大施主 李同伊兩
主」李武仁兩主」左補處大施主 朴起卜伊兩主」申奉伊兩主」右補處大施主」灵卞比丘」李玉
梅兩主」體木大施主 張時發兩主」張印發兩主」李漢起兩主」思淳比丘」黃金大施主 金今祐
兩主」李淂才兩主」李志奉兩主」千三善兩主」面金大施主 秋口明兩主」金斗方兩主」烏金大
施主 朴興望兩主」李信奉兩主」供養大施主 吳星國兩主」郭哲雄兩主」法瓊比丘」賓瓊比丘」
布施大施主 韓山奉兩主」李哲雄兩主」莊嚴大施主 梁世宠兩主」金漢重兩主」韓大善兩主」五
藥大施主 徐奉礼兩主」金太生兩主」善寬比丘」清密施主」金海君兩主」引燈施主 姜原伯兩
主」醬末施主」金太君兩主」金生伊兩主」食鹽施主 金原生兩主」食鼎施主 尹奉上兩主」坐服
施主 金太生兩主」李礼相兩主」
緣化秩」
證師 建標比丘」持殿 海信比丘」畵貟 進悅比丘」靈熙比丘」太應比丘」太元比丘」守英比丘」
供養主 守一比丘」思仁比丘」尙熏比丘」別座 桂淳比丘」化主 處蹟比丘」信宗比丘」佛影通施
主 李二龍兩主」腹莊大施主 張一連灵駕」朴承男兩主」趙尙益兩主」
願以此功德普及於一切我等與衆生皆共成佛道」

231. 영동 영국사 보살상, 1711년

대좌 묵서
康熙伍拾秊辛卯」五月日」證明 持殿兼 弘信」畵員 首頭 呂賛」碧閑」就習」雪岩」三印」分
男」夜掌 崔蕋山」弼種」供養 鶴林」妙眞」負木 居士信元」化主 慧眼」別座 宝忍」

232. 익산 혜봉원 석가불상과 보살상, 1712년

康熙五十一年癸巳四月初一日扶安西領辷山」開岩兜率菴佛像造成起」體木大施主 紉學崔之厚
兩位保体」供養大施主 金德載兩位保体」供養施主 紉學金聖龜兩主」黃金施主 王繼迪兩位」烏
金施主 高順發兩主保体」紉學顯龜兩主保体」烏金施主 朴太興兩主保体」朴信伊兩主」各各施
主同參 各〃結願 壽命長」
綠化秩」
證明 信寬比丘」持殿 信起比丘」畵員 楚俉比丘」畵員 信玉比丘」供養主 太謙比丘」負木 張先
伊單身」別座 三祐比丘」化主 比丘覺軒」居士 自明比丘」海尙比丘」明月舍堂 三信單身」

233. 고양 상운사 아미타삼존상, 1713년

① 조성기(1713년)
康熙五十戴年癸巳自七月初五日始役于至」八月念六日畢大成功也」奉安于露積寺」極樂寶殿
左補處觀音蓮臺也又」造成處則露積寺別室也」
緣化秩」
證明 天機比丘」持殿 宗辨比丘」畫員 進悅比丘」靈熙比丘」太元比丘」處林比丘」淸徽比丘」
供養主 智日比丘」太淸比丘」別座 三彦比丘」化主 智邊比丘」時任 主□ 斗謹比丘」時任首
僧」祐世僧風摠領察事都摠大將」嘉善大夫 飯玉比丘」
② 개금발원문(1730년)
擁正八年庚戌六月日」彌陀尊像改金三角山祥雲寺奉安于」
緣化」
證師 致仁」持殿 處遠」畫員 白基」玄特」供養 義允」別座 一湖」化主 懷秀」

234. 서울 천축사 불상, 1713년

① 발원문(1713년)
康熙五十二年歲次癸巳八月 日三角山露積寺依住而重修」於萬歷造成三佛而改金移安于 閔漬寺
至心敀命頂禮現增」福壽當生淨利之願施主」
木像偎工 進悅」靈熙」碣羅 太元」釋迦爲主 處林」彌勒 淸徽」供養主 智日」依順」太淸」別
座 三彦」重修幀像二部 畫員良工 瑞一」戒鶴」玄澤」太性」白機」副良工 惠覺」泰性」祐世僧
風摠領察事都摠大將」嘉善大夫比丘 飯玉」唯承佛力名彌證師比丘 天機」
② 발원문(1735년)
發願文」
釋迦如來遺教弟子雪瓊齋沐焚香稽首歸命」十方常住帝綱重〃華藏海大慈悲佛菩薩曰陁羅網中
伏」念弟子與大功德化主等」同生象季佛前佛後渴來三界漂沈麎歇貪嗔未除輪環難逃」赤子思
母優塡王始爰收衆緣叨補有像」釋迦如來左右補處慈氏彌勒菩薩提花碣羅菩薩三尊像而」始於
甲寅之冬成於乙卯之秋七月二十九日願以此功德奉爲」先王先后列位仚駕與先𠫤父母列名靈駕
兼及法界亡魂小直往極樂」之淨土親見如來之尊顏蒙佛授記亦願檀信小見聞隨喜抑願緣」
化各〃比丘小咸登覺岸伏願」十方常住三寶特垂證明無量功圓應者」主上三殿下壽萬歲」京畿
三角山西岩寺」雍正十三年乙卯秋七月二十九日奉安」
施主秩」
黃金大施主 韓完世靈駕」乾命戊午生」奉坤命甲寅生」坤命辛酉生」乾命姜壬申兩主」
大功化主 優婆尼 大惠」大功化主 優婆夷 九精」大功化主 優婆夷 自信」引勸化主 劉氏壬戌生」
化主比丘 通政 曇玄」化主比丘 通政 肯信」
緣化秩」
證明 大師雪瓊」持殿 察眞」畫員 覺聰」七惠」斗策」太云」供養主 月昊」出閑」太澄」普學」
負木 普敏」別坐 一俊」都監 曇玄」時任首僧 英云」時任僧將 天默」

235. 김제 문수사 아미타불상, 1715년

熙五十四年乙未五月日」無量壽如來尊像施主 □目」尊像施主 金起業單身 金萬起單身」尊像施
主 李氏碧蓮單身」供養施主 朴貴善單身尊」像體木施主 崔□恒兩主 處益比丘 義祥比丘 徐氏元梅
單身」明月拂子 明林單身 徹輪比丘 姜元必靈駕」食鹽施主 性念比丘 崔萬善兩主」喉靈桶施主 金
命善兩主 佛觀單身 張益漢兩主」引勸施主 明觀比丘」引勸諸人 斗琛比丘」□物化士 如雲比丘」
緣化秩」

證明 天淳比丘 靈淑比丘」持殿 玄藏比丘 靈熙比丘」畵員 惟性比丘 觀性比丘」供養主 禪敏比
丘」紀書 廣無比丘」

236. 양구 심곡사 관음보살 · 대세지보살상, 1716년

①관세음보살 발원문
觀世音菩薩 發願文」
有明朝鮮國江原道楊口県上東面金剛山南麓兜率山深谷寺敬造圓通教主觀世音薩菩」尊像安于
本寺發願文」伏聞」圓通教主觀世音菩薩聞性空時妙無比思修頓入三摩地無緣慈力赴群機明月
影吹千澗水弟」資稽首歸命」大慈悲父觀世音菩薩仰願他而道眼無願見中動大哀憐冥熏加被令
洒甘露極拔窮乏願賜福慧」伏願弟資以此造像功德旱斷漏結速得福惠三業頓除六根清净弟資不
願千手五編則五濁劫中」瓦礫荊棘変爲五瑠璃世界自他身而潔白如霜白花道場師子座上 觀世音
菩薩白衣花冠妙」相端嚴結跏趺坐白寶光相交光互映寶盖成空香風耿耿百種伎樂空中自響無量
妙味充満其間」觀世音菩薩三十二座十四無畏四不思議說法度脫一切苦惱衆生無有体息敬我弟
資等獅子座則合掌恭」敬哀求甘露惟願 觀世音菩薩憐憫加被傾大甘露潅我頂門洗滌多生業障
累世冤愆現」世則白業頓增悪緣漸息人敬而神祐禍去而福來得大壽命安穩度世家富人興身空九
級」之中階慶毛萬代之子孫当生則大命終時無諸塵苦生逢中旺正信家生童眞出家具足辯」才四
無願解凡是聖教薰習其下一歷耳根永無忘失文章伎芸福德智慧壯嚴其身」作大導師自是持誦直
至成佛於其間捨身受身常爲男子隨佛出家得大安樂參禪」學道無諸魔障發菩提心自利利他願行
無層惟願」觀世音菩薩哀憫持受 其次同参見聞隨喜助緣辛匠給事幹仙之芳号開列于帖」
康熙五十五年上六月丙上申月日 書」
四衆秩」
萬稽 智安 复禮 双衍 雪皓 敬祐 處輝 陸憲 道泗 双卜 斷慧 尚心 禪玉 致柔 一能 瑞機 智嚴 敏□ 靈
俊 海淨 覺心」
施主秩」
觀世音獨辨大施主 嘉善大夫 居士妙瑞兩主 太英 道鏡 竹摠 熙彦 法欽 道尚 卓璘 怡悅 法坦 怡行
天輝 彩連 道式 瀚鵬 海瓊 儀宗 雪□ 海□ 法□ 三順 剋還 海 璽主」金氏月暹 李錫萬兩主 李夏蕃
兩主 李夏三兩主 李夏發兩主 女海淑 李枝萬兩主 梁先伊兩主 金善業兩主 朴永擇兩主 金柱萬兩
主」腹藏紙施主 比丘 海雄 覺禪 勝欽 處寛 雪梅 柳世興兩主 李信□ 曺氏雪生」崔泰興兩主 張少
萬兩主 李論先兩主 崔男伊兩主 李海發 裴萬実兩主 李海圭兩主 嚴順擇 朴二立兩主 崔泰俊兩主
金巨福兩主 崔点伊 李清鏡兩主」
緣化秩」
證明 慶嚴 □□ 秀琮 萬徽」畵工 應玉 尚玄」邊首 琢璘 三機 上欽 自悅」冶工 就託」供養主 覺
能 法雲 法澄」
化主秩」
山中碩德文益 釋清 性均 妙訓 玉坦 比丘 一玉 別座 就淡 印和 月明 智性」
②대세지보살상 발원문
大勢至菩薩發願文」有明海東朝鮮國関東江原道楊口県上東金剛山南麓兜率山深谷寺敬造右補
處」大勢至菩薩尊像安于本寺發願文」摩訶檀信幹化宰匠等謹捨塵財敬造」極樂導師阿彌陀佛
尊像左右補處觀世音大勢至菩薩又造觀音二尊像合造五尊像」彌陀觀音勢至三尊深谷寺法堂
安邀」一觀世音尊像深谷所属隠寂庵安邀」一觀世音尊像深谷寓菴彌羅庵安邀」以此功德伏願
今世福基命位各願昌隆子孫榮光家業」安静後生福足慧足頓悟一乘身昇□蓮諸佛同樂亦願先
□□□□脱苦倫而登□□大」地萬類含生層出火宅而生浄域然後願無邊法界有識含靈倶成正覺
志心歸命」大勢至菩薩摩訶薩哀愍攝」太清康熙五十五年丙申夏月日記」楊口県監徐名世身安
長壽子孫榮光之願」觀世音菩薩獨辨施主嘉善居士妙瑞兩主往生極樂之願」月暹灾厄頓除同往
極樂」

腹藏紙施主 比丘海雄 比丘覺禪 比丘勝欽 比丘處寬 比丘雪梅 比丘智性」山中大德 比丘文益 老
德 比丘萬稽 老德 比丘智安 老德 比丘复禮 老德 比丘双衍 主張 比丘雪皓 首僧 比丘陸憲」緣化
秩」證明 比丘慶嚴 持殿 比丘秀琮 比丘萬徽」首畵員 比丘琢璘 比丘應玉 比丘尙玄 比丘三機□
比丘上欽□ 比丘自悅」冶邊首 比丘就託」供養主 比丘覺能 比丘法雲 比丘法澄」化主 比丘釋清
化主 比丘性均 化主 比丘妙訓」別座 比丘就淡」

237. 안성 칠장사 관음보살상, 1718년

康熙五十七年戊戌秋化主允暎處輝等發大」誓願欲塑 寶相廣募衆緣各邑檀信同心戮」力以成勝
利己亥四月二十四日安于七長寺不爲」一身獨脫三界亦不永人天福報只歟一切衆」生皆發菩提
心同生極樂國兼願見聞隨喜」都人等現增福壽當生淨利者檀越姓」民開列于左」
施主秩」
佛像大施主 通政比丘 慧日」施金 嘉善比丘 坦明」德還爲亡師碩圭施米」韓泰澄 兩主」李玉立兩
主」金千益兩主」安時成兩主」方我只兩主」李霧龍兩主」李相變兩主」李相說」李相樑」李相
文」金相會」劉二方」金六」英海比丘」朴貴成」尹氏庚辰」趙必元」廷成俊」金得望」瑞淸 比
丘」金世」裵厚良」金有体」金氏隱春」全氏 己亥生」尹泰□兩主」奇泰興」金氏哲匡」尹□」
尹時萬」高泰山」尹天性」朴成俊」末醬施 省蘭」林時泰」…」…靈駕」梁二謙」崔順望」閔羽
成」比丘 應楚」允眼」學坦」萬均」泰演」淸稔」金鼎九」金相業」金世九」朴大善」李德建」
居士 行修」林淑」尹就点」河二原」徐敬益」崔終業」梁孝彬」金春日」安씀福」姜性吉」趙六
□」朴保乙音」姜性吉」元哲石」魯戒岑」金聲辰」魯起萬」金知弘」廷氏乙巳生」金氏 毒縣
禮」朴保萬」比丘 覺靈」崔千年」池閏海」金升雲」朴一先」李氏丙申生」金貴奉」申吉萬」比
丘 天竺」朴泰興」尹相會」白氏敬禮」尹順國」安俊明」朴枝華」舍堂瑞仁」成英」金論宗」
緣化秩」
證明 法印」誦呪 碩謙」印慧」良工 一機」善覺」善一」斗英」供饌 智英」敬律」出內 性坦」
化主 允暎」處輝」本寺秩」老德 法岑」敬俊」處安」尙元」三綱 義察」典座 弘祐」持寺 省
蘭」持殿 道熙」

238. 안성 청룡사 관음보살상, 1722년 중수

觀音鑄尊像改重修於康熙六十一年壬寅二月日奉安」于靑龍寺」
引勸兼黃金大施主 比丘性岑」黃金大施主 崔武業 兩主」供養大施主 居士性凞兩主」布施大施
主 金永鶴兩主」白時先兩主」居士 道函兩主」黃金大施主 姜氏次云兩主」金士天兩主」趙星太
兩主」引勸兼黃金大施主 比丘敬嚴保体」
緣化秩」
證明 大根比丘」燃燈 覺隣比丘」畵員 致源比丘」眞□比丘」供養主 覺禪比丘」雲惠比丘」功德
主 義昊比丘」山中老德 印埋比丘」思侃比丘」印圭比丘」
願以此功德 普及於一功我等與衆生皆共成佛道」

239. 밀양 여여정사 관음보살상, 1722년

發願文」
康熙六十一年壬寅六月日」寂照菴觀音尊像造」成大施主 金錫弼兩主保体」灾厄賴除福壽延
長」證明 宗敏」持殿」坦日」仁淑」懶軒」良工 進悅」淸愚」淸輝」貫性」玉聰」供養主」時
敏」信行」哲文」尙雲」本性」化主」興寶」思屹」別座 彦聰」都監 祖眼」引勸 存屹」山中大
德」就仁」法寬」演初」處機」存覺」熏一」慧遼」善印」會淑

240. 여수 흥국사 수월관음보살상 불감, 1723년

雍正元年癸卯孟夏 順天 興國寺□…□」□□□……□□造成」成等正覺□願□□先」速離於苦
海生於净利」此良緣俱成正覺惟」□□発四弘誓願盡傾財物」所発弘願者特僞亡身親□観音大
聖摩頂授記仗」於妙力□□□□心乃至佛果於其中□□□ 魔□」□□□□□ 迴無怠功 成正覺
□□□□」眞□□□□功造像 順敏 慧眼 浪日」證明 智穎 敏頓 誦呪 弘翰 純謙 世澄 覺樹 □□
□□」

241. 예산 보덕사 아미타불상, 1726년

바닥 묵서
緣化秩」
訂師 山人道行」畫員」道眞」禪輝」仅濟」持殿 雲湖」供養主」處允」智堅」化主 取澄」
雍正四年日月…」別座 德尙」

242. 예산 수덕사 삼길암 관음보살상, 1726년

願文」
雍正四年丙午三月日大山三吉山三吉庵造成阿彌陀佛一尊」觀音菩薩兩尊化主本海美西面沙器
所人俗名宋敏碩」居士名法能自荷負勸善乞立諸處造成三尊內觀音」菩薩一尊安興地灵山望海
庵移安于留鎭」
大施主 海美西面沙器所居 申尙元兩主 金戒云兩主 老弼才兩主 表禮吉兩主」通政大夫 申丁元兩
主 金山業兩主 安俊弼兩主 居士應眞兩主 朴凡治兩主」大施主 瑞山北面大山竹葉里居 居士法尙
兩主 金哲云兩主 李億祿兩主」劉碩哲兩主保體 李碩碧兩主 李斗仁兩主 李壽萬兩主」李斗永兩
主 金日金兩主 居士德淳兩主 鄭老仰兩主 廉斗雄兩」高次乞兩主」金尙宗兩主 林萬丁兩主 朴善
取兩主 林乞金兩」安興鎭寺居風月堂大師惠然覺灵 廉暹伊兩主 張召吏八俊保體」安興居張漢
樞兩主 文聖華兩主 金今碩兩主 比丘満眼 比丘就岑」崔注金兩主 宋順才兩主 朴信根兩主 張尙
業兩主 張戒奉兩主 劉順業兩主」崔毛雲兩主 崔仁立兩主 尹峯五金兩主 金世重兩主 洪壽补兩主
劉德先兩主」高氏銀玉 宋丁吉兩主 金萬興兩主 金時男兩主 張弼才兩主 木各〃保」俉永世不朽
因同生極樂國願以次功德普及於一切我等與衆生皆共成佛道」
緣化秩」
證明 雪浩」持殿 省演」畫圓 慶尙道 尙州 東觀居音」通政最洽」海淑」德森」供饋印賛」雄
俊」太俊」戒學」大別座 斗雲」大化主 居士法能」本寺 化主明淳」引勸兼大化主 智還」本寺
別座 明俊」

243. 서울 사자암 아미타불상, 1726년 개금

① 발원문 A 앞면
假佛本是眞佛子眞佛亦是假佛子眞假」相生是一佛我今重修阿彌陀非眞非假本天」眞無死無生
本是生四十八願徧莊叩光明普照」三千界此是人人自性佛一稱名號比丘成佛」願以此是德結緣
諸檀栽同然諸比丘」比丘共成佛道同生安乐國同見無量壽」摩頂得授記歸命禮弥陀刼火燒海」
底風高山相擊我願誰能毁」
① 발원문 A 뒷면
雍正四年丙午五月日高岩山積寺彌陀」佛像改金重修時諸檀越與緣化比丘同」參記錄」施主列
目」嘉善金允益」韓氏分香」金守雄兩主」嘉善比丘泰能」嘉善朴看靈兩主」嘉善比丘講嚴」通
政宋南伊兩主」

緣化秩」
改金良工 比丘泰能」比丘怡哲」持展 靈圭」給侍 熙悅」月海」別座 弘益」化主 國坦」證訂 灵
熙」破柴 崔連立」
③ 발원문 B
畵師秩」
名現畵師印性比丘」聚謙比丘」諦儀比丘」胱隷比丘」引勸兼施主 普鑒比丘」黃金大施主 興綠
比丘水伏願」蕭宗大王第三子延岭君仙駕徃生極樂世界親見阿彌陀佛」恒間茄麥仙子音之慈誨
次願」延岭君子洛川君夫人自家戊戌生徐氏之所願者重續夫婦」未盡之悵緣以経借老之大願次
餘黃金大施主」丁卯生崔氏禮英庚子生金氏貴彬尙宮甲寅生李氏與」各各施主水生增壽福孔徃
極樂世界無量慈悲之大願」
施主秩」
夫人自家戊戌生徐氏保体」黃金大施主 崔氏保体」黃金大施主 金氏保体」尙宮甲寅生李氏保
体」緣化秩」
證明 覺性比丘」持展 一埜比丘」供養主 普英保体」斗宋保体」熟頭 元察保体」賢白保体」尙
天」埜兼」信眼」敬心」奉祥」老未」貴才」別座 戒澄保体」大功德主 居士」善學両主」건명
긔묘셩니시공복보테」
歲在乾隆九年甲子十月初七日書」

244. 고흥 송광암 관음보살상, 1726년

앞면
雍正四年丙午二月日全羅左」道興陽浦頭西馬北山文殊庵」新造觀音等像化士雪玄稽」首飯
命」救苦观世音菩薩夫菩薩大」悲心者乃三十二相八十種好十四無畏」三十二應千手千眼之備
足也菩薩拔」濟衆生曰他之自利自利亦是利他」之素願也故非但施主先亡父母亦是化」主先亡
父母非但緣化證明諸師先亡」父母法界有住無住孤魂及現生父多」生母宽親九族之亡灵承被菩
薩」之加獲力同共發菩提心者施主化主緣化」影助見聞隨喜結緣者現世灾消」障福慧增長臨終
捨身受身不受」中陰之身速證正覺皇恩佛恩一」時報」
施主」黃金兼願佛大施主 德順比丘」烏金大施主 崔世寬兩主」体木大施主 張厚元」布施主 金
德昌」供養大施主 張碢」
뒷면
各各種種施主等」願以此功德普及於一切」我等與衆生皆共成佛道」
緣化秩」
證明 永休比丘 竺熙」良匠 夏天 致俊 宗惠」持殿 證修比丘」別座 的粲」供養主 大熙」大功德
主 雪玄」內別座兼願佛施主 釋還比丘」

245. 대구 동화사 삼세불상, 1727년

① 석가불상 발원문(1727년)
願文」願以此功德普及於一切我等與衆生皆共成佛」道證明快善天順弘濟弘雨藏六」頌呪應真
思任再熙明悅供養主」淸湛虛珪梓匠夏天碩俊得察」允淸真華成粲秋淨完陟化主」穎熏智閑載
玄給待雪輝朗悅」普性覺心朗日圓淨楚梅淨學智行」處誠發願新造成教主釋迦牟尼佛藥師琉
璃」光佛西方阿彌陀佛三洲護法童真菩薩尊」像兼設供養檀越比丘玉峻伏爲亡父金貴生兩主」
灵亡祖金茂陵兩主灵駕亡外祖金玉根兩主灵駕」亦爲先亡九玄七祖多生師長一切究親俱生淨」
土抑願建立齋主玉峻惠清彩洽興」諸同緣隨喜見聞等現增徧壽當生淨利」高義□黃氏兩主許萬
奉高氏兩主」別座 學輝再遠」雍正五年丁未正月始于四月終而奉安兼」閏坡五月也」
② 석가불상 개금 중수문(1896년)

願文」自永明癸酉至光緒卅二年丙申一千四百四年見通史年代而記之」本寺刱設始於齊武帝永
明十一年癸酉而年久歲遠事蹟未詳故我朝壬亂前事杳茫莫知」矣大淸雍正三年乙巳當回祿之灾
重刱法宇六年戊申三尊聖像与後佛幀中坛幀新造成到今」光緒二十二年丙申則一百六十九年也
聖像有脫金之傷痕後佛幀亦有傷處故經營數年乃作佛事而」適當世騷年荒募緣難淂又此寺丕僧
殘勢難叵測故僅募數千續貿金一百十五束塗金則一尊像」猶不瞻而改金三尊聖像則不可灌浴改
金僅匸隨缺處補金雖緣於勢不得已之事仰對尊像万匸」惺悚而且思後人不知此勢深責前人之不
善佛事則尤深罪悚然惟望來世因緣作福之君子也」後佛幀与甘露幀四天王幀同作佛事時維十一
月初旬間也」願以此功德普及於一切我荢与衆生皆共成正覺」
大施主」
徐相春」崔鳴敬」許多施主 煩不盡」證明 悟性彙胃」月松啓俊」晦應錫柱」金魚 德山妙華」
映雲奉秀」友松爽洙」雪霽秉玟」太日」誦呪 雪城幻住」宝山亭玉」滿月一柱」知殿 海潭正
祐」化主 喚鶴奉芸」都監 澄潭時㷀」別座 桐塢亭旭」供司 之守」敬冝」鍾頭 性堅」華有」仁
奎」時僧統 寬應柄天」三綱」書記 尙順」時首僧 永旭」三甫 基芸」佛粮都監 眞潭引敬」信奉
殿 擎虛莘洙」毘盧殿 草雨尙彥」那畔殿 庸隱泰義」蓮經殿 混雨敬昊」引勸化主 京華溪寺梵雲
就堅」山中都目」禪堂煥鶴奉芸」桐塢亭旭」後山斗玩」宝隱印性」寬應柄天」源燮」敬冝」正
孝」長遠」亘玩」尙眞」義冝」順吉」永周」僧堂 澄潭時㷀」桐隱守訓」德玩」奉佑」正淳」基
芸」藥師 眞潭引瓊」混應喜瑀」性波祈三」霽虛應錫」霽山浩惺」以訓」鳳儀」景祚」景挾」
性堅」尙順」巨淵」允守」學黙」童在永」鶴伊」斗月景雲敬禪」惠潭典函」龍鶴文玉」冝運典
祐」性安」載鮮」戒奐」西別 友霞輔玹」一遇啓宣」以玄」應宣」台喜」明信」炳周」東天」
業伊」金堂 眞月永彥」万月一洲」敬谷挾珍」抱山祺宣」碧翁可運」六菴玟午」碧齊學訥」柄
主」亘植」大圓」學曄」永旭」奉洪」太有」奉午」永玉」文石」仁奎」夫應龍雲碧珎」松月基
典」惠明戒仁」錦雲仗宣」寬月法贊」懶广尙云」大應寬奎」謹明聖鉉」應海周曄」之守」奉
守」仗活」奉明」仗昕」性衍」華有」應學」仗性」應主」達玄」亘祐」性學」亘哲」尙宗」永
仙」九應石」鳳龍」內院」新菴抱寬」瑞雲覺圓」九潭法禪」月斗敬欣」雪齋秉玟」榮桓」性
一」有典」性希」海元」益俊」應五」秉玉」普性」妙淳」達守」達希」允一」養眞 九松敬典」
眞修」念佛 喚菴寬曄」古船戒安」晦應錫柱」蓮湖道淳」愚現」得洙」應演」尙奎」知律」聖
祥」位文」明完」性午」在演」天益」戒悟」
漢陽開國五百五年丙申十一月初五日悟性彙胃謹誌」
③ 석가불상 개금기(1896년)
三尊佛像脫金傷疷出於甲午三月日也」仍此勸文本山中与各寺淂數千金而此年六月日」倭兵此
亂國亂民擾人心撓動故不作佛事」錢盡用於寺中其後亂靜外方然謗多多」故越三年丙申夏經
□佛事更勸□」盡心竭力僅求數千上京貿金八十五束爲」佛事云制京花溪寺梵雲和尙淂施金」
三十束加送而金不足恨歎云矣果然請」畵師作佛事制畵工以金不足不爲事而欲」玄故□乞作佛
事而佛不灌浴旧金上」塗金但恕膠牙力以自□也六十束作泥金」用面彩五十五束塗躰金泥金
足〃而体金」不足〃前付二件後付一件不盡補孔可歎〃」而勢也奈何此时金価每束十六而也而
次上充」故佛事始於十月廿七日□十一日點眼也今」畓料量刘優則三尊像三百束金可當略」則
二百四十束可不然則不足也矣」
④ 석가불상 개금 발원문 봉합지(1896년)
銘文三尊佛塗金佛事緣記」上壇幀」甘露幀」四天王幀新畵成始於十月二十七日終于十一月
十一日也」大淸光緖二十二年丙申即我」朝開國五百五年十一月初五日謹封」
⑤ 아미타불상 발원문(1727년)
願文」願以此功德普及於一切我等與衆生皆共成佛道」證明快善天順弘濟弘雨藏六頌呪應眞」
思任再熙明悅供養主淸湛虛珪」榟匠夏天碩俊淂察應淸眞華成㮟」宗惠秋淨完陟化主穎熏智閑
載玄」給待雪輝朗悅覺心朗日普性圓淨」楚梅淨學智行」處誠發願新造成敎主釋迦牟尼佛東方
藥師琉」璃光佛西方阿彌陀佛三洲護法童眞菩薩尊像」兼設供養檀越比丘玉峻伏爲亡父金貴生
兩主」灵駕亡祖金茂陵兩主亡外祖金玉根兩主灵駕」亡師圓解灵駕亡師長李天日兩主灵駕亡兄

金」金命生兩主灵駕金主永灵駕亡妹爛梅灵駕」命真兩主命介兩主亡姪金季閑兩主灵駕各〃灵
加」亦爲先亡九玄七祖三代家親多生師長一切究」俱生淨土折願玉俊惠清彩冾笠貨」乙卯生盧
氏兩主庚酉生崔氏兩主崔昌獜崔談獜」崔興獜通訓大夫行安隱縣孟氏兩主」庚子生洪氏玉賢善
云覺蓮居士高德」護兩主高義口黃氏兩主許萬奉高氏兩主」別座學輝再遠」雍正五年丁未正月
始初四月上旬方畢奉安」

⑥ 약사불상 발원문(1727년)

願以此功德普及於一切我等與衆生皆共成佛道」證明快善天順弘濟弘雨藏六供養主」頌呪應真思
任再熙持殿明悅淸湛虛珪」梓匠夏天碩俊浔寀允淸真華成粲宗惠秋淨」完陟化主頴熏智閑再賢給
待雪輝朗悅」覺心朗日普性圓淨楚梅淨學智行」處誠發願新造成敎主釋迦牟尼佛東方藥師琉璃光
佛西方」阿彌陀佛三洲護法童真菩薩尊像兼設供養檀越比丘玉峻」伏爲亡父金貴生兩主靈駕亡祖
金茂陵兩主靈駕亡外祖金玉根」兩主靈駕」亡師圓解靈駕亡師長李天日兩主靈駕亡兄金命」生兩
主靈駕金永兩主灵駕亡妹爛梅兩主灵駕命真兩主灵」駕命介兩主灵駕亡姪金季閑兩主灵駕亡姪
各〃等列名灵駕亦」爲先亡九玄七祖三代家親多生師長一切究親俱生淨土見佛聞」法頓悟無生陵
供慧命還度群品報佛大恩抑願玉峻惠淸彩」冾笠貨法獜虛印學輝太文印淨魏楚爾信信奎」楚雲朗
冾楚軒楚允楚悅楚祐楚華楚海許弸恂兩」主鄭時口兩主呂逸崔性吉兩主金大善兩主尹弸殷兩主」
尹就義兩主尹乞無應慧益友白尙還勝堅哲行淸祐」旻俊學祥信淳妙海弘信宗密惠演義甞灵駕願往
生」會軒義英曇彦體淨鄭貴丁兩主申神億兩主孫益」佑兩主黃必發兩主全性貴李命運兩主郭自女
兩主」全氏嫩荷李屎伊兩主朴杜仁兩主李時和兩主鄭太萬兩主」黃碩只兩主河戒淡兩主丁周昌兩
主朴氏尙真朴萬輝兩主」蔚命發兩主金重力兩主金杰昌兩主朴命佑兩主命嶽」金夢悅兩主韓立巖
兩主韓鳳乭伊兩主韓益履兩主」李時愔兩主趙彭坦兩主鄭世華兩主朴長壽兩主鄭毛」眼兩主徐杰
德兩主金貴世兩主柳善業兩主國敏海宗」友賢快熙法澄快旻性淨妙淸印宇巨還瑞雲海明信真」守
淸明悟宗侃淸湜朴成直兩主鄭幸松兩主尹泰唱兩主」柳時濚兩主就寀慶印草學太監宗益宗信太悅
鶴馴璽任」演熙完淸宗順太允皷遠皷隱德貨覺浯開浩慈性智軒」

246. 영천 은해사 아미타불상, 1729년 중수

雍正七年己酉閏七月日重修塗金畢功奉安」
證明 快善」頌呪 思任」載玄」就心」明悅」持殿 天貨」供養主 淸湛」貨圭」畫員」寬悟」寬
英」恕澄」守坦」建化僧 勝寬」監事 一柱」別座 處行」副齋主 會心」玉還」演貨」淨盟 水彩
朋」
布施秩」
山中老德法獜」採源」寶貨」採賫」杜明」位擇」密和」雲淨」致悅」體摠」宗密」淨日」仅
允」省賫」勝悅」哲明」智英」風悟」印元」敏哲」太心」智貨」妙性」世淡」崔剋天」允英」
時和尙桂貨」前任處輝」守儀」思淑」廣玉」進雨」覺明」秀敏」大仁」天信」洪貨」天建」寬
日」知元」就明」漢性」文日」學熏」印己」再冾」德林」明擇」體澄」道英」印性」善察」世
獜」淸日」時遠」智文」吳再三」李震永」張召吏」明湜」風輝」宗熙」彩淳」楚閑」祖眼」應
哲」李明己」能淨」再心」智卞」彩眞」處敏」卓仁」楚淡」就閑」道信」仅卞」雪玉」楚云」
笠岑」仅淡」國察」碩文」允貨」豊日」會安」尙珪」金召吏」漢明」秀草」洪祐」朴德福兩
主」智學」一眞」尙俊」楚明」體性」碩和」智云」省還」會明」得輝」裕性」宗源」時一」再
悅」得文」信倲」玉行」道澄」太眞」善雄」英察」普祐」時密」明淡」法情」朴世江兩主」李
世達兩主」鄭尙伯兩主」李完石兩主」明擇」善敏」一珠」笠仁」金石碧兩主」漢淑」應順」善
森」朴時太兩主」朴呂太兩主」風日」應照」明草」世哲」崔尙仁兩主」守敏」金士相兩主」金
鶴只兩主」智海」守淸」世湜」神性」明軒」先敏」處敏」雪淸」車尙石」尙梅」韓進安」崔順
哲」國岑」韓有相兩主」先習石心」金時天兩主」金永淑兩主」李龍達兩主」李龍平兩主」李石
伊只兩主」徐順乃灵可願性西方」韓士分兩主」尹永俊兩主」李召吏」金淸淡兩主」韓士立兩
主」李蕊山兩主」金葉上兩主」金玉上兩主」金吾上兩主」朴天明兩主」金俊奉兩主」張善發

　　　　　　　　　　　　　　　　　　조선시대 불상의 복장기록 연구

兩主」尹尙太兩主」高俊明兩主」徐小斤者末兩主」海林」曇湜」守敏」快俊」卓溟」卓根」黃
立」柳印達」祐森」金完金」楊德建兩主」斗淸」高泰建兩主」高仅天兩主」朴世雄兩主」韓時
宗兩主」孫進伯兩主」明晉」元海」金順江」道印」柳命元」呂淸」金工金世珍金世俊金碩江金
重益高世忠」
願以此功德普及於一切我等與衆生皆共成佛道抑願奉爲」主上三殿下鳳閣益唱龍孫係樹國都永
康四塞無憂堯風重扇舜」日再耀慧月彌輝鶴樹重敷物〃各得其所家〃純樂無憂」

247. 부산 내원정사 관음보살상, 1730년

① 조성 발원문(1730년)
雍正八年庚戌春」固城臥龍山雲興寺」觀音聖像」證師 知穎比丘」金魚 義謙比丘」幸宗比丘」
採仁比丘」化主大禪師理然比丘」別供 通政朗仁比丘」
② 중수 원문 A
原文」佛紀二千九百八十三年」十月二十日」尊像觀世音菩薩一位改金」重修今以畢功奉安
于」潛龍莊」施主 東亞大學校」丙午生 鄭在煥」同妻己酉生 曹寶仁」頓首拜」以此功德」所願
成就」原」
③ 중수 원문 B
願文」佛紀三千三年一月一日」尊像觀世音菩薩奉安于」此堂誠心念願」健康息災」所願成就」
丙午生鄭在煥」己酉生曹寶仁」戊辰生 鄭樹鳳」己巳生 李仁子」重喜」萬喜」相喜」正喜」充
熙」
④ 중수 원문 C
世尊應化貳千五百貳拾六年六月」西紀壹千九百八拾貳年八月拾五日」觀世音菩薩改金大衆」
緣化秩」證明 錫巖慧秀大和尙」會主 元應久閑」禪德 法昕」講主 宗眞」秉法 曉寬」誦呪 柔廷
東星」改金 金容宇 洪点錫 兪炳云」飯頭 鄭觀音行」菜供 李金蓮華 鄭連淑」火臺 金斗年 李雲
雨」僧伽藍人 金圓覺心」鍾頭 承鶴」別座 普潤」院主 慧光」都監 智牛」住持 亘翁正年」

248. 제천 신륵사 아미타존상, 1730년

腹藏願文」淸風府遠西月岳山神勒寺者新羅肇基而衰廢久矣時値成運新構二三勝寮及」法堂而
無佛像居過感歎矣山之僧禪悅兩人志欲造像己酉春聚千人尺合萬家之斗粟庚戌春請邀良工敬造
三尊嵬嵬乎海上之高峯皎皎乎星中之圓」月豈不義哉以此功德普令一切緣助大小施主及緣化化
主良工各各比丘等現生之內消□增壽當來之世龍華會上先蒙佛記乃至盡於未來劫海饒益象生」
無有間繼是所願也而又有後人之可效焉」擁正八年歲在庚戌五月十九日入封」
緣化秩」
證師 印信」持香 智淳」誦經 智鑑」供養主 道證」性嘗」幸察」左片首 惠珠」首片將 正幸」右
片將 善圓」三海」玉悅」天印」海均」洞演」負木 淸習」勝悅」戒禪」化主」自朋」別座」

249. 서울 지장암 관음보살상, 1733년

雍正十一年十二月二十六日觀音尊」像造成于 谷山文殊山普賢寺」安于」
證師 比丘欽」良工 比丘体鵬」比丘賛仁」供養主 比丘快佑」別座 居法性」居士 娶心兩主」居
士靈閑兩主」居 處安兩主」居士 處密兩主」化士居士信秀兩主」

250. 순천 선암사 비로자나불상, 1735년

毘盧遮那佛入量願文」初此勝緣各各大小施主結緣隨喜同參及緣化執」與□匠種種受苦等

同生樂國那羅延身壽」命無量供養如意無佛國中成等正覺與諸衆」生同歸淨土之願惟願淸淨法身毘盧遮那佛」慈悲證明」施主秩」金碩萬」金夏瑞」吳世冠」金月滿」比丘察戒」比丘抱仁」徐漢英」比丘尼竺鵬」比丘泂初」緣化秩」訂參 屹利」誦呪 智晶」等性」良工 順敏」瑞俊」智溟」意豁」供及 竺軒」淸念」來往 淸察」負木義岑」比丘道解」乾隆元年丙辰六月日勸化比丘尼守初」

251. 제천 백련사 아미타불상, 1736년

乾隆元年丙辰五月旣望日丹陽西面錦繡山曹溪寺極樂殿三尊佛像新成願文」
詳夫九類誰異一性本同聖名凢號盡是虛聲淨土穢邦皆爲幻相尙」明斯旨更着河求宇然世界雖多極樂爲勝三世諸佛之中彌陀」三尊爲第一玆以化主幸察鳩工聚財請諸良工造成三尊佛像此是」無相中現相也豈不義哉是以誓與道場同業大衆及諸遠近同願施」主乃至一切見聞隨喜者同往唯心淨土同見自性彌陀蒙授記得無」生忍已同乘大悲船泛生死海中窮未來際撈漉群迷皆得往生」極樂世界者是祈願也」
施主秩」
黃金施主 嘉善學一」黃金施主兼化士 嘉善張萬弼」黃金施主 比丘上還」黃金施主 通政法英」施主 通政戒梅」施主兼助緣化主 嘉善致朋」緣化秩」證師 印信」知香 智學」誦經 信曇」畵員正幸」道寬」最建」海涉」

252. 제천 강천사 대세지보살상, 1736년

乾隆元年丙辰五月旣望日丹陽西面錦繡山曹」溪寺極樂殿三尊佛像新成願文」
詳夫九類誰異一性本同聖名凢號盡是虛聲淨土穢」邦皆爲幻相尙明斯旨更着河求宇然世界雖多」極樂爲勝三世諸佛之中彌陀三尊爲第一玆以化主」幸察鳩工聚財請諸良工造成三尊佛像此是無相中」現也相豈不美哉是以誓與道場同業大衆及諸遠」近同願施主乃至一切見聞隨喜者同往唯心淨土同見」自性彌陀蒙授記得無生忍已同乘大悲船泛生死海」中窮未來際撈漉群迷皆得往生極樂世界者是祈」願也」
施主秩」
黃金施主 嘉善學一」黃金施主 嘉善張萬弼」黃金施主 比丘上還」黃金施主 比丘法英」施主 通政戒梅」施主兼助緣化主 嘉善致朋」緣化秩」證師 印信」知香智學」誦經 信曇」畵員 正幸」道寬」最建」海涉」供養主 禮閑」了泂」雪学」別座 日輝」化主 幸察」

253. 보은 법주사 복천암 아미타삼존상, 1737년

願文」
忠淸左道報恩縣地東嶺俗離山福泉寺彌陀左右觀音勢至三尊佛造成願文」若夫九類雖異一性本同而衆生在迷而心心皆謁仰風化之」心諸佛在悟而願願皆度生興悲之願令諸人人勸善歸樂」其途雖殊殊願心同也玆寺也昔世祖大王親幸于此命」慧覺尊者乃撤舊以新之諸宗室所成三尊像遂邀安」於此親諸佛前獻香云故及令國內鳴時之寺矣不幸去癸丑」冬季月回祿橫目殿閣與佛像畵爲燒一墅遺址風月獨笛釋」子遊人咸爲憂牟山中老衲天信淡演悲見慨然遽發大願鳩」工聚財於乙卯之秋邀請良工於丁巳之春閱數月而畢功光兪」舊制麗極新成可謂美矣以此勝同緣化同業大衆及諸遠近」同願施主乃至一切見聞隨喜者同往唯心淨土同見自性彌陀」蒙佛授記得無生忍已同乘大悲舟泛生死海中窮未來」際撈灑群迷皆得往生極樂世界者是所願也而姑迷」梗輓明其首尾俟後有攷兮」乾隆二年歲次丁巳六月旣望日書」
緣化秩」
證師 印信 誦經 法哲 持殿 快岑 良工 溟機 首良工」斗策 守性 超鵬 守堅 廣鵬 供養主 快希 法蓮」

道成 負木居士 法淳 化主 天信 淡演 忍安 舍堂 性仁」 玉漢 別座 雀淡 都監 鵬羽」 施主秩」 黃金
烏 金供養 布施 鐵物引燈黃燭種種雜物大」 小施主比丘檀越居士 舍堂 各各等」

254. 남양주 봉선사 불상, 1738년

信雲靈駕」 乾隆三年戊午五月日小弟子剋聰證師伏爲」 亡師嘉善大夫釋信雲往生極樂之願」

255. 서울 도선사 아미타불상과 대세지보살좌상, 1740년

① 조성기(1740년)
乾隆五年 庚申冬十月優婆夷自澄天廉信敬坤命鄭」 己春等稟受女身示火宅等浮雲而常修善行身
勤白業」 者也特發堅願尸其主而遍告檀門鳩聚施財敬請良工設」 役于道峰山圓通菴敬造彌陀尊
像大勢至尊像奉安于」 三角山津寬菴以此因緣滿我願心上報恩於四重下濟苦」 於三有發明自己
之風光得證菩提之大果入微塵利轉大法輪」 普願衆生同成正覺願以此功德普及於一切我等汝衆
皆共成」 佛道」
施主秩」
黃金大施主 明月舍堂庚中生性泟單身」 副施主 坤命乙未生金氏靈玉兩主 體木大施主 睦天義兩位」
緣化秩」
證師 徹禪」 誦呪 敏閑」 持殿 獲遠」 良工 印性」 緇俊」 智閑」 三眼」 忠信」 別座 竺能」 供養主
慈順」 淨雲」 文侃」 軏行」 引勸居士 元海兩主」 化主 明月舍堂 自澄」 明月舍堂 天廉」 明月舍堂
信敬」 坤命辛酉生鄭氏己春」
② 개금 중수기(1856년)
漢陽北三角山津寬寺居化士比丘華月堂圓一大師早年出家恒修」 行信敬三寶勤修精進念念不退
朝焚夕點仰對金容雕佛塗金」 經多祀金像脫漏玉毫無光仰瞻感悲廣募檀緣莊舍 聖像」 然一新依
俙若優塡初成彷佛如靈山坐頂禮者福海益深重者道胎增長貧女之」 金珠歙光之鍛金古今何異執
施此之檀」 修此之化士等仗此勝緣俱成正覺者」 歲咸豊丙辰仲秋月證明比丘性坡堂 天性謹識」
緣化秩」
證明 性坡堂 天性」 誦呪 月松堂 道圓」 性喜」 金魚 仁原堂 體定」 松巖堂 大遠」 月霞堂 世元」 善
律」 法仁」 宥暹」 進祐」 化主 華月堂 圓一」 都監 寬虛堂 愼國」 別座 無影堂 厚善」
施主秩」
黃金大施主」 亡乾名丙寅生淸信士懸燈查禹明仁靈駕」 淸信女辛酉生念佛華朴氏」 長子丁亥生
禹昌元」 坤命丁亥生張氏兩主」 次子己亥生禹順仁」 坤命丙申生 强氏兩主」

256. 여수 흥국사 석가불상, 1741년

① 석가불상 조성기(1741년)
乾隆六年辛酉四月日」 新造成畢功」 安于八相殿」 獨辦大施主戒願」 化主 淑行」 亘岸」 別座 位
謙」 敏頓」 證師 掬萍」 誦呪 貫休」 得明」 瑞寬」 良工 舜旻」 瑞俊」 智演」 歡仅」 伸泰」 都監 弘
坦」 侶允」
乾隆六年辛酉四月日羅漢殿佛像改金」
② 팔상전 삼존불상 복장기
如來提花迦羅菩薩慈氏彌勒菩薩等」 尊像新造成時羅漢殿釋迦迦羅彌勒三位尊像」 改獻金次動
佛則腹藏虛踈現有鈴聲所聞未安」 不得已開盤改爲盛滿佛腹以開願以此功德先」 後同結良緣命
禪皆共成佛道」
獻金良工」 舜敏」 瑞俊」 智演」 瑞還」 義歡」 會心」 釋難」 淸念」 敬鑑」 神太」 證師」 大禪師敏
頓」 大禪師掬萍」 誦呪」 貫休」 得明」 瑞宗」 頓聰」 最□」 頓察」 道明」 山中大禪師弘卜」 亘

岸供養主」戒還」六定」天應」內外別座」亘岸」偉謙」大化士」淑行」三綱」敬淑」元滿」處
元」住持體悟」記書印澄」
③ 제화갈라 복장기(1741년)
故」不煩細擧耳願以此功德普及於一切我等與施」主皆共成佛道」
施主秩」
釋行比丘」得心比丘」碩浩比丘」呂宗比丘」見和比丘」釋岑比丘」釋紋比丘」
緣化秩」
證明 敏頓」掬萍」誦呪 浩印」最正」覺暉」萬淨」孟一」若宝」良工」舜旻」瑞俊」智演」瑞
還」義歡」淸念」會心」釋難」敬甘」伸泰」內外別座」亘安」位謙」化主兼施主」淑行」住持
体五」敬淑」三綱六萬」處元」都監 呂允」記室 印澄」
乾隆六年辛酉三月日」

257. 의성 대곡사 대웅전 불상, 1743년 개금

嶺左呂泉郡太行山大國寺大雄殿三尊」佛像改金記」大几法殿佛像塗金已久金色落脫落乾」隆
七年雲水自琛玄藏法淳三師共發大」願募諸檀門鳩聚財力敬請良工塗金」三尊像光彩粲爛文普
彬欝眞可謂金」色界中蓮花旺土也書其芳名于后」乾隆七年癸亥季夏下浣思順記」
大施主秩」
進士申光赤」嘉善秋王明」嘉善金汗宗」京居崔召史」宋召史」崔氏嘉善權善男」嘉善廣念」嘉
善梁命壽」嘉善魚就溟」嘉善朴命信」嘉善趙㐘夢」通政金聲遠」嘉善尙悅」嘉善妙瓊」嘉善李
必」權占善」權千」權克千」權益体」權守贊」鳥金施主 池孝良」鳥金 崔元俊」權秋發」嘉善
權祭石」李聖直」權大長」順牙只」朴已先」朴成江」金業」嘉善金順江」金世輝」金順男」嘉
善秋元良」嘉善秋元奉」嘉善金瑞益」嘉善金順梅」高萬必」梁氏礼良」梁氏順海」嘉善朴彦
龍」嘉善李龍」金善最」金壬乞」金仅官」刻手 趙海杰」一暹」采珠」草澄」燈燭契」嘉善金
三月」通政黃大京」嘉善崔進望」李鸎竜」李太京」池貴宗」劉命長」金險龍」居士處云」石順
吉」金八先」劉氏次月」㮮氏占分」趙氏占朗」朴仅述」趙斗明」魚太山」張石尙」金夏石」姜
厚周」趙太望」趙璧輝」魚一爕」梁命石」趙自命」林鶴竜」
時住持 致禪」持殿 智贇」首僧 在淑」三補 禪輝」持事 祖溇」紙任 一奇」哲梅」記室 思順」
緣化秩」證明 震基」誦呪 能眼」最淑」信慧」良工 世冠」神覺」月允」尊惠」宇平」摩演」供
養主 海眼」處云」元信」別座 法淳」幹善 旬琛」玄莊」
本寺秩」
嘉善天順」嘉善致瑗」前任 廣益」前任 瑞悟」淸任」体旭」体屹」嘉善草閑」能一」密淸」前
任 幸淳」通政笁全」就遠」嘉善裕祭」前都監 最溇」禪熙」通政祖允」嘉善賷慧」在學」自
英」嘉善自和」判事 自一」通政玉淸」自善」幸甘」幸連」致甘信莊」宗信法莊」法善禪心」
法暹允策」位性空益」會嘗笁岺」快嘗哲雄」演淸元性」碩贊勝悅」弘坦勝連」惟哲呂湜」眞奇
海三」快淸眞善」戒淑道眞」玄玉眞贊」斗祭海莊」仅一采式」明祭采衍」汗明道洽」戒文」戒
演」戒行」明元」玄信」

258. 서울 봉은사 석가존상과 16나한상, 1745년

<대좌묵서>
新羅漢新新造成緣化秩」
施主秩」
大施主 弘鐘鋪」大施主 李時發」比丘賞贊」施主 宋己得」朴孝成」李慶朴」張京貴」朴命相」
宋時憲」喉領筒大施主 申震弻」喉領筒大施主 車羔載」朴厚奉」趙訨間」舍堂海眼」
緣化秩」

證明 覺旻」持殿 處黙」誦呪 法聽」畵員秩」泰元」世峻」尚淨」覺心」妙澄」在淨」敬學」雪
衍」積叔」戒初」宇允」宇學」供養主國平」快允」信急」別座 太圓」化主 時衍」化主 旻行」
負木 崔龍吉」居士 勝允」
乾隆十年乙丑中春月十八日始役四月初四日畢役」

259. 서울 봉은사 사천왕상, 1746년

지국천왕
乾隆拾壹年丙寅五月日施主等發願文」願以此功德普及於一切我等如衆生皆共成佛道」
施主秩」
體木大施主 洪氏」金氏」兩位」綠昌君李氏兩位」上宮朴氏彌愛」韓有良兩主」嚴氏今折」李
東模兩主」淸信居士 應眞」引勸大施主 方震昌兩主」宋俠詮兩主」朴東煥兩主」鄭仁建」鄭泰
山兩主」
時任秩」
禪宗判事 天雲」公員 通政明信」首僧 法連」有司 嘉善尚眼」
寺中秩」
老德 通政能悟」前判事 嘉善翠成」前判事 嘉善翠凝」前判事 嘉善聖聰」持殿 處悟」老德 比丘
竺念」老德 比丘印賛」前判事 通政白盆」
緣化秩」
證明 道人最一」持殿 亮勒」畵師 嘉善呂燦」通政愼祭」嘉善性賢」戒學」淨日」海雲」敏輝」
智崇」童子萬根」供養主 天信」尚謙」冶匠 李春先」來往 尚軒」都監 嘉善法淳」別座 通政亮
皓」嘉善靈元」
化主秩」
碩雷」修敏」法淳」德鵬」靈元」尚謙」孟亿」箕忍」善旭」道極」思瓊」弘俊」明察」竺黙」
一能」承學」翠成」翠凝」善崇」尚眼」漢浞」法連」覺心」忍策」儀淨」肯林」

260. 인제 백담사 아미타불상, 1748년

① 아미타불상 발원문(1748년)
朝鮮國江原道嶺西平康県雲磨山寶月寺佛像新造成回向發願文」歸命十方調御師演揚淸淨微妙法
三乘四果脫解僧願賜慈悲哀攝受伏念」弟子聖訥自違眞性枉入迷流隨生死而漂沉逐声色而貪染十
纏十使積成有」漏之因 六根六塵妄作無邊之罪 沉淪苦海漂溺邪途 着我耽人擧枉措直 累生」業障
一切愆尤仰三寶之慈悲 瀝一心而懺悔玆者至于本寺 舊像雖存蠹損」殆層衆欲改新 無人尸事弟子
聖訥 爲人首倡半千京洛一節飄然 幾處檀家」曰施 施則緣會而合三尊 金財口言而得豈非使之陰隲
者耶鳳池台畔兩紅」蓮 坤命乙丑生安氏 時介坤命庚午生李氏敬愛今受女 報佛法中有多饒益」誠
心可量哉 五体投地 層誠而求之者 轉女爲男 接引紫金台之願大方家 乾」命戊戌生趙載補 坤命庚
子生林氏兩位 門無克家之子弄掌何物傾出已財懇祷」求之者一夕夢熊令得呼 爺之禰比丘玉珠略
聚已財 経營他事矣於此大佛事」豈不動心哉無余而施之翹行而求之 者念佛三昧 往生淨土之願 與
同志化主」聖修斷懷 恩惠致一等 千村萬落受軟而誘之使 迷途者指其正路大者二十」金次者十余
至於一二金其他分文尺布何足擧論 敬造釋迦文佛一位 藥師」尊佛一位 阿彌陀佛二位 觀音菩薩一
位 上壇後佛幀二部 中壇三藏幀一」部 冥府幀二部 帝釋幀三部 天龍幀一部 而彌陀一位後佛幀一
部 冥」府幀一部奉安于本寺白蓮社 觀音一位帝釋幀一部移安于京畿楊」州地三角山太古寺 冥府
幀一部 帝釋幀一部 移安于本道鐵原地寶」盖山安養菴三尊像 上壇後佛幀一部 三藏幀一部 帝釋
幀一部天」龍一部 奉安于本寺 而始役於戊辰之夏五月畢功於其年之秋七月所」願能仁極拔善友
提携出煩惱之深淵到菩提之彼岸此世福基命位」各願昌隆來生智種靈苗同希增秀生達中國長遇明
師正信出家童」眞入道六根通利三業純和不染世緣常修梵行執持禁戒塵業不侵嚴」護威儀蜎飛無

損不逢八難不欠四緣般若智現前菩提心不退修習正法了」悟大乘開六度行門越三祇劫海建法幢于
處處破疑網于重之降伏衆魔紹隆三寶」承事十方諸佛無有疲勞修學一切法門悉皆通達斷作福慧普
利塵沙得」六種神通圓一生佛果然後願他方此界逐類隨形應現色身演揚紗(妙)法泥」犁苦趣餓鬼
途中或放大光明或現諸神變其有見我相乃至聞我名皆」發菩提心永出輪廻苦火鑊氷河之地変成香
林飲銅食鐵之徒化生淨」土披毛戴角負債含寃層破辛酸咸霑利樂疾疫世而現爲藥草救療沉」痾飢
饉時而化作稻梁済諸貧餒但有利益無不興崇次願累世冤親」現存眷属出四生汨没捨萬劫受纏等與
含生齊成佛道虚空有層」我願無窮情與無情同圓種智奉祝」
至行純德英謨毅烈大王殿下壽萬歲 惠敬王妃殿下聖壽」齊年 世子邸下聖壽千秋 道主方伯洪鳳
祚 本邑太守兪」彦述 現登一品当生淨土」
證師 曹溪宗清虛五世孫喚惺門人虎巖堂大禪師体淨」虎岩門人萬化堂大禪師圓悟」大功德主 喚
惺門人華月堂聖訥」乾隆十三年歲次戊辰七月日」誦呪 翠岩大士勝慧」靈谷大士永愚」蓮谷大
士善壽」混虛大士坦霞」念佛道人 普眼」持殿 彌戒」良工 印性」緇俊」肯柔」再懲」靈源」聚
□(鵲)」敏悟」義尚」弘信」最淑」最白」脫穎」信玄」思玉」開慧」化主平峯大士聖修」文谷
大士思惠」比丘斷懷」致一」都監 國一」別座 普文」典座 覺機」供養主 得聦」信堅」義讃」奉
献」淨桶 一嚴」冶匠 李貴建」負木 崔興伊」
施主秩」
坤命乙丑生安氏時介」坤命庚午生李氏敬受」乾命戊戌生趙載補」坤命庚子生林氏兩主」坤命
乙丑生趙氏大進」比丘玉珠」比丘一英」比丘戒彬」乾命全昌遇兩主」乾命金相福兩主」乾命
閔永賛兩主」坤命金氏」坤命崔氏」坤命戊子生李氏」坤命林氏」坤命鄭氏」坤命崔氏」坤命金
氏」乾命李氏」坤命李氏兩主」坤命趙氏」坤命李氏」坤命李氏」乾命金氏」坤命李氏兩主」坤
命李氏」坤命尹氏」坤命朴氏」金一占兩主」金氏三貞」坤命尹氏」坤命朴氏」坤命鄭氏」張戸
郎」坤命崔氏」坤命皮氏」
書記 義仁」首僧 再明」公員 希運」主張 太昊」三綱」元氏一年(介)」張富貴」閔氏受進」韓禹
重」朴有眼」朴厚根」比丘快建」金鼎漢」文俊伊兩主」李二民」李起民」韓自仁」崔二元」金
成河」金星圭」閔鎮采」金千彬」閔永奎」金必漢」李時華」全有沢」全斗君」金永同」金武
安」朴必得」安萬大」全德禧」李德松」坤命李氏」乾命朴氏兩主」坤命吳氏」坤命張氏」坤命
金氏」姜守封兩主」坤命宋氏」趙太興兩主」
② 한글 명문
동부황참의ㄷ리년화방거」
건명무슐싱ㅅ됴시」곤명경ㅈ싱님시」냥위부부빅연화락금슬 딘듕ㅈ손만당가되챵흥」금년
의귀ㅈ졈디소구소원만복이구젼만시」여의옥ㄳ흔아들이슬하의ㄱ득ㅎ와농쟝」ㅎㄴ즈미롤보
게ㅎ오시면블원쳔니ㅎ와평싱졍셩을드리올거시니지원일」우읍기롤츅슈슈츅원원가부됴싀무
병」당슈슈복완젼무흠ㅎ읍고공명이놉」흐듸흔낫근심도업시태평셩듸의ㅈ손만」손이챵셩귀
ㅈ만당금슬죵고지락이싱젼」의ㄹ권부귀일신의ㄱ득인인이흠복ㅎ게」ㅎ읍고졍경부인지딕을
특와ㅈ손금슬」구뷔영화극진무량ㅎ오듸안듕의흔낫」희쳡이업시부뷔만흔ㅈ손을완농ㅎ」고
부귀롤누려여싱을디내읍다가곤명경」ㅈ싱님시몬져도라가오믈츅슈슈츅원」츅원소구소원이
오니지원을일우오면」싱젼의졍셩을갈먹ㅎ읍고ㅅ후의」블문의발원ㅎ야봉은ㅎ오믈소츅」
동부연화방황교건흔」
건명됴시무슐싱」곤명님시경ㅈ싱냥위부부지」금의ㅈ식이업ㅅ오니져즐를」수이졈지ㅎ오셔
ㅈ손이챵셩」ㅎ야소원이여의ㅎ오믈츅」슈츅원졍셩이동쵹ㅎ야」불상을일우오랴듀야지셩」
이졈심ㅎ얏ㅅ오듸가계빈한」ㅎ와시러곰졍셩을다ㅎ눕」니못ㅎ오니경ㅈ싱님시졍ㅈ를부텨님
은년츅히어기읍」셔나히만핫ㅅ오니졍원을일」워귀ㅈ졈디ㅎ오시믈츅원원」소구소원귀ㅈ를
금년의졈지」ㅎ오시면싱젼의덕을진심ㅎ」야블원쳔리ㅎ읍고향화를」밧드러츠싱의힘을갈호
야은」덕을갑습후싱의졔ㅈㄳ티」발원ㅎ야졍셩을다ㅎ올거」시니영이ㅎ읍신신긔를발」ㅎ오
셔귀ㅈ졈지츅슈츅」원원견문이십오낭보톄」
③

조선시대 불상의 복장기록 연구

乾隆十三年戊辰六月日江原道平康県雲磨山寶月寺大法堂佛像新造成腹藏陀羅尼書入回向發願
文」
歸命十方眞法界五蔓陀羅 佛菩薩不捨本誓度生念願垂慈悲哀攝受比丘弟子永愚奉爲」四恩三有
法界衆生求佛無上菩提道故持誦経呪觀念心佛昏溟厚重難可策發掉舉猛利觸」境難制加以胸腹
気結之病及與身中多種病苦未全道念願離如是業障如是病苦而願得大」摠持無層藏神通力願得
大安樂金剛堅固身乎書梵字種種眞言印出大隨求陀羅尼若干」以添 新佛腹藏所入用伸回向願令
造像化主上中下座信施檀越善悪知識各及眷属縁化」證明諸師梓匠給侍合院大衆隨喜助縁者当
來 佛像前敬心興供者焚香禮拝者瞻仰讚嘆低頭合」掌見聞隨喜者常得安樂無諸病苦欲行悪法皆
悉不成作修善業皆悉成就開閉一切諸悪趣門開悟」人天涅槃正路住思念處修四正勤得四神足成
五根獲五力長養五位菩提智芽淨治衆生五種過患熏現」自他五分法身圓満成就五種智境究竟證
入毘盧遮那三佛遠離十身無碍一眞法界常住法界常寂常照受」用身相如虛空依眞而住非國土隨
諸衆生心所欲示現普身等一切利樂斷大如法性究竟無層如虛空以此發願」功德願興四恩三有法
界一切衆生消無始以來眞法界虛空界無量罪垢願興四恩三有法界一切衆生解無」爲法親眷属一
切和合猶如水乳願興四恩三有法界一切衆生集無始以來層法界虛空界無量福」智同生西方安樂
利共覩彌陀成佛道即現法界無層身普化十方諸衆生同遊華藏莊嚴」海東入菩提大道場南無大方
斷佛華嚴経」

261. 안양 삼막사 지장보살상과 명부 존상, 1753년

①十王倚坐像(右 1)
臺座墨書：乾隆十八年癸酉三月十王坐床安于三聖山三幕寺安」
②十王倚坐像(右 2)
臺座墨書：乾隆十八癸酉」
③十王倚坐像(右 4)
臺座墨書：乾隆十八癸酉」
④十王倚坐像(右 5)
臺座墨書：乾隆十八年癸酉十王坐床四月日」
⑤十王倚坐像(左 3)
臺座墨書：乾隆十八癸酉」

262. 양산 천태사 아미타불상, 1754년

願文乾隆甲戌四月日造緣秩」
證明 大禪師懷瓊比丘」大禪師天琦比丘」誦呪 克察」信悟」宇觀」淨能」持殿 德律」供養主 曇
海」畫貞 妙澄比丘」貫日比丘」施主秩」居士智卞」善起」妙寬」李東現」金一相」河勝鶴」
吳光碩」朴尙位」吳萬必」文傳昌」朴秀旭」姜泰文」文必安」馬祥己」化主 社堂月祥」別座
玄準比丘」

263. 부천 석왕사 관음보살상, 1755년

① 조성기(1755년)
龍華庵觀音尊上願文」
證師 卓桂比丘」誦呪 就悅比丘」玄封」弓几 贊比丘」持殿 英頊」禪德 懷演」金魚 尙淨比丘」
稱淑」畵師 色敏」定印」普心」供給 淨益比丘」弓几震」快彦」化主 性守」別座 大哲」都監
寶明」
大施主秩」

朴貴碩兩主」朴景德」丹湜比丘」良洽比丘」頓卜比丘」善日」豊善比丘」軌諶」三察比丘」和
演」覺心」
願以此功德 普及於一切」我等如與衆生皆功共」成佛道」乾隆二十年乙亥四月造成奉安」
② 중수 개금기
重修改金記願文」
聖上卽祚三十二年乙未八月十五日 晋州青岩面方丈山彌勒庵」觀音尊像重修改金仍以奉安于本
庵」
緣化秩」
證明 比丘延協」會主 比丘貫休」誦呪 比丘觀洙」持殿 比丘尚振」金魚 比丘妙英」性一」鍾頭
比丘祥祐」供司 沙彌惠眞」都監 比丘奉俊」化主 比丘敬天」
見聞隨大衆」行者 宥根」閏伊」奉祚」清信女普明花金氏」梁錫八」
檀越秩」
癸丑生金基弼」乙卯生劉氏兩主」率長子桂鎮 甲申生」次子慶鎮 辛卯生」三子三鎮 癸巳生」壬
午生姜應仁」己卯生金氏兩主」乾命鄭氏」庚辰生金氏兩主」壬戌生劉璵源」丁未生朴尚祚」庚
申生朴氏兩主」
願以此功德 普及於一切我等與衆」當生極樂國同見無量壽皆共成佛道」

264. 양주 회암사 아미타불상, 1755년

發菩提願」
施主 金氏貴眞 黃氏壁善 金貴瑞 金本惡只 李枚元 文九成 崔興金 尹貴益 彩松伏爲 匹父柳之溫灵
駕 尙淨伏爲 亡父母張漢臣 金氏善業兩主灵駕 尹允伊 金守淨兩主 金成大兩主 朴世仁兩主 劉進
雄 尙運伏爲 亡父母金善學兩主灵駕 比丘尙玄 智英 尙淨 見解 漢淨 王演 印和 費森 允性 快善伏
爲 亡父母金太金兩主灵駕 性哲 碩幸 碩閑 李海萬 延國金止兩主 金運學 朴五枚伏爲 亡母金氏連
良灵駕 李相秀 崔千壽 崔遠萬 孫氏夢娥 崔於仁老味 鄭必文 鄭斗彬 鄭泣壽 金成元 鄭氏車大通
申漢必 徐仁齊 徐九齊 陳厚萬 安乾伊 金碩奉 趙巨文老味 金白珠 趙德進 趙有甲 尹德春 金忠業
玄右澄 高應明 周厚敬 洪汝夏 金九辰 姜渭寬 林者斤惡只 朴順興 徐厚元 尹生伊 金英蘭 林奉孫
柳性得 柳性才 金道心 申右坤 陳得齊 金守丁 金太丁 蘇仁性金兩已 吳談戰 朴朴同 朴再太 許仁
尙 河尙云 金汝興 姜萬鵬 洪氏涬里德只 吳氏本惡只 朴氏以丹 朴夏根 鄭必僑兩主 洪萬業 趙生伊
文本老□昌 文平貴 申貴太 金性彩 崔夢得 金得弼 宣萬良 金遠太 金性禧兩主 金萬鉉 金萬彬 金
萬國 金海昌 金時玄 鄭昌彦 韓豆男伊 李德秀 崔賛龍 梁性得 李本惡 梁召史 曹道里金 金大雲 金
雪雲 李春亨 金朴七 金次大 成必守灵駕 成漢昌 朴呂才 申坪伊 申有捉 金山伊 徐廣梅 徐宗國 徐
光我 居素海 崔氏 金延臣 黃重裕 李千年 金益華 金者斤惡只 金必昌 安尙閏 朴貴年 蔡東貴 蔡碩
重 成喜禮 裵德貴 徐昙望金 李元太 姜碩伊 黃祥伊 黃德昌 申元軍 朴世華 金順伊 丁夢同伊 丁萬
英 金德位 吳成貴 李宗子 徐有道 趙碩才 金順伊 元中者伊 朴世重 比丘太俊 禪潭 性行 致閑 正憲
三暉 元覺 玉淳 八已 玉明 寬聰 自惠 會性 信閑 蘭俊 仁俊 性悟 若連 瑞岸 修仁 快迪 共元 鵬云 大
玄 信海 宏活 智策 智仁 慧仁 信浩 敏海 致淳 卽淳 守敏 再秀 福海 再淑 亙仁 必云 圓悟 永愚 覺岑
萬應 致訓 國民 致敏 三聰 善裕 世寬 彩淨 瑞良 謂卞 碩難 順熙 碩閑 敏寬 寬平 雲昌 處允 道嚴 暢
榴 斗淨 祐明 坦淳 朗演 道觀 快玄 彩還 遇仁 海靑 覺心 桂根 月澄 朗寬 得哲 法訓 至性 春芳 德絢
雪彦 致華 致益 覺禪 性學 廣學 七英 眞元 淨玉 天海 華敏 淸海 德明 性淳 玉林 仁化 再性 戒擇 再
仁 英日 鵬寬 得策 就華 永海 戰悅 費活 法行 勝慧 知說 悟脫 禪化 思英 應淑 就眼 曉明 達應 應行
坦明 再信 善積 惠根 妙信 宗連 尊賢 快定 快蓬 仁善 萬興 熙益 雪玉 自靜 海淳 坦澄 海性 昌大 戒
聰 道淑 幻忍 世俊 元淨 喩海 性遇 東億 行侃 以仁 萬壽 壽長 文習 德海 任閑 碩悟 宝一 性惠 昌云
敏淑 天裕 允心 萬澄 斗益 暢敏 快修 費賛 永學 日祐 朗性 尙建 最明 孟悅 奉性 就瑗」
景日 良訓 有平 希淨 巨安 就隱 靜盂 戒演 初幸 思日 印海 玉秀俊演 奉純 釋準 快亨 大允 玉淳 天
雄 哲敏 昇宗 普坦 出英 斗明妙哲 敏眼 性俊 再信 聖津 竺憲 智學 曉森 得蘭 雪云 處明 賛訓信行

侶鏡 侶玉 允守 會敏 致元 費察 守昌 先拜 德巳 世勸 心萬昌孫 大克 宝覺 宗肯 初鳳 翼演 敎三 惠混 敏最 □密 元謹 海普還体 仁是 允雪 淸贊 元敬 元寬 永奉 連肯 天元 守八 俊侶 玉就 戒坦 淳是玄瑞 隱聖 大寬 雄戒 心普 敏費 寬龍 德宇 敬圓 一性海覺 花攝 準寬 泂致 淨允 寬孟 澄奉 覺性 日□ 還攝 澄有 閑寬 亻忍 大 運奉 桂費 信粹 表妙 訓瑞 連英 就明 攝印 靜淵 廣連 尙定順克 戒休 會寬 錦天 致景 天岑 思俊 得亨 思英 天悟 哲宗 演修錦行 奉日 朴演 明覺 得淵 儀活 景津 瑞訓 淸順修玉 有性 是日罕已 德云 信坦 太明 智烱 朗荃 枕云 快初 法演 思仁 巨閑 戒一黃髮 謹修 日和 得察 寬雄 允極 仁澄 元閑 福才 四萬 四允 通性尙淳 永湖 巨閑 桂銀 瑞寬 普岑 普明 巨海 儀天 圓忍惠淨 暎眞孟日 演眞 國聰 勝友 致環 致化 戰悅 費鵬 戒海 龍紀 性修 興宗就察 守閑 始眼 善起 体演 志閑 尙心 天海 文玉 世明 八澄 震愚典悅 元行 典益 孝寬 定賢 道輝 戰玉 日和 會根 信初 海演惠淨敏淨 智英 演眞 性閒 再信 普憲 守克 明眼 太白 法才炭 擇 玲 敏訓巨閒 玉環 惠聰 智元 允閑震秀 碩宗 性心 布英 達英 采遇 德海大英 雪和 德良 曰山 繼安 俊之 宇寬 宇學 應擇 俊已 伏性 永安曉熙 極淳 快英 德訓 天浩 敎訓 景淑 德仁 淸海 仲得 戒初 景悟廣仁 普信 守演 鵬惠 始還 鵬日應仁 明性 脫策 進哲 緣化秩證明聰眼 敬玉 持殿瑞岸 誦呪戒雄 說愚 演秀 梓匠尙淨 有淳 宇學 稱淑 供養主雪覺 給侍坦敏 戒禪 察心 來往信贊 別座□松 化主一還 性旻等 歸依佛 歸依法 歸依僧弟子等從於今日發此大心不爲自求人天福報緣覺聲聞乃至權乘諸位菩薩唯依最上乘發菩提心願與各各等現生父母師尊多生父母師尊六近先亡親緣眷屬廣及法界寃親非寃親一切衆生俱生淨土一時同得不退轉於阿耨多羅三貌菩提」
乾隆二十乙亥年三月日昌平龍興寺上禪庵設辦 書」

265. 홍천 수타사 관음보살상, 1758년

願文」
願我以此此功德力普與一切」諸衆生徑登安養蓮池會」親覩如來無量光 時維」乾隆二十三年歲次戊寅五月」新造成觀世音菩薩慶讚」安邀於洪川孔雀山水墮寺」玉水庵」
緣化秩」
證明 禪敎大禪師 粲淵」良工 比丘順瓊」比丘德淳」持殿 比丘辰禧」誦呪 比丘再萛」慧性」供養主 比丘妙賞」本心」淨桶 沙彌 緇堅」負木 比丘道心」化主 比丘最淡」同願化主 禮尙」別座 比丘呂摠」
大施主秩」
通政比丘 再察」通政比丘 雪濟」崔殷國」李種泰」吳氏」張泰益」通政 姜滄種」李漢宗」嘉善比丘 性聽」通政比丘 最欽」通政比丘 楚洽」比丘 粹益」卞浩相」李貴」韓尙彬」李大吉」柳成遇」金貴南」金命先」黃應海」金春先」全大元」鄭道才」辛萬伊」崔加雲」朴應龍」通政 金完伊」金福伊」通政 張德云」張險同」張進萬」張海金」張仁淂」金氏命丹」通政 辛斗命」李春彦」金尙己」嘉善比丘 呂純」金次大」具一才」金順澤」金大成」李光彬」辛爵大只」邊南山」金順興」林介不里」李周万」趙里先」邊得世」吳登仅」金竹金」金順彩」宣太興」宣奉才」折衝 李斗建」李氏連春」李吉孫」崔福興」辛性白」林希哲」趙大甲」趙次甲」通政 李漢瞼」李才福」李才忠」通政 李斗樞」林厚靖」林彭昤」安太位」安性淂」金時明」卞斗云」金乫奉」廉世主」金春先」金春万」金六月」張春才」朴萬業」辛海守」李淂男」金近奉」金繼奉」金贊伊」金淂貴」裵占先」韓世万」崔太軍」吳光訓」吳山伊」金世位」邊太貴」裵素暹」金六南」金世澄」李天秀」黃己龍」張永己」金介老味」朴莫男」丁龍天」比丘 萬戒」快明」精位」應仕」金弘才」金勝敏」金應山」高喜澄」比丘 緇彦」瑞三」成軍」比丘 淨云」泰君」李莫山」洪丁民」高毛哲」高毛初里」崔七先」廉淑夫里」柳春山」柳希必」吳乙默」尹善君」徐乫屎」辛益壽」李斗石」嚴順奉」崔七元」李順才」李春世」嘉善比丘 斗暹」比丘 道閑」善準」寬察」法蓮」萬琦」綵祐」楚瞼」快珠」朴春希」朴俊位」朴興俊」朴一先」金孝才」李以華」比丘 道云」金氏」金興太」安氏」黃應哲」朴元必」李德重」金順大」舍堂 普贊」居士 右信」李太興」邊太海」朴希大」吳有尙」金海成」李甘乫」趙氏」權海俊」喆和」崔春奉」金俊

仅」廉於憐老味」李於憐老味」居士 禪學」李榮伊」李漢世」文迪伊」
本庵秩」
比丘 國淸」比丘 呂摠」比丘 天仁」比丘 淑性」比丘 辰禧」比丘 天休」比丘 淸心」沙彌 致淑」
緇岺」信贊」
本寺秩」
比丘 廣悅」比丘 思崖」比丘 義守」通政 三印」比丘 冑諶」通政 逐律」通政 慧崖」嘉善 慧淳」
比丘 淨淳」比丘 慧澄」通政 弘濟」嘉善 斗贊」比丘 慧眼」比丘 學連」嘉善 性灌」嘉善 天寬」
比丘 致圓」通政 妙暐」比丘 國平」比丘 錦文」比丘 粹允」思植」思賢」三眼」喆什」幸什」
兊琯」覺坦」思瞼」思密」兊浚」兊暾」贊仁」頓沾」思深」三惠」法明」念天」宥綵」比丘 幻
喆」喆順」宥翰」宇憬」思諶」巨允」快淨」喆洞」玉眞」淨行」寬海」仁澈」莊主」喆極」
敏尙」兊珎」兊尙」宥敏」兊晶」善譽」比丘 在還」敏俊」善識」道瞼」贊義」亘旻」信玄」
瑞衍」頓什」進晟」兊胤」思均」採蓮」志一」智琇」通政 天壽」致玄」就敏」綵珠」頓蹟」
徹仁」童子 道春」莫山」成必」金万山」持殿比丘 莪聰」三綱 嘉善 楚明」嘉善 海元」比丘 妙
白」書記 妙暐」致性」頓旭」哲性」文曄」念信」頓和」
施主」
金守哲」卞洞太」趙周白」李枝發」李之彬」李成根」李成光」李得光」元氏」林應守」嚴弘
祚」嚴上重」邊德弼」朴貴男」崔連大」處士 高智雲」辛貴先」安無哲」李德金」比丘 塞旭」
敏洽」緇偘」瑞雲」淨雲」良順」善機」兪萬世」李氏」金命山」朴善明」朴守明」朴丁伊」文
道必」朴太輝」卓鳳龍」朴啓東」金七星」嚴氏得邐」李德尙」姜玉世」居士 明旭」姜壽强」
卞氏」朴貴得」比丘 道閑」金老味」南致重」南泰薇」嚴介野之」朴上万」李春大」崔致宇」
韓次立」朴命元」德金」張漢主」張判連」張介老味」鄭以大」李頃」李京金」李三丁」李馬也
之」張己三」申贊京」癸亥生李氏」崔次先」高天亘」順泰」金日粲」金莫男」吳潤澤」池種
之」崔致光」李以徵」權德云」

266. 합천 해인사 백련암 불상, 1761년

바닥 묵서
陜川伽倻山海印寺白蓮庵緣化」乾隆貳拾陸年辛巳六月十六日爲始八月初七日畢工」新造像五
位重修十四位成就也」
緣化所」
證師 虗寬」誦呪 理圓」快輝」萬輝」太一」信環」持殿 暎俊」供養主」宏湜」寶寬」吉洪」負
木 竺演」來徃 眞熙」曉寬」淨桶 禪輝」德寬」良工 尙淨」称淑」宇允」泰栄」最信」倖安」
大施主 影岩堂大禪師載坦」比丘祇晏」孫碩萬」鄭起元」幼學文啓□」比丘印釋」比丘有寬」
化主」華峯堂大禪師照愿」別座 瑞應」引勸 桂察」居士德琳」德華」時僧統 玄一」住持 肅眼」
三綱」謹悅」開心」巨元」本庵」比丘義善」順海」會淸」照卞」演修」知明」典輝」先輝」永
寬」有寅」致初」觀仁」奉元」尊信」惟勤」感淑」月敏」桂英」觀信」奉才」命彩」
乾隆六十一年」乙卯十二月初七日」爲始十五日畢工」改金大施主 星坡念□」別座 綻正」祖室
武庵惺哲」化主 黙庵說封」良工 德旻」言誧」景坦」普成」□訓」供養主 幸初」如信證師 洛峯
□□」凌□□□」
佛紀2516(1972)年11月22日改金(主佛善補像□□)良工 朴준주」監院 闡提」施主 大慧」

267. 거창 고견사 불상, 1761년

<대좌 묵서>
陜川伽倻山海印寺白蓮庵」設辦造像也」乾隆貳拾陸年辛巳六月十六日爲始」八月初七日畢工
也」

     조선시대 불상의 복장기록 연구

緣化」
證師 處寬」 誦呪 理圓」 快煇」 萬煇」 大一」 信環」 暎俊」 良工 尙浄」 称淑」 宇允」 泰英」 最信」 倖安」 禪賛」 供養主 宠湜」 寶寬」 吉洪」 大施主」 比丘祇晏」 暎庵堂載玥」 孫碩萬」 比丘印和」 比丘有寬」 幼学文啓東」 負木 竺演」 化主 華峯堂大禪師照愿」 豊谷堂大禪師揔潤」 山人覺寶」 山人可愚」 山人信一」 別坐 瑞應」 位学」

268. 의성 대곡사 적조암 불상, 1761년 개금

江左醴泉郡地南嶺飛鳳山大谷寺寂」 照菴改金及重修記」 崇禎紀元後三辛巳季春之夾旬括」 虛病衲藏拙雲峯小室中矣法老虛」 照以手牋示余曰己卯春特命同住釋斗」 寬□欲塗金以爲如何寬師傾私□」 募衆緣傳金於地藏像逮至今春重」 修寂照噫虛照及寬師之有緣於此者」 盖多旣而恐□其績請記於子〃無憚」 煩乎余復曰編苫則固不能槩改修像」 儀迦葉之遺風禪補伽藍百丈之餘訓」 也則今二師也仰觀古德勤修手業偉」 哉其誠可佳况大深 大谷照而常寂嵬〃鳳栖寂而常照此是寂照主人虛照堂」 碧琳之受用底亦是斗寬之受用底亦」 是括虛子之受虛如是人〃髮用之外」 更何造群於其間哉嘘〃」 乾隆二十六年辛巳孟夏雲峯堂就如記」
改金施主秩」
大施主 比丘斗寬」 虛照堂碧琳」 比丘信明」 比丘性賛」 比丘妥聰」 比丘就尊」 比丘覺峯」
重修施主秩」
護軍李泰柱」 護軍朴義徵」 金萬守」 金孟同」 洪守命」 金德龍」 護軍林致榮」 魚江牙之」 嘉善崔德金」 林漢起」 護軍金舜京」 崔必萬」 金順凞」 朴萬才」 崔豊才」 吉順立」 梁山碩」 呂必雄」 比丘德□」 金種碩」 朴軍湜」 張福伊」 黄時元」
本寺秩」
前住持 禪凞」 前住持 在學」 前持住 雄哲」 前住持 自琪」 前住持 自逸」 前住持 位哲」 前住持 法善」 前住持 位宗」 前住持 快淸」 前住持 竺岑」 前住持 碩贊」 時住持 演淸」 三綱首僧 楚暹」 三寶 寬葉」 書記 快鵬」 持殿 致敏」 性賛」
本菴秩」
虛照碧琳」 比丘彔淨」 比丘瑞欽」 比丘國察」 比丘太訓」 比丘蔡敏」
緣化秩」
大木 慧明」 忠海」 寬玉」 坦楚」 片長 空性」 菊洽」 供養 大澄」 太華」 化主 斗寬」 別座 妥聰」 山中大德 能眼」 大德 最叔」

269. 문경 김룡사 대웅전 불상, 1761년 개금

大雄殿三尊靈山殿三尊地藏改金記」 庚辰秋余洒掃法玉空及獨观音座供十句後將作邑南之行」 合寺耋稚碍刻路日今我殿□底多閱春秋金泥剥落色彩淪」 飛□□□於佛實有愧於人有志於改金者年久□務未遑□也」 法王子祈□之妙力旣足又□歲□□農隙三利之緣畢至千岭」 之運斯□其□藏嚴古佛定當其時捨之奚俟詩□一諾焉余復」 曰事□可爲時亦可爲而不可爲者但荷負重握□□之不敢當」 也恐有弱轅顚仆之患日昔迦葉之褸金百丈之□利安□自安□」 安者而不爲□余不敢穆□乃與十八同志役四体爲奴□□一心」 爲君主袖勸䟽洛囊叢林保柱遍踵皷舌鳩募千□金□」 明年三月召龍□集禪那拭黃面而傳紫金酌定水□沃魔」 山點開十眼圓七侊□金色功玉毫光靡私於西土生灵亦及」 於東方世界□月印千江春行□□於是開水月□□□空花」 佛事龍旋大張鯨桴高揭黑白□慕□□雲□非但龍天」 蹭躍地祇懽□亦更大小檀□見中□□□霑法霈之普潤」 實爲俗□中眞□事故耋稚詩記顚末余不避林□澗愧」 强把免翰略氣其□俾有後□□」 崇禎紀元後三辛巳季春下浣海東沙門括虛記」
幷列于大施功德大施主秩」
石氏石梅」 李金夢」 安必旺」 許奉采」 趙世澄」 趙以先」 李态白」 金生員」 金捻金」 李召史」 安

必南」金召吏」金世□」金喆夢」通政雪云」金必眞」安興龍」金春興」高世□」金龍淵」李花
重」金光肅」鄭太杰」崔坦興」金尚迪」李召吏」通政釋采信」朴險太」金占中」嘉善林夢土
里」亞施張閏石」張龍太」安順旺」蔡文」鄭杜仁」金召吏」金善億」姜介道」鄭卜三」尹岳
只」鄭日三」鄭再秋」鄭丁出」李抱」李世」申七元」宋召吏」黃王先」金應太」朴太占」大德
相臨」太悟」通政最屹」太敬」取性」金仲三」李太俊」黃河澄」羅雄淸」金萬守」李貞□」徐
今必」曺淨淸」張天澄」李種金」李世貴」金丁回」嘉善金石江」金月白」沈貴同」金八貴」申
永太」申貴才」嘉善梁士貴」通政張致興」李先奉」比丘世官」
本寺秩」
嘉善太□」通政位明」通政大□」嘉善玉連」通政思訓」錦□」順習」坦守」禪密」印奇」時
仁」印澄」萬連」淨輝」性卓」戒守」快仁」通政知性」通政碧行」淸信」快信」性回」位敬」
通政密性」通政官天」通政法坦」采允」敏元」通政官定」法禪」通政法胡」秋甘」法尚」□
活」竟元」仙和」比和」大澄」天式」初葉」宇仁」克莊」官希」淸元」守仁」体軒」通政永
民」致賛」亘心」大淸」性坦」永蔥」豊天」日順」昌元」□守」俊益」取元」昌信」三益」道
惠」定□」巨还」石明」戒坦」仅坦」大益」處日」体朱」若守」□孝」□心」處先」世朱」大
朋」万今」永式」若信」賛明」初全」再淑」体嘗」□豊」秋今」賛惠」德澄」秋安」德□」昌
愭」緇定」性劦」万天」石訓」知訓」道元」呂朱」浪信」平順」性賛」□叔」必澄」行益」
時任秩」
住持兼化主 通定萬性」公員通定定初」首僧 戒行」書記致黙」直舍 通政知仙」紙看 通政訂輝」
三補 雨順」軍色亘安」
緣化畵員秩」
嘉善震□」通政稚翔」快仁」道均」守悟」淡惠」快日」洪安」月尚」昊今」□天」善益」性
一」謹悅」昌云」
緣化秩」
訂明 一伋」談淑」最淑」相臨」誦呪 太淨」普明」賛定」施兼茶母」性行」最坦」自和」致元」
再叔」尙堅」世欠」印淳」持殿性悅」供養主雲密」性賛快介」敏澄」孟金」印玄」浪式」
花所秩」兼施通政竟行」善己」政修」書所性眉」思□」善□」刻□山人平元」
化主秩」
通政希益」通政普官」通政萬習」通政訂性」亘玉」化兼□事通政致敬」維那 通政印札」別座
通政謹三」始役都監 通政淨和」都化主 宗師取如」都化主兼大都監 登階嘉善自寬」獲獜際」

270. 안양 삼막사 마애치성광여래삼존상, 1763년

① 초창 명문(1763년)
乾隆二十八年辛未八月日化主悟心 首施主徐世俊」朝鮮國衿川縣三聖山七星殿」
佛像法堂新建大施主秩」金萬眞 文春光」善女 處海 處澄」姜世珍」千德重 崔德龍」安國光」
通政金永賛」乙亥生宋氏女韓」壬人生宋氏」金世俊」處士 性海」丙午生元氏」金大聖」元應
良」壬人生金氏」乾隆二十九年甲申九月日畢功」大功德主 悟心 上佐 別座 進祭」
② 중건문(1881년)
七星閣新建重建大施主」乾命辛亥生金周容」乾命辛亥生金大容」奉母丁丑生趙氏」以此功德
往生淨土」光緒七年辛巳四月日」

271. 포항 오어사 삼세불상, 1765년

<대좌 묵서>
乾隆三十乙酉年三月日迎日吾魚寺佛像三世如來造成」閏二月初七日始役於三月二十日畢功安
于大雄殿」

施主秩」
大施主 嘉善永察」 大施主 通政鵬彦」 大施主 居士廣遠」 大施主 嘉善大英」 大施主 嘉善鄭夢碩」 腹藏大施主 居士慈懲」 緣化秩」 證師 禹定」 至性」 杜日」 誦呪 性云」 閑宝」 持殿 泰俊」 供養主 性守」 福海」 金魚 尙淨」 理演」 幸安」 有幸」 直慧」 軌函」 化主 勝還」 別座 大汗」 都監 嘉善察永」

272. 경주 분황사 약사불상, 1775년

<약합 묵서>
乾隆三十九年乙未四月二十五日造成」 也重修改金畵圓六行瑞弘」

273. 영천 묘각사 아미타불상, 1775년 중수

乾隆四十年乙未五月初十日慶尙左道永川郡」 业騎龍山妙覺菴法堂阿彌陀佛尊像」 塗金發願文願以此功德普及於一切我」 等與衆生當生極樂國同見無量壽」 皆共成佛道施主玉仁」
檀越秩」
大施主 克尊」 再淸伏爲」 亡師聖曇靈駕」 施主 益珠」 姜宇聖」 姜喜仁」 處士淨心」 李世元」 李德竜」 李沃宗」 李貴三」 曺命才」 姜夏周」 金道和」 比丘文叔」 雪鵝靈駕」 仅和」 國活」 快浞」 朴惜太」 德岑」 朴莫竜」 再還」 朴尙太」 尊世」 金萬三」 法行」 李擎鐸」 探文」 康召史」 三印」 安成」 僧伽梨施主」 比丘勸玉」 車召史残笛」 處士抱印」
緣化秩」
訂師 大彦」 萬紃」 誦呪 性察」 萬成」 斗性」 快卜」 僧伽梨 良工」 侍普」 國英」 畵成良工」 抱冠」 性聰」 宇朋」 就澄」 六殊」 學演」 有誠」 供養 俊伯」 戒允」 志性」 淨桶 省淳」 負木 順察」 鍾頭 抱仁」 別座 希律」 守活」 都監 一哲」 化主 有賢」 本菴 演初」 再益」 通薰」 守活」 會眼」 偉岑」 淨旭」 最之」 印輝」 得遙」 戒演」 戒弘」 莊學」

274. 남원 실상사 약수암 목각아미타여래설법상, 1782년

乾隆四十七年壬寅十月」 □□山實相寺□□庵□□諸佛□□□幀」 □□□□□□□…畵□ 封玄 儀弘 廣海 性□ 桂永 漢□ □□…(이하 판독 불가」

275. 서울 지장암 천불상, 1784년

乾隆甲辰十二月十二日千佛中二百五十九位於慶州地祇林」 寺造成翌年正月二十四日點眼二十六日發程陸路造輦」 二十二次陸路移運各寺僧軍揚眉爭侍道路觀瞻鬧」 若市肆到本寺於其中間不風揚瑞彰光」 德譽廣著道伯及郡宰招僧捨施酕者擲錢幾至」 百餘貫矣二月初十日始舊佛七百四十一位塗粉重修至二」 月二十四日點眼二十五日新舊千尊幷爲奉安財力縱無化」 有至數千金而屹功大小檀越及緣化諸比丘一寺同結因緣者」 成脫輪迴共登千佛現世之場同蒙授記者」 大施主 嘉善比丘省輝捨二百金」 大施主 嘉善朱奉傑捨一百金」 大施主 嘉善比丘良信捨五十金」 諸檀越新位三兩舊位二兩錢斗米各出隻手共成此事」 證師 東峯海寬」 念佛人 玄俊」 誦呪 比丘帆日」 俠璘」 自文」 戒杻」 摠河」 俊起」 良工 比丘」 有誠」 雪訓」 志言」 封玄」 惠弘」 成潤」 進宣」 義弘」 廣海」 來欣」 幻悟」 靈印」 勝印」 永閑」 性昕」 惠雨」 宇暎」 瑞弘」 性允」 色潤」 普仁」 樂仁」 勝和」 性鵬」 戒岑」 快允」 郁惠」 景祐」 戒印」 精倖」 頓明」 快信」 影修」 廣禧」 如眞」 義允」 正訓」 性日」 義全」 供養主 讚浞」 典贊」 順定」 勸旻」 効訓」 時僧統 通政 巨榮」 都監 嘉善頓修」 重浜」 別佐 通政 自讚」 守定」 前啣 通政 致閑」 遇景」 究旪」 書記 敬普」 書寫 瑞璀」 化主比丘 雨絢」 重初」 淸一」 僧悅」 帆鮮」 壎渡鴻敬修」 有輝」 泰花」 赴淨」 巨壎」 潭律」

戒禾」揔華」永華」像宣」維䪶」賀有」慧眼」重洴」重密」幻叔」自净」利云」快敏」夢弼」
三網」再哲 近還」近昨」

276. 김천 직지사 천불상, 1784년

乾隆甲辰十二月十二日千佛中二百五十九」位於慶州地祇林寺造成翌年正月二十四日」點眼
二十六日發程陸路造輂二十二次陸路移」運各寺僧軍搜眉爭侍道路觀瞻鬧若市」肆二月初四日
到本寺於其中間不風不雨揚瑞彰」光德譽廣著道伯及郡幸招僧捨施翫者擲」錢幾至百餘貫矣二
月初十日始舊佛七百四十一位」塗粉重修至二月二十四日點眼二十五日新舊千尊」幷爲奉安財
力從無化有至數千金而屹功大小檀」越及緣化諸比丘一寺同結因緣者咸脱輪廻共登千」佛現世
之場同蒙授記者」大施主嘉善比丘省輝捨二百金」大施主嘉善朱奉傑捨一百金」大施主嘉善比
丘良信捨五十金」諸檀越新位三兩舊位二兩戒兩□斗米各出隻手共」成此事」證師東峯誨寬」
念佛佽俊」誦呪比丘軌一」俠璘」自文」戒狃」揔河」俊起」良工比丘有誠」雪訓」志言」封
玹」惠洪」成潤」進宣」義弘」廣海」來欣」幻悟」勝印」惠雨」瑞弘」性允」色潤」普仁」樂
仁」勝花」性鵬」戒岑」快允」旭惠」景祐」戒印」獜倖」頓明」快信」影修」永印」永閑」性
昕」宇暎」当僧統通政巨榮」都監嘉善頼修」重演」別佐通政自讚」守定」前啣通政致閑」遇
景」宏叶」化主宗師雨絢」種初」清一」僧悅」度鴻」敬修」宥暉」恭花」赴浄」潭律」巨勳」
戒和」揔華」永策」維䪶」像宣」軌解」賀有」重演」重密」慧眼」幻叔」自淨」剩雲」夢弼」
快旻」持殿頼軒」自淨」瑞玉」書寫瑞寬」供養主」效訓」勸旻」順定」典讚」讚湜」義全」性
日」正訓」義允」如眞」廣禧」三綱」再哲」近還」近悟」畵記敬普」影波聖}奎」大運揔澗」
日月寒報事造成及移運新舊點眼法席同參證正」

277. 서울 만월암 불상, 1784년 개금 중수

乾隆四十九年」六月日佛像改」金施主各銘」出其石文成」甲寅生金氏」己亥生金氏」甲寅生李
氏」金道燻」癸卯生李氏」己亥生金氏」金世尖」甲辰生金氏」癸卯生金氏」壬申生金氏」甲子
生崔氏」戊申生金氏」辛巳生李氏」庚申生金氏」三生思」

278. 의령 수도사 아미타삼존상, 1786년 중수

지장보살 복장(改粉記)
我」聖上卽位之十一年丙午五月日上壇後佛」幀造成緣化時同爲改粉」證師 體宇」宗師 寬慧」
持殿 緇貧」誦呪 海瀛」會演」泰朋」演竺」振善」供養主 碩朋」廣旹」時和尙 最敬」別座 碩
己」都監 曇淑」曇瑞」化主 寬慧」鍾頭 惕慧」淨桶 碩眞」就澄」監床 有洪」畵貟 評三」唯
性」性允」極貧」察敏」永宗」快性」宇心」永輝」幻永」

279. 영천 백흥암 석가삼존상과 16나한상, 1786년

百興菴靈山殿塑成 佛菩薩及羅漢諸聖像記」百興故寺革 爲菴冥府靈山䓁殿因舊俗皆隷本
菴盖靈」山殿所以奉十六羅漢者釋迦彌勒竭羅郎十六羅漢之主而舊」闕其三軀於十六羅漢之中
又闕半託迦伐羅婆斯有識者多病之」吾門老道峰和上眠菴八年法化流行檀越附䓁於菴中事細大
無不」菟輯以至器用沐物悉措置而潤色之眞百廢俱興而獨未及靈山殿事道」塲之少顏色以此酒
於丙午七月十九日庚申齊戒告于神命工擧事浃」旬乃成新造凢五 佛一菩薩及羅漢各二其餘羅漢
亦皆」重修之遂奉 佛菩薩爲主位餘各依昭穆列坐明明穆穆如有相」得之樂焉事既竣菴人玩璟來
請余記余與之坐而告曰璟凢佛」事造成與尊奉皆有福利造成之勞己自和上尊奉之責方」在公䓁
公䓁其勉哉使和上聞之必不易吾言矣璟跽曰荷長」老慇懃當佩服冈隆遂書其事以歸之眠事之

人曰國英」玧璟原惠」
聖上十年十月下澣雲浮仁嶽義沾撰」
山中宗師秩」
鳴巖再澄」性安」紫巖奉瑅」樂峰性愚」洛峰修朋」龜峰養隱」蒼坡快彦」大雲宇熙」
緣化秩」
證師 東峰誨寬」花月采心」誦呪 義岑」淸輝」惠訓」俊起」持殿 意玧」鍾頭 戒聰」奉齋 永
熙」贊旻」畵師 指演」泰洪」德修」直天」
大施主秩」
嘉善楚琳」嘉善道一」嘉善德允」嘉善斗安」處士快元」時僧統大演」立繩 福潾」別座 源惠」
性仁」都監 玧璟」郞性」化主 國榮」淨桶 能甘」永修」天一」任性」供養 希一」贊照」福贊」
幸悟」
本菴秩」
道峰有聞」呂聞」最和」永和」印卞」剋連」普之」幻郁」摠彦」泰演」錦友」志修」錦日」之
心」采彦」幸宇」宇天」采洪」性俊」大仁」德初」處周」處郁」意曄」策旻」洪善」壯仁」志
洪」策衍」采已」處曄」處昕」謹天」采元」策典」補曄」碧仁」會演」勝洪」之洪」幸訓」
三綱秩」
首僧 快心」持事 務正」書記 違熙」冥府殿 弘俊」敏照」有演」頓察」致行」法湛」致玧」任
先」采一」就善」天性」瑞玧」戒淑」戒性」演洪」應一」勝楅」策善」刻恢善」書國典」

280. 울주 문수사 아미타불상, 1787년

① 원문
阿彌陀佛新造像與塗金」獨辦大施主畵師比丘指演」伏爲亡父學生李夢世靈駕」亡慈母徐氏靈
駕恩師和俊」靈駕同生上品蓮花之大願」
② 연기문
記文緣起」丁未六月初二日奉安于」祝玄堂」此祇林卽羅代古刹亦四聖人游化」之場也中間興
廢與時無常丙申大無」之後各散僧徒復集而僅守一寮矣」去丙午春主人灵峰禪師重修玄堂」今
春請布雲法師設華嚴大會三夏」仍作空花佛事玄堂龕上主佛及」普德庵主佛改金新興寺上室之
主」佛本寺南庵之主佛長安寺主佛」本寺香爐殿願佛石窟庵主佛」□改粉又本寺說玄堂後□佛
幀□」興寺上室後佛幀長安寺神衆幀」普德庵山靈幀同時新畵成亦造」…二十二領當是時也諸
山禪伯八」□衲子雲臻而共成無爲佛事於斯」□葉可謂佛日增輝也伏願…」隨喜一會大衆及與
一切水陸衆生」同登覺岸者」證明 布雲閏□」大雲奉洽」誦呪 戒念」金魚 松巖大圓」片手 石庵
勝云」文星」都監 大洪」別座 定話」化主 徹虛慈愚」供養主 志守」持殿 慈庵震玄」永說」

281. 화성 용주사 삼세불상, 1790년

① 龍珠寺佛腹藏奉安文
伏以聖恩極隆 便蓄金彩絢縝錢穀之」錫賚 法相酷肖 交錯如來菩薩神祇之」形儀 自天成之 不日
竣也 伏願主上」殿下 將南山爲壽睿籌 何止千斯百斯」案 東方永寧寶籙 直至於萬於億 王」妃殿
下 懿範徽音爲赫赫 上帝答以邵」齡 聖子神孫之繩繩 下民欽其熙運」元子邸下 膺期而生 續邦家
四百年命」脉 世德而壽 屬蒼生億萬姓依歸 大」妃殿下 慈宮邸下 宇宙垂名 人稱萬」古女中堯舜
岡陵齊壽 自致第一天下」安寧 顯隆園仙駕 卜吉地而移玄宮」宜無餘憾 傍諸天而資淨福 豈有後
艱」須摩提國中 當踐大覺之位 覩史多天」上 宜受列眞之朝 先王先王后列位仙」駕 鳳輦鸞駿之
並驅 遙指蓮花世界」寶柯珍禽之交響 穩聽金仙法門 受賜」至此 感恩何極 仰冀玄鑑 俯照丹忱」
慶讚疏」
佛知無涯 照肺肝而莫掩 宸情有眷」賜顏色之非常 尊像旣成 縟儀斯擧」伏念永祐舊寢 顯隆新園

懿號誕加」大有光乎 榮奉玄宮改卜 寔無憾於孝」思 仍置招提 更冀保佑 殿閣堂樓之」輪奐 可見
命吏心勞 塑畫金彩之鮮明」盖聽宮監顧指 囿道場以鴻化 毫毛自」天 聳淨界之龍神 花雨墜地 光
氣呈」
瑞 感聖主之虔誠 雲水告功 冀佛靈」之永援 伏願主上殿下 視民如傷 旣」隆柞械之德 自天加佑 益
享喬松之年」王紀殿下 周南頌太任之仁 西池獻王」母之壽 元子邸下 盛德克肖 護睿體」而日康月
寧 洪緒永綿 延寶曆而天長」地久 王大妃殿下 慈宮邸下 壽考年」紀恰似春榮之期 福履日綏 堪比
茂」松之盛 顯隆園仙駕 神襟飄麗 濯塵」乎八德沼邊 聖賢逢迎 觀光乎七寶樹」下 先王先王后列
位仙駕 翱翔乎蓮臺」之上 法王追隨 號令乎天宮之中 神」將奔走 諸宮宗室 文武百僚 盡忠報」國
捻是經綸之才 視官如家 永保功」名之美 歐一世於壽域 盡萬姓而樂生」玄鑑孔昭 丹忱尙格」
② 各項擇日
開基開國三百九十九年二月十九日午時定礎仝三月二十一日巳時立柱仝四月初十日未時上樑仝
十五日巳時造佛仝八月十六日點眼九月二十九日
③ 願文
聖上之十三己酉十月七日」永祐園梓宮卜吉地移奉于水園之」顯隆園越明年二月十九日營 願寺
于園傍東北二里」許利仁察訪曺允植薰其事又 命小臣德諄與龍」洞宮小次知臣尹興莘來監造 像
畫幀之役塗褙器」皿帷帳鋪陳旗幟輦蓋鐘鼓 佛腹寶坐幅皆自」內下仍令管檢其八月六日行供始
役九月三十日告功十月」初 日行點眼齋招延國內名僧宇平性蓬等撰義」沾璀絢爲證師震環法眼
豊一廸凜呂贊竺訓等爲」誦呪獅駬哲學養珍月信弘尙天祐慧玘等都監別」座持殿書記尙戒雪訓
戒初奉玹等二十僧造 像旻」寬尙謙性允等二十五僧畫 幀俱極精美堂宇之」壯麗 幀像之嚴儼迥出
尋常於戲以我」
慈宮低下爲 宗祊至誠盛德」主上殿下奉承大孝」皇天」祖宗陰隲」聖佛靈信默佑」邦慶應期 國
本大定神人之歡」抃溢于宇宙伏願」大慈世尊吊加眷願」主上殿下王妃殿下 享岡陵之壽臻堯舜
之治 聖子神孫繼繼承」承於千萬年」元子低下仁孝賢明四方延頸仰 德神明保護 壽福」寧」王大
妃殿下慈宮殿下 萬壽無疆福祿永昌百靈衛護」園寢萬歲永吉之大願」前司謁黃德諄 小次知尹興
莘 拜手稽首」

282. 가평 현등사 지장보살상, 1790년

隆五十五年庚戌五月日京」畿加平地西嶺雲岳山懸燈寺地藏庵」鑄像造成矣仍而奉安本庵也」
證明 比丘天峯泰屹」秋月宇策」海明妙一」塑像 比丘寬虛雪訓」龍峯敬還」比丘慧淸」比丘性一
性允」比丘快信」鑄相 信男全仁江」誦呪 比丘圓鑑 快敏」戒弘 漢鵬 錦綸」持殿 軌日天心」都監
戒緝 良旭」信士 處炅」信女 敬念」供養主 比丘 道演」行活」普成」別座 德坦比丘」淨桶 比丘德
尙」大心」化主 比丘白蓮明律」聳庵 信士智營」信女 常澄」信女 敬賛」信女 正瓚」機械施主 朴
枝完」鍊磨 信男 表德蓮」負木 天大」來往 比丘軌壯」坤命己未生禹氏」坤命庚申生金氏」
施主秩」
信女 慧怜」比丘尼 曠圭」信女 常旻」信士 法榮」李禧」癸卯生柳氏」尹氏靈駕」金天應」釋還
住持」三綱 首僧 偉堅」三寶 道洞」淸信女 法曇」淸信女 處明」淸信女 宝蓮」金三順」比丘尼
致根」乾命憑敬分」信女 宝香」信女 宝日」信女 生炅」

283. 평창 운흥사 아미타불상, 1791년

陀佛願文」
成此佛事功德林覆蔭上中下萬類 主上三殿壽無量」國界恒寧萬轉世大小檀那增五福緣化列局成
共佛神悅」人歡護天龍雨順風調長歲稔見聞隨喜遠與近同參」結緣俱成覺」
緣化秩」
引牛纛華堂大活」枕波堂 戒允」誦呪 首坐 有弘」持殿首坐 位燁」良工 聖嚴堂 弘眼」漢英」廣

淳」八定」良工信謙」巨英」化主 比丘首坐慶幸」軌宗」別坐 首坐載玄」
大施主秩」
黃金大施主」金大福長命之願」沈貫珠長命之願」通政崔達環兩主」李光龍」徐日柱兩主」亡
父母 繼命兩主」同願金大根」權達龍」權達松」金性輝」李順才」本造像大施主 淸信女舍堂行
淨」
供養秩」
首坐 定隆」智暹」千定」泰悟」等熏」等會」碩初」居士 軌學」來往 山人泰旻」敏設」
乾隆伍拾六年辛亥三月日改金于太白山雲興寺」般若庵奉安于大寺也」

284. 남양주 흥국사 지장삼존상과 명부 존상, 1792년

① 제4 오관대왕 복장
①-A 一切如來秘密全身舍利寶篋陁羅尼
刊記: 聖上卽位十六年壬子五月初吉月菴門人暎月朗奎謹書」化主喚月快定募貲刻此留鎭于楊州
水落山興國寺」
墨書: 坤命己酉生咸氏身病卽差之大願」
①-B 陀羅尼
墨書: 聖上卽位十六年壬子閏四月上浣月菴著門人暎月郎奎謹書」
①-C 陀羅尼
刊記: 比丘自還施」比丘毅有畵」比丘處寬刻」道峯山普賢留板」
墨書: 生母乙卯生具氏生增壽福死歸蓮邦之大願」生母乙卯生具氏生前無病患死後得快樂之大
願」比丘慶鶴速成阿耨多羅三藐三菩提之大願」比丘慶鶴勤修戒定慧頓貪嗔癡之大願」年第貴福
早 〃 成長成就壽慧之大願」年第貴福早 〃 成長增勝福慧之大願」比丘日文官保體生無灾障死登涅
槃之大願」仲弟盧聖福生無病苦增勝福壽之大願」仲弟盧聖福保體壽不中天福無灾障之大願」
② 제7 태산대왕
一切如來秘密全身舍利寶篋陁羅尼
刊記: 聖上卽位十六年壬子五月初吉月菴門人暎月朗奎謹書」化主喚月快定募貲此留鎭于楊州水
落山興國寺」
墨書:坤命丙申生金朔弗伊兩主子孫成就」乾命丙申生金朔弗伊兩主所願成就」乾命朔弗 伊兩主
後往極樂之願」乾命朔弗伊兩主所願如意」乾命李龍雲兩主保体所願成就」乾命李龍雲兩主子
孫昌盛」乾命李龍雲主後生九品」乾命戊辰生李盛伊兩主子孫昌盛之願」
③ 제9 도시대왕
發願文」
奉佛弟子比丘快定矣心發願鳩財請工新造成大願」地藏王菩薩 左補處道明尊者 右補處無毒鬼
王」冥府十王案列從者等衆又復新畵成大願 地藏王菩」左補處道明尊者 右補處無毒鬼王」六光
菩薩六」大天曹 大梵帝釋 四方天王 冥府十王案列二十六案」判官三十七位鬼王 上元將軍 二簿
童子 四直使者監」齋直符 牛頭 馬面卒使諸□等衆兼及十大地藏中」受苦不知名 位等衆始役于
乾隆五十七年壬子閏四月」二十四 日點眼于五月 日仍以奉安于楊州水洛山興」國寺冥府殿 備五
參三日惟斯人孰非受性鮮有」其仁善惡分來殃慶類至誰司其司冥府諸位福」之禍之壽之矣之凡
□ 有□敢不敬歟敬之維何雕而像」馬儼若中堂位各有尊大哉地藏尊衆修善秦」廣初江宋帝五官
閻羅變成泰山平等都市轉」輪六甲分掌劍刀氷湯□鉅□磨惟罪隨施斷必使自」勸縱有大戾改之
有怨自覺他覺矧歸正果水」洛之下有寺興國抑自羅麗悠久日月古有尊像」中間湮役床卓空 〃 殿
宇寂 〃 不惟人嗟奈錦」僧力誰能造成□□功德米帛錢布有隕自天」于物于財乃信乃檀經始幀像
永期尊奉歲維」壬子節屆天中完山李溶敬撰願文上祝壽」下祈引善」大施主淸信女寶慧」引勸
施主崔氏悙悼」引勸施主丁卯生崔氏」坤命甲辰生咸氏」引勸淸信處澄」引勸坤命李氏」比丘
尼普允德咸致根」廣奎靈駕淸信女行願」妙榮曹 海珍處士智瑩」處士朴氏坤乙卯生崔氏」引勸

清信女法蘭」同願同參隨喜結緣」等同入彌陀大願海」證明比丘 暎波堂定瑊」誦呪聖演等十五
人」持殿宇榮」金魚震□等四十二人」魚山義察」造果□日生等三人」造餅振玉等三人」飯頭眞
淑等三人」熟頭祥均等四人」榮露處善等四人」茶角 有定」鍊哭崔景云」工哭瑞弘等三人」圖
色景孫等三人」匙色允得」淨桶護天」火臺全□」比丘 印坦」

285. 의성 지장사 상적암 불상, 1803년 개금 중수

龍宮地藏寺性寂庵改金發願文」塗金大施主 醴泉內同黃有閏兩主保体」後佛幀施主 安東屏山張
竜範兩主保体」中壇幀施主 比丘道寬保体」神衆幀施主 比丘松岳堂楽朋保体」以此勝功德壽福
長遠子孫昌成死後徃生九」品蓮臺之上□悟衆生之大願」
本寺秩」
時和尙 草行」持事 亘天」三寶 斗添」
本菴秩」
壽室 比丘翠峯堂道允」老德 比丘豊淲」希俊」哲黙」幻石」永筍」淨行」智閑」善一」致弘」
妙玄」杜英」益祥」永有」取朋」取閑」取弘」在信」瑞仁」童子」達昌」冝在」成大」
緣化秩」
證師 比丘筍坡堂聖美」持殿 守義」誦呪 義順」致黙」取閑」哲性」處一」良工 守衍」陟花」贊
花」性守」如訓」達仁」体元」供養主 玄玉」戒眼」化主 元奉」勝和」都監 幸悅」別座 道寬」
淨桶 比丘性安」負木 比丘取弘」
嘉慶柒年癸亥三月十九日始」

286. 예천 보문사 아미타불상, 1811년 개금 중수

①아미타불상 개금 중수(1811년)
願文」詳夫信心檀越各捨有漏之塵財共結無漏之良緣」或爲先親師長永離苦海超生樂邦或爲無
子而有」子繼繼承承或爲三灾永息五福增崇或爲念佛三」昧無諸障乱親見彌陀後生極樂抑願齋
者」咸蒙佛菩薩之勝力共成諸春屬之長榮抑願」緣化比丘及見聞隨喜讚嘆苐承斯化緣現增」福
壽當生淨上速證菩提廣渡苦海一切衆生願」與無邊法界四恩三有一切含靈同登覺岸」嘉慶十六
年辛未五月初五日 改金願文」
施主秩」
城主沈能述兩位」進士沈冝舜兩位」幼學金重祐兩位」權福昌兩主」林鳳宅兩主」梁白碩兩主」
比丘瑾珣」比丘璉琿」辛千三」姜應德兩主」禹永三兩主」一庵堂警誼」喚鶴堂正已」比丘警
詵」比丘杜誅」比丘德貧」比丘琁玉」金必願兩主」姜德三兩主」比丘快黙」姜應文兩主」吳
萬昌」金錫再兩主」比丘道文」比丘勝倫」比丘補天」比丘平益」比丘亘天」比丘有成」比丘
俊益」比丘雪淳」取暎」有桂」太安」秋演」玹玉」海或」尙信」碩坦」性洪」支性」泰鑑」比
丘宇贊」宇曄」平湜」寬鵬」戒天」比丘尙嘗」尹福乞」日福」淸信士梁勝俊」姜應仁」比丘學
仁」安泰益」戊戌生蘇氏」韓達隱」比丘寶瑾」孔億祿」權甲伊」權聖宇」比丘德潤」楽朋」比
丘定祐」權福萬」金昌碩」嚴禧範」比丘志聦」性宇」比丘性潭」鄭必祿」金昌業」
緣化秩」
證師 密□堂尊烘」比丘喚鶴堂正已」誦呪 飛鳳堂見活」比丘 愼黙」比丘自如」栗庵堂靜黙」
比丘幸禪」持殿 比丘永黙」魚眼退雲堂愼謙」淨虛堂光逸」比丘智敏」比丘文益」比丘煥奎」
比丘信明」比丘正麟」比丘彰宇」比丘玶璘」鍾頭 比丘璉琿」魚山 比丘雪暉」比丘性澄」供養
主 比丘尙玉」比丘謹直」鍊器 比丘寬益」比丘幻先」造菓 比丘處信」比丘取榮」造(米+丙) 比
丘快黙」比丘 苐還」茶角 比丘宇讚」熟頭 比丘達雲」比丘致淳」比丘致永」比丘戒蓮」比丘俊
益」菜露 比丘致黙」比丘元曄」比丘警源」沒水 比丘勝岑」工器 比丘普天」比丘定順」比丘
有閑」比丘瑾珣」比丘雪淳」明松 比丘聖燁」比丘道定」淨桶 比丘自雲」槃色警認」明淂」尙

　　　　　　　　　　　　　　　　조선시대 불상의 복장기록 연구

补」下孫」領座 比丘絃玉」地排 比丘德貧」大都 比丘杜暎」來往 比丘太安」藏主 比丘有桂」
地主 比丘德潤」比丘德貧」比丘琁玉」比丘亘天」
②아미타불상 개금 불(1991년)
佛紀貳阡五百參拾六年」壬申八月初六日」改金佛事」
大衆秩」
本寺住持 暎虛緣園」祖室 古松宗協」會主 靑雲道源」閑主 洪然道明」住持 道明」持殿 普光」
供主 尹法輪華」金魚 尹吉浩」송지연」김선해」임명순」신진환」이광선」

287. 해남 대흥사 천불상, 1817년

<千佛新造成同參祝願錄>
1 南無釋迦牟尼佛 嶺 大丘府 把溪寺 比丘 度慶 爲亡師 處玉 亡父母兩主」2 南無東方藥師如來
永川 銀海寺 比丘 喜玣」3 南無西方阿彌陀佛 安義 長水寺 比丘 旻基 爲亡師 棹綆 亡父 車振昌兩
主 亡翁師 善行」4 南無當來彌勒尊佛 比丘 萬俊 富彦」5 南無拘那提佛 永川 銀海寺 比丘 會隆
爲亡師 奉寬」6 南無拘那舍牟尼佛 比丘 盛呂 戒澄」7 南無迦葉佛 安東府 龍潭寺 比丘 偉性 定
淑」8 南無師子佛 比丘 洪璘 守完」9 南無明燄佛 比丘 定律 一行」10 南無牟尼佛 比丘 進洪 致
益」11 南無華妙佛 比丘 淸淑 快洪」12 南無華氏佛 比丘 璨成 玉玟」13 南無善宿佛 比丘 萬弘
益文 華英」14 南無導師佛 比丘 勝洪 永允」15 南無大臂佛 比丘 致華 就岑 尙仁」16 南無大力
佛 比丘 就典 俊如 伏爲亡師 斗安」17 南無宿王佛 比丘 智訓 和益 幸添」18 南無修藥佛 比丘
泰畸 伏爲亡父 李漢崑兩主 恩師 誼聰 保体」19 南無名相佛 比丘 泰淸 信益 有元 致雲」20 南無
大明佛 比丘 体均 伏爲 亡父 尹幸得兩主」21 南無燄肩佛 永川 銀海寺 比丘 勝壽 戒有」22 南無
照耀佛 比丘 冠演 定律 守典」23 南無日藏佛 比丘 化主兼證師 一庵警誼 爲亡父 李春華 母 韓氏
兩主 亡師 性允 法師 相融 法界衆生」24 南無月氏佛 比丘 志學 爲 生師 性敏 生父 亡母」25 南
無衆燄佛 比丘 守元 爲亡父 趙厚淡兩主 和順 爲 現存父母兩主」26 南無善明佛 比丘 性敏 爲亡
師 處淳 亡父 朴介元兩主」27 南無無憂佛 銀海寺 四事 施主各各存亡」28 南無提沙佛 比丘 定
日 爲 恩師父母 敬彦 爲 恩師父母」29 南無明曜佛 比丘 勝修 爲 亡師 弘俊 普還 爲 亡師 存一」
30 南無持鬘佛 比丘 取旻 爲 亡父 柳世彩兩主 敬寧 爲 亡父 車仲三 生母 金氏」31 南無功德明
佛 比丘 志朋 性沾 各各 爲 亡師 亡父母」32 南無示義佛 桐華寺 比丘 演坦 幸云」33 南無燈曜
佛 比丘 泰如 爲 亡父 李龍元兩主 上佐 甫仁 性允 等」34 南無興盛佛 比丘 道洽 性坦 有霑 等 勝
誼 爲 亡師 定玧」35 南無善濡佛 比丘 讚昕 太衍」36 南無白毫佛 比丘 錦洪 智旻」37 南無不
可壞佛 比丘 玟基 爲 亡母 金氏 福活 爲 亡父 韓富億兩主」38 南無福威德佛 比丘 瑞珏 爲 亡師
見心 亡父 朴世南兩主」39 南無羅睺佛 比丘 會玘 幸定 志成 取洪」40 南無德相佛 比丘 戒胄 就
默 天玟 任初 再彦 有洽 等」41 南無梵聲佛 比丘尼 戒訓 最益 最性 等 各爲亡父母」42 南無衆
主佛 比丘 就彦 爲 亡師 見心 靈駕 亡父 吳世秋兩主」43 南無不高佛 慶州 安國寺 比丘 念奇」44
南無堅際佛 比丘 大彦 有安 讚昕」45 南無大山佛 梁山 通度寺 比丘 普英」46 南無作明佛 梁山
東松亭里 金氏 慶州 東海面 吳岑東兩主」47 南無將衆佛 義興 新乙里 尹龍德兩主 比丘尼 道淸
靈駕」48 南無金剛佛 東門外 金大信兩主 金福信兩主」49 南無堅固佛 河陽本寺 比丘 有榮 永
心」50 南無無畏佛 祇林寺 比丘 泰寬」51 南無華目佛 昌樂 高千孫 順興 白東鎭 比丘 信謙」52
南無珍寶佛 比丘 天俊 如玧 爲 亡父 崔大一兩主」53 南無軍力佛 姜遇文 爲 亡父 龍澤兩主 安致
榮 爲 子 壽翼」54 南無華光佛 浮石寺 比丘 讚曄」55 南無仁愛佛 永川 權有澤 爲 亡父 德連兩主
豊基 全八龍兩主 保体」56 南無大威德佛 尙州 金龍寺 比丘 琇政 七谷 松林寺 比丘 洪信」57 南
無無量明佛 義城 李福孫兩主 保体 權奉三 爲 奉母 朴氏」58 南無梵王佛 聞慶 金元得 爲 亡父 甲
伊兩主 寧越 信士 誠信 爲 亡父 李泰兩主」59 南無龍德佛 義興 金大孫 爲 亡父 閏福兩主 金秀龍
爲 亡父 聲復兩主」60 南無堅步佛 醴泉 龍門寺 比丘 振鵬 比丘 法哲」61 南無不虛見佛坤命 李
氏 子宗喆 哲淳 等 新寧 金尙振兩主 子 三龍 等」62 南無精進德佛 比丘 讚蓮 毅曄 性演 處洪 等
宇 徐萬億 等」63 南無歡喜佛 河陽 本寺 比丘 寬誠 普華 戒允」64 南無善守佛 比丘 智讚 就

鵬」65 南無不退佛 銀海寺 比丘 就已 爲 亡師 知添 中奉恩」66 南無師子相佛 比丘 普哲 有洪 幻照 任善 等」67 南無勝智佛 比丘 妥洪 爲 亡師 賢陟 亡父 朴兆億兩主」68 南無法氏佛 比丘 性伯 處侃 69 南無喜王佛 環城寺 比丘 勝秋 比丘 佑胄 爲 亡母 具氏」70 南無妙御佛 比丘 贊慧 道成 贊慧 萬修 信女願蓮 等」71 南無愛作佛 比丘 愼輝 贊一 補性 黃貴甲」72 南無德臂佛 寧越 尹義宗 昌樂 安時得」73 南無香象佛 比丘 智演 奉仁」74 南無觀視佛 信女 碧蓮花 爲亡外祖父 趙太光兩主」75 南無雲音佛 乾命 徐應寬 徐孟甲」76 南無善思佛 比丘 戒寬 爲亡母 金氏 靈守 典 兢慧 等 各爲亡父母」77 南無善意佛 坤命 庚寅生 兪氏 金萬鍾」78 南無離垢佛 比丘 就悅 爲 亡父 張守談兩主」79 南無月相佛 戊戌生 金氏 戊辰生 徐氏」80 南無大名佛 方聖宗兩主 河陽 韓致俊」81 南無珠髻佛 乾命 朴福云 崔奉已」82 南無無威猛佛 新寧 坤命 李氏 爲 亡父 金夢 譚」83 南無師子步佛 吳有察 張漢興 李網太 金水淡」84 南無德樹佛 永川 許興業 興奉 許夫敬 子 時同」85 南無歡釋佛 千宅伊 金甲同 甲已」86 南無慧聚佛 慶州 北安面 金壽夢兩主 子淑伊 兩主」87 南無安住佛 乾命 金起白 盧貴得」88 南無有意佛 慈仁 大興寺 比丘 碧演 守行」89 南 無鳶伽陀佛 朴元能 金尙佑」90 南無無量意佛 比丘 最學 致聞 萬一 上佐 愼定 等」91 南無妙色 佛 比丘 再善 乾命 宋奎亨」92 南無多智佛 比丘 取聞 爲亡師 裕演 斗閒 爲奉母」93 南無光明佛 大丘桐華寺 四事施主 各各存亡」94 南無堅戒佛 比丘 天冶 爲亡父 朴萬世兩主 奉淳 爲奉父 千 昌震」95 南無吉祥佛 比丘 碧岑 慈學」96 南無寶相佛 比丘 性守 印化 學贊 尙旿 抱機 等」97 南無蓮花佛 比丘 如一 爲亡父 鄭萬善兩主 丈旬 爲亡父 柳泰重兩主」98 南無那羅延佛 比丘尼 孟允 爲亡父 金聖伯兩主 法性 有演」99 南無安樂佛 比丘 霽月聖岸 爲亡師 義仁」100 南無智 積佛 比丘 有活 戒演 等 法洪 爲亡父母兩主」101 南無德敬佛 比丘 取摠 宇學 儀洪 處侃」102 南無梵德佛 比丘 有摠 誠信」103 南無華天佛 東萊 梵魚寺 比丘 敬儀 珍鑑 就信 等」104 南無 寶積佛 比丘 法哲 處洪」105 南無善思議佛 比丘 任安 震默 儀甘 抱一」106 南無法自在佛 比丘 雲岳性定 爲亡父 孫点昌兩主」107 南無名聞意佛 比丘 應信 寬益」108 南無樂說聚佛 比丘 淨 行 爲亡上佐 守仁 毅洪爲 亡父 馬奉元兩主」109 南無金剛相佛 比丘 定彦 爲亡父 金世主兩主 性寬」110 南無求利佛 比丘 淨俊 尙玉」111 南無游戲佛 坤命 吳氏 乙未生 釜山 沈成來兩主」 112 南無離闇佛 比丘 印守 勝閑」113 南無多天佛 釜山 朴富根兩主」114 南無彌樓相佛 比丘 法性 再元」115 南無衆明佛 尙州 金龍寺 比丘 正訓 比丘 德俊 爲亡師 慧眼」116 南無寶藏佛 比丘 快信 最善」117 南無極高行佛 銀海寺 比丘 勝友 爲亡父 李聖才兩主 知禮 鳳谷寺 比丘 致 雲」118 南無提沙佛 比丘 守仁 平攝」119 南無珠角佛 安義 長水寺 比丘 致和 忠賢 呂寬 勝 彦」120 南無德讚佛 比丘 德洪 孟安」121 南無日月明佛 比丘 常鑑 爲亡師 就賢」122 南無日 月佛 比丘 印摠 太淳 致軒」123 南無星宿佛 比丘 仁性 爲亡父 章進樞兩主」124 南無師子相佛 義城 孤雲寺 比丘 義庵好澄 爲 亡父 曺幸丑兩主」125 南無違藍王佛 通度寺 比丘 洪溟 軌寬 比 丘 東溟 萬羽」126 南無福藏佛 比丘 䣕隱善已 爲亡父 金聲郁兩主」127 南無見有邊佛 比丘 度 庵友申 尙根」128 南無電明佛 比丘 宇聰 爲 亡父 徐日点兩主」129 南無金山佛 比丘 有潭 浣 湛」130 南無師子德佛 比丘 瑛漩 爲亡父 宋一大兩主」131 南無勝相佛 比丘 永守 爲 亡師 尊 亡父母兩主」132 南無明讚佛 慈仁 盤龍寺 比丘 聖俊 淸道 磧川寺 比丘 勝誼」133 南無堅精進 佛 比丘 太演 爲 亡父母兩主」134 南無具足讚佛 大丘 信女 丁丑生 碧蓮花 京山 南面 車氏」 135 南無離畏佛 信女 戊午生 李氏 丙戌生 吳氏」136 南無應天佛 忠淸道 神勒寺 比丘 愍玹 再 寬」137 南無大燈佛 信士 普日 信女 滿月兩主 爲亡父母」138 南無世明佛 鷄龍山 甲寺 比丘 愍 浩 爲亡父母 往生之願」139 南無妙音佛 乾命 金聖葉兩主 爲亡父 崔太康」140 南無持上功德 佛定惠寺 比丘 大訓爲亡師 碩律」141 南無離暗佛 乾命 李德天兩主 李德河兩主」142 南無師 子頰佛 比丘 性一 爲 亡父 崔老味兩主」143 南無寶讚佛 慶州 隱乙庵 比丘 義悰 宏嘗」144 南 無滅過佛 比丘 處祥 爲亡父 李德春兩主」145 南無持甘露佛 比丘 慕誼 爲亡母 金氏 信女 乙亥 生 金氏」146 南無喜見佛 比丘 慧月演華」147 南無莊嚴佛 佛國寺 比丘 元察 爲 亡師 坦雲 亦 爲亡父 李守善兩主」148 南無人月佛 嶺統營 般倉里 坤命 李氏」149 南無珠明佛 比丘 弘植 達 慧 知默 等」150 南無山頂佛 乾命 李直建 坤命 癸未生 梁氏」151 南無名相佛 蔚山 新興寺 比 丘 聖仁 比丘 元察 爲 亡師 戒淸 亡父 朴鳳弼兩主」152 南無法積佛 龍華寺 比丘 守一」153 南

無定義佛 比丘 致平 爲 亡師 希顏 翁師 瑱琪 亡父 裵氏兩主」154 南無施願佛 比丘 司洽」155 南無寶衆佛 比丘 性普 爲 亡父 郭次朴兩主 亡師 楚英」156 南無衆王佛 江原道 蔚珍 大興寺 比丘 知玄 正雄」157 南無遊步佛 內院堂主有日 爲 佛糧施主 各各靈駕」158 南無安隱佛 比丘 思俊 幻熙」159 南無法差別佛 禪堂僧信活 僧堂僧定天 等 伏爲 佛糧四事施主 各各 靈」160 南無上尊佛 比丘 淸輝 勝華」161 南無極高德佛 興福堂僧 律弘 等 爲 佛糧及四事施主 各各存亡」162 南無上師子音佛 比丘 彩詢 月蓮」163 南無樂戱佛 海印寺 比丘 平岳旨學」164 南無龍明佛 比丘 積安 大弘 泰信 信女 淸信」165 南無花山佛 河東 雙溪寺 比丘 贊硏 爲 亡父 崔伯愼兩主」166 南無大名佛 金日浩 李氏兩主 張東柱」167 南無香自在佛 京畿道 乾命 靑松沈氏 壬申生 坤命 南原梁氏 甲戌生」168 南無龍喜佛 畿內 信士 姜繼得兩主 子 完石 信女 壬午生 文氏 爲 亡父母兩主」169 南無天力佛 坤命 梁氏 爲 媤父母兩主 爲 生父母兩主」170 南無德鬘佛 信女 碧蓮花 金福仁兩主」171 南無龍首佛 望月寺 比丘 聖麒 爲 道庵堂 亡父 信士 法玄 亡母 李氏兩主」172 南無目莊嚴佛 信士 金蓮花 信女 金生蓮兩主」173 南無善行意佛 比丘 德俊 度圓 妙遠 戒和」174 南無知勝佛 信女 癸酉生 九蓮花 朴氏 坤命 丙申生 權氏」175 南無無量目佛 比丘 戒哲 慶愀 乾命 黃尙祐兩主」176 南無目明佛 信士 壬申生 尙允 信女 戊辰生 白蓮花兩主」177 南無實語佛 信女 崔氏 爲 亡父 崔玉南 亡母 金氏兩主」178 南無定意佛 信士 戒心 極樂 龍瑞 信女 丙午生 淨月 甲申生 妙蓮 等」179 南無無量形佛 坤命 丙戌生 張氏 乾命 朴東根兩主」180 南無明照佛 坤命 丁亥生 崔氏 庚辰生 金氏 各爲先亡父母」181 南無寶相佛 坤命 丙戌生 裵氏 爲亡父 裵弼碩兩主 乙酉生 崔氏 爲亡父 崔夏臣兩主」182 南無斷疑佛 信士 淨土 信女 極樂願 各各往生之祝」183 南無善明佛 坤命 甲戌生 姜氏 信女 丙子生 覺淳朴氏 戊寅生 金氏 爲 父母 金氏兩主」184 南無不虛步佛 信女法雲 爲 亡父 金允珍兩主」185 南無覺悟佛 水落山 比丘 聖岩德涵」186 南無花相佛 亦爲 亡家夫 林春峽」187 南無山主王佛 比丘 仁峰德俊」188 南無遍見佛 信女 敬華 爲 亡母大明月 金氏」189 南無大威德佛 比丘 騎虛坦鶴」190 南無無量名佛 信女 慧朗 爲 亡父母兩主 乾命 李福貴兩主」191 南無寶天佛 比丘 影潭玉印」192 南無住義佛 坤命 柳氏 爲亡父 柳世福 奉母 金氏」193 南無滿意佛 天寶山 比丘 旻訓」194 南無上讚佛 信女 芙蓉花 爲 亡父 閔云三兩主」195 南無無憂佛 比丘 海鵬天遊」196 南無無垢佛 坤命 甲寅生 金氏 爲 亡父母兩主 亡家夫」197 南無梵天佛 比丘 道訓」198 南無花根佛 信女 戊子生 尹氏 敬蓮 爲 己酉生 金氏 亦爲亡夫 林敬賢」199 南無身差別佛 比丘 大辰 爲 信女 都氏洪心靈駕」200 南無法明佛 信士 林智勝 正信 等 坤命 壬辰生 尹氏」201 南無盡見佛 京山 比丘尼 爲 亡父母兩主」202 南無德淨佛 京山寺 尼 朗仁 爲 亡父母兩主」203 南無月面佛 比丘尼寶根 爲 亡父母兩主」204 南無寶燈佛 尼 普閑 爲 亡師 願哲」205 南無寶相佛 比丘尼 軌侃 爲 亡父母兩主」206 南無上名佛 尼 罕旭 善眞 等 爲 亡師 罕堅 亦爲 亡師 亡父母」207 南無作明佛 尼 月林 爲 亡父母兩主」208 南無無量音佛 尼 罕旭 爲 亡父母兩主」209 南無違藍佛 尼 亘訓 爲 亡父母兩主」210 南無師子身佛 尼 善眞 爲 亡父母兩主」211 南無明意佛 尼 敬添 爲 亡父母兩主」212 南無能勝佛 尼 普旻 爲 亡父母兩主」213 南無功德品佛 尼 敬洪 爲 亡父母兩主」214 南無月相佛 尼 淨覺 爲 亡師 載恩」215 南無得勢佛 尼 敬天 爲 亡父母兩主」216 南無無邊行佛 尼 世察 爲 亡父 兪石柱 亡母 安氏兩主」217 南無開化佛 尼 道烈 爲 亡父母兩主」218 南無淨垢佛 亦爲 忘恩師 順聰」219 南無見一切義佛 尼 雪基 爲 亡父母兩主」220 南無勇力佛 尼 世察 死歸蓮邦之願」221 南無富足佛 金山寺 比丘 翠峯定心 爲 亡父母兩主」222 南無福德佛 尼 等學 體侃 等」223 南無隨時佛 長波寺 比丘 有元 有平」224 南無功德敬佛 開城府 金宗運」225 南無廣意佛 泰仁 普光寺 比丘 尙學 再善」226 南無善寂滅佛 江原道 襄陽 新興寺 比丘 碧虛 瑒悟」227 南無財天佛 任實 仙押寺 比丘 守彦」228 南無淨斷疑佛 全羅道 全州 鳳棲寺 比丘 龍坡 璽寬 上佐 有學 凞侃」229 南無無量持佛 全州府 南龜石里 孫得仁兩主」230 南無妙樂佛 尼 仁希 爲 亡師 戒修」231 南無不負佛 府西一契 壬午生 朴氏 丙戌生 方氏」232 南無無住佛 比丘 守仁 爲 亡父 朴金棟兩主」233 南無得又伽佛 三契 庚辰生 金氏 女息 朴氏」234 南無衆首佛 亦爲 亡師 鳳岩 正俊」235 南無世光佛 一契 朴元相 柳日修 李道喜 白俊信 趙福男 等 同願」236 南無多德佛 亡翁師 虛谷性心」237 南無弗沙弗 府南 防川里 信女 柳氏願和」238 南無無邊威德佛 比丘 有隱

爲 亡父母 高德才兩主」239 南無義意佛 府東二契 戊申生 柳氏 爲 亡父 崔福文」240 南無藥王佛 比丘 楓溪賢正 爲 亡父 權重茂兩主 亡師 錦洲等慧」241 南無斷惡佛 府南 坤吉里 金載輝兩主 子 得文 貴文 等」242 無名德佛 四契 金應日兩主」243 南無善照佛 府西一契 金啓倫兩主 子 一默」244 南無無熱佛 坤命 朴氏 子 金光復兩主」245 南無花德佛 金煥 丁未生兩主」246 南無勇德佛 龜石里 李洪裕兩主」247 南無金剛軍佛 金煥得 丁巳生兩主」248 南無大德佛 坤命 高氏 丁亥生」249 南無寂滅意佛 洪啓元 戊申生兩主 子 判乞伊」250 南無香象佛 乾命 金完突兩主」251 南無無所負佛 高潤復 丙午生兩主 子 錦岩」252 南無善住佛 防川里 鄭昇壽兩主 鄭仁厚兩主」253 南無電相佛 二契 金孟甲兩主」254 南無月相佛 府東一契 金氏 戊午生 朴氏 文氏 崔氏 同願」255 南無威德守佛 四契 河朴乞伊兩主」256 南無恭敬佛 乾命 金業碩兩主 朱慶業兩主」257 南無上利佛 三契 坤命 壬午生 鄭氏」258 南無智日佛 乾命 李基延兩主 金重烈兩主 吳道賢兩主」259 南無治怨賊佛 府南 防川里 坤命 戊午生 金氏」260 南無須彌頂佛 泰仁縣 五公洞 金相洪兩主」261 南無應讚佛 西四契 金光文 丁酉生 坤命 戊寅生 鄭氏」262 南無蓮花佛 下掩峙 車碩柱兩主 伏爲 亡父 車德信兩主 靈駕」263 南無離憍佛 三契 乾命 李成奎兩主」264 南無知次佛 東村面 崔曄兩主 妻 金氏 靈駕」265 南無常樂佛 四契 丙寅生 戊辰生 河氏」266 南無那羅延佛 象頭里 劉鳳 丁亥生兩主」267 南無天名佛 己巳生 河氏 丁丑生 河氏」268 南無不少國佛 乾命 甲午生 金弼善兩主 丙辰生 田福宅兩主」269 南無見有邊佛 府南一契 李載信兩主」270 南無甚良佛 乾命 戊寅生 姜得光兩主 甲寅生 宋奎亨兩主 靈駕」271 南無寶月佛 崔孝男兩主」272 南無多功德佛 寶林寺 比丘 就願 爲 亡父 金金伊兩主」273 南無樂禪佛 柳快夢兩主 子 口福」274 南無師子相佛 五公洞 乾命 癸亥生 金尙烈兩主」275 南無遊戲佛 防川里 坤命 乙酉生 朴氏」276 南無無所少佛 上掩峙 金萬鍾兩主 金正良兩主 徐雲鶴兩主」277 南無應名稱佛 坤命 丁酉生 廉氏」278 南無德報佛 野亭里 乾命 李福建兩主」279 南無大音聲佛 西一契 金章訥兩主 子 兄弟」280 南無花身佛 下眞川 千宅兩主 子 明運」281 南無辯才讚佛 泰仁 老隱峙 崔奉已兩主 崔有辰兩主 吳有礼兩主」282 南無金剛珠佛 全州府 西四契 朴延植兩主 子 天淳」283 南無無量壽佛 乾命 張漢興 李康太兩主 丙寅生 金水淡」284 南無珠莊嚴佛 朴桂花兩主 靈駕」285 南無大王佛 興天面 金起白兩主」286 南無德高德佛 進士 朴太淳兩主」287 南無高名佛 盧貴得 爲 亡父 永先兩主」288 南無百光佛 朴永得兩主」289 南無喜悅佛 朴元能兩主」290 南無龍步佛 坤命 丙戌生 徐氏 子 宋判已」291 南無意願佛 金溝 水流面 癸亥生 金有福」292 南無寶月佛 乾命 柳枝湖兩主 金學弼兩主」293 南無滅已佛 草處面 金善鳳兩主 金成玉兩主」294 南無喜王佛 府西二契 崔錫奎兩主」295 南無調御佛 楮田里 劉萬石兩主 金三喆兩主」296 南無喜自在佛 三契 鄭鍾英兩主 孝英兩主」297 南無寶誓佛 龍山里 尹漢儀兩主 金業東兩主」298 南無離畏佛 四契 金完碩兩主」299 南無梵命佛 李日孫兩主 坤命 庚寅生 兪氏」300 南無月面佛 府南一契 金修甲兩主 子 平國」301 南無寶藏佛 馬音峙 金甲東兩主 金甲奇 辛酉生」302 南無善滅佛 全州府南 金致箕 癸卯生兩主」303 南無淨名佛 泰仁縣內 信士 辛巳生 朴阿維兩主 子 聖駿」304 南無威德寂滅佛 京花山 龍珠寺 比丘 信策」305 南無愛相佛 宋寅煥兩主 306 南無多天佛 比丘 性彦 爲 亡師 妙暉」307 南無須焰摩佛 八里 徐孝甲兩主 子 政斗兩主」308 南無天愛佛 比丘 信善 爲 亡父母兩主」309 南無寶衆佛 東村面 坤命 戊戌生 金氏 戊辰生 徐氏」310 南無寶步佛 務安 法泉寺 比丘 學湫 爲 亡師 蓮潭有一」311 南無師子分佛 金溝縣 山城里 溫景瑞兩主 丙寅生 趙氏」312 南無極高行佛 比丘 萬定 爲 亡父母兩主」313 南無人王佛 任實 上新德面 徐應寬兩主 徐孟甲兩主」314 南無善意佛 比丘 學陵 爲 奉父 朴昌運兩主」315 南無世明佛 順天 黃田面 金尙祐兩主」316 南無寶威德佛 南原 歸定寺 比丘 玄一」317 南無德乘佛 松廣寺 比丘 醒庵定恩爲 亡師 鳳月廣桀」318 南無學想佛 樂安郡 伐橋屁 金四伐春 靈駕」319 南無喜莊嚴佛 比丘 雪峯法朗 爲 亡師 聖薰」320 南無香濟佛 古阜 李春良 爲 亡父 再芳 靈駕」321 南無香象佛 京城內東部 正武宮二契居 信女 妙蓮花 權氏 乾命 成允淂兩主」322 南無衆焰佛 松廣寺 比丘 鏡波聖薰 爲 亡母 安氏」323 南無慈相佛 廣州 奉恩寺 比丘 性寬 爲 亡父 安無金兩主」324 南無妙香佛 比丘 斗月禹洪」325 南無堅鎧佛 南原 豆洞坊 李原奎兩主」326 南無威德猛佛 爲亡父 金智珊兩主」327 南無珠鎧佛 又爲 亡父 李德仁兩主」328 南無仁

賢佛 金智珊兩主」329 南無善逝月佛 玉果 觀音寺 比丘 玉潭至英 爲 亡父 李德仁兩主」330 南無梵自在佛 爲 亡師 和淸」331 南無師子月佛 比丘 雪峯禹洪 爲 亡師 太淳」332 南無福威德佛 和淸」333 南無正生佛 比丘 曦詵」334 南無無勝佛 爲所率上佐 等」335 南無大精進佛 比丘 守洪 爲 亡母 金氏」336 南無寶名佛 比丘 戒岑」337 南無月觀佛 比丘 體寬 爲 亡父 鄭成日兩主」338 南無山光佛 比丘 眞彦 爲 亡父 鄭厚尙兩主」339 南無德聚佛 亡母 李氏兩主」340 南無供養名佛 比丘 等益 爲 亡師 軌學」341 南無法讚佛 比丘 善贊 爲 亡父 朴雲達兩主」342 南無電德佛 比丘 莊開 爲 亡父 文世俊」343 南無寶語佛 比丘 義賢 爲 亡師 疏烈」344 南無善衆佛 比丘 德岑 爲 亡父 金以實兩主」345 南無善戒佛 亦爲 亡父 尹後金兩主」346 南無救命佛 比丘 敬淑 爲 亡母 李氏」347 南無定意佛 淳昌 龜岩寺 比丘 契安 爲 亡父 金福龍兩主」348 南無破有闇佛 比丘 有海 爲 亡父 車允正兩主」349 南無善勝佛 谷城 泰安寺 比丘 幸正」350 南無師子光佛 比丘 雪順 爲 亡師 戒圓」351 南無照明佛 比丘 會詢 伏爲 亡母 申氏 靈駕」352 南無利慧佛 比丘 理潛 爲 亡師 慕訓」353 南無上名佛 咸鏡道 比丘 斗心」354 南無珠明佛 比丘 安淳 爲 亡父 張世重兩主」355 南無威光佛 順天 大興寺 比丘 錦華」356 南無不破論佛 比丘 正宣」357 南無光明佛 比丘 北淳」358 南無珠輪佛 比丘 快律 爲 亡父 金富業 亡母 閔氏兩主」359 南無世師佛 比丘 祿性」360 南無吉手佛 光州 乾命 甲寅生 崔聖曄」361 南無善月佛 比丘 瑞瑞 爲 亡父 宋乙旻兩主」362 南無寶燄佛 維摩寺 比丘 萬鵬」363 南無羅睺守佛 乾命 金一孫」364 南無樂菩提佛 比丘 圓鑑 爲 亡師 普日 亡父 李萬眞兩主」365 南無等光佛 比丘 惠石」366 南無至寂滅佛 比丘 民正」367 南無世最妙佛 興國寺 碧波桂隱 比丘 爲 亡師 六謙」368 南無無憂佛 比丘 會沁」369 南無十勢力佛 比丘 睿克 爲 亡師 沃澄」370 南無喜力佛 比丘 以性 爲 亡母 吳氏」371 南無德勢力佛 比丘 美彦 爲 亡師 鵬遠」372 南無得勢佛 雙峯寺 月華定守 比丘 爲 亡父 金錫徽兩主」373 南無大勢力佛 比丘 感性 爲 亡師 寬摠」374 南無功德藏佛 比丘 思訓」375 南無眞行佛 比丘 感平」376 南無上安佛 思訓」377 南無提沙佛 比丘 哲揮 爲 亡師 慕還」378 南無大光佛 思訓」379 南無電明佛 比丘 容謙 爲 亡父 裵大湖兩主」380 南無廣德佛 開天寺 比丘 建安」381 南無珍寶佛 比丘 馴佑 上佐 善敏」382 南無福德明佛 頭流山 比丘 元性」383 南無造鎧佛 比丘 美連 爲 恩師 感宗」384 南無成手佛 比丘 謹喆 三凜」385 南無善華佛 比丘 曉沾 爲 亡師 應雲憕昨」386 南無集報佛 比丘 永日」387 南無大海佛 比丘 儀甘」388 南無持地佛 南平 佛護寺 仁谷永奐 比丘 爲 亡父 朱德來兩主」389 南無義意佛 仙巖寺 聖庵廊陵」390 南無善思惟佛 比丘 典雲 爲 亡師 覺華」391 南無德輪佛 桐華寺 比丘 孟初」392 南無寶火佛 比丘 性岑」393 南無利益佛 金塔寺 比丘 隱澄」394 南無世月佛 鄭榮達妻 金氏兩主 願得男子亦爲 亡父 金尙伯兩主」395 南無美音佛 比丘 圓學」396 南無梵相佛 比丘 罕賢」397 南無衆師首佛 比丘 軌洪」398 南無師子行佛 比丘 俊幻 爲 亡師 好澄」399 南無難施佛 比丘 珏明」400 南無應供佛 比丘 浩仁 爲 亡母 金氏」401 南無明威德佛 和順 萬淵寺 比丘 勝華」402 南無大光佛 求禮 華嚴寺 比丘 幸元」403 南無寶名佛 比丘 準說 爲 亡父 程道彦兩主」404 南無衆淸淨佛 比丘 奇岩以憍 爲 亡父 曺公兩主」405 南無無邊名佛 比丘 禹鼎 爲 亡師 振玉」406 南無不虛光佛 比丘 月松尺珊 爲 先亡父母兩主」407 南無聖天佛 比丘 燭眩 爲 亡師 一悟」408 南無智王佛 比丘 示詢」409 南無金剛衆佛 比丘 囧淙 爲 亡父 文德仲兩主」410 南無善障佛 比丘 藏學」411 南無建慈佛 比丘 壬定 爲 亡父 鄭必成兩主」412 南無華國佛 比丘 敎環」413 南無法意佛 比丘 翰亨 爲 亡父 金德秋兩主」414 南無風行佛 比丘 友玹 爲 亡師 陟性」415 南無善思名佛 比丘 富潤 爲 亡母 劉氏」416 南無多明佛 比丘 宣仁 爲 奉父 金泰蓮 亡母 金氏」417 南無密衆佛 比丘 政修 爲 亡母 姜氏」418 南無功德守佛 又爲 亡師 講澄」419 南無利意佛 比丘 玉玹 爲 亡母 朴氏」420 南無無懼佛 比丘 淸潭惠奎 爲 亡母 張氏」421 南無堅觀佛 比丘 妥日 爲 亡師 素庵禹印」422 南無住法佛 比丘 景禧 爲 亡父 孫致祥兩主」423 南無珠足佛 比丘 贊訓 爲 亡母 勝氏」424 南無解脫德佛 比丘 性昕 爲 亡母 金氏」425 南無妙身佛 比丘 應岑 爲 奉父 曺永元 亡母 李氏」426 南無善意佛 南原 甘露寺 比丘 權熏」427 南無普德佛 比丘 戒泓 爲 亡父 朴贊玉兩主」428 南無妙智佛 比丘 演洪 爲 亡父 李光老兩主」429 南無梵財佛 比丘 元亨 爲 亡師 漢鵬」430 南無力得佛 比丘 大仁 爲 亡父 金斗柄兩主」431 南無正智佛 比丘 達泓 爲 亡

父 李漢中兩主」432 南無華相佛 比丘 永學 爲 亡父 金德南兩主」433 南無師子意佛 比丘 文察 世宇 等 爲 恩師 讚剋」434 南無華齒佛 比丘 本信 爲 亡弟 梁應洲」435 南無智積佛 比丘 會圓 爲 亡父 朴弼尙兩主」436 南無名寶佛 比丘 善淨 爲 亡母 永氏」437 南無功德藏佛 比丘 眞彦 爲 亡父 申師淵兩主」438 南無上戒佛 比丘 行尹 爲 亡父 金光云 奉母 許氏」439 南無希有名佛 比丘 快綜 爲 亡師 有活」440 南無日月明佛 比丘 南坡志愈 爲 亡法師 梯還」441 南無無畏佛 比丘 日有 爲 亡父 朴永俊兩主」442 南無一切天佛 比丘 正玆 爲 亡父 盧明右」443 南無梵壽佛 比丘 世訓 爲 亡父 金光海 奉母 朴氏」444 南無寶音佛 比丘 定玩 爲 亡母 鄭氏」445 南無樂智 佛 長城 淨土寺 羊岳柱璇 比丘」446 南無寶天佛 比丘 蓮波極念 爲 亡父 崔敬天兩主」447 南無 珠藏佛 爲 亡父 吳載福」448 南無德流布佛 比丘 淨秀 爲 亡祖母 崔氏」449 南無智王佛 亡母 池氏」450 南無無縛佛 比丘 采文 爲 亡父 金得才」451 南無堅法佛 亡師 修慇」452 南無天德 佛 比丘 權郁 爲 奉父母 鄭得元兩主」453 南無梵牟尼佛 比丘 性倫 爲 奉父 宋福彦」454 南無 安詳行佛 淳昌 鷲巖寺 比丘 有行 爲 奉父 崔春興 亡母 黃氏」455 南無勤精進佛 亡母 李氏」 456 南無錟肩佛 萬日寺 比丘 讚英」457 南無大威德佛 比丘 有愼 爲 亡父 金慶郁兩主」458 南 無歡喜佛 比丘 信翰」459 南無詹蔔花佛 比丘 美英 爲 亡母 張氏」460 南無善衆佛 比丘 眞閑」 461 南無帝幢佛 乾命 柳振玉」462 南無天愛佛 龍湫寺 比丘 檜隱 爲 亡師 永平」463 南無須曼 色佛 鷲棲寺 比丘 愼卿 爲 亡父 李宗燁兩主」464 南無衆妙佛 比丘 方益 爲 先亡父母師長 亡母 朴氏 亡師 信贊」465 南無可樂佛 比丘 永和」466 南無善定義佛 井邑 靈隱寺 比丘 慧月堂」 467 南無勢力行佛 亦爲 慈母 趙氏」468 南無牛王佛 比丘 呂坦 爲 先亡父母」469 南無妙臂佛 比丘 白峯喆淨 爲 亡師 海寬」470 南無大車佛 比丘 敬信 爲 亡父 韓得貴兩主」471 南無滿願佛 比丘 性弘 靈駕 往生之祝」472 南無寶音佛 比丘尼 位眞 爲 亡父母兩主」473 南無金剛軍佛 比 丘 定騏 爲 亡父 李萬興兩主」474 南無富貴佛 比丘尼 天宇 爲 亡父母兩主」475 南無師子力佛 扶安 茁浦 金光業 妻 尹氏兩主」476 南無德光佛 比丘尼 華定 爲 亡父母兩主」477 南無淨日佛 月明庵 比丘 德淳 爲 亡母 田氏」478 南無迦葉佛 昌平 龍興寺 比丘 體奎」479 南無淨意佛 高 敞 文殊寺 比丘 會嶺」480 南無知次第佛 比丘 莊鎰 爲 奉父 丁得位兩主」481 南無猛威德佛 比 丘 會嶺 爲 亡師 禔胤」482 南無大光明佛 禪雲寺 比丘 □稀 爲 亡父 金振三兩主」483 南無日 光曜佛 亡父 金仁瑞兩主」484 南無淨藏佛 比丘 體袾 爲 亡父 曺處仁兩主」485 南無分別威佛 比丘 漢英 爲 亡師 錦輝」486 南無無損佛 比丘 以訓 爲 亡父 申望金兩主」487 南無密日佛 比 丘 斗澄 爲 亡父 白敏厚兩主」488 南無月光佛 比丘 呂弘 爲 恩師 仁察」489 南無持明佛 比丘 一俊 泰玉 義明」490 南無善寂行佛 比丘 詩憲 爲 亡父 金仁積兩主」491 南無不動佛 長城 下淸 寺 比丘 幻一 爲 亡父 徐宅鎭兩主」492 南無大請佛 亡師 見益」493 南無德音佛 茂長縣 禪雲寺 比丘 默潭典海 爲 亡父 徐命伯 亡母 周氏兩主」494 南無嚴土佛 詩憲 生享安樂 死敀蓮邦之願」 495 南無莊嚴王佛 比丘 典海 又爲 法界一切衆生往生之願」496 南無高出佛 比丘 順悟 爲 亡師 快俊」497 南無錟熾佛 比丘 志道 爲 亡父 金君分 亡母 尹氏兩主」498 南無花德佛 比丘 天定 爲 亡父 李公兩主」499 南無寶嚴佛 比丘 德明 生享壽福 死歸淨土往生之願」500 南無上善佛 比丘 目眞 爲 亡母 李氏」501 南無寶上佛 比丘 處俊 爲 亡父 崔貴孫兩主」502 南無利慧佛 比 丘 警察 爲 亡父 金光海兩主」503 南無海德佛 比丘 善有 爲 亡父母」504 南無梵相佛 又爲 亡 師 時贊」505 南無月盖佛 比丘 信粲 爲 亡父 金宗七兩主」506 南無多錟佛 比丘性學 爲 亡師 采演」507 南無違藍王佛 比丘 敏詵 爲 亡父 金世重兩主」508 南無智稱佛 比丘 處閑 爲 亡父 金公兩主」509 南無覺想佛 比丘 有心 爲 亡母 金氏」510 南無功德光佛 比丘 處英 爲 亡師 廣 摠」511 南無聲流布佛 比丘 守澤 爲 亡父 安東兩主」512 南無滿月佛 比丘 勝贊 爲 亡父 徐致 誠兩主」513 南無花光佛 比丘 義輨 爲 亡父母 比丘有眞?」514 南無善戒佛 比丘 謹寬 爲 亡母 文氏」515 南無燈王佛 比丘 守仁 爲 亡父 李順奉兩主」516 南無電光佛 比丘 采安 爲 亡父 具 萬山兩主」517 南無光王佛 比丘 位玄 爲 亡父 金月桂兩主」518 南無光明佛 比丘 玩寬 爲 亡父 金已孫兩主」519 南無具足讚佛 比丘 聖原 爲 亡父 金秀興兩主」520 南無華藏佛 比丘 處行 爲 亡父 金福已兩主」521 南無弗沙佛 比丘 至誠 爲 亡父 金大成兩主」522 南無日端嚴佛 內藏山 比丘 有寬 爲 亡父 朴致大」523 南無淨善佛 比丘 宇定 爲 亡師 斗琛」524 南無威猛軍佛 亡母

朴氏兩主」525 南無福威德佛 亡父 李茂華兩主」526 南無力行佛 比丘 希順 爲 亡母 姜氏」527 南無羅睺天佛 比丘 定元 爲 亡父 金致精兩主」528 南無智聚佛 比丘 漢旬 爲 亡父 田夢玉」529 南無調御佛 比丘 寅浩 爲 亡父 金必精兩主」530 南無如王佛 比丘 敬愼 靈駕」531 南無花相佛 比丘 胤敢 爲 亡父 金順才兩主」532 南無羅睺羅佛 佛甲寺 比丘 志修 爲 亡父 姜哲雄兩主」533 南無大藥佛 比丘 勝震 爲 亡父 林奉昌兩主」534 南無宿王佛 比丘 道暎 爲 亡父 梁善才」535 南無華王佛 比丘 信禪 爲 亡父 金三才兩主」536 南無德手佛 比丘 辛璘 爲 亡父 申泰重兩主」537 南無得又伽佛 比丘 暢謹 爲 亡父 崔四東兩主」538 南無流布王佛 比丘 廣佑 爲 亡父 李廷夏兩主」539 南無日光佛 東鉢山 金重華兩主 子賣ㄱ壽」540 南無德藏佛 比丘 最英 爲 亡父 吳尙玉兩主」541 南無妙音佛 羅州 普興寺 比丘 福閑 爲 亡父 金遇秋兩主」542 南無德主佛 比丘 暢活 爲 亡父 李再雲兩主」543 南無金剛衆佛 比丘 萬輝 爲 亡父 李得成兩主」544 南無慧頂佛 龍泉寺 比丘 允英」545 南無善住佛 又爲 亡師」546 南無意行佛 比丘 定閒」547 南無梵音佛 雙溪寺 比丘 演閒」548 南無師子佛 比丘 寶敏 爲 亡師 碩閑」549 南無雷音佛 比丘 在閒」550 南無通相佛 亡父 馬浔良兩主」551 南無慧音佛 比丘 感禪」552 南無安隱佛 比丘 再善 爲 奉母 黃氏」553 南無梵王佛 比丘 體正」554 南無大牛王佛 比丘 義修 爲 亡父 文虎彩兩主」555 南無梨陀日佛 比丘 碩安」556 南無龍德佛 比丘 六正永學 等 爲 亡師 敬念」557 南無寶相佛 比丘 石環」558 南無莊嚴佛 比丘 策獻 爲 亡父 金光鉄兩主」559 南無不沒音佛 比丘 啓律」560 南無花持佛 佛甲寺 比丘 達五 爲 亡父 成應秋兩主」561 南無音德佛 比丘 愼哲 爲 亡父 申得秋兩主」562 南無師子佛 道甲寺 比丘 雪還」563 南無勇智佛 開天寺 比丘 綾雲復鎰 爲 亡父 金時彙兩主」564 南無花積佛 比丘 升原 爲 亡父 梁命太兩主」565 南無花開佛 比丘 位鵬 爲 亡父 金潤澤 奉母 程氏」566 南無力行佛 比丘 昶俊 爲 奉父 裵好東兩主」567 南無德積佛 光州 證心寺 比丘 會雲振桓 爲 亡師」568 南無上形色佛 比丘 寶彦」569 南無明曜佛 亦爲 亡父」570 南無月燈佛 又爲 亡父 曹呂宗兩主」571 南無威德王佛 昌平 瑞鳳寺 比丘尼 謹愼 定孟 靈駕」572 南無菩提王佛 比丘 贊旻 爲 亡父 南岩瑞ㅓ 亡師 養默」573 南無無盡佛 比丘尼 雪明」574 南無菩提眼佛 比丘 寶鑑 爲 亡師 一性 靈駕」575 南無身充滿佛 龍興寺 比丘 松月印玉」576 南無惠國佛 比丘 坦弘 爲 亡父 金勳兩主」577 南無最上佛 南平 雲興寺 比丘 世玉 爲 亡父 車起先兩主」578 南無淸凉照佛 比丘 演日 爲 除身病之祝」579 南無慧德佛 比丘 大雲性弘 爲 亡父 金長孫兩主」580 南無妙音佛 萬德寺 比丘 養軒」581 南無導師佛 比丘 聖修 爲 亡父 姜善才兩主」582 南無無碍藏佛 比丘 勝贊 爲 亡師 海月最定」583 南無上施佛 比丘 云益 爲 亡父 金興西兩主」584 南無大尊佛 比丘 律森」585 南無智力勢佛 比丘 萬右 爲 亡父母兩主」586 南無大燄佛 比丘 泰森」587 南無帝王佛 比丘 密彦 爲 亡父 金孟祐兩主」588 南無制力佛 比丘 正寬」589 南無威德佛 比丘 敎寬 爲 亡父 尹飽男兩主」590 南無善明佛 比丘 正寬」591 南無名聞佛 比丘 會岑 爲 亡父 尹致云兩主」592 南無端嚴佛 比丘 印禧」593 南無無塵垢佛 比丘 克淳 爲 亡父 姜太孫兩主」594 南無威儀佛 比丘 定輝」595 南無師子軍佛 比丘 興念 爲 亡父 朴尙世兩主」596 南無天王佛 萬興寺 比丘 六閑」597 南無名聲佛 比丘 景旻 爲 亡父 張慧良兩主」598 南無殊勝佛 比丘 錦岑」599 南無大藏佛 比丘 順善 爲 亡父 金弼海兩主」600 南無福德光佛 比丘 以印」601 南無梵聞佛 本縣 金啓祖」602 南無燈王佛 寶林寺 比丘 精準」603 南無智頂佛 金昇元」604 南無上天佛 比丘 燭淳」605 南無地王佛 金道康」606 南無至解脫佛 比丘 翰賢」607 南無金髻佛 姜處民」608 南無羅睺日佛 比丘 夢悅」609 南無莫能勝佛 姜處隣 子 渭宗」610 南無牟尼淨佛 比丘 圓濬」611 南無善光佛 李民秋 孫遺腹金」612 南無金濟佛 比丘 絈愨」613 南無衆德天王佛 千有河 金宗談」614 南無法盖佛 比丘 永一」615 南無德臂佛 金載恒」616 南無鴦伽陀佛 比丘 讚順」617 南無美妙慧佛 念佛契中各各保躰」618 南無微意佛 比丘 太佑」619 南無諸威德佛 念佛契中各各先亡父母」620 南無師子髮佛 比丘 碩岑」621 南無解脫相佛 念佛契員 各各 往生淨土之願」622 南無慧藏佛 比丘 夏初」623 南無智聚佛 坤命尹氏(本邑南門內)」624 南無威相佛 美黃寺 比丘 智正」625 南無斷流佛 閔致鉸」626 南無寶聚佛 比丘 皓信 爲 亡師 松庵淸潤」627 南無無碍讚佛 閔致鉸」628 南無善音佛 爲 亡父 崔呂坤兩主」629 南無山王相佛 李元益」630 南無法頂佛 亦爲 亡繼母 朴氏」631 南無解脫德

佛 康津邑 金達權」632 南無善端嚴佛 亦爲 亡兄 聖云 得云 各各兩主」633 南無吉身佛 金仁權」634 南無愛語佛 亦爲 設政 明玉 等 上佐 碩云 壯愚 朗日」635 南無師子利佛 營中 申孝哲」636 南無和樓那佛 比丘 朗岩示演」637 南無師子法佛 姜日燐」638 南無法力佛 比丘 演玄」639 南無愛樂佛 姜日駿」640 南無讚不動佛 比丘 示云」641 南無衆明王佛 任孝孫」642 南無覺悟衆生佛 比丘 印悟」643 南無妙眼明佛 金寬得」644 南無意住義佛 比丘 演眞」645 南無光照佛 金宗得」646 南無香德佛 比丘 惠學 守寬等爲 亡父 李德建兩主」647 南無令喜佛 金仁哲」648 南無不虛語佛 康津 權有衡 弟 肅悟 等爲 亡父 權脫興兩主」649 南無滅恚佛 忠節祠 金有寬」650 南無上色佛 莞島 黃河榮兩主」651 南無善步佛 李明鹿」652 南無大音讚佛 黃河榮」653 南無淨願佛 具」654 南無日天佛 黃河榮」655 南無樂惠佛 鄭哲重」656 南無攝身佛 黃河榮」657 南無威德勢佛 吳達英」658 南無利利佛 鄭斗元」659 南無德乘佛 安彭年 妻 鄭氏兩主」660 南無上金佛 金悌得」661 南無解脫髻佛崔澤仁 澤弼」662 南無樂法佛 朴永七」663 南無住行佛 文致朋 致旻」664 南無捨憍慢佛 高奉福」665 南無智藏佛 貴芳 興孫 聖哲 聖宗」666 南無梵行佛 具仁得」667 南無栴檀佛 鄭喆中」668 南無端嚴身佛 李興宅」669 南無無憂名佛 高廷臣 廷權」670 南無相國佛 崔貴哲」671 南無蓮華佛 朴時孫」672 南無無邊德佛 墨元哲」673 南無天光佛 朴勝男(白蓮洞)」674 南無頻頭摩佛 金得才」675 南無慧華佛 金處東」676 南無梵財佛 金孟童」677 南無智富佛 李希周(玉泉馬口洞)」678 南無淨根佛 李氏」679 南無寶手佛 崔奇得 紅得」680 南無具足論佛 崔甲同」681 南無上論佛 安快悅」682 南無弗沙佛 金漢澤」683 南無提沙佛 水營 朱光祿兩主」684 南無有日佛 金漢哲」685 南無出泥佛 朱光益兩主」686 南無得智佛 崔守白」687 南無上吉佛 朴太永兩主 爲 亡父 啓元兩主」688 南無謨羅佛 姜奉學」689 南無法樂佛 金奉太兩主 子 道郁 時福」690 南無求勝佛 崔啓得」691 南無智慧佛 金次玉兩主 願得男子」692 南無善聖佛 裵白龍」693 南無網光佛 金次玉兩主」694 南無琉璃藏佛 李士奉」696 南無名聞佛 金次玉兩主」696 南無利寂佛 崔夫永」697 南無教化佛 花源 溫水洞 金啓福兩主」698 南無日明佛 劉日龍」699 南無善明佛 古道旨 鄭全煥兩主 子 志儉」700 南無衆德上明佛 金振聲」701 南無寶德佛 金景源兩主(甘陽洞)」702 南無人月佛 梁啓東」703 南無羅睺佛 徐福泰兩主 靈」704 南無甘露明佛 金振玉」705 南無妙意佛 金時大兩主 子 今龍 今鳳706 南無炎明佛 裵快哲」707 南無一切主佛 徐知成 弟 有成」708 南無樂智佛 金鍊興」709 南無山王佛 姜得彦兩主」710 南無寂滅佛 甫吉島 金鳳伊」711 南無德聚力佛 營水 尹東華兩主」712 南無天王佛 尹德重」713 南無妙音聲佛 花源 張極樞兩主」714 南無妙花佛 尹良臣」715 南無住義佛 鄭億甲 三兄弟」716 南無智無等佛 金啓澤」717 南無功德藏聚佛 洪達福兩主」718 南無善手佛 金厚男」719 南無甘露音佛 洪尙俊兩主」720 南無利慧佛 梨津 宋快龍」721 南無思解脫義佛 山二 陳溫伯兩主」722 南無勝音佛 祿山 崔振翼」723 南無梨陀行佛 金賣ㄱ億兩主」724 南無善義佛 李永玉兩主 願得子孫」725 南無無遇佛 朴作別兩主」726 南無行善佛 朴興世兩主」727 南無花藏佛 明禮行兩主」728 南無妙光佛 金聖贊兩主」729 南無樂說佛 明勝華兩主」730 南無善濟佛 鄭德成兩主」731 南無衆王佛 陳知春兩主」732 南無離畏佛 朴平復兩主」733 南無樂知佛 陳知新兩主」734 南無辨才日佛 金善龍兩主」735 南無名聞佛 朴萬壽兩主」736 南無寶月明佛 朴山奉兩主」737 南無上意佛 鄭萬得兩主」738 南無無畏佛 長田里 金致孫兩主」739 南無大見佛 韓仁談兩主」740 南無梵音佛 申伯伊兩主」741 南無普音佛 金光弼兩主」742 南無金剛軍佛 所安島 黃再成兩主」743 南無惠濟佛 金世潤兩主」744 南無菩提意佛 黃應連兩主」745 南無無等義佛 李元益 馬浦」746 南無樹王佛 黃應七兩主」747 南無盤陀音佛 縣山 金應胃兩 子 有彦 洪彦」748 南無福德力佛 黃應夢兩主」749 南無勢德佛 金元男兩主」750 南無聖愛佛 李南龍兩主」751 南無勢行佛 朴㤠金兩主」752 南無琥珀佛 李鼎伯兩主」753 南無雷音雲佛 花二 姜孟孫兩主」754 南無善愛目佛 姜先奉兩主」755 南無善智佛 花山 李文發 先發」756 南無具足佛 李碩淡兩主」757 南無德積佛 金嘩彦兩主」758 南無大音佛 露児島 許哲明兩主」759 南無法相佛 海倉 朴秀奉兩主」760 南無智音佛 靈岩玉泉 卜宗俊」761 南無虛空佛 朴順烈兩主」762 南無祠音佛 露児島 坤命 李氏」763 南無慧音差別佛 梁之仁之澤」764 南無衆意佛 金命秀兩主」765

南無功德光佛 禹珍成兩主」766 南無辨才論佛 朴大根兩主」767 南無聖王佛 鄭光致兩主 龍井里」768 南無善寂佛 朴聖原兩主」769 南無月面佛 田並里 金善光兩主」770 南無無垢佛 孫宗仁兩主」771 南無日名佛 花山 朴星伯兩主」772 南無功德集佛 孫永仁兩主」773 南無花德相佛 李仁位兩主」774 南無辨才國佛 朴元根兩主」775 南無寶施佛 朴嘗孫 靈北坪」776 南無愛月佛 金得範兩主」777 南無不高佛 朴良宗」778 南無師子力佛 朴興祿兩主」779 南無自在王佛 左水營 丁嘻一兩主」780 南無無量淨佛 李長福兩主」781 南無等淨佛 子 之錢」782 南無不壞佛 李重鏞兩主」783 南無滅垢佛 之鉉」784 南無不失方便佛 金連奉兩主」785 南無無嬈佛 道沙里」786 南無妙面佛 權道甲兩主」787 南無智制住佛 蓮洞 尹判吉」788 南無法師王佛 崔順伊兩主」789 南無大人佛 尹判吉」790 南無深意佛 高中三兩主」791 南無無量佛 松湖 李器主」792 南無法力佛 李宗根兩主」793 南無世供養佛 松龍里 鄭致光 致倫」794 南無花光佛 鄭永伊兩主」795 南無三世供佛 爲 亡父母者 鄭夢說」796 南無應日藏佛 李元郁兩主」797 南無天供養佛 乾命 金仁元 爲 亡父 斗玉兩主 別珍里居」798 南無上智人佛 李命福兩主」799 南無眞髻佛 坤命 金氏 爲 亡父 金東英兩主」800 南無信甘露佛 白勝日兩主」801 南無金剛佛 別珍 金華甲兩主」802 南無堅固佛 鄭仁孫兩主」803 南無實肩明佛 珍島 朴南秀 爲 亡姨母 李氏」804 南無梨陀步佛 金永哲兩主」805 南無隨目佛 金弘澤」806 南無淸淨佛 金振郁兩主」807 南無明力佛 朱致林」808 南無功德聚佛 金元長兩主」809 南無具足眼佛 梁得哲」810 南無師子行佛 吳氏」811 南無高出佛 郭時彦」812 南無花施佛 珍島 鳥島 朴甲孫 長子 達新 次子 達行」813 南無珠明佛 韓俊日」814 南無蓮花佛 比丘 景旻 爲 亡父 林夢良兩主」815 南無愛智佛 金尙俊」816 南無槃陀嚴佛 比丘 景旻 孫 林遇春 獨 一位施主」817 南無不虛行佛 金處煥」818 南無生法佛 比丘 敬璘 爲 亡父 姜爾亨兩主」819 南無相好佛 李日權」820 南無思惟樂佛 比丘 平哲 爲 亡父 李重歸兩主」821 南無樂解脫佛 朴戶奉 劉豆ㄱ伯」822 南無知道理佛 比丘 雪順 爲 亡父母兩主」823 南無多聞海佛 車聖得兩主 徐氏」824 南無持花佛 比丘 永活 爲 亡父 曺元春兩主」825 南無不隨世佛 尹得運兩主」826 南無喜樂佛 比丘 悟信 爲 亡母 朴氏」827 南無孔雀音佛 車七良兩主」828 南無不退沒佛 伩島 朴秀權兩主」829 南無斷有愛垢佛 韓大奉兩主 子 東玉」830 南無威儀濟佛 本寺 比丘 表雲 賾性等 爲 亡師 慕潤」831 南無諸天流布佛 韓承珏兩主」832 南無寶步佛 亡師 懸解慕潤」833 南無花手佛 韓承伯兩主」834 南無威德佛 亦爲 亡師 慕潤肌膚 亡父 金俊伊兩主」835 南無破怒賊佛 朴一元兩主」836 南無富多聞佛 亦爲 亡翁師 律堅」837 南無妙國佛 金有先 妻 金氏兩主」838 南無花明佛 比丘 表雲 爲 亡父 金莫奉兩主」839 南無師子智佛 許謙兩主 子 良」840 南無月出佛 比丘 賾性 爲 亡父兩主」841 南無滅暗佛 比丘 性迪 爲 亡師 奉欣」842 南無無動佛 比丘 典平」843 南無次第行佛 比丘 正浩 爲 亡父 宋得長兩主」844 南無音聲冶佛 比丘 瑈權」845 南無福德燈佛 亦爲 亡師 燭活」846 南無勢力佛 比丘 正睦」847 南無憍曇佛 比丘 正浩 死後往生之祝」848 南無善月佛 亦爲 亡父母兩主」849 南無身心住佛 比丘 燭密 爲 亡父 全方阿金兩主」850 南無上吉佛 比丘 俊學 爲 亡師 坦軒」851 南無覺意華佛 比丘 燭密 往生淨土之祝」852 南無善威德佛 比丘 卓仁 爲 亡師 摠念」853 南無善燈佛 比丘 濟醒 爲 亡父 金加延峰兩主」854 南無智力德佛 亦爲 亡父」855 南無天音佛 比丘 濟醒」856 南無堅行佛 比丘 勝觀 爲 亡師 弼初」857 南無日面佛 比丘 胤桓 爲 亡師 察綻」858 南無樂安佛 比丘 乃性」859 南無戒明佛 亦爲 亡父 張大山兩主」860 南無樂解脫佛 比丘 政賢」861 南無無垢佛 比丘 原洪 爲 亡父兩主」862 南無住戒佛 比丘 湛眞 爲 亡父兩主」863 南無安闍那佛 比丘 致泓 爲 亡父兩主」864 南無堅出佛 比丘 眞軒 爲 亡師 錦還」865 南無香明佛 比丘 攝澄 爲 亡師 眞慧」866 南無增益佛 比丘 侃泓 爲 亡師 慕如」867 南無念王佛 亦爲 亡父兩主」868 南無違藍明佛 亦爲 亡父 李東植兩主」869 南無無碍相佛 比丘 平仁」870 南無密鉢佛 比丘 雪訓 爲 亡父 李三才兩主」871 南無信戒佛 水營 朴俊元兩主」872 南無至妙道佛 比丘 允性 爲 亡父兩主」873 南無明法佛 比丘 根績」874 南無樂寶佛 比丘 允三 爲 亡師 攝天」875 南無大慈佛 比丘 志愿爲 亡父 高英大」876 南無具威德佛 比丘 壯堅 爲 亡父 文順傑兩主」877 南無至寂滅佛 比丘 贊嘗爲 亡父 吳夢龍兩主」878 南無上慈佛 比丘 湛允」879 南無彌樓明佛 比丘 湛演爲 亡父兩主」880 南無甘露主佛 比丘 斗演 爲 亡上佐 永淳

大玉 等」881 南無聖讚佛 比丘 守寬爲 亡父母兩主」882 南無威德佛 比丘 演浩 爲 亡師 幻信」883 南無廣照佛 比丘 奉惠」884 南無善行報佛 比丘 勝平 爲 恩師 處岑」885 南無見明佛 比丘 講摠」886 南無無憂佛 比丘 幻欣」887 南無善喜佛 比丘 岡禪」888 南無威儀佛 比丘 卓洪 爲 亡師 濟益」889 南無寶明佛 比丘 馨欣」890 南無功德海佛 比丘 駔洪 爲 亡師 典敏」891 南無樂福德佛 比丘 月訔」892 南無斷魔佛 比丘 湛益 爲 亡父母兩主」893 南無盡相佛 比丘 覺心」894 南無過衰道佛 比丘 湛玉 爲 亡父母 金重兩主」895 南無盡魔佛 比丘 寂性」896 南無水王佛 比丘 日明 爲 亡父母兩主」897 南無不愧意佛 比丘 文閑」898 南無衆上王佛 比丘 磧陟 爲 亡父 鄭君伊兩主」899 南無淨魔佛 比丘 軌仁」900 南無福燈佛 比丘 幻洪 爲 亡父 尹童兩主」901 南無愛明佛 比丘 性還」902 南無智明佛 比丘 卓文 爲 亡父母兩主」903 南無菩提相佛 比丘 侃淳 爲 亡父 金貴聲兩主」904 南無莊嚴辭佛 比丘 道益 爲 亡父母兩主」905 南無善寂佛 比丘 始悟 爲 亡父 丁三達兩主」906 南無梵命佛 比丘 道佑 爲 亡父 金潤九兩主」907 南無智喜佛 比丘 正持 爲 亡父 林猛虎兩主」908 南無神相佛 比丘 樂謙 爲 亡師 再安」909 南無如衆王佛 比丘 璽定」910 南無持地佛 比丘 勝日」911 南無愛日佛 比丘 善戒 爲 亡父 韓再昌兩主」912 南無羅睺月佛 比丘 勝軒 爲亡師 奉定」913 南無花明佛 比丘 性一」914 南無藥師佛 比丘 錦寬」915 南無持勢力佛 比丘 濟云」916 南無福德明佛 比丘 趣云 爲 亡師 濟摠」917 南無喜明佛 比丘 養性」918 南無好音佛 比丘 元森」919 南無法自在佛 比丘 妙煊 爲 亡父 申活寶兩主」920 南無梵音佛 比丘 最閑」921 南無善業佛 比丘 佑絢 爲 亡父 李成彬兩主」922 南無音無謬佛 比丘 哲玉」923 南無大施佛 比丘 定日」924 南無名讚佛 比丘 尹祐 爲 亡師 慧日」925 南無世自在佛 比丘 斗欣」926 南無德流布佛 亦爲 亡父 金時鐸兩主」927 南無衆相佛 比丘 雪岑 靈」928 南無德樹佛 比丘 太英 爲 亡父兩主」929 南無世自在佛 比丘 順悟」930 南無辯意佛 比丘 趣英 靈」931 南無滅痴佛 比丘 俊煊 爲 亡師 樂欣」932 南無無邊辯相佛 比丘 勝焄」933 南無善月佛 比丘 雪賢 爲 亡父 黃盖朋兩主」934 南無無量佛 比丘 攝贊」935 南無梨陀法佛 比丘 斗翰 爲 亡父 信士 法善 亡母 信女 法念兩主」936 南無應供養佛 比丘 贊玉」937 南無度憂佛 比丘 演哲 爲 奉父 白應京 亡母」938 南無樂安佛 比丘 有悟 爲 亡師 平烜」939 南無世意佛 比丘 普仁」940 南無愛身佛 比丘 有心」941 南無妙足佛 比丘 寬淳(壬午生)」942 南無優鉢羅佛 江原道 杆城乾鳳寺 比丘 定學 上佐 致元」943 南無華纓佛 京畿內 坤命 乙巳生 金氏 單 乙亥生 李氏單 乙酉生 金氏 單」944 南無無邊辯光佛 雲興寺 比丘 民性 爲 亡父 洪世福兩主 靈」945 南無信聖佛 清信士 己卯生 正信 壬午生 朴氏兩主」946 南無德精進佛 華嚴寺 比丘 敎環」947 南無眞寶佛 安義邑內 坤命 壬午生 梁氏」948 南無天主佛 長興府 東禮讓村 坤命 戊子生 權氏」949 南無高音佛 乾命 李陽春」950 南無信淨佛 佛護寺 比丘 碩日 伏爲 亡師 勝學 靈駕」951 南無婆耆羅陀佛 求禮華嚴寺 比丘尼 奉性 伏爲 亡母 劉氏 尙偉 靈駕」952 南無福德音佛」珍島 牧場加峙里 林遇春」953 南無燄熾佛 華嚴寺 比丘尼 妙華 伏爲 亡父 林應震 亡母 金氏兩主 靈駕」954 南無無邊德佛 華嚴寺 尼 有戒 伏爲 奉父 文順已兩主」955 南無不動佛 華嚴寺 尼 戒哲 伏爲 亡父 姜順召兩主 靈駕」956 南無信淸淨佛 龍潭 深院寺 尼 快憲 守泂」957 南無聚成佛 仙巖寺 尼 道德 伏爲 亡父 李咸得兩主 靈駕」958 南無師子遊佛 恩津 江景里 李眞建」959 南無行明佛 仁坡性悟 在湖西岬寺」960 南無龍音佛 安義邑 癸未生 梁氏」961 南無持輪佛 花岩寺 謹平」962 南無財成佛 全州府南 趙氏(丁丑生) 高氏(丁亥生)」963 南無世愛佛 祐永 伏爲 奉父 金光澤 益先 伏爲 亡父 梁德九」964 南無法名佛 金山寺 尼 明沈 威鳳寺 尼 智憲 自忻」965 南無無量寶名佛 勝添 伏爲 亡父 金尙三」966 南無雲相佛 本縣 金宗鍵 伏爲 父 河得兩主」967 南無惠道佛 康津 茅島 黃明哲兩主」968 南無妙香佛 金塔寺 比丘 奘心」969 南無虛空音佛 全州府 西二契 崔翰重(辛丑生)」970 南無虛空佛 桐華寺 比丘 再芸」971 南無天王佛 府南 一契 金永升(庚戌生)」972 南無珠淨佛」973 南無善財佛 全州 鳳棲寺 比丘 快一 伏爲 亡父 車華重兩主」974 南無燈燄佛」975 南無寶音佛 谷城 泰安寺 比丘 尹訓 爲 亡父 金松帝 亡母 金氏兩主」976 南無人主王佛 珍島郡 南外 李慶墩 伏爲 亡父 尙玄兩主」977 南無羅睺守佛」978 南無安隱佛」979 南無師子意佛」980 南無寶名聞佛」981 南無得利佛」982 南無遍見佛」983 南無世華佛」984 南無高頂佛」985 南無無偏辨才成佛」986 南無差別知見佛」987 南

無師子牙佛」988 南無梨陀步佛」989 南無福德佛」990 南無法燈盖佛」991 南無目犍連佛」
992 南無無憂國佛」993 南無意思佛」994 南無樂菩提佛」995 南無法天敬佛」996 南無斷
勢力佛」997 南無極勢力佛」998 南無堅音佛」999 南無慧華佛」1000 南無安樂佛」1001
南無妙義佛」1002 南無受淨佛」1003 南無慚愧顔佛」1004 南無欲樂佛」1005 南無妙膏
佛」1006 南無樓至佛」
惟願慈悲降臨道場爰作證明各各施主等隨求隨願如意成就之願」奉爲」主上殿下壽萬歲」王妃
殿下壽齊年」世子邸下壽千秋」諸宮宗室各安寧」文武百僚盡忠良」道內監兵位?高」城主閤下
增一品」國泰民安法輪轉」

288. 순창 일광사 관음보살상, 1854년 개금 중수

願文」
至心歸命禮頂禮南無觀世音菩薩前我今丹心敬改金于一位」尊像願以次功德今此一門現存眷屬
等福壽延長貴男承繼」門閥不絶高顯無餘而臨命終時不見惡道超步九品菩提不退」仰爲先亡父
母多生親戚遠远宗親法界孤魂俱脫苦報速登」蓮臺親見彌陀俱成正覺仰爲證觀尊師正口不退速
成菩」提憐愍有情先濟我等焉」
改金大施主」
緣化秩」
證明 枕溟空醒」萬波誼俊」大雲東魯」闊海性如」抱虛警圓」金魚 霞隱應相」 比丘德裕」比丘
抱一」化主 比丘尼 太一」比丘策定」比丘觀淨」都監 比丘鏡瓏」別座 比丘尹宦」誦呪 比丘善
機」比丘順悟」供養 幸口」
咸豐四年甲寅三月二十日奉安于智異山永隱寺藥師殿」

289. 의성 고운사 석가불상·아미타불상, 1858년 개금

①
牟尼極樂兩殿佛像改金記」長老喚虛卽我禪門有伯叔之分而志」道戒行者也去丁巳冬曰善女權
氏供」佛之信而瞻仰其佛像之脫金油然發心」與同志涵弘致能前糾正指淳冨所以」改金團欒數
日弘捐百緡虛施八十」餘金而募緣檀門合塵成阜渾寺」居徒毋論老少擊鼓集席各自願施」多小
隨力戊午三月始設塗金閱幾望」而告功煥然佛像擁金山而圓立舍玉」滋而超輝孰不日周映祇園
輝騰海」岸以其文獻之無徵請余以誌其權輿」年紀顧余忝在證席之末不可以不文」自辭考諸大
法堂佛像始設改金之」記只有獨尊觀音而道清禪照二沙」門新造彌陀勢至主陪具位時卽清朝」
康熙乙亥歲是初設再塗也慧敏挺稔二」尊師用面金改塗時卽壬辰歲是二度」改金而至雍正五年
丁未歲比丘曇日以」其願力亦承雲水庵佛像始設之緣三」尊佛菩薩改金奉安是三度塗彩具德」
之相也若夫牟尼佛新造改金年紀與檀」越緣化功德願文盡入於乙未灰燼中茫」然不可考其在
緇裔不無慨然之心」而今也同爲塗金鬼〃尊像彷彿然靈山」時節噫喚虛涵弘二宗伯亦以多生願
力」能繼前人之志合信力成大功而咸曰大施」主李渭祥姜正春與善女金氏權氏之」切尤多余何
敢用其近於着相之舉也」經曰應無所住行於普施若以無住爲」主行平等慈用如是化如是度則與
者」受者咸登解脫而改金佛像歷萬禩」而長新也云爾」
大施主秩」
幼學李明淵」李興慶」李渭祥」姜正春」權善女」趙進植」金駿文」沈聘應」張大寬」張順敬」
金祖謙」李致文」李喜碩」
本寺大施主秩」
碧虛應奎」喚虛知開」涵弘致能」牧庵致誠」鏡虛敬淳」訥庵碩啣」退庵指淳」頭陁之活」卓
善」致益」有祥」啓昕」
緣化秩」

證師 混虛堂智照」 碧虛堂應奎」 暮雲堂敬璿」 誦呪 頭陁寬宣」 持殿 涵泳堂暎奎」 金魚 意雲堂
慈雨」 牧庵堂致誠」 應碩」 魚山 德巖堂旻寬」 敬庵堂智俊」 頭陁大允」 都監 前住持勝訓」 前住
持致益」 別座 前住持卓善」 頭陁有祥」 供養主 戒允」 世日」 讚喜」 永其」 化主 喚虛堂智閒」 前
紏正指淳」 鍾頭 敬佑」 印宗」 三綱 和尙致海」 首僧 致仁」 書記 戒彦」
咸豊八年戊午四月日九潭門人」 碧虛堂應奎識」 影月門人涵泳堂暎奎書」
②
佛像改金記」 惟我 牟尼說法四十九年之間度生不」 啻千百億而讚歎彌陀曰彼佛功德」 最於諸佛
善男子善女人或有以稱」 念而精進者或有以塑畵而瞻禮者」 種善因受善果者多矣噫居本邑己」
卯生金氏眞善女人也本寺方圖牟尼彌」 陀觀音勢至改金之擧募緣踵門壹」 聞因果頓發素心快許
大施一以願後」 世轉女成男一以願京居大家子趙氏」 昌子孫立功名其誠亦盡善盡美若」 信此因
不朽同歸法王城無疑矣余忝」 化士豈無欽感之心是以表而揚之以爲」 來後龜鑑而其餘檀越比丘
隨喜功德」 已盡於碧虛禪兄讚功記則更何贅爲」
大施主秩」
京城居住」 趙絜祿 庚辰生」 本邑居住」 金善女 己卯生」 三綱」 和尙致海」 首僧致仁」 書記 戒彦」
緣化秩」
證師 混虛堂智照」 碧虛堂應奎」 暮雲堂敬璿」 化主 喚虛堂知閒」 退菴堂指淳」 金魚 意雲堂慈
雨」 牧庵堂致誠」
咸豊八年戊午四月日喚虛知閒謹誌」

290. 청도 운문사 나한상, 1871년 중수

<墨書>
同治十年辛未二月始」 三月初二日五百聖改綵□晦間」 終都畵士德雲堂永芸次」 寬虛堂宜官燦
性壯冶奉典」 幸佺敏曜善雨士星祥鳳」 永其萬□□□人」

291. 흥천사 지장삼존상과 명부 존상, 1873년 개채 중수

十王改彩願文」
伏以願滅四生六途法界有情多劫生來諸業障我□□廣大募緣成就佛事奉安于」
漢東三角山興天寺以□□□施者受者生者亡者願諸業障悉消除世〃生〃行菩薩道」 願共法界諸
衆生同入彌陀大願海」
證明 靑峰應箂」 寬河海禪」 幻般道岸」 幻隱允定」 龍隱快雲」 會主 應化元淳」 誦呪 春潭度憲」
龍海修品」 金魚 比邱在謙」 比邱杜典」 比邱奉炯」 比邱釋云」 比邱善益」 改彩片手 在根」 比邱
釋祚」 都監 秀山富潤」 別座 靈隱寶泉」 鍾頭 比邱在學」 比邱善旭」 淨桶 比邱敏初」 茶角 沙彌
頓法」 都化主 漢鏡學能」
施主秩」
乾命辛未生金氏」 坤命甲辰生金氏」 乾命甲申生張淳奎」
同治十貳年癸酉五月日」

292. 예천 용문사 16나한상, 1884년 개채

龍門寺十六殿改綵與丹艧記」 盖助佛揚化闡圓頓宗乘扵五濁界中是爲佛子業之大者亦扵衆生」
利之大者故古人云聞而不信尙結佛種之因學而未成猶盖人天之福豈誣也哉」 今有大講伯扵帆号
曰龍湖久慨敎綱之未振諄匸導誘開人眼目者不計其數」 時有雲句禪師感其德化發願鳩財扵同治
丙寅設講肆扵本寺請和上而開」 堂扵是四遠問津輩雲趨霧擁東方佛日頓而增輝後期年逢傳拂扵
他」 人退修禪郍矣魔障候便講座傾欹和上扵是親募遠近缺者以補退者」 以整仍舊安頓然後又辭

조선시대 불상의 복장기록 연구

而退至光緒十年甲申寺之各法堂佛幀及靈山聖」衆與十冥王四天王塑像納采年久黯然無光和上
徃來京鄕披星戴月徃營」數年莊嚴畢具又寺之各法堂及寮舍滲漏漫漉朽頹在卽和上不有其身」
忘勞駿奔燔瓦而覆之凡兩役則雲句梵雲兩師內外周旋又有船虛幻溟」初愚諸師多有效勞云大成
開佛塲而整頹綱則其扵學者爲德大矣畵」佛像而粧聖軀則其扵奉佛爲誠篤矣陶玉瓦而壽舍則其
扵補寺爲」極矣然爲誠爲功者世或有之而爲德則真箇難事今之爲記甚非和上」之意而亦和上之
避不得者是爲記」光緒十年甲申秋重九日一愚記」
大施主秩」
尙宮淸信女乙丑生全氏淨心華」尙宮丙戌生李氏華藏月」尙宮壬寅生申氏極楽花」尙宮己酉生
千氏寶殿華」尙宮辛巳生南氏寶積華」尙宮癸未生梁氏妙覺華」尙宮庚寅生黃氏華嚴日」尙宮
壬寅生文氏大法華」尙宮丁亥生尹氏法上華」尙宮戊子生李氏富潤華」尙宮乙亥生洪氏寶雲
華」尙宮戊戌生洪氏華鏡月」尙宮己丑生元氏德原行」尙宮丁酉生文氏妙正行」尙宮戊子生尹
氏正心行」尙宮乙酉生尹氏圓明花」尙宮壬辰生梅氏開化行」尙宮癸未生朴氏法性華」尙宮庚
寅生盧氏香林月」引勸大施主」芸禪風㬜」幻翁喚真」鳳性瑞麟」錦山善益」淸信女壬子孫氏心
信行」淸信女癸丑生李氏明德行」淸信女丁巳生朴氏普仁行」淸信女甲寅生朴氏般若月」己酉
生金氏大智月」丁未生金氏正願華」

293. 평창 상원사 영산전 16나한상, 1886년

① 묵서 발원문
發願文」
第九戌博迦尊子 證明 比丘宅成吞虛 誦呪 比丘玄夫 持殿 比丘車宛 金魚 比丘寶鏡普賢 院主 比丘
喜燮 施主 淸信士柳基相 鍾頭比丘 沙彌源徹 供司 行者承烈 助役 處士允瑞 助役 處士熙昌 化主
無相行 淸信女金等心 至心奉祝 李大統領 聖壽萬歲 國泰民安 萬民給樂 法界給寧 共成佛道 應化
二九八五年戊戌七月晦日奉安于五台山上院寺靈山殿」
② 바닥면
發願文」
證明 惠思坦謙 晦光有璿 誦呪 比丘昌忱 持殿 東坡善云 畵師 蕙山竺衍 鐘頭 比丘大賢 供司 比丘
允燮 淨桶 韓明吉 別座 金成應祐 都監 德雲演摠 化主 寶運百葉 昨年春自 內帑賜下千金今舟口 又
佛事而究竟 伏願 聖壽無彊國界寧晏普與法界彼衆生 共成口果還度迷淪
光緒十二年丙戌榴月望日奉安于五台山上院寺靈山殿」

294. 양구 심곡사 무량수불, 1887년

願文」
他身剎土実萬善之裝嚴台」座華宮乃群心之企慕伏惟我」無量壽佛慈深有海悲軫含靈大開方
便」之門直示往生之路寶池皇月能淸五濁」之心水鳥樹林皆念皈依之法令此比丘」祥珎普悅精
求敏手不惜良粉慕成厚德之儀」期獲淨方之福勝因己具妙利有收冀遂本誠」俾伸上願」
畵功人 最欣」供養主 普仁淸一」化主 祥珎普悅」大施主 乙巳生宋仁國」丙申生邊氏」鍾頭 行俊」
光緒拾參年丁亥五月初十日」

295. 평창 상원사 중대 사자암 비로자나불상, 1895 중수

① 중수 발원문(1895년)
願文」
光緒二十年甲午初十日起始十六日回向於五坮山月精寺奉安」
於中坮香閣」

緣化秩」
證明 日峰璟郁」 誦呪 泳海景學」 持殿 比丘鎮性」 金魚 普庵肯法」 蕙山竺衍」 梵化潤益」 比丘
昌照」 沙彌性敏」 雲照」 鐘頭 沙彌惠明」 奉茶 沙彌啓訓」 供司 沙彌永秀」 都監 大隱昕珍」 別座
雲庵東琳」 化主 済庵應荷」
施主秩」
尚宮淸信女壬寅生申氏普德華」 尚宮淸信女戊午生崔氏華藏月」 尚宮淸信女甲寅生趙氏普賢
行」 以此因緣功德皆共成佛道」
② 개금 발원문(1908년)
同時改金尊像座目」
中台獅子庵」 毘盧遮那佛一位」 上院僧堂」 釋迦牟尼佛一位」 上院大雄殿」 阿彌陀佛一位」 身佣
上觀世音菩薩一位」 文殊菩薩一位」 文殊童子一位」 東台」 觀世音菩薩一位」 大寺東別堂」 觀世
音菩薩一位 此尊爲主」 上院大雄殿」 身佣座坮」
緣化所」
證明 水月音觀」 錦溟印文」 焦友定歇 晴湖學密」 應海三愚」 智光満應」 持殿 比丘龍翼」 誦呪 聳
峯妙根」 金魚片手 虎峯性煜」 豊谷義法」 雲潭宜荷」 寧隱法眼」 比丘道燁」 信士蕙山」 奉茶 沙彌
永悟」 鐘頭 比丘文昕」 供司 比丘慧眼」 淨桶 比丘亘玄」 別供 沙彌奉胤」 別座 比丘東日」 都監 護
林 奉仁」 化主 雲巖 智泉」 山中大德」 鏡潭善眞」 首僧 文昕」 三綱総攝 松虎莊璇」 書記 満船」
施主秩」
尚宮張氏妙心花」 尚宮金氏淨德行」 尚宮鄭氏大德花」 尚宮李氏普光明」 信士 韓氏增長」 信女
崔氏大慧心」
隆熙二年戊申五月十五日 改金奉安」

296. 양산 통도사 자장암 마애삼존불상, 1896년

聖上卽位三十三年丙申七月日」 化主古山定一」 金翼來」 金弘祚」 丁泰燮」 李善炯」 朴英淳」 張
雲遠」

297. 서울 청룡사 삼세불상, 1902년 개금 중수

伏以諸」
佛世尊淨法界信本無出沒大悲願力示現受」 生大小變化應機而曲成一多相卽隨刹而普八相」 好
光明超三界而獨尊慈悲智慧濟四生以廣□」 衆生赤子諸佛慈父願此佛事勝功德化施都別」 及助
緣見聞隨喜與旣讚同界含靈成正覺」
緣化所」
證明 比邱 大應坦鐘」 鳳城瑞麟」 月華宗淨」 誦呪比丘 雲鶴法安」 金魚比丘 漢峰倉曄」 鐘頭沙
彌 法天」 別供 沙彌 聖仁」 供司 比丘尼 春根」 化主比丘尼 性基」 大施主 乾命 朴鳳來」
光武六年(壬寅)十一月十九日改金尊像一位塗粉尊像」

298. 서울 학도암 마애관음보살상, 조선 후기

證明 惠黙」 學聞」 天錫」 誦呪」 惠圓」 持殿 暾昊」 金魚 莊□」 石手 金興唐」 李二誥」 元曾天」
朴千」 黃元石」 都監 禧珀」 光信」 化主 惠璟」 別座 法明」 韓福石」 韓教□」 韓教學」 韓教序」

299. 경주 기림사 지장삼존상과 명부 존상, 1907년

十王殿地藏菩薩造成鍍金施助揭板記」 地之有地冥王佛之有藏皆出於玄黙而合乎其位者則是

寺」之十王殿盖名義有重而十府大王普庇之霧地藏菩薩混虛」之德遍徹於三千法界鐵圍刀山莫
不關係乎此者也撫古傳」今極加崇奉矣空劫有經佛像亦老金衣全脫蕭慘難狀且冥」府二閣埋沒
劫塵不耐頹落故将欲改造而物力未逮徒切歎」恨本寺僧慧明慨然出意勸以善請以助幸賴衆力之
優施乃」於是年冬改爲造成因以鍍金佛儀甚儼又於二以閣一依舊一」新造並加以綵殿顏復新然
則其有功大矣噫苟非慧明誰有」特出之意而非發願之君子亦安有優施之功犹日是寺萬湖」禪師
袖之以花扁問記于余余辭不獲畧記其事如右焉」
隆熙三年己酉冬十一月下澣月城崔尚鎬記」
山中大德晦隱典蹟」度河宇典」三綱書記 在壽」僧統 智宣」三甫 永祚」
緣化 都監 奉添」別座 斗宗」化主 慧明」
施主 蔚山李氏普覺華 二百兩」金氏九層華 二百兩」金氏大慈行 一百兩」孫永黙 一百兩」朴大
礴 石二十兩」安氏妙光華 二十兩」崔氏正德華 十五兩」梁東壽 三十兩」鄭氏仁德華 十兩」金
氏極樂華 二十兩」金氏淨心華 二十兩」鄭氏大蓮華 二十兩」李氏極樂華 十兩」李氏戊午生 十
兩」金用術 五兩」金氏普蓮華 五兩」崔氏大慈月 五兩」崔周善 五兩」高氏甲子生 五兩」鄭相
浩 五兩」申氏大輪行 五兩」李氏願成華 五兩」崔氏大慈行 五兩」黃氏小慈華 五兩」金某甲 五
兩」李氏善佛華 五兩」彥陽朴氏蓮花華 十兩」延日李氏壬寅生 五兩」許橋 三十兩」慶州金氏
極樂華 二十兩」金氏蓮池華 十五兩」趙氏玉蓮華 十兩」金氏極樂華 十兩」鄭氏 十兩」靑蓮華
十兩」李永祚 十兩」尹氏 十兩」安光伊 五兩」李氏安樂心 五兩」金氏極樂心 五兩」孫仁汝 五
兩」韓氏白蓮華 五兩」趙秉善 五兩」金氏性德華 五兩」金慶必 五兩」金氏丁卯生 五兩」金漢
根 五兩」白元植 五兩」金永植 五兩」李子元 五兩」金氏善德華 五兩」長鬐林氏 戊午生 二十
兩」金氏萬行華 十兩」本寺宇典 二十兩」智宣 五十兩」慧明 五十兩」比丘尼道琪 十兩」

300. 서울 안양암 마애관음보살상, 1909년

證明」石舟比丘」常一」金魚」錦浩若効」夢華」誦呪信士」金正因」李光明」兪寶連」金道
源」持殿」白蓮心」證師坿侍者」韓妙光」供司」崔信源」別座」李雲焦」都監」韓如如」石
工」尹東根」都化主」姜信佛」副化主」李善行」金大願心」
大施主秩」
婦柳氏」次子在應」次婦金氏」長孫婦黃氏」次孫昌會」次孫婦柳氏」孫壽榮」淸信女」金寶
元華」張妙心華」金大慧心」金上生華」李正德行」申開明華」淸信女」化主秩」崔奉善行」李
蓮花行」林大心華」許普慧心」金善德華」李大明華」車大道行」李氏辛酉生」淸信士」朴鴻
讚」劉聖造」崔在懿」張淳志」朴淨行」林精進行」李大信」朴玉龍華」韓睡翁」姜光明華」金
海月」李普明行」金大隱」朴淸雲華」李實相」金正慶華」鄭海春」崔慧眼行」朴性潭」咸法眼
行」任正觀」白淨界行」金成魯」金大寶月」黃仁潭」吳見性華」全昌烈」金精進華」姜在春」
金平等心」
觀音尊像」
隆熙三年巳酉六月十四日」始役十二月卄七日回向刻手金天輔」中建主」養鶴大和尚」頂骨舍
利函」계축六月十五일 입적」

지은이_ 유근자

덕성여자대학교 사학과를 졸업한 후 동국대학교 대학원에서 박사학위를 받았다.
사단법인 한국미술사연구소 연구원을 역임했다. 현재 동국대학교 예술대학 미술학부
불교미술 전공 겸임교수로 재직 중이며 강원도 문화재전문위원으로 활동 중이다. 한편,
부처님의 생애를 표현한 간다라 불전 미술과 조선시대 불상의 복장기록 연구를 진행하고 있다.
공동 저서로 『간다라에서 만난 부처』가 있다.

조선시대 불상의 복장기록 연구

ⓒ 유근자

2017년 5월 25일 초판 1쇄 발행

지은이 유근자
발행인 박상근(至弘) • 편집인 류지호 • 편집 김선경, 양동민, 이기선, 주성원
디자인 쿠담디자인 • 제작 김명환 • 전략기획 유권준, 김대현, 박종욱, 양민호 • 관리 윤애경
펴낸 곳 불광출판사 (03150) 서울시 종로구 우정국로 45-13, 3층
　　　　대표전화 02) 420-3200　편집부 02) 420-3300　팩시밀리 02) 420-3400
　　　　출판등록 1979. 10. 10. (제300-2009-130호)

ISBN 978-89-7479-344-9 (93220)